四字漢語辞典

武部良明

角川文庫
22437

まえがき

四字漢語というのは、何となく難しい感じがするものである。一般の文章やあいさつが話しことばを主とするようになった今日、四字漢語が次第に用いられなくなったのも事実である。

しかし、全く用いないわけではない。「大同小異」や「興味津々」は、日常でも用いる。「一石二鳥」や「起死回生」が、新聞の見出しに出てくる。就任・退任のあいさつに「浅学非才」と言ったり、結婚式の祝辞に「偕老同穴」などの言い方を入れると、全体が引き締まる。それに、ある年齢以上の人が用いると、嫌味もなく聞こえるから不思議である。ただし、その意味を誤って用いたりすると、かえって教養を疑われることにもなりかねないから、要注意である。

そこで、本書では、現在に生きている四字漢語を選び、その意味と用例を示すようにした。それだけでなく、参考として、その語の成立経緯や用法上の注意を加えた。現代表記との関連を取り上げたのも、現代語の中で用いることを前提としたからである。

ここに収めたのは、すべていつでも使える四字漢語であるから、適切な用い方が工夫できるものばかりである。

ついては、本書を手元に置いて参考とし、四字漢語に親しんでいただければ幸いである。そうして、必要なときに一つでも二つでも取り上げて使うなど、多方面の活用を切に望むものである。

平成二年六月

著　者

目次

この本の編集方針

一、この本は、読解のための辞典ではなく、表現のための辞典として整えたものです。表現の立場で用いない四字漢語は、漢和辞典に譲りました。

二、この本の本文で採用した四字漢語。

①中国の故事に基づいて用いるもの。

呉越同舟　月下氷人　夜郎自大

②中国の古典に用例を求めることができるもの。

出処進退　旁若無人　起死回生

③仏教に典拠を求めることができるもの。

因果応報　一蓮托生　以心伝心

④西洋の考え方に基づくもの。

三位一体　快刀乱麻　一石二鳥

⑤訓読を基礎として日本で組み合わせたもの。

人跡未踏　我田引水　白沙青松

⑥同じ意味の二字漢語を調子よく組み合わせたもの。

諸事万事　無理無体　虚心坦懐

⑦叙述の状態語を伴うもの。
遺憾千万　面目躍如　物情騒然
⑧スローガンの形で漢字四字を組み合わせたもの。
官尊民卑　言文一致　大政奉還

三、本文で採用した四字漢語に準ずるものとして、付録のほうに収めたもの。
①訓読漢字を含むもの（見た形が四字漢語になる）。
合縁奇縁　中途半端　十人十色
②三字めが「之」のもの（漢文では四字漢語になる）。
焦眉之急　漁父之利　一樹之陰

四、本文にも付録にも収めなかったもの。
①普通は訓読するもの（四字漢語の特色が失われる）。
縁木求魚　薬石無効　屋上架屋
②助詞を入れて読むもの（二字漢語の組み合わせ）。
頂門一針　多勢無勢　伝家宝刀
③成句の中で離れるもの（成句として扱うほうがよい）。
鶏口牛後　勇将弱卒　虎穴虎子
④普通は用いないもの（表現の立場で役に立たない）。

天長地久　南都北嶺　沙羅双樹

⑤複合しただけのもの（特別の表現効果は出てこない）。

偶像崇拝　決選投票　戸別訪問

凡例

本書の構成

一、**項目と内容**　本書は、表現の立場で用いる四字漢語について、その用法を取り上げたものである。

二、**見出し語の配列**　見出し語は、前半二字を単位として、五十音順に配列した。「不可思議（ふかしぎ）」を「不学無術（ふがくむじゅつ）」よりも前にしたのは、「ふか↓ふがく」となるからである。

本書の内容

一、**見出し語**　「一倡三歎」のように、その四字漢語の本来の表記で掲げた。ただし、常用漢字と人名用漢字は、「切磋琢磨」のように、通用字体を用いた。

二、**見出し語の読み方**　（）に入れて、現代仮名遣いで示した。その際に、語の構成に従って区切った。

三、**成立の出自**　漢　仏　洋　和　で示した。

漢　漢文に典拠の求められる「月下氷人」など。

仏　仏教に典拠の求められる「以心伝心」など。

洋　西洋の考え方に基づく「一石二鳥」など。
和　日本で組み合わせた「我田引水」など。

四、**漢語の解釈**　見出し語の日本語としての意味を掲げた。併せて、その意味と個々の漢字との関連について、「……という」などの形で示した。必要に応じて、意味の上で注意すべき事柄も、付け加えた。

五、**漢字の書き換え**　同音の漢字による書き換えが定着したと考えられるものについては、「智（ちえ）→知（しる）」のように示した。

六、**漢語の用例**　見出し語の実際の用例を▽の下に掲げた。用例の文字遣いは、現代表記に改めた。ただし、四字漢語の部分は、すべて漢字表記とした。

七、**用例の出典**　用例の最後に〔島崎藤村＊夜明け前〕のように示した。ただし、用例は四字漢語の用い方が分かりやすいように、前後の語句を整えて引いた。

八、**用法上の注意**　見出し語が、名詞か、スル動詞か、ナ形容動詞か、ノ形容動詞か、などの点で、分かりにくい場合、○の下に短い作例で示した。

九、**参考**　見出し語の出自について、参考になる事柄を付記した。その際、漢文は、漢字片仮名交じり文で書き下した（和訓は歴史的仮名遣いを用いた）。

付記　煩わしさを避けるため、用例内を除き、「　」は漢文引用の前後だけとし、書名・語句・文字の前後は省いた。

【あ】

愛別離苦（あいべつり・く）仏

愛する者と別れる苦しみのこと。愛と別離する苦、という。愛を哀と書くのは誤り。▽一方においては、愛別離苦の涙を抑えて、インドの人民を改宗せしめんがため〔徳富蘇峰＊新日本之青年〕▽今日は北国の雪の下にうずもれて、愛別離苦の悲しみを、故郷の雲に重ねたり〔平家物語〕○愛別離苦の悩みは尽きない　○愛別離苦を免れない

参考 仏教で理想的な愛とするのは、他者すべてを幸せにする無条件の慈悲のことであるが、俗人には煩悩に基づく愛がある。それが、血族・親族に対する愛情、他人に対する友情、特定の個人に対する恋愛の三つである。愛別離苦とは、この種の俗人の立場で愛する者と別れる苦を指している。それが、八苦の中で、生・老・病・死に次ぐ四苦の第一に掲げられている。

曖昧模糊（あいまい・もこ）和

すべてがはっきりしないこと。模糊（のりを・こする）に、曖昧（くらくて・くらい）を添えて、意味を強める。▽曖昧模糊とした国有案では、急に相場が上るというわけにはいくまい〔内田魯庵＊社会百面相〕▽このまま、三人は、曖昧模糊とした快さで別れることができたかもしれなかった〔三島由紀夫＊純白の夜〕○曖昧模糊として映じる　○曖昧模糊とした内容では　○曖昧模糊たる関係　○曖昧模糊の間に終わる

悪因悪果（あくいん・あっか）仏

悪いことをすれば悪いことが起こる、と考えること。因果（原因・結果）を分けて、悪（わる

い）を添える。悪い因果関係だ、という。善因善果の対。
▽「善因善果、悪因悪果、仏果てきめん」また額をたたいて「世の中はよくできている」〔子母沢寛＊勝海舟〕
▽善悪因果の理は、善因善果、悪因悪果、決して誤らざるものなり。されば仏者は〔釈雲照＊仏教大意〕
○悪因悪果に違いない　○悪因悪果とあきらめる
参考　仏教には、因果応報という考え方がある。その立場では、現世の悪い事柄は前世に悪いことをした報いの現れだ、とする。現世で悪いことをすれば、来世にその報いが現れるから、現世で善いことをしなければいけない、とする。この考え方を因果の法則としてすなおに受け入れるときに用いるのが、悪因悪果という解釈である。

悪逆無道（あくぎゃく・ぶどう）和

道徳の立場で、非常に悪い行いのこと。無道（人の道が・ない）に、悪逆（わるくて・人の道にさからう）を添えて、意味を強める。無道は、ムドウとも読む。
▽息子でありながらその父親を追放するとは、それこそ悪逆無道の最たるものであって〔花田清輝＊鳥獣戯話〕
▽いかに言わんや、この光頼は、朝家の諫臣として悪逆無道のふるまいを見聞きたまいて〔平家物語〕
○悪逆無道に明け暮れる　○悪逆無道の大将

悪事千里（あくじ・せんり）漢

悪いことをすると、そのうわさがすぐに遠くまで伝わること。悪事（わるい・しわざ）は、すぐに千里（非常に離れているところ）の先まで届く、という。
▽悪事千里を走るというぞ。おれのように、八方を旅している者の耳には〔柴田錬三郎＊柴錬水滸伝〕

▽悪事千里を走るの例えに漏れず、その年の秋の末には、知らない者はなかった〔花田清輝＊小説平家〕

○悪事千里を走るとしても　○悪事千里を行くとされ　○悪事千里に伝わる　○悪事千里にというから

㊂参考 北宋・孫光憲の北夢瑣言に、「所謂好事ハ門ヲ出デズ、悪事ハ千里ヲ行ク」とある。よいうわさは世間に広まりにくいが、悪いうわさはたちまち遠くまで行く、という。悪事千里だから気をつけろ、という意味でも用いる。「好事不出門、悪事伝千里」というのが、中国のことわざにもなっている。

悪戦苦闘（あくせん・くとう）和

非常に不利な状況のもとで戦うこと。戦闘（たたかい・たたかう）を分けて、悪（はげしい）・苦（くるしい）を添える。激しく苦しい戦闘だ、という。困難な状況のもとでの仕事や、苦しみながらの努力にも用いる。

▽東西相呼応して起こった尊攘派の運動は、東には水戸浪士らの悪戦苦闘となった〔島崎藤村＊夜明け前〕

○悪戦苦闘を重ねる　○悪戦苦闘の結果ではあったが　○悪戦苦闘ぶり　○夢の中の悪戦苦闘

悪木盗泉（あくぼく・とうせん）漢

清く正しい人が避ける悪事のこと。悪い木、盗んだ泉は汚らわしいから、決して近づかない、という。

○悪木盗泉に近づかない　○悪木盗泉を避ける

参考 文選に、「渇スレドモ盗泉ノ水ヲ飲マズ、熱スレドモ悪木ノ陰ニ息ハズ」とある。悪木や盗泉は、清く正しい人物が意識して避ける悪事の例として引かれる。周書には、北周・寇儁が高潔な人物であった例として、不正に物を受け取った家人を戒めたことばの中に、「悪木ノ陰ニハ、暫クモ息フ可カラズ。盗泉ノ水ハ、悞リテモ飲ム容キ無シ」とある。

悪口雑言（あっこう・ぞうごん）和

人について、いろいろのわるぐちを言うこと。悪口（わるく・いう）に、雑言（いろいろ・いう）を添えて、意味を強める。悪口は、仏教ではアックと読む。

▽何か、こう品のよい悪口雑言、一言のもとに昇を気死させるほどのことを言って〔二葉亭四迷＊浮雲〕

▽よくも悪口雑言を吐いて、祭りの日に自分を辱めたと言って、刀のつかに手をかけた〔島崎藤村＊夜明け前〕

○悪口雑言をたたきつける　○悪口雑言で恨みを晴らす　○悪口雑言の限りを尽くす　○悪口雑言する

阿鼻叫喚（あび・きょうかん）　仏

非常に痛ましい気持ちを起こさせること。阿鼻・叫喚という二つの地獄の名を、組み合わせて表す。

▽広島在住の無辜の民を一瞬にして阿鼻叫喚の地獄にさらしたということであります〔井伏鱒二＊黒い雨〕

▽火炎を放射した神兵が逆に火だるまとなって、阿鼻叫喚図絵をそこに現出した〔柴田錬三郎＊柴錬水滸伝〕

○阿鼻叫喚を極める　○阿鼻叫喚のちまた

参考　仏教では、地獄というものを八つに分け、八大地獄という。苦しみの軽いほうから重いほうへ並べると、等活・黒縄・衆合・号叫（叫喚）・大叫（大叫喚）・炎熱（焦熱）・大熱（酷熱）・無間（阿鼻）となる。このうちの二つを取って、阿鼻叫喚とする。阿鼻地獄に落ちて泣き叫ぶことではない。なお、阿鼻は梵語 Avici を阿鼻旨と音訳した上二字で、意訳が無間（間を置かない）になる。無間地獄は、絶え間なく苦痛を受ける地獄のこと。叫喚地獄は、獄卒の責めを受けて苦しんで叫喚（さけび・よぶ）するからこの名がある。

阿諛追従（あゆ・ついしょう）　和

大いにへつらうこと。追従（あとについて・さからわない）に、阿諛（おもねり・へつらう）を添えて、意味を強める。従容・追従・合従は、漢音でショウと読む。
▽ああ、いや、やめよ、やめよ、予はさような阿諛追従は好まざるは〔坪内逍遥＊自由太刀余波鋭鋒〕
○阿諛追従を退ける　○阿諛追従的なことば

阿諛便佞（あゆ・べんねい）和
口先でへつらうこと。便佞（口先がうまく・誠がない）に、阿諛（おもねり・へつらう）を添えて、意味を強める。
▽多数の人が推戴して阿諛便佞するは、岩崎の富を念としてのこと、一層多数の人が〔三宅雪嶺＊小紙庫〕
▽生来の気性で、上に阿諛便佞を遣い、下からちやほやされることをひどく好んだ〔柴田錬三郎＊柴錬水滸伝〕
○阿諛便佞を見抜く　○阿諛便佞の数々

暗雲低迷（あんうん・ていめい）和
ひどい雨を降らす黒い雲が、低く垂れ込めていること。暗雲（くろい・くも）が、低迷（ひくく・さまよう）する、という。よくない事件が起こりそうな場合にも用いる。
▽暗雲低迷とでもいうところか、巻き立つ雲が、しきりな移動と変貌を繰り返している〔檀一雄＊佐久の夕映〕
○暗雲低迷する政局　○暗雲低迷の業界

安心立命（あんじん・りゅうみょう）仏
信仰によって心を安定させること。安心（こころを・やすらかにする）して、立命（天命の・とおりにする）する、という。天命を知って、くだらないことに心を動かされない意味でも用いる。アンシン・リツメイとも読む。
▽何某の徳行を慕うて修身のかがみとなし、もって安心立命のところを得たりなど〔福沢諭吉＊福翁百話〕
▽今から学校に入ろうという忙しい体に、安心立命どころかというような浅薄な考えが〔徳富

蘆花＊思出の記〕
○安心立命する ○安心立命の境地 ○安心立命への道
参考 仏教の安心立命は、一切のことをすべて仏に任せて、心を動かされない境地をいう。しかし、安心立命という語は、儒教でも用い、天命を知って心を動かされない心構えとする。そのときは、アンシン・リツメイと読む。なお、中国語では安身立命と書き、生活が落ち着いていて精神が安定している意味に用いる。

暗中摸索（あんちゅう・もさく） 漢
どうしたらよいか分からないままに、いろいろやってみること。暗中（くらやみの・なか）で、摸索（さがし・もとめる）する、という。あれこれ考えて手を尽くす場合に用いる。現代表記では、摸（さぐる）→模（かたどる）。
▽貫一は、この秘密のかぎを得んとして、とさまこうさまに暗中模索の思いを費やす〔尾崎紅葉＊金色夜叉〕
▽画家生活も十年しかなかったのであり、その三分の二は独学による暗中模索である〔小林秀雄＊近代絵画〕
○暗中模索する ○暗中模索を続ける ○暗中模索の末 ○暗中模索に終わる ○暗中模索もむなしく
参考 清・李光地の朱子全書に、「其ノ意ヲ暁ラズシテ暗中摸索シ、妄リニ私意ヲ起コス」とある。正しい意味が分からないで考えを進め、かってに解釈する、それはいけない、という。しかし、唐・劉餗の隋唐嘉話には、唐の国史を編集した許敬宗が人の名を覚えないのに対して、ある人の教えた覚え方が取り上げられている。「卿自ラ記シ難クバ、何・劉・沈・謝ニ遇フガ若クセヨ。暗中ニ摸索スルモ、亦タ之ヲ識ル可シ」とある。何晏（三国魏の学者）ら著名人に会う気持ちで接すれば、暗い中を手探りで求めるようでも、自然に覚えられる、という。これが、本来の用い方である。

安寧秩序（あんねい・ちつじょ）和
国家や社会が乱れていないこと。安寧（やすらかで・おちつく）で、秩序（ととのった・きまり）が保たれている、という。社会不安との関係で用いる。
▽宗教は、一社会の各員が社会の安寧秩序を維持する力に対する共同的関係である〔西田幾多郎＊善の研究〕
▽公共の安寧秩序を保持し、および臣民の幸福を増進するために必要なる命令を発し〔大日本帝国憲法〕
○安寧秩序を守る　○安寧秩序を乱す　○世の安寧秩序

安穏無事（あんのん・ぶじ）和
極めて安らかなこと。無事（ことが・ない）に、安穏（やすらかで・おだやか）を添えて、意味を強める。
▽安穏無事に過ごせるはずの晩年を奪われた不遇さが、分からぬわけでもない〔城山三郎＊乗取り〕
▽一定の安穏無事な主題のもとに統一して、編さんしてみるのだった〔三島由紀夫＊純白の夜〕
○安穏無事に過ぎる　○安穏無事な毎日

唯々諾々（いい・だくだく）漢
何でも言われるとおりにすること。唯（はいはいと言って従う）・諾（丁寧に承諾する）、それぞれを繰り返して意味を強める。目下の人が目上の人に従う場合に用いる。
▽言うことは一つも通らないんだからな。全く唯々諾々として命令に服しているんだ〔夏目漱石＊二百十日〕
▽ショーマンシップを発揮するようになったのは、唯々諾々雑誌の口絵写真ぐらいだ〔舟橋聖

一＊もて遊び草〕

○唯々諾々と従う　○唯々諾々の側近

参考　韓非子に、「此ノ人、主未ダ命ゼズシテ唯唯、未ダ使ハズシテ諾諾、意ニ先ダチテ旨ヲ承ケ、貌ヲ観テ色ヲ察ス。以テ主ノ心ニ先ダツ者ナリ」とある。本来は、主人の心を察して事前に行う意味である。後には目上の人に言われるとおりに、反対せずに行う意味でも用いる。ただし、目下に言われる場合には用いない。組合の言うとおりになる経営者、子供の言うなりになる親、などに用いるのは好ましくない。

依々恋々（いい・れんれん）和

非常に恋い焦がれること。依（つきしたがう）・恋（こいこがれる）、それぞれを繰り返して、意味を強める。依々を唯々（はいはいと言って従う）と書くのは誤り。

▽つばくらや、くねりて長き、千住道。土手一里、依々恋々と、柳かな〔正岡子規＊俳句篇・明治廿七年・春〕

▽諸人の見とがめんことの恥ずかしく、依々恋々として轟坊にぞ帰りける〔山東京伝＊桜姫全伝曙草紙〕

○依々恋々として立ち去る　○依々恋々の毎日

位階勲等（いかい・くんとう）和

位の段階と勲章の等級のこと。位階（くらいの・きざはし）と、勲等（いさおの・くらい）を、組み合わせて表す。

▽現に官吏となっている者を見れば、位階勲等がある。あるいは、爵がある〔三宅雪嶺＊明治思想小史〕

▽官公職、位階勲等、学位その他法令により定められた称号を詐称した者〔軽犯罪法〕

○位階勲等が昇る　○位階勲等にあこがれる

遺憾千万（いかん・せんばん）和

物事が思うとおりに進まなくて、非常に残念に思うこと。遺憾（うらみを・のこす）に、千万（数が多い）を添えて、意味を強める。

▽あいにく材料払底のため、その意を果たさず、

遺憾千万に存じ候〔夏目漱石＊吾輩は猫である〕

▽それをご信用くだされましては、遺憾千万にござりまする、全く誤解でござりまする〔木下尚江＊火の柱〕

○遺憾千万に思う ○遺憾千万なことである

衣冠束帯（いかん・そくたい）和

公家の正装のこと。ころも・かんむり・ひも・おび、を組み合わせて表す。

▽われわれの祖先は、「神」ということばに、衣冠束帯の人物をほうふつしていた〔芥川竜之介＊侏儒の言葉〕

▽老人は、いかにも公卿の血を引いている、衣冠束帯の似合いそうな風ぼうの持ち主で〔谷崎潤一郎＊細雪〕

○衣冠束帯に身を固める ○衣冠束帯の殿上人

意気軒昂（いき・けんこう）漢

非常に元気があること。意気（心にあふれる・元気）が軒昂（あがって・たかぶる）する、という。昂（たかぶる）を高（たかい）と表記した時期もあった。

▽「わが輩の名誉にかかわるわい」意気軒高、面色朱をそそぎたる侯爵は、忽然として〔木下尚江＊火の柱〕

▽乗馬のけいこをして帰った日には、意気軒高の感を見せるのがお決まりであった〔井伏鱒二＊二つの話〕

○意気軒高として論じる ○意気軒高たる雄姿

(参考) 清・褚人穫の隋唐演義に、「只見ル一箇ノ少年、生得ノ容貌魁偉、意気軒昂、一匹ノ馬ヲ牽ク」とある。顔かたちが人並み外れてたくましい少年の描写である。広く元気がある場合に用いる。

意気銷沈（いき・しょうちん）和

非常に元気がないこと。意気（心にあふれる・元気）が、銷沈（とろけて・しずむ）する、という。現代表記では、銷（とろける）→消（きえる）。

▽あの頑固なのが意気消沈しているところは、きっと見ものですよ〔夏目漱石＊吾輩は猫である〕▽おれはがっかりした。おれは全く意気消沈して、シャツを着た〔大江健三郎＊セヴンティーン〕○意気消沈した姿　○意気消沈の男　○意気消沈ぶり

意気衝天（いき・しょうてん）和

元気が大いに盛んなこと。意気（心にあふれる・元気）が、衝天（てんを・つく）する、という。衝天を昇天と書くのは誤り。ただし、旭日昇天は昇天と書く。

○意気衝天の感を見せる　○意気衝天の勢いを示す

意気沮喪（いき・そそう）和

元気が大いに失われること。意気（心にあふれる・元気）が、沮喪（うしない・なくなる）する、という。現代表記では、沮（うしなう）↓阻（はばむ）を用いることもある。

▽直ちに意気阻喪してしまったなら、四囲の強国は我々を侮って四方から迫って〔内田魯庵＊社会百面相〕▽自由と人権とが尊重されることになると、警察は意気阻喪してしまった〔石川達三＊風にそよぐ葦〕

○意気阻喪する　○意気阻喪の目で　○意気阻喪ぶり

意気投合（いき・とうごう）漢

お互いの心が一致すること。意気（心にあふれる・元気）が、投合（かない・あう）する、という。

▽結婚できないわけではなし、お兄様たち、意気投合してるのよ〔芹沢光治良＊坂の上の家〕▽それから、急転直下、夫人と意気投合して、ダンスのまねごとまでやってのけた〔三島由紀夫＊永すぎた春〕

○互いに意気投合する　○意気投合の間柄

［参考］清・褚人穫の隋唐演義に、「両人、意気相合シ、掌ヲ抵ッテ談ズルコト三日」とある。二人は、気が合って、興に乗って三日も話した、という。これによれば意気相合であるが、漢文には意気相投の形もある。日本では、意気投合の形で用いる。

意気揚々（いき・ようよう）漢

非常に得意になっていること。意気（心にあふれる・元気）が、揚々（たかくあがる）だ、という。揚々を洋々と書くのは誤り。ただし、前途洋々は洋々と書く。

▽高柳は意気揚々として、少し人をしり目にかけて、あいさつもせずに通り過ぎた〔島崎藤村＊破戒〕

▽優勝旗をささげて、楽隊を先頭に隊伍をそろえて意気揚々、らちを一巡する〔長与善郎＊竹沢先生と云う人〕

○意気揚々と述べる　○意気揚々と引き揚げるときに　○意気揚々たる後ろ姿　○意気揚々の門出に当たって

［参考］史記に、春秋斉の宰相・晏嬰の御者のことについての描写がある。「相ノ御ト為リテ、大蓋ヲ擁シ、駟馬ニ策ウチ、意気揚揚トシテ甚ダ自得ス」とある。御者の妻が門のすきまから夫を見たときの感想である。大いに満足して得意になっている、という。中国語では、同じ意味で意気洋洋とも書く。

異口同音（いく・どうおん）仏

皆が全く同じことを言うこと。口（言う人）を異にしていても、音（言うことば）を同じにしている、という。異口を異句と書くのは誤り。

▽麟太郎を見て、「先生」ほとんど異口同音にそう言って、にじり寄っていった〔子母沢寛＊勝海舟〕

▽人がそばにいるとき褒められること、と異口同音に答えたという〔川端康成＊山の音〕

○異口同音に称賛する　○異口同音の声

［参考］仏教では、語る人はそれぞれ異なってい

ても語る内容が同じであることをいう。教義を解説する場合も、語る人は異なるが内容は同じだからである。そのことから、衆人の説が一致する場合にも用いる。また、仏教では、皆が同じ音声を発する場合にも、大勢の人が口をそろえて叫ぶ場合にも用いる。異口同音に仏の名を唱える、などがこれである。漢文ではイコウドウオンと読み、これらの意味で用いるが、日本では用いない。

委細承知（いさい・しょうち）和

全部にわたってよく心得たこと。委細（くわしく・こまかいこと）を、承知（うけたまわり・しる）した、という。

▽「施主に立ってやれ」と言われ、白翁堂は委細承知と請けをして寺を立ちいで〔三遊亭円朝＊牡丹灯籠〕

▽すると、接待員は委細承知して、まず人数を聞きただし、総勢三十何人と分かって〔福沢諭吉＊福翁自伝〕

○委細承知した　○委細承知のはず　○委細承知の返事

㊜参考 委細承知という語を擬人名化したものに、委細承知之助がある。本来は承知した人の意味であるが、転じて、知ったかぶりをする人、早のみ込みをする人、などの意味にも用いる。合点承知之助ともいう。

意志堅固（いし・けんご）洋

物事をしようとする（または、しまいとする）気持ちが強いこと。意志（こころ・こころざし）の力が、堅固（かたく・かたい）だ、という。strong-willed の訳語であるが、自分で決めたことを容易に変えない場合にも用いる。意志薄弱の対。

▽岡さんだって、そうお弱くはないし、古藤さんときたら、それは意志堅固……〔有島武郎＊或る女〕

▽一休宗純は識情人、思いはあって、意志堅固ならざる煩悩人にすぎない〔唐木順三＊応仁四

話〕○意志堅固で進む　○意志堅固な男　○意志堅固の誉れ

意志薄弱（いし・はくじゃく）洋　物事をしようとする（または、しまいとする）気持ちが弱いこと。意志（こころ・こころざし）の力が、薄弱（うすく・よわい）だ、という。weak-willed の訳語であるが、一度は自分で決めたことであっても、人に言われてすぐ変える場合にも用いる。意志堅固の対。▽意地汚で困るんですのよ。いい年して、おなかが弱いくせに、意志薄弱で〔長与善郎＊竹沢先生と云う人〕▽どういう次第なのか。世は、例のとおり、わたしの意志薄弱のゆえというであろう〔唐木順三＊応仁四話〕○意志薄弱で困る　○意志薄弱な女　○意志薄弱の結果

意思表示（いし・ひょうじ）洋　しようとする考えを表すこと。意思（こころ・おもい）を、表示（あらわし・しめす）する、という。法令用語 Willenserklärung の訳語として用いる。意思を意志と書くのは誤り。ただし、意志薄弱などは意志と書く。▽あえて追放処分を受けることこそ、最も有効な反抗の意思表示ではあるまいか〔石川達三＊風にそよぐ葦〕▽彼は、行くとも残るとも、はっきり意思表示をせず、ただ皆が出掛けたあとで見たら〔大岡昇平＊俘虜記〕○何の意思表示もせずに　○本人による意思表示

異種異類（いしゅ・いるい）和　組み分けの別が違うこと。種類を分けたものに、異（ことなる）を添える。異なる種類、という。▽国家のために生命を犠牲にする軍隊をば、国民以外、異種異類の者のごとく扱い〔徳富蘇峰＊国民自覚論〕

▽呉越同舟、異種異類の群籍が、雑然、堆を成しておる。かごへ入れられた鳥のように〔内田魯庵＊読書巡礼〕
○異種異類に属する　○異種異類を発見する

以心伝心（いしん・でんしん）仏
ことばを用いなくても、心に思っていることが相手の心に伝わること。心をもって、心に伝える、という。互いに思っていることが相通じる場合に用いる。
▽ゆえに、小説の法則なんどは、いわゆる以心伝心にて、得て言いがたきもの多かり〔坪内逍遥＊小説神髄〕
▽禅家で無言の問答をやるのが以心伝心であるなら、この無言の芝居も〔夏目漱石＊吾輩は猫である〕
○以心伝心で分かる　○以心伝心の間柄　○以心伝心術
参考　本来は禅宗のことばで、深い悟りの極意を心から心へと伝えること。禅宗では、「心ヲ以テ心ニ伝ヘ、文字ヲ立テズ」という。禅宗の真髄は、文字によらず、心から心に伝わるものだからである。一般には、思うことがことばによらないで心から心に伝わる場合や、黙っていても気持ちをくんでもらえる場合に用いる。

異体同心（いたい・どうしん）仏
体は別々に分かれているが、同じ心を持っていること。体を異にしているが、心を同じにしている、という。理想的な夫婦や友人の場合に用いる。
▽異体同心とかいって、目には夫婦二人に見えるが、内実は一人前なんだ〔夏目漱石＊吾輩は猫である〕
▽実に意外の発言なりしかば、氏と常に異体同心なりとまで評されたる三氏は激発して〔須藤南翠＊緑簑談〕
○異体同心で進む　○異体同心の間柄
参考　仏道に入ることは、修行を積んで悟りを開くことである。その場合、体は別であるが、同じ心を持つことになる。ここに、異体同心という考え方が成り立つ。ただし、日常生活では、夫婦や友人が仲の良い場合に用いる。互いに相手の心を十分に知り合っているからである。

異端邪説（いたん・じゃせつ）漢

まちがった学問のこと。邪説（よこしまな・かんがえ）に、異端（ことなる・もと）を添えて、意味を強める。

▽宣教師間には非常に物議が起こり、かくのごとき異端邪説を公々然演説するとは〔徳富蘆花＊思出の記〕

▽外国より入ってくるものを異端邪説として憎み嫌った人のように思われているが〔島崎藤村＊夜明け前〕

○異端邪説を退ける　○異端邪説の徒と見なされる

(参考) 宋史に、明道学派の程顥について、「異端ヲ弁ジ、邪説ヲ闢キ、聖人ノ道ヲシテ、煥然トシテ復タ世ニ明ラカニセシム。蓋シ、孟子ヨリノ後、一人ノミ」とある。儒学では、孔子の教え以外の教えが異端邪説である。老子・荘子・墨子・楊子など、すべてこれに当たる。程顥は、儒学復興の立場で聖人の道を明らかにし、異端邪説を弁別して退けた。その点では、孟子以来初めてだ、という。

一意専心（いちい・せんしん）漢

そのことだけに熱中すること。意（こころ）を一にし、心（こころ）を専らにする、という。

▽一意専心、勤倹を旨とし、得るところの賃金は皆これを家郷に逓送して〔細井和喜蔵＊女工哀史〕

▽わたしが名誉あるK中学生徒として、一意専心、勉学にいそしんでいるのは〔三島由紀夫＊青の時代〕

○一意専心、研究に励む　○一意専心、仕事に取り組む　○一意専心、黙々として　○一意専心ぶり

(参考) 管子に、「四体既ニ正シク、血気既ニ静

カニ、意ヲ一ニシ心ヲ専ラニスレバ、耳目淫ラナラズ、遠キト雖モ近キが若シ」とある。他のことを考えず、心を集中して一つの事柄に当たれば、正しく聞き、正しく見ることができる、という。

一衣帯水（いち・いたい・すい）漢

狭い川や海で隔てられていること。一つの、衣帯（おび）のような狭い水（川・海峡）だ、という。距離が近く、関係が深い場合に用いる。衣帯は、葦帯とも書いた。

▽一衣帯水をなしているその対岸の島には、岡のふもとに民家が一軒もなかった〔井伏鱒二＊さざなみ軍記〕

▽地続きでこそなかったが、いわゆる一衣帯水を隔てて、常にその影響を被った〔徳富蘇峰＊勝利者の悲哀〕

○一衣帯水の間柄　○一衣帯水のところにある隣国

（参考）唐・李延寿の南史に、隋の文帝の言として、「我、百姓ノ父母ト為ル。豈ニ一衣帯水ニ限ラレテ之ヲ拯ハザル可ケンヤ」とある。揚子江の北にあった隋は、一衣帯水を挟んで陳と対していた。陳王は人民を苦しめている、わたしはその人民の父母となろう。揚子江にはばまれているからといって、陳の人民を救わないでいられようか。こう言って攻め込み、陳を滅ぼして統一隋王朝を開いた。揚子江は対岸が見えないほどの大河であるが、こういうのも一衣帯水である。現在では、日本と中国、中国と韓国との間柄についても用いる。

一栄一辱（いちえい・いちじょく）和

ほまれを受けたり、はずかしめを受けたりすること。栄辱（ほまれ・はずかしめ）を分けたものに、一（あるとき）を添える。あるときはほまれ、あるときははずかしめ、という。波乱に富む生涯の場合に用いる。

▽七転八起、一栄一辱、棺に白布を覆うに至って初めてその名誉が定まるんだ〔坪内逍遥＊当

世書生気質〕
▽望みを交友より嘱せられたる愛子は、一栄一辱、一喜一憂、世態大概かくのごとし〔山路愛山＊頼襄を論ず〕
○一栄一辱を繰り返す　○一栄一辱の一生

一億一心（いちおく・いっしん）和
一億の者が同じ心になって、同じ目的に向かうこと。一億が、心を一つにする、という。第二次世界大戦中に、日本政府が国民に示した標語の一つ。
▽訳の分かったような四角四面の一億一心づらをしていることこそ、うその骨頂なので〔正宗白鳥＊日本脱出〕
▽アメリカが来るまでは一億一心でやって、来てからはその時々の主張に〔吉田健一＊マクナマス氏行状記〕
○一億一心で進む　○一億一心の掛け声

一行一句（いちぎょう・いっく）和
文章の部分部分のすべてのこと。文章の行・句、それぞれに一を添える。どの一行も、どの一句も、という。
▽自分の書く一行一句が、ことごとく事物や現象の真を突いて、微動だもしない〔石坂洋次郎＊若い人〕
○一行一句を味わう　○一行一句もおろそかにせず

一行半句（いちぎょう・はんく）和
文章のわずかな部分のこと。文章の行・句、それぞれに一・半を添える。一行も半句も、という。
▽この満市の耳を驚かした主婦の自殺については、一行半句も書いてない〔木下尚江＊良人の自白〕
○一行半句も見逃さない　○一行半句にも気を遣う

一郡一県（いちぐん・いっけん）和
狭い範囲のこと。一つの郡、一つの県、という。中国では郡の中に県があるが、日本では県の下に郡がある。
▽初めから山賊に成り下がっていたのでは、一郡一県を切り取ることさえもできぬ〔柴田錬三郎＊柴錬水滸伝〕
▽例えば一郡一県に人の死亡することあらんに、その不幸を悲しむは人情の常なれども〔福沢諭吉＊福翁百話〕
○一郡一県のうわさ　○一郡一県には名の知れた人物

一芸一能（いちげい・いちのう）和
一つのりっぱな芸能のこと。芸能（わざのはたらき）を分けたものに、一を添える。一つの芸能、という。
▽聖明の代に当たって、一芸一能の士も進んで力を致すべき時勢に、岩穴に独処するなぞ〔徳富蘆花＊黒潮〕
▽いかに一芸一能に秀でようとも、人として五常をわきまえねば、地獄に落ちる〔芥川竜之介＊地獄変〕
○一芸一能を極める　○一芸一能の師

一言居士（いちげん・こじ）和
何に対しても自分の意見を一つだけ言う人のこと。一言（ひと・こと）だけ言う居士（悟った男）、という。居・士は、呉音でコ・ジと読む（漢音・キョ・シ）。
○例の一言居士が発言する　○自他共に認める一言居士
（参考）一言こじる人を擬人名化したもの。コジルというのは、間に物を入れて無理にネジルことである。それが、ひゆ的に、相手をやり込める意味になった。そのような形で一言だけコジル人が、一言居士と呼ばれている。発言居士、投書居士などとも用いる。居士を当てたのは、仏教で、家に居する主人を居士と称したからである。本来は資産家の意味であったが、在家のまま帰依する男子の意味になり、さらに、成人男子の法名に添える称号ともなった。ただし、漢文では「道芸の処士ヲ謂フ」と注されているとおり、学芸に長じながら仕官しない人のことである。民間人が号の下に添えるのは、この意味である。

一言○○（いちげん・……）⇩いちごん・……

一期一会（いちご・いちえ）和
一生に一度、これだけ限りであると考えること。一期（人が生まれてから死ぬまで）に、一会（ただ一回だけ会う）だ、という。そのように考えて、誠意を込め、おちどのないように行う場合に用いる。
▽歩きながら、一期一会と、声に出して言ってみた。毎日が文字どおり一期一会なので〔郷静子＊れくいえむ〕
▽一期一会ということは、茶人の風流でもなければ、さびの気持ちでもない〔壬生台舜＊般若心経〕
○一期一会を大切にする　○一期一会の縁
(参考) 千利休の高弟、山上宗二の茶湯者覚悟十体に、一期に一度の会という語がある。これを解説した井伊直弼の茶湯一会集には、「例えば、幾たび同じ主客交会するとも、今日の会に再び返らざることを思えば、実にわが一世一度の会なり。これを一期一会という」とある。茶道精神を集約したものとして貴ばれている。そこから、人との出会いを大切にする意味でも用いる。

一語一句（いちご・いっく）和
一つ一つのことばのこと。語句（単語・連語）を分けたものに、一を添える。一つ一つの語句のこと。
▽西洋のどこかのことばであるなら、そのうちの一語一句ぐらい、当て推量にでも〔正宗白鳥＊日本脱出〕
▽その世態人情をうがつところ、一語一句の間に無限の妙を存するは言うまでもなく〔正岡子規＊松蘿玉液〕
○一語一句を味わう　○一語一句にも気を配る

一語半句（いちご・はんく）和
文章のわずかな語句のこと。語句〔単語・連語）を分けて、一・半を添える。どの一語も、どの半句も、という。▽かつて一語半句も漏らした覚えのありませぬことは、神様がご承知くださいます〔木下尚江＊火の柱〕○一語半句もおろそかにしない　○一語半句も逃さず

一言一語（いちごん・いちご）和

一つ一つの単語のこと。一語（単語の一つ一つ）に、一言（ことばとしていう一つ一つ）を添えて、意味を強める。一語ごとに、という。▽看護婦の一言一語を心に刻みながら、俊三は静かに病室のほうへ歩みを運んだが〔木下尚江＊良人の自白〕▽相手の男子たり女子たるを問わず、これに向かって一言一語も油断することなく〔福沢諭吉＊福翁百話〕○一言一語にけちをつける　○一言一語、確かめる

一言一句（いちごん・いっく）和

一つ一つのことばのこと。一言（ことばとしていう一つ一つ）と、一句（一続きのことばの一つ一つ）を、組み合わせて表す。一つの言、一つの句ごとに、という。▽野島は、仲田の一言一句で自分の心が左右され、上がったり下がったりするのを〔武者小路実篤＊友情〕▽道有の漏らす一言一句が、政治的な意味においても、多くの聞き手の注意を集めて〔花田清輝＊鳥獣戯話〕○一言一句に迷わされる　○一言一句の内容

一言一行（いちごん・いっこう）漢

言ったり行ったりする、その一つ一つのこと。言行（いう・おこなう）を分けたものに、一を添える。どの言行も重要な場合に用いる。▽一言一行ことごとく根底を世間実在の事態に占め、絶えて空漠荒唐にわたるものなし〔末広鉄腸＊雪中梅〕

▽その品性より流れいずる一言一行は、もとより天下の豪傑を鼓舞作興するに足りき〔山路愛山＊現代金権史〕

○一言一行を慎む　○一言一行の記録

㊜参考　清・顧炎武の文に、「苟（いやし）クモ一言一行ノ吾ニ合フ者有レバ、従ッテ之ヲ追慕ス」とある。自分と同じことを言ったり行ったりした者が見つかると、慕わしい気持ちになる、他人の言行にも関心を持っている、という。

一言半句（いちごん・はんく）漢

わずかなことばのこと。半句（一続きのことばの半分）に、一言（ことばとしていう一つ一つ）を添えて、意味を強める。打ち消しの形で用いることが多い。

▽お上人様が一言半句十兵衛の細工をお疑いなさらぬ以上は、何心配のこともなし〔幸田露伴＊五重塔〕

▽大変残念そうである。不思議なことには、寒月君のことは一言半句も出ない〔夏目漱石＊吾輩は猫である〕

○一言半句も触れない　○一言半句も争う者はいない　○一言半句も言わせず　○一言半句の礼も言わない

㊜参考　清・朱玉の朱子文集に、「一言半句、亦タ、自ラ見ル可シ」とある。ごくわずかなことばでも、自分で確かめなければいけない、という。中国語では、同じ意味で、一言半語、一言半字などの形も用いる。ただし、打ち消しの形で用いるのは、日本での用法である。

一事一物（いちじ・いちぶつ）和

あらゆるもののこと。事物（こと・もの）を分けたものに、一（それぞれ）を添える。それぞれの事物、という。

▽およそ天地間にある一事一物、これをつかさどるところの鬼神あらざるはなし〔福沢諭吉＊文明論之概略〕

▽世にあらゆるもろもろの応接に至るまで、一事一物、いずれか致知の地にあらざる〔室鳩巣

＊駿台雑話〕
○一事一物にも気を遣う　○一事一物を比較して

一字一句（いちじ・いっく）和
一つ一つのことばのこと。字句（文字で書かれたことば）を分けたものに、一を添える。一つ一つの字句のこと。それが大切であると考える場合に用いる。
▽一字一句のうちに宇宙の一大哲理を包含するは無論のこと、その一字一句が〔夏目漱石＊吾輩は猫である〕
▽燃えるような気持ちで、一字一句の意味をことごとく心の中に吸い取った〔石川達三＊風にそよぐ葦〕
○一字一句、覚えている　○一字一句のまちがいもなく

一時一処（いちじ・いっしょ）和
そのとき、そのところのこと。時（とき）・処（ところ）、それぞれに一を添える。そのとき一回だけという場合にも用いる。現代表記では、処↓所（ところ）が一般的。
▽一時一所の人心を喜ばしむるは容易にして、広く人心を感動するは難きことなり〔坪内逍遥＊小説神髄〕
▽かれも一時一所なり、これも一時一所なり、一もって貫くべき道はあるべからず〔福沢諭吉＊文明論之概略〕
○一時一所の変にすぎない　○一時一所の出来事として

一字千金（いちじ・せんきん）漢
一字一字に非常に値うちがあること。一字だけでも、千金（千両・多額の金銭）の値うちがある、という。詩文や教訓の文字を尊重する意味で用いる。
▽一字千金、二千金、三千世界の宝ぞと、教える人に習う子の中に交わる菅秀才〔浄瑠璃＊菅原伝授手習鑑〕
▽上人も喜びおぼしめし、荒き風にも当てじと、

御志の今までも一字千金なり〔謡曲*雷電〕
○一字千金に値する ○一字千金と思って
(参考) 史記に、呂氏春秋を書いた呂不韋が、これを咸陽の門に並べて千金を懸けたときのことばがある。「能ク一字ヲ増損スル者有ラバ、千金ヲ予ヘン」とある。自分の文章に一字でも増減する者がいれば、この千金を与えよう、という。当時これに応じる者はいなかったが、このことに基づいて、詩文を褒める場合に用いるようになった。南朝梁・鍾嶸の詩品に、「心ヲ驚カシ、魄ヲ動カス、一字千金ニ幾シト謂フ可シ」とある。「一字千金ニ値ス」という形でも用いる。

一日千秋（いちじつ・せんしゅう） 漢
待っている時間や日にちが、非常に長く感じられること。一日が、千秋（千年）に感じられる、という。俗に、一日をイチニチと読む。
▽一日千秋の思いで待っている者があるのを、かわいそうとは思わないのか〔武者小路実篤*愛と死〕
▽シアトルのほうに来て、わたしの着くのを一日千秋の思いで待っているだろうに〔有島武郎*或る女〕
○一日千秋に感じて ○一日千秋の思いをして
(参考) 詩経に、「彼シコニ蕭ヲ采ル、一日見ザレバ三秋ノ如シ」とある。ヨモギを採っている若い女性の姿、それを遠くから見る男性の気持ちが詠み込まれている。一日見なければ孟秋（七月）・仲秋（八月）・季秋（九月）の三か月が過ぎたように思われる、という。ただし、漢文では、多を表すときにも三を用いる。そのため、日本では、一刻千金などとの関連から三を千に改め、一日千秋として用いる。さらに、一刻千秋の形でも用いる。

一汁一菜（いちじゅう・いっさい） 和
非常に質素な食事のこと。汁・菜、それぞれに一を添える。副食物が汁一品・菜一品だけ、という。粗末な食事の場合にも用いる。宴会料理は三汁九菜とされていた。
▽人民の膏血を搾ったりしなくても、諸君が一汁一菜で、女に費やす金を向けたら〔徳富蘆花＊黒潮〕
▽将軍の日常生活が一汁一菜式の質素を極めたものであったという世評は〔石坂洋次郎＊若い人〕
○一汁一菜を貫く　○一汁一菜の毎日　○一汁一菜主義

一上一下（いちじょう・いちげ）和
上げたり下げたり、上がったり下がったりすること。上下（あげる・さげる）を分けたものに、一（あるとき）を添える。事態に応じて適当な処置をする場合や、かけひきをする場合にも用いる。
▽フォークとナイフを十文字に構えたが、おさを投げるように左右の一上一下するのを〔尾崎紅葉＊多情多恨〕
▽行くも憂し、行かぬも憂しと、腹のうちは一上一下、虚々実々、発矢の二、三十も〔斎藤緑雨＊かくれんぼ〕
○一上一下と切り結ぶ　○一上一下する車

一族郎党（いちぞく・ろうとう）和
子分も含めての氏族全員のこと。一族（同じ氏族の者）と、郎党（家人の者）を、組み合わせて表す。郎党は郎等とも書く。共に、古くはロウドウと読んだ。
▽城の運命が決まって、一族郎党が自害をしたときに、おのれも死ぬべき命であると〔谷崎潤一郎＊聞書抄〕
▽一族郎党皆殺しにしたあげく、金銀財宝は残らずかっさらっていってしまった〔柴田錬三郎＊柴錬水滸伝〕
○一族郎党を引き連れて　○一族郎党以外は

一諾千金（いちだく・せんきん）漢
承諾に非常な値うちがあること。一諾（一度承諾すること）に、千金（千両・多額の金銭）の値うちがある、という。約束したことは絶対に重んじなければいけない、という意味でも用いる。

▽子路が独立不羈の男であり、一諾千金の快男児であるだけに、孔子の前にはべっている姿は〔中島敦＊弟子〕

○一諾千金に値する　○一諾千金の約束

(参考) 史記に、前漢・季布が約束を重んじる人物であったことについて、次のように書かれている。「黄金百斤ヲ得ルモ、季布ノ一諾ヲ得ルニ如カズ」とある。これによれば一諾百斤になるが、日本では百斤を千金に改め、一諾千金として用いる。なお、いったん承諾したら必ずその約束を果たす季布のような人物を、然諾の士という。

一読三歎（いちどく・さんたん）漢

文章を一度読んで、何度も感心すること。一読（ひとたび・よむ）して、三歎（何度も・褒める立場でため息をつく）する、という。現代表記では、歎は嘆と書くのが一般的。詩歌には、一倡三歎を用いる。

▽あるいは同情の涙を催さしめ、またあるいは一読三嘆、机を打って快哉を叫ばしむる〔穂積陳重＊法窓夜話〕

▽さっそく拝見いたし候ところ、いつもながらのご名文、一読三嘆つかまつり候〔佐山順吉＊書簡新辞典〕

○一読三嘆の興奮を覚える　○一読三嘆の書

(参考) 一倡三歎の参考欄を参照。なお、坪内逍遥の当世書生気質の表題には、一読三歎の四字が、二字ずつの角書きで添えられていた。

一人当千（いちにん・とうせん）漢

非常に力があること。一人の力が、千人の力に当たる、という。人間の価値をいう語であるが、一般の勇者や能力者にも用いる。当千は、古くはトウゼンと読んだ。

▽すわといわば打ちも掛かるべき面魂、すべて一人当千と見えざるはなかりけり〔曲亭馬琴＊里見八犬伝〕

▽「これをこそ一人当千のつわものとも言うべけれ」とて、口々に惜しみ合えりければ〔平家物語〕

○一人当千ともいわれた選手　○一人当千の勇士

参考　前漢・劉向(りゅうきょう)の戦国策に、「韓卒ノ勇、堅甲ヲ被リ、勁弩(けいど)ヲ蹠(ふ)ミ、利剣ヲ帯ビ、一人百ニ当タルコト、言フニ足ラザルナリ」とある。これによれば一人の力で百人に当たるから、一人当百になる。また、史記には、「諸将、皆、壁上ニ従ッテ観(み)ル。楚ノ戦士、一以テ十ニ当タラザル無シ。呼声、天ヲ動カス」とある。これによれば一人で十人に当たるから、一人当十になる。なお、中国語では、一人当十、一人当百の形を、非常に勇敢な意味で用いる。日本では、さらに誇張し、一人当千、一騎当千の形で、勇者だけでなく、能力者にも用いる。

一念発起（いちねん・ほっき）　仏悟りを開く決心をすること。一念（ひとたび・おもう）して、発起（くわだて・おこす）する、という。新たに事を始める場合にも用いる。

▽女房を持つのが堕落なら、何ゆえ一念発起して、赤の他人になっちまえと言わぬ〔二葉亭四迷＊平凡〕

▽この水加減を万人が楽しむようにしたいものだと、一念発起、普及に努めています〔安部公房＊水中都市〕

○一念発起するとき　○一念発起の時が来る

参考　仏教で念というのは、極めて短い時間（刹那の六十分の一）のことである。信心を起こすのもある瞬間的な心の出来事と考え、これを一念という。発起というのは思い立つことで、ここでは悟りを求めようと決意することをいう。一念発起菩提心というのが正式の言い方で、それを略したのが一念発起である。しかし、念に思うという意味があることから、一般には、一念について、ひとたび・おもう、と解釈されている。

一罰百戒（いちばつ・ひゃっかい）洋
一人を罰することによって、他の犯罪を予防すること。一罰（一人の・処罰）で、百戒（百人の・いましめ）とする、という。刑罰の考え方exemplary punishmentを四字漢語にしたもので、犯罪予防の立場で用いる。
▽考え方の違いも捜査の壁になったと聞くと、一罰百戒ということばはないのかなと〔朝日新聞＊天声人語〕
○一罰百戒を期待する　○一罰百戒のみせしめ

一分一厘（いちぶ・いちりん）和
極めてわずかなこと。分（十分の一）・厘（百分の一）、それぞれに一を添えて、意味を強める。打ち消しの形で用いることが多い。
▽一分一厘も違わねえものばかりだと自慢をしたり、もうそんなのあいけねえよ〔子母沢寛＊勝海舟〕
▽鼻下の八字ひげが光沢がない、これはその人物が一分一厘の活気もない証拠だ〔石川啄木＊雲は天才である〕
○一分一厘たがわず　○一分一厘の狂いもなく

一部始終（いちぶ・しじゅう）和
物事の始めから終わりまでのこと。一冊の書物の始めから終わりまで、という。旧表記で、一伍一什とも書いた。
▽四匹ながら捨ててきたそうだ。白君は涙を流してその一部始終を話したうえ〔夏目漱石＊吾輩は猫である〕
▽乳母は娘を物陰へ呼んで、町で聞いてきた一部始終を告げてから、またしても〔谷崎潤一郎＊聞書抄〕
○一部始終を書き留める　○一部始終のいきさつを知る　○一部始終を告白する　○あの夜の一部始終について

一望千里（いちぼう・せんり）和
非常に遠くまで見渡せること。一望みで、千里の先までも見える、という。眺めが広々としている場合に用いる。

▽その向こうは、一望千里ともいわるべきむしろ田が、はるばると地平線の末まで連なり〔田山花袋＊野の花〕
▽悠々たる白雲も、一望千里の沃野も、沿道の町や村も、すべてに感じを受ける仲麿だった〔高木卓＊遣唐船〕
○一望千里に広がる　○一望千里の荒野

一木一草（いちぼく・いっそう）和
そこに植わっている草や木すべてのこと。草木（くさ・き）を分けたものに、一を添える。一本の木、一本の草も、という。極めてわずかなものの例えにも用いる。
▽されば、庭中の一木一草も、皆これ祖先の詩興を動かした形見とて〔永井荷風＊腕くらべ〕
▽まず、この砲撃に、山陰は一木一草をも残さざる焼土となりましょう〔子母沢寛＊勝海舟〕
○一木一草に至るまで　○一木一草といえども

一味徒党（いちみ・ととう）和
仲間そのもののこと。徒党（ともがら・なかま）に、一味（同じ気持ちを持つ者の集まり）を添えて、意味を強める。特に悪い仲間の場合に用いることが多い。
▽そうか、それじゃおれもやろうと、即座に一味徒党に加盟した〔夏目漱石＊坊っちゃん〕
▽事件に関しては全く無関係であって、犯人として、大夫房の一味徒党だけが挙げられ〔花田清輝＊小説平家〕
○一味徒党に加わる　○一味徒党の連判

一網打尽（いちもう・だじん）漢
一度に全部捕らえること。一つのあみで、多くの魚を捕り尽くす、という。一度に全部終わる場合にも用いる。
▽ある晩とうとう、用心深く集まったにもかかわらず、一網打尽に検束されて〔平林たい子＊砂漠の花〕
▽市街は一網打尽に焼かれたのだから、遠景が見えた。南の方角に青黒い山が見え〔井伏鱒二＊黒い雨〕

○一網打尽に捕らえられる　○一網打尽の手を打つ

（参考）南宋・魏泰の東軒筆録に、北宋・劉元瑜が蘇舜欽の弾劾に当たって関係者をすべて捕らえたときの記述がある。劉元瑜は「聊カ、相公ノ為ニ一網打尽セリ」と報告した、とある。関係者を一挙にすべて捕らえたことを、一網で魚を全部捕ったことに例えた言い方である。当時は、これに連座する者が多く、一時期そのために人材がいなくなった、という。

一目瞭然（いちもく・りょうぜん）漢

ちょっと見ただけで、はっきり分かること。ひとめで、瞭然（はっきり）だ、という。

▽なあに、答案をざっと見れば一目瞭然だったさ。同じことをそろって間違えているのだ〔大仏次郎＊旅路〕

▽よい機会であるから、胸に何の曇りもないところを写真で一目瞭然と示されたほうが〔谷崎潤一郎＊細雪〕

○だれの目にも一目瞭然で　○一目瞭然たる事実

（参考）南宋・黎靖徳の朱子語類に、「高キヨリ下ヲ視レバ、一目瞭然タリ」とある。一目で全体を見ることができる、という。これが本来の用い方であるが、見ただけで明らかだという場合に用いるようになった。中国語では、一目了然と書く。日本でも、現代表記として、瞭（あきらか）→了（さとる）としたことがあるが、一般には行われなかった。

一問一答（いちもん・いっとう）漢

一つ一つ分けて尋ねることに対して、一つ一つ分けて答えること。問答（とう・こたえる）を分けたものに、一を添える。一つ問い、一つ答える、という。

▽千人もの記者団と四十五分もの一問一答をして、当意即妙のユーモアで魅了した〔朝日新聞＊天声人語〕

▽一問一答の末、実際の艦の内容が明らかにな

ってから補強工事を行うことに決定した〔吉村昭＊戦艦武蔵〕

○一問一答を繰り返す　○一問一答で明らかになる

参考 西晋・杜預（どよ）の春秋左氏伝序疏（じょそ）に、「上、一問一答シテ、註（ちゅう）ヲ作ルヲ説ク」とある。一つ一つ取り上げて答える形がよいのだ、という。なお、日本では、中世の武家訴訟法による訴訟の最初の段階に一問一答というのがあった。原告と被告が交互に訴状と陳状を提出して争うことをいう。実際には三回行うことが許されたから、三問三答とも称した。ただし、このほうは、現在の一般語としての一問一答とは異なるものである。

一文半銭（いちもん・はんせん）和

極めてわずかな金銭のこと。文・銭、それぞれに一・半を添えて、意味を強める。文は昔の金銭の最小単位。銭は円の百分の一で、同じく最小単位。一文でも、半銭でも、という。

▽ばかばかしい。これまでだって、江南の家へ一文半銭注ぎ込んだことがあるかい〔内田魯庵＊社会百面相〕

▽九百万減額代議士、一文半銭のまけなしに、その九百万論を突っ張りてそれ可なり〔中江兆民＊兆民文集〕

○一文半銭もまけられない　○一文半銭も私しない

一文不知（いちもん・ふち）仏

文字を全く知らないこと。一つの・文字も、知ら・ない、という。読み書きができない人の場合に用いる。文字が理解できない場合は、一文不通を用いる。

▽一文不知の僧と、剛毅木訥の民とには、前後のたがい、言うに及ばぬことぞ〔上田秋成＊胆大小心録〕

▽一文不知のやつがれなれば、ことわざにいう、とうろうのおの、猿侯が月〔十返舎一九＊東海道中膝栗毛〕

○一文不知の子供すら

参考　仏教では、経文の一文も知らない場合に一文不知という。一文も読めない、読んでも意味が理解できない場合に、一文不通という。いずれも、愚者とされている。ただし、一般には、文を文字と解釈し、一字も知らない者、一字も理解しえない者の意味で用いる。

一文不通（いちもん・ふつう）仏

文字が全く理解できないこと。一つの・文字も、通じ・ない、という。意味が分からない人の場合に用いる。文字を知らない場合は、一文不知を用いる。

▽無仏世界の孤島に生まれて、一文不通の荒えびすなれど、人のよしあしをも開悟し〔曲亭馬琴＊椿説弓張月〕

▽江戸京橋に、紀国屋作内とて、一文不通の者、酒を造りて商売とす〔浅井了意＊東海道名所記〕

○一文不通ながら　○一文不通、愚鈍の身として

参考　一文不知（いちもんふち）の参考欄を参照。

一揚一抑（いちよう・いちよく）和

調子を高くしたり、低くしたりすること。抑揚（おさえる・あげる）を分けたものに、一を添える。あるときは・あげ、あるときは・おさえる、という。ほめたり、そしったりする場合にも用いる。

▽「それだけだ」ということばは、すこぶる一揚一抑の趣に富んでいる〔芥川竜之介＊侏儒の言葉〕

▽一揚一抑は、もとより批評家の特権内にあり。居士は口を極めて賛美し〔高田半峰＊当世書生気質の批評〕

○一揚一抑に感服する　○一揚一抑の妙

一陽来復（いちよう・らいふく）漢

冬が去って春が来ること。陰が終わって、陽が戻ってくる、という。冬至のこと。悪いことが終わり、よいことに向かう場合にも用いる。来

復を来福と書くのは誤り。

▽それによって一陽来復の春を感じたのではなかったが、久しぶりに筆を執る喜びは〔正宗白鳥＊人間嫌い〕

▽一陽来復をこいねがう人生の落ち武者が、稲荷の周りにしがない生計を営んで〔坂口安吾＊古都〕

○一陽来復を待つ　○一陽来復の日ざし

(参考) 易経に、「此ニ至リ、七爻シテ一陽来リ復ル、乃チ天運ノ自然ナリ」とある。冬の陰の気の中に春の陽の気が始まることをいう。悪いことが重なると、どこまで悪くなるか、見当もつかない。そのとき、少しでもよいことが起こると、これが一陽来復である。それが、陰から陽に転じるきっかけになる。その時期を冬至と考え、春の初めとするのも一陽来復である。

一利一害（いちり・いちがい）漢

都合がよい点もあるが、都合が悪い点もあること。利害（よい・わるい）を分けたものに、一を添える。利があるけれども、同時に害もある、という。よくなる点、悪くなる点については、一得一失を用いる。

▽住めば都、どこも一利一害、一得一失、今日までのところ、継続し来れること〔三宅雪嶺＊小紙庫〕

▽およそ物には一利一害がある。保守的にも、よいところがあり、悪いところもある〔江森泰吉＊大隈伯百話〕

○交代するのも一利一害で　○一利一害の代案

(参考) 元史に、「一利ヲ興スハ一害ヲ除クニ若カズ、一事ヲ生ヤスハ、一事ヲ減ラスニ若カズ」とある。よいことを始めるよりも悪いことを除いたほうがよい、という。日本で用いる一利一害も、利と害とを対照した点は同じである。ただし、意味は異なっている。

一笠一杖（いちりゅう・いちじょう）仏

わずかな持ちもののこと。ひとつの・かさ、ひとつの・つえ、という。修行者の旅仕度について用いる。
▽一所不住、一笠一杖のほかに身を縛る何物もないというのが、旅の旅たるゆえんで〈唐木順三*応仁四話〉
▽ましてや、一笠一杖で一日五里ないし十里をぽくぽくとたどって霊場参りをすると〈内田魯庵*家常茶飯〉
○一笠一杖の旅に出る　○一笠一杖に身を託して

〔参考〕一鉢一杖の参考欄を参照。

一粒万倍（いちりゅう・まんばい）仏

米一粒でも粗末にしてはいけないこと。わずか一粒でも、万倍になる、という。わずかなものから非常に多くの益を上げることができる場合にも用いる。
▽「おととと、こぼれるわえ、一粒万倍、万倍」と、こぼれし酒を額へつけ〈歌舞伎*夢結蝶鳥追〉
▽妻よりほかの者の知らぬとらの子あれば、これを種にして一粒万倍の手品もあるべし〈幸田露伴*酔郷記〉
○一粒万倍と大切に扱う　○一粒万倍の例えのとおり

〔参考〕本来は仏教の考え方で、一つの善行によって万倍もの恩恵が受けられるということである。報恩経に「世間、利ヲ求ムルニ、田ヲ耕スヨリ先ナル者ハ莫シ。一ヲ種ウレバ万倍ス」とある。転じて、米一粒でも粗末にしてはいけない、という意味で用いる。

一厘一毛（いちりん・いちもう）和

極めてわずかな金銭のこと。厘（銭の十分の一）・毛（厘の十分の一）、それぞれに一を添えて、意味を強める。一厘でも、一毛でも、という。
▽勉強して稼いだ正直な金は一厘一毛も貴いから、あだおろそかにはできない〈内田魯庵*社会百面相〉
▽一厘一毛の銭もこれを大切にし、進んでさま

ざまの事業を務めて、身を立て家を興す〔福沢諭吉＊福翁百話〕

○一厘一毛といえども　○一厘一毛の違いもなく

一蓮托生（いちれん・たくしょう）仏　死んだあとまでも変わらない愛情の約束をすること。同じハスの花に、生を任せる、という。協同して事を行い、運命を共にする場合にも用いる。

▽船の中で、「今日は呉越同舟の船かね、それとも一蓮托生の船かね」と言いまして〔岡本かの子＊生々流転〕

▽声を限りに火の上より、一蓮托生、南無阿弥陀仏と踏み外し、しばし苦しむなり〔浄瑠璃＊心中天の網島〕

○一蓮托生の契りを結ぶ　○そうなれば一蓮托生だ

（参考）仏教では、生きているうちに善いことをすれば、死後は、極楽浄土でハスの花の中に生まれるとされている（悪いことをすれば、地獄に落ちて苦しめられる）。そのとき、この世でいろいろな邪魔が入っても、仲のよい夫婦は同じハスの花の中に生まれる、という。そのことを信じて共に死ぬのが、思い合う男女の心中である。転じて、善悪にかかわらず運命を共にする場合に用いる。

一路平安（いちろ・へいあん）漢　旅に出る人を見送る場合に、目的地までの無事を祈る意味で用いることば。一路（すべての・みちすじ）が、平安（たいらかで・やすらか）だ、という。どうぞご無事で、の気持ちを表す場合に用いる。

▽朝廷も特に祭壇を設けて、自分たちの一路平安を祈られたではないか、と仲麿は答えた〔高木卓＊遣唐船〕

○一路平安を祈る　○一路平安なれかしと

（参考）明・范（はん）受益の尋親記に、「大王爺（や）、弟子ノ一路平安ト脚軽手健ヲ保佑（ほゆう）ス」とある。途中の無事と手足の健康を助けた、という。中国では、一路平安という語が、旅立つ人に無事を祈るあいさつことばとなっている。ただし、日本では、本来の意味で用いる。

一家一門（いっか・いちもん）和

一族の者すべてのこと。家（家族の者）・門（親族の者）、それぞれに一（おなじ）を添える。

▽一家一門の光栄の歴史の表に輝かすことができるのだものを、残念至極だという〔木下尚江＊良人の自白〕

○一家一門の者　○一家一門の将来　○一家一門にとり

一家眷属（いっか・けんぞく）漢

一族の者すべてのこと。一家（同じ・家の者）と、眷属（世話をする・親族）を、組み合わせて表す。配下の者を含む場合にも用いる。眷属は、眷族とも書く。

▽猛者は一もいなかった。あっという間に、黄文炳の一家眷属は残らず殺された〔柴田錬三郎＊柴錬水滸伝〕

▽三月半ば、春とはいえ寒波が襲った肌寒い日に、一家眷属が八畳間に集まった〔加賀乙彦＊雨の庭〕

○一家眷属を養う　○一家眷属の間では

(参考) 清・康有為の広芸舟双楫（しゅう）に、後漢・孔宙と曹全につき「孔宙・曹全、是レ一家眷属ニシテ、皆、風神逸宕（いっとう）ヲ以テ勝ル」とある。中国では、家人だけでなく、ひゆ的に同一流派にも用いる。ただし、日本では、そこまで広義には用いない。

一家相伝（いっか・そうでん）仏

特定の家だけに代々伝えてきたこと。一家が、相伝える、という。特殊な技術に行われてきた制度である。

▽満天下の人間をばかにする一家相伝の妙薬が詰め込んである〔夏目漱石＊吾輩は猫である〕

○一家相伝で今日に至る　○一家相伝の秘法

(参考) 一子（いっし）相伝（そうでん）の参考欄を参照。

一家団欒（いっか・だんらん）和　家族の者が集まって楽しむこと。一家が、団欒（かたまって・なごやか）だ、という。欒は、本来は柱の上にあって上を支える四角な木（ますがた）のこと、転じて、人の集まりのなごやかなさまのこと。

▽二十年来、心から愉快を覚ゆるのは、ただ一家団欒の食卓に対するときのみなので〔永井荷風＊地獄の花〕▽見計らって、家族の者が食卓に着いた。一家団欒は、そのときまでしまわれていた〔丹羽文雄＊青麦〕

○一家団欒を楽しむ　○一家団欒する暇もない

一攫千金（いっかく・せんきん）和　一度に大きな利益を得ること。ひとつかみで、千金（千両・多額の金銭）を手にする、という。一攫万金とも。現代では、攫（つかむ）↓獲（える）とも。費やす場合は、一擲（いってき）千金を用いる。

▽あげくの果てに、一獲千金を夢みて、また何か発明をやろうと考えている〔石川達三＊風にそよぐ葦〕▽それを作って売り出せば、たやすく一獲千金の金もうけができるにもかかわらず〔河上肇＊貧乏物語〕

○一獲千金の機をねらう　○一獲千金の利を得る

一攫万金（いっかく・ばんきん）和　一度に極めて大きな利益を得ること。ひとつかみで、万金（万両・極めて多額の金銭）を手にする、という。一攫千金とも。現代では、攫（つかむ）↓獲（える）とも書く。

▽会社を設立し、工場を興造し、もって一獲万金の巨利を占むることを求むるに急にして〔中江兆民＊国会論〕▽注文が出たから、ここぞ一獲万金と、半狂乱で奔走したが、元手のないやつはだめだ〔内田魯庵＊落紅〕

○一獲万金を夢みる　○一獲万金のぼろもうけ

一喜一憂（いっき・いちゆう）漢

喜んだり、心配したりすること。喜憂（よろこぶ・うれえる）を分けたものに、一（あるとき）を添える。あるときは・喜び、あるときは・憂える、という。

▽試験の成績に一喜一憂し、どんなことでも試験に関係のないことならどうなとなれと〔二葉亭四迷＊平凡〕

▽我らごとき者の一喜一憂は、無意味といわんほどに勢力のないという事実に〔夏目漱石＊思い出すことなど〕

○一喜一憂に終始する　○天候によって一喜一憂する

参考 後漢・蔡琰(さいえん)の胡笳(こか)十八拍に、「斯(こ)ノ夢中に、手ヲ執リテ一喜一悲ス。覚メテ後、吾ガ心ヲ痛メ、休歇(きゅうけつ)無シ」とある。夢で一喜一悲し、目覚めてから心が落ち着かない、という。日本では、悲を憂に改めて用いる。漢文では、一喜一怒、一喜一懼(いっく)なども用いる。

一気呵成（いっき・かせい）漢

一回の動作で詩文を作り上げること。一気（ひとつの・いき）に、呵成（いきをふいて・つくりあげる）する、という。広く、休まずに短い時間で完成させる場合にも用いる。進み方が非常に速い場合は、一瀉(いっしゃ)千里を用いる。

▽言文一致体で一気呵成に書き流した。何となくごたごたした文章である〔夏目漱石＊吾輩は猫である〕

▽おれは、締切日を明日に控えた今夜、一気呵成にこの小説を書こうと思う〔芥川竜之介＊葱〕

○一気呵成に駆け上がる　○一気呵成の仕上げ

参考 清・李漁の閑情偶寄に、北曲のせりふ部分について、「亦タ皆一気呵成、断続有ルコト無シ」とある。途中で止めずに一息で言う、という。これが本来の意味での用い方である。ひゆ的には、途中で休まずに作り上げる場合に用いる。ただし、日本では、一息で言う本来の意味では用いない。

一騎当千（いっき・とうせん）漢

非常に強いこと。一騎（ひとりの・馬に乗った兵士）で、千騎に当たる、という。勇者をいう語であるが、一般の能力者にも用いる。当千は、古くはトウゼンと読んだ。

▽いずれも遠い西海の果てから進出してきた一騎当千の豪傑ぞろいかと見える〔島崎藤村＊夜明け前〕

▽いずれも一騎当千の猛将と見えて、黒くたくましく、筋肉が発達している〔夏目漱石＊吾輩は猫である〕

○一騎当千のつわもの　○一騎当千ほどの勇士

（参考）一人当千（いちにんとうせん）の参考欄を参照。

一挙一動（いっきょ・いちどう）漢

一つ一つの動作のこと。挙動（手をあげる・体をうごかす）を分けたものに、一を添える。一つ一つの挙動という。それが重要な場合に用いる。

▽相手の所作が一挙一動ことごとく自分を目的にして働いてくるので〔夏目漱石＊思い出すことなど〕

▽わたしの一挙一動を見守る冷たい目の光も、いらだった気分をあからさまに示して〔武田泰淳＊異形の者〕

○一挙一動に表れる　○一挙一動を監視する

（参考）北宋・宣和遺事に、「此ノ章、一タビ出ヅレバ中外、咸知ル（みな）、一挙一動、天子、自由ヲ得ザルコトヲ」とある。一つ一つの行動が自由でない、という。中国語でも、人の行為や行動の意味で用いる。日本では、一挙手一投足の意味で、細かい動作をいう。

一挙両得（いっきょ・りょうとく）漢

一つの行動の結果として、二つの利益を得ること。一つ行って、二つ得る、という。二つの目的を果たす場合は、一石二鳥を用いる。

▽どうだい。それならぼくの主意も立ち、きみの望みもかなう。一挙両得じゃないか〔夏目漱

石＊野分〕
▽この女と取引が始まるのかと思うと、一挙両得のような期待が浮かばぬでもない〔平林たい子＊追われる女〕
○一挙両得を目指す ○一挙両得の策として
参考 晋書に、農業振興についての束晳の建議がある。「西州ニ徙遷シテ以テ辺土ヲ充ツ可シ。其ノ十年ノ復ヲ賜ヒテ以テ重遷ノ情ヲ慰ム。一挙ニシテ両ツナガラ得、外実チ、内寛シ。此レ又農事ノ大益ナリ」とある。辺土の土地を開拓させ、十年後に戻ることにすれば、内外共に充実する、という。これが一挙両得である。一つの計画で二つの成果が得られる場合に用いる。ただし、日本では、日常の行動について用いる。

一件落著（いっけん・らくちゃく）和
問題になっていることが片づくこと。一件（一つの事件）が、落著（おち・つく）した、という。現代表記（それ以前からも）では、チャク・ジャクの場合、著→着（俗字）。
▽「違いねえ」と客も苦笑しましたが、一件落着に及んだような元どおりの顔になり〔岡本かの子＊生々流転〕
▽一件落着を見る ▽こうして一件落着となった

一呼一吸（いっこ・いっきゅう）和
空気などを吸ったり吐いたりすること。呼吸を分けたものに、一（あるとき）を添える。あるときは・はき、あるときは・すう、という。それぞれが、短い時間の単位ともなる。よくなる前に悪くなる場合にも用いる。
▽一呼一吸、間断なく四六時中、直接に身に関係して生命の泉源ともいうべき空気の〔福沢諭吉＊福翁百話〕
▽海潮の大いに退くは、さらに大いに進まんがためなり。一呼一吸は天地の大法なり〔山路愛山＊現代金権史〕
○一呼一吸の間にも ○一呼一吸、恋にあらざるはなし

一国一城（いっこく・いちじょう）和

一つの国に一つの城を持つこと。国（くに）・城（しろ）、それぞれに一を添える。その主だという。そのような制度についても用いる。

▽一国一城のあるじになって、贅沢三昧をしてみたところでつまらねえ〔子母沢寛＊勝海舟〕

▽徳川時代には一国一城とて、国主といわるる大名も領分の城は必ず一か所に限り〔山路愛山＊現代金権史〕

○一国一城を持つ　○小さくとも一国一城の主

一刻一分（いっこく・いっぷん）和

極めてわずかな時間のこと。刻（わずかな時間）・分（時間の単位）、それぞれに一を添えて、意味を強める。

▽自分一人に集めて、その不安を、一刻一分の短時間に煮詰めた恐ろしさを経験している〔夏目漱石＊行人〕

○一刻一分をないがしろにしない　○一刻一分の緩みも

一刻千金（いっこく・せんきん）漢

時間が非常に貴重なこと。一刻（極めてわずかな時間）が、千金（千両・多額の金銭）に値する、という。時間が過ぎやすいのを惜しむ場合に用いる。

▽銭のために時を費やすはもったいない、わが身のためには一刻千金の時である〔福沢諭吉＊福翁自伝〕

▽かの一刻千金の商機の世界に立つ商人すら、なお安息日においては店を閉ざし〔徳富蘇峰＊新日本之青年〕

○一刻千金の一夜を楽しむ　○一刻千金の思いで

（参考）北宋・蘇軾（そしょく）の詩・春夜に、「春宵一刻、直千金（あたひせんきん）、花ニ清香有リ、月ニ陰有リ、歌管ノ楼台、声寂寂、鞦韆（しゅうせん）ノ院落、夜沈沈」とある。春の夜のすばらしさを詠んだ詩である。一刻が千金に値する、という。一般には、春の夜だけでなく、広く時間というものが貴重だという意味で用いる。時間の過ぎ去るのを惜しむ気持ちである。なお、中国語では十五分間が一刻であるが、一刻にはわずかな時間という意味もある。一刻千金の一刻は、後者の意味である。

一刻千秋（いっこく・せんしゅう）漢
待っている時間が非常に長く感じられること。一刻（極めてわずかな時間）が、千秋（千年）に感じる、という。
▽今か今かと文三が、一刻千秋の思いをして、首を伸ばして待ち構えていると〔二葉亭四迷＊浮雲〕
▽時之助の母親は、お光の帰るのを一刻千秋の思いで待っている〔国木田独歩＊泣き笑い〕
○一刻千秋に感じる　○正に一刻千秋であった
参考　一日千秋(いちじつせんしゅう)の参考欄を参照。

一切合財（いっさい・がっさい）和
すべて残らずということ。一切（物事のすべて）にそろえて、合財（すべてのもの）を添え、意味を強める。
▽「これきりかえ」「一切合財、一所帯これきりでございます」〔三遊亭円朝＊牡丹灯籠〕
▽行きがかりは、一切合財、雲煙過眼、お互いに天下の大計に向かって尽力しましょう〔子母沢寛＊勝海舟〕
○一切合財を失う　○一切合財が煙になった今となって　○一切合財、焼かれて　○もう一切合財いたしません

一切万事（いっさい・ばんじ）和
すべての場合のこと。万事（すべての場合）に、一切（物事のすべて）を添えて、意味を強める。
▽佐幕家の進退は、一切万事、君臣の名分から割り出して、徳川三百年の天下うんぬん〔福沢諭吉＊福翁自伝〕
▽こう一切万事を調べておいて実行を迫られると、義理にも文鳥を世話しなければ〔夏目漱石＊文鳥〕
○一切万事をお任せする　○一切万事、自分の責任で

一殺多生（いっさつ・たしょう）⇩いっせつ・たしょう

一子相伝（いっし・そうでん）仏

特定の子だけに代々伝えてきたこと。一子が、相伝える、という。学問・技芸に行われてきた制度である。

▽とりわけ大小秘事は、一子相伝というか、門外不出というか、秘中の秘とされており〔花田清輝＊小説平家〕

▽一子相伝の大事なれば、権三ていが茶の湯伝授許し受けるはずもござらねども〔浄瑠璃＊鑓の権三重帷子〕

○一子相伝で今日に至る　○一子相伝の秘術

(参考)本来は、仏教に見られた制度である。仏法の奥義の扱いに関して、その伝え方を定めた方針の一つとされている。仏法の奥義は、その資格のあるわが弟子一人にだけ伝える、という。その他には絶対に漏らしてはいけないとされていた。これが秘伝であり、広く学問・技芸の奥義にも適用されていた。時には、実子が優先された。ただし、特殊な技術の場合には、家を単位に伝えることも行われ、一家相伝とされた。

一視同仁（いっし・どうじん）漢

すべての人を、差別しないで、平等に扱うこと。視（みること）を一（おなじ）にして、仁（おもいやり）を同じにする、という。えこひいきしない場合にも用いる。

▽一視同仁、四海兄弟といえば、地球上の人民は等しく兄弟のごとくして〔福沢諭吉＊文明論之概略〕

▽わたしは、政党に対しては一視同仁で、特にどれをひいきにすることはないので〔正宗白鳥＊人間嫌い〕

○一視同仁の心を持って　○一視同仁という博愛主義

(参考)唐・韓愈（かんゆ）の原人論に、「人ハ夷狄禽獣（いてききんじゅう）ノ主ナリ。主ニシテ之ヲ暴（そこな）ヘバ、其ノ主為（た）ルノ道ヲ得ズ。是（こ）ノ故ニ、聖人ハ視ヲ一ニシテ仁ヲ同ジクス」とある。天を日月や星辰の主とし、地を草木や山川の主としたあとに続くことばである。仁とは、思いやり慈しむ気持ちであり、これが儒教の根本になる。だれかれの区別なく、すべての者に仁の気持ちで接することが大切だ、という。すべての特別視を排除するのが一視同仁である。

一紙半銭（いっし・はんせん）和

わずかなもののこと。紙一枚、銭半分、という。寺院などへの寄附で、ごくわずかな場合に用いる。

▽大施餓鬼を執行せしめられましたところ、公儀よりは一紙半銭のご喜捨もなく〔神西清*雪の宿り〕

▽だれか助成せざらん。仏塔功徳たちまちに仏因を感ず。いわんや一紙半銭の宝財においてをや〔平家物語〕

○一紙半銭も取らない　○一紙半銭の利に騒ぐ

一死報国（いっし・ほうこく）和

死ぬことによって国の恩を返すこと。一死（いちど・しぬ）で、報国（くにに・むくいる）する、という。

▽内容は元のままの滅私奉公であり、一死報国であるんだ。これに反する言論は〔石川達三*風にそよぐ葦〕

▽すると中阪君は、一死報国あるのみですと言ったきり、目に涙をためて黙り込んでしまった〔井伏鱒二*犠牲〕

○一死報国の覚悟で　○一億一心、一死報国

一瀉千里（いっしゃ・せんり）漢

物事の進み方が非常に速いこと。一瀉（ひとたび・水が流れる）すると、千里を行く、という。特に、文章を書き進める場合に用いる。一瀉を一写と書くのは誤り。休まずに急いで行う場合は、一気呵成を用いる。

▽何の工夫もなく、よく意味も分からないで、一瀉千里に書き流してきたが〔有島武郎*或る女〕

▽皆さん、難事件を一瀉千里に解決してくださって感謝します〔井伏鱒二＊多甚古村〕○一瀉千里の流れも止まる　○一瀉千里の勢いで

参考 清・黄六鴻（りくこう）の福恵全書に、「儼然（げんぜん）タリ、峡裡（きょうり）ノ軽舟、片刻、一瀉ニシテ千里」とある。また、明の王世貞は、方孝孺（こうじゅ）の文を「奔流滔滔（とうとう）トシテ、一瀉千里ナルガ如シ」と評した。本来は水の流れの速いことであるが、広く物事の進みに用い、特に筆力や弁舌に用いる。南宋・陳（ちん）亮（りょう）の文に、「長江ノ大河、一瀉千里、多ク怪シムニ足ラズ」とあるのが、本来の用い方である。

一趣異様（いっしゅ・いよう）和
非常に変わっていること。異様（他とことなる・さま）に、一趣（一つの・おもむき）を添えて、意味を強める。現代表記では、一趣↓一種（一つの・種類）が一般的。
▽右手は、たちまち一種異様の触覚をもって、今まで経験したことのないあるものに触れた〔夏目漱石＊道草〕
▽しばらく、わたしたちの周りには、一種異様な薄明かりが漂っているように見えた〔堀辰雄＊美しい村〕
○一種異様の雰囲気　○一種異様の鬼気のようなもの　○一種異様な身ぶり　○一種異様に感じて

一趣独得（いっしゅ・どくとく）和
そのものだけが他と異なっていること。独得（そのものだけが・えている）に、一趣（一つの・おもむき）を添えて、意味を強める。現代表記では、一趣↓一種（一つの種類）、独得↓独特（そのものだけが・特別）が一般的。
▽長い放心状態のあとでは、しばしばやってくるところの一種独特の錯覚であった〔堀辰雄＊美しい村〕
▽岸田夫人は、母性愛について一種独特の見解を持っていたが〔三島由紀夫＊純白の夜〕
○一種独特の手法　○一種独特の精神構造の持

ち主で　○一種独特な考え方　○一種独特なにおいを感じる

一趣特別（いっしゅ・とくべつ）和

そのものだけが普通と異なっていること。特別に、一趣（一つの・おもむき）を添えて、意味を強める。現代表記では、一趣→一種（一つの種類）が一般的。

▽世にいわゆる徳教には、これを孝行と名づけ、一種特別の美徳として称賛する〔福沢諭吉＊福翁百余話〕

▽やにだらけの歯を遠慮なくむき出して、そうして、一種特別な笑い方をした〔夏目漱石＊坑夫〕

○一種特別の教育法　○一種特別な装いをして

一趣無二（いっしゅ・むに）和

ただ一つしかないこと。無二（ふたつが・ない）に、一趣（一つの・おもむき）を添えて、意味を強める。現代表記では、一趣→一種（一つの種類）が一般的。

▽ヨーロッパの文明において、一種無二の金玉として貴重する自由独立の気風は〔福沢諭吉＊文明論之概略〕

○一種無二の文体で　○一種無二な考え方

一宗一派（いっしゅう・いっぱ）和

宗教の中の分派のこと。宗派（宗教の・えだわかれ）を分けたものに、一を添える。一つ一つの宗派、という。

▽宗教家自身の修養を図れ、と言われる。一宗一派にとらわれるな、と人々は言う〔丹羽文雄＊蛇と鳩〕

▽かく定義を下せば、禅の道は広大にして一宗一派の教義に拘泥せず、俗世間を解脱し〔新渡戸稲造＊武士道〕

○一宗一派に偏らない　○一宗一派を離れて

一宿一飯（いっしゅく・いっぱん）和

旅の途中で、ちょっと世話になること。宿（やど）・飯（めし）、それぞれに一を添える。一晩泊めてもらい、一度ごちそうになる、という。

これを生涯の恩とする。
▽なぜだろう。一宿一飯（メシの代わりにタバコだったが）の恩を知ったのだろうか〔獅子文六＊自由学校〕
▽一宿一飯の恩義などという固苦しい道徳に悪くこだわって、やりきれなくなり〔太宰治＊東京八景〕
○一宿一飯にも恩義を感じる　○一宿一飯の縁で

一所懸命（いっしょ・けんめい）和
物事を本気になって行うこと。一つの所に、命を懸ける、という。本来は、賜った一か所の領地を、命を懸けて守ること。現在は、一生懸命に改めて用いる。
▽勘次は、どうにか稼ぎ出して帰りたいと思って一所懸命になったが、それはわずかに〔長塚節＊土〕
▽あんなふうに一所懸命にフランス語で訴えかけたのは、わたしの意志ではなかった〔芹沢光治良＊巴里に死す〕
▽情けをもかけたもうべき頭殿は敵なれば、今は定めて一所懸命の領地もよもあらじ〔保元物語〕
▽心中の趣、気色に表れ候いけるにより、さしたる罪科とも覚えぬことに一所懸命の地を没収せらる〔太平記〕
○一生懸命（いっしょうけんめい）の用例を参照。
参考　軍記物などに見られる後の二例が、本来の用い方であった。それが、生死をかけるような差し迫った事態の意味で、一所懸命の難を逃れる、一所懸命の時節到来、などとも用いられ、さらに、命がけで事に当たる意味になった。一方、発音のほうは、懸命のメイという長音に引かれて一所のショが長音化し、表記のほうも、命に引かれて生と書くようになった。

一処不住（いっしょ・ふじゅう）仏
居どころが一定しないこと。一つのところに、とどまらない、という。僧が諸国を行脚して回ることに用いる。現代表記では、処↓所（ところ）が一般的。

▽一所不住の沙門雲水行脚の衲僧は、必ず樹下石上を宿とすとある〔夏目漱石＊吾輩は猫である〕

▽一所不住、一笠一杖のほかに身を縛る何物もないというのが、旅の旅たるゆえんで〔唐木順三＊応仁四話〕

○一所不住の身で ○一所不住なる侠客のたぐい

（参考）仏教では、若い修行僧はいろいろな寺を渡り歩いて、さまざまの住職から教えを受けるべきだ、とされている。これを修行僧の立場から見れば、一か所の寺にとどまっていないことであり、一処不住という見方になる。雲や水のように流れ動くから、修行僧を雲水と呼ぶ。

一生懸命（いっしょう・けんめい）和

物事を本気になって行うこと。本来の形は、一所懸命（一つの所に命を懸ける）であった。

▽おれと山嵐は、一生懸命に障子へ顔をつけて、息を凝らしている〔夏目漱石＊坊っちゃん〕

▽駒代は、だれ彼の区別はない。瀬川の近づきだと見れば、一生懸命気受けをよくし〔永井荷風＊腕くらべ〕

○一生懸命な気持ちで ○一生懸命の日常を過ごして ○一生懸命（に）頑張る ○一生懸命（に）聴いている

（参考）一所懸命（いっしょけんめい）の参考欄を参照。

一倡三歎（いっしょう・さんたん）漢

詩歌を一度読み上げて、何度も感心すること。一倡（ひとたび・となえる）して、三歎（何度も・ほめる立場でため息をつく）する、という。一倡は、一唱（ひとたび・うたう）とも書いた。現代表記では、倡（となえる）↓唱（うたう）、歎↓嘆とも。読書には一読三歎を用いる。

▽独りわが維新改革の歴史に至りては、人をして一唱三嘆せしむるものあるは何ぞや〔徳富蘇峰＊将来之日本〕

▽「未来を知れる遺嘱の趣、得がたし、得がたし」と、一唱三嘆、しばしたたえて〔曲亭馬琴＊里見八犬伝〕

○一唱三嘆の作も少なくない　○一唱三嘆の声

(参考) 荀子に、「清廟(せいびょう)ノ歌、一倡シテ三歎ス」とある。一人が歌句を発し、三人がこれに合わせる、という。これが本来の意味である。後に、詩文が余情を含む場合にも用いた。北宋・蘇軾(そしょく)が他の文を褒めたことばに、「汪洋(おうよう)ニシテ澹白(たんぱく)、一唱三歎ノ声有リ」とある。ただし、日本では、詩文を一唱したあとで、その一唱した本人自身が三たび嘆息する意味で用いる。また、読書の場合は、一倡を一読に改めて用いる。

一触即発（いっしょく・そくはつ）和

小さなきっかけで、すぐに事件が起こりそうな情勢のこと。一たび触れれば、すぐに発（爆発）する、という。危機に直面している場合に用いる。

▽こんな一触即発という事態の最中に、電話がかかってきて、百子を呼んだ〔三島由紀夫＊永すぎた春〕

▽一触即発の趣ある独特の能弁は、軌を逸せんことを恐れしむるものすらあった〔舟橋聖一＊霧子夫人行状〕

○一触即発の危険におののく　○一触即発のこの時

一身一家（いっしん・いっか）和

自分自身と自分の家族のこと。一身（みずから・だけ）と、一家（家族・だけ）を、組み合わせて表す。

▽たとえ失敗して廃刊しても、一身一家の生計を変ずるにあらず〔福沢諭吉＊福翁自伝〕

▽一身一家の世に処する道を定むるには、さようの学問にても益なきにあらず〔山路愛山＊現代金権史〕

○一身一家のために働く　○一身一家の富も顧みず

一身一己（いっしん・いっこ）和

の原素なきは、もとそのはずのこと〔坪内逍遥＊当世書生気質〕
▽地獄のさたも金次第と言えり。世論の一進一退も民間生活の状態と相関係する〔山路愛山＊現代金権史〕
○一進一退を繰り返す　○一進一退の病勢
㊀参考 管子に、「兵ニ一進一退ヲ令スル者ハ権ナリ」とある。進んだり退いたりすることを命令するのが策略だ、という。また、荀子に、「一進一退、一左一右、六驥（りくき）モ致サズ」とある。前後や左右を決めなければ、六頭立ての馬でも動くことをしない、という。いずれも、実際に進んだり退いたりする意味である。それに対して日本では、これをひゆ的に用いる。

一心同体（いっしん・どうたい）　和　心も、体も、同じになること。心を一にし、体を同じにする、という。理想的な夫婦の場合に用いる。一心を一身と書くのは誤り。ただし、一身一家は一身と書く。

ただ自分だけということ。一己（おのれ・だけ）に、一身（みずから・だけ）を添えて、意味を強める。自分以外にはない場合に用いる。一己を一個と書くのは誤り。
▽暗黒の時代にありては、世の自由なるもの一身一己の上に行われたりといえども〔福沢諭吉＊文明論之概略〕
▽純然たる一身一己の愉快を愉快としたる後は、さっそくかの大義務をやってのける〔中江兆民＊兆民文集〕
○一身一己を顧みず　○一身一己の将来

一進一退（いっしん・いったい）　漢　進んだり退いたりして、結果的には同じ状態にあること。進退（すすむ・しりぞく）を分けたものに、一（あるとき）を添える。あるときはすすみ、あるときはしりぞく、という。状態がよくなったり悪くなったりする（結局は同じ状態）場合にも用いる。
▽供給需要、相当たらず、一進一退、娼妓に誠

▽夫婦、一心同体にして小心翼々、他に顧みるところあるべからずといえども〔福沢諭吉＊福翁百話〕
▽美しい生物列座の中で、あなたとあたしとの一心同体の誓いを宣言するわよ〔正宗白鳥＊日本脱出〕
○一心同体と見なされている　○一心同体の夫婦

一心不乱（いっしん・ふらん）仏
心を集中して、他の事柄を考えないこと。心を一にして、乱さない、という。不乱は、古くはブランと読んだ。
▽額からあごへかけてあぶら汗を流し、一生懸命、一心不乱に読誦していると〔三遊亭円朝＊牡丹灯籠〕
▽あの色の黒い女学生が一心不乱に体操をしているところを拝見すると〔夏目漱石＊吾輩は猫である〕
○一心不乱に見詰める　○一心不乱の至境に達する
参考　仏教では、心を統一して仏を念じることを一心という。また、そのような形で心を乱さない（動揺を鎮める）ことを一心不乱という。阿弥陀（あみだ）経に、「名号ヲ執持シ、心ヲ一ニシテ乱サズ」とあり、注釈には、「専ラ注イデ、散ラスコト無キナリ」とある。

一世一代（いっせ・いちだい）和
一生のうちにただ一度であること。世代（一生）を分けたものに、一を添える。一世代の間、という。
▽これぁ慶喜公一世一代の名言だと、あたしゃ思っている。こんな歌を聞いたことがある〔子母沢寛＊勝海舟〕
▽一世一代の知恵を絞り、二条城の門前に、暗夜ひそかに割れたハマグリを並べさせた〔花田清輝＊鳥獣戯話〕
○一世一代の大事として　○一世一代の晴れ姿

一盛一衰（いっせい・いっすい）漢

盛んになったり、衰えたりすること。盛衰（さかる・おとろえる）を分けたものに、一（あるとき）を添える。あるときは盛んになり、あるときは衰える、という。

▽また、子細に見れば、いろいろの事情でその間に一盛一衰もあろうけれど〔二葉亭四迷＊雑談〕

▽貧乏人の目より見れば、実業家の一盛一衰、天下の利害において何かあらん〔山路愛山＊現代金権史〕

○一盛一衰を繰り返す　○一盛一衰の間に処して

参考　荘子に、「四時、迭ハリテ起コレバ、万物、循リテ生ジ、一盛一衰ス」とある。四季に応じて万物が盛衰する、という。また、後漢・趙曄の呉越春秋に、「一盛一衰、往来常有リ」とある。盛衰は天地の理に従って一定している、という。いずれも、盛んになったり衰えたりする意味で用いられている。

一石二鳥（いっせき・にちょう）　洋

一つの行動によって、二つの目的を果たすこと。一つの石を投げて、二羽の鳥を打ち落とす、という。二つの利益を得る場合は、一挙両得を用いる。

▽修身の点はよかったし、和文仏訳の練習にもなった。一石二鳥の実を挙げて〔渡辺一夫＊僕の語学修業〕

▽手に取るように分かり、一石二鳥、三鳥、きっと将来にとって得になることだろう〔開高健＊青い月曜日〕

○一石二鳥の結果になった　○正に一石二鳥で

参考　英語のことわざに、"To kill two birds with one stone" とある。一つの石で二羽の鳥を殺す、という。これを四字漢語にしたのが、一石二鳥である。ただし、漢文では、南宋・陸游の詩に、「壮年、一箭、双鵰ヲ落トス」とある。一本の矢で二羽のワシを射た、という。その意味は、弓に巧みなことで、「一箭、双鵰ヲ貫ク」とも用いた。この一箭双鵰を、後には、一つの行動で二つの目的を果たす意味にも用いるようになった。なお、中国語では、一石二鳥も用いる。

一殺多生（いっせつ・たしょう）仏
一人の人を殺して、多くの人を救うこと。一つの殺（ころす）により、多くの生（いきる）となる、という。一つを犠牲にして他をすべて救う場合に用いる。俗に、一殺をイッサツと読む（殺は、漢音サツ・呉音セツ）。
▽一殺多生と孝との道にかなうと思い定め、なおなお誤りたるとおりの段々、書き置きして〔井原西鶴＊懐硯〕
▽ねらう人々、ぱっと寄り、一殺多生の理に任せ、「彼を殺せ」と言い合えり〔謡曲＊鵜飼〕
○一殺多生の道にかなう　○一殺多生を心掛けて
(参考) 仏教では、殺生を禁じている。しかし、多くの人を救うためには、一人を殺すこともありうる、という考え方がある。菩薩が一人の大悪人を殺したのも、多数の善人を救うためであった。これが一殺多生である。

一銭一厘（いっせん・いちりん）和
極めてわずかな金銭のこと。銭（円の百分の一）・厘（銭の十分の一）、それぞれに一を添えて、意味を強める。一銭でも、一厘でも、という。
▽帳簿にお目を通していただきたい。一銭一厘もまちがえてはいないつもりです〔柴田錬三郎＊柴錬水滸伝〕
▽金が好きで、一銭一厘たりとても愛惜し、義理人情に負けず、微を積み、細を重ね〔山路愛山＊現代富豪論〕
○一銭一厘も私しない　○一銭一厘の値うちもない

一体全体（いったい・ぜんたい）和
疑問に思う気持ちが強いこと。一体（疑問の気持ちを強める語）にそろえて、全体を添え、意味を強める。結論づけをする場合にも用いる。▽一体全体、松下は何のためにおれを今夜呼び出し、酒をふるまったのだろうと〔高見順＊故旧忘れ得べき〕▽一体全体、菊というものは、自然のままに生い茂ってこそ見どころのあろうものを〔二葉亭四迷＊浮雲〕○一体全体、これは何だ○一体全体、学者というのは

一旦緩急（いったん・かんきゅう）漢

もしも非常の事態が起こった場合ということ。一たび、緩急（危急の場合）があれば、という。そういうことはないだろうけれども、という気持ちで用いる。▽一旦緩急あれば、義勇公に奉じ、もって天壌無窮の皇運を扶翼すべし〔教育に関する勅語〕▽忠君愛国の情とても、一旦緩急あればその度を高め、最も熾烈に現れるにしても〔三宅雪嶺＊明治思想小史〕○一旦緩急の際は○一旦緩急ということになれば

㊜参考 後漢書に、「一旦緩急、河津ヲ杜絶スレバ、以テ自ラ守ルニ足ル」とある。非常の事態が起こった場合は、川の港を閉鎖すれば守ることができる、という。戦時には、平時では行えないことも可能なのである。

一致団結（いっち・だんけつ）和

すべての人が心を合わせて行うこと。団結（力を合わせて・むすびつく）に、一致（目的に向かって心を一つに・いたす）を添えて、意味を強める。▽一致団結、最後の光明を仰いで、ひたすら努め励んでいくのみである〔田辺聖子＊私の大阪八景〕○一致団結して当たる○一致団結の形ではあるが

一知半解（いっち・はんかい）漢

知識が十分に自分のものになっていないこと。

一知（ちょっと・知っているだけ）で、半解（半分だけ・分かる）だ、という。いいかげんな理解の場合にも用いる。
▽自由党員の唱うるところは、まことに未熟にして一知半解というべきであるが〔三宅雪嶺＊明治思想小史〕
▽さようの一知半解の経済学を振り回したりとて、百姓の感心せざるは当然なり〔山路愛山＊経済雑論〕
○一知半解に安んじる　○一知半解の徒
(参考) 宋・厳羽の滄浪（そうろう）詩話に、「悟リニ浅深有リ、分限有リ、透徹ノ悟リ有リ、タダ一知半解ノ悟リヲ得ル有リ」とある。悟りの浅深を分けて、一知半解を透徹と対比させている。これは作詩について述べたものであるが、仏教でも、教理の理解について一知半解を取り上げている。ただし、仏教では、半解をハンゲと読む。

一張一弛（いっちょう・いっし）漢
楽器の弦の張りを強くしたり弱くしたりすること。張弛（はる・ゆるめる）を分けたものに、一（あるとき）を添える。あるときは張り、あるときは緩める、という。適度に厳格にしたり、寛大にしたりする場合に用いる。
▽著者の努力は万遍なく全編にわたって、章によりての一張一弛がなく〔内田魯庵＊読書放浪〕
▽しかれども、一たび活眼を開いて大観すれば、一張一弛は人道の常にして〔中江兆民＊一年有半〕
○一張一弛の政策で進む　○一張一弛は人生の常で
(参考) 礼記に、「張リテ弛（ゆる）メザルハ、文武モ能クセザルナリ。弛メテ張ラザルハ、文武モ為（な）サザルナリ。一張一弛ハ文武ノ道ナリ」とある。人民を適度に働かせたり楽しませたりするのが帝王の政治だ、という。本来は楽器の弦の張り方であるが、それが人民の治め方に転用された。中国語では、一張一弛を、働いたり休んだりする意味で用いる。日本では、適度に厳格にしたり寛大にしたりする意味で用いる。なお、この場合の文武は、周の帝王としての文王と武王であるが、日本では、文武の道を、文字どおり、文と武の道の意味で用いる。

一朝一夕（いっちょう・いっせき）漢

期間が非常に短いこと。朝夕（あさ・ゆう）を分けたものに、一を添える。短い期間では完成が不可能だと考えられる場合に用いる。▽旅人を親切にもてなすことは、古い街道筋の住民が一朝一夕に養いえた気風でもない〔島崎藤村＊夜明け前〕▽「そら、文化国家建設は一朝一夕にはでけへんで」袋さんが冷やかした〔田辺聖子＊私の大阪八景〕○一朝一夕には生まれない ○一朝一夕の偶然ではない ○一朝一夕というわけにはいかない

（参考）易経に、「臣其ノ君ヲ弑シ、子其ノ父ヲ弑ス、一朝一夕ノ故ニ非ズ、其ノ由リテ来ル所ノ者、漸ナリ」とある。長い間にその原因が積もり積もってそうなるものだ、という。「積善ノ家ニハ必ズ余慶有リ、積不善ノ家ニハ必ズ余殃有リ」を踏まえた記述である。その立場で、期間が短い意味を表すのが一朝一夕である。

一長一短（いっちょう・いったん）和

よいところも、悪いところもあること。長短（よいところ・わるいところ）を分けたものに、一を添える。長があるけれども、同時に短もある、という。物事が完全ではないと考える場合にも用いる。▽物はとかく一長一短で、東洋のものにはそういう悪さは少ない、などと〔長与善郎＊竹沢先生と云う人〕▽この四著の中に一長一短あるを免れずといえども、全くその一を欠くときは〔中村正直＊漢学を治むる工夫〕○必ず一長一短がある ○改正案も一長一短で

一定不変（いってい・ふへん）洋

いつも同じという形で、決まっていること。不変（かわら・ない）に、一定（ひとつに・さだまる）を添えて、意味を強める。fixed and unchangeable の四字漢語訳であるが、人為的に動かさない場合にも用いる。
▽努めてその政を簡にし、その法を明にして、一定不変の旨を主張するよりほかに〔福沢諭吉＊民情一新〕
▽いずれの場合においても、一定不変の状況を現出せしむることを避け、教練をして〔陸軍省＊歩兵操典〕
○一定不変になる　○一定不変の範囲を決める

一擲千金（いってき・せんきん）漢
一度に非常に多くの金銭を費やすこと。ひとなげで、千金（千両・多額の金銭）を手放す、という。手に入れる場合は、一攫千金を用いる。
▽あるいは一擲千金の愉快をほしいままにしながら、公共のためにうんぬんと聞けば〔福沢諭吉＊福翁百余話〕
▽次いでイタリアに遊び、ますます投機の術に通習し、一擲千金なるも足らざるを覚え〔中江兆民＊兆民文集〕
○一擲千金の豪華さを味わう　○一擲千金とはいかない
参考 唐・李白の詩に、「船ヲ連ネテ美酒ヲ沽(か)フヲ惜シム莫(な)カレ。千金一擲、芳春ヲ買フ」とある。美酒ならば大金を惜しまない、という。これによれば千金一擲であるが、唐・呉象之(しょうし)の少年行には、「一擲千金、渾(すべ)テ是レ胆」とある。かけごとに大金を注ぎ込むかどうかは、きもたま次第だ、という。日本では、一攫千金に合わせて、一擲千金のほうを用いる。

一点一画（いってん・いっかく）漢
文字を構成するそれぞれの点画のこと。点画を分けたものに、一を添える。一つ一つの点画、という。
▽空を走る光の線は一点一画を乱すことなく、整然として一点一画のうちに生きている〔夏目

漱石＊虞美人草〕
▽幼少のおりから厳しい師に就いて、一点一画もゆるがせにしないようにと教えられた〔菊池寛＊名君〕
○一点一画もゆるがせにしない　○一点一画の誤りにも
（参考）唐・白居易が、白絹のびょうぶについて書いた文に、「吾、一点一画ヲ其ノ上ニ加ヘシメズ。爾ノ真ヲ保チテ、白ヲ全ウセント欲ス」とある。いろいろと文字を書き散らしたくない、白いままにしておきたい、という。一点一画は、文字の点画のことである。

一天万乗（いってん・ばんじょう）和
天子の位のこと。乗は、古代中国で兵車を数える単位。一つの国家を治めていて、兵車一万両を出す領地を持つ、という。万乗に一天を添えて、意味を強める。
▽一天万乗の尊き御身、たかが四十両の金びょうぶ一枚が自由にはなりたまわず〔徳富蘆花＊黒潮〕
▽京は、一天万乗の主上のいますところだぞ、よくよくこのことを申し上げてくれろ〔子母沢寛＊勝海舟〕
○一天万乗の君として　○一天万乗の天子

一刀両断（いっとう・りょうだん）漢
一回の刀で、真二つに切り分けること。一たびの刀で、二つに断つ、という。二度と同じような事態にならないような見せしめにする意図を表す。思い切って処置する決断が速やかな場合にも用いる。
▽せっかく手に入れた念願の豊満濃艶な美女を、何の断りもなく一刀両断にされた〔柴田錬三郎＊柴錬水滸伝〕
▽聞きただすべき事件は一つもないのだから、一刀両断の解決などは思いも寄らぬことで〔夏目漱石＊三四郎〕
○直ちに一刀両断すべし　○一刀両断の勇を持って進む　○一刀両断に事を決する　○一刀両

断の処理

（参考）南宋・黎靖徳の朱子語類に、「己ニ克ツ者ハ、是レ、根源上ヨリ一刀両断シ、便チ斬リ絶チ了ハル」とある。自分に打ち勝つことが、物事を根本から処断することだ、という。また、「聖人、憤リヲ発シテハ便チ食ヲ忘レ、楽シミテハ便チ憂ヒヲ忘ル。直是レ、一刀両断、千了百当ナリ」ともある。没頭した態度が一刀で二つに切り裂くようなものだ、という。いずれもひゆ的な用い方である。中国語では、きっぱりときりをつける意味で用いる。日本では、思い切って処置する際の決断が速やかな場合に用いる。

一得一失（いっとく・いっしつ）漢

よくなる点も、悪くなる点もあること。得失（える・うしなう）を分けたものに、一を添える。得があるが、損もある、という。損益の額が同じ場合にも用いる。都合のよい悪いについては、一利一害を用いる。

▽相当の下宿を探すか、葉山へ同居をするか、それも考えれば一得一失はあって〔尾崎紅葉＊多情多恨〕

▽住めば都、どこも一利一害、一得一失、今日までのところ、継続し来れること〔三宅雪嶺＊小紙庫〕

○いずれも一得一失がある　○一得一失の結果になる

（参考）史記に、「智者千慮スレバ必ズ一失有リ、愚者千慮スレバ必ズ一得有リ」とある。智者は千に一つ悪い考えを出すが、愚者でも千に一つはよい考えが出る、という。意見を述べるとき、謙譲の気持ちで一得の愚という言い方をするのもこれである。日本では、一得と一失について、広く、よくなる点、悪くなる点の意味で用いる。

一鉢一杖（いっぱち・いちじょう）仏

質素な生活のこと。ひとつの・はち、ひとつの・つえ、という。修行者の生活について用いる。

▽今後は発心の昔に返って、一鉢一杖、修行に専念できる、自由の境涯に入りたいと〔中山義秀*芭蕉庵桃青〕

○一鉢一杖に身を任せる ○一鉢一杖の生活

参考 仏教では、僧が修行のために食べ物を求めて各戸を訪ね回ることがある。そのときに、食べ物を入れてもらうための鉢を持つので、この修行を托鉢という。また、諸国を巡るときは、輪のついたつえを持つ。本来は山野を歩くときに振り鳴らして毒蛇や害虫を追い払ったものである。頭部がすず（錫）製で、これを錫杖という。なお、諸国を巡るときは、頭にかさをかぶる。そのため、修行者の旅支度には、一笠一杖を用いる。

一顰一笑（いっぴん・いっしょう）漢

顔に出るわずかな感情の変化のこと。顰笑（しかめる・わらう）を分けたものに、一を添える。単なる表情の変化についても用いる。

▽漢語でいうと、彼女の一顰一笑が、津田にはことごとく問題になった〔夏目漱石*明暗〕

▽平生の言行、一顰一笑の微に至るまでも、その発源を尋ぬれば、愛情の一点に生じ〔福沢諭吉*福翁百話〕

○一顰一笑にも気を遣う ○一顰一笑といえども

参考 韓非子に、韓・昭侯のことばとして、次の記述がある。「吾聞ク、明主ハ一顰一笑ヲ愛シムト。顰ムレバ為ニ顰ムルモノ有リ、笑ヘバ為ニ笑フモノ有リ」とある。主君は、ささいな表情にも気を遣うべきだ、という。一顰一笑を、わずかな表情の変化の意味で用いる。

一夫一婦（いっぷ・いっぷ）漢

一人の夫が一人の妻を持つこと。そのような制度にもいう。夫婦を分けたものに、一を添える。monogamy の訳語ともなった。一夫多妻・一妻多夫の対。

▽一夫一婦の制度すらこれを守ることを知らぬくせに、文明とか開化とかいって〔末広鉄腸*

雪中梅〕
▽キリシタンに興味を持ち、好意を寄せていたのだが、一夫一婦を守らねばならぬので〔正宗白鳥＊人間嫌い〕
○一夫一婦を強いられる　○一夫一婦の慣習
(参考) 後漢・班固の白虎通義に、次の記述がある。「庶人、匹夫ト称スル者、匹ハ偶ナリ。其ノ妻ト偶ヲ為スハ、陰陽相成ノ義ナリ。一夫一婦、一室ヲ成ス。人ニ君タル者、当ニ男女時ヲ過ゴスニ匹偶無キヲ有ラシムベカラザルコトヲ明ラカニス」とある。一夫一婦が、本来の形であると考えられていた。後に、西洋文化としてmonogamyの考え方が入ったとき、その訳語として、人に一夫一婦、動物に一雌一雄が当てられた。

一夫多妻（いっぷ・たさい）洋
一人の夫が、同時に二人以上の妻を持つこと。夫妻を分けて、一・多を添える。polygamyの訳語として、そのような制度にもいう。
▽回教徒には一夫多妻の風習がある〔綱淵謙錠＊航〕
▽「みんなもらうわけにゃいかないでしょうか」「きみ、一夫多妻主義ですか」〔夏目漱石＊吾輩は猫である〕
○一夫多妻は許されない　○一夫多妻もやむをえない

一分一秒（いっぷん・いちびょう）和
極めてわずかな時間のこと。分（時の六十分の一）・秒（分の六十分の一）、それぞれに一を添えて、意味を強める。一分でも、一秒でも、という。
▽一分一秒といえどもいすにしりを落ち着くることなく、各所に動き、各人に接して〔山路愛山＊経済雑論〕
○一分一秒を争う　○一分一秒の狂いも許されない

一歩一歩（いっぽ・いっぽ）和
歩くときの、一足、一足のこと。一歩を繰り返して、意味を強める。少しずつ進んでいく場合にも用いる。

▽一歩一歩がのろくなり、うめきを歯でかみ殺さなければならなくなっていた〔柴田錬三郎＊柴錬水滸伝〕

▽彼は、今、この疑雲猜霧のうちに、一歩一歩、静かに足を進めつつあるなり〔木下尚江＊火の柱〕

○一歩一歩、踏み締めて進む　○一歩一歩、固めていく　○一歩一歩を省みる　○一歩一歩の前進

意馬心猿（いば・しんえん）仏

心の乱れを抑えることができないこと。意（心の動き）は馬（うま）が走り回るようであり、心は猿（さる）が騒ぎ立てるようだ、という。心猿を身猿と書くのは誤り。

▽実は意馬心猿なりといえども、振られどおしの男のように思う人もあるかもしれぬ〔太宰治＊チャンス〕

▽意馬心猿に駆られたる遠藤の道念は、全く雲に覆われて、有夫の女を脅かして〔石川天崖＊東京学〕

○意馬心猿に悩まされる　○意馬心猿の毎日

（参考）仏教では、煩悩や妄念が心の中に起こって鎮まらないようすを、奔馬・野猿に例えている。勢いよく走り回る馬、野生で自由に騒ぎ回る猿のようだ、という。女性に対する情欲が起こって安静にしていられないのも、同じ心理状態だとされている。

萎靡沈滞（いび・ちんたい）和

活気がなく、発展する働きがなくなること。萎靡（草木がしおれて・なびく）して、沈滞（流れがしずみ・とどこおる）する、という。

▽萎靡沈滞の極に達したる文壇を回想して、活動を続けている作家を求むれば〔大宅壮一＊文学史的空白時代〕

○萎靡沈滞して　○萎靡沈滞を脱する

威武堂々（いぶ・どうどう）和

軍隊が非常にりっぱなこと。威武（周囲を圧する勢いのある・武力）が、堂々（勢いが盛ん）としている、という。周囲を圧する行事についても用いる。

▽それは、厳然と故実にのっとって行われた。それを威武堂々と行わせることによって〔唐木順三＊応仁四話〕

○威武堂々として　○威武堂々の行進で圧倒する

威風堂々（いふう・どうどう）和

外見が非常にりっぱなこと。威風（周囲を圧する勢いのある・外見）が、堂々（勢いが盛ん）としている、という。気勢が盛んな場合に用いる。

▽血が引いて肉が落ちた狐堂先生の顔に比べると、威風堂々たるものである〔夏目漱石＊虞美人草〕

▽彼は、素知らぬ顔で、おまけにまことに威風堂々と立ち去ってしまった〔川端康成＊浅草紅団〕

○威風堂々として　○威風堂々の外観を呈する

衣服住居（いふく・じゅうきょ）和

衣食住のうちの衣と住のこと。衣服（着るもの、衣）と、住居（住むところ、住）を、組み合わせて表す。

▽平生万事、至極殺風景で、衣服住居などに一切頓着せず、どういう家にいても〔福沢諭吉＊福翁自伝〕

▽飲食は論なし、衣服住居、差異あるも、身体の保存はついにその主眼たらざるなし〔三宅雪嶺＊我観小景〕

○衣服住居にも気を配る　○衣服住居を慎む

異聞奇譚（いぶん・きたん）和

非常に珍しい話のこと。異聞（ことなった・はなし）と、奇譚（ふしぎな・いいつたえ）を、組み合わせて表す。

▽昔藩中に起こった異聞奇譚を、老耄せずに覚えていてくれればいいのである〔夏目漱石＊趣

味の遺伝〕

▽稗史小説の巧緻たるや、よく情態を写しえて、異聞奇譚、人意の表にいずるに在り〔曲亭馬琴＊椿説弓張月〕

○異聞奇譚を書き留める　○異聞奇譚の採集

韋編三絶（いへん・さんぜつ）漢

同じ書物を何回も読み返すこと。書物をとじた革ひもが、三たびも切れる、という。三は度数の多いことを表す。

▽この易学は、孔子さえ韋編三絶と申し伝え候えば、よくよく観察の功を積まざれば〔中江藤樹＊翁問答〕

○韋編三絶に至る　○韋編三絶の愛読書

㊫参考　史記に、「孔子、晩ニシテ易ヲ喜ミ、易ヲ読ミテ韋編三タビ絶ツ。曰ク、我ニ数年ヲ仮シテ是クノ若クセバ、我易ニ於テ則チ彬彬タラント」とある。孔子は易経を繰り返し読んだため、そのとじひもが何度も切れた。あと数年の命があれば、易経に関して精通できるだろう、という。これにより、韋編三絶が、何回も読み返す意味になった。

意味深長（いみ・しんちょう）漢

表現の内容が非常に深いこと。意味するところが、深長（ふかく・ながい）だ、という。表面の意味の中に別の意味が隠されている場合（意味が二重性を持つ場合）にも用いる。俗に、意味深とも。深長を深重と書くのは誤り。

▽うわさを聞いていたので、今日のことばには意味深長なものがあるらしく感じた〔谷崎潤一郎＊細雪〕

○意味深長に笑う　○意味深長らしいことを言うので　○意味深長な注意を受ける　○意味深長な一句を残して

㊫参考　南宋・朱熹の論語序説に、「当時已ニ文義ニ暁ク、之ヲ読ミテ愈久シ。但意味深長ヲ覚ユ」とある。意味するところが深く、味わう価値がある、という。日本では、表現が二重性を持つ場合にも用いる。

異名同体（いみょう・どうたい）和
呼び名は異なっていても同じ物事であること。なを・ことにし、からだを・おなじにする、という。異名をイメイと読むのは誤り。ただし、異名同人はイメイと読む。
▽漢学は学問と異名同体であり、徳川の歴史は儒者の歴史というべきほどである〔三宅雪嶺＊明治思想小史〕
○異名同体とされてきた　○異名同体のくせもの

異名同人（いめい・どうじん）和
姓名は異なるが同じ人であること。なを・ことにし、ひとを・おなじにする、という。異名をイミョウと読むのは誤り。ただし、異名同体はイミョウと読む。
▽子女の中にも異名同人と考えられるものがあったり、養子であったり、さらに〔堀田善衛＊定家明月記私抄〕
○異名同人に違いない　○異名同人の扱い

因果応報（いんが・おうほう）仏
過去の行いに必ずその報いがあるということ。因（原因）と果（結果）は、応じて報いる、という。善い行いには善い結果、悪い行いには悪い結果がある意味で用いる。
▽心曲がりて郷里の害をなす者には因果応報の道理を諭し、すべて人のため世のため〔高山樗牛＊滝口入道〕
▽この娘も性根が曲がっておりました。切り殺されたのも、因果応報かもしれぬ〔柴田錬三郎＊柴錬水滸伝〕
○因果応報とあきらめる　○因果応報、争うべからず
(参考) 仏教では、すべてのものが因果の法則によって生滅変化する、と考える。物事を起こさせるものが因であり、起こされたほうが果になる。その場合、善因には善果があり、悪因には悪果がある。これが因果応報である。ここから、現世の幸・不幸は、前世の行いの報いだ、とい

う考え方が生まれる。来世に善い報いを得るためには現世で善いことをすべきだ、というわけである。

慇懃鄭重（いんぎん・ていちょう）和

礼儀正しくて丁寧なこと。慇懃（ねんごろで・ねんごろ）で、鄭重（ていねいで・おもおもしい）だ、という。現代表記では、鄭（ていねい）→丁（つよい）とも。

▽封建的な性格であるから、雪夫人に対しても、表面的には慇懃丁重を極めている〔舟橋聖一＊雪夫人絵図〕

▽「あの人は慇懃丁重やけど、どこや、笑うてやはるとこがあるわ」と漏らした〔横光利一＊家族会議〕

慇懃無礼（いんぎん・ぶれい）和

○慇懃丁重に扱われる　○慇懃丁重な態度

礼儀正しいが無礼なこと。慇懃（ねんごろで・ねんごろ）の程度が過ぎて、かえって無礼（礼儀が・ない）になる、という。表面はねんごろであるが、実は見下した態度だ、という場合に用いる。

▽新婦に対する慇懃無礼な口の利き方も、かんに触ってたまらなかった〔舟橋聖一＊若いセールスマンの恋〕

▽考えてみると、わたしは宮沢の気持ちを実に慇懃無礼に扱ってきましたわ〔倉橋由美子＊夢の浮橋〕

○慇懃無礼に扱われる　○慇懃無礼なもみ手をされる

隠見出没（いんけん・しゅつぼつ）和

出たり消えたりすること。出没（でる・なくなる）に、隠見（かくれる・あらわれる）を添えて、意味を強める。

▽腕を組んだまま目をふさいで考えていたが、さまざまの幻が隠見出没するので〔木下尚江＊良人の自白〕

▽身まま気ままというがごとき一字一句は、解する解せざるの間に隠見出没し〔末兼八百吉＊

日本情交之変遷〕
○隠見出没に脅かされる　○隠見出没する怪盗

淫祠邪教（いんし・じゃきょう）和
いかがわしい宗教のこと。淫祠（みだらな・ほこら）と、邪教（よこしまな・おしえ）を、組み合わせて表す。
▽彼を雇ったのは、生神様だった。淫祠邪教のたぐいである。〔石川達三＊風にそよぐ葦〕
▽人を淫祠邪教に赴かしめたるほか、効果の見るべきものあるを知らず〔杉村楚人冠＊乱暴なる神社合祀〕
○淫祠邪教に迷う　○淫祠邪教にすぎない

因循姑息（いんじゅん・こそく）和
旧例に従うだけで、改革を行わないこと。因循（古い慣習により・したがう）と、姑息（しばらく・いきをついて一時の間に合わせにする）を、組み合わせて表す。消極的で決断力に欠けている場合に用いる。
▽京都のご趣意は攘夷一点張りであるのに、幕府の攘夷論はとかく因循姑息に流れて〔福沢諭吉＊福翁自伝〕
▽閣老方の前で、こう因循姑息なことばかりやっていては、内外に善処する能力がなく〔子母沢寛＊勝海舟〕
○因循姑息に立ち回る　○因循姑息な為政者

因小果大（いんしょう・かだい）和
小さな原因でありながら、思いがけない結果になること。因（原因）は小さく、果（結果）は大きいと、という。
▽一顰一笑、時としては社会禍福の原因となることあり。すべて因小果大の事実を示す〔福沢諭吉＊福翁百余話〕
○意外な因小果大に驚く　○因小果大の現実を見て

音信不通（いんしん・ふつう）和
便りが全くないこと。音信（たより・てがみ）が、不通（通じ・ない）だ、という。連絡がない場合にも用いる。音は、漢音でインと読み

〔呉音・オン〕、本来音信はインシンと読んだ。現在はオンシンと読むことが多い。▽長い間、音信不通にしていたものだから、今では居どころも分からない〔夏目漱石＊虞美人草〕▽それぁ、昔の話ですよ。逐電以来音信不通で、今日、十四、五年ぶりで会ったんで〔里見弴＊大道無門〕

隠忍自重（いんにん・じちょう）和
自分の気持ちを抑えて、軽々しく行動しないこと。隠忍（苦しみをかくし・こらえる）して、自重（みずから・おもくする）する、という。
○音信不通の仲ではあるが
▽しかし、隠忍自重は彼らの得意とするところではなかった。四、五年たたないうちに〔花田清輝＊小説平家〕▽慶喜は隠忍自重、はやる幕軍を抑えて、それを打ち返す機会を待っていたのである〔綱淵謙錠＊航〕
○隠忍自重している　○隠忍自重の日が続く

陰陽表裏（いんよう・ひょうり）和
物事に見られる表と裏のこと。表裏（おもて・うら）に、陰陽（かげ・ひなた）を組み合わせて、意味を強める。
○陰陽表裏を観察する　○陰陽表裏の違いにすぎない
▽話譚に陰陽表裏あるから、かえりて人情風俗をば写しいだすに便多くて〔坪内逍遥＊小説神髄〕

【う】

有為転変（うい・てんぺん）仏
すべてのものは変わっていくということ。有為（つくられたもの）は、転変（まわり・かわる）する、という。
▽万一のことを考えると、今のうちに有為転変

の理を説き聞かして〔夏目漱石＊吾輩は猫である〕

▽来ってしばらくもとどまらざるは有為転変の悟り、去って再び帰らざるは冥土黄泉の別れなり〔曾我物語〕

○有為転変する世の中　○有為転変の世とはいえ

参考 仏教では、世の中のものはすべて固定せず、因果の法則によって変化を繰り返す、という。これを有為といい、いろは歌の「うゐのおくやま」もこれである。また、有為によって常に変化することを有為転変という。世の中の無常を解釈する場合に用いる。

有位無位（うい・むい）和

そこに居並ぶ者すべてのこと。位（身分や地位の称号として与えられたもの）に、有無（ある・ない）を分けて添える。位のある者も、位のない者も、という。

▽有位無位、併せて二十人に近い下役さえ、彼の出入りには冷淡を極めている〔芥川竜之介＊芋粥〕

○有位無位共に　○居並ぶ有位無位いずれも

有意無意（うい・むい）漢

理由があるかないかには関係がないこと。意図（特定の意図）に、有無（ある・ない）を分けて添える。意図のあることも意図のないことも、という。

▽長いものには巻かれよ、弱いものはいじめよで、ついに有意無意の迫害を加えた〔徳富蘆花＊思出の記〕

○有意無意を考えることもなく　○有意無意の区別

参考 南朝宋・劉（りゅう）義慶の世説新語に、次の問答がある。「若シ意有ルヤ、賦ノ尽クス所ニ非ズ、若シ意無キヤ、復タ何ゾ賦スル所ヤ」と聞かれたのに対し、「正ニ有意無意ノ間ニ在リ」と答えた、とある。特別の意図があるのかないのかと聞かれたのに対し、その間だ、という。その点で、有意無意の間とは、極めてすなおな立場の意味になる。中国語では、何ということなしに、の意味で用いる。日本では、意図のあるなしにかかわらず、の意味で用いている。

右往左往（うおう・さおう）和

多くの人や動物が慌てて、非常に混乱すること。往（いく）に、左右（ひだり・みぎ）を分けて添える。右へ行ったり、左へ行ったりする、という。

▽右往左往へ逃げ惑うのみである。しかし、わが輩も右往左往へ追っかけるから〔夏目漱石＊吾輩は猫である〕

▽黒雲に足の生えたような犬の群れが、右往左往に入り乱れてえじきを争っている〔芥川竜之介＊偸盗〕

○右往左往するばかりで　○右往左往のていで

羽化登仙（うか・とうせん）漢

酒に酔って、非常によい気持ちになること。羽が生えて、仙人のいる世界に登っていくようだ、という。実際に天に昇る場合にも用いる。

▽飛行機に乗って、本当に羽化登仙の感興をほしいままにするには〔内田百閒＊百鬼園随筆〕

▽大連の魔くつで、アヘンを吸いながら羽化登仙の淫楽にふけっている男女を瞥見した〔高橋和巳＊堕落〕

○羽化登仙する気持ちで　○羽化登仙の境に入る

参考　北宋・蘇軾（そしょく）の前赤壁賦に「飄飄乎（ひょうひょうこ）トシテ世ヲ遺（わす）レテ独立シ、羽化シテ登仙スルガ如シ」とある。旧暦七月十六日の夜、赤壁で舟遊びをしたときのことである。「酒ヲ挙ゲテ客ニ属（しょく）シ、明月ノ詩ヲ誦（しょう）ス」とある。その気持ちが、羽が生えて仙界に登るようだ、という。俗世間をすべて忘れた気持ちがよく表れている。

雨奇晴好（うき・せいこう）漢

雨のときも、晴れのときも、それぞれ景色が優れていること。雨天には奇観（めずらしい・けしき）を示し、晴天には好景（よい・けしき）

を示す、という。

▽「四条の額じゃないが、雨奇晴好ぐらいな気持ちかな」と笑った〔志賀直哉＊暗夜行路〕

○雨奇晴好を楽しむ　○雨奇晴好の地

(参考) 北宋・蘇軾が西湖に舟を浮かべたときの詩に、次の句がある。「水光瀲灩トシテ、晴レテ方ニ好ク、山色空濛トシテ、雨モ亦タ奇ナリ」とある。晴れていると、水があふれるように輝き、雨が降ると、山がかすんでぼんやり見える、どちらの景色もよい、という。当日は、初め晴れていて、後に雨が降った、そのときの詩である。雨奇晴好は、天気にかかわらずそれぞれによい景色の場合に、非常に褒めた形で用いる。

右顧左眄（うこ・さべん）漢

右を見たり、左を見たりして、迷うこと。右はかえりみ、左は流し目で見る、という。周りのことを気にして決断しない場合にも用いる。左顧右眄とも。

▽そうだ。おれのように右顧左眄ばかりしているグズには、そういう道が適している〔藤枝静男＊春の水〕

▽橋本先生と対談中、右顧左眄の言をろうする不快の感をいささかも経験しなかった〔石坂洋次郎＊若い人〕

○右顧左眄に終始する　○右顧左眄することも多く

(参考) 中国の古典では、左顧右眄の形で出てくる。文選では、魏・曹植が友人の呉季重にあてた手紙の中に、次のことばがある。「左顧右眄シテ謂ヘラク、人無キガ若シト。豈ニ君子ノ壮志ニ非ズヤト」とある。誇り高い態度について用いられている。唐・李白の詩にも、「銀鞍紫鞚、雲日ヲ照ラシ、左顧右眄シテ光輝ヲ生ズ」とある。銀のくらや紫のくつわが日ざしに映え、辺りを見回すようすが輝かしい、という。中国語では、得意の意味で用いる。それが、日本では、迷う意味になり、周りを気にして決断しない意味になった。

有根無根（うこん・むこん）和

情報について、根拠があるかないかということ。根（根拠）に、有無（ある・ない）を分けて添える。根拠のある事柄と、根拠のない事柄、という。

▽いい売りダネと見れば、事実の有根無根なぞは問うところではなかった〔長与善郎＊竹沢先生と云う人〕

○有根無根を選ばず　○有根無根すべての

有象無象（うぞう・むぞう）仏

存在するもののすべてのこと。象（かたち）に、有無（ある・ない）を分けて添える。形のあるものも、形のないものも、という。くだらない人物や物を、特に卑しめていう場合に用いることが多い。本来は、有相無相（うそうむそう）。

▽今の幕府の侍は役に立たない。このうえ有象無象は、百害あって一利なしですよ〔子母沢寛＊勝海舟〕

▽「おれを逮捕して賞金にあずかろうとしやがる有象無象だな」と眼を引きむいた〔柴田錬三郎＊柴錬水滸伝〕

○有象無象に取り巻かれる　○有象無象を引き連れて　○有象無象が何を言うか　○有象無象の連中

参考　仏教では、形のあるものをすべて有相とするから、この世の現象がすべて有相になる。これに対して、現象を超えているものを無相とする。そこで、有相無相というのが、形のあるなしにかかわらず、すべてを含むことになった。それを有象無象とも書いた。

有頂天外（うちょうてん・がい）仏

喜びの程度が非常に高いこと。有頂天（最上位）の、さらに外だ、という。有頂天を有頂点と書くのは誤り。

▽見る者、立ちどころに魂とろけて、有頂天外に立ちいずべく、にっこりにっこりと〔坪内逍遥＊京わらんべ〕

▽へその下を住みかとして、魂がいつの間にか有頂天外へ宿替えをすれば、まごついて〔二葉亭四迷＊浮雲〕

○有頂天外に飛ぶ　○有頂天外の喜び

（参考）仏教では、天界の最も上にあるのが有頂天であり、これが存在世界の最も上のところになる。有頂天外というのは、そのさらに外（上）へ出ることである。大喜びをしている形容として、ふさわしい言い方である。

紆余曲折（うよ・きょくせつ）和

いろいろの変化を経ること。曲折（まがり・おれる）に、紆余（うねり・あまる）を添えて、意味を強める。本来は道が曲がりくねっていることであるが、事情の複雑な変化に用いる。物事が解決したあとで、それまでの経緯について用いることが多い。紆余は、迂余とも書く。

▽実はその道こそ紆余曲折の千万里、行くほどに、近くなったり遠くなったり〔徳富蘆花＊思出の記〕

▽山崎は、人生の紆余曲折を経てきて、今はただ家庭の安息を望む以外に、他意はなかった〔中山義秀＊魔谷〕

○紆余曲折する　○紆余曲折を経て　○紆余曲折もあり　○紆余曲折のあげく　○歴史の紆余曲折をたどる

雨露霜雪（うろ・そうせつ）和

気象のいろいろの変化のこと。あめ・つゆ・しも・ゆき、を組み合わせて表す。この世で生活していく上で感じる、さまざまの困難についても用いる。

▽雨露霜雪の時を得たり。夏の日になるまで消えぬ冬氷、春立つ風やよぎて吹くらん〔謡曲＊氷室〕

▽住み家と定むる宿もなく、雨露霜雪に身を痛め、ここになればかしこに行き〔浄瑠璃・八百屋お七〕

○雨露霜雪も身にこたえる　○雨露霜雪から身を守る

雲烟過眼（うんえん・かがん）漢

物事を全く心に留めないこと。雲（くも）や烟（けむり）が、目の前を過ぎていく、という。それを気に懸けないのと同じように、物事を全く気に懸けないこと。欲がなく、物事に執着しない意味でも用いる。過眼を過雁と書くのは誤り。現代表記では、烟↓煙（異体字）。

▽行きがかりは、一切合財、雲煙過眼、お互いに天下の大計に向かって尽力しましょう〔子母沢寛＊勝海舟〕

▽その尼さんの目鼻だちがどうであるのか、雲煙過眼視したのであったが、尼さんは〔正宗白鳥＊根無し草〕

○雲煙過眼の境地に至る　○雲煙過眼の無情

参考　北宋・蘇軾(そしょく)の文に、書画に対する態度として、次の記述がある。「喜ブ可キ者ヲ見レバ、時ニ復タ之ヲ蓄フト雖モ、然レドモ、人ニ取リ去ラルルモ、亦タ、復タ惜シマザルナリ。之ヲ烟雲ノ眼ヲ過ギ、百鳥ノ耳ニ感ズルニ譬(たと)フ」とある。書画に対して何の執着も感じなくなった、という。これによれば烟雲過眼になるが、中国語では、他に過眼雲烟、過眼烟雲、雲烟過眼なども用いる。日本では、雲烟過眼に基づく雲煙過眼を用いる。

雲烟万里（うんえん・ばんり）和

非常に遠く離れていること。雲烟（くも・けむり）が、万里も続く、という。現代表記では、烟↓煙（異体字）。違い方が離れている場合は、雲泥万里を用いる。

▽けれども、こうして雲煙万里を隔てた異境にあって、あなたのことを思うと〔石坂洋次郎＊若い人〕

▽これを発揮するところの精神元気すら、なお雲煙万里の外にあり〔徳富蘇峰＊新日本之青年〕

○雲煙万里を越えて　○雲煙万里のかなたに

雲散霧消（うんさん・むしょう）漢

存在した物事が、跡形もなく、なくなってしまうこと。雲（くも）が散り、霧（きり）が消える、という。

▽最初はなかなか勢いがよいように見えたに、一年か二年も立たぬうちに雲散霧消して〔末広鉄腸＊花間鶯〕

▽そうだとすれば、舎利の持つ神秘的な性質は雲散霧消してしまってけっこうであるが〔花田清輝＊小説平家〕

○雲散霧消に帰する　○心配もたちまち雲散霧消して

（参考）南宋・朱熹（しゅき）の文に、「太上皇帝、忿怒（ふんぬ）ノ情有リト雖モ、亦タ旦ツ霍然（かくぜん）トシテ雲消霧散シ、歓意浹洽（しょうこう）ス」とある。怒っていたけれども、急に晴れやかになって打ち解けた、という。天気が晴れる意味に基づいて、ひゆ的に、怒りや恨みがなくなる意味で用いるのが雲消霧散である。日本では、雲散霧消の形で用い、意味のほうも、広く一般に、跡形もなくなる場合に用いる。

雲水行脚（うんすい・あんぎゃ）仏

修行僧が諸国を巡り歩くこと。雲水（行く雲・流れる水）のように、行脚（あしを・うつす）する、という。

▽一所不住の沙門雲水行脚の衲僧は、必ず樹下石上を宿とすとある〔夏目漱石＊吾輩は猫である〕

○雲水行脚に出る　○雲水行脚の生活

（参考）仏教では、若い修行僧は、いろいろな寺を渡り歩いて、さまざまの住職から教えを受けるべきだ、とされている。これを修行僧の立場から見れば、雲や水のように流れ動くことであり、そこから雲水行脚という語が生まれた。なお、修行僧のことを雲水と呼ぶ。

雲泥万里（うんでい・ばんり）和

非常に大きく懸け離れていること。空にある雲と地にある泥のように、万里も離れている、という。距離的に離れている場合は、雲烟万里を用いる。

▽世を治めんために二君に仕えしと、欲を先と

して降人になるとは、雲泥万里の隔てその中にあり〔太平記〕

▽肝右衛門さんなんざあ、気前がいいから静かだ、おらんとことは、雲泥万里の違えよ〔式亭三馬＊浮世風呂〕

○雲泥万里の相違というべし　○雲泥万里の違いで

運否天賦（うんぷ・てんぷ）和

運を天に任せること。運があるかどうかは、天が与えるものだ、という。否には、フという音もある（ンの次でプと読む）。

▽マージャンは、何しろ、碁や将棋と違って難しくもなく、そのうえ運否天賦です〔尾崎一雄＊芳兵衛物語〕

▽それが図に当たって、あんな一代分限に成り上がったのだ。人ってものは運否天賦で〔有島武郎＊星座〕

○あとは運否天賦だ　○運否天賦というところで

雲容烟態（うんよう・えんたい）和

空の状態のさまざまの変化のこと。雲烟（くも・けむり）を分けたものに、容態（かたち・さま）を分けて添える。雲烟の容態、という。現代表記では、烟↓煙（異体字）。

▽やはり目の当たり自然に接して、朝な夕なに雲容煙態を研究したあげく〔夏目漱石＊草枕〕

○雲容煙態の趣を楽しむ　○雲容煙態にも異同があって

【え】

永遠無窮（えいえん・むきゅう）和

いつまでも同じ状態で続くこと。無窮（きわまり・ない）に、永遠（ながく・とおい）を添えて、意味を強める。

▽元来、耶蘇の宗教は、永遠無窮を目的となし、現在の罪よりも未来の罰を恐れ〔福沢諭吉＊文

明論之概略〕
▽そうだ、このとき自分は、その永遠無窮の声によって、人生の大道に覚醒した〔石川啄木＊雲は天才である〕
○永遠無窮に続く　○永遠無窮の真理として

永久不磨（えいきゅう・ふま）和
いつまでもりっぱな状態で残ること。永久（ながく・ひさしい）に、不磨（すりへら・ない）だ、という。
▽おそらく「時」の破壊の激浪も消し難き、永久不磨の金字で描かれるであろう〔石川啄木＊雲は天才である〕
▽わが徒をして、認めてもって粛然たらしむべき、永久不磨の霊光の照徹するものを〔境野黄洋＊我徒の宣言〕
○永久不磨の大典として　○永久不磨に違いない

栄枯盛衰（えいこ・せいすい）和
栄えたり衰えたりすること。栄枯（さかえる・かれる）に、盛衰（さかる・おとろえる）を添えて、意味を強める。
▽露のごとき命、明日を知らぬ人の世、栄枯盛衰ということばは珍しくないはずなのに〔唐木順三＊応仁四話〕
▽どうです。この小さい村の栄枯盛衰が目に見えるじゃありませんか。〔木下尚江＊良人の自白〕
○栄枯盛衰を繰り返す　○栄枯盛衰、常なく

永劫無極（えいごう・むきょく）仏
非常に長い将来のこと。永劫（ながい・ながい時間単位）で、無極（きわまりが・ない）だ、という。
▽二六時中繰り返す真理は、永劫無極の響きを伝えて、剣打つ音をあざけり〔夏目漱石＊幻影の盾〕
○永劫無極にわたって　○永劫無極の真理として

参考　仏教で劫というのは、kalpa を劫波と

音訳した下略形で、インドの時間単位のうち最も長いものをいう。それに永（ながい）を添えた永劫は、仏教ではヨウコウと読み、限りなく長い時間のこと、永遠のことになる。無極のほうは、極まりないことであるが、仏教ではムゴクと読み、最上の意味である。

英雄豪傑（えいゆう・ごうけつ）和
武勇が特に優れている者のこと。英雄（ひいでて・おおしい）と、豪傑（つよく・すぐれる）を、組み合わせて表す。知力・才能にも優れている場合に用いる。
▽英雄豪傑は、他の人の眠っている間にこそこそはって、その地位に上った者という〔徳富蘆花＊思出の記〕
▽ひそかに和漢の歴史を案ずるに、英雄豪傑の時に会う者、極めてまれなり〔福沢諭吉＊文明論之概略〕
○英雄豪傑といえども　○英雄豪傑とあがめる場合

依怙贔屓（えこ・ひいき）和
特定の者を特によく扱うこと。依怙（かたよって・たよる）して、贔屓（力を用いて・つとめる）する、という。気に入った者を特別扱いする場合に用いる。
▽牛方仲間に言わせると、とかく角十の取り扱い方には依怙贔屓があって〔島崎藤村＊夜明け前〕
▽これは不公平である。おやじは頑固だけれども、そんな依怙贔屓はせぬ男だ〔夏目漱石＊坊っちゃん〕
○依怙贔屓をされる　○何の依怙贔屓もなく

会者定離（えしゃ・じょうり）仏
会った者とは必ず別れる運命にあるということ。会う者は、定めて離れる、という。定離を常離と書くのは誤り。
▽会者定離の世の習わしとは申しながら、何という無残な運命に見舞われた二人で〔石坂洋次郎＊若い人〕

▽先世の契り浅からず、生者必滅、会者定離は、浮世の習いにて候なり〔平家物語〕○会者定離は世の常といいながら　○会者定離の人の世

㊂参考 仏教では、現世ははかないものとされている。あらゆるものが移り変わり、少しもとどまらない、という。その一つの例が、会った者とは必ず別れることであり、これが会者定離である。生者必滅とともに、現世の無常として、一般にも受け入れられている。平家物語にも、「生者必滅（しょうじゃひつめつ）、会者定離は、浮世の習い」とある。

栄耀栄華（えよう・えいが）和

富や権力を極めていること。栄耀（さかえて・はれがましい）と、栄華（さかえて・はなばなしい）を、組み合わせて表す。ぜいたくの限りを尽くす場合にも用いる。栄耀をエヨウと読むのは、読みぐせ（本来はエイヨウ）。

▽クララは、第一の世界に生い立って、栄耀栄華を極むべき身分であった〔有島武郎＊クララの出家〕

▽あれだけ栄耀栄華をしても、不品行なうわさは聞いたこともないので、当人も〔谷崎潤一郎＊芦刈〕

○栄耀栄華に明け暮れる　○栄耀栄華の日常は

蜿々長蛇（えんえん・ちょうだ）和

並んだ列が、うねりながら長く続くこと。蜿々（ヘビがうねり進む）として、長蛇（ながい・ヘビ）のようだ、という。蜿（くねる）を延（のびる）と書き換えた時期もあった。

○蜿々長蛇の列ができる　○蜿々長蛇で順番を待つ

遠交近攻（えんこう・きんこう）漢

遠くの国と親しく交わり、近くの国を攻め取ること。遠く交わり、近く攻める、という。外交政策の一つ。

▽天下に望みをかけ、遠交近攻の略により世間を騒がしたる者は、武田氏ありしのみ〔山路愛山＊現代金権史〕

▽独の不利益を図るよりは利益を図るに傾き、日本に対して遠交近攻の策を試むるに及ぶ〔三宅雪嶺＊小紙庫〕

○遠交近攻の策を講じる　○遠交近攻策の採用で

（参考）遠交近攻というのは、戦国時代に、魏を追われた范雎が秦王に進言した対外戦略であった。韓・魏を飛び越して斉を攻めるのはよくない、という。史記には、「遠ク交リテ近ク攻ムルニ如カズ。寸ヲ得レバ則チ王ノ寸ナリ、尺ヲ得ルモ亦タ王ノ尺ナリ。今、此ヲ舎テテ遠ク攻ムルハ、亦タ繆リナラズヤ」とある。この進言が採用されて、范雎は秦の宰相となった。やがて、秦は天下統一を果たすのである。ただし、遠交近攻という外交政策そのものには、いろいろの批判がある。

円鑿方枘（えんさく・ほうぜい）⇩えんぜい・ほうさく

遠水近火（えんすい・きんか）漢

遠くにあるものは、急の間に合わないということ。遠くの水は、近くの火事に役立たない、という。

○遠水近火の愚を繰り返す　○遠水近火の例えのとおり

（参考）韓非子に、「火ヲ失シテ水ヲ海ニ取ルニ、海水多シト雖モ、火必ズ滅ヘザラン。遠水ハ近火ヲ救ハザレバナリ」とある。海水がどんなに多くても、遠くでは消火の役に立たない、という。中国のことわざに、「遠水難救近火、遠親不如近隣」とあるのもこれである。日本では、「遠くの親類より近くの他人」という。

円柄方鑿（えんぜい・ほうさく）漢

物事が互いにかみ合わないこと。円柄（まるい・ほぞ）を、方鑿（しかくい・ほぞあな）に、はめ込むようだ、という。これでは、うまく入るはずがない。円鑿方枘とも。

▽この親方の人格が強烈で四辺の風光と拮抗するならば、円柄方鑿の感に打たれただろう〔夏

目漱石＊草枕〕
○円枘方鑿の勢いを成す　○円枘方鑿の打開に努める
参考　史記に、「方枘ヲ持チテ円鑿ニ内レント欲スルモ、其レ能ク入ランヤ」とある。四角いほぞを円いほぞあなに入れようとしても入らない、という。これによれば方枘円鑿になる。中国語では、方鑿円枘、円鑿方枘なども用いる。日本では、主として円枘方鑿の形で用いる。

円頂黒衣（えんちょう・こくえ）和
僧侶の姿のこと。まるい・いただき（あたま）、くろい・ころも、という。衣は、呉音でエと読む（漢音・イ）。
▽さりながら、円頂黒衣に様を変え、出家沙門になれといわば、親の教えにもとり〔曲亭馬琴＊里見八犬伝〕
▽茶屋に案内されてみると、上人のほかにもう一人客があった。円頂黒衣の老僧である〔中山義秀＊戦国史記〕
○円頂黒衣を慕う　○円頂黒衣に導かれて

円転滑脱（えんてん・かつだつ）和
言動が自由に変化して、物事が進行すること。円転（まるく・ころがる）して、滑脱（すべって・ぬける）する、という。人の応対が巧みな場合にも用いる。
▽したがって、円転滑脱の鈴木君も、ちょっとろうばいのきみに見える〔夏目漱石＊吾輩は猫である〕
▽ろくろ首の踊りはますます円転滑脱となり、風船玉は川風にあおられつつ〔谷崎潤一郎＊幇間〕
○円転滑脱な運営　○円転滑脱として全く自由に

遠謀深慮（えんぼう・しんりょ）⇩しんぼう・えんりょ

円満具足（えんまん・ぐそく）和
十分に備わっていて、不足がないこと。円満（まるく・みちる）と、具足（そなわり・たりる）を、組み合わせて表す。人柄や社会が穏やかな場合にも用いる。

▽貧しい漁師の一家にとっては、それが円満具足の限りなのだろうかと、もどかしがる〔壺井栄＊二十四の瞳〕

▽円満具足の相好とは行きませんかな。〔芥川竜之介＊黒衣聖母〕

○円満具足している ○相好も円満具足で

延命息災（えんめい・そくさい）仏

長生きをすること。延命（いのちを・のばす）と、息災（わざわいを・とどめる）を、組み合わせて表す。息災延命は、無事で過ごすこと。

▽頭寒足熱は延命息災の徴と、傷寒論にも出ているとおり、ぬれ手ぬぐいは〔夏目漱石＊吾輩は猫である〕

▽女は、おしなべて延命息災を旨として、心のうちに呪詛の代えなべきことを祈願せさせたまえ〔宇津保物語〕

○延命息災を旨とする ○延命息災の祈り

（参考）仏教では、現世ははかないものとされていて、生きているものは必ず死ぬ、という。しかし、この世に生を受けた以上は、長生きをすることが人間一般の願いである。新たに生まれた子に対して、その子を守り長寿を願うための祈願が行われるのも、そのためである。これが延命菩薩や延命地蔵に対する信仰ともなっている。なお、息災のほうは、罪障を含め、一切の災厄を消滅させることである。

遠慮会釈（えんりょ・えしゃく）和

他の人のことを考えて、差し控えること。遠慮（さしひかえる）と、会釈（軽くあいさつする）を、組み合わせて表す。遠慮会釈もなく、の形で用いることが多い。

▽お勢も続いて上がってきて、遠慮会釈もなく文三の傍らにべったり座って〔二葉亭四迷＊浮雲〕

▽くわやシャベルを持った男が、遠慮会釈なく土を落として埋めてしまった〔志賀直哉＊母の

死と新しい母〕
○何の遠慮会釈も要らない　○遠慮会釈のない男どもに
（参考）遠慮というのは、本来は「とおく・おもんぱかる」ことで、将来のことを考える意味の語である。そのときは、頭高型のアクセントになる。日本では、他人のことを考えて、行動を控えめにする意味でも用いる。このほうは、平板型のアクセントになる。

遠慮深謀（えんりょ・しんぼう）⇩しんぼう・えんりょ

【お】

横行闊歩（おうこう・かっぽ）和
大威張りで歩くこと。ほしいままに行き、大またで歩く、という。遠慮なく行動する場合にも用いる。
▽猿またをつけて天下の大道をわがもの顔に横行闊歩するのを憎らしいと思って〔夏目漱石＊吾輩は猫である〕
▽軍隊のにおいをぷんぷんとさせながら、ちまたを横行闊歩する、そういう男で〔石川達三＊風にそよぐ葦〕
○目に余る横行闊歩に対して　○横行闊歩する軍人

王侯貴人（おうこう・きじん）漢
地位の高い人々のこと。王侯（王と諸侯）と、貴人（地位や家柄のよい人）を、組み合わせて表す。
▽知力・思想の活発高尚なることは、王侯貴人も眼下に見下すという気位で〔福沢諭吉＊福翁自伝〕
▽外にいでては、社会の師表と仰がれ、王侯貴人に等しき尊栄を受く〔内田魯庵＊文学者となる法〕
○王侯貴人のごとく尊敬される　○王侯貴人も

かくやと
〔参考〕晋書に、「王公貴人、復夕何ゾ畏(おそ)レンヤ」とある。地位の高い人でも、おそれることはない、という。中国語では、王公大人の形で用いる。日本では、封建時代の諸侯との関係で、王公を王侯に改めて用いる。また、貴人を貴族に改め、王侯貴族の形でも用いる。

王侯貴族（おうこう・きぞく）漢
家柄のよい人々のこと。王侯（王と諸侯）と、貴族（特権を持つ家柄の人）を、組み合わせて表す。
▽王侯貴族の間で独占されていた舎利を、大衆の間に普及したいという意図をもって〔花田清輝＊小説平家〕
▽天下国家を舞台とする王侯貴族の政治的行為があり、個人の処世における営みがあり〔楠山春樹＊老子〕
○王侯貴族にあこがれる　○王侯貴族の好んだ珍味

〔参考〕王侯貴人(おうこうきじん)の参考欄を参照。

王侯将相（おうこう・しょうそう）漢
勢力のある人々のこと。王侯（王と諸侯）と、将相（将軍と大臣）を、組み合わせて表す。
▽王侯将相、何ぞ種あらんや。平民から一躍して大臣の印綬をつかむ今日〔内田魯庵＊社会百面相〕
▽これを操るにその道をもってせざれば、王侯将相も自ら傷残すべし。利刀とは何ぞや〔中江兆民＊兆民文集〕
○王侯将相も同じ人間　○王侯将相すらも眼中になく
〔参考〕史記に、「壮士死セズンバ、即チ已(や)ム、死セバ即チ大名ヲ挙ゲンノミ。王侯将相、寧(いづく)ンゾ種有ランヤ」とある。秦の国境守備隊として徴発された陳勝が、豪雨のために期限までに目的地に行けなかったときのことばである。このままでも殺される、守備についても大部分は死ぬ。王侯将相、必ずしも優れた血筋の者とは限らない、という。こうして、部下を引き連れ、秦討伐の反乱軍になる。この部分、漢書には侯王将相とあるが、日本では、王侯将相のほうを用いる。

王政復古（おうせい・ふっこ）和

政治の体制が元の君主制に戻ること。王政（王による・まつりごと）が、昔に返る、という。明治維新のこと。

▽王政復古と幕府討伐の策を立てた八人の壮士が倒れたことも、知らせてあった〔島崎藤村＊夜明け前〕

▽新撰組は佐幕側の一味ではないか。王政復古に反対した国賊側ですからね〔田辺聖子＊私の大阪八景〕

○王政復古を唱える　○王政復古の大号令のもと

王道楽土（おうどう・らくど）和

理想的な政治の行われる平和な国のこと。王の道による、楽しい土地、という。満州国建国の理想ともなった。

▽当時の青年連盟の一員として活躍され、王道楽土の理想実現のために献身された〔高橋和巳＊堕落〕

▽満州国を王道楽土と主張したこの好人物の教授、その講義をかつて彼は聴いたものだ〔武田泰淳＊風媒花〕

○王道楽土を目ざして　○王道楽土の夢

応病施薬（おうびょう・せやく）仏

相手に応じて指導内容を変えること。病に応じて、薬を施す、という。広く、個性に応じて指導すべきだとする場合にも用いる。応病与薬とも。

○応病施薬の方針で進む　○応病施薬との指導によって

（参考）仏教では、釈迦を医者に例えることがある。医者は、患者の病状を診て、それに適した薬を与える。それと同じように、釈迦も、それぞれの人の精神状態をよく見て、それに応じた法を説いた、という。人間の素質・性向・要求は各自で異なるから、それぞれに応じて法を説くと、法そのものの実際は異なることになる。時には相反する法が説かれるかもしれない。それでよいとするのが、応病施薬という考え方である。

応病与薬（おうびょう・よやく）⇩おうびょう・せやく

横目縦鼻（おうもく・じゅうび）和
普通の人のこと。横ざまにある・め、縦ざまにある・はな、という。平凡な人の顔の意味でも用いる。
▽国民たるものは、その職業やその住地はいかに相違なるも、みな横目縦鼻の人類なり〔中江兆民＊国会論〕
○横目縦鼻のともがら　○横目縦鼻に共通の欲望として

温故知新（おんこ・ちしん）漢
古いことを明らかにして、そこから新しい考え方を導き出すこと。古きを尋ねて、新しきを知る、という。
▽温故知新の鎌倉の町は、若いお二人連れの散歩者がたいへん多いところで〔石坂洋次郎＊若い人〕
▽それが霊感を生むゆりかごとなる。温故知新とはいうが、温めようが難しい〔朝日新聞＊天声人語〕
○温故知新によって　○温故知新の心構えで
参考　論語に、「故キヲ温ネテ新シキヲ知レバ、以テ師ト為ル可シ」とある。孔子が、人の師となる資格として述べたことばである。故というのは、歴史的な事柄をいう。それを調べて、そこから新しい知識や見方を得るのがよい、という。孔子の学問態度を示したものとされている。それは、また、現状の認識・解決に歴史が役立つことを教えたことばとして貴ばれている。

温厚篤実（おんこう・とくじつ）和
性格が非常にまじめで、おとなしいこと。温厚

（おだやかで・情がある）で、篤実（情があって・まじめ）だ、という。人物評価の評語として用いる。▽温厚篤実にして、よろず中庸を貴ぶ世上の士君子、例えばわが校長のごときで〔石川啄木＊雲は天才である〕▽温厚篤実な庄吉さんも、日ごろに似合わず、さお先をぶるぶる震わせていた〔井伏鱒二＊黒い雨〕○温厚篤実で人に慕われていた　○温厚篤実な人柄

音信不通（おんしん・ふつう）⇩いんしん・ふつう

音吐朗々（おんと・ろうろう）　和　明るくて曇りのない音声を出すこと。音吐（こえの・だしかた）が、朗々（ほがらか）だ、という。▽口を開けばこそ音吐朗々として真に凛々たる男児の声をなすが、無言のままで〔石川啄木＊雲は天才である〕▽さ、ひとつ、のどを洗って、音吐朗々というところを聞かせてやるかな〔石坂洋次郎＊若い人〕○音吐朗々と読み上げる　○音吐朗々たる声で

厭離穢土（おんり・えど）　仏　この世から逃れること。穢土（けがれた・このよ）を、厭離（きらい・はなれる）する、という。▽熱心な彼の教えは、厭離穢土、欣求浄土の挙にいでよということになろう〔唐木順三＊中世の文学〕▽長く厭離穢土の心を起こし、とこしなえに欣求浄土の勤めを専らにしたまいける〔太平記〕○厭離穢土を願う　○厭離穢土の安心を勧められる

（参考）仏教では、この世は煩悩に汚れた世界であり、あの世は清らかな極楽である。したがって、この世を捨てて俗世間の苦しみから離れるのが、仏道修行の第一歩となる。それによって、

来世では極楽浄土に生まれることが期待できるからである。これが欣求浄土であり、厭離穢土から続いていく。

怨霊亡霊（おんりょう・もうりょう）仏

たたりをするたましいのこと。怨（うらみ）・亡（しんだ）、それぞれに霊（たましい）を添える。うらみを持つ人の霊と、死んだ人の霊、という。

▽この怨霊亡霊の力は、今に至るまで想像以上に強いということが、かえって好都合で〔唐木順三＊応仁四話〕

○怨霊亡霊に責められる　○怨霊亡霊を退ける

（参考）仏教では、肉体から区別された精神的なものを霊魂という。霊は不思議なもので、人知をもって量り知ることができない力を持っている。また、霊は、体を離れて飛び回ることができ、体が死んでも後に残る。そのため、恨みを抱いている人の霊は、その人の体を抜け出し、恨みの対象となる人にたたりをする。これが怨霊である。なお、生きている人の霊が生霊であり、死んだ人の霊が死霊であるが、このほうは亡霊ともいう。この種の悪霊を排除するのが、加持祈禱である。

我意我慾（がい・がよく）和

自己を主張する欲望のこと。我慾（われの・よく）に、我意（われの・かんがえ）を添えて、意味を強める。現代表記では、慾（よく）↓欲（ほっする）。

▽今はどうか。人と人とをつなぐもの、結びつけるものは、我意我欲よりほかはない〔唐木順三＊応仁四話〕

○我意我欲を張り通す　○我意我欲の強い為政者

我意我利（がい・がり）和

自分のことだけを考え、自分の利益だけを求めること。意（考え）・利（利益）、それぞれに我（われ）を添える。わが意を通し、わが利を求める、という。

▽上も下も、おしなべて、我意我利だけでふるまったわけでありましょう〔唐木順三＊応仁四話〕

○我意我利を求める　○我意我利から離れて

改過遷善（かいか・せんぜん）漢

よくない点を改めて、よい点を取り入れること。あやまちを改め、よきを移す、という。

○改過遷善を心掛ける　○改過遷善の方針で進む

参考　易経に、「君子ハ以テ善ヲ見テ則チ遷シ、過有レバ則チ改ム」とある。南宋・陸九淵の文に次のようにあるのは、これを受けている。「是ヲ著シ非ヲ去リ、過ヲ改メ善ヲ遷スハ、此レ経ノ語ナリ。非去ラズンバ、安ンゾ能ク是ヲ著サンヤ。過改メズンバ、安ンゾ能ク善ヲ遷サンヤ」とある。過ちを改めるから善を移すことができるのだ、という。このあと、「其ノ非ヲ知ラズンバ、安ンゾ能ク非ヲ去ランヤ。其ノ過ヲ知ラズンバ、安ンゾ能ク過ヲ改メンヤ」と続く。過を改めるには、何が過であるかをまず知るべきだ、という。

開眼供養（かいげん・くよう）仏

新しい仏像を作ったときに、最後に魂を入れる法会のこと。目を開く供養、という。眼は、呉音でゲンと読む。

▽大仏は一昨年四月に開眼供養を行ったばかりで、まだ全面には鍍金がかけられていず〔井上靖＊天平の甍〕

▽いずれも大安寺に住み、四月、大仏開眼供養の際には、晴れの開眼役を務めた〔花田清輝＊小説平家〕

○開眼供養を執り行う　○大仏の開眼供養

参考　仏教で開眼というのは、真理を悟って知恵の目を開くことである。また、新たに作った仏像や仏画を安置することも、仏眼を開く意味で開眼という。これによって、仏に魂を入れることになるのであり、そのときに行うのが開眼供養である。供養というのは奉仕することであり、尊敬の心を持って仕え世話することをいう。形式としては、物を供えて祈ることになる。

懐古恋旧（かいこ・れんきゅう）和

古いことを懐かしむこと。古旧（いにしえ・もと）を分けたものに、懐恋（おもい・こう）を分けて添える。

▽進歩の精神はここに一頓挫し、やや懐古恋旧の気風を生じたるものと言いつべし〔山路愛山＊現代金権史〕

○懐古恋旧の感に浸る　○懐古恋旧の情、もだしがたく

開口一番（かいこう・いちばん）和

話し始めると同時に、まず最初に言うこと。口を開くと、一番先に行う、という。

▽案内されて室に通ると、あいさつも済まないうち、開口一番にそれを言った〔石坂洋次郎＊若い人〕

▽少々くたびれるから、開口一番、ちょっと休まなければやりきれないくらいのものだ〔夏目漱石＊倫敦消息〕

○開口一番のことば　○開口一番、反対を叫んだ

外交辞令（がいこう・じれい）和

他人に対して上手に応対する表面的なことばのこと。外交上の、ことば、という。おせじの意味で用いる。辞令を辞礼と書くのは誤り。

▽自分の所属する社会階級の生活感情に添った、いわば身についた外交辞令を用いて〔平凡社＊日本語の歴史〕

▽いや、これはわたしの外交辞令だ。ありのままに言うと、豚に真珠を与えたことに〔石坂洋次郎＊若い人〕

○外交辞令でご機嫌を伺う　○外交辞令にすぎない

外交折衝（がいこう・せっしょう）漢

外回りの仕事のこと。外交（対外的な交わり）と、折衝（問題解決のための話し合い）を、組み合わせて表す。国際間の場合にも用いる。折衝を接衝と書くのは誤り。

▽策の立つやつもいる。知恵のあふれるやつも、外交折衝の巧みなやつも〔子母沢寛＊勝海舟〕

○外交折衝を進める ○巧みな外交折衝によって

（参考）樽俎折衝（そんそせっしょう）の参考欄を参照。

廻国巡礼（かいこく・じゅんれい）仏

札所を回る巡礼のこと。廻国（諸国を・まわる）する、巡礼（めぐり歩いて・礼拝する人）、という。巡礼は順礼とも書く。現代表記では、廻（まわる）→回（まわり）。

▽途中で回国巡礼に出会い、そのかさを見れば、何の国の何がしと、明白に書いてある〔福沢諭吉＊福翁自伝〕

▽罪障消滅のため回国巡礼をいたし、諸所の山水を見てこじつけたる詩文、このほど〔大町桂月＊書翰文大観〕

○回国巡礼に出る ○回国巡礼の一行

（参考）仏教では、修行のために諸国を経巡ることを廻国という。インドでは、釈迦のゆかりの地として、生誕のルンビニ、成道のブッダガヤ、説法のムルガダヤ、入滅のクシナガラを巡拝することから始まった。日本では観音霊場を巡拝することが行われ、西国三十三箇所、四国八十八箇所などが定められた。正式には、白衣をつけ、おいずりを掛け、ご詠歌を唱えて、各札所を次々と巡るのが廻国巡礼である。

鎧袖一触（がいしゅう・いっしょく）和

相手を簡単に負かしてしまうこと。よろいの・そでが、ひとたび・ふれる、という。それだけで、勝負がつくことになる。一回で払いのける場合にも用いる。

▽すると、古いがゆえにそれを毛嫌いして、内容も吟味せず、鎧袖一触してしまう〔石坂洋次

郎＊若い人〕
▽世界観的には最初から自然主義的人間観など鎧袖一触しながら、技法的には採用し〔平野謙＊女房的文学論〕
○鎧袖一触して決勝に進んだ　○鎧袖一触の勝利で
（参考）日本外史に、保元の乱のときの源為朝のことばが、次のように書かれている。「平清盛ノ輩ノ如キニ至リテハ、臣ノ鎧ノ袖一タビ触レナバ、皆自ラ倒レンノミ」とある。よろいのそでがちょっと触れただけで、相手のほうが自然に倒れてしまう、という。この鎧袖一触の部分を、敵をたやすく打ち負かす意味で用いる。

外柔内剛（がいじゅう・ないごう）漢
態度は穏やかそうに見えるにもかかわらず、本当は気が強いこと。そとは・やわらかく、うちは・つよい、という。内柔外剛の対。
▽いわゆる外柔内剛で、口当たりはちょっと柔らかいが、しんがしっかりしている〔二葉亭四迷＊其面影〕
▽外柔内剛は事の当を得たものでなく、国家として自ら重んぜねばならぬことに〔三宅雪嶺＊明治思想小史〕
○外柔内剛で臨む　○外柔内剛の折衝を続ける
（参考）晋書に、「卓ハ、外柔ラカク、内剛ク、政ヲ為スニ簡恵ナリ」とある。外見は柔弱だが内心は剛強で、政治は平明で恵み深い、という。徳政に優れた甘卓についての記述である。また、北宋・欧陽脩も、張瓌を次のように評している。「静黙ニシテ端直、外柔ラカク内剛ク、学問通達ス。言フ能ハザル者ニ似テ、其ノ義ヲ見ルニ至レバ必ズ為ス。仁者ノ勇ト謂フ可シ」とある。話すことは下手だが、仁者の勇を持っていた、という。いずれの場合も、外柔内剛が高く評価されている。

海内無双（かいだい・ぶそう）漢
国内に並ぶ者がいないこと。海内（うみのうち、国内）に、無双（二つがない、いちばん）だ、という。

▽今三町とあだ名せられし、つぶての鬼平五ここに在り。海内無双、受けてもみよや〔曲亭馬琴＊里見八犬伝〕

○海内無双とうたわれる　○海内無双の弓の名手

（参考）前漢・東方朔の文に、「学ヲ好ミ道ヲ楽シムノ効、明白ナルコト甚ダシ。自ラ以テ智能海内無双ト為ス。則チ博聞ト謂フ可シ」とある。自分と並ぶ者は、国内にいないと自負していた、という。この国内は中国の意味であるが、日本では、当然、日本国内となる。

街談巷説（がいだん・こうせつ）　漢

世間のうわさのこと。街談（まちの・はなし）と、巷説（ちまたの・はなし）を、組み合わせて表す。

▽四犬士の在りかを尋ねしに、街談巷説紛々たるのみ。存亡定かならざれば〔曲亭馬琴＊里見八犬伝〕

▽農夫の戒めをぞ入れたまいける。街談巷説の中にも、必ず取るべきことありと言えり〔十訓抄〕

○街談巷説にも耳を傾ける　○街談巷説にすぎない

（参考）三国魏・曹植の文に、「夫レ、街談巷説、必ズ采ル可キモノ有リ」とある。街談巷説にも耳を傾けるべきだ、という。ここでは、民間の議論として、高く評価されている。しかし、漢書には、小説について「蓋シ街談巷説ハ、道聴途説スル者ノ造ル所ナリ」とある。小説はうわさの請け売りによって生まれるのだ、という。単なるうわさのことになるが、日本では、このほうの意味で用いる。

蓋天蓋地（がいてん・がいち）　和

天地に満ちあふれていること。天地を分けたものに、蓋（おおう）を添える。天地をおおう、という。

▽四囲の鬼神なんじをのろうこともあり。のろ

われて後、蓋天蓋地の大歓喜に会うべし〔夏目漱石＊幻影の盾〕
○蓋天蓋地に広げる　○蓋天蓋地の仁徳

快刀乱麻（かいとう・らんま）洋

解決すべき物事を手際よく処理すること。よく切れる刀で、もつれた麻を断ち切る、という。特に紛糾した物事の場合に用いる。快刀を怪刀と書くのは誤り。

▽働くだけ働き、騒ぐだけ騒ぎ、快刀乱麻を断つの英断をもって財政の基礎を作り〔山路愛山＊現代金権史〕
▽人命最優先で解決を図るほかはない。それ以外に快刀乱麻の対策は考えつかない〔朝日新聞＊天声人語〕
○快刀乱麻で処理する　○快刀乱麻の鮮やかさで

(参考) 英語のことわざに、“Cut a Gordian knot.”とある。古代フリジア王・ゴーディアスが作った結び目をだれも解くことができなかった。これを、アレキサンダー大王が剣で切断して解決した。ゴーディアスの結び目を切れる刀で断つ、という。これを四字漢語にしたのが快刀乱麻で、日本では、快刀乱麻を断つという形で用いる。ただし、中国語では、「快刀斬乱麻」である。

開闢以来（かいびゃく・いらい）和

天地が開けて以来のこと。ひらけ・さけて、以来、という。今まで全くなかったことについて用いる。

▽アメリカに軍艦をやるという、日本開闢以来未曾有のことを決断しました〔福沢諭吉＊福翁自伝〕
▽かくのごとき社会の大変態は、開闢以来、いまだかつてないことであろうとは〔島崎藤村＊夜明け前〕
○開闢以来の珍事　○開闢以来、世に行われている

偕老同穴（かいろう・どうけつ）漢

夫婦が最後まで連れ添うこと。生きては共に老い、死しては穴を同じにする、という。夫婦になる場合にも用いる。愛情の深さを強調する場合は、比翼連理を用いる。

▽それゆえ、幽霊とともに偕老同穴の契りを結べば、そのために精血を減らし〔三遊亭円朝＊牡丹灯籠〕

▽覚えず、あっと驚いた。主人が偕老同穴を契った夫人の脳天の真ん中には〔夏目漱石＊吾輩は猫である〕

○偕老同穴を遂げる　○偕老同穴の契りも浅からず

参考　詩経に、「子ト説ヒヲ成ス、子ノ手ヲ執リテ子ト偕ニ老イント」とある。戦場で戦う夫が、故郷の妻を思い、妻との誓いを繰り返したことばである。また、「子ヲ畏レテ奔ラズ、穀キテハ則チ室ヲ異ニスルモ、死シテハ則チ穴ヲ同ジクセン」とある。立身出世して別居するに至った妻が夫を思い、夫との死後を誓ったことばである。この二つを、夫婦の誓いとして用いる。

呵々大笑（かか・たいしょう）漢

大きな声でからからと笑うこと。呵々（大声で笑う）として、大いに笑う、という。豪快な笑いに用いる。大笑は、古くはダイショウと読んだ。

▽一同はその一言に呵々大笑したが、そのとき、やはり黒い不吉な影が皆の胸をよぎった〔綱淵謙錠＊航〕

▽わたしは、彼の、顔をそむけた不自然なようすを見ると、腹の中で呵々大笑した〔平林たい子＊砂漠の花〕

○互いに呵々大笑して別れた　○呵々大笑の主

参考　晋書に、兄ノ石宜が弟の石韜を殺したときの葬儀の記述がある。「韜ノ喪ニ臨ミテ哭カズ。直呵呵ト言フ。便チ、衾ヲ挙ゲ、尸ヲ看テ、大笑シテ去ル」とある。その死体を見て、満足げに笑った、という。ただし、仏教では、悟りを開いた人の、何のわだかまりもない笑い方の場合に用いる。

下学上達（かがく・じょうたつ）漢
身近なことから始め、やがて奥義に達すること。下から学び、上まで達する、という。
○下学上達を心掛ける ○下学上達の要領で取り組む
(参考) 論語に、「子曰ハク、天ヲ怨(うら)ミズ、人ヲ尤(とが)メズ。下学シテ上達ス」とある。天の時を得なかったが、天を恨まない。人に用いられなかったが、人をとがめない。ただ、身近なことから始めて奥義に達した、という。

餓鬼外道（がき・げどう）仏
正しい道に背いていること。餓鬼（うえたたましい、人間的でないこと）と、外道（そとのみち、仏教以外の教え）を、組み合わせて表す。ののしる場合に用いる。
▽不信なり薄情なり、人を扇動する者なりとて、餓鬼外道のごとく罵詈する者ありと〔福沢諭吉＊通俗国権論〕
○餓鬼外道のたぐい ○餓鬼外道ならいざ知らず
(参考) 仏教では、この世で悪いことをすると、地獄に落ちるか、餓鬼道に行くか、動物に生まれ変わる、とされている。これを三悪道という。餓鬼道では、食物を得ても食べることができず、飢えと渇きに苦しむ。その点で、まともな人間の生活を送ることができない。また、仏教では、仏教以外の教えがすべて外道である。仏教こそが正しい教えとされているから、外道のほうはすべてが正しくない教えということになる。

蝸牛角上（かぎゅう・かくじょう）漢
極めて小さな場所のこと。カタツムリの角の上、という。蝸牛角上の争いは、つまらない争いのこと。
▽世の中は蝸牛角上の争闘――つくづくそれがいやになったですよ〔田山花袋＊田舎教師〕
▽相互に蝸牛角上の争いをなし、もって政治思

想を鼓舞し、安心するもののごとし〔三宅雪嶺＊偽悪醜日本人〕

○蝸牛角上の争いを繰り返す　○蝸牛角上の土地で

（参考）荘子に、「蝸ノ左角ニ国スル者有リ、触氏ト曰フ。蝸ノ右角ニ国スル者有リ、蛮氏ト曰フ。時ニ相与（とも）ニ地ヲ争ヒテ戦フ、伏尸（ふくし）数万」という。触と蛮が領地争いをし、戦死者数万、とある。宇宙の無限に比べて、人間の争いをあざけった例え話である。これを受けて、唐・白居易の詩に、「蝸牛角上、何事ヲカ争フ、石火光中ニ此ノ身ヲ寄ス」とある。小利を求めて何を争うのか、人間は極めて短い時間を生きているのだ、という。酒でも飲んで大いに楽しもうというのが、作者の趣旨である。

学者書生（がくしゃ・しょせい）和

学問に専念していて、世間の事柄に関係しない者のこと。学者と、書生を、組み合わせて表す。

▽とにかく学者書生の関係すべきことではないから、決して帰らせないと頑張った〔福沢諭吉＊福翁自伝〕

○学者書生のたわごと　○学者書生としての生きがい

格物致知（かくぶつ・ちち）漢

理想的な政治を行うための、最初の二つの段階のこと。物を正し、知を致す、という。物に向かう心を正しくして、知を働かせるのが第一歩だ、としている。

▽格物致知と言い、学問の目的を問われれば、治国平天下と答えるに決まっている〔三宅雪嶺＊明治思想小史〕

▽人間は、格物致知という修養の力によって人欲を放逐し、本然の性に帰せしめ〔三枝康高＊賀茂真淵〕

○格物致知の道を説く　○合理的に格物致知していく

（参考）大学に、「其ノ心ヲ正サント欲スル者ハ、先ヅ其ノ意ヲ誠ニス。其ノ意ヲ誠ニセント欲スル者ハ、先ヅ其ノ知ヲ致ス。知ヲ致スハ、物ヲ格スニ在リ」とある。この部分を下から順に並べると、格物・致知に始まり、誠意・正心と続く。その上に修身・斉家があり、治国・平天下がある。理想的な政治として治国・平天下を実現するためには、これだけの段階が必要だ、という。

学問修業（がくもん・しゅぎょう）和

学問を修めること。学問について、業を修める、という。学問というのは、身を鍛えることではなく、身に着けるものだから、修行ではなく、修業と書く。

▽十六、七のとき、大志も何もありはせぬ、ただ貧乏で、そのくせ学問修業はしたい〔福沢諭吉＊福翁自伝〕

▽年ごろの学問修業で、どうやらこうやら人並みより才学二つながら勝ったとは〔坪内逍遥＊妹と背かがみ〕

○学問修業を志す　○学問修業に励む毎日

家系家名（かけい・かめい）和

先祖からの系統のこと。家系（いえの・すじ）と、家名（いえの・な）を、組み合わせて表す。

▽それをしながら、家系家名、秘伝秘儀をお題目のように唱えているのがおかしい〔唐木順三＊応仁四話〕

○家系家名を重んじる　○家系家名の汚れをも顧みず

嘉言善行（かげん・ぜんこう）漢

ことばも行いも非常によいこと。嘉言（よい・ことば）と、善行（よい・おこない）を、組み合わせて表す。

▽いわゆる嘉言善行などいう極端の主義を奨励して天下の人心を刺衝し、その影響は〔福沢諭吉＊福翁百話〕

▽食事のときは、何か近郷であった嘉言善行というようなことを話すことになっている〔森鷗外＊蛇〕

○嘉言善行を手本として　○教科書にも載る嘉

言善行

㊀参考 小学に、「嘉言ヲ述べ、善行ヲ紀ム」とある。りっぱなことばを言い、善い行いをした、という。嘉言と善行は、言行一致の立場から併せ用いられた。元・関漢卿の謝天香に、「我、料ル、賢弟必ズ嘉言善行有リテ、教ヘテ老夫ヲ訓スト」とある。

加持祈禱（かじ・きとう）仏　病を治し、災いを除くために行う祈りのこと。加持（仏が乗り移る）と、祈禱（仏に祈る）を、組み合わせて表す。

▽薬餌、まじない、加持祈禱と、人のよいというほどのことをし尽くしてみたが〔二葉亭四迷*浮雲〕

▽どうかして助けられるものならの願いから、あらゆる加持祈禱を試み〔島崎藤村*夜明け前〕

○加持祈禱を行う　○加持祈禱も功を奏さなかった

㊀参考 仏教で加持というのは、衆生の信心に仏が応じ、仏の守りの力が衆生に加わり、仏が衆生を守ることをいう。そのために行われるのが、仏の力の加わることを祈る祈禱である。仏の印契を結び、口で真言を唱えると、その人自身が大日如来そのものになり、不思議な力を衆生に与えることができる。これにより、怨霊を退けて病気を治し、災厄を避けるのが加持祈禱である。

餓死病死（がし・びょうし）和　飢えや病による不幸な死に方のこと。餓（うえ）・病（やまい）、それぞれに死を添える。天寿を全うしない不幸な死に方だとされている。

▽異変が続いて、作物は実らず、そのうえ悪疫が流行し、餓死病死その数を知らず〔唐木順三*応仁四話〕

○餓死病死する者相次ぐ　○餓死病死を招くに至る

家常茶飯（かじょう・さはん）漢

何の変わったこともない、極めて普通のこと。家庭における日常の、茶飯（食事）と同じだ、という。▽花鳥風月を見て楽しまず、家常茶飯の美に触れて喜ばない者があるか〔長与善郎＊竹沢先生と云う人〕▽自殺をすることが家常茶飯のように思われて、大した恐怖をも感じなかった〔菊池寛＊身投げ救助業〕
○こんなことは家常茶飯であった　○家常茶飯の出来事
㊜南宋・普済の五灯会元に、「仏祖ノ文句、家常茶飯ノ如シ」とある。すべて当たりまえのことだ、という。日本では、極めて普通のことの意味で用いる。中国語では家常便飯というが、便飯も、茶飯と同じく、日常ありあわせの食事のことである。

佳人薄命（かじん・はくめい）漢
顔かたちのよい女性は不幸になる場合が多いということ。佳人（みめがよい・女性）は、顔かたちがよい代わりに、とかく薄命（うすい・命運）だ、という。早死にする場合にも用いる。美人薄命とも。才子多病の対。▽このような田園平和のうちに、佳人薄命はは ぐくまれるであろうか。例えば秋の末の〔武田泰淳＊才子佳人〕
○佳人薄命の感を受ける　○佳人薄命との例に漏れず
㊜北宋・蘇軾（そしょく）の詩に、「古ヨリ佳人ハ多ク命薄ク、門ヲ閉ヂテ春尽キ、楊花（ようか）落ツ」とある。昔から美女は不幸だ、外にも出ないうちに春も終わり、柳の花も散ってしまう、という。この場合の薄命は、命運が薄いことで、不幸の意味になる。日本では、命をイノチと訓読するため、美女が早死にする場合にも用いる。また、佳人を美人に改めた形、美人薄命も用いる。

臥薪嘗胆（がしん・しょうたん）漢
目的を成し遂げるために、つらい思いを重ねること。でこぼこの薪の上に寝て、にがい干しぎもをなめる、という。成功するために努力を重ねる場合にも用いる。

▽せっかくの臥薪嘗胆も、何の役にも立たなかったのは気の毒である〔夏目漱石＊吾輩は猫である〕

▽臥薪嘗胆というような合いことばが、しきりと言論界には説かれていた〔有島武郎＊或る女〕

○臥薪嘗胆を叫ぶ　○臥薪嘗胆の思いをして

参考 十八史略に、越に敗れた呉・夫差について、「夫差、讎ヲ復サント志シ、朝夕、薪ノ中ニ臥ス」とある。ついに、越を破って恨みを晴らした。敗れた越・句践については、「句践、国ニ反リ、胆ヲ座臥ニ懸ケ、即チ胆ヲ仰ギテ之ヲ嘗ム」とある。ついに、呉を破って恨みを晴らした。ただし、後漢・趙曄の呉越春秋には、共に句践のこととし、「越ノ句践、薪ニ臥シ胆ヲ嘗メ、呉ニ報ゼント欲ス」とある。いずれにしても、あだを討つことを忘れないための処置であった。

雅俗混淆（がぞく・こんこう）和

風流と俗事が入り混じっていること。雅（みやびやか）と俗（ひなび）が、混淆（まじり・にごる）する、という。現代表記では、淆（にごる）→交（まじる）。

▽そこで目が覚めた。わきの下から汗が出ている。妙に雅俗混交な夢を見たものだと思った〔夏目漱石＊草枕〕

▽絶対的に口語そのままというわけにはいかぬ。まあ、雅俗混交がよかろうと思う〔大町桂月＊書翰文大観〕

○雅俗混交の作品　○雅俗混交ともいうべき現状

花鳥風月（かちょう・ふうげつ）和

美しい自然そのもののこと。はな・とり・かぜ・つき、を組み合わせて表す。それぞれの意味でも用いる。それらをもとに行う風流な遊び

参考 南宋・阮閲の詩話総亀に、「詩ノ題ヲ著ケザルハ、靴ヲ隔テテ痒キヲ掻クガ如シ」とある。詩に題をつけないと、何が言いたいのか分からない、という意味である。また、同書には、「棒ヲ掉ヒテ月ヲ打チ、靴ヲ隔テテ痒キヲ掻ク、甚ノ交渉有ランヤ」ともある。このほうは、意思が通じない意味である。日本では、水虫などにかかったときの実感から連想し、思いどおりにならずに、じれったい意味で用いる。

確乎不動（かっこ・ふどう）漢

心がしっかりしていること。不動（心が動かない）に、確乎（たしかな・ようす）を添えて、意味を強める。現代表記では、確乎↓確固（たしかで・かたい）とも。

▽一方の焦点に生々流転する変形の過程があり、他方の焦点に確固不動の固定性があり〔花田清輝＊変形譚〕

▽戦争を防ぐために確固不動の立場に立てるように、心づもりをしておかねばならぬ〔堀田善衛のことにも用いる。〕

のことにも用いる。

▽花鳥風月を見て楽しまず、家常茶飯の美に触れて喜ばない者があるか〔長与善郎＊竹沢先生と云う人〕

▽国王、大臣、公家、武家、女御、更衣の立居ふるまい、花鳥風月の事態をまねた〔唐木順三＊応仁四話〕

○花鳥風月を専らとする　○花鳥風月に託して

隔靴掻痒（かっか・そうよう）漢

物事が思うとおりに進まないで、心が落ち着かないこと。隔靴（くつを・へだて）て、掻痒（かゆきを・かく）、という。

▽頼み事であったとしても、伯父には隔靴掻痒の正論で話すより仕方ない問題だった〔坂上弘＊日々の収拾〕

▽文語で筆談をするほうが楽だった。隔靴掻痒の感を抱いたのは、会話のほうだった〔綱淵謙錠＊航〕

○隔靴掻痒の感がある　○隔靴掻痒に似ている

衛＊広場の孤独〕

○確固不動の原理を得る　○その信念は確固不動である

参考　確乎不抜の参考欄を参照。

確乎不抜（かっこ・ふばつ）漢

心がしっかりしていること。不抜（心の持ち方が動か・ない）に、確乎（たしかな・ようす）を添えて、意味を強める。現代表記では、確乎→確固（たしかで・かたい）とも。

▽西洋人の行うところが果たして確固不抜であって、決して誤らざる真理であるなら〔坪内逍遥＊京わらんべ〕

▽勇名ますます四隣に伝称せられたること、これぞ確固不抜の根基というべきなり〔中江兆民＊警世放言〕

○確固不抜の意志を持つ　○確固不抜な立場に立って

参考　易経に、「確乎トシテ其ノ抜ク可カラザルハ、潜メル竜ナリ」とある。意志がしっかりしていて物に動じないのは、潜んでいる竜だ、という。それは、天に昇る機会を待っているのであり、世に用いられない聖人や、活動の機会をねらう英雄のことである。日本では、動じない点を強調し、不抜を不動に改めても用いる。

活殺自在（かっさつ・じざい）和

自分の思うとおりに人を扱うこと。生かすも殺すも、自在（思うとおり）だ、という。

▽もう少し横着にすると、活殺自在の模範政治家ができるが〔内田魯庵＊社会百面相〕

▽直参中の暴れ者も、先生の活殺自在の術に翻弄されて、かわいそうに、百姓にされるか〔子母沢寛＊勝海舟〕

○活殺自在にふるまう　○活殺自在の妙を得る

合従連衡（がっしょう・れんこう）漢

南北に連合したり、東西に連合したりすること。従（たて）を合わせ、衡（よこ）を連ねる、という。従容・追従・合従は、漢音でショウと読む。

▽共同して新進を倒すの利益を知り、合従連衡して富を維持せんとするに至りては〔山路愛山＊現代金権史〕▽合従連衡の戦争にせわしき世なれば、貴族といえどもその身を安んずるをえず〔福沢諭吉＊文明論之概略〕○合従連衡の策を練る　○合従連衡に熱弁を振るう

(参考) 史記に、「天下、方ニ合従連衡ニ務メ、攻伐ヲ以テ賢ト為ス」とある。合従は縦に南北を合わせる意味で、戦国時代の外交政策として趙の蘇秦が唱えた。西方の強大化する秦に対して、燕・趙・斉・魏・韓・楚の六国が同盟して当たるべきだ、という。連衡は横に合わせる外交政策で、魏の張儀が唱えた。秦が六国のそれぞれと同盟を結んで仕えさせるべきだ、という。そのため、同盟を結ぶ際の方針として引き合いに出されるのが合従連衡である。ただし、当時は二策が入り乱れて六国の基本方針が確立しないすきに、秦が天下を統一した。

闊達自在（かったつ・じざい）和

物事に全くこだわらないこと。闊達（ひろく・とおる）な点が、自在（思いのまま）だ、という。

▽次々と希望をわかしてくる性質をほれぼれと眺めた。宴席の闊達自在なふるまいを〔岡本かの子＊生々流転〕▽細く美しい字で、あなた一流の闊達自在な、あなたの声が聞こえるような文章で〔火野葦平＊青春と泥濘〕○闊達自在にふるまう　○闊達自在の空想家

活潑々地（かつ・はつはっち）漢

非常に活動的なこと。活が、潑々（勢いがよい）としている、という。地は、状態を表す接尾語。現代表記では、潑（水をはねる）↓発（はなつ）。

▽いくら小さんを隠したって、人物は活発々地に躍動するばかりだ、そこが偉い〔夏目漱石＊

三四郎〕
▽呼吸の音も聞こえぬほど静かな憩いの席から、活発々地の現実へ向けて〔岡本かの子＊生々流転〕
○活発々地に行動する　○活発々地の精神
参考　中庸に、「此ノ一節、子ノ思ヒ喫緊ニシテ、人ノ為ニスル処、活潑潑地トシテ、読者其ノ思ヒヲ致ス」とある。差し迫っていて、魚がはねるように勢いがある、という。南宋・黎靖徳の朱子語類にも、次の記述がある。「今、道ヲ言フニ、在ラザル無ク、適キテ道ニ非ザル無シ。惟フニ、鳶ノ飛ビ魚ノ躍ルヲ説クモ、則チ活潑潑地ナリ」とある。トビが空を飛ぶのも魚がふちに躍るのも、すべて天地の間にある道の作用であると説く、その説き方に勢いがある、という。

訛伝百出（かでん・ひゃくしゅつ）和
まちがった情報が次々と出ること。訛伝（なまった・つたえ）が、百出（たくさん・でる）する、という。
▽外債を募りしときも、少々行き違いのことありしとは申しながら、訛伝百出し〔山路愛山＊現代金権史〕
○訛伝百出で今日に至る　○訛伝百出の人物として

瓜田李下（かでん・りか）⇩りか・かでん

我田引水（がでん・いんすい）和
自分につごうがよいように考えて行うこと。自分の田にだけ、水を引く、という。自分につごうがよいように理屈づける場合にも用いる。
▽愛国者はすなわち牧畜家、牧畜家すなわち救世主というような我田引水説を唱え〔徳富蘆花＊思出の記〕
▽「それでなくっちゃ間違ってますよ」愛知は大いに我田引水な油を掛けた〔長与善郎＊竹沢先生と云う人〕
○我田引水に聞こえる　○我田引水の説と見なされる

参考 日本のことわざに、「わが田へ水を引く」とある。これを四字漢語にしたのが、我田引水である。他に「わが田への水も八分目」ともある。欲も適度に抑えておくべきだ、という。このほうは、四字漢語にならなかった。

歌舞音曲（かぶ・おんぎょく）和
華やかな芸事で楽しむこと。歌舞（うた・まい）と、音曲（音楽・謡い物）を、組み合わせて表す。
▽歌舞音曲一切のご停止ゆえ、ただ寂寞として物寂しく、夜中鬼泣哭々と聞く心地す〔子母沢寛＊勝海舟〕
▽歌舞音曲、遊芸のことなら何でも一応こなしたが、肝心のものが欠如していた〔柴田錬三郎＊柴錬水滸伝〕
○歌舞音曲の正儀が執り行われる　○歌舞音曲を禁じる

我利我利（がり・がり）和
自分の利益だけを求めること。我利（わが・りえき）を繰り返して、意味を強める。
▽支配者階級の我利我利的行動が、ついに累をわが皇室に及ぼすの憂いなきかを〔徳富蘇峰＊国民自覚論〕
▽大概の否定主義は、実に、人間に対する我利我利の反感から生じるものと〔長与善郎＊竹沢先生と云う人〕
○我利我利の政治家　○我利我利亡者

我流我見（がりゅう・がけん）和
自分かってな考えのこと。我見（じぶんの・かんがえ）に、我流（じぶんの・やりかた）を添えて、意味を強める。
▽生得の我流我見を隠して、ひたすらに貴人のことば、所作を見習い、それをまねた〔唐木順三＊応仁四話〕
○我流我見を捨てて臨む　○我流我見の強い人物として

画竜点睛（がりょう・てんせい）漢
大切な部分を最後に付け加えて完成させること。

竜をえがいて、ひとみを入れる、という。わずかな部分に手を加えることによって全体がよくなる場合にも用いる。画竜は、ガリュウとも読む（竜は、漢音リョウ・呉音リュウ）。睛はヒトミだから、メヘン（晴ではない）。

▽画竜点睛の名前までいよいよ読み進んだとき、自分は突然驚いた。名あてには〔夏目漱石＊手紙〕

▽何、構わんです。あれを消すと、今度の紀行文が画竜点睛を欠きます〔松本清張＊Dの複合〕

○画竜点睛を試みる　○画竜点睛の妙を欠く

(参考) 唐・張彦遠の歴代名画記に、梁の画家・張僧繇のことについて、次のように書かれている。「金陵ノ安楽寺ノ四白竜、眼睛ヲ点ゼズ。毎ニ云フ、睛ヲ点ゼバ即チ飛ビ去ラント。人以テ妄誕ト為シ、固ク請フ。之ヲ点ズレバ、須臾ニシテ雷電壁ヲ破リ、両竜雲ニ乗リ、騰去シテ天ニ上ル」とある。これにより、大切な部分を最後に加えて完成させることを画竜点睛という。

苛斂誅求（かれん・ちゅうきゅう）漢

税などを厳しく取り立てること。苛斂（はげしく・あつめる）に、誅求（せめ・もとめる）を、組み合わせて表す。

▽その職業を失い、ちまたに流浪して夜盗と化するまでの苛斂誅求をあえてした〔石川達三＊風にそよぐ葦〕

▽苛斂誅求を事とした幕藩体制そのものの矛盾は、すでにこのころから植えつけられ〔三枝康高＊賀茂真淵〕

○苛斂誅求への恨みで　○苛斂誅求、飽くことを知らず　○苛斂誅求を逃れて　○苛斂誅求の聞こえが高い

(参考) 旧唐書に、「苛斂シテ下人ヲ剝グ。皆、之ヲ咎メテ、以テ譴逐ニ至ル」とある。租税を厳しく取り立てたので、追い払われた、という。また、左伝に、「褊小ニシテ大国ニ介マリ、誅求、時無キヲ以テス」とある。土地が狭くて大

国に挟まれているため、いつも税を厳しく取り立てた、という。日本では、この両得を併せ、苛斂誅求の形で用いる。略して苛求とも。

夏炉冬扇（かろ・とうせん）漢

役に立たない物事のこと。暑い夏における炉（ひばち）、寒い冬における扇（うちわ）、のようなものだ、という。

▽無能無才、夏炉冬扇の無用者の世界を、この一筋と頼まざるをえなかった〔唐木順三＊無用者の系譜〕

▽夏炉冬扇はいけない。夏は夏らしいがよい。立秋でそのまま秋になっては大変だ〔朝日新聞＊天声人語〕

○夏炉冬扇になる　○夏炉冬扇のきらいがある

参考　後漢・王充の論衡に、「益スル無キノ能ヲ作シ、補フ無キノ説ヲ納ルルハ、猶ホ夏ヲ以テ炉ヲ進メ、冬ヲ以テ扇ヲ奏ムルゴトシ」とある。主君が望みもしないことを行い、聞きたくもない意見を言うのは、よくない。夏に火鉢を出し、冬に扇を出すようなものだ、という。王充としては、そんなことをして主君の怒りに触れたら大変だ、よけいなことはしないほうがよい、と考えての言であった。ただし、役に立たない物事の例としての夏炉冬扇という語のほうが、広く用いられるに至った。

簡易軽便（かんい・けいべん）和

複雑な手数がないこと。軽便（簡単に使えて・便利）に、簡易（簡単で・すぐできる）を添えて、意味を強める。

▽帝自ら国々を巡らせたまい、簡易軽便を本として、万民を撫育せられるようにと〔島崎藤村＊夜明け前〕

○簡易軽便を旨とする　○最も簡易軽便な方法として

閑雲野鶴（かんうん・やかく）漢

何の束縛も受けずに、自然に親しんで暮らすこと。静かに浮かぶ雲、野に遊ぶツル、のようだ、という。

▽ひとまず、第一の故郷に帰った。そして、十幾か月の間、閑雲野鶴を友として暮らしたが〔石川啄木＊葬列〕

▽閑雲野鶴、空広く、風にうそぶく身は独り、月を湖上に砕きては、行方波間の〔土井晩翠＊星落秋風五丈原〕

○閑雲野鶴の人となる　○閑雲野鶴と暮らして

(参考) 元・范子安の竹葉舟に、「一生空シク一生ノ愁ヒヲ抱ケバ、千年ニハ千年ノ寿有ル可シ。剛ンニ白頭ヲ掻ケバ、閑雲野鶴、常ニ相守ル」とある。俗世間を逃れて老後を過ごすとき、浮かぶ雲、野生のツルと共に暮らす、という。何の拘束もない暮らしのことである。

鰥寡孤独（かんか・こどく）漢

身寄りがだれもいないこと。妻のない夫・夫のない妻・孤児・老いて子のない者、を組み合わせて表す。

▽お羽振りのいいハイカラ先生方の目から見たら、鰥寡孤独同様、哀れむべき者で〔内田魯庵＊社会百面相〕

▽名前は竹原さんといい、鰥寡孤独の身で、おでんの袋を製造する家の二階に下宿して〔井伏鱒二＊駅前旅館〕

○鰥寡孤独を養う　○鰥寡孤独のたぐいを救う

(参考) 孟子に、「老イテ妻無キハ鰥ト曰ヒ、老イテ夫無キハ寡ト曰ヒ、老イテ子無キハ独ト曰ヒ、幼ニシテ父無キハ孤ト曰フ。此ノ四者ハ天下ノ窮民ニシテ、告グル無キ者ナリ」とある。文王は仁政を施すに当たって、必ずこの四者を先にした、という。また、元史には、「諸ノ路、鰥寡孤独、疾病ニシテ自ラ存スル能ハザル者ニハ、廬舎薪米ヲ官給ス」とある。鰥寡孤独は、常に仁政の対象とされていた。

轗軻不遇（かんか・ふぐう）漢

才能がありながら、それにふさわしい地位に就くことができないでいること。轗軻（車がなめらかに進まない）のように、不遇（よい運に出会わ・ない）だ、という。▽朝子は、理由もなく無性に不満であった。轗軻不遇の身にあるような思いがした〔三島由紀夫＊真夏の死〕▽中途で学校をよしてから、轗軻不遇、多くは外国に官職を転々して、去年死んだ〔田山花袋＊東京の三十年〕○轗軻不遇を悲しむ　○轗軻不遇の本人にとっては

(参考) 唐・李延寿の北史に、「道、轗軻シテ未ダ遇ハズ。志、鬱抑シテ申ビズ」とある。道で車が行き悩んで、思うように動かない。それと同じように、志がふさいで、思うように伸びない、という。これによれば轗軻未遇であるが、日本では、未を不に改めて用いる。

感慨無量（かんがい・むりょう）和

物事に深く感じ入ること。感慨（かんじ・なげく）に、無量（分量が・甚だしい）を添えて、意味を強める。

▽小普請の貧乏勝が、とにかく海軍操練の教頭だ。考えれば、感慨無量なものがある〔子母沢寛＊勝海舟〕▽一人の商人の口から宰相李林甫が薨じたことを聞いた。さすがに感慨無量であった〔井上靖＊天平の甍〕○感慨無量で眺める　○感慨無量な面持ちで並んでいた　○感慨無量の一同を前にして　○さぞ感慨無量であろう

侃々諤々（かんかん・がくがく）漢

大いに議論を闘わせること。侃（強くまっすぐ）・諤（はばからず言う）、それぞれを繰り返して、意味を強める。遠慮なく言う場合にも用いる。侃々をケンケンと読むのは誤り。互いに主張し合う場合は甲論乙駁、騒がしい場合は喧々囂々を用いる。▽言論の自由がなくなったのは嘆かわしい。十年前には、まだ侃々諤々の議論が聞かれた〔菊池寛＊話の屑籠〕

▽喉頭の筋を張り侃々諤々、抗議するよりも、引退の態を示してその志を伸ぶるを〔中江兆民＊兆民文集〕

○侃々諤々の論になる　○侃々諤々として論を闘わす

（参考）清・褚人穫の隋唐演義に、「朝中ニ剛正ナル大臣有リ、侃々諤々、強禦ヲ畏レズ」とある。正しいことを遠慮なく言って、無理に退ける者をおそれなかった、という。この場合の侃々諤々は、言を曲げない意味である。日本では、発音の類似から喧々囂々と混同され、大いに議論を闘わせる場合に用いることが多い。

汗牛充棟（かんぎゅう・じゅうとう）漢

蔵書が極めて多いこと。運ぶときには牛に汗をかかせ、家で積み上げるときには棟木まで届く、という。

▽小説稗史はその類その数、幾千万とも限りを知らず、汗牛充棟なんどと言わんは〔坪内逍遥＊小説神髄〕

▽前部を占領するものは新著なり。その多きこと、ただに汗牛充棟のみならず〔肥塚竜＊新日本之青年・序〕

○汗牛充棟の書に埋もれる　○汗牛充棟の蔵書を残して

（参考）唐・柳宗元が陸文通の死を悼んだ文の中に、「其ノ書タルヤ、処レバ則チ棟宇ニ充チ、出ヅレバ則チ牛馬ヲ汗セシム」とある。その趣旨は、陸文通の蔵書が多いということではない。孔子の春秋について、その解釈に誤りが多く、そういう書物が汗牛充棟だ、という。その点では、無益な書物が大量にあることを嘆くことばであった。後に、汗牛充棟という語だけを、蔵書が多い意味で用いるに至った。その場合は褒めことばであり、役に立たない本が多いということではない。

歓言愉色（かんげん・ゆしょく）和

人を喜ばせるようなことばや顔つきのこと。歓言（よろこばしい・ことば）と、愉色（たのしい・かおいろ）を、組み合わせて表す。こびへつらう場合にも用いる。
▽当人は、これから、歓言愉色の世界に逆戻りをしようという間際である〔夏目漱石＊吾輩は猫である〕
○歓言愉色で客をもてなす　○歓言愉色の妻を見ると

頑固一徹（がんこ・いってつ）和
自分の考えを無理に押し通すこと。頑固（かたくなで・かたい）に、一徹（思い込んだ一つのことを・おしとおす）を添えて、意味を強める。
▽正直一途、頑固一徹、大久保さんのやかましいは名代だが、木村さんがこう言う以上は〔子母沢寛＊勝海舟〕
▽父は例のとおり頑固一徹で、酒席に出て演じるというようなことを毛嫌いして〔唐木順三＊応仁四話〕
○頑固一徹の生涯を送る　○頑固一徹なおやじとして

頑固一遍（がんこ・いっぺん）和
非常にがんこなこと。頑固（かたくなで・かたい）に、一遍（ただそのことだけ）を添えて、意味を強める。
▽西洋文明の心酔者もあり、頑固一遍にして、西洋大嫌いという者もあり〔山路愛山＊現代金権史〕
▽慌てて呼び止めながら追いかけたが、頑固一遍の伯父は、振り向きもしないで〔内田魯庵＊社会百面相〕
○頑固一遍で押し通す　○頑固一遍とはいえ

眼光炯々（がんこう・けいけい）和
目が鋭く光り輝くこと。目の光が、炯々（するどい）だ、という。炯々は、烱々（異体字）とも書く。
▽眼光炯々として、体は大きく、壮健なれども、これから教祖として立ち上がるには〔丹羽文雄＊蛇と鳩〕
▽その眼光炯々たるをもってすれば、これ定め

て機知余りあるべし〔中江兆民＊一年有半〕○眼光炯々として人を圧する　○眼光炯々たる大男

眼高手低（がんこう・しゅてい）漢

理想が高くて、実行が伴わないこと。目だけが高く、手のほうが低い、という。鑑賞眼は高いが、自分で制作する能力がない場合にも用いる。

▽絶えず眼高手低の嘆きを抱いている我々に、自信を呼び起こす力としても〔芥川竜之介＊あの頃の自分の事〕

▽ぼくは、相変わらず眼高手低の嘆きを漏らしながら、理想を目がけて蝸牛の歩を運び〔徳富蘆花＊思出の記〕

○眼高手低のきらいがある　○眼高手低を自認した祖父

(参考) 志大才疎の参考欄を参照。

換骨奪胎（かんこつ・だったい）漢

先人の詩文を取り入れて、独自の作品に仕上げること。骨を取り換え、胎を奪う、という。特に、他の作品の焼き直しの場合に用いる。奪胎を脱胎と書くのは誤り。

▽こういう詩集などの表現法を換骨奪胎することは、必ずしもまれではなかった〔芥川竜之介＊芭蕉雑記〕

▽これが奈良朝ごろに日本に輸入され、換骨奪胎されて、山が海になったというんです〔松本清張＊Ｄの複合〕

○換骨奪胎して用いる　○換骨奪胎の妙を得て

(参考) 宋・恵洪の冷斎夜話に、「其ノ意ヲ易ヘズシテ其ノ語ヲ造ル、之ヲ換骨ノ法ト謂フ。其ノ意ヲ窺ヒ入レテ之ヲ形容スル、之ヲ奪胎ノ法ト謂フ」とある。詩文を作る場合に、先人の作をよりどころとするときの要領を示したものである。内容を変えないで自分なりの語句を用いるのが換骨で、その趣旨を取り入れて自分なりの表現にするのが奪胎だ、という。それが、日本では悪い意味になり、焼き直しの場合に用いられている。

冠婚葬祭（かんこん・そうさい）和
人の慶弔の儀式のこと。元服・結婚・葬儀・祖先の祭礼、を組み合わせて表す。葬は、古くは喪（も）とも書いた。
▽互選で会長を出して、冠婚葬祭に祝ったり補助したりする自治的な集まりを〔中野重治＊汽車の缶焚き〕
▽一夕の豪遊に千金をなげうち、冠婚葬祭の式に外観を張り、もって耳目を驚かす〔福沢諭吉＊福翁百話〕
○冠婚葬祭のあいさつなども　○冠婚葬祭に至るまで

監視監督（かんし・かんとく）和
上に立って、よく見張って、取り締まること。視（よくみる）・督（とりしまる）、それぞれに監（みはる）を添える。上に立つ者の役目とされている。
○監視監督に努める　○監視監督を怠る

感謝感激（かんしゃ・かんげき）和
非常にありがたく思うこと。感謝（心を動かされて・ありがとうをいう）にそろえて、感激（心を動かされて・気持ちが高まる）を添え、意味を強める。
▽他の人たちには感謝感激のありがたいサラリーだろうけど、ぼくは不信心の固まりで〔石川達三＊蛇と鳩〕
▽母校がこれほど盛大に運営されていることについて感謝感激いたして〔講談社＊新版式辞挨拶演説集〕
○感謝感激して引き揚げる　○感謝感激の涙を流して

寛仁大度（かんじん・たいど）漢
心が広くて情け深く、大きな度量を持っていること。寛仁（ひろくて・なさけがある）と、大度（おおきな・ひとがら）を、組み合わせて表す。
▽平生は人に交わるに寛仁大度を旨とし、人言聞き去って皆善と称するほどに身構え〔福沢諭

吉＊福翁百余話〕▽高祖は寛仁大度の徳ある上に、張良という才徳兼ね備わりたる名将あるゆえに〔中江藤樹＊翁問答〕○寛仁大度に救われる　○寛仁大度の主に感謝して

〔参考〕周書に、「宇文丞相(じょうしょう)、寛仁大度ニシテ、覇王ノ略有リ。天子ヲ挟(たす)ケテ諸侯ニ令スルコト、已(すで)ニ数年ナリ」とある。天子と諸侯との間にあって、寛仁大度であった、という。その具体的な内容については、明の小説・東周列国志の斉侯についての記述が参考になる。「寛仁大度ニシテ人ノ過チヲ録セズ、旧(もと)ノ悪ヲ念(おも)ハズ」とある。他人の過ちや古い悪行をいつまでも問題にしたりはしない、という。上に立つ者の高い評価である。

歓声嬌声（かんせい・きょうせい）和

喜んだときに出す、大きな声のこと。声（こえ）に、歓（よろこばしい）・嬌（なまめかしい）を添える。

▽いんしんのさまは、空にみなぎる煤煙と障子の外に響く歓声嬌声とに説明を任せ〔岡本かの子＊生々流転〕○歓声嬌声を上げる　○歓迎の歓声嬌声に埋もれる

勧善懲悪（かんぜん・ちょうあく）漢

善いことをするように、悪いことをしないように、仕向けること。善行を勧め、悪行を懲らしめる、という。

▽これ新幡随院ぬれ仏の縁起で、この物語も少しは勧善懲悪の道を助くることもやと〔三遊亭円朝＊牡丹灯籠〕▽いわゆる勧善懲悪の神を拝むような信者たちから見れば、実際無神徒なんだ〔長与善郎＊竹沢先生と云う人〕○勧善懲悪を説く道学者　○勧善懲悪の物語として

〔参考〕後漢・王符の潜夫論に、次の記述がある。

「今ハ則チ然ラズ。功有ルモ賞セズ、徳無クモ削ラズ。甚ダシク勧善懲悪ニ非ズ」とある。功が有れば賞し、徳が無ければ削るのが勧善懲悪なのだ、という。漢書には、前漢・張敞(ちょうしょう)が膠(こう)州(しゅう)に赴任するときの方針として、「劇郡ヲ治ムル、賞罰ニ非ズンバ、以テ勧善懲悪無シ」とある。勧善懲悪のためには賞罰がよいのだ、という。勧善懲悪はやがて、物語の主題となり、日本にも大きな影響を及ぼした。勧善懲悪を略して勧懲という。

完全無欠（かんぜん・むけつ）和

不足や欠点が全くないこと。完全（そろっている）で、無欠（かけたところが・ない）だ、という。

▽妻は追い出さず、子供はかわいがる、公の務めは欠かさず、我ながら完全無欠にあきれて〔徳富蘆花＊黒潮〕

▽さまざまの解釈がなされます。そのどれも、完全無欠な解釈だとは言われない〔石坂洋次郎＊若い人〕

○完全無欠なものとして　○完全無欠の幻影を作る

乾燥無味（かんそう・むみ）和

あじわいが全くないこと、無味（あじわいが・ない）に、乾燥（かわきかわく、うるおいがない）を添えて、意味を強める。内容に人間味がない場合にも用いる。うるおいがない場合は、無味乾燥を用いる。

▽そんな乾燥無味な理屈で、あの多感多情の藤野を殺すことはできませんよ〔木下尚江＊火の柱〕

▽軍隊生活の乾燥無味なのには耐えられないから、としてあった〔有島武郎＊或る女〕

○乾燥無味に思われる　○乾燥無味な表現

官尊民卑（かんそん・みんぴ）和

政府のほうを上とし、民間のほうを下とすること。官（おかみ）は・とうとく、民（たみ）は・いやしい、という。

▽非常な官尊民卑だから、争ってこびを官吏に献じる、ごちそうをする、進物をする〔内田魯庵＊社会百面相〕
▽しかし、官尊民卑という考え方は、社会全体がそうなのだから〔石坂洋次郎＊青い山脈〕
○官尊民卑の風潮に乗じて　○官尊民卑という慣習

邯鄲夢裡（かんたん・むり）漢

富貴を極めた夢を見ること。邯鄲で見た、夢のうち、という。人の一生がはかないことに例えて用いる。現代表記では、裡→裏（異体字）。
▽厳然たる官吏となり、あたかも邯鄲夢裏、栄華の活劇を演出したるがごとく〔徳富蘇峰＊新日本之青年〕
○邯鄲夢裏のまくら　○邯鄲夢裏に栄耀栄華を楽しむ
参考　唐・沈既済の枕中記に「道士呂翁トイフ者有リ。邯鄲ノ道中ヲ行キ、旅中ノ少年ヲ見ル。乃チ盧生ナリ。翁乃チ囊中ノ枕ヲ操リテ之ニ授ケテ曰ク、子、吾ガ枕ヲ枕トセバ、当ニ子ヲシテ栄適、志ノ如クナラシムベシト」とある。こうして栄達を極めて死ぬまでの夢を見たが、それは黄粱が炊き上がらないほどの時間であった。「生、蹶然トシテ興キテ曰ク、豈ニ其レ夢寐ナルカト。翁、生ニ謂ヒテ曰ク、人生ノ適モ亦タ是クノ如シト」と続く。人生が一場の夢にすぎない例として引かれる。邯鄲之夢・邯鄲之枕ともいう。

簡単明瞭（かんたん・めいりょう）和

表現が短くて、要領よくまとまっていること。簡単（込み入っていない）と、明瞭（あかるく・あきらか）を、組み合わせて表す。明瞭を明了と書くのは誤り。
▽人生のかぎは、複雑な形をしてはいない。極めて簡単明瞭である〔長与善郎＊竹沢先生と云う人〕
▽だから、女の子はこわいよ。理由は、いやになったってことさ、簡単明瞭だろう〔芹沢光治

良＊坂の上の家〕
○簡単明瞭に答える　○簡単明瞭な表現をもって

歓天喜地（かんてん・きち）漢
小躍りして喜ぶこと。天地を分けたものに、歓喜（よろこび・よろこぶ）を分けて添える。天に向かってよろこび、地に向かってよろこぶ、という。
▽新吾がいかに歓天喜地の大々的歓迎をなしたか、これらは他日の話に譲るとしても〔徳富蘆花＊思出の記〕
▽漆桶を抜くがごとく痛快なる悟りを得て、歓天喜地の至境に達したのさ〔夏目漱石＊吾輩は猫である〕
○歓天喜地の満足を覚える　○歓天喜地で迎えられた
参考　明・梁辰魚（りょうしんぎょ）の浣紗記（かんしゃき）に、「毎常ノ間、曾テ你（なんぢ）ノ歓天喜地ヲ見ズ。今日ハ何ラカノ喜地歓天ヲ為（な）サン」とある。喜んだのを見たことがない、今日は喜ばそう、という。これによれば喜地歓天の形も成り立つが、日本では歓天喜地のほうを用いる。

艱難辛苦（かんなん・しんく）和
つらい苦労をすること。辛苦（つらい・くるしみ）に、艱難（なやむ・くるしみ）を添えて、意味を強める。なやむ点を強調する場合は、辛苦艱難を用いる。
▽のど元過ぎれば熱さ忘れるという、そのとおりで、艱難辛苦も過ぎてしまえば〔福沢諭吉＊福翁自伝〕
▽どういう艱難辛苦をしても、独学を廃さなかった尊徳である〔芥川竜之介＊侏儒の言葉〕
○艱難辛苦を分かち合う　○艱難辛苦を共にする仲間　○艱難辛苦を物ともせず　○艱難辛苦の末に

官武一途（かんぶ・いっと）和
文官と武官が、同じ方針で協力すること。官も武も、みちを一つにする、という。江戸末期には、朝廷と諸侯が協力して倒幕に当たる意味で用いられた。
▽かつての官武一途も上下一和も、徳川幕府を向こうに回しての一途一和であった〔島崎藤村＊夜明け前〕
▽官武一途庶民に至るまで、おのおのその志を遂げ、人心をしてうまざらしめんことを〔五箇条の御誓文〕
○官武一途を目ざして　○官武一途の政治により

姦夫姦婦（かんぷ・かんぷ）漢

密通する男女のこと。夫婦（結婚した男女）を分けたものに、姦（他人の夫婦に通じる）を添える。
▽姦夫姦婦を殺したのは三月の初めであったが、判決を下されるまで二か月を要し〔柴田錬三郎＊柴錬水滸伝〕
▽だいぶ見上げた男らしいが、姦夫姦婦という間柄であって見ると、結婚することも〔木下尚江＊良人の自白〕
○姦夫姦婦の汚名を着る　○姦夫姦婦として罰せられた
（参考）明の刑律に犯姦があり、次のように書かれている。「凡ソ妻妾ノ人ト通姦スルヲ縦容スレバ、本夫、姦夫、姦婦、各〻杖九十」とある。通姦は、つえ打ち九十の刑とする、という。この場合の受刑者は、他人の妻や愛妾に通じる夫、その相手となる妻や愛妾、だけではなく、姦を黙認した本来の夫にも及んでいる。

玩物喪志（がんぶつ・そうし）漢

珍しいものに引かれて、行うべきことを行わないこと。物をもてあそんで、志を失う、という。重要でないことに力を注ぎ、習得すべきことを見失う意味で用いる。
▽諸人争って奇書をあがなう。いまだ玩物喪志のそしりあるを免れず〔内田魯庵＊緑蔭茗話〕
○玩物喪志を戒める　○玩物喪志のきらいがある

参考　書経に、「人ヲ玩ベバ徳ヲ喪ヒ、物ヲ玩ベバ志ヲ喪フ」とある。人をいいかげんに扱えば、徳を失うに至る、物をいいかげんに扱えば、志を失うに至る、という。役に立たない物事には興味を持ちやすいが、それに気を取られて深入りすると、大切な目的を忘れるからいけない。周の武王に、西城から珍しい犬が献上されたときに、補佐役の召公奭が戒めたことばである。

頑冥固陋（がんめい・ころう）和

考え方が古くて、とてもがんこなこと。固陋（古い考えのままで・知識がせまい）に、頑冥（かたくなで・くらい）を添えて、意味を強める。現代表記では、冥（くらい）↓迷（まよう）とも。

▽坊主の世には、徳川も薩長もへったくれもないんだ。旧幕府の頑迷固陋も開眼したか〔子母沢寛＊勝海舟〕

○頑迷固陋で始末が悪い　○頑迷固陋な人

頑冥不霊（がんめい・ふれい）和

おろかで、とてもがんこなこと。不霊（あきらかで・ない）に、頑冥（かたくなで・くらい）を添えて、意味を強める。現代表記では、冥（くらい）↓迷（まよう）とも。

▽邪悪の何物たるを弁ぜざる頑迷不霊なる人民においては、その行うところ〔徳富蘇峰＊新日本之青年〕

▽いつにないぼくの権幕に驚いたが、見る見るその頑迷不霊な顔に圧制者の相をいだし〔徳富蘆花＊思出の記〕

○頑迷不霊に陥る　○頑迷不霊な金権主義者

顔面蒼白（がんめん・そうはく）和

恐れたり、驚いたりしたときの顔色のこと。顔面（かおの・表面）が、蒼白（あおく・しろい）だ、という。

▽路傍に腰を下ろしていたが、死ぬ覚悟なので、顔面蒼白となっていた〔柴田錬三郎＊柴錬水滸伝〕

○顔面蒼白な者も多く　○顔面蒼白の連中

冠履顚倒（かんり・てんとう）漢

地位・価値・順序などが逆になること。冠（かんむり）と履（はきもの）の在り場所が、顚倒（くつがえり・たおれる）している、という。冠履を冠裏と書くのは誤り。顚（くつがえる）を転（ころぶ）と書いた時期もある。

▽なんぼ冠履顚倒の世の中で、税を納めるほうから早く税を納めとうございますと〔内田魯庵＊社会百面相〕

▽高等師範を廃止しろなんというのは、それこそ冠履顚倒だ〔芥川竜之介＊あの頃の自分の事〕

○冠履顚倒している　○冠履顚倒のそしりを受ける

参考　明史に、「堂堂ノ中国ヲ以テ之ト互市スルハ冠履倒置ナリ」とある。中国から進んで他と交易するのは、上下が逆だ、という。史記には、「冠敝（やぶ）ルト雖モ必ズ首ニ加フ。履新（くつ）タト雖モ必ズ足ニ関（うが）ツ。何レモ上下ノ分ナリ」とある。冠も履物も、それぞれ分がある、という。こうして、冠履倒置という語が生まれた。日本では、このひゆに基づき、冠履顚倒として用いる。

閑話休題（かんわ・きゅうだい）漢

本筋から離れた話を元に戻すこと。暇な話は、題を休む、という。閑話休題を接続詞として用いることもある。その場合、旧表記では、ソレハサテオキとも読んだ。

▽守山はようじをくわえながら、「さあさあ、小町田、閑話休題だ、始めたまえ」〔坪内逍遥＊当世書生気質〕

▽閑話休題、大歓迎されているとばかり思っていた善意の底に、悪意の毒素が沈殿している〔綱淵謙錠＊航〕

○そのことは閑話休題として　○しばらくは閑話休題

参考　水滸伝（すいこでん）に、「且（しばら）ク閑話ヲ把（と）リテ休題シ、只（ただ）正話ヲ説（と）ク」とある。間に入れた話はやめて、本題に戻ろう、という。日本では、間話を閑話

（むだばなし）に改めて用いる。中国語でも、閑話の形を用いる。

【き】

気韻生動（きいん・せいどう）漢
書画などの趣が生き生きとしていること。気韻（きの・ひびき）が、生動（いきいきと・うごく）する、という。
▽先師芭蕉翁、初めて一格を立てて、気韻生動を表せり。たとい卑言漢字を交えたりとも〔森川許六＊風俗文選〕
○気韻生動の絶品として　○気韻生動した画面
参考　明・陶宗儀の輟耕録に、南斉・謝赫の画論にある六法が引かれている。「画ニ六法有リ、一ニ曰ク、気韻生動」とある。第一が、生き生きとしていることだ、という。六法としては、このあと、「骨法用筆、応物象形、随類伝采、経営位置、伝模移写」と続く。筆力、輪郭、彩色、配置、模写、という。

気宇壮大（きう・そうだい）和
考え方が非常に大きいこと。気宇（こころの・かまえ）が、壮大（さかんで・おおきい）だ、という。
▽ハイウエー建設といい、国連バスといい、気宇壮大で気持ちがよい〔朝日新聞＊天声人語〕
○気宇壮大に進むべきで　○気宇壮大な計画

疑雲猜霧（ぎうん・さいむ）和
周りの者に、すなおには迎えられないこと。雲霧（くもときり、ふんいき）を分けたものに猜疑（ねたむ・うたがう）を分けて添える。猜疑のある雲霧、という。
▽彼は、今、この疑雲猜霧のうちに、一歩一歩静かに足を進めつつあるなり〔木下尚江＊火の柱〕
○疑雲猜霧に包まれる　○疑雲猜霧を晴らす

気焔万丈（きえん・ばんじょう）和

得意になって、大いに語ること。気焔（盛んな意気）が、万丈（非常に大きい）だ、という。現代表記では、焔（ほのお）↓炎（もえる）とも。

▽さようさ、わが輩は両三日前に会ったが、そのときは大得意で、気炎万丈だった〔内田魯庵＊社会百面相〕

▽斬首四十七級を梟首し、大いに勝ちを奏し、直ちに攻め気炎万丈、向かうところ敵なし〔村岡素一郎＊史疑〕

○気炎万丈の意気　○気炎万丈とは行かず

機械器具（きかい・きぐ）和

物を作る際に用いる手段のこと。機械（動力装置のあるもの）と、器具（手で使うもの）を、組み合わせて表す。機械器具を簡略にしたのが機具である。

▽目抜きの通りにある、機械器具など扱う、かなり構えの大きい店〔松本清張＊点と線〕

▽人生実用の事業、機械器具、天然の力を制して社会の用をなす新発明等のごときも〔菊池大麓＊修辞及華文〕

○機械器具を使用する　○選ばれた機械器具によって

機会均等（きかい・きんとう）洋

すべての関係者に対して、待遇や権利を同じにすること。機会（チャンス）が、均等（ひとしい）だ、という。equality of opportunity の訳語として用いる。

▽日本国は、四年間、航空業務の運営および発達に関する機会均等を与えるものとする〔日本国との平和条約〕

▽各文明国の商業に、機会均等の利益を与えんがために結ばれたにほかならぬ〔江森泰吉＊大隈伯百話〕

○機会均等を約す　○男女雇用の機会均等

奇岩怪石（きがん・かいせき）和

非常に珍しい形の岩石のこと。岩石（いわ・いし）を分けたものに、奇怪（かわっていて・あやしい）を分けて添える。奇怪な岩石、という。
▽石山寺の奇岩怪石、三井の晩鐘など、遊子の心は回顧美の陶酔に我を忘れております〔石坂洋次郎＊若い人〕
▽奇岩怪石のそそり立つ、その辺りの風物を、在るがままにとらえるためには〔花田清輝＊小説平家〕
○奇岩怪石の渓谷を探る　○奇岩怪石に躍る荒波

危機一髪（きき・いっぱつ）漢
もう少しで危険な状態に陥りそうなこと。危機（あぶない・チャンス）が、髪の毛一本の違いで来る、という。一髪を一発と書くのは誤り。本来は、髪の毛一本で釣り下げているような、危ない状態にあること。
▽いよいよ露見するか、しないか、危機一髪という安宅の関にかかってるんだ〔夏目漱石＊吾輩は猫である〕
▽正に危機一髪であった。うめきを発するのと、数百の一隊が出現するのが同時で〔柴田錬三郎＊柴錬水滸伝〕
○危機一髪の際に食い止める　○危機一髪のところで　○危機一髪で避けることができた
（参考）唐・韓愈（かんゆ）の文に、「群儒区区トシテ百孔千瘡（せんそう）ヲ修補シ、随（したが）ッテ乱レ随ッテ失フ。其ノ危フキコト、一髪ノ千鈞（せんきん）ヲ引ク如シ」とある。一本の髪の毛で千鈞の重さのものを引くようだ、今にも切れそうな危険な状態だ、という。日本では、髪の毛一本の違いで危険な状態になると解釈されているが、同じ意味で用いる。

奇々怪々（きき・かいかい）漢
普通では考えられない疑わしいこと。奇怪（かわっていて・あやしい）を分けて繰り返し、意味を強める。
▽「娼妓に売ったという来歴をば、夢に見ましたゆえ」「実に奇々怪々ですね」〔坪内逍遥＊当世書生気質〕
▽学校に不思議なことが始まった。信仰復興と

かいって、実に奇々怪々な現象であった〔徳富蘆花＊思出の記〕
○奇々怪々として迫る　○奇々怪々の事件
参考 唐・韓愈(かんゆ)の文に、「其ノ次ニ文窮ニ曰フ。一能ヲ専ラニセズンバ、怪怪奇奇トシテ、時ニ施ス可カラズ。祇(ただ)以テ自ラ嬉(よろこ)ブノミト」とある。一つの事柄に専念しないで変な言動をし、ひとりよがりをしてはいけない、という。文窮を戒めたことばである。これによれば怪々奇々になるが、日本では奇々怪々の形で用いる。中国語でも、同じ意味で奇々怪々を用いる。

奇々妙々（きき・みょうみょう）和
普通ではよく分からない不思議なこと。奇妙（かわっていて・ふしぎだ）を分けて繰り返し、意味を強める。
▽挑み争う力量早技、乱れぬこぶしの奇々妙々、さりとて一個は必ず傷つけられん〔曲亭馬琴＊里見八犬伝〕
▽ぼくもさすがに驚いたが、いろいろ聞いてみると、ここに奇々妙々の事実ありさ〔坪内逍遥＊当世書生気質〕
○奇々妙々の妖術　○かくのごとき奇々妙々に至っては

鬼泣哭々（ききゅう・こっこく）和
非常にもの寂しいこと。鬼泣（死者のたましいが・なく）が、哭々（死を悲しんで泣く）だ、という。
▽歌舞音曲一切のご停止ゆえ、ただ寂寞として物寂しく、夜中鬼泣哭々と聞く心地す〔子母沢寛＊勝海舟〕
○鬼泣哭々として迫る　○鬼泣哭々のやみ夜を迎えて

危急存亡（ききゅう・そんぼう）漢
現在のまま続くか続かないかの分かれめにあること。危険な事態が迫っていて、存亡（いきのこる・ほろびる）の分かれめにある、という。
▽我が国は、今や偶然危急存亡の際に陥りました。昨日までも太平をことぶいて〔内田魯庵＊

▽沐浴化粧は婦人のたしなみにして、衣装に思いを凝らし、起居動作に心を労し〔福沢諭吉＊福翁百話〕○起居動作を監視される ○日常の起居動作

起居眠食（ききょ・みんしょく）和
日常の生活のこと。おきる・いる・ねむる・たべる、を組み合わせて表す。
▽生来の体質弱くして、加うるに不養生をもってし、起居眠食、常ならずして〔福沢諭吉＊福翁百話〕
○起居眠食も思うに任せず ○不規則な起居眠食により

規矩準縄（きく・じゅんじょう）漢
物事の標準となるもののこと。ぶんまわし・さしがね・みずもり・すみなわ、を組み合わせて表す。
▽法則にのみ拘泥して、かの巧みが規矩準縄もて物するごとくに強いて意を曲げ〔坪内逍遥＊小説神髄〕

社会百面相〕
▽国家危急存亡の時、私身をもって先んぜぬこと、深く恥じるところでございます〔子母沢寛＊勝海舟〕
○危急存亡の瀬戸際に立つ ○危急存亡の大厄を救う
参考 三国蜀・諸葛（しょかつ）孔明の出師（すいし）の表に、「今、天下三分シテ、益州ハ疲弊ス。此レ、危急存亡ノ秋（とき）ナリ」とある。孔明が魏と戦うために軍を率いて出るときの一文である。今、蜀の国は力が弱り、存続するか滅亡するかの分かれめにある、という。秋は大切なときの意味。日本語の表記では、時の字をあてたこともあった。

起居動作（ききょ・どうさ）和
日常の身の動きのこと。起居（おきる・いる）する、動作（体の動き）、という。
▽いつも春風駘蕩としていて、起居動作が日常と少しも変わっていなかった〔横光利一＊家族会議〕

▽官立学校は、生徒を遇する、機械的にして、一の規矩準縄のもとに教育する〔徳富蘇峰＊新日本之青年〕
○規矩準縄に従う　○規矩準縄何ものぞとの意気込みで
参考 孟子に、「聖人、既ニ目力ヲ竭シ、之ニ継グニ規矩準縄ヲ以テシ、以テ方員平直ヲ為ス。勝ゲテ用フ可カラザルナリ」とある。目の力を出し尽くして正しく見ようとし、及ばないところに規矩準縄を用いる。道具にばかり頼ってはいけない、という。本来は道具そのものを指したが、後にはひゆ的に、守るべき標準の意味で用いた。「法律政令ハ、吏員ノ規矩準縄ナリ」などの用い方がこれであり、日本でもこの意味で用いる。

危険千万（きけん・せんばん）　和

極めて危ないこと。危険（あぶなく・けわしい）に、千万（とても多い）を添えて、意味を強める。

▽こんなことでは危険千万だと、文句をつけたことを、あとで聞いて〔子母沢寛＊勝海舟〕
▽誠が博した絶大な信用は、たこ配当を利子に応用した危険千万な経営のたまもので〔三島由紀夫＊青の時代〕
○危険千万な行動　○まことに危険千万、これでは

奇言奇行（きげん・きこう）　和

普通の人と違うことを言ったり、行ったりすること。言行（いう・おこなう）を分けたものに、奇（かわっている）を添える。変わった言行、という。

▽主人が、二六時中、精細なる描写に値する奇言奇行をろうするにもかかわらず〔夏目漱石＊吾輩は猫である〕
○その奇言奇行に悩まされた　○奇言奇行にも富む人物

貴顕紳士（きけん・しんし）　和

身分の高い、りっぱな男子のこと。貴顕（身分

が高く・人に知られている）な、紳士（品格のある男子）、という。紳は、束帯のときに大帯に挟む笏（しゃく）のこと。貴顕は、古くはキゲンと読んだ。

▽賛成の意を表する貴顕紳士、新聞記者等、過多に及びたり、うんぬん〔末広鉄腸＊雪中梅〕

▽東京湯島の霊岸寺において、貴顕紳士のために十善戒の修行を始めたる時に会い〔山路愛山＊現代金権史〕

○貴顕紳士と交わる　○凡百の貴顕紳士、一堂に会して

貴顕縉紳（きけん・しんしん）和

身分の高い役人のこと。貴顕（身分が高く・人に知られている）な、縉紳（公卿）、という。縉紳は、束帯のときに笏（しゃく）を大帯に挟むことで、その服装の人。貴顕は、古くはキゲンと読んだ。

▽宗祇が当代の貴顕縉紳と親しく交わりえたのは、ひとえに彼の学識のためであった〔唐木順三＊中世の文学〕

▽当道の官位を得るのでなければ、貴顕縉紳の邸宅へ接近することはできなかった〔谷崎潤一郎＊聞書抄〕

○貴顕縉紳に近づく　○貴顕縉紳の助けを借りて

旗鼓堂々（きこ・どうどう）和

軍隊のようすがりっぱなこと。旗鼓（はた・たいこ）が、堂々（さかんでりっぱ）としている、という。

▽そうした期待はすべて裏切られて、うんかの大勢が旗鼓堂々と迫ってくるのである〔田宮虎彦＊落城〕

▽長州の武士は、すでに開化している。旗鼓堂々たる幕軍とすれ違いに、進んできた〔勝海舟＊氷川清話〕

○旗鼓堂々として四囲を圧する　○旗鼓堂々の進軍

鬼哭啾々（きこく・しゅうしゅう）漢

恐ろしい雰囲気に包まれていること。死者の魂が大声を上げて泣き、その声がいつまでも続く、という。この場合の鬼は、オニではなく、死者の魂のことである。

○鬼哭啾々として迫る　○鬼哭啾々たる古戦場

参考 唐・杜甫が戦いの悲惨さを描いた詩・兵車行の最後に、「新鬼ハ煩冤シ、旧鬼ハ哭ス。天陰両湿、声啾啾」とある。新しい戦死者の魂は、無意味な死のつらさを訴え、古い戦死者の魂は、大声で泣いている。空は曇り、雨が降り、その声が悲しげに聞こえる、という。

奇策妙計（きさく・みょうけい）和

普通では考えつかないような、はかりごとのこと。策（方策）・計（計画）、それぞれに、奇妙（かわっている）を分けて添える。それが非常に役に立つ場合に用いる。

▽時には金もうけの奇策妙計の思い浮かばざることなきにあらざれども、いまだかつて〔山路愛山＊経済雑論〕

▽さまざまの憂いを憂いてさまざまの奇策妙計を巡らさんよりも、旧藩地に学校を建て〔福沢諭吉＊旧藩情〕

○奇策妙計を練る　○奇策妙計をもって臨む

起死回生（きし・かいせい）漢

滅びかかっているものを再び盛んにすること。死を起こし、生に返す、という。

▽日本人は、真珠か何かの力で、起死回生の法を心得ているそうであるが〔芥川竜之介＊煙草と悪魔〕

▽突然よみがえった記憶が起死回生の力をもたらすこともあるということを〔三島由紀夫＊金閣寺〕

○起死回生を図る　○起死回生の術策も脳裏に浮かばず　○起死回生の妙薬　○起死回生させる力もなく

参考 明・劉基の郁離子に、「霊薬千名、神農ノ嘗ミル所、死ヲ起コシテ生ニ回シ、陰ヲ旋シテ陽ヲ斡ラス」とある。死にそうな人を生き返らせる、という。中国語でも、医者について、起死回生の優れた技術を持ち、人に尊敬される、などと用いる。それを、日本では、ひゆ的に扱い、再び盛んにする意味で用いる。

旗幟鮮明（きし・せんめい）和
立場や主張がはっきりしていること。旗幟（はた・のぼり）が、鮮明（あざやかで・あきらか）だ、という。旗幟をキショクと読むのは誤り。
▽旗幟鮮明の類紙上に相次ぐ者これなり。しこうして、読者もまた怪しむことなし〔中江兆民＊一年有半〕
▽経済記事専門の新聞になったのでやめた。何も旗幟鮮明に反対だったからではない〔堀田善衛＊広場の孤独〕
○旗幟鮮明な理想主義者　○旗幟鮮明とは言えない

起承転結（きしょう・てんけつ）漢
漢詩の整った構成のこと。全体を起こし、前を受け継ぎ、一転して別の事柄を取り上げ、全体を結ぶ、という。広く、事柄の展開の仕方にも用いる。
▽十七字を並べてみたり、起承転結の四句ぐらい組み合わせないとも限らない〔夏目漱石＊思い出すことなど〕
▽本領ではないけれども、起承転結をつける技術としては、純文学と変わらない〔平林たい子＊砂漠の花〕
○起承転結に分ける　○起承転結の整った文章
㊟参考　元・范徳機の詩法に、詩を作る際の四法が取り上げられている。「起ハ平直ヲ要ス。承ハ春容ヲ直ス。転ハ変化ヲ要ス。合ハ淵永ヲ要ス」とある。起句はすなおに始め、承句はゆったりと続け、転句は別の境地を述べ、合句は余韻を持たせる、という。これによれば起承転合になるが、合は結ともいう。日本では、起承転結の形で用いる。

喜色満面（きしょく・まんめん）和

喜びの表情が、顔いっぱいに表れていること。喜びの色が、顔に満ちている、という。
▽今年から年貢を納める苦しみがなくなったので、喜色満面にあふれている〔木下尚江＊良人の自白〕
▽値を引けという駆け引きを思いつくはずはないので、喜色満面でそれを買った〔森茉莉＊贅沢貧乏〕
○喜色満面で言う　○喜色満面のおやじの前で

鬼神悪魔（きじん・あくま）仏
荒々しく恐ろしいもののこと。鬼神（死者の霊魂）と、悪魔（悪い化け物）を、組み合わせて表す。
▽なんじらごとき小男はおろか、鬼神悪魔なりとも、征服するに難からず〔内田魯庵＊社会百面相〕
○鬼神悪魔におびえる　○鬼神悪魔といえども
参考　仏教では、目に見えない超人的な力の持ち主が鬼神で、特に人間を殺傷して食らう夜叉のことをいう。また、仏道を妨げる悪神がすべて悪魔である。日本では、人間に害を与える超人的な存在が、鬼神悪魔と総称されている。ただし、漢文では、死者の霊魂が鬼神（この場合はキシンと読む）であり、悪い化け物が悪魔である。

疑心暗鬼（ぎしん・あんき）漢
くだらないことまでも疑うこと。疑心（うたがう・こころ）が、暗鬼（くらがりの・もののけ）になる、という。
▽いわゆる疑心暗鬼というやつだ。耳に聞こえる幻、それが今夜聞いたような声なんだ〔島崎藤村＊破戒〕
▽疑心暗鬼もいいかげんにせい。この李応を謀反人呼ばわりするとは許しがたい〔柴田錬三郎＊柴錬水滸伝〕
○疑心暗鬼にさいなまれる　○疑心暗鬼の邪推から
参考　列子に、オノがなくなったときに隣の子を疑った話がある。疑いだすと、歩き方、顔色、ことば遣い、動作、態度、すべてが疑わしくなる。ところが、オノは別のところで見つかった。そのあとでその子を見ると、動作、態度に疑わしいところが全くなかった、という。この話のあと、列子には、「諺ニ曰ク、疑心暗鬼ヲ生ズト。心ニ疑フ所有レバ其ノ人鉄ヲ窃マズト雖モ、我、疑フ心ヲ以テ之ヲ視レバ、則チ其ノ件件、皆疑フ可シ」とある。疑う気持ちがあると、そこからいろいろの妄想が生じることを戒めた章である。

既成事実（きせい・じじつ）洋

そういう事実がすでに存在するのを認めるべきだとすること。すでに成り立った事実、という。fait accompli の訳語として用いる。

▽既成事実とアメリカの後ろ盾によって、名目的には大国の立場を維持しているだけで〔朝日新聞＊天声人語〕

○既成事実として押しつける ○既成事実を作り上げる

貴賤上下（きせん・じょうげ）和

身分の高いことと低いこと。貴賤（とうとい・いやしい）と、上下（うえ・した）を、組み合わせて表す。

▽私の交際上、子供のつきあいに至るまで、貴賤上下の区別を成して〔福沢諭吉＊福翁自伝〕

▽開け行く世のかげなれや、貴賤上下のけじめもなく、才ある者は用いられ〔坪内逍遥＊当世書生気質〕

○職業に貴賤上下はない ○貴賤上下、おしなべて

貴賤男女（きせん・だんじょ）和

身分や性別のこと。それにかかわらない場合に用いる。とうとい（身分が高い）・いやしい（身分が低い）と、男女（おとこ・おんな）を、組み合わせて表す。

▽貴賤男女を選ばず、幼きも老いたるも、本心のあるほどの人は、あまねく守り行う〔中江藤

樹＊翁問答〕
▽卒塔婆を造立し供養しはべりける日、聴聞の貴賤男女、数を尽くして参詣す〔曾我物語〕
○貴賤男女の泣き叫ぶ声　○貴賤男女、ことごとく

貴賤貧富（きせん・ひんぷ）　和
身分の上下や富の多少のこと。とうとい（身分が高い）・いやしい（身分が低い）・まずしい（富が少ない）・とんでいる（富が多い）、を組み合わせて表す。貧富貴賤とも。
▽性質は、人につきあいして愛憎のないつもりで、貴賤貧富、君子も小人も平等一様〔福沢諭吉＊福翁自伝〕
▽貴賤貧富の外にあるむなしさ、渋さと甘さとを一つの茶わんに盛り入れて〔島崎藤村＊夜明け前〕
○貴賤貧富を選ばず　○貴賤貧富の別もなく

奇想天外（きそう・てんがい）　和
思ったこともない変わった考え方のこと。奇想（変わった・考え）が、天外（てんの・そと）から来る、という。
▽詩人がミューズから奇想天外なイデーを受胎するのは、多くは真夜中で〔長与善郎＊竹沢先生と云う人〕
○奇想天外なことをやってのける　○奇想天外の小説　○奇想天外な話　○ちょっと奇想天外のようだが
（参考）天外というのが、はるか空の上のことである。それが、「好句、忽チ天外ヨリ来ル」などと用いられた。日本では奇想と結びつき、奇想、天外より来る、という慣用が生まれ、その奇想、天外のところが、後に四字漢語として独立した。奇想が天外だ、という意味ではない。

気息奄々（きそく・えんえん）　漢
呼吸が弱くなって、今にも死にそうなようすのこと。気息（いきづかい）が、奄々（ふさがっている）だ、という。勢いが弱くなって、滅びそうな場合にも用いる。

▽「きょうはこれで失礼させていただきます」と、気息奄々とした調子で言った〔松本清張＊Dの複合〕

▽民間生活の消沈とともに政論も消沈し、ほとんど気息奄々のありさまとはなった〔山路愛山＊現代金権史〕

○気息奄々と眠りを続けていた　○気息奄々たる老人　○気息奄々として、わずかに余命を保つのみ

（参考）西晋の李密が武帝に招かれたとき、李密はこれを断った。そのときの陳状書に、「但以(ただおも)フニ、劉(りゅう)ハ日西山ニ薄(せま)リ、気息奄奄、人命危浅ニシテ、朝(あした)ニ夕ベヲ慮(おもんぱか)ラズ」とある。自分を育ててくれた祖母の劉が、今にも死にそうだから、という。気息奄奄は、このように呼吸が微弱になっている場合のことであるが、ひゆ的には、滅亡しそうな場合にも用いる。

機智縦横（きち・じゅうおう）和

そのときどきに応じて、自由にちえを巡らすこと。機智（そのときどきに応じた・ちえ）が、縦横（たてとよこ、自由にすることができる）だ、という。現代表記では、智（ちえ）↓知（しる）とも。

▽声低くして体格に不似合いなるも、機知縦横、優に質問議員を擒縦するに余りあり〔三宅雪嶺＊小紙庫〕

▽つまり純情型でないので、そこが機知縦横のビオラにはまるところだろう〔大岡昇平＊ザルツブルクの小枝〕

○機知縦横の才に恵まれる　○機知縦横とはいかないが

吉日良辰（きちにち・りょうしん）漢

物事を行うのによいとされる日のこと。吉日（めでたい・ひ）と、良辰（よい・ひ）を、組み合わせて表す。

▽思い立つ日が吉日良辰、さっそく一談判始めてみんと、無雑作にも心を決して〔坪内逍遥＊京わらんべ〕

▽母子すでに肥立ちければ、吉日良辰を選び、国じゅうに大赦して罪ある者を許し〔曲亭馬琴＊椿説弓張月〕
○吉日良辰を待って　○吉日良辰のその日が来ても
（参考）明・謝讜の四喜記に、「今日ハ乃チ是レ良辰吉日、方ニ華姻ス可シ」とある。日柄がよいから結婚してよい、という。日本では、吉日良辰の形で用いる。

吉凶禍福（きっきょう・かふく）和

運や縁起の点で、よいか悪いかということ。めでたい・わるい・わざわい・しあわせ、を組み合わせて表す。
▽人道、険にして難。吉凶禍福、相追踵して変転極まりなきは、カレードスコープだ〔内田魯庵＊社会百面相〕
▽行住座臥みな是なり、吉凶禍福みな是なり。かくいえばとて、いまだここに至らねば〔室鳩巣＊駿台雑話〕
○吉凶禍福を占う　○吉凶禍福も眼中になく

喜怒哀楽（きど・あいらく）漢

人間の持つさまざまの感情のこと。よろこび・いかり・かなしみ・たのしみ、を組み合わせて表す。日常の感情について用いる。境遇などには、喜憂楽哀を用いる。
▽半時なりとも、死せる人の頭脳には、喜怒哀楽の影は宿るまい〔夏目漱石＊幻影の盾〕
▽これまで父親と二人で暮らしていた何年かの間にけみしてきた小さい喜怒哀楽にすぎない〔森鷗外＊雁〕
○喜怒哀楽を共にする　○喜怒哀楽を持つ人間の一人で　○喜怒哀楽が顔に出る　○喜怒哀楽の情を制して
（参考）中庸に、「喜怒哀楽ノ未ダ発セザル、之ヲ中ト謂フ。発シテ皆節ニ中タル、之ヲ和ト謂フ」とある。喜怒哀楽は人の持つ感情であるが、君子はこれを慎む、という。ただし、後漢・王充ノ論衡には、「情ニ好悪喜怒哀楽有リ」とあことになる。

る。好悪に合わせれば、喜怒と哀楽に分かれる

奇妙希代（きみょう・きたい）　和

普通と大いに変わっていること。奇妙（めずらしく・ふしぎ）で、希代（世に・まれ）だ、という。希代は、奇態に引かれてキタイと読む。

▽「拾い上げて立ち去りましたが」「実に奇妙希代、芝居にでもありそうな夢で」〔坪内逍遥＊当世書生気質〕

▽夏も雪を降らせ、冬も花を咲かせるだのと、いろいろ不思議な奇妙希代なこともできる〔西周＊百一新論〕

○奇妙希代に感じる　○奇妙希代な出来事

逆写倒描（ぎゃくしゃ・とうびょう）　和

文章の内容や絵を、普通とは反対に描くこと。描写（えがき・うつす）を分けて、倒（たおす）・逆（さかさ）を添える。さかさに描写する、という。

▽だれでもご存じの事実を、さも珍しそうに逆写倒描する法に熟せば〔内田魯庵＊文学者となる法〕

○逆写倒描を試みる　○逆写倒描の妙を得て

脚下照顧（きゃっか・しょうこ）　仏

身近なことに気をつけること。脚下（あしのもと）を照顧（てらし・かえりみる）する、という。

○脚下照顧を怠ってはいけない　○脚下照顧の精神

(参考) 仏道に入ると修行の毎日になるが、それも、日常生活の自分を離れて存在するわけではない。自分自身を直視し、そこから自分本来の姿を回顧し、反省して修行に励むべきである。これを、脚下照顧という。ただし、一般には、足元に注意せよ、の意味で用いられている。

喜憂楽哀（きゆう・らくあい）　和

喜ぶか悲しむか、ということ。よろこび・うれい・たのしみ・かなしみ、を組み合わせて表す。境遇などについて用いる。日常の感情には喜怒

哀楽を用いる。▽官吏となれば喜び、ならざれば憂う。喜憂楽哀、一に官吏となると否とにあれば〔山路愛山＊現代金権史〕○環境の変化に喜憂楽哀する　○喜憂楽哀を分かつ

牛飲馬食（ぎゅういん・ばしょく）和

大いに飲んだり食べたりすること。飲食（のみ・くう）を分けたものに、牛馬（うし・うま）を分けて添える。牛馬のように飲食する、という。鯨飲馬食とも。▽うんと飲んでたくさん食らい、意地の汚い、いわゆる牛飲馬食ともいうべき男で〔福沢諭吉＊福翁自伝〕▽食らえども味を知らざるくせに、たらふくほお張る牛飲馬食の読書生である〔内田魯庵＊読書放浪〕○牛飲馬食する　○牛飲馬食を競う　○牛飲馬食の学生

九死一生（きゅうし・いっしょう）漢

助かる見込みがない状態から、やっと逃れ出すこと。死の割合が九、生の割合が一だ、という。命を取り留める場合に用いる。万死一生のほうが、程度が上になる。▽今、九死一生の場合なのだから、金を工面して届けるようにしてくれ〔正宗白鳥＊人さまざま〕▽別れても危急は同じ九死一生、厄難ここに三度に及べば、存亡いまだ知るべからず〔曲亭馬琴＊里見八犬伝〕○九死一生の危ない目に遭う　○九死一生の恩人として

(参考) 戦国楚・屈原の離騒に、「亦夕余ノ心ノ善クスル所ナリ。九死ト雖モ、其レ猶ホ未ダ悔イザルゴトシ」とある。これに対する注に、「九ハ数ノ極ナリ。此レヲ以テ、害ニ遇フ。九死ニ一生無シト雖モ、未ダ悔恨スルニ足ラズ」とある。屈原は楚に仕えて忠誠を尽くしたが、

同僚のねたみを受けて退けられた。その際に、自分の身を憂えて書いたことばである。助かる見込みがなくても悔いない、という。離騒の離は罹、騒は憂で、憂いにかかる意味である。日本では、そのような状態から逃れる場合に用いる。

旧習故俗（きゅうしゅう・こぞく）和

古くからの風俗や習慣のこと。習俗（習慣・風俗）を分けて、旧（もとの）・故（ふるくからの）を添える。故俗を古俗と書くのは誤り。

▽旧習故俗は、十数年をもって容易に変革すべきものにあらざれば、ひそかに思うに〔福沢諭吉＊通俗民権論〕▽旧習故俗に膠執すると、新法をもって紛更すると、等しくみな邦国を擾害するなり〔中村正直＊西学一斑〕○旧習故俗を改める　○旧習故俗も捨てがたく

旧態依然（きゅうたい・いぜん）和

前からの状態がそのままの形で続いていること。旧態（ふるい・さま）が、依然（もとのまま）だ、という。

▽そういう人物になったのかと、旧態依然としてむさ苦しい風体の小関をにらんだ〔高見順＊故旧忘れ得べき〕▽政府や国会から先にやったらどうか。今の日本でいちばん旧態依然なのは政界で〔朝日新聞＊天声人語〕○旧態依然の現状では　○旧態依然たる内閣に対して

急転直下（きゅうてん・ちょっか）和

事態が急に変わって、解決に近づくこと。急に転じて、直ちに下る、という。急転を九天と書くのは誤り。

▽文壇は、急転直下の勢いで、目覚ましい革命を受けている。すべてがことごとく動いて〔夏目漱石＊三四郎〕▽それから、急転直下、夫人と意気投合して、ダンスのまねごとまでやってのけた〔三島由紀

夫＊永すぎた春〕
○事態は急転直下して解決に向かう　○急転直下の結果

宮殿楼閣（きゅうでん・ろうかく）和
りっぱな建物のこと。宮殿（天子の住む建物）と、楼閣（高い建物）を、組み合わせて表す。
▽皆壊されて、影も留めない。宮殿楼閣の跡はりんご畑や麦畑と変わって〔木下尚江＊良人の自白〕
▽それ、三界はただ心一つなり。心もし安からずば、宮殿楼閣も望みなし〔鴨長明＊方丈記〕
○宮殿楼閣の造営に当たる　○在りし日の宮殿楼閣も

牛馬鶏犬（ぎゅうば・けいけん）和
家庭や農園で飼う鳥獣のこと。うし・うま・にわとり・いぬ、を組み合わせて表す。
▽改良また改良するときは、牛馬鶏犬はその寿命短くして効験を見ること速やかなるに〔福沢諭吉＊福翁百話〕
○牛馬鶏犬を哀れむ　○牛馬鶏犬にも劣る

毀誉褒貶（きよ・ほうへん）和
ほめることと、けなすこと。毀誉（けなす・ほめる）と、褒貶（ほめる・けなす）を、組み合わせて表す。
▽実際、毀誉褒貶以外に超然として、ただある点に目をつけて苦労している〔二葉亭四迷＊余が翻訳の標準〕
▽毀誉褒貶の談を聞きても、よくその出所を吟味し、しかる後に判断を下すべし〔福沢諭吉＊福翁百話〕
○世の毀誉褒貶によって　○毀誉褒貶を意に介しない

器用貧乏（きよう・びんぼう）和
物事に器用な人は、周りの人に便利に思われるのはよいが、一つのことに集中できず、大成しない、ということ。器用な人は、貧乏だ、という。
▽器用貧乏で、歌沢の師匠もやれば俳諧の点者

もやるというぐあいに、それからそれへと〔芥川竜之介＊老年〕
▽器用貧乏というのは、よけいな才能に恵まれたために、本質のものが妨げられる〔高田保＊ブラリひょうたん〕
○器用貧乏に終わる　○全く器用貧乏な男で

恐悦至極（きょうえつ・しごく）　和
相手の厚意に感謝すること。恐悦（おそれ・よろこぶ）に、至極（程度が甚だしい）を添えて、意味を強める。
▽「だらしも何もあった話じゃありません」と、恐悦至極の体たらくに〔谷崎潤一郎＊幇間〕
▽ご祈願の奉納、一家の者は申し上ぐるに及ばず、われわれまでも恐悦至極に存じ〔浄瑠璃＊伊賀越道中双六〕
○恐悦至極と感謝する　○恐悦至極ではあったが

胸臆三寸（きょうおく・さんずん）　和
物を思う心の中のこと。胸臆（こころの・おもい）の、三寸（狭い場所）、という。寸は尺の十分の一。臆（おもい）を憶（おもう）と書いた時期もある。
▽神前の祈り、うれしき心、つらき思い、千万無量の感慨は胸臆三寸の間にあふれて〔木下尚江＊火の柱〕
○胸臆三寸を開いて　○胸臆三寸に悩みを納めて

澆季溷濁（ぎょうき・こんだく）　仏
道徳というものが行われていないこと。澆季（薄れた・末の世）で、溷濁（みだれ・にごる）している、という。現代表記では、溷（みだれる）→混（まざる）とも書く。
▽霊台方寸のカメラに澆季混濁の俗界を清く、うららかに収めうれば足る〔夏目漱石＊草枕〕
○澆季混濁に生まれ合わせる　○澆季混濁の世を逃れて
参考　仏教では、仏滅後、最初の五百年を正法、次の千年を像法、その後の一万年を末法という。

末法の世では、仏教はその教えのみがあって、実践する者がいないから、救いがたい時代となる。この末法の世を、仏教が薄れた世という意味で、澆季ともいう。当然、世の中は溷濁となる。仏教では、便所のことを溷廁(こんし)ともいう。

行儀作法（ぎょうぎ・さほう）　和

日常の正しい身の動かし方のこと。行儀（立ち居ふるまいのしかた）と、作法（言語動作の法式）を、組み合わせて表す。上品さの尺度として用いられる。

▽あの子は、貞操だの行儀作法だの、そんなものを十把一からげに軽蔑している〔三島由紀夫＊純白の夜〕

▽これはこれは、無作法千万。総じて口上受け取り渡しは、行儀作法第一と〔浄瑠璃＊仮名手本忠臣蔵〕

○行儀作法を見習う　○行儀作法に至るまで

胸襟秀麗（きょうきん・しゅうれい）　和

心構えがりっぱなこと。胸襟（むね・こころ）が、秀麗（ひいでて・うるわしい）だ、という。

▽志気軒高、胸襟秀麗、ただの役人風情とは、おのずから違った人物と見えた〔柴田錬三郎＊柴錬水滸伝〕

○胸襟秀麗の士として　○およそ胸襟秀麗とは程遠く

狂言綺語（きょうげん・きご）　仏

偽り飾ったことばのこと。言語を分けて、狂（くるおしい）・綺（かざりがある）を添える。綺（かざりがある）を奇（かわっている）と書き換えた時期もある。

▽単に作者のつづった狂言綺語だと言い捨ててしまう気にはなれない〔永井荷風＊腕くらべ〕

▽願わくは、今生、世俗の文字の業、狂言綺語の誤りをもって、転法輪の縁とせむ〔花田清輝＊小説平家〕

○狂言綺語として退ける　○狂言綺語の戯れ

参考　仏教では、道に外れたことばを狂言といい、無意味に飾ったことばを綺語という。ことばのあやばかりで誠実みのないことば、口から出任せのいいかげんなことばを、狂言綺語という。十悪の一つとされている。唐・白居易の文に、「今生世俗文字ノ業、狂言綺語ノ過チヲ以テ、転ジテ将来世世讃仏乗ノ因、転法輪ノ縁ト為ス」とある。同じ趣旨である。

行業粛清（ぎょうごう・しゅくしょう）仏　心が清らかなこと。行業（仏道のふるまい）が、粛清（ただしく・きよらか）だ、という。理想的な僧のこと。

▽一行の者はみな行業粛清の人ばかりであるが、独り如海は素行修まらず、学行も乏しい〔井上靖*天平の甍〕

○行業粛清を心掛ける　○行業粛清の高僧として

参考 仏教では、身・口・意の一切のわざを行業という。それは、身体の動作、口で言うことば、心に思う考えであるが、中心となるのは意であるから、意思に基づく動作・言語ということになる。なお、仏教で粛というのはしずかにする意味であり、清はしずめる意味である。そこから、行業粛清というのが、理想的な僧侶の形容に用いられている。

教唆煽動（きょうさ・せんどう）洋　人をそそのかして行わせること。教唆（おしえ・そそのかす）して、煽動（あおり・うごかす）する、という。abetting の訳語として用いる。現代表記では、煽（あおる）↓扇（あおぐ）とも書く。

▽何か政府側のサクラが潜り込んで教唆扇動でもしてるんじゃないかと疑わせるくらい〔朝日新聞*天声人語〕

▽すでに一妓の情婦ありと聞けば、該妓を教唆扇動して、妬心を引き起こさしめ〔戸田欽堂*情海波瀾〕

○学生を教唆扇動する　○教唆扇動の黒幕

驕奢淫佚（きょうしゃ・いんいつ）漢　ぜいたくで、みだらなこと。驕奢（おごり・ぜいたく）で、淫佚（みだらで・やすんじる）だ、という。現代表記では、佚（やすんじる）↓逸（たのしむ）とも。

▽いったん朝政に参し、貴官を得るに及び、驕奢淫逸に流るること奔矢のごとく〔中江兆民＊一年有半〕

▽僧侶の驕奢淫逸、乱行懶惰なること等は、仏徒自身ですら、心ある者はそれを認める〔島崎藤村＊夜明け前〕

○驕奢淫逸に流れる　○驕奢淫逸の風になびいて

参考 左伝に、「驕奢淫佚、自ラ邪トスル所ナリ」とある。ぜいたくで、みだらなことはよくない、という。宋史に、「是ニ於テ蔡京、狷薄巧佞ノ資ヲ以テ、其ノ驕奢淫佚ノ志ヲ済ク」とある。北宋・蔡京は、大いにへつらう性質によって、ぜいたくでみだらな気持ちをあおった、という。驕奢に淫佚は、つきものだったのである。

拱手旁観（きょうしゅ・ぼうかん）漢

そばで見ていて、何もしないこと。拱手（てを・こまぬく）して、旁観（まわりで・みる）する、という。関心はあるが、協力しない場合に用いる。現代表記では、旁（まわり）↓傍（かたわら）。

▽だが、間崎は、拱手傍観して自己の被虐使性を甘やかしていたわけではない〔石坂洋次郎＊若い人〕

▽宗太郎は、文字どおり拱手傍観しながら、ぼう然とする恐ろしさにとらえられて〔安岡章太郎＊月は東に〕

○拱手傍観に終始する　○拱手傍観のともがら

参考 袖手旁観の参考欄を参照。

行住坐臥（ぎょうじゅう・ざが）仏

日常の動作のこと。あるく・とまる・すわる・ねる、を組み合わせて表す。いつも、つねに、の意味でも用いる。坐（すわる）を座（すわる場所）と書いた時期もある。

▽その詩想を会得して、厳しくいえば、行住坐臥、心身を原作者のままにして〔二葉亭四迷＊余が翻訳の標準〕

▽ところが、非常に健康な人は、行住坐臥共に、わが体の存在を忘れている〔夏目漱石＊野分〕

○行住坐臥を慎む　○行住坐臥、頭を離れない事柄も　○行住坐臥、仏を念じて　○行住坐臥、みな是なり

(参考) 仏教では、歩くことを行、とどまることを住、すわることを坐、寝ることを臥、という。この四つを併せて、四威儀という。威儀というのは、礼式にかなった態度のことである。この四つが一切の行動の基本になるため、行住坐臥というのが、日常の立ち居ふるまいの意味になった。この行住は、行動・居住の略ではない。

共存共栄（きょうそん・きょうえい）洋

互いに助け合って生存し、共に繁栄すること。共に存し、共に栄える、という。共存はキョウゾンとも読む。coexistence and coprosperity の訳語として用いる。

▽これ、よろしく眼を国家の大局に着け、挙国一体、共存共栄をこれ図り〔朝見御儀に際して下されし勅語〕

○共存共栄を求める　○共存共栄の道を探る

兄弟姉妹（きょうだい・しまい）⇩けいてい・しまい

驚天動地（きょうてん・どうち）漢

世間の人々を大いに驚かすこと。天地を分けて、驚（おどろかす）・動（うごかす）を添える。天地を驚かす、という。人目を引く大きな仕事の場合に用いる。

▽ぼうだいな計画を立てて大増巻を決意し、驚天動地ともいうべき大宣伝に乗り出す〔上林暁＊青春自画像〕

▽それは、いわば思想的に驚天動地の大事件のはずであろう。それまでに〔堀田善衛＊定家明月記私抄〕

○驚天動地の大騒動となる　○驚天動地を夢み

て

〔参考〕唐・白居易が李白の墓にもうでたときの詩に、「憐ム可シ荒壠窮泉ノ骨、曾テ驚天動地ノ文有リ」とある。荒壠は荒れた盛り土の墓、窮泉は人が死後に行くところ。平凡でない李白の詩文を思い、世間を驚かす才能のあったことを嘆き悲しんだ詩である。また、南宋・黎靖徳の朱子語類にも、「聖人ノ事ヲ作ス時、須ラク驚天動地タルベシ」とある。世間を大いに驚かすべきだ、という。

共同一致（きょうどう・いっち）和

互いに力を合わせて一つになること。共同（ともに・おなじにする）して、一致（目的に向かって心を一つに・いたす）する、という。共同は協同とも書く。

▽艱苦を忍んで、勤勉努力せよ。共同一致、相互扶助を志せよ。禁酒禁煙のほかに〔正宗白鳥＊日本脱出〕

▽町人の勢力を張らんとて鼓舞したる共同一致の精神が、圧迫と戦うべき武器となる〔山路愛山＊現代富豪論〕

○全員が共同一致する　○共同一致で事に当たる

強風強雨（きょうふう・きょうう）和

風や雨がとても強いこと。風雨を分けたものに、強（つよい）を添える。強い風雨、という。暴風雨のこと。

▽強風強雨が来たあとのようすが、おいおい分かってみると、吹きつぶされた家もある〔島崎藤村＊夜明け前〕

○強風強雨を突いて進む　○強風強雨の被害

興味索然（きょうみ・さくぜん）和

興味が失われること。興味が、索然（ちってなくなる）だ、という。興味津々の対。

▽再三熟視なすに至れば、仕掛けのぐあいもよく知られて、興味索然たらざるをえず〔坪内逍遥＊小説神髄〕

▽必ず勝つと分かっているようなとき、賭博が

興味索然たるものになるのは〔花田清輝＊小説平家〕

○興味索然の感に駆られる　○何か興味索然として

興味津々（きょうみ・しんしん）和

興味が尽きないこと。興味が、津々（たえずわきでる）だ、という。津々を深々と書くのは誤り。興味索然の対。

▽上海は面白いところですよ、魔都なんていわれていますが、興味津々たる街です〔火野葦平＊魔の河〕

▽「まじめな話」とは何だったのかと、興味津々で、いろんな可能性を考え巡らして〔倉橋由美子＊夢の浮橋〕

○興味津々と耳を傾ける　○まことに興味津々として　○興味津々たる体験談　○意外にも興味津々であった

狂瀾怒濤（きょうらん・どとう）和

荒れ狂う大きな波のこと。怒濤（いかった・おおなみ）に、狂瀾（くるった・あらなみ）を添えて、意味を強める。物事の秩序が大いに乱れている場合にも用いる。瀾（あらなみ）を乱（みだれる）と書いた時期もある。

▽われら猫輩の機能が、狂瀾怒濤に対して適当の抵抗力を生ずるに至るまでは〔夏目漱石＊吾輩は猫である〕

▽今、狂瀾怒濤の勢いもて、推し寄せ来れる労働党勃興の気運に対立して〔徳富蘇峰＊国民自覚論〕

○狂瀾怒濤の間に処する　○狂瀾怒濤を迎えて

虚儀虚礼（きょぎ・きょれい）和

真心のこもっていない、形だけの礼法のこと。礼儀を分けたものに、虚（むなしい）を添える。

▽先生は、虚儀虚礼を嫌う念の強い人である。二十年前、大学の招聘に応じ〔夏目漱石＊ケーベル先生の告別〕

○虚儀虚礼に追われる　○虚儀虚礼を排して

虚々実々（きょきょ・じつじつ）和

場面の変化に応じて、計略を尽くすこと。虚（備えのすき）・実（固い備え）、それぞれを繰り返して、意味を強める。互いに知恵を絞って戦う場合にも用いる。▽千変万化、虚々実々、喜怒哀楽の七情をば、臨機応変にもてあそびて〔坪内逍遥＊当世書生気質〕▽行くも憂し、行かぬも憂しと、腹のうちは一上一下、虚々実々、発矢の二、三十も〔斎藤緑雨＊かくれんぼ〕○虚々実々の手を尽くす　○虚々実々の駆け引き

局外中立（きょくがい・ちゅうりつ）洋

交戦国のどちらにも味方しないこと。局外（関係のあるところの・そと）で、中立（なかほどに・たつ）する、という。neutrality の訳語であるが、対立関係にある双方から離れる場合にも用いる。▽外国交戦の際、局外中立に関する命令に違背したる者は、三年以下の禁錮または千円以下の罰金〔刑法〕▽この学生対先生の戦争に、ぼくはなるべく局外中立を守って加わらぬことにしていた〔徳富蘆花＊思出の記〕○局外中立の立場で臨む　○局外中立を脅かされる

曲学阿世（きょくがく・あせい）漢

そのときどきの世の中に合わせた学問をすること。学を曲げ、世におもねる、という。曲学阿世の徒として、本来の学者からは低く見られる。▽気概のある論者が、曲学阿世の本場、俗吏製造所なんどと罵詈するのも〔徳富蘆花＊思出の記〕▽体裁を繕ってはいるが、こういう曲学阿世どもの手には乗らぬためと思うらしい〔渡辺一夫＊ガーター勲章〕○曲学阿世の徒となる　○曲学阿世とののしられる

参考 史記に、前漢の轅固のことばとして取り上げられている。轅固が九十歳で朝廷に召されたとき、へつらいを事とする学者が、老衰だからと反対した。同席した公孫弘も目をそばだてたのを見て、「公孫子、正学ヲ務メテ以テ言へ、曲学以テ世ニ阿ネル無カレ」と忠告した、とある。へつらいのために、正学でないほうへ向かうのを戒めたことばである。

旭日昇天（きょくじつ・しょうてん）和
物事の上に向かう勢いが非常に盛んなこと。明け方の朝日が、天に昇るような勢いだ、という。昇天を衝天と書くのは誤り。ただし、意気衝天は衝天と書く。
○旭日昇天の観がある　○旭日昇天の勢いをもって

玉石混淆（ぎょくせき・こんこう）漢
よいものと悪いものが混ざり合っていること。玉（ぎょく）になる石と石（いし）のままの石が、混淆（まざり・いりまじる）する、という。賢者と愚者が混ざる場合にも用いる。淆（いりまじる）を交（まじる）とも書いた。
▽ちょっと見には分からぬから、玉石混淆して批評をするのが日本人の持ち前だ〔坪内逍遥＊当世書生気質〕
▽民主政治第一回の選挙の性格を如実に表して、候補者の質は玉石混淆であった〔石川達三＊風にそよぐ葦〕
○玉石混淆するのが普通で　○玉石混淆の集まり
参考 東晋・葛洪の抱朴子に、「磋切ノ至言ヲ以テ騃拙ト為シ、虚華ノ小弁ヲ以テ妍巧ト為ス。真偽顚倒シ、玉石混淆ス」とある。身のためになることばをくだらぬものとし、中身のないことばをよいものとする、本ものと偽ものが反対になり、貴重な玉と無価値な石が混ざっているようなものだ、という。浅薄な詩文を貴び、意味深い経書を軽んじる風潮を戒めたことばである。玉は取り出して磨けば美しくなるが、原石は石ころに混じっていて、見分けがつきにくいからである。

挙国一致（きょこく・いっち）和

国を構成する国民が、心を合わせて同じ目的に向かうこと。国を挙げて、一致（目的に向かって心を一つに・いたす）する、という。非常事態の政策として用いる。

▽喜んで軍事公債に応じ、挙国一致、千載一遇の壮挙は着々と実行されている〔田山花袋＊田舎教師〕

▽破壊的な論説をもって挙国一致を乱すというのは、断じて許されんじゃないか〔石川達三＊風にそよぐ葦〕

○挙国一致で臨む　○挙国一致の力をもって

虚実皮膜（きょじつ・ひまく）和

虚構と事実との間で成り立つこと。虚（事実と異なること）と実（事実のままであること）との間は、皮（かわ・皮膚）と膜（まく・粘膜）の間だ、という。また、この場合、「皮膜」をヒニクと読むこともある。

○虚実皮膜で進む　○虚実皮膜の間にある

(参考) 近松門左衛門の聞き書きとして、浄瑠璃の注釈書である難波(なには)土産の冒頭に、「芸というものは、実と虚との皮膜の間にあるものなり。虚にして虚にあらず、実にして実にあらず、この間に慰みがあるものなり」とある。この場合の虚は主観的描写、実は客観的描写のことである。その虚とも実ともいえない描写が、見る人を感激させるのだ、という。ただし、後に西洋演劇論の虚構と事実という観点から、その先駆とも見なされている。

去就進退（きょしゅう・しんたい）和

その地位にとどまるか、その地位から離れるか、ということ。進退（すすむ・しりぞく）に、去就（さる・つく）を添えて、意味を強める。

▽政務、軍務に心を用いしめたり。この客臣連中は、その去就進退すこぶる容易にして〔山路愛山＊経済雑論〕

▽あなたは堂々たる代議士だから、去就進退は世を動かすに足りますから〔内田魯庵＊社会百面相〕

○去就進退を決する　○去就進退の誤りによりて

虚心坦懐（きょしん・たんかい）和

心の中にたまっている感情がないこと。むなしい心、平らかな心持ち、という。先入観がない場合にも用いる。

▽本居のような人には、虚心坦懐というものがある。その人の前には、何でも許される〔島崎藤村＊夜明け前〕

▽わたしのほうでも、娘とか女とかいう意識をなげうって、虚心坦懐に話すことができた〔里見弴＊桐畑〕

○虚心坦懐に考えれば　○虚心坦懐ではなかった

虚心平気（きょしん・へいき）漢

心の中に障害がないこと。むなしい心、平らかな気持ち、という。他の人の考えが受け入れられる場合に用いる。

▽また、一歩を進めて虚心平気に考えれば、わたしが政界の人に疑われるというのも〔福沢諭吉＊福翁自伝〕

▽どうかこれは、虚心平気、心をむなしゅうして謹聴を願いたいのであります〔江森泰吉＊大隈伯百話〕

○虚心平気に熟考する　○虚心平気の目をもって見れば

㊟参考 南宋・朱熹の文に、「大抵読書、須ラク是レ虚心平気、優游玩味スベシ」とある。心の中の障害を取り除いて、そこに書かれていることをすなおに受け入れ、ゆっくり味わうべきだ、という。心に障害があれば、誤解、曲解してしまうからである。

挙措動作（きょそ・どうさ）漢

身の動かし方のこと。挙措（あげる・おく）する、動作（体の動き）、という。

▽名門の出であることを思わせる端麗な容ぼうと閑雅な挙措動作を持っている〔井上靖＊天平の甍〕▽面ぼうに凶悪の性根を表しており、挙措動作は粗暴を極めております〔柴田錬三郎＊柴錬水滸伝〕○挙措動作に表れる　○当事者の挙措動作から見ると　○挙措動作のどこにも　○挙措動作をはじめとして

参考　漢書に、「挙錯(きょそ)動作ハ、物具ノ儀ニ遵(したが)フ。故ニ、形仁義ヲ為(な)シ、動キ法則ヲ為ス」とある。立ち居ふるまいは、一定のしきたりに従えば形も動きも整う、という。錯は措に通じて用い、単独では挙措・挙錯両様の例がある。現代表記では、措を用いる。

居中調停（きょちゅう・ちょうてい）　洋　紛争国の間に入って、双方の主張の調和を図ること。居中（なかに・たつ）で、調停（しらべて・とどめる）する、という。mediation の訳語であるが、紛争関係にある一般の場合にも用いる。

▽この間に立って、常に居中調停の労を執り、社員とともに働いて調和に努め〔江森泰吉＊大隈伯百話〕▽事情の許す限り、交親国中の一国または数国の周旋または居中調停に依頼する〔国際紛争平和的処理条約〕○居中調停に立つ　○居中調停する立場では

挙動不審（きょどう・ふしん）　和　身の動かし方に疑わしい部分が見られること。挙動（あげる・うごく）が、不審（つまびらかで・ない）だ、という。尋問の理由として取り上げられることが多い。

▽湖尻の近くを歩き回るうち、挙動不審でとがめられ、そのまま駐在所に連行される〔舟橋聖一＊雪夫人絵図〕○挙動不審な男　○挙動不審の人物　○挙動不審により

虚名空利（きょめい・くうり）和
実質を伴わない、表面だけの名誉や利益のこと。名利（名誉・利益）を分けて、虚（むなしい）・空（から）を添える。むなしい名利、という。
▽田園まさに荒れなんとすに、いつまで虚名空利を石のような東京から搾ろうとするか〔徳富蘆花＊思出の記〕
○虚名空利を求める　○虚名空利を排して

義理一遍（ぎり・いっぺん）和
心のこもっていない、形だけの義理のこと。義理が、一遍（表面だけ）だ、という。
▽それも義理一遍のあいさつならだが、しんから感謝しているらしい〔夏目漱石＊坊っちゃん〕
▽「勘次さんも近ごろぐあいがええという話だが」親方も義理一遍のように言うと〔長塚節＊土〕
○義理一遍の香華をささげる　○義理一遍を改めて

義理人情（ぎり・にんじょう）和
人間関係を保つ上での基本的な心構えのこと。義理（人間関係の上でしなければいけないと考えられている事柄）と、人情（人として自然に持っている思いやり）を、組み合わせて表す。日本的な交際で重んじられている。
▽男女の義理人情の底には、今もなお、浄瑠璃で聞くような昔のままなる哀愁が〔永井荷風＊腕くらべ〕
▽なまやさしい義理人情なんか忘れて、まず自分の身を捨ててかかるんだね〔川端康成＊花のワルツ〕
○義理人情に押しつぶされる　○義理人情の世界では

機略縦横（きりゃく・じゅうおう）和
そのときどきに応じて自由に、はかりごとを巡らすこと。機略（そのときに応じた・はかりごと）が、縦横（たてとよこ、自由にすることができる）だ、という。
▽戦国武将のうち、機略縦横の名将といわれていた武田信玄も、近眼であった〔井伏鱒二＊貝の音〕
▽もともと自分に政治感覚がなく、機略縦横の才が皆無であることを知っていた〔司馬遼太郎＊王城の護衛者〕
○機略縦横の才に恵まれる　○作戦も機略縦横で

議論百出（ぎろん・ひゃくしゅつ）　和
さまざまの議論が次々と出ること。議論が、百出（たくさん・でる）する、という。まとまらない場合に用いる。
▽すると、幕府の人はもちろん、諸方の佐幕連がなかなかやかましくなって議論百出〔福沢諭吉＊福翁自伝〕
▽ただ、江戸表へご帰城後は、議論百出するといえども、小田原評定にすぎません〔綱淵謙錠＊航〕
○議論百出の会議となった　○議論百出を期待したが

錦衣玉食（きんい・ぎょくしょく）　漢
ぜいたくな生活をすること。衣食を分けて、錦（にしき）・玉（ぎょく）を添える。りっぱな衣食、という。錦衣を金衣と書くのは誤り。
▽最も気の毒なる者、恐らくはロシア皇帝ならん。彼は囚人なり、錦衣玉食するに過ぎず〔木下尚江＊火の柱〕
▽されば、都びとが錦衣玉食し、大廈高楼に住居すというも、その衣食住は〔福沢諭吉＊福翁百話〕
○錦衣玉食して暮らすどいえども　○錦衣玉食の徒
(参考) 魏書に、「錦衣玉食シテ、其ノ形ヲ頤（やしな）フ可シ」とある。豪華な生活をして体面を整えるべきだ、という。ただし、宋史には、「山林ニ在リト雖モ、其ノ文、錦衣玉食ノ気有リ」とある。こうなると、ひゆ的な用い方になるが、日本では本来の用い方だけに従う。

金甌無欠（きんおう・むけつ）漢

物事が完全で、欠点がないこと。金で作ったかめで、欠けたところがない、という。国家が外国の侵略を受けたことがない場合に用いる。

▽何でも政府案は金甌無欠とあがめ奉って、下にいろ、下にいろと制し声をかけて〔内田魯庵＊社会百面相〕

▽無頼漢さえ、金甌無欠の国家のために某々を殺したと言っているではないか〔芥川竜之介＊侏儒の言葉〕

○金甌無欠の歴史を守る　○金甌無欠、万国に絶して

（参考）唐・李延寿の南史に、「武帝言フ、我ガ国家ハ、猶ホ金甌ノ傷欠無キガ若シト」とある。外国から侵されたことがない点で、国土が金甌無欠だ、という。自国の自賛として、引用される。日本でも、第二次世界大戦中の愛国行進曲に、「金甌無欠揺るぎなき、わが日本の誇りなれ」の語が用いられていた。

槿花一日（きんか・いちじつ）漢

栄華がはかないこと。ムクゲの花が、一日だけでしぼんでしまう、という。栄えた者が衰える場合に用いる。俗に、一日をイチニチと読む。

▽身はこれ槿花一日の栄、命は蜉蝣の定めなきに似たり。心は蘇武が胡国に捕らわれ〔謡曲＊千手〕

○槿花一日の栄にすぎず　○槿花一日、風前のともしび

（参考）唐・白居易の詩に、「松樹千年、終ニ是レ朽チ、槿花一日、自ラ栄ヲ為ス」とある。千年の松もついには枯れるが、槿花は一日だけでも咲き誇る、という。だから、短い人生を充実させるべきだ、というのが作者の意図であるが、一般には、はかなさのほうだけが用いられる。なお、槿花はムクゲの花で、朝開いて夕方しぼむ。日本では、槿花を、朝だけでしぼむ朝顔と訳すため、一日を一朝に改めても用いる。

槿花一朝（きんか・いっちょう）　漢

栄華が極めてはかないこと。朝顔の花が、朝だけでしぼんでしまう、という。栄えた者が衰える場合に用いる。

▽工員と中学生が寄れば、話すことは食い物と女のことばかりです。ああ槿花一朝の夢だな〔田辺聖子＊輪舞〕

▽露の干ぬ間といい、槿花一朝の栄華といえば、短い命にはかない哀れさを感じ〔大町桂月＊書翰文大観〕

○槿花一朝の栄を楽しむ　○槿花一朝、すべて終わる

(参考) 槿花一日の参考欄を参照。

金科玉条（きんか・ぎょくじょう）　漢

極めて大切な法令のこと。科条（条文化した法令）を分けて、金（きん）・玉（ぎょく）を添える。大切な科条だ、という。絶対のよりどころとして用いる。

▽小僧時代に習った漢字教訓を一生の金科玉条として、これによって方針を立てる〔岡本かの子＊生々流転〕

▽包囲と退路遮断、戦術の金科玉条だが、そんな古ぼけた戦術が通用したのは〔火野葦平＊青春と泥濘〕

○金科玉条と心得る　○必ずしも金科玉条にはしない

(参考) 文選に、「金科玉条ハ古文ニ畢ク発シ、炳煥トシテ照耀シ、宣ク臻ラザル靡シ」とある。りっぱな法令は昔からあったもので、輝いていて、すべてにわたっている、という。したがって、金科玉条とする、というのは、絶対に守ることであり、必ずしも金科玉条としない、は、変更を考えていることである。

欣喜雀躍（きんき・じゃくやく）　和

非常に喜ぶこと。欣喜（よろこび・よろこぶ）して、雀躍（スズメのように・こおどりする）する、という。

▽大和なでしこが押しかけてくるというのであ

るから、欣喜雀躍せざるべけんやである〔大岡昇平*俘虜記〕
▽げたも靴も脱ぎ散らして、いきなりはだしになります。欣喜雀躍といったありさまです〔尾崎一雄*すみっこ〕
○欣喜雀躍のていで迎える　○欣喜雀躍といった気持ち

金銀錦繍（きんぎん・きんしゅう）和
ぜいたくな品物のこと。こがね・しろがね・にしき・ぬいとりぎぬ、を組み合わせて表す。
▽参会者への院からの賜り物も、この者が差配をし、金銀錦繍を極めていた〔堀田善衛*定家明月記私抄〕
○金銀錦繍、蔵に満ちて　○金銀錦繍の引出物

金銀財宝（きんぎん・ざいほう）和
値うちのある品物のこと。金・銀、その他の財宝（しなもの・たからもの）、という。
▽一族郎党皆殺しにしたあげく、金銀財宝は残らずかっさらっていってしまった〔柴田錬三郎*柴錬水滸伝〕
▽ただ金銀財宝を集めんとのみむさぼりて、後の災いをばつゆも顧みたまわねば〔中江藤樹*鑑草〕
○金銀財宝におぼれる　○金銀財宝を略奪される

金銀珠玉（きんぎん・しゅぎょく）和
貴重な金属と宝石のこと。きん・ぎん・しんじゅ・ぎょく、を組み合わせて表す。
▽蔵を開いて、書画骨董はもとより、金銀珠玉など、金目の品をどんどん持ち出し〔子母沢寛*勝海舟〕
▽金銀珠玉をはじめとして、不足なることなし。されども善根のなかりしかば、買い取りぬ〔曾我物語〕
○金銀珠玉をちりばめる　○金銀珠玉をたくましくして

金銀銅鉄（きんぎん・どうてつ）和
いろいろの金属のこと。こがね・しろがね・あ

かがね・くろがね、を組み合わせて表す。▽例えば、金銀銅鉄のごとき諸元素を溶解して一塊となし、一種の混和物を生じて〔福沢諭吉＊文明論之概略〕▽群がっているひでり雲も、凝然と金銀銅鉄を溶かしたまま、小ゆるぎをする気色はない〔芥川竜之介＊偸盗〕○金銀銅鉄を蓄える ○金銀銅鉄の別もわきまえず

勤倹尚武（きんけん・しょうぶ）和　質素な生活で、武芸に励むこと。勤倹（倹約に・つとめる）と、尚武（武芸を・たっとぶ）を、組み合わせて表す。武士の生活態度として重んじられた。▽あながちに勤倹尚武を主とするにあらず、決して廃物利用を心掛くるにあらず〔内田魯庵＊文学者となる法〕▽勤倹尚武という成語ぐらい、無意味を極めているものはない〔芥川竜之介＊侏儒の言葉〕○勤倹尚武を説いて回る ○勤倹尚武の政策により

勤倹力行（きんけん・りっこう）和　質素で努力すること。勤倹（倹約に・つとめる）と、力行（努力して・おこなう）を、組み合わせて表す。力行をリョッコウと読むのは誤り。▽何か特殊な勤倹力行と困苦に耐えることをもって天地の恩に報いねばならないという〔島崎藤村＊夜明け前〕▽奢侈文弱の弊を戒め、勤倹力行の風俗を奨励し、健全の血液を都会に送る〔徳富蘆花＊思出の記〕○勤倹力行を実践する ○勤倹力行の士として

謹厳実直（きんげん・じっちょく）和　非常にまじめなこと。謹厳（つつしんで・きびしい）で、実直（まじめで・すなお）だ、という。▽彼の謹厳実直な性格が、実は臆病さの裏返し

にすぎぬことを妻に見抜かれていたからで〔加賀乙彦＊制服〕

○謹厳実直で通る　○謹厳実直な作者としては

緊褌一番（きんこん・いちばん）和

心を引き締めて事に当たること。ふんどしを強く締め直して、一番（ひとまず）行う、という。

▽我々は、むしろこれらのドイツ人に対して、緊褌一番する必要があります〔有島武郎＊或る女〕

▽決定的な闘争はむしろ明日の緊褌一番にあるので、それに対する準備を更に練った〔小林多喜二＊党生活者〕

○緊褌一番の覚悟をもって　○緊褌一番、締めてかかる

金枝玉葉（きんし・ぎょくよう）漢

天子の一族とその子孫のこと。金（きん）でできた枝（一族）と、玉（ぎょく）でできた葉（子孫）、という。

▽か弱い女性でありながらも、殊に宮中の奥深く育てられた金枝玉葉の御身で〔島崎藤村＊夜明け前〕

▽ただ、金枝玉葉の御身として、定めなき世の波風に漂いたもうこと、御痛わしゅう〔高山樗牛＊滝口入道〕

○金枝玉葉の殿下をはじめ　○金枝玉葉として敬われ

参考　西晋・崔豹の古今注に、「黄帝、蚩尤ト涿鹿ノ野ニ戦フ。常ニ五色ノ雲気有リ。金枝玉葉ノ如ク、帝ノ上ニ止マル」とある。本来は、美しい雲の場合に用いた。それが、常に天子の上にとどまるところから、天子を指すようになった。明・羅貫中の三国演義に、「大イニ叱シテ曰ク、我ガ哥哥ハ是レ金枝玉葉、你ハ是レ何等ノ人ゾ。敢テ我ガ哥哥ノ賢弟為ルト称スルカト」とある。日本では、専らこの意味で用いる。

琴瑟調和（きんしつ・ちょうわ）漢

夫婦の仲が非常によいこと。琴（こと）と瑟（おおごと）が、調和（ととのい・よくあう）

する、という。
▽必ず満身の愛をささげて、琴瑟調和の実を挙げらるるに相違ない〔夏目漱石＊吾輩は猫である〕
▽わが輩は、あえてきみが家庭の琴瑟調和しとる幸福を破るを欲しないが、社会は〔内田魯庵＊くれの廿八日〕
○琴瑟調和を心掛けて三年　○琴瑟調和の仲むつまじく
(参考) 琴瑟については、詩経に、「妻子好合シ、琴瑟ヲ鼓スルガ如シ」とあり、妻子に用いる。また、晋・潘岳の文に、「子ノ友悌ナル、和ハ琴瑟ノ如シ」とあり、友人に用いる。ただし、宋・胡継宗の書言故事には、「夫婦ノ和、琴瑟調フト曰フ」とあり、中国語では、琴瑟和諧を夫婦感情の融合の意味で用いる。明の戯曲・玉釵記には琴瑟調和の形があり、日本でも用いる。

禁酒禁煙（きんしゅ・きんえん）和
酒を飲むことと、たばこを吸うことの両方を禁止すること。酒（さけ）・煙（たばこ）、それぞれに禁（してはいけない）を添える。酒もたばこも禁じる、という。
▽もう、断然禁酒禁煙して、今までの品行を改め、大いにじみちに稼ごうと思うです〔内田魯庵＊社会百面相〕
▽禁酒禁煙のほかに、それよりもつつましやかに、厳かに、夫婦の別を守るべし〔正宗白鳥＊日本脱出〕
○禁酒禁煙を宣告される　○禁酒禁煙するよりは

禽獣草木（きんじゅう・そうもく）漢
いろいろの動物・植物すべてのこと。とり・けもの・くさ・き、を組み合わせて表す。草木禽獣とも。
▽構造組織について見るときは、上等の人間も下等の禽獣草木も、正しく同一様にして〔福沢諭吉＊福翁自伝〕
▽禽獣草木に至るまで、みな色欲をほしいまま

にし、おのおのおぼるる国風なれば〔曲亭馬琴＊胡蝶物語〕　○禽獣草木の命を守る　○禽獣草木の形を説明されても

参考　草木禽獣の参考欄を参照。

禽獣虫魚（きんじゅう・ちゅうぎょ）和

いろいろの動物すべてのこと。とり・けもの・むし・うお、を、組み合わせて表す。人間を除いた立場で用いる。

▽他の動物、すなわち禽獣虫魚を疎外し軽蔑して、ただ人という動物のみを考索する〔中江兆民＊続一年有半〕

▽人の善を勧め、人の悪をいさめ、禽獣虫魚を苦しめず、みだりに殺さず〔貝原益軒＊大和俗訓〕

○禽獣虫魚も人間と同じで　○禽獣虫魚にも劣る

近所合壁（きんじょ・がっぺき）和

隣近所のこと。近所（ちかい・ところ）と、合壁（かべを・あわせたとなり）を、組み合わせて表す。

▽近所合壁に面目を失えども、恥を恥とも思わねば、すずり箱のほこり払いて〔曲亭馬琴＊胡蝶物語〕

○近所合壁に言い触らす　○近所合壁の事情に通じる

擒縦自在（きんしょう・じざい）和

人を思うとおりに扱うこと。擒縦（とりこにする・はなしてやる）が、自在（おもうとおり）だ、という。縦は、この場合は、漢音でショウと読む。

▽おだてたり、けなしたり、擒縦自在である。人を食ったじいさんというほかはない〔朝日新聞＊天声人語〕

○擒縦自在の立場で　○擒縦自在にもてあそばれて

金城鉄壁（きんじょう・てっぺき）漢

堅固にできていて、他から侵されないこと。き

んの・しろ、てつの・かべ、という。堅固な物事にも用いる。
▽昼夜、猛烈なる攻撃をあえてし、いかなる金城鉄壁も粉砕せずんばやまざるの勢いあり〔三宅雪嶺＊小紙庫〕
▽体面を重んずる紳士の、頼りてもって金城鉄壁となすべきものは何ぞや〔山路愛山＊現代金権史〕
○金城鉄壁と頼む要塞　○金城鉄壁を破られては

参考　北宋・徐積の詩に、「金城、破ル可カラズ。鉄壁、奪フ可カラズ」とある。金の城は負かすことができない、鉄の城壁は乗っ取ることができない、という。金も鉄も、堅固なことの形容として用いる。日本では、金を堅に改め、堅城鉄壁の形でも用いる。

金城湯池（きんじょう・とうち）漢

守りが固くて、他から侵されないこと。きんの・しろ、ゆの・いけ、という。堅固な物事にも用いる。
▽武相豆三国の中央たるに近く、その地勢もまた金城湯池の要害なりとにはあらざれど〔原勝郎＊日本中世史〕
▽金城湯池の固めありと称し、東洋無比の軍港と声言したる旅順口を陥れ〔中邨秋香＊書翰文大成〕
○金城湯池として守りも固く　○金城湯池も何のそのと

参考　漢書に、前漢の策士、蒯通（かいとう）の言として、「必ズ将（まさ）ニ城ヲ嬰（めぐ）ラシテ固ク守ラントス。皆、金城湯池ト為（な）リテ、攻ム可カラザルナリ」とある。守りがとても固い、という。城そのものが堅固な場合にも用いる。

謹慎閉門（きんしん・へいもん）和

定められた期間、家の中にいて外出しないこと。謹慎（つつしみ・つつしむ）して、門を閉じる、という。
▽この改革に不平を抱いて、謹慎閉門の厳罰に

処せられた庄屋・問屋も少なくなかった〔島崎藤村＊夜明け前〕

▽やがて謹慎閉門の命が来るだろう、そうなると、お孝の婚礼が困るから〔子母沢寛＊勝海舟〕

○謹慎閉門を命ぜられる　○謹慎閉門の身として

金殿玉楼（きんでん・ぎょくろう）漢

豪華でりっぱな御殿のこと。金殿（きんで造った建物）と、玉楼（ぎょくで造った高殿）を、組み合わせて表す。

▽ああ、家と名がつきゃはにゅうの小屋も、よその金殿玉楼にも勝るものを〔二葉亭四迷＊其面影〕

▽ああ、いかなる金殿玉楼の奥にも、人の憂いはあるものよと、心ひそかに〔谷崎潤一郎＊聞書抄〕

○金殿玉楼に座して　○金殿玉楼も今は跡形なく

参考 唐・李商隠の詩に、「九枝ノ灯ノ下、金殿ニ朝マリ、三素ノ雲ノ中、玉楼ニ侍ル」とある。宮廷のりっぱな御殿が、九つの枝のある灯の下、紫・緑・白、三色の雲の中にある、という。中国語でも金殿玉楼のまま用いるが、瓊楼玉宇・瓊台玉宇・瓊台玉閣ともいう。

勤王攘夷（きんのう・じょうい）和

天子に尽くし、外国人を追い払うこと。王に・つとめ、夷（外国人）を・はらいのける、という。江戸末期、勤王の志士がその主張とした。勤王は、勤皇とも書く。

▽勤王攘夷の急先鋒と目ざされた若狭の梅田雲浜のように、獄中で病死した者が〔島崎藤村＊夜明け前〕

○勤王攘夷を唱える　○勤王攘夷の士として

金波銀波（きんぱ・ぎんぱ）漢

美しく輝く波のこと。波（なみ）に、金銀を分けて添える。金銀の波、という。特に、月の光に映える波に用いる。

▽陰暦八月十七日の月、東に差し昇り、舟は金波銀波をさざめかして月色の中を走る〔徳富蘆花＊不如帰〕
▽へさきに立ちて我呼べば、魑魅魍魎も影潜め、金波銀波の波静か〔矢野勘治＊嗚呼玉杯に花うけて〕
○金波銀波の湖面を吹くそよ風　○金波銀波のかなたに
参考 梁・武帝の詩に、「金波、素沫(そまつ)ヲ揚ゲ、銀浪、緑萍(りょくへい)ヲ翻ス」とある。月の光に映じた波が、白い泡を上げ、緑の浮き草を翻す、という。日本では、金波に合わせて、銀浪も銀波として用いる。

金襴緞子（きんらん・どんす）和
高価な、美しい織物のこと。金襴（金で模様を織り込んだ・にしき地）と、緞子（厚地の絹に・模様を織り込んだもの）を、組み合わせて表す。
▽金襴緞子の帯締めながら、花嫁御寮はなぜ泣くのだろ。文金島田の髪結いながら〔蕗谷虹児＊花嫁人形〕
▽あややにしきを下荷と積んで、まだも積みましょ金襴緞子、いかり巻き上げて〔式亭三馬＊浮世風呂〕
○金襴緞子を身にまとう　○全体が金襴緞子で覆われ

金力権力（きんりょく・けんりょく）和
金銭や権利に基づく力のこと。金・権、それぞれに力（ちから）を添える。この二つがあれば、自分の思うことが何でもできる、という意味で用いる。
▽金力権力本位の社会に出て、人からばかにされるのを恐れる彼の一面には〔夏目漱石＊明暗〕
▽ひたすら高位高官を望み、金力権力を得んことにのみ汲々たるありさまで〔嘉納治五郎＊一貫の志〕
○金力権力のとりことなる　○金力権力に動か

されて

金鱗銀鱗（きんりん・ぎんりん）和
非常に美しい魚のこと。鱗（うろこ）に、金銀を分けて添える。金銀のうろこを持った魚、という。
▽河原に風は緑をわき立たせ、水底にひらめく金鱗銀鱗の瞥見は、あえかにも美しい〔石坂洋次郎＊若い人〕
○金鱗銀鱗も波間に躍る　○金鱗銀鱗の熱帯魚も

【く】

空々寂々（くうくう・じゃくじゃく）仏
心の中に何もないこと。空寂（むなしく・さびしい）を分けて繰り返し、意味を強める。すべてが空だ、という。思慮分別のない場合にも用いる。
▽老人は目をしばたたいてそれを眺めている。空々寂々、心中何らの思うこともない〔国木田独歩＊二老人〕
▽空々寂々、ちんぷんかんの講釈を聞いて、その中で古く手あかのついてるやつが〔福沢諭吉＊福翁自伝〕
○空々寂々とした心境で　○空々寂々、その意を解せず
（参考）仏教では、実体がないことを空という。すべての事物は、自我を含め、固定的な実体がないから、空である。その空を空とするのが空空である。また、心身共に束縛を離れた状態を寂という。それは、すべての迷いが消えたことであり、その寂を寂とするのが寂寂である。日本では、空寂を強めて繰り返す意味で用いる。

空々漠々（くうくう・ばくばく）仏
実質的なものが何もないこと。空漠（むなしく・はてしない）を分けて繰り返し、意味を強める。

▽愛し合ってこそ短い一生が充実するだろうが、顧みて空々漠々たる思いがある〔芹沢光治良＊結婚〕
▽たいていは空々漠々とした思考にふけっていたのだが、しかし、どうかすると読書もし〔里見弴＊今年竹〕
○空々漠々として日を送る　○空々漠々の幻を見て
参考　仏教では、実体がないことを空という。すべての事物は、自我を含め、固定的な実体がないから、空である。その空を空とするのが空空である。また、果てしない状態を漠という。それはどこまでも続く無限の世界であり、その漠を漠とするのが漠漠である。日本では、空漠を強めて繰り返す意味で用いる。

空閨独眠（くうけい・どくみん）和

相手をしてくれる人がいない独り寝のこと。からの・ねやで、ひとり・ねむる、という。
▽疑念中の疑念として、最も時子の心を悩ますものは、例の空閨独眠の一件であるが〔二葉亭四迷＊其面影〕
○空閨独眠に過ごす　○空閨独眠を強いられる

空式虚礼（くうしき・きょれい）和

内容のない、形式だけの儀式のこと。式礼（儀式・礼拝）を分けたものに、空虚（むなしく・むなしい）を分けて添える。空虚な式礼、という。
▽ばかばかしくも気恥ずかしい空式虚礼に対して、ぼくは半点の信仰も持っていない〔木下尚江＊良人の自白〕
○空式虚礼を重んじる　○空式虚礼にこだわる

空前絶後（くうぜん・ぜつご）漢

たいへんな出来事のこと。前にもそのような例がなく、後にも二度とこんなことはない、という。よい場合に用いることが多い。珍しい場合には、前代未聞を用いる。
▽天下正に空前絶後の廃藩置県に際したれば、働くだけ働き、騒ぐだけ騒ぎ〔山路愛山＊現代

金権史〕

▽当国の諸氏は、まずセーベ回復の挙を賛美して、実に空前絶後の偉績なるを評し〔矢野竜渓*経国美談〕

○空前絶後の大事件として　○空前絶後ともいうべき男

(参考) 北宋の絵画目録・宣和画譜に、「顧ハ前ニ空シク、張ハ後ニ絶エ、而シテ道子ハ乃チ兼ネテ之ヲ有ス」とある。東晋の画家・顧愷之は空前の人、梁の画家・張僧繇は絶後の人だ、という。そして、唐・呉道子は、その両者の長所を兼ね備えるほどの偉大な画家だ、という。呉道子は、画聖として仰がれるに至った。こういう人こそ、空前絶後の画家だと評価されている。

空想妄想（くうそう・もうそう）和

でたらめな想像をすること。妄想（みだらな・おもい）に、空想（うつろな・おもい）を添えて、意味を強める。

▽考えたとて空想妄想に属し、これまで一人も順序を追って説いた者がない〔三宅雪嶺*明治思想小史〕

○空想妄想をたくましくする　○空想妄想に悩まされる

空即是色（くう・そくぜしき）仏

実体のないことが事物そのものだということ。空（から）は、とりもなおさず色（物質）だ、という。

▽「色即是空、空即是色というわけですね」また、言いそうなことを言った〔長与善郎*竹沢先生と云う人〕

▽色即是空の方向の極点において空即是色と転ずるところに、中世様式の図式を見る〔唐木順三*中世の文学〕

○空即是色のこの世で　○空即是色といわれるとおり

(参考) 色即是空の参考欄を参照。

空中楼閣（くうちゅう・ろうかく）漢

土台のない建物のこと。空中（そらの・なか）

にある、楼閣（たかどの・ごてん）、という。根拠のない事柄や、実現できない計画に用いる。▽一審判決では、共同謀議は空中楼閣で、単独犯行だとし、竹内だけ無期懲役で〔朝日新聞＊天声人語〕▽自己の空中楼閣はかってに建立しても、国民を駆ってその楼閣に入れんとするは〔徳富蘇峰＊勝利者の悲哀〕
○空中楼閣とも見える　○空中楼閣に終わる
（参考）北宋・沈括（しんかつ）の夢渓筆談に、「登州ハ四面海ニ臨ミ、春夏ノ時、遥（はる）カニ空際ニ城市・楼台ノ状、有ルヲ見ル。土人之ヲ海市ト謂フ。今、言行ノ虚構ナル者ヲ称シテ空中楼閣ト曰フハ、此ノ事ヲ用フ」とある。登州は、山東半島の北端で、蜃気楼で知られていた。文中の海市がこれである。本来は、つくりごとのことである。

空理空論（くうり・くうろん）和
実際の役に立たない理論のこと。理論（すじみちをつけた・考え方）を分けたものに、空（むなしい、中身がない）を添える。空の理論だ、という。▽空理空論を主張し、聞く者をして厭倦せしめ、実際家の同意を得るあたわざりしものは〔末広鉄腸＊雪中梅〕▽二、三の書生輩の空理空論を、さまで恐るるにも足らぬじゃないか〔木下尚江＊火の柱〕
○空理空論に走る　○空理空論をもてあそぶ

空論空策（くうろん・くうさく）和
実際の役に立たない理論と方策のこと。論（理論）・策（方策）、それぞれに空（むなしい、中身がない）を添える。▽その経済にはとんちゃくなく、あれもいけねえ、これもいけねえと、空論空策を立てる〔子母沢寛＊勝海舟〕
○空論空策に流れる　○無益な空論空策もてあそんで

苦心惨憺（くしん・さんたん）和
あれこれと大いに工夫すること。苦心（こころを・くるしめる）することが、惨憺（みじめ）だ、という。

▽肉が切れなくて苦心惨憺している者、およそにぎやかな食卓風景を現出していた〔石坂洋次郎＊若い人〕

○いかに苦心惨憺したかが ○苦心惨憺の末、ついに ○苦心惨憺の余に得たもの ○苦心惨憺たるものがある

愚痴無智（ぐち・むち） 和

知恵が全くないこと。無智（ちえが・ない）に、愚痴（おろかで・理屈が分からない）を添えて、意味を強める。現代表記では、智（ちえ）↓知（しる）。

▽それを昇は、お政ごとき愚痴無知の婦人に持ち長じられるといって、うぬぼれてしまい〔二葉亭四迷＊浮雲〕

▽これは、ただ一切衆生の愚痴無知なるをかたどり、馬の毛により明年の日を相し〔謡曲＊絵馬〕

○愚痴無知のやから ○愚痴無知に災いされて

苦中有楽（くちゅう・ゆうらく） 漢

苦しいけれども、その苦しい中に楽しみがあること。苦の中に、楽が有る、という。有楽をウラクと読むこともある。

▽ただ難しければ面白い、苦中有楽、苦即楽という境遇であったと思われる〔福沢諭吉＊福翁自伝〕

○苦中有楽の日々を送る ○苦中有楽とは言えなかった

参考 南宋・陳造の詩の自注に、「吾ガ輩、忙裡ニ閑ヲ偸ムト謂フ可シ。苦中、楽ヲ作ル」とある。日常の忙しい困苦の中で、無理に暇を得て自ら楽を作る、という。中国語では、苦中作楽がことわざになり、苦中尋楽も用いる。日本では、積極的に楽を作るのではなく、楽が自然に生まれると考え、苦中有楽に改めて用いる。

九分九厘（くぶ・くりん） 和

だいたい確実だと思われる段階のこと。分（十

分の一）・厘（百分の一）、それぞれに九を添える。これを組み合わせて九九％を表し、その程度まで確実だ、という。▽九分九厘まで、戦場の骨とならずば刑場の露と消ゆべき茂を、いつまで思いたもうぞ〔徳富蘆花＊灰燼〕▽これまで九分九厘衝突とさいの目が決まっていた政府案が、どしどし通過して〔内田魯庵＊社会百面相〕○九分九厘は成功と見て　○九分九厘、死亡と決まる

愚夫愚婦（ぐふ・ぐふ）漢

無知な成人男女のこと。夫婦（結婚した男女）を分けたものに、愚（おろか）を添える。愚かな夫婦の意を表わした。▽平易の文辞をもって普通の感情に訴うれば、愚夫愚婦といえども喜んでこれを含味し〔末広鉄腸＊雪中梅〕▽もしあるとすれば、それは、愚夫愚婦を済度する一つの方便ぐらいに思っていた〔徳富蘆花＊思出の記〕○愚夫愚婦の所為として　○愚夫愚婦にとっては

㊜参考 南宋・陸九淵（きゅうえん）の敬斎記に、「天地鬼神モ誣（し）フ可カラズ、愚夫愚婦モ欺ク可カラズ」とある。天地の鬼神を偽ってはいけないが、愚夫愚婦も欺いてはいけない、という。この場合の愚夫愚婦は一般人民を指しているが、日本では、文字どおり無知な男女のことをいった。

愚問賢答（ぐもん・けんとう）和

くだらぬ問いに対して、適切に答えること。おろかな・とい、かしこい・こたえ、という。▽これ以上出ないだろうと返答した。これは、愚問賢答とでもいうようなことで〔徳富蘇峰＊勝利者の悲哀〕○愚問賢答に圧倒される　○愚問賢答を期待したいが

君子豹変（くんし・ひょうへん）漢

君子というものは、悪いと知ったらすぐに改めるものだということ。君子は、ヒョウのマダラが変わるように変わる、という。本来はよい意味であるが、態度や立場を平気で変えるという悪い意味でも用いる。

▽心中では翻然旗色を変えて、君子豹変と出掛くるつもりで承知したであろうが〔福地桜痴＊増訂もしや草紙〕

▽わが帝国の人民は、旧慣を脱して新規に移るの風あり、いわゆる君子豹変する者にして〔津田真道＊如是我観〕

○本人の君子豹変により　○君子豹変して賛成に回る者　○君子豹変とはよく言ったもので

参考　易経に、「大人ハ虎変ス、君子ハ豹変ス、小人ハ面ヲ革ム」とある。これは、革命が行われた際の社会の変化を述べた部分である。大人は革命の当事者で、トラのように、堂々と出てくる。君子は社会の指導者で、ヒョウのように、はっきりと態度を改めて協力する。小人は、ただ外面だけを改めるにすぎない、という。本来はよい意味で用いたが、非難の場合にも用いるに至った。

君臣主従（くんしん・しゅじゅう）和

使う者と使われる者との関係のこと。君臣（君主と家臣）と、主従（主人と従者）を、組み合わせて表す。

▽昔、封建の時代には、人間の交際に君臣主従の間柄というものがあって支配し〔福沢諭吉＊文明論之概略〕

○君臣主従の名分を明らかにし　○君臣主従に見立てて

軍談講釈（ぐんだん・こうしゃく）和

寄席の高座で行う武勇談や人情話のこと。軍談（いくさの・はなし）と、講釈（とききかせる・はなし）を、組み合わせて表す。実際にはなかったことであるとしても、それを実際にあったように聞かせる例としても用いる。

▽見てきたようなうそをつくというのぁ、あえ

て軍談講釈ばかりではない〔子母沢寛＊勝海舟〕
▽説教場にもなれば、軍談講釈、幻灯会などの寄席にもなる板ぶきの一大平家が〔徳富蘆花＊思出の記〕
○軍談講釈の席　○軍談講釈にもならない話ではあるが

群雄割拠（ぐんゆう・かっきょ）和
多くの英雄が、各地でそれぞれ勢力を持って対立すること。いろいろの英雄が、割って場所を占める、という。多くの流派や学派に分かれている場合にも用いる。
▽応仁以後の群雄割拠の状態を、乱世の一語によって片づけ去るべきではなく、むしろ〔花田清輝＊鳥獣戯話〕
▽どれもあまりりっぱでない机や本箱が、群雄割拠の形で、主なきあとの室を守って〔石坂洋次郎＊若い人〕
○群雄割拠する時代を迎えて　○群雄割拠の折から

【け】

鯨飲馬食（げいいん・ばしょく）和
大いに飲んだり食べたりすること。飲食（のむ・くう）を分けたものに、鯨・馬を添える。クジラのように飲み、ウマのように食う、という。牛飲馬食とも。
▽彼らは、バタビアに着いて安心すると、鯨飲馬食に近い状態で何でも口にしたのである〔綱淵謙錠＊航〕
▽空きだるに腰打ち掛けて、ゆでだこの足、いわしのぬた等をさかなに鯨飲馬食す〔平出鏗二郎＊東京風俗誌〕
○鯨飲馬食を競う　○鯨飲馬食の一夜を過ごして

形影一如（けいえい・いちにょ）和

夫婦の仲が非常によいこと。形（かたち）とその影（かげ）が、一如（おなじ）だ、という。
▽考えが高すぎて手足がこれに伴わない生活と、満ち足りた形影一如の生活とは〔石坂洋次郎＊若い人〕
○形影一如の身となる　○形影一如とはいかなかったが

軽挙妄動（けいきょ・もうどう）漢

よく考えずに物事を行うこと。軽く企てて、みだりに動く、という。向こう見ずの行動にも用いる。
▽軽挙妄動するな、という。軽挙妄動とはどういうことを指すのか分からない〔田辺聖子＊私の大阪八景〕
▽それが、たとえ過ちであったにせよ、軽挙妄動であったにせよ、この数年の間〔石川達三＊風にそよぐ葦〕
○軽挙妄動を慎む　○軽挙妄動のそしりを受けることも　○軽挙妄動にならぬように　○軽挙妄動もせず
参考 清・李汝珍（じょちん）の鏡花縁に、「真ニ是レ軽挙妄動、乱閙（らんとう）ノ一陣ナリ」とある。むやみに暴れるのは、軽挙妄動だ、という。慎重を欠く軽率な行動に用いる。

稽古精進（けいこ・しょうじん）仏

けいこに専念すること。稽古（いにしえに・ならう）に、精進（もっぱら・すすむ）する、という。
▽内裏の天覧あってこそ楽人の励みもいで、稽古精進に身を入れることになるのだが〔唐木順三＊応仁四話〕
○稽古精進に励む　○稽古精進のかいもあって
参考 仏教で稽古というのは、古人のあとを慕って修行することであり、過去の事例を学ぶ意味にも用いる。仏道に志す人を稽古之人ともいう。ただし、日本では、古書を読んで道理を学ぶ意味に用い、さらに、芸事の学習の場合に用いる。また、悟りの道に努め励むことを精進という。その場合には、俗縁を断って仏門に入り、宗教的な生活を送ることになる。ただし、日本では、学問技芸に打ち込んで努力を続ける意味で用いる。

芸術芸能（げいじゅつ・げいのう）和

高級な娯楽のこと。能（わざ）・術（すべ）、それぞれに芸（修練様式）を添える。現在では芸術と芸能を分け、文芸・絵画・彫刻・音楽などと、映画・演劇・歌謡・舞踊・落語・講談などを、分けて扱うこともある。

▽芸術芸能に携わる者の危機がここにあることを知っておくことは、特に肝要だと思う〔唐木順三＊応仁四話〕

○芸術芸能に詳しい　○芸術芸能の世界に入る

傾城傾国（けいせい・けいこく）漢

男性を熱中させる絶世の美女のこと。城（しろ）・国（くに）、それぞれに傾（かたむける）を添える。城を傾け、国を傾ける、という。城は、漢音でセイと読む。

▽にっこりと笑むえくぼのうちには、傾城傾国の力を蓄う。いらえて立つ姿は〔坪内逍遥＊妹と背かがみ〕

▽いかんせん。傾城傾国の乱、今にありぬと覚えて、あさましかりしことどもなり〔太平記〕

○傾城傾国におぼれる　○傾城傾国の美女

㊟参考　漢書に、前漢の武帝の前で舞いながら次のように歌った李延年のことが取り上げられている。「北方ニ佳人有リ、世ニ絶エテ独リ立ツ。一顧スレバ人ノ城ヲ傾ケ、再顧スレバ人ノ国ヲ傾ク。寧（いづく）ンゾ傾城ト傾国トヲ知ラザランヤ。佳人、再ビハ得難シ」とある。佳人というのは、李延年の妹のことであった。武帝がこれを呼び寄せると、正に絶世の美女であり、これを溺愛して男子を生んだ。後の哀王である。なお、傾城という語は、すでに詩経に、「哲夫ハ城ヲ成シ、哲婦ハ城ヲ傾ク」とある。本来は才能のある婦のことである。哲婦が政治に口を出すと、城を傾ける、という意味である。

経世済民（けいせい・さいみん）和

世を治め、人民の苦しみを救うこと。世を治め、民を救う、という。国家を治める政治の意味で用いる。

▽経世済民の実務につきて、自ら施し行いたる政策の後人の模範とすべきものも〔山路愛山＊経済雑論〕

▽年少のときは政治家になろうとした。経世済民の実事業こそ、本懐を果たす場で〔唐木順三＊無用者の系譜〕

○経世済民の道として　○経世済民の志もむなしく

軽重緩急（けいちょう・かんきゅう）漢

物事の急ぎの度合いのこと。緩急（ゆっくり・いそぐ）に、軽重（かるい・おもい）を添えて、意味を強める。

▽軽重緩急ここに明らかなれば、昨日怒りしことも今日は喜ぶべきものとなり〔福沢諭吉＊文明論之概略〕

○軽重緩急を考える　○軽重緩急よろしきを得て

参考　南宋・朱熹（しゅき）の文に、「徐ロニ聖賢ノ立言本意ノ向カフ所ノ如何（いかん）ヲ観（み）テ、然ル後ニ、其ノ遠近浅深、軽重緩急ニ随（したが）ッテ之ヲ説（おもむ）ヘト為（な）ス」とある。読書に当たっての注意を述べた部分で、書かれている内容の重要度に従ってその考え方をまとめるべきだ、という。軽重緩急を無視してはいけないというわけである。

軽重大小（けいちょう・だいしょう）和

重大かそうでないかということ。かるい・おもい、おおきい・ちいさい、を組み合わせて表す。

▽人事の軽重大小を分別し、軽小を後にして重大を先にし、時節と場所とを察する〔福沢諭吉＊文明論之概略〕

○事態の軽重大小を察して　○軽重大小の度に応じて

軽佻浮薄（けいちょう・ふはく）和

よく考えず、しっかりしていないこと。軽佻

（かるく・あさはか）で、浮薄（うわついて・うすい）だ、という。落ち着きがない場合にも用いる。

▽我ら日本人から見ても、日本人の軽佻浮薄、長きものには巻かれよという功利心〔徳富蘇峰＊勝利者の悲哀〕

▽ただ外面を飾り、言色をよくするを務めとするは、軽佻浮薄にして卑しむべし〔中村正直＊西国立志編〕

○軽佻浮薄に流れる　○軽佻浮薄のそしりを受ける

兄弟姉妹（けいてい・しまい）和

同じ親から生まれた、子供どうしのこと。あに・おとうと・あね・いもうと、を組み合わせて表す。兄弟は、漢音でケイテイと読む（日常語は、呉音でキョウダイ）。

▽親子の不和となり、兄弟姉妹の争いとなり、家督相続、財産分配等のことに忙しく〔福沢諭吉＊福翁百話〕

▽兄弟姉妹、さらにその子女のこととなると、異国の者も含めて、その数も〔堀田善衛＊定家明月記私抄〕

○兄弟姉妹を養う　○兄弟姉妹の仲を裂かれる

鶏鳴狗盗（けいめい・くとう）漢

くだらないことしかできないこと。鶏の鳴きまね、犬の盗み、という。くだらない技能が役立つ場合に用いる。

▽鶏鳴狗盗の一芸ある者を扶持してすら、なおその用いどころありしを聞かれずや〔坂崎紫瀾＊汗血千里駒〕

▽いたずらに硬語を吐き、身に鶏鳴狗盗の術なくして、しかも治国平天下を談ず〔犬養木堂＊都人士〕

○鶏鳴狗盗のともがら　○鶏鳴狗盗のきらいはあるが

(参考) 北宋・王安石は、史記の孟嘗君(もうしょうくん)の記事を読んで、「嗟嗚(ああ)、孟嘗君ハ特ニ鶏鳴狗盗ノ雄ノミ。豈ニ以テ士ヲ得タリト言フニ足ランヤ」とある。史記の秦の昭王に捕らえられた孟嘗君の記事は、次のようになっている。狗盗について、「最下ノ坐ニ能ク狗盗ヲ為ス者有リ。乃チ夜狗ト為リ、以テ秦宮ノ蔵中ニ入リ、献ゼル所ノ狐白裘ヲ取リテ至リ、以テ秦王ノ幸姫献ズ。幸姫、為ニ昭王ニ言フ、昭王、孟嘗君ヲ釈シ、孟嘗君出ヅルヲ得タリ」とある。鶏鳴については、「夜半、函谷関ニ至ル。関ノ法、鶏鳴キテ客ヲ出ダス。客ノ下ノ坐ニ居ル者ニ能ク鶏鳴ヲ為スモノ有リ。而シテ鶏斉シク鳴ク。遂ニ伝ヲ発シテ出ヅ」とある。

激浪怒濤（げきろう・どとう）和
非常に激しい波のこと。怒濤（いかった・おおなみ）に、激浪（はげしい・あらなみ）を添えて、意味を強める。
▽夏の海としては穏やかで、激浪怒濤は影を潜めていた。あれは日本海か、太平洋か〔正宗白鳥＊日本脱出〕
▽文中のいかずちをして鳴りはためかしめ、書中の激浪怒濤をして天に逆立たしめ〔坪内逍遥＊小説神髄〕
○激浪怒濤を物ともせず　○激浪怒濤に圧せられて

下女下男（げじょ・げなん）和
下働きをする女と下働きをする男のこと。女・男、それぞれに下を添える。下男下女とも。召し使う人々の意味で用いた。
▽食物の分量を指図せんとすることあれば、下女下男の分限を切り縮むるものにして〔福沢諭吉＊通俗民権論〕
▽長くいた下女下男の顔が浮かんだ。顔とともに彼らの行動が、鮮明に浮かんだ〔正宗白鳥＊人間嫌い〕
○下女下男に助けられて　○下女下男を置く身分で

下司下郎（げす・げろう）和
身分の卑しい者のこと。下司（品性の劣った者）にそろえて、下郎（身分の下の男）を添え、意味を強める。司は、この場合スと読む。下司は、下衆・下種・下主とも書いて用いられたこともあった。
▽京お囲いの入れ墨者、無宿もんで、下司下郎と同じ唐丸かごで送られたよ〔子母沢寛＊勝海舟〕
▽給仕は首をすくめた。「何をっ、この下司下郎め」男は給仕をけ飛ばした〔柴田錬三郎＊柴錬水滸伝〕
○下司下郎の仲間入りをする　○下司下郎にも劣る

結跏趺坐（けっか・ふざ）　仏
左右の足の甲で反対側のももを押さえる座り方のこと。跏趺（足の裏・足の甲）を、組んで、座る、という。仏像の座り方にも広く用いられている。坐（すわる）を座（すわる場所）と書いた時期もある。
▽この年五月六日、鑑真は結跏趺坐して、西に面して寂した。年七十六〔井上靖＊天平の甍〕
▽岩屋のうちに一人の法師あり。麻の衣に縄だすきして、石を机に結跏趺坐せる読経の〔曲亭馬琴＊里見八犬伝〕
○端然と結跏趺坐したまま　○結跏趺坐の大仏
(参考) 仏教で、両足を組み合わせて座るのを結跏趺坐という。跏は足の裏、趺は足の甲のこと。右の足首を左のももの上に置き、左の足首を右のももの上に置く。仏は必ずこの座法によるから、如来坐とか仏坐ともいう。禅宗では、結跏趺坐を座禅の正しい姿勢としている。

月下氷人（げっか・ひょうじん）　漢
男女の縁を執り持つ人のこと。月の夜の、氷の上の人、という。結婚の仲人の意味で用いる。
▽芳子の師として、この恋の証人として、一面、月下氷人の役目を余儀なくさせられた〔田山花袋＊蒲団〕
▽まるで自分の更生の大恩人か月下氷人のようにふるまい、もっともらしい顔をして〔太宰治＊人間失格〕

○月下氷人の役を引き受ける　○月下氷人の引き合わせ　○月下氷人として奇縁を結ぶことになった

参考　唐・李復言の続幽怪録に、唐・韋固が月の光で文書を調べている老人に会った話がある。「少クシテ未ダ娶ラズ。宋城ニ旅次シ、異人ニ遇フ。嚢ニ倚リテ坐シ、月下ニ向カヒテ書ヲ検ス。固問フ。答ヘテ曰ク、天下ノ婚ノミト。因リテ嚢中ノ赤縄子ヲ問フ。云フ、此レ以テ夫妻ノ足ヲ繋グト」とある。韋固は、その後、老人の言った赤ん坊と結ばれた、という。中国では、この故事に基づいて、仲人を月下老人と呼ぶ。日本では、さらに次の故事と結びつけ、月下氷人と呼ぶ。

晋書に、晋・令狐策が氷上に立って氷下の人と話す夢を見た話がある。判断を求めた占い師・索紞は、次のように言った。「君、氷上ニ在リテ氷下ノ人ト語ルハ、陽ノ陰ニ語ルト為ス、媒介ノ事ナリ。君、当ニ人ノ為ニ媒ヲ作スベシ。氷泮ケテ婚成ラント」とある。仲人の役をすると、その結婚は氷が解ければ成立する、という。詩経に「士、如シ妻ヲ帰ラバ、氷ノ未ダ泮ケザルニ迨べ」とある。

月卿雲客（げっけい・うんかく）和

宮中に仕える人たちのこと。月卿（宮中にいる役人）と、雲客（宮中に入ることを許された人々）を、組み合わせて表す。月の卿、雲の客、という。身分の高い人に用いる。

▽凡百の月卿雲客が汗を流して競い合い、攻め合い、誇りまた傷つくというのが〔唐木順三＊中世の文学〕

▽みかどは清涼殿に御出なり、月卿雲客の堪能なるを召し集め、管弦の御遊ありしに〔謡曲＊殺生石〕

○月卿雲客と交わる　○月卿雲客の財宝をねらう

欠点弱点（けってん・じゃくてん）和

性質のうち、悪い部分のこと。欠（かけている）・弱（よわい）、それぞれに点（部分）を添える。

▽完全を人は憎み、欠点弱点あるがために他を許すは、やみがたい人情である〔徳富蘆花＊黒潮〕

○欠点弱点はあるにしても　○それが欠点弱点の一つで

下男下女（げなん・げじょ）⇩げじょ・げなん

原因結果（げんいん・けっか）和

物事の起こるもとと、起こったあとのこと。原因（もとのもと）と、結果（むすびのはて）を、組み合わせて表す。

▽吾人は断言す、時勢と一個人とは相共に原因結果の関係を有するものにして〔徳富蘇峰＊新日本之青年〕

▽何をもってよくなさん。あるいは、もって究竟の原因結果を求むるとなす〔三宅雪嶺＊我観小景〕

○原因結果の応報により　○原因結果を離れて

喧嘩口論（けんか・こうろん）和

小さな争いをすること。喧嘩（腕ずくで争うこと）と、口論（口で争うこと）を、組み合わせて表す。

▽立ちいでて喧嘩口論の勇気もなく、部屋に閉じこもって臆病至極の身なりけるを〔樋口一葉＊たけくらべ〕

▽ここで喧嘩口論は、神仏の罪も恐ろしい。〔子母沢寛＊勝海舟〕

○喧嘩口論した末に　○喧嘩口論の仲立ちとして

元気潑剌（げんき・はつらつ）和

活動の元になる気力があふれていること。元気が、潑剌（魚が跳び跳ねる）だ、という。潑（水をはねる）を発（はなつ）と書いた時期もある。

▽テニスに熱中したりして、すこぶる元気潑剌たる娘時代を過ごしたようであるが〔高村光太郎＊智恵子抄〕

○元気溌剌として出掛ける　○元気溌剌の青年

牽強附会（けんきょう・ふかい）漢

無理に道理に合わせること。牽強（ひきつけて・しいる）して、附会（はなれないように・あわせる）する、という。都合のよいようにこじつける意味で用いる。現代表記では、附（そえる）→付（つける）も用いる。

▽色をお好みになったと申しますのは、恐らく牽強附会の説でございましょう〔芥川竜之介＊地獄変〕

▽いささか牽強附会めいているようだが、実証らしいところがないでもなかった〔松本清張＊Dの複合〕

○牽強附会して理屈づける　○牽強附会の言をなす者も

（参考）附会之説（ふかいのせつ）の参考欄を参照。

賢愚美醜（けんぐ・びしゅう）和

頭のよしあしと顔かたちのよしあしのこと。かしこい・おろか・うつくしい・みにくい、を組み合わせて表す。

▽何というか、賢愚美醜を全く超絶した没我的な顔、顔、顔の、類型的な集団〔石坂洋次郎＊若い人〕

○賢愚美醜にこだわる　○賢愚美醜を超えて

喧々囂々（けんけん・ごうごう）和

やかましく、騒がしいこと。喧囂（かまびすしく・やかましい）を分けて繰り返し、意味を強める。多くの人がさまざまな意見を言う場合にも用いる。議論を闘わせる場合は侃々諤々（かんかんがくがく）、互いに主張し合う場合は甲論乙駁（こうろんおつばく）を用いる。

▽ランプ輝くもとには、八、九歳より十二、三歳に至る少年少女、打ち集いて喧々囂々〔木下尚江＊火の柱〕

▽今度は歌い直す勇気もなく、喧々囂々たる歓声裏に、頭を抱えて自席に逃げ帰った〔石坂洋次郎＊若い人〕

○喧々囂々の間に　○喧々囂々といったありさまで

拳々服膺（けんけん・ふくよう）漢
よく覚えていて、いつも忘れないこと。拳々（固く握って話さない）して、服膺（身につけて・胸に入れておく）する、という。人の教えを守る場合に用いる。
▽指図に従わねばならない、その指図がまた拳々服膺しきれない多面性を持っている〔石坂洋次郎＊若い人〕
▽朕、なんじ臣民とともに拳々服膺して、皆その徳を一にせんことをこいねごう〔教育に関する勅語〕
○拳々服膺して生きる　○拳々服膺すべき教訓として　○拳々服膺の毎日を送る　○拳々服膺の家訓
(参考) 礼記に、「一善ヲ得レバ、則チ拳拳服膺シテ之ヲ失ハズ」とある。孔子が弟子の顔回を褒めたことばである。一つの善を知ったら、常に心に忘れず、固くこれを守る、という。教えを固く守る場合に用いる。

言々句々（げんげん・くく）和
一つ一つのことばのこと。言（ことば）・句（一続きのことば）、それぞれを繰り返して、意味を強める。
▽言々句々、厳しく鍛錬され、詠ずる対象の真髄をよくとらえて、間然するところが〔中山義秀＊芭蕉庵桃青〕
▽児玉の言々句々、肺腑よりいで、その顔には熱誠の色動いているのを見て、人々は〔国木田独歩＊日の出〕
○言々句々に感激する　○言々句々を身にしみて感じ

言語挙動（げんご・きょどう）和
人の特色として、積極的な意思が外に表れたことば遣いと行いのこと。話し方と、意図的な行い、という。
▽まあまあ、言語挙動を柔らかにして、決して人に逆らわないように〔福沢諭吉＊福翁自伝〕
▽しかし、二人の言語挙動を、ひどく異様に、

しかも不愉快に感じた〔森鷗外＊ウィタ・セクスアリス〕

○言語挙動も優しく　○子供っぽい言語挙動で

言語動作（げんご・どうさ）　和

人の性格として、自然に外に表れたことば遣いと行いのこと。話し方と、動き方、という。

▽宗近の言語動作は、むろん自分にはできにくい。あの男の前へ出ると、圧迫を受ける〔夏目漱石＊虞美人草〕

▽妙なぐあいに変ぼうして、不作法な柄の悪い言語動作をちらつかせるようになった〔谷崎潤一郎＊細雪〕

○言語動作を観察する　○言語動作に至るまで

言語風俗（げんご・ふうぞく）　和

その土地、土地の特色とする、言語（方言的なもの）と、風俗（生活上の衣食住・行事）のこと。

▽兄弟は、幼少のとき、中津の人と言語風俗を異にして、他人の知らぬところに〔福沢諭吉＊福翁自伝〕

▽趣味が豊かで、フランスやアメリカの言語風俗に通じていること、等々は〔谷崎潤一郎＊細雪〕

○言語風俗を共にする　○言語風俗も異なるため

堅甲利兵（けんこう・りへい）　漢

非常に強い武装のこと。かたい・よろい、するどい・兵器、という。防備攻撃、共に強い軍隊にも用いる。

▽天台座主をはじめて、解脱同相の御衣を脱ぎたまいて、堅甲利兵の御形に変わり、たちまちに変じて〔太平記〕

○堅甲利兵に身を固める　○堅甲利兵を差し向ける

（参考）墨子に、「堅甲利兵ヲ為（な）シテ、以テ往（ゆ）キテ罪無キノ国ヲ伐（う）ツ」とある。強い軍隊で善良な国を征伐する、という。これが戦国の世の常であった。孟子にも、「梃（てい）ヲ制シテ以テ秦楚（しんそ）ノ堅甲利兵ヲ撻タシム可シ」とある。兵器を造り、強大な秦や楚を討たせる、という。

言行一致（げんこう・いっち）漢

言うことと行うことが、矛盾していないこと。言（いう）と行（おこなう）とが、一致（おなじになる）する、という。

▽言行一致しないってことも、決して好ましいことじゃないのに決まっている〔長与善郎＊竹沢先生と云う人〕

▽言行一致の美名を得るためには、まず自己弁護に長じなければならぬ〔芥川竜之介＊侏儒の言葉〕

○言行一致を心掛ける　○言行一致の君子として

参考 南宋・文天祥の文に、「力行七年ニシテ後成ル。然レバ則チ言行一致シ、表裏相応ズ」とある。初めのうちは言うことに矛盾が多かったが、七年間努力して、言行が一致するようになり、矛盾がなくなった、という。言行が一致しない場合は、「言行相反ス」になるが、日本では、言行齟齬の形を用いる。

言行齟齬（げんこう・そご）和

言うことと行うことが、矛盾していること。言（いう）と行（おこなう）とが、齟齬（かみあわない）する、という。言行一致の対として用いる。

▽その言の美にしてその事の醜なるや、言行齟齬するの甚だしきものというべし〔福沢諭吉＊文明論之概略〕

○言行齟齬に至る　○言行齟齬では済まされない

乾坤一擲（けんこん・いってき）漢

運命をかけるような大きな仕事をすること。乾（天、さいころの奇数の目）が出るか坤（地、さいころの偶数の目）が出るかと、さいころを一回だけ投げてみる、という。いちかばちかの大決心をする場合にも用いる。乾は、天の意味では、漢音でケンと読む。

▽それは、彼が、武士たちのように、乾坤一擲の思想のとりこになったためではない〔花田清輝＊小説平家〕
▽むしろ進んで運命を開拓するという、いわゆる乾坤一擲の策にいでたるもので〔徳富蘇峰＊勝利者の悲哀〕
○乾坤一擲を期する ○乾坤一擲の壮挙を夢みて
参考 唐・韓愈が、項羽と劉邦で楚・漢の国境と定めて終戦にした鴻溝を訪れたときの詩に、次の句がある。「竜ハ疲レ虎ハ困シミ、川原ヲ割ク。億万ノ蒼生、性命存ス。誰カ君王ニ勧メテ馬首ヲ回ラシ、真ニ一擲ヲ成シテ乾坤ヲ賭センヤ」とある。竜虎は項羽と劉邦のこと。乾坤一擲の勝負をしなかったから、人民は生を全うすることができた、という。後に乾坤一擲だけが独立し、天下を争う大勝負の意味になった。

堅城鉄壁（けんじょう・てっぺき）漢
堅固にできていて、他から侵されてないこと。かたい・しろ、てつの・かべ、という。堅固な物事にも用いる。
▽彼は、一兵をも用いずして、我々のために堅城鉄壁となり、要塞砲塁となっていた〔内田魯庵＊社会百面相〕
▽さしもに堅城鉄壁なりと思われし会社すら、成金党のためにその根底を震われ〔山路愛山＊現代富豪論〕
○堅城鉄壁とたのむ ○堅城鉄壁によって防ぎはしたが
参考 金城鉄壁の参考欄を参照。

現状維持（げんじょう・いじ）洋
現在の状態がそのままで変わらないこと。現状を、維持（むすび・もつ）する、という。status quo のこと。
▽父の病気は幸い現状維持のままで、少しも悪いほうへ進むもようは見えなかった〔夏目漱石＊こころ〕
▽「旗さんご自身はどうなさるんです」「ぼく

のほうは変わりない。当分、現状維持だ」〔城山三郎＊乗取り〕
○現状維持に満足する　○現状維持では済まされない

巻土重来（けんど・ちょうらい）漢

敗れた者が勢力を盛り返して、再び攻め寄せること。土煙を巻き上げ、重ねて来る、という。一度失敗した者が再び意気込んで始める場合にも用いる。巻は、漢音でケンと読む（呉音・カン）。巻（まく）は、捲（まきあげる）とも書いた。俗に、重来をジュウライと読む。
▽巻土重来のためにまたモンドへ出掛けようという誘いを、何の未練もなく断った〔三島由紀夫＊青の時代〕
▽今回の遣唐使たちは巻土重来を翌年に期すことになったが、その明くる年を待たないで〔高木卓＊遣唐船〕
○巻土重来の計を練る　○巻土重来するに違いない

参考　唐・杜牧（とぼく）が烏江（うこう）を訪れて楚・項羽の自害を悔やんだ詩に、「勝敗ハ兵家モ事期セズ。羞（は）ヲ包ミ恥ヲ忍ブハ是レ男児。江東ノ子弟、才俊多シ。土ヲ巻イテ重ネテ来ラバ、未ダ知ル可カラズ」とある。巻土重来の勢いで再挙を図ることもできたのに、という。

犬豚牛馬（けんとん・ぎゅうば）和

家畜として飼う獣すべてのこと。いぬ・ぶた・うし・うま、を組み合わせて表す。
▽男子は、これに反して自由自在、犬豚牛馬のごとく、数女を婚すれば、衆婦に対して〔森有礼＊妻妾論〕
○犬豚牛馬にも劣る　○犬豚牛馬に至るまで

堅忍不抜（けんにん・ふばつ）漢

がまんをして、心を変えないこと。堅く忍んでいて、不抜（ぬけおちない、くじけない）だ、という。
▽国豊かに兵強く国民こぞって堅忍不抜なれば、財帑足らざる弱国の敵すべきでない〔内田魯庵

＊社会百面相〕
▽およそは堅忍不抜、持久の誠心のないやつらだよ。初めは激しくも、長く続きはしねえ〔子母沢寛＊勝海舟〕
○堅忍不抜の精神　○堅忍不抜の志に乏しく
参考 北宋・蘇軾の文に、「古ノ大事ヲ立ツル者ハ、唯ゞ超世ノ才有ルノミナラズ、亦タ必ズ堅忍不抜ノ志有リ」とある。才能だけでは、大事を成し遂げることができない、堅忍不抜の志が必要だ、という。

堅白異同（けんぱく・いどう）漢
ごまかしの議論をすること。堅いことと白いこととは、異なっているか、同じであるか、という。
▽ぼくなんかは、三宝とは何と何だか知らないのだ。そんな堅白異同の弁を試みたって〔森鷗外＊独身〕
▽その閥門のために奇弁をろうするに当たりてや、堅白異同の弁をなすも〔福本日南＊狐懐悽寥〕
○堅白異同と同じになる　○堅白異同に類する弁
参考 春秋楚・公孫竜の公孫竜子に、堅白論という項がある。「視テ、其ノ堅キ所ヲ得ズシテ其ノ白キ所ヲ得ル者ハ、堅無ケレバナリ。拊デテ其ノ白キ所ヲ得ズシテ其ノ堅キ所ヲ得ル者ハ、白無ケレバナリ」とある。目で見ると、白いことだけが分かる。手で触ると、堅いことだけが分かる。したがって、堅くて白い石というのは、同時には成り立たない、という。この論に基づいて、こじつけのことを堅白同異の弁と称するようになった。日本では、堅白異同の形で用いることが多い。

言文一致（げんぶん・いっち）和
話しことばに近い形で文章を書くこと。言（話しことば）と文（書きことば）を、一致（おなじになる）させる、という。明治初期の言文一致運動が、二葉亭四迷・山田美妙らの実践により、現在の口語文へと成長した。
▽古い文章の約束から解き放たれて、今日の言文一致にまで達した事実は〔島崎藤村＊千曲川のスケッチ〕
▽だらしなくつづられた言文一致の手紙などを、自分のせがれから受け取ることは〔夏目漱石＊明暗〕
○言文一致で書く　○言文一致の小説

権謀術数（けんぼう・じゅっすう）漢
はかりごとを巡らすこと。権謀（その場に応じた・はかりごと）と、術数（てだてのある・はかりごと）を、組み合わせて表す。特に相手を巧みに欺く場合に用いる。
▽権謀術数をろうし、後年大唐帝国腐敗の因を作った人物であったが、こうした場合〔井上靖＊天平の甍〕
▽ここにあるのは、直接の利害である。権謀術数であって、風雅とは縁が遠い〔唐木順三＊応仁四話〕
○権謀術数を巡らす　○権謀術数にたけている点では　○権謀術数至らざるなく　○権謀術数の渦巻く政界では
(参考) 南宋・朱熹（しゅき）の大学章句序に、次の記述がある。「其ノ他、権謀術数、一切、以テ巧名ヲ就（な）スノ説ハ、夫（か）ノ百家衆技ノ流ト与（とも）ニス」とある。はかりごとに関するものは、技芸と共に扱った、という。権謀術数も、技芸の一種と考えられていた。

原理原則（げんり・げんそく）和
基礎となる理論のこと。理（すじみち）・則（のり）、それぞれに原（もと）を添える。
▽多年苦心研究せる原理原則にのっとり、真に肉を裂き血を搾るの思いをなして〔夏目漱石＊吾輩は猫である〕
▽哲学を称して諸学の原理原則を論定するの学というを見れば、疑いなきあたわず〔三宅雪嶺＊我観小景〕
○原理原則を持ち出す　○原理原則によって

【こ】

高位高官（こうい・こうかん）和

位階の高い役人のこと。位（位階）・官（役職）、それぞれに高（たかい）を添える。

▽高位高官の面々の大半が、わいろに明け暮れていることを認めざるをえなかった〔柴田錬三郎＊柴錬水滸伝〕

▽隣家の孺子は早くすでに出身して高位高官に昇り、われはすなわち田舎に碌々たり〔福沢諭吉＊福翁百話〕

○高位高官と交わる　○高位高官の内紛によって

行雲流水（こううん・りゅうすい）漢

自然のままに動き回るもののこと。行く雲、流れる水、という。物事に執着しない意味にも用いる。

▽なあに、二、三行ばかりですがね。その文は行雲流水のごとしとありましたよ〔夏目漱石＊吾輩は猫である〕

▽わたしは行雲流水を志していたから、女の先生に愛を告白しようとか〔坂口安吾＊風と光と二十の私と〕

○行雲流水を理想とする　○行雲流水の境地に達する

(参考) 宋史に、北宋・蘇軾（そしょく）が文章の作り方を述べたことばとして、次のように取り上げられている。「文ヲ作ルハ行雲流水ノ如シ。初メヨリ定質無シ。但（ただ）常ニ当（まさ）ニ行クベキ所ニ行キ、止マラザル可カラザル所ニ止マル」とある。決まった形式を採らず、勢いに任せて筆を進めるのがよい、という。なお、仏教では、各地を巡る修行僧のことを雲水という。行雲流水のように、一処不住だからである。

効果覿面（こうか・てきめん）和

ききめがすぐに、はっきりと表れること。効果

（ききめの・結果）が、覿面（まのあたりに・あらわれる）だ、という。

▽使い心地の悪いものではないからね。殊にこいつは効果覿面の睡眠剤だからね〔三島由紀夫＊仮面の告白〕

▽応急手当てとして、暫時の間、押しつけているといい。不思議に効果覿面である〔井伏鱒二＊晩春の旅〕

○お説教も効果覿面で　○効果覿面の結果となり

豪華絢爛（ごうか・けんらん）和

極めてりっぱなこと。豪華（ぜいたくで・はなやか）と、絢爛（うつくしく・かがやく）を、組み合わせて表す。

▽豪華絢爛たる応接の間も血潮に染められ、死屍累々たる修羅地獄と化していた〔柴田錬三郎＊柴錬水滸伝〕

▽豪華絢爛、比べるものなし。けれども、この十三歳の夫婦の運命もまた〔堀田善衛＊定家明月記私抄〕

○豪華絢爛にする　○その豪華絢爛が人目を引いて

慷慨悲憤（こうがい・ひふん）和

けしからんと思って悲しむこと。慷慨（いきどおり・なげく）して、悲憤（かなしみ・いきどおる）する、という。世の中の不義や不正に対して用いる。悲憤慷慨とも。

▽これを聞き、慷慨悲憤、自ら禁ずるあたわず、ひそかに身を挺して各所の脱兵と相会し〔子母沢寛＊勝海舟〕

▽いかに我らが慷慨悲憤するも、そは、いわゆるごまめの歯ぎしりにすぎぬであろう〔徳富蘇峰＊国民自覚論〕

○慷慨悲憤の色調を帯びる　○慷慨悲憤すべき現状は

厚顔無恥（こうがん・むち）漢

極めて厚かましいこと。厚顔（あつかましい・かお）で、無恥（はじることが・ない）だ、という。無恥を無知と書くのは誤り。ただし、無知無識などは無知と書く。

▽押しの強い、わがままな、厚顔無恥な、それだけに揺るぎのない安定感があった〔石川達三*風にそよぐ葦〕

▽何ら政治的技量なく、ただ厚顔無恥にして根気よく運動する者の勝利を得るは〔三宅雪嶺*小紙庫〕

○厚顔無恥なやから　○厚顔無恥で無反省な行動として　○厚顔無恥の政治家　○厚顔無恥も甚だしい

(参考) 斉・孔稚珪の北山移文に、「豈ニ芳杜ノ厚顔、薜茘ノ無恥ヲ使フ可ケンヤ」とある。アカナシの、味はよくないが色だけはきれいなことを厚顔とし、マサキノカズラの、香りはよいが他の木にからみついて伸びることを無恥とし、そのようなことはしたくない、という。中国の作家・魯迅も、自分のことだけを考えて国家の利益を顧みない政治家を、厚顔無恥と評している。

傲岸不遜（ごうがん・ふそん）和

高ぶって屈しないこと。傲岸（たかぶって・かどだつ）で、不遜（したがわ・ない）だ、という。

▽彼がいつごろからこのような傲岸不遜ともいえる人生態度を執るようになったか知らない〔井上靖*楼門〕

▽惨めなやつらに対して、世の権力者たちは、実に傲岸不遜な態度を執っている〔渡辺一夫*ガーター勲章〕

○傲岸不遜の風がある　○傲岸不遜な態度が反感を買う

傲岸無礼（ごうがん・ぶれい）和

高ぶって礼儀に外れること。傲岸（たかぶって・かどだつ）で、無礼（れいが・ない）だ、という。

▽親鸞の苦悩を、温泉宿の二階で、座談に供している傲岸無礼を思った。彼は恥じた〔丹羽文

雄＊蛇と鳩〕 ○傲岸無礼も甚だしい ○傲岸無礼な扱いに不満を持つ

光輝燦然（こうき・さんぜん）和

特に輝いていること。光輝（ひかり・かがやき）が、燦然（きらめく）としている、という。▽光輝燦然たる恋人が記念の指輪。この腐れたる指にうがち、この汚れたる口にて〔木下尚江＊良人の自白〕 ○光輝燦然の首飾り ○光輝燦然たるシャンデリア

綱紀粛正（こうき・しゅくせい）和

規律を正しくすること。綱紀（大づな小づな、規律のこと）を、粛正（つつしみ・ただす）する、という。粛正を粛清と書くのは誤り。ただし、粛清追放は粛清と書く。▽いつの内閣でも、門出のときは綱紀粛正や冗費節約が決まり文句で、美辞麗句を並べ〔朝日新聞＊天声人語〕 ○綱紀粛正を取り上げる ○綱紀粛正の合いことば

剛毅果断（ごうき・かだん）和

意志が強く、思い切って事を行うこと。剛毅（つよく・つよい）で、果断（思いきって・きめる）だ、という。決断する態度についても用いる。優柔不断の対。▽剛毅果断にしていささかも言辞を飾らず、思うところは率直に述べたという森の気性を〔犬塚孝明＊森有礼〕 ▽剛毅果断をもって能となし、秩序を保持するに要あらば、用兵いとうところにあらずとし〔三宅雪嶺＊想痕〕 ○剛毅果断をもって鳴る ○剛毅果断な性格

剛毅木訥（ごうき・ぼくとつ）漢

自分の意志がしっかりしていて、飾りけがないこと。剛毅（つよく・つよい）と、木訥（ありのままで・くちべた）を、組み合わせて表す。真心がある場合に用いる。

▽村落辺境の民は愚直にして、頼もしげなり。剛毅木訥は仁に近しといいけん〔曲亭馬琴＊椿説弓張月〕

▽一文不知の僧と、剛毅木訥の民とには、前後のたがい、言うに及ばぬことぞ〔上田秋成＊胆大小心録〕

○剛毅木訥に近い　○剛毅木訥ともいえる人物であった　○剛毅木訥の仲間　○およそ剛毅木訥とは縁の遠い性格

参考　論語に、「子曰ハク、剛毅木訥、仁ニ近シ」とある。外面を飾らずお世辞など言わない人は、仁に近い、という。これに対するのが、論語の「巧言令色、鮮（すくな）シ仁」である。仁というのは、人が生まれながらにして持っている思いやりの心のことである。

巧言令色（こうげん・れいしょく）　漢

他人に気に入られるようにへつらうこと。巧言（たくみな・ことば）と、令色（気に入られる・かおいろ）を、組み合わせて表す。形だけで真心がない場合に用いる。

▽実に情けないことで、この巧言令色に迷わぬという域に達するようにしたいものだが〔石川天崖＊東京学〕

▽藤沢さんの下風に立つくらいなら、このしわ腹をかき切る。巧言令色は女のことだ〔徳富蘆花＊黒潮〕

○巧言令色をする　○巧言令色をもってもてなされる　○巧言令色に欺かれる　○見え透いた巧言令色で

参考　論語に、「子曰ハク、巧言令色、鮮（すくな）シ仁」とある。お世辞を言って愛想のいい顔をする人は、仁が少ない、という。これに対するのが、論語の「剛毅木訥、仁ニ近シ」である。仁というのは、人が生まれながらにして持っている思いやりの心のことである。

向後一切（こうご・いっさい）　和

これから後は、そういうことを絶対にしないということ。向後（今後）は、一切（すべて）しない、という。
▽向後一切、貸し売りなどをしても、当方では存ぜぬとのことでございまして〔子母沢寛＊勝海舟〕
○向後一切、関係を断つ　○向後一切の約束をさせられ

恍々惚々（こうこう・こつこつ）和
物事に心を奪われて、うっとりすること。恍惚（うっとり）を分けて繰り返し、意味を強める。
▽恍々惚々として、その来所を知るによしなしとはいえど、何にせよ、何にもせよ〔二葉亭四迷＊浮雲〕
○恍々惚々の境に遊ぶ　○恍々惚々たる本人にとって

光彩陸離（こうさい・りくり）和
輝きが非常に美しいこと。光彩（ひかりの・いろどり）が、陸離（つづいたり・はなれたり）だ、という。
▽光彩陸離たる、やたらにきれいなものだ。若い女だ、と、覚えず口の中で叫んだ〔夏目漱石＊趣味の遺伝〕
▽行動というものは、いつも光彩陸離たることばを伴っているように思われるのである〔三島由紀夫＊金閣寺〕
○光彩陸離として　○光彩陸離の優勝杯を前にして

高材逸足（こうざい・いっそく）和
すぐれた能力がある人物のこと。高材（たかい・才能）と、逸足（はやい・あし）を、組み合わせて表す。
▽実業上の高材逸足も、また政治上の高材逸足と同じく貧乏人の中より生ずることを〔山路愛山＊現代金権史〕
▽門閥のこと全く跡を絶ち、高材逸足の士、その筋骨と知略とを振るうて興起し〔田口卯吉＊日本開化小史〕
○高材逸足を求める　○高材逸足といえども

高山霊場（こうざん・れいじょう）仏

寺院のある場所のこと。高山（たかい・やま）と、霊場（仏をまつる・ところ）を、組み合わせて表す。

▽高山霊場の女人禁制は言うまでもなく、造り酒屋にある酒蔵のようなところにまで〔島崎藤村＊夜明け前〕

○高山霊場を巡る　○高山霊場の雰囲気に浸って

（参考）仏教では、寺院のあるところを霊験あらたかな場所と考え、霊場という。西国三十三箇所や四国八十八箇所の観音の札所も霊場である。また、本来の観音の霊場は補陀落山という高山の上であるが、日本では那智山が当てられている。一般に寺院は高山の上に建てられるが、そうでなくても、寺号は○○山○○寺である。

公私混同（こうし・こんどう）和

公的なことと私的なことの区別をつけないこと。公（おおやけ）と私（わたくし）が、混同（まざって・おなじになる）する、という。悪い意味で用いる。

▽そういう公私混同はいかんよ。社長の職権乱用だ。そんなふうだから〔城山三郎＊乗取り〕

▽公私混同やら過剰融資やら、脱税やら、なるほど税金が高いわけです〔朝日新聞＊天声人語〕

○公私混同も甚だしい　○公私混同の生活

行屎走尿（こうし・そうにょう）和

日常生活の普通の行動のこと。屎尿（大便・小便）を分けて、行（いく）・走（はしる）を添える。屎に行き、尿に走る、という。走尿は送尿とも書く。その場合は、屎を行い、尿を送る、という。

▽われら猫属になると、行住座臥、行屎走尿ことごとく真正の日記であるから〔夏目漱石＊吾輩は猫である〕

▽行くところに同化して、行屎走尿の際にも、完全たる芸術家として存在しうるだろう〔夏目漱石＊草枕〕

○行屎走尿にも気を配る　○行屎走尿の間もいで過ごす意味で用いる。

曠日弥久（こうじつ・びきゅう）漢

何もしないで日を過ごすこと。曠日（ひを・むなしくする）が、弥久（ひさしきに・わたる）する、という。

▽曠日弥久、いたずらに時局の解決を遷延せしめ、陰に海陸の軍備を増大し〔露国に対する宣戦の詔〕

▽長軍は、あるいは哀願書を奉り、幕府をして曠日弥久、自ら阻喪せしめんとせり〔竹越与三郎＊新日本史〕

○このまま曠日弥久すれば　○曠日弥久の生活によって

参考 前漢・劉向の戦国策に、「太傅ノ計、日ヲ曠シクシテ久シキニ弥リ、心惛然タリ。須臾ニ能クセザルヲ恐ル」とある。何もしないで日を過ごすから、心が迷ってしまう。すぐには間に合わない、という。本来は、時間がかかりすぎる意味である。それを、日本では、何もしないで過ごす意味で用いる。

公序良俗（こうじょ・りょうぞく）洋

世の中で行われている普通の慣習のこと。公序（おおやけの・秩序）と、良俗（よい・風俗）を、組み合わせて表す。法律の基本としての、ordre public et bonnes mœurs の意味で用いられる。

▽条件をつけることが、公序良俗または強行規定に反し、法律制度の目的に適しない〔宮川澄＊現代法学講義〕

▽現在においては、すべての法律関係は公序良俗によって支配されるべきであり〔我妻栄＊新訂民法総則〕

○公序良俗を理念として　○公序良俗に違背する

黄塵万丈（こうじん・ばんじょう）和

細かいほこりが、風でひどく舞い上がること。黄塵（きいろい・つちけむり）が、万丈の高さに及ぶ、という。色が濃い場合に、紅塵と書くこともある。丈は長さの単位で、一尺の十倍。
▽向島の花、いかにあらん。紅雲十里、黄塵万丈の光景、目の前にちらちら見えて〔正岡子規＊松蘿玉液〕
▽図らざりき、むなしく仲秋の好時節を紅塵万丈のうちに過ごさんとは。しかれども〔北村透谷＊秋窓雑記〕
○黄塵万丈に襲われる　○紅塵万丈の中に埋没する

皇祖皇宗（こうそ・こうそう）和
天皇の祖先と歴代の天皇のこと。祖宗（始祖と代々の祖）を分けたものに、皇（天皇）を添える。天皇の祖宗、という。
▽和学は皇祖皇宗の国家に欠くべからずと認められ、多少これを修めねばならぬ〔三宅雪嶺＊明治思想小史〕
▽我が皇祖皇宗、国を始むること広遠に、徳を立つること深厚なり〔教育に関する勅語〕
○皇祖皇宗を祭る　○皇祖皇宗の遺訓を重んじて

宏大無辺（こうだい・むへん）和
非常に広く大きいこと。宏大（ひろく・おおきい）で、無辺（はてが・ない）だ、という。現代表記では、宏（おおきくひろい）↓広（ひろい）。
▽広大無辺なるデウスの御知恵、御力は、何とたたえ奉ることばにござない〔芥川竜之介＊奉教人の死〕
▽「富士のすそは広大無辺だね。みつまたはどこへでも植えられるよ」と笑って言った〔子母沢寛＊勝海舟〕
○広大無辺な恵みを施す　○広大無辺の空間

強奪強姦（ごうだつ・ごうかん）和
暴力で悪事を行うこと。奪（うばいとる）・姦（女性をおかす）、それぞれに強（むりに）を添える。
▽強奪強姦をほしいままにする天下の大罪人め、地獄に堕する場所がここと知れ〔柴田錬三郎＊

柴錬水滸伝〕
○強奪強姦を働く　○強奪強姦の悪党ども

高談放笑（こうだん・ほうしょう）和

周りの迷惑も考えずに、話したり笑ったりすること。高談（大きな声で・はなす）と、放笑（辺りかまわず・わらう）を、組み合わせて表す。

▽印刷出来を待つ間のつれづれに、機械の音と相競うての高談放笑、なかなかににぎわし〔木下尚江＊火の柱〕

○高談放笑に興ずる　○学生たちの高談放笑

高枕安臥（こうちん・あんが）漢

夜も安心して寝られること。たかい・まくらで、やすらかに・ふす、という。

▽今よりして余を高枕安臥せしむるものは、まことにこの二人あるがゆえなりと〔徳富蘇峰＊新日本之青年〕

○高枕安臥して待つ　○高枕安臥のいとまもなく

（参考）後漢・王充の論衡に、「久シク雨フリテ霽レズ。試ミニ人君ヲシテ高枕安臥セシムレバ、雨猶チ自ラ止ム。止ミテ久シク、大旱ニ至ル。試ミニ人君ヲシテ高枕安臥セシムレバ、旱猶チ自ラ雨フル」とある。君主として夜も安心して寝られるようになれば、長雨もひでりも、自然に終わるに至る、という。高枕安臥を太平無事の意味に用いるのも、これによる。

高低起伏（こうてい・きふく）和

高くなったり、低くなったりしていること。たかい・ひくい、たかくなる・ひくくなる、を組み合わせて表す。

▽武蔵野には、決してはげ山はない。しかし、大洋のうねりのように高低起伏している〔国木田独歩＊武蔵野〕

○高低起伏の近郊地帯　○高低起伏を生かした新開地

高低曲折（こうてい・きょくせつ）和

いろいろと変化があること。たかい・ひくい、まがる・おれる、を組み合わせて表す。

▽尺八がいかなることを語るかと、耳を澄まして、高低曲折の音調に聴き入った〔正宗白鳥＊日本脱出〕

○高低曲折を経て　○高低曲折のあやにより

孝悌忠信（こうてい・ちゅうしん）　漢

まごころを持って、目上の人のために働くこと。親に・兄に・君主に・一般の人に、それぞれの場合に重んじられる徳目を組み合わせて表す。

▽「兄さんはどうなさる」と尋ねると、まじめに「死に至るまで孝悌忠信」とただ一言〔福沢諭吉＊福翁自伝〕

▽いわゆる仁義礼譲・孝悌忠信などという。やかましい名をくさぐさ作り設けて〔島崎藤村＊夜明け前〕

○孝悌忠信の道を守る　○孝悌忠信のごときは

参考　儒教では、上下の関係が重んじられ、それに真心を尽くすことが基本となっている。その場合、血縁的関係で尽くすのが孝悌であり、孝悌は仁の本なり、とされている。また、社会的関係で尽くすのが忠信であり、忠信は礼の本なり、とされている。

荒唐無稽（こうとう・むけい）　漢

すべてがでたらめであること。荒唐（あらっぽく・中身がない）で、無稽（くらべて考えるものが・ない）だ、という。無稽を無計と書くのは誤り。

▽流布本に載せられていない理由は、そのあまりに荒唐無稽に類するところから〔芥川竜之介＊るしへる〕

▽肉体が行わしめるものは現実的であるが、その考えさすものは常に荒唐無稽である〔大岡昇平＊俘虜記〕

○荒唐無稽な物語　○いかに荒唐無稽であったかは

参考　荒唐之言（こうとうのげん）・無稽之言（むけいのげん）の各参考欄を参照。

紅灯緑酒（こうとう・りょくしゅ）　和

歓楽街のこと。あかい・ちょうちん、みどりの・さけ」という。色街や飲食街のこと。緑酒紅灯とも。

▽今は紅灯緑酒のちまたではなくて、一点のともしびもない、暗黒の街だった〔石川達三＊風にそよぐ葦〕

▽紅灯緑酒ににぎわわされたホテルや宴席のテーブルに着いたより心うれしく〔永井荷風＊いちごの実〕

○紅灯緑酒に親しむ　○紅灯緑酒のにぎわい

参考 清・呉趼人の文に、「管弦嘈雑シテ、釧動キ釵飛ブ。紙酔ッテ金迷ヒ、灯紅ニ酒緑ナリ」とある。歓楽街の情景で、音楽がやかましく、うでわが動き、かんざしが飛ぶ。カルタのばくちが行われ、あかりは赤く、酒は緑だ、という。これによれば灯紅酒緑になるが、日本では、紅灯緑酒の形で用いる。

皇統連綿（こうとう・れんめん）和

天皇家が長く続いて、絶えないこと。皇統（天皇の・ちすじ）が、連綿（つらなり・つらなる）だ、という。

▽たかだか数世紀の王室で、日本のごとく皇統連綿二千六百年も続いた皇室でない〔田辺聖子＊私の大阪八景〕

▽独り皇統連綿たるは、種々の事情よりし、道鏡や将門やこれを危うくししにかかわらず〔三宅雪嶺＊小紙庫〕

○皇統連綿を守る　○皇統連綿の日本にとって

黄道吉日（こうどう・きちにち）漢

何を行うのにもよい日のこと。太陽の通る道が吉になる日、という。よい日柄の意味で用いる。

▽結納の取り替わせも済み、ただわくわくしているうちに、はや黄道吉日も今日となる〔尾崎紅葉＊二人女房〕

▽定むるに、明日はまことに黄道吉日なり。よりて婿入りを相兼ねて、あすの夜〔曲亭馬琴＊里見八犬伝〕

○黄道吉日を選んで　○黄道吉日の今日に当たって

○強盗窃盗を働く ○強盗窃盗におびえる

黄白青銭（こうはくせい・せん）和

すべてのお金のこと。黄銭（金貨）・白銭（銀貨）・青銭（銅貨）を、組み合わせて表す。

▽黄白青銭が知識の匹敵でないことは、これで十分理解できるだろう〔夏目漱石＊吾輩は猫である〕

○黄白青銭を積む ○浄財の黄白青銭によって

公武合体（こうぶ・がったい）和

公卿と武士が、同じ目的のために一緒になること。公（公卿）と武（武士）が、体を合わせる、という。本社と現場が一緒に進む場合にも用いる。

▽かねての藩論なる公武合体の実行せらるべくもないことを進言するためであった〔島崎藤村＊夜明け前〕

▽公武合体論者、日本を打って一丸としなければならぬという大の主張者だ〔子母沢寛＊勝海舟〕

(参考) 明・王玉峰の焚香記に、「今日ハ乃チ黄道吉日ナリ、就成、就了、親ラ罷ル」とある。陰陽道では、青竜・明堂・金匱・天徳・天堂・司命の六日が吉神の宿る日であった。この日には、諸事皆よろしく、凶忌もこれを避ける、とされ、黄道吉日と称した。今日は黄道吉日だから、万事うまく行く、という。後には、何でも行うのによい日柄の意味で用いるようになった。

強盗窃盗（ごうとう・せっとう）和

盗みを働くこと。盗（ぬすむ）に、強（むりに）・窃（気づかれずに）を添える。他人の財物をむりに取るのが強盗で、気づかれずに取るのが窃盗である。

▽ついに強盗窃盗等の乱行をなし、府下の良民これがために厄危を受くることは〔子母沢寛＊勝海舟〕

▽天下の諸人によき人と思われさせたまわねば、強盗窃盗多くして、ついには滅び〔中郇秋香＊書翰文大成〕

○公武合体を念として　○公武合体の論

光風霽月（こうふう・せいげつ）漢

清らかな自然のこと。さわやかな風、晴れ渡った月、という。人の気持ちにわだかまりがない場合にも用いる。霽（はれる）→晴（はれ）と書き換えた時期もあった。心が澄み切っている場合は、明鏡止水を用いる。

▽わが輩の胸中は、不肖ながら光風霽月である。藩閥ごときにあくせくするものにあらず〔徳富蘆花＊黒潮〕

▽光風霽月といった気分だ。抑えつけていた笑い声が一時にあちこちで破裂した〔石坂洋次郎＊若い人〕

○光風霽月の趣がある　○光風霽月の胸の中

参考　南宋・陳亮の文に、「長江ノ大河ハ、以テ墨客ヲ流転スルニ足ル。光風霽月ハ、以テ英雄ヲ蕩漾スルニ足ル」とある。風清く、月明らかな光景は、英雄もうっとりする、という。なお、ひゆ的にも用いる。北宋・黄庭堅の文に、「春陵ノ周茂叔ハ、人品甚ダ高ク、胸中洒落ニシテ、光風霽月ノ如シ」とある。心中が淡泊で、品位が高尚だ、という。

公平無私（こうへい・むし）漢

だれに対しても同じように接して、自分の利益を考えないこと。公平（おおやけで・たいらか）で、無私（わたくしごころが・ない）だ、という。

▽公平無私な自然が、女だけを無力なものに作ろうわけがないじゃありませんか〔里見弴＊大道無門〕

▽その相棒として公平無私な助役が行くことになれば、現地に行ってからの心配が少ない〔火野葦平＊魔の河〕

○公平無私に扱う　○公平無私をもって臨む

参考　前漢・韓嬰の韓詩外伝に、「正直ナル者ハ、道ニ順ヒテ行ヒ、理ニ順ヒテ言ヒ、公平ニシテ私無シ」とある。心がまっすぐな人は、道理に従うから、公平で私心がない、という。個人的な利益を考えず、だれにも同じように接する点は、法令の適用についても重視された。

豪放磊落（ごうほう・らいらく）和

性格が大きく、細かいことを気にかけないこと。豪放（志が大きくて・わがまま）で、磊落（こだわらないで・おちついている）だ、という。

▽豪放磊落を装っていても、しんは世の常の小汚い虚栄の固まりにすぎないことは〔高見順＊故旧忘れ得べき〕

▽元来が豪放磊落な気質であったし、自分がじめじめしたら士気に影響すると考えていて〔火野葦平＊魔の河〕

○豪放磊落にふるまう　○豪放磊落な性格

傲慢不遜（ごうまん・ふそん）和

高ぶった態度のこと。傲慢（たかぶって・あなどる）で、不遜（へりくだら・ない）だ、という。

▽相手の感情をまるで無視した傲慢不遜の態度でしか接しない篠原に〔高見順＊故旧忘れ得べき〕

▽一べつをくれただけで、頭を下げなかった。――ひどく傲慢不遜な武術者だな〔柴田錬三郎＊柴錬水滸伝〕

○傲慢不遜で押し通す　○傲慢不遜の風を持つ

傲慢無礼（ごうまん・ぶれい）和

高ぶっていて、礼儀を欠くこと。傲慢（たかぶって・あなどる）で、無礼（礼儀が・ない）だ、という。

▽わたしはこれを見て、その上司の傲慢無礼を憤ると同時に、心の中では思い直して〔福沢諭吉＊福翁自伝〕

▽それを何だ。侯爵づらを遠慮なくさらけ出して、その傲慢無礼な風たらなかった〔国木田独歩＊富岡先生〕

○傲慢無礼なことをする　○傲慢無礼な態度を改めない

高名高徳（こうみょう・こうとく）和

よく知られていて、行いもりっぱなこと。名・

徳、それぞれに高（たかい）を添える。多く僧について用いる。
▽及ぶ者はないといわれている高名高徳な僧は、故国の武将に似ているように思えた〔井上靖＊天平の甍〕
○高名高徳を慕われる　○高名高徳の誉れが高い

公明正大（こうめい・せいだい）漢
片寄らないで正しいこと。公明（おおやけで・あかるい）と、正大（ただしく・おおきい）を、組み合わせて表す。
▽その本国に来てみれば、おのずから公明正大、優しき人もあるものだと思って〔福沢諭吉＊福翁自伝〕
▽大小各藩へ何ほどというふうに、その額を決めて、公明正大な分配をしてきたら〔島崎藤村＊夜明け前〕
○公明正大を表明する　○どこまでも公明正大で通す　○公明正大な判断　○公明正大の士　○公明正大に断る
参考 清・顧棟高の文に、「此クノ如クンバ、幾ド俗史ト同ジクス。聖人ノ心事ハ光明正大ニシテ、決シテ此ノ如クナラズ」とある。聖人の心は曇りがなく、中正で、俗史とは異なる、という。中国語も光明正大の形を用いるが、日本では、光明を公明に改めて用いる。

紅毛碧眼（こうもう・へきがん）和
西洋人のこと。かつて用いられた。赤い毛、青い目、という。江戸時代には、特にオランダ人を指していた。また、ポルトガル人を南蛮人と呼ぶ場合、オランダ人を紅毛人と呼んだ。
▽業欲にあこがるる心は、紅毛碧眼の胡僧の口からみ教えを聴聞するとともに滅びて〔芥川竜之介＊邪宗門〕
○紅毛碧眼の血を受ける　○紅毛碧眼を相手として

孔孟老荘（こうもう・ろうそう）漢
古代中国の教えのこと。孔子・孟子・老子・荘子、を組み合わせて表す。▽聖書を繰り返した、しばしば釈迦の教えを聞いた、孔孟老荘にも耳を傾けた〔内田魯庵＊社会百面相〕○孔孟老荘の説を引く　○孔孟老荘のいにしえに返る

参考 孔子の教えとそれを受けた孟子の教えを併せて、孔孟の道という。これが儒教であり、漢代に至って国教となった。個々人の道徳的修業と仁徳による政治を目ざすものであり、日本の道徳にも大きな影響を与えた。このような人為的な道徳に対して、老子は、宇宙の根元を無とし、これに適応する自然への復帰を説いた。また、荘子は、人知の限界を取り上げて一切をあるがままに受け入れるという哲学的な境地を開いた。その説くところは、老子と併せて老荘思想という。孔孟老荘とまとめられるとしても、内容は、孔孟と老荘に分かれている。

蛟竜毒蛇（こうりゅう・どくじゃ）和

恐ろしいヘビ類のこと。蛟竜（みずち）と、毒蛇（どくへび）を、組み合わせて表す。蛟竜は、古くはコウリョウと読んだ（竜は、漢音リョウ・呉音リュウ）。▽ましてこれほどの池の底には、何十四となく蛟竜毒蛇がわだかまっていようも知れぬ〔芥川竜之介＊竜〕○蛟竜毒蛇の住む密林　○蛟竜毒蛇を物ともせず

甲論乙駁（こうろん・おつばく）和

互いに自分の意見を主張し合うこと。甲が論じると、乙が駁（反対）する、という。議論が高まってまとまらない場合にも用いる。議論を闘わせる場合は侃々諤々（かんかんがくがく）、騒がしい場合は喧々囂々（けんけんごうごう）を用いる。▽それから甲論乙駁となって三時間にわたり、とうとう結論を得ないままに〔藤枝静男＊愛国者たち〕▽どうしてこれら三者が執拗に甲論乙駁を試み

なければならなかったかということに〔三枝康高＊賀茂真淵〕
○甲論乙駁する　○甲論乙駁でまとまらない

高論卓説（こうろん・たくせつ）和
非常に優れた意見のこと。論説を分けて、高（たかい）・卓（すぐれている）を添える。
▽諸君の高論卓説も伺ったが、なお大問題じゃから、十分ご研究を願って〔内田魯庵＊社会百面相〕
▽何しろ、久しぶりで、きみの高論卓説に俗耳を一新せばやと楽しんで、わざわざ〔木下尚江＊良人の自白〕
○高論卓説を承る　○高論卓説を持ち出されようとも

孤影悄然（こえい・しょうぜん）和
一人だけでいて、寂しそうに見えること。孤影（他から離れている・すがた）が、悄然（さびしい）だ、という。
▽昔ながらの日本の提督の銅像が孤影悄然と立っている姿を眺めていた〔三島由紀夫＊永すぎた春〕
▽従う者わずかに四十余人。孤影悄然、正に日の没せんとするの悲しみを聞いて〔子母沢寛＊勝海舟〕
○孤影悄然として去る　○孤影悄然たる運命を感じて

呉越同舟（ごえつ・どうしゅう）漢
仲の悪い者どうしが、同じ場所にいること。仲の悪い呉人と越人が、舟を同じにする、という。本来は、仲の悪い者どうしが当面の敵に向かって協力すること。
▽玄関から上がっていった。三人、客間で一緒になって、呉越同舟、話に花が咲きました〔子母沢寛＊勝海舟〕
▽船の中で、「今日は呉越同舟の船かね、それとも一蓮托生の船かね」と言いまして〔岡本かの子＊生々流転〕
○呉越同舟の集まり　○呉越同舟もやむをえな

い

（参考）孫子に、「夫レ、呉人ト越人ト相悪ム。其ノ舟ヲ同ジクシテ済リ、風ニ遇フニ当タレバ、其ノ相救フヤ左右ノ手ノ如シ」とある。春秋時代の呉と越とは、しばしば戦った敵味方どうしである。しかし、両国の人が一緒に乗った舟があらしに遭って沈みそうになれば、左右の手のように助け合うに違いない、という。そのため、呉越同舟を、敵味方どうしが協力して当面の難局に対処する場合に用いた。それを、日本では、仲の悪い者どうしが同席する場合にも用いる。

古往今来（こおう・こんらい）漢

昔から現在に至るまでのこと。古今（いにしえ・いま）を分けたものに、往来（いく・くる）を分けて添える。

▽古往今来、一匹も魚が上がっておらぬところをもって推論すれば〔夏目漱石＊吾輩は猫である〕

▽古今変化の利で、今は昔に返り、昔は今に変わり、古往今来、風俗の移ることは〔式亭三馬＊浮世風呂〕

○古往今来、変わりがない　○古往今来の例に漏れず

（参考）西晋・潘岳の賦に、「古往今来、邈ナルカナ、悠ナルカナ」とある。唐・杜牧の詩に、「古往今来、只此クノ如シ。牛山何ゾ必ズシモ独リ衣ヲ霑サン」とある。すべてのことが昔から今まで同じだ、という。中国語では、往古来今の形でも用いる。

狐疑逡巡（こぎ・しゅんじゅん）漢

決心がつかないでいること。キツネのように疑って、逡巡（ためらい・めぐる）する、という。

▽だから、事に当たっていつも狐疑逡巡する、決着したところがない〔二葉亭四迷＊其面影〕

▽彼は狐疑逡巡、幾度も盛り直して、あらかじめ提出されている十五ばかりの食器に〔大岡昇平＊俘虜記〕

○狐疑逡巡のうちに　○狐疑逡巡の徒も多く

（参考）狐疑之心（こぎのこころ）の参考欄を参照。

極悪非道（ごくあく・ひどう）和
人の道に外れていること。非道（正しい道に・あらず）に、極悪（きわめて・わるい）を添えて、意味を強める。
▽極悪非道の大賊が一座の法話を漏れ聞きして、たちまち菩提の心を生じたりという〔福沢諭吉＊福翁百話〕
▽善人づらをして子供をかわいがったふりをしおって、何たる極悪非道の所業〔柴田錬三郎＊柴錬水滸伝〕
○極悪非道の父であろうと　○極悪非道、目に余る

黒雲黒霧（こくうん・こくむ）和
天候が悪化するときに現れる、黒い雲のこと。雲霧（くも・きり）を分けたものに、黒（くろい）を添える。黒い雲霧、という。恐ろしいことの前兆にも用いる。
▽一面の黒雲黒霧はまっしぐらに襲い来るとともに、膨沛たる怒濤は躍り上がって〔内田魯庵＊社会百面相〕
○黒雲黒霧に覆われる　○黒雲黒霧、にわかに立ち来り

極々上々（ごくごく・じょうじょう）和
物事が非常によい段階にあること。極上（きわめて・よい）を分けて繰り返し、意味を強める。
▽大風に強雨に、天災のしきりにやってきた前年とも違い、陽気は極々上々と聞いて〔島崎藤村＊夜明け前〕
▽お住まいになっているところは、眺望絶佳、極々上々、上吉の場所でございます〔石橋忍月＊捨小舟〕
○極々上々の天候に恵まれ　○極々上々ではあったが

国士無双（こくし・むそう）漢
国家にとって有用な点で、極めて優れた人物のこと。国士（くにの・おとこ）として、無双（ふたりと・いない）だ、という。無双は、古

くはブソウと読んだ。

▽まことに御身の亡き父君は、人を知るの先見高し。行状、国士無双といわまし〔曲亭馬琴＊里見八犬伝〕

○国士無双の人物として　○その点では全く国士無双で

(参考) 史記に、前漢の蕭何が国王・劉邦に韓信を推薦したときのことばがある。「諸将ハ得易キノミ。信ノ如キ者ニ至リテハ、国士無双ナリ。王必ズ天下ヲ争ハント欲セバ、信ニ非ズンバ与ニ事ヲ計ル所ノ者無カラン」とある。天下を取るにはどうしても韓信が必要だ、という。劉邦はその言に従い、天下の覇者となった。

黒甜郷裡 (こくてんきょう・り) 漢

昼寝をすること。黒甜(くろくなめる、暗くて気持ちがよい昼寝)の、郷(さと、場所)のうち(そのまっただなか)、という。現代表記では、裡→裏(異体字)。

▽これを要するに、十中八九はちょうに化して黒甜郷裏に遠く浮かれいでしことと〔坪内逍遥＊当世書生気質〕

▽いつの間にか眠くなって、つい黒甜郷裏に遊んだ。おやと思って目が覚めたら〔夏目漱石＊吾輩は猫である〕

○黒甜郷裏に近づく　○黒甜郷裏のかなたへ飛ぶ

(参考) 南宋・魏慶の詩人玉屑に、「南人ハ飲酒ヲ以テ軟飽ト為シ、北人ハ昼寝ヲ以テ黒甜ト為ス」とある。ただし、方言というわけではない。北宋・蘇軾の詩にも、「三杯ノ軟飽後、一枕ノ黒甜余ル」とある。飲酒後の睡眠は、まことに気持ちがよいものである。それが、黒甜郷へ遊ぶことであり、黒甜郷裡である。

国土安穏 (こくど・あんのん) 和

国内に異変がないこと。国土(くにのつち、国内すべて)が、安穏(やすらかで・おだやか)だ、という。

▽内侍所にこもって、ひたすら天下太平、国土

安穏を、やおよろずの神々に祈った〔花田清輝＊鳥獣戯話〕

▽明王の尊像を安置し、無縁の禅徒を招き集め、昼夜の勤行を勧め、夕べに国土安穏を祈請す〔吾妻鏡〕

○国土安穏を祈る　○国土安穏のみを願って

酷薄残忍（こくはく・ざんにん）和

思いやりがないこと。残忍（むごく・おもいやりがない）に、酷薄（むごく・うすい）を添えて、意味を強める。

▽その貧弱を御するに、酷薄残忍なることもあらん、傲慢無礼なることもあらん〔福沢諭吉＊文明論之概略〕

○酷薄残忍の挙に出る　○酷薄残忍にも、銃口を向けて

極楽往生（ごくらく・おうじょう）仏

死んでから極楽浄土に生まれること。極楽（きわめて・たのしいところ）に、往生（いって・うまれる）する、という。安らかに死ぬ場合にも用いる。

▽ありがたがって妄信すれば、この世からの極楽往生、決して難きにあらず〔内田魯庵＊文学者になる法〕

▽われわれが、その白い道をたどって、曲がりなりにも極楽往生を遂げるためには〔花田清輝＊小説平家〕

○極楽往生を願う　○たとえ極楽往生はできなくても

（参考）仏教では、この世で善いことをすれば、死んでから極楽（極楽浄土）に生まれるとされている。その場合、生まれ変わることによって輪回するという考え方があり、これを往生という。したがって、極楽に生まれ変わることも往生であり、これを極楽往生という。

極楽浄土（ごくらく・じょうど）仏

この世で善いことをした人が死んでから行くところのこと。極めて楽しく、清らかな土地、という。極めて楽しい場所や、苦痛のない場所の

意味でも用いる。
▽そのむずむずとうごめくときは、またこの世から極楽浄土へ往生するごとく〔二葉亭四迷＊浮雲〕
▽この世に建設することは不可能である。かるがゆえに、あの世の極楽浄土へと行く〔武田泰淳＊異形の者〕
○極楽浄土にまします仏　○この世の極楽浄土として

(参考) 仏教で極楽というのは、西の方に向かって十万億の仏国土を過ぎたところにあるとされている。そこにはもろもろの苦しみがなく、ただ楽しみだけがある、そこには阿弥陀仏がいて、常に説法をしている、という。また、浄土というのは煩悩を離れて悟りの境地に入った仏や菩薩が住む清らかな世界のこと。それが極楽であるところから、極楽浄土という組み合わせになった。

孤軍奮闘（こぐん・ふんとう）和

助けを受けない状態で戦うこと。孤軍（他から離れている・軍）が、奮闘（ふるい・たたかう）する、という。独りで大きな仕事をしている場合にも用いる。
▽昔はお母さん一人が孤軍奮闘していたんだけど、今日ではお母さんの味方が〔丹羽文雄＊幸福への距離〕
▽金さんの面目が失墜するだろうと思って、わたし一人、孤軍奮闘の防御戦を試みた〔檀一雄＊淋しい人〕
○孤軍奮闘に陥る　○孤軍奮闘もむなしく

虎穴竜潭（こけつ・りゅうたん）漢

非常に恐ろしい場所のこと。トラのいる穴、竜のいる潭（ふち、よどんで深くなったところ）という。危ない場所の意味でも用いる。竜潭は、古くはリョウタンと読んだ（竜は、漢音リョウ・呉音リュウ）。
▽ごへん方のお力添えにて、虎穴竜潭の危険も顧みず、ふくしゅうを遂げ〔柴田錬三郎＊柴錬

水滸伝〕

▽凡夫出離の直路を知らず、覚めてまた悟る者は、虎穴竜潭にありといえども〔曲亭馬琴＊里見八犬伝〕

○虎穴竜潭を探る　○虎穴竜潭の危うきを逃れる

（参考）元・汪元亨（おうげんこう）の沈酔東風に、「急イデ虎窟（こくつ）竜潭ヲ跳出ス」とある。竜は深い池に住み、虎は深い穴に住むので、恐ろしい場所の意味になる。そこを急いで跳び出した、という。日本では、虎穴に入らずんば虎子を得ず、の関連から、虎窟を虎穴に改めて用いる。

箇々別々（ここ・べつべつ）和

一つ一つが別になっていること。箇別を分けて繰り返し、意味を強める。現代表記では箇↓個と書くことが一般的。

▽実は、その鉢合わせの反響が、人間の心に個々別々の音色を起こすからである〔夏目漱石＊吾輩は猫である〕

▽ひっきょう、どちらも、人間が人間として、個々別々の発展をするにすぎない〔森鷗外＊吃逆〕

○個々別々に発言する　○個々別々でまとまらない

五穀豊穣（ごこく・ほうじょう）漢

穀物がよく実ること。五穀（五種類の穀物、米・麦・アワ・キビ・豆）が、豊穣（ゆたかに・みのる）だ、という。豊穣を豊饒と書くのは誤り。

▽毎年、正月八日から七日間、五穀豊穣のために催される後七日の御修法の際には〔花田清輝＊小説平家〕

▽さらに、心経会という法会も行われて、天下太平、五穀豊穣の祈禱も諸大寺で行われ〔壬生台舜＊般若心経〕

○五穀豊穣を祈る　○五穀豊穣の秋を迎える

（参考）唐・韋（い）嗣立の文に、「風雨、時ヲ以テスレバ、則チ五穀豊カニ稔（みの）ル」とある。これによれば五穀豊稔（ほうじん）であるが、日本では稔（みのる）を穣（みのる）に改めて用いる。中国語では、五穀豊登という。登が、みのる意味を持つからである。なお、中国では、五穀のキビが高粱（こうりゃん）である。稲・黍（アワ）・稷（高粱）・麦・菽（豆）。

古今東西（ここん・とうざい）和

いつでも、どこでも、ということ。古今（いにしえといま、昔から今まで）と、東西（ひがしとにし、すべてのところ）を、組み合わせて表す。古今も東西も、という。

▽すべての文字が感情を本とすることは、古今東西、相違あるべくもこれなく〔正岡子規＊歌よみに与うる書〕

▽そもそも、商売の道、身上の持ちよう、何ぞ古今東西の別あらん〔山路愛山＊現代金権史〕

○古今東西を通じて　○古今東西の作家

古今独歩（ここん・どっぽ）和

同じような人が他にはいないこと。古今（いにしえといま、昔から今まで）に、独歩（ひとりであるく、他に比べるものがない）する、という。

▽古今独歩の評論家であるが、パリ大学で講義をしたときは非常に不評判で〔夏目漱石＊吾輩は猫である〕

▽能登守教経は、古今独歩のえせ者、大将の器量ありと、招きに従いはせ集まる者〔浄瑠璃＊義経千本桜〕

○古今独歩と言われた　○古今独歩の卓説として

古今無双（ここん・むそう）和

他に例がないこと。古今（いにしえといま、昔から今まで）に、無双（ふたつと・ない）だ、という。無双は、古くはブソウと読んだ。よい場合に用いる。悪い場合は、古今無類のほうが一般的。

▽敵の大将たる者は、古今無双の英雄で、これに従うつわものは、共に剽悍決死の士〔外山正

一＊抜刀隊の歌〕
▽古今無双と称せられし豊沢団平に従い、神品ともいうべき三弦をもって引き回され〔中江兆民＊一年有半〕
○古今無双の功績を残す　○古今無双の面白さ

古今無類（ここん・むるい）和
他に例がないこと。古今（いにしえといま、昔から今まで）に、無類（同類が・ない）だ、という。悪い場合に用いる。よい場合は、古今無双のほうが一般的。
▽「一足飛びに陸軍大将にもなれぬわけですて」なるほど古今無類の卓説である〔石川啄木＊雲は天才である〕
▽どうせ業平って、古今無類のぼろっ買いなのね。ちまた、ちまたのマドンナよ〔川端康成＊浅草紅団〕
○古今無類の評論　○古今無類ともいうべき論説

虎視眈々（こし・たんたん）漢
野心を持って機会をねらっていること。トラが獲物を見て、眈々（鋭い目つきでにらむ）だ、という。多くは、攻撃や侵略の機会をねらう意味で用いる。
▽虎視眈々ということばはおかしゅうございましょうけれども、それに似た思いを〔岡本かの子＊生々流転〕
▽明日会わねば何と思うであろう。しかも、虎視眈々たる清子は、まだ大阪にいる〔横光利一＊家族会議〕
○虎視眈々として構える　○虎視眈々と獲物をねらう　○虎視眈々たる目で　○虎視眈々ともいうべき強国
参考　易経に、「顚（さかしま）ニ頤（やしな）ハルルモ吉ナリ。虎視眈眈トシテ其ノ欲逐逐タレバ、咎（とが）メ无（な）シ」とある。上の者に力がなくても、下の者に補佐してもらえばよい。ただし、そのときには、侮られないように虎視眈眈とし、次々と要求を出せば、失敗せずに済む、という。本来は、上にある者の執るべき態度のことである。それが転じて、機会をねらう意味になった。

故事来歴（こじ・らいれき）和

物事がそのようになった事情のこと。故事（昔から言い伝えられた・事柄）と、来歴（そのようになるまでの・歴史）を、組み合わせて表す。故事を古事と書くのは誤り。神社・仏閣や宝物などについて用いる。

▽何にしろ、馬琴の小説か何かなら、故事来歴がありそうなもんだ〔坪内逍遥＊当世書生気質〕

▽その本領を主張し、故事来歴など無視して、まことに不羈奔放にふるまっている〔唐木順三＊応仁四話〕

○故事来歴を語る　○神社の故事来歴に詳しい

古式古風（こしき・こふう）和

物事のやり方が昔のままで、改革されていないこと。式（やりかた）・風（しきたり）、それぞれに古（むかし）を添える。昔のやりかた・昔のしきたり、という。

▽古式古風な散官遊職は続々廃止されて、旗本の士を改造する方針が立てられた〔島崎藤村＊夜明け前〕

○古式古風にのっとる　○古式古風の型を重んじて

孤城落日（こじょう・らくじつ）漢

ただ一つ立つ城に夕日がさしていること。孤城（他から離れている・城）に、落日（おちる・ひ）だ、という。勢いがなくなったり、助けが来なかったりして、心細い場合に用いる。孤城を古城と書くのは誤り。

▽政府が孤城落日というありさまになるのを待って仕事をするのが、いちばん上策だろう〔末広鉄腸＊花間鶯〕

▽さながら敵囲の中にある形勢となり、孤城落日の死地に陥り、戦わずしてついゆ〔福地桜痴＊幕府衰亡論〕

○今や孤城落日の趣で　○孤城落日を思わせる

悲壮美

（参考）唐・王維の詩に、「遥(はる)カニ知ル、漢使、蕭関(しょうかん)ノ外、愁ヒ見ル、孤城落日ノ辺リ」とある。蕭関を通って西域に赴任する友を見送って思いをはせる部分である。漢使であるあなたが、夕日の沈む孤城にいる姿を思う、という。辺境のもの寂しい光景のことである。ただし、中国の城はマチのことである。それを日本では、天守閣を持つシロの意味で用いる。

後生大事（ごしょう・だいじ）仏

物を大切に持っていること。大事（大切）に、連想される後生（のちの・よ）を添えて、意味を強める。本来は、来世（死んでからのこと）を考えて信心を忘れないこと。

▽そうやって、後生大事に働いてるがいいや。わたしも危なくだまされるとこだったよ〔徳田秋声＊あらくれ〕

▽細長く泥がかき分けられたところを、後生大事にたどっていかなければならないのです〔夏目漱石＊こころ〕

○後生大事と抱えている　○後生大事に守る

（参考）仏教では、前世・現世・来世と生まれ変わる、とされている。その場合、現世の生を終わって（死んで）来世に生まれることを後生という。また、大切なことを大事という。仏教で最も大切なことは、修行して悟りを開くことだから、後生の安楽を願って修行するのが後生大事である。しかし、大事というのは、一般語として、大切に扱う意味に用いるようになった。その意味を強めるために、連想される後生を添えたのも後生大事である。本来の後生の意味は失われている。

古色蒼然（こしょく・そうぜん）和

古くなった状態が現れていること。古色（ふるい・いろ）が、蒼然（ふるびている）だ、という。

▽上へ着たる南部のあわせは、古色蒼然として襟あかつきたり〔坪内逍遥＊当世書生気質〕

▽いずれを見ても皆年数物、その証拠には、手擦れていて古色蒼然たり〔二葉亭四迷*浮雲〕
○境内は古色蒼然としている　○古色蒼然の写本

梧前灯下（ごぜん・とうか）和
机に向かっていること。梧前（キリの木の机の・まえ）と、灯下（ともしびの・した）を、組み合わせて表す。
▽あしたに法を聴き、夕べに道を聴き、梧前灯下に書巻を手にするのは〔夏目漱石*吾輩は猫である〕
○梧前灯下に向かう　○梧前灯下を捨てて

五臓六腑（ごぞう・ろっぷ）漢
体の中のすべての器官のこと。五臓（五つの・臓器）と、六腑（六つの・はらわた）を、組み合わせて表す。
▽引き止められて、三日三晩飲み通して、五臓六腑を酒浸しにしちまった〔内田魯庵*文学者となる法〕
▽髪毛の末から足のつま先に至るまで、五臓六腑を挙げ、耳目口鼻を挙げて〔夏目漱石*幻影の盾〕
○五臓六腑が煮え返る　○五臓六腑に余る責め苦を受け　○五臓六腑にしみ渡る　○五臓六腑をつかみ出して
(参考) 漢方では、体の中の臓器類を五臓と六腑に分ける。五臓は、脾臓・肺臓・腎臓・肝臓・心臓、六腑は、胃・大腸・小腸・三焦（食道）・膀胱・胆臓、をいう。これらを合わせて、人体内臓器官の総称とする。漢方では五蔵六府とも書く。中国語では、内部事情の意味でも用いるが、日本では、本来の意味で用いる。

誇大妄想（こだい・もうそう）洋
実際より大きく想像して信じ込むこと。誇大（ほこらかで・おおきい）な、妄想（でたらめな・おもい）、という。本来は、精神病患の症状のひとつ megalomania のこと。
▽あちこちと部屋の中を歩き回った。ぼくの誇

大妄想は、こういうときに最も著しかった〔芥川竜之介＊歯車〕

○誇大妄想に陥る　○誇大妄想したりして

酷寒猛暑（こっかん・もうしょ）和

寒さ・暑さが極端なこと。寒暑（さむさ・あつさ）を分けて、酷（むごい）・猛（ひどい）を添える。

▽参禅を勧め、夜もうでを勧め、酷寒猛暑のけいこ、あれは体を練るだけではない〔子母沢寛＊勝海舟〕

○酷寒猛暑もいとわず　○酷寒猛暑にもめげず

極寒極冷（ごっかん・ごくれい）和

非常に寒いこと。寒冷（さむく・つめたい）を分けて、極（程度が甚だしい）を添える。極めて寒冷だ、という。

▽宇宙は暗黒深々の中に没了せられ、実なく、熱なく、極寒極冷の境に到着すべきなり〔三宅雪嶺＊我観小景〕

○極寒極冷の候に至れば　○極寒極冷、物ともせずに

刻苦勉励（こっく・べんれい）和

苦労を重ねて励むこと。刻苦（身をいため・くるしむ）して、勉励（つとめ・はげむ）する、という。

▽実際の難事に当たっては、ただに刻苦勉励せざるのみか、数日の労をもいとい〔福沢諭吉＊通俗民権論〕

▽津田と西のライデンにおける足かけ三年の生活は、正に刻苦勉励の毎日だった〔綱淵謙錠＊航〕

○刻苦勉励のかいもあり　○刻苦勉励も長期にわたって

五風十雨（ごふう・じゅうう）漢

天候が順調なこと。五日に一度だけ風が吹き、十日に一度だけ雨が降る、という。世の中がよく治まって平和な場合にも用いる。

▽例えば五風十雨というように、日和が続いて、湿りけがあって、風が吹いていれば〔加藤祐一

＊文明開化〕
▽これさえ手に入れば、五風十雨の世は極楽となるかのように思っていた〔徳富蘆花＊思出の記〕
○五風十雨に恵まれる　○五風十雨の潤い
（参考）後漢・王充の論衡に、「五日ニ一風シ、十日ニ一雨ス。風ハ条(えだ)ヲ鳴ラサズ、雨ハ塊(つちくれ)ヲ破ラズ。其ノ五日一風、十日一雨ト言フハ、之ヲ褒ムルナリ」とある。五風十雨は、気候の順調なことを褒めたことばだ、という。この世が太平であることの現れだとされている。

鼓腹撃壌（こふく・げきじょう）漢
行き届いた政治のもとで平和を楽しんでいること。腹つづみを打ち、大地をたたいて歌う、という。
▽陽気がここだけに集まって、鼓腹撃壌といったふうな盛んな生存の喜びを示現して〔石坂洋次郎＊若い人〕
▽今日は明治聖代、鼓腹撃壌の良民となり、また、尊皇一偏の忠臣義士となり〔福沢諭吉＊丁丑公論〕
○鼓腹撃壌して楽しむ　○鼓腹撃壌の一般庶民
（参考）十八史略に、五帝の一、尭帝の時代のこととして、次の記述がある。「老人有リ、哺(ほ)ヲ含ミ腹ヲ鼓シ、壌(つち)ヲ撃ッテ歌フ。曰ク、日出デテ作(な)シ、日入リテ息(いこ)ヒ、井ヲ鑿(うが)チテ飲ミ、田ヲ耕シテ食ラフ。帝力何ゾ我ニ有ランヤト」とある。日が出て起き、日が入れば休む。帝王のおかげなど何も受けていない、という。尭帝はこれを見て、政治が行き届いていることに満足した。人民が支配者を意識しない社会が、理想の政治であった。

枯木寒巌（こぼく・かんがん）仏
心に何も思っていないこと。枯木（かれた・き）・寒巌（ふゆの・おおいわ）のようだ、という。世俗から離れている気持ちが強い場合にも用いる。
▽主人は、平常枯木寒巌のような顔つきはして

いるものの、冷淡なほうではない〔夏目漱石＊吾輩は猫である〕
▽「女色のために身を誤るようなことは、誓っていたしません」「枯木寒巌じゃな」〔木下尚江＊良人の自白〕
○枯木寒巌と化する　○枯木寒巌の世界
㊜禅宗では、枯れた木のように、すべてをなげうって黙々と座禅をすることを枯座とか枯禅という。心を枯れた木に例えて、枯木心という。寒巌についても、同じような意味で用いる。座禅の場所を枯木堂ともいう。

枯木枯草（こぼく・こそう）和
枯れた木や草のこと。草木（くさ・き）を分けたものに、枯（かれる）を添える。枯れた草木、という。
▽やみに包まれた台地から、枯木枯草が、投てき器で、無数に投げつけられた〔柴田錬三郎＊柴錬水滸伝〕
○枯木枯草も生を取り戻す　○枯木枯草の広野

古木老樹（こぼく・ろうじゅ）和
古くからある木々のこと。樹木を分けて、古（ふるい）・老（おいている）を添える。
▽城山の西境、要害堅固の切り岸には、斧鉞の跡なき古木老樹が長蛇のごとき幹を横たえ〔里見弴＊今年竹〕
○古木老樹に埋もれる　○古木老樹の茂る境内

狐狸妖怪（こり・ようかい）和
悪い生きものや化けもののこと。キツネ・タヌキ・ばけもの・あやしいもの、を組み合わせて表す。ひそかに悪事を働く者の場合にも用いる。
▽あたりまえだ。それじゃあ、ねずみの住みかといいたいが、狐狸妖怪でも住めるからな〔志賀直哉＊邦子〕
▽われは狐狸妖怪ならず。一昨夜、谷底へ投げ込まれたるその後は気を失いて〔仮名垣魯文＊高橋阿伝夜刃譚〕
○狐狸妖怪に化かされる　○狐狸妖怪の徒

五里霧中（ごりむ・ちゅう）漢
ひどい霧に閉ざされてしまうこと。五里四方のキリの、中にいる、という。手探りで進む場合、事情が分からずに迷う場合、などに用いる。霧中を夢中と書くのは誤り。ただし、無我夢中は夢中と書く。
▽藩はどうしたらよかろうか、方向に迷って五里霧中、なんかんと、何か心配そうに〔福沢諭吉＊福翁自伝〕
▽彼は今日までその意味が分からずに、まだ五里霧中に彷徨していた〔夏目漱石＊明暗〕
○五里霧中に立たされる　○まるで五里霧中であったが　○五里霧中を行く　○五里霧中の意識の中で
(参考) 後漢書に、張楷(ちょうかい)という道士の記事がある。「性、道術を好ミ、能ク五里霧ヲ作(おこ)ス」とある。他に、三里霧を起こす裴優(はいゆう)の記事もある。張楷に就いて学ぼうとしたが断られた、後に霧を起こして悪事を働こうとしたが、発覚して捕らえられた、という。五里霧のほうが上のため、霧中の意味で五里霧中と用いるようになった。事情が分からずに迷う場合にも用いる。

孤立無援（こりつ・むえん）漢
仲間がいなくて、助けてもらえないこと。孤立（他から離れて・たつ）して、無援（たすけが・ない）、という。無援を無縁と書くのは誤り。
▽孤立無援の惨めな立場に置かれようとも、飽くまで闘い抜こうと決心していた〔源氏鶏太＊重役の椅子〕
▽残る可能性があった。われわれのような孤立無援の小部隊の抱きうる唯一の希望である〔大岡昇平＊俘虜記〕
○孤立無援に陥る　○孤立無援なありさまであっては　○孤立無援の中で　○孤立無援の無産階級
(参考) 明・羅貫中の三国演義に、「周瑜(しゅうゆ)、孤立シテ援ケ無シ。必ズ丞相(じょうしょう)ノ擒(と)ル所ト為(な)ラン」とある。呉・周瑜は援助が得られないから、捕らえられるに違いない、という。中国語では、孤立無助の形で用いる。

五倫五常（ごりん・ごじょう）漢

人のよるべき道徳のこと。五倫（いつつの・ひとのみち）と、五常（いつつの・かわらないみち）を、組み合わせて表す。また、三綱五常もある。

▽五倫五常は、天の道として、人の守るべき道であった。ところが、今はどうか〔唐木順三＊応仁四話〕

▽なお五倫五常の献立を作りて、これは仁なり、それは義なりと、急用に取り出す〔森川許六＊風俗文選〕

○五倫五常の道を守る　○五倫五常にもとる

（参考）儒教では、対人関係について五倫を説く。これが、君臣の義・父子の親・夫婦の別・長幼の序・朋友の信、の五つである。また、人の行う道として五常を説く。これが、父の義・母の慈・兄の友・弟の恭・子の孝、の五つである。ただし、五常のほうは、仁・義・礼・智（ち）・信、の五つを指すこともある。なお、三綱の場合は、五倫のうち、君臣・父子・夫婦、だけを取り上げる。

困苦欠乏（こんく・けつぼう）和

生活に必要な物資が足りなくて、苦しい状態に置かれること。生活に困苦（こまり・くるしむ）し、物資が欠乏（かけて・とぼしい）する、という。

▽おれたちは、野営精神の困苦欠乏に耐えるために、雨にもめげずに原を駆けずり回った〔立野信之＊軍隊病〕

▽ようやくに日々の生活を支え、その困苦欠乏は決して少なくなかったのであるが〔穂積陳重＊法窓夜話〕

○困苦欠乏に負ける　○困苦欠乏の生活

欣求浄土（ごんぐ・じょうど）仏

あの世を求めること。浄土（きよらかな・あのよ）を、欣求（よろこび・もとめる）する、という。求は、呉音でグと読む（漢音・キュウ）。▽執心な彼の教えは、厭離穢土、欣求浄土の挙にいでよということになろう〔唐木順三＊中世の文学〕▽この形見を見たまいてこそ、さすが欣求浄土の望みもおわしけりと、限りなき嘆きの中にも〔平家物語〕○欣求浄土を心掛ける　○欣求浄土の思いもひとしおで

参考　仏教では、あの世は清らかな極楽であるが、この世は煩悩に汚れた世界である。したがって、来世で極楽浄土に生まれるためにこの世を捨て、俗世間の苦しみから離れるのが、仏道修行の第一歩になる。これが、厭離穢土（おんりえど）と、それに続く欣求浄土である。

言語道断（ごんごどう・だん）　仏（話しことば・書きことば）で表現する道が、ことばで言い表せないくらい悪いこと。言語断えている、という。未来は、ことばで表現する方法がないくらい深い悟りの境地のこと。道断を同断と書くのは誤り。

▽悪いことが引っ繰り返って、いいことになると思ってる。言語道断だ〔夏目漱石＊二百十日〕▽信徒の出てきたのを捕らえてろうに入れたりしているのは、まことに言語道断のさたで〔子母沢寛＊勝海舟〕○言語道断の極みである　○全く言語道断のくせ者で

参考　仏教では、言語という語が、ことばという意味とことばで言い表すという意味を持っている。言語法というのが、仏教論理学の論法である。言語道断というのは、言語の道（言語の方法）が断たれていることで、悟りの境地は、ことばで言い表すことができないくらい奥深い、ということである。それを日本では、何とも言いようのないこと、とんでもないことの意味に

用いる。

金剛不壊（こんごう・ふえ）仏　堅固で変わらないこと。金剛石（ダイヤモンド）のように、不壊（こわれ・ない）だ、という。志を固く守って変えない場合に用いる。壊は、呉音でエと読む。▽金剛不壊の金閣と、あの科学的な火とは、お互いにその異質なことをよく知っていて〔三島由紀夫＊金閣寺〕▽いわんや入壇灌頂して、金剛不壊の光を放ちて、大日遍照の位に上らんこと〔源平盛衰記〕○金剛不壊の信心を持つ　○金剛不壊ともいうべき身

（参考）仏教では、極めて堅いことを金剛石（ダイヤモンド）に例える。金剛心というのは、信心の気持ちが堅固で破壊されないこと。金剛杵（しょ）は古代インドの武器で、あらゆるものを打ち砕くのでこの名がある。それを手に持って仏法を守るのが、金剛力士である。金剛不壊とは、本来は仏の身体について用いたが、広く堅くて壊れない心身に用いる。寺の建てられた土地を金剛不壊の勝地というのも、同じ考え方である。

渾然一体（こんぜん・いったい）漢　全体が溶け合って、一つになっていること。渾然（まじりあう）として、一体（ひとつの・もの）になる、という。現代表記では、渾（まざりあう）→混（まざる）とも書く。▽独立していながら、どちらかがどちらかへ従属する。混然一体とは言いがたい〔唐木順三＊無用者の系譜〕▽旗下の士は東郷の心をもって心とし、彼我の別なく、全艦混然一体となり〔鵜崎鷺城＊薩の海軍・長の陸軍〕○混然一体になる　○混然一体とした光景

（参考）明・李贄（りし）の文に、「両（ふた）ツナガラ忘ルレバ、則チ両ツナガラ舎（す）ツレバ、則チ渾然一体トシテ、事ヲ復（ふ）ムコト無シ」とある。両方とも忘れれば、何が何だか分からなくなり、

実行できなくなる、という。前後・内外などの区別が分からなくなる場合にも用いる。日本では、好ましい状態として用いる。

溷濁低迷（こんだく・ていめい）和　混ざり合っていて、ぼんやりしていること。溷濁（みだれ・にごる）して、低迷（雲がひくくさまよう）する、という。悪い状態から抜け出さずにいる場合にも用いる。現代表記では、溷（みだれる）→混（まざる）とも書く。▽その混濁低迷した胸のうっせきは、とげや毒を含むしんらつなことばに化して〔石坂洋次郎＊若い人〕○混濁低迷のうちに　○混濁低迷した現状を見るとき

金輪奈落（こんりん・ならく）仏　地下の最も深いところのこと。金輪（この世界の下を支えている・わ）と、奈落（この世界の下にある地獄）を、組み合わせて表す。どこまでも、の意味にも用いる。▽世にこび、人にこびること、我より頭下ぐること、金輪奈落いやという一点張りに〔樋口一葉＊うもれ木〕▽知らぬというから、金輪奈落、憎しと思わば、そのせがれ、殺した、殺した〔浄瑠璃＊仮名手本忠臣蔵〕○金輪奈落に落ちる　○金輪奈落、憎しみを忘れず

（参考）仏教では、大地の最も下に三つの底があるとされている。これが下から風輪・水輪・金輪である。金輪際は、大地を支える金輪の底のことで、いかなることがあっても、最後まで、どこまでも、の意味の副詞に用いる。金輪奈落も、その意味を強めた形の副詞に用いる。奈落というのは、地獄の意味の naraka の音訳で、奈落に落ちる、などと用いる。金輪奈落というのは、地の下という意味で、金輪を強めるために奈落を添えた語である。

【さ】

斎戒沐浴（さいかい・もくよく）漢
心身を清めるために、慎み洗うこと。斎戒（心をつつしむ・行いをつつしむ）して、沐浴（髪をあらう・体をあらう）する、という。沐浴斎戒とも。
▽缶詰の献上品を作ることになっていた。しかし、斎戒沐浴して作るわけでもなかった〔小林多喜二＊蟹工船〕
▽斎戒沐浴して山に登り、叩首して請い求むるときは、たまたま返し得させたもう〔曲亭馬琴＊椿説弓張月〕
○斎戒沐浴を続ける　○斎戒沐浴して出直す
㊂参考 孟子に、「悪人有リト雖モ、斎戒沐浴スレバ、則チ以テ上帝ヲ祀(まつ)ル可シ」とある。人はだれでも汚れを持っているが、その汚れを払いのければ祭りの仕事ができる、という。ただし、斎戒沐浴は、仏教でも使われている。身も心も清らかにするのが斎戒であり、その手段として、インドでは、水浴が行われていた。日本では、神道や修験道でも、斎戒沐浴を行う。

才気煥発（さいき・かんぱつ）和
頭の働きが速いこと。才気（頭の働きと心の持ち方、物事に対する判断）が、煥発（かがやき・あらわれる）する、という。判断が適切で速い場合にも用いる。
▽一方は才気煥発の後見職、一方は少々つむじ曲がりの勝麟太郎、それを知るだけに〔子母沢寛＊勝海舟〕
▽才気煥発、端倪すべからざる青年だ。彼は文学を離れ、小説を未完にして〔石川達三＊風にそよぐ葦〕
○才気煥発する女性　○才気煥発の歌人として

最苦最痛（さいく・さいつう）和
非常に苦しいこと。苦痛（くるしく・いたい）

を分けたものに、最（もっとも）を添える。最も苦痛だ、という。
▽理想を眺むるとき、わきいずる涙こそ、真に人生において最苦最痛の涙であろう〔徳富蘆花＊思出の記〕
○最苦最痛をこらえて　○最苦最痛の試練に耐えて

最高最福（さいこう・さいふく）和
この上なくすばらしいこと。高（たかい）・福（しあわせ）、それぞれに最（もっとも）を添える。
▽とにかく、文学者が天下の最高最福なる者たるに、少しも差し支えなし〔内田魯庵＊文学者となる法〕
○最高最福を求める　○最高最福の感に浸る

最高至善（さいこう・しぜん）和
この上なくよいこと。高（たかい）・善（よい）、それぞれに最（もっとも）・至（いたって）を添える。
▽実際には決して到達しえない最高至善の理想を追って、少しでもそれに近づけようと〔石坂洋次郎＊若い人〕
○最高至善の策として　○最高至善とは行かないまでも

罪業消滅（ざいごう・しょうめつ）仏
悪い報いとなる原因をなくしてしまうこと。罪業（悪い果となる因）を、消滅（けし・ほろぼす）する、という。
▽やはり娘は、罪業消滅のために、自分が旅人を装って、石に打たれて死ぬ〔川端康成＊浅草紅団〕
▽娘が最期もこの刀、婿が最期もこの刀、母が罪業消滅の、白髪も同じくこの刀〔浄瑠璃＊菅原伝授手習鑑〕
○罪業消滅を願う　○罪業消滅する間もなく
(参考) 仏教では、人間の行いそのものを業と名づけ、その業がすべて因果関係で働くとされている。これが業による輪回で、現世で悪いことが起こるのは、前世で悪い行いをした結果だと考える。したがって、来世で善い結果を得るためには、現世で善い行いをしなければならないことになる。ただし、悪い行いの業も、修行によって消し去ることができる。これが罪業消滅である。

歳々年々（さいさい・ねんねん）⇩ねんねん・さいさい

在々所々（ざいざい・しょしょ）和
あちらこちら、いろいろなところのこと。在所（ある・ところ）を分けて繰り返し、意味を強める。
▽金峰山より回りたるからめ手の兵百五十人、在々所々に火を掛けて、ときの声をぞ揚げたりける〔太平記〕
▽都のほとりには、在々所々、堂舎塔廟、あるいは崩れ、あるいは倒れぬ〔鴨長明＊方丈記〕
○在々所々、くまなく捜す　○在々所々の家々

再三再四（さいさん・さいし）漢
同じことを何回も繰り返すこと。再三（ふたたび・みたび）にそろえて、再四（ふたたび・よたび）を添え、意味を強める。たびたび、の意味にも用いる。
▽されども紳士は一向心づかぬようすで、再三再四、空辞儀をさしてから〔二葉亭四迷＊浮雲〕
▽わたしが多年衣食を授けて世話をしてやるにもかかわらず、再三再四のふらち〔福沢諭吉＊福翁自伝〕
○再三再四、注意する　○再三再四にわたって
参考　清・呉敬梓（けいし）の儒林外史に、「再三再四、他ヲ拉（ひ）キテ坐（すわ）リ、他又、跪下（きか）シ、告ゲ了（をは）リテ坐ル」とある。一回また一回と一緒に座った、という。ただし、中国語では、三番四得・三番両次・三回五次・両次三番、など、いろいろの形で用いる。

才子佳人（さいし・かじん）漢
才能のある男性と美ぼうな女性のこと。男性の

日本では、才子佳人の形で、取り合わせのよい夫婦に用いる。

才子多病（さいし・たびょう）和
才能のある男性は病気になる場合が多いということ。才子（才能を持っている・男性）は、才能がある代わりに、とかく多病（やまいが・おおい）だ、という。体が弱くて、病気がちの場合にも用いる。佳人薄命の対。
▽美人薄命にして才子多病、大声は里耳に入らず、陽春白雪の歌は和する者少なし〔末広鉄腸＊雪中梅〕
○才子多病と見えて　○才子多病の例に漏れず

妻妾子女（さいしょう・しじょ）和
夫婦生活とそれによる子供のこと。つま・愛妾・男の子・女の子、を組み合わせて表す。
▽このころとしては、この妻妾子女の数の多さは別に例外的なことなのではなく〔堀田善衛＊定家明月記私抄〕
○妻妾子女を養う　○妻妾子女の争いも絶えず

罪障消滅（ざいしょう・しょうめつ）仏

悪い妨げをなくしてしまうこと。罪障（わるい・さまたげ）を、消滅（けし・ほろぼす）する、という。特に悟りを妨げる悪い原因（悪業）について用いる。

▽神社仏閣に参拝して、おのれの未来の罪障消滅を願うこと、神仏への信仰によって〔花田清輝＊小説平家〕

▽千万人の参詣に、一遍ずつのご回向も、ついに罪障消滅の、のりの縁こそ頼もしき〔浄瑠璃＊心中二ツ腹帯〕

○罪障消滅を心掛ける　○罪障消滅の願いもかなって

㊫仏教では、悪い報いとなる原因（悪業）があると、悟りの妨げになるとされている。しかし、人間として俗世間で生活していると、そのような悪い報いとなる原因が次第に積み重なっていく。これを山に例え、罪障の山という。ただし、そのような罪障も、修行によって消し去ることができる。これが罪障消滅である。

才色兼備（さいしょく・けんび）和

女性について、頭がよくて顔かたちがよいこと。才色（才能・美しい顔かたち）を、兼備（かね・そなえる）する、という。

▽さはとて、才色兼備にしてかつ善良なる人物をば、常に主人公となすを要せず〔坪内逍遥＊小説真髄〕

▽しかし、松島、才色兼備の花嫁を周旋する以上は、ちと品行を慎まんじゃ困るぞ〔木下尚江＊火の柱〕

○才色兼備の女性として　○才色兼備とは行かないが

洒掃薪水（さいそう・しんすい）漢

家事に関する、もろもろの労働のこと。みずをそそぐ・ちりをはらう・まきをもやす・みずをつかう、を組み合わせて表す。

▽子供に世話をさせたりするばかりで、何一つ洒掃薪水の労に報いたことはない〔夏目漱石＊

吾輩は猫である〕
○洒掃薪水に励む　○洒掃薪水も怠りがちで
参考　薪水之労（しんすいのろう）の参考欄を参照。

採長補短（さいちょう・ほたん）　和
よいところを取り入れて、悪いところを埋め合わせること。長を採り、短を補う、という。
▽採長補短の改良主義や、試行錯誤の実用主義などが、歴史的役割を持ったことは〔唐木順三＊死について〕
▽このうのみの不消化や自分免許の採長補短は、推古以来の日本人の伝統だ〔内田魯庵＊消化不良的家庭生活〕
○採長補短に努める　○採長補短とは名目ばかりで

西方浄土（さいほう・じょうど）　仏
仏教で、西のほうにあるとされている安らかな世界のこと。西の方にある、清らかな土地、という。
▽この汚らわしい世の中で、西方浄土の面影をわずかに伝えているところは〔谷崎潤一郎＊二人の稚児〕
▽空が、行き着く場所であった。この空を西方浄土として彩色し、信仰目標とした〔唐木順三＊中世の文学〕
○西方浄土を願う　○西方浄土に生を求める
参考　仏教では、西の方に向かって十万億の仏国土を過ぎたところに清らかな世界があり、これを浄土という。浄土というのは、煩悩を離れて悟りの境地に入った仏や菩薩が住むところである。そこには阿弥陀仏がいて、常に説法をしている。また、もろもろの苦しみがなく、ただ楽しみだけがあるため、極楽と名づけられている。西方浄土というのは、極楽浄土（ごくらくじょうど）のことである。

挫強扶弱（ざきょう・ふじゃく）　和
強い者の勢いを弱くし、弱い者の味方をすること。つよきを・くじき、よわきを・たすける、という。

▽かつて人の血をわかしし挫強扶弱の侠気を撲滅し、一世を駆りて事大主義に赴かしむ〔三宅雪嶺＊小紙庫〕
○挫強扶弱に走る　○挫強扶弱を事とする

左曲右折（さきょく・うせつ）和
あちこちに曲がって進むこと。曲折を分けたものに、左右を分けて添える。左右に曲折する、という。
▽川の漾々として流るる、委蛇として左曲右折、一帯の素練を平野の間に引く〔三宅雪嶺＊我観小景〕
○左曲右折して進むうちに　○左曲右折を繰返して

錯雑紛糾（さくざつ・ふんきゅう）和
入り混じってまとまらないこと。錯雑（たがい・まじる）して、紛糾（まぎれ・もつれる）する、という。
▽錯雑紛糾した現象の相を取るときといえども、原理の因果は単純明白である〔長与善郎＊竹沢先生と云う人〕
▽けだし、社会の事物は錯雑紛糾、たちまちにして盛、たちまちにして衰〔徳富蘇峰＊新日本之青年〕
○錯雑紛糾して本筋を失う　○錯雑紛糾の関係

昨非今是（さくひ・こんぜ）漢
今になって、過去の誤りに気づくこと。昨日は非（ただしくない）で、今日は是（ただしい）だ、という。今までのことに対して後悔する場合にも用いる。
▽頭を巡らして半生を回顧せば、昨非今是の感に堪えず、身を水中に投じて死せり〔竹越与三郎＊新日本史〕
▽昨非今是、過ちて改むるにはばかるなかれ、とて、超然として脱走の夢を破り〔福沢諭吉＊丁丑公論〕
○昨非今是に終わる　○昨非今是の感に堪えない
(参考) 東晋・陶淵明（えんめい）の帰去来辞に、「途（みち）ニ迷フコト、未ダ遠カラズ。今是ニシテ、昨非ナルヲ覚ユ」とある。過去の行動を後悔している、という。これによれば今是昨非になるが、日本では、昨非今是の形で用いる。自是他非などの形も用いる。また、中国語では、昨是今非の形を、世の中の考え方が変わる意味で用いる。

策謀策動（さくぼう・さくどう）和　はかりごとを用いて行動すること。謀動（たくらみ・うごく）を分けたものに、策（はかりごとをめぐらす）を添える。策を用いて謀動する、という。

▽ロセスあるところ、必ず幕府のだれかがあり、また何らかの策謀策動がここに生まれる〔子母沢寛＊勝海舟〕

左顧右眄（さこ・うべん）⇩うこ・さべん

○策謀策動する者も出る　○策謀策動、後を絶たず

鎖港攘夷（さこう・じょうい）和　港を閉鎖して、外国人を追い払うこと。港をとざし、夷（外国人）を払いのける、という。

▽明治の政府は書生の成功したる政府にして、鎖港攘夷の空論、甘く人気に投じ〔山路愛山＊現代金権史〕

▽多くの公卿たちの中には、今だに鎖港攘夷を主張する者もあったが〔島崎藤村＊夜明け前〕

○鎖港攘夷を唱える　○鎖港攘夷の論

鎖国攘夷（さこく・じょうい）和　外国との交通・貿易を禁じ、外国人を追い払うこと。国をとざし、夷（外国人）を払いのける、という。

▽かつて、我らが父祖の胸中に燃えて鎖国攘夷を唱えしめた毛嫌いの精神は〔徳富蘆花＊思出の記〕

▽しまいには、鎖国攘夷ということを言わずに、新たに鎖港という名を案じ出して〔福沢諭吉＊福翁自伝〕

○鎖国攘夷で進む　○鎖国攘夷の政策

瑣談繊話（さだん・せんわ）和

くだらない話のこと。談話を分けて、瑣（つまらない）・繊（くだらない）を添える。
▽前後相照らして、瑣談繊話と思ってうっかり読んでいたものが、こつ然豹変し〔夏目漱石＊吾輩は猫である〕
○瑣談繊話にすぎないとしても　○瑣談繊話の書

雑然騒然（ざつぜん・そうぜん）和
秩序がなく、乱れ動いていること。騒然（さわがしい）に、雑然（いりまじっている）を添えて、意味を強める。
▽そうした人たちの右往左往する城中は、ただ雑然騒然、暗く、力なく〔子母沢寛＊勝海舟〕
○雑然騒然たるものがあった　○雑然騒然として

雑然紛然（ざつぜん・ふんぜん）和
秩序がなく、争いがあること。紛然（もつれている）に、雑然（いりまじっている）を添えて、意味を強める。
▽そのかいわいは、新しいものと古いものとの入れ交じりで、雑然紛然としていた〔島崎藤村＊夜明け前〕
▽ただ時勢と浮沈し、雑然紛然の際に、一生を経過せんとするの計をなす者〔徳富蘇峰＊新日本之青年〕
○雑然紛然となる　○雑然紛然の世相

殺戮掠奪（さつりく・りゃくだつ）和
人を殺し、物を奪うこと。殺戮（ころし・みなごろしにする）と、掠奪（かすめ・うばう）を、組み合わせて表す。社会が乱れて治安が悪い状態について用いる。現代表記では、掠（かすめる）→略（おかす）も用いる。
▽サラセンの入りけるとき、殺戮略奪いと甚しかりけるを、この文庫ばかりは残さまほしくて〔西周＊随筆〕
○殺戮略奪を繰り返す　○殺戮略奪するやから

詐謀偽計（さぼう・ぎけい）和
人をだますはかりごとのこと。謀計（はかりごと）を分けたものに、詐偽（いつわり）を分けて添える。

▽いずれも皆、詐謀偽計の明著なるものにて、その内情を洞察すべきはずなれども〔福沢諭吉＊文明論之概略〕

○詐謀偽計に走る　○その詐謀偽計なるを察せず

左右前後（さゆう・ぜんご）和

そのものの周りのこと。ひだり・みぎ・まえ・うしろ、を組み合わせて表す。前後左右とも。

▽義務というほどの義務は、自分の左右前後を見回しても、どの方角にも〔夏目漱石＊こころ〕

▽決断にも実行にもよけいな時間がかかって、左右前後を見回す習慣がついていた〔平林たい子＊砂漠の花〕

○左右前後に見られた　○左右前後を守られて

山影水光（さんえい・すいこう）和

水に映っている山の形のこと。山影（やまの・かたち）と、水光（みずの・ひかり）を、組み合わせて表す。

▽一幅の画図の包むところの、寂寥たる月色、山影水光を忘るることができない〔国木田独歩＊少年の悲哀〕

○山影水光のたたずまい　○山影水光に心を奪われて

三寒四温（さんかん・しおん）和

冬の気象状態のこと。晩秋・初春も含まれる。寒い日が三日ほど続くと、そのあとに穏やかな日が四日ほど続く、という。少しずつ暖かくなる気候についても用いる。温の意味はオダヤカ。気候の点でアタタカイ場合は暖。

▽三寒四温の温に向いたか、近ごろになく、小春日和になりそうな朝でもあった〔川端康成＊舞姫〕

▽三寒四温といわれる二月の陽気は、一年じゅうで最も対処しにくい季節で〔尾崎一雄＊冬眠先生慌てる〕

○三寒四温が続く　○三寒四温に幸いされて

散官遊職（さんかん・ゆうしょく）和
仕事のない官職のこと。官職を分けて、散（なくなる）・遊（あそぶ）を添える。
▽古式古風な散官遊職は続々廃止されて、旗本の士を改造する方針が立てられた〔島崎藤村＊夜明け前〕
○散官遊職に回される　○散官遊職の老人連も

慚愧後悔（ざんき・こうかい）和
あとになってから、非常にくやしく思うこと。後悔（あとで・くやむ）に、慚愧（はじて・はじる）を添えて、意味を強める。慚愧は、古くはザンギと読んだ。
▽一夜を明かすのである。目が覚めてからは、さすがに慚愧後悔することもあるが〔永井荷風＊腕くらべ〕
▽慚愧後悔の念に凝り固まっていては、かすかににおい漂っていただけの感情ばかりを〔里見弴＊今年竹〕

○慚愧後悔の日夜を過ごす　○慚愧後悔おくよしもなく

参覲交代（さんきん・こうたい）和
交代で主君にお目にかかること。参覲（まいり・まみえる）する、交代、という。定期的に行く場合にも用いる。現代表記では、覲（まみえる）→勤（つとめる）。
▽参勤交代のような儀式ばったご通行は、そういつまでも保存できるものではない〔島崎藤村＊夜明け前〕
▽池を見回りに行くのは、おじいさんの参勤交代のようなものですね〔井伏鱒二＊黒い雨〕
○参勤交代の制　○一種の参勤交代で

三綱五常（さんこう・ごじょう）漢
人のよるべき道徳のこと。三綱（みっつの・おおきなみち）と、五常（いつつの・かわらないみち）を、組み合わせて表す。五倫五常としても取り上げる。
▽内には三綱五常の儀を正しゅうして、周公・

孔子の道に従い、外には万機百司の政を怠りたまわず〔太平記〕

○三綱五常を貴ぶ　○三綱五常にもとる

(参考) 隋・伝王道の文中子に、「吾、嘗テ聞ク、夫子ノ詩ヲ論ズルニ、上、三綱ヲ明ラカニシ、下、五常ニ達スト」とある。孔子は、詩経を取り上げるときに、三綱を基本とし、五常に及んだ、という。なお、三綱と五常の内容については、五倫五常の参考欄を参照。

残酷非道（ざんこく・ひどう）　和

生き物に大きな苦しみを与えること。残酷（むごく・むごい）で、非道（正しい道では・ない）だ、という。残酷は、惨酷・残刻・惨刻とも書いた。

▽ええ、どうせ、葦子は残酷非道ですわ。血も涙もない娘です。お母さんはこのごろ〔舟橋聖一＊鴛鴦の間〕

○残酷非道の所業　○すこぶる残酷非道にして

三々五々（さんさん・ごご）　漢

幾つかに分かれて、数人ずつ固まっていること。三・五（いずれも少ない数）、それぞれを繰り返して表す。あちらに三、こちらに五、という。家などがあちこちに少しずつ集まっている場合にも用いる。

▽一同は、ほっと吐息して席を立つと、三々五々、退出していった〔子母沢寛＊勝海舟〕

▽櫓を巡る三々五々の建物には、うまやもある。乱を避くる細民が隠るる場所もある〔夏目漱石＊幻影の盾〕

○三々五々と固まる　○三々五々、連れ立って

(参考) 唐・李白の詩に、「岸上、誰ガ家ノ遊冶郎ゾ、三三五五、垂楊ニ映ズ」とある。岸の上では、どこの道楽者だろうか、あちこちに、しだれやなぎの陰に連れ立っている、という。中国語では、三三両両ともいう。日本では三々五々の形で用いる。

山紫水明（さんし・すいめい）　和

自然の景色が非常に美しいこと。日に照らされ

た山が紫に見え、水が明るく澄んでいる、という。▽こののどかな山紫水明の箱庭のような極楽郷に住んでたは、背の低い人種であった〔内田魯庵＊社会百面相〕▽空も澄み、草木の色も鮮やかであった。その山紫水明の地に、老人は事絶えていた〔武田泰淳＊芦州風景〕○山紫水明の地に遊ぶ　○山紫水明とは程遠く

三者三様（さんしゃ・さんよう）和

それぞれが別々のやり方をしていること。者（ひと）・様（ようす）、それぞれに三（みっつ）を添える。三人の者が、三つの様子だ、という。▽三者三様の相違はあるが、とにかくその優秀なる者を求むれば、この三人である〔江森泰吉＊大隈伯百話〕○三者三様に分かれる　○三者三様の言い分

山川草木（さんせん・そうもく）和

自然のあるがままの状態のこと。やま・かわ・くさ・き、を組み合わせて表す。▽山川草木まで成道成仏するといいながら、なぜ女性だけがそこから外されているのか〔唐木順三＊応仁四話〕▽黒ずんだ大きな民家、緑の山々、日本の山川草木は、戦争とは無縁に生き延びていた〔今東光＊古都の尼寺〕○山川草木に変わりはなくても　○荒廃した山川草木

三千世界（さんぜん・せかい）仏

非常に広い世界のこと。三千の、世界だ、という。この世の中の全体の意味でも用いる。▽こいきなのと、懐の温かいのを鼻にかけ、三千世界の美人は残らずわがものと〔小室信介＊自由艶舌女文章〕▽いかにうろたゆればとて、母親ばかりでできる子が、三千世界にあろうかやい〔浄瑠璃・御所桜堀川夜討〕

○三千世界をくまなく捜す　○三千世界に味方もなく

参考 仏教では、須弥山を中心とした世界がわれわれの現在住んでいる世界で、これを一つの小世界という。このような小世界を千集めたのを小千世界、小千世界を千集めたのを中千世界、中千世界を千集めたのを大千世界と呼ぶ。これらを、小中大の三種の千世界から成り立つので、三千世界という。それは、三千の世界ではなく、千の三乗の数の世界という意味である。これを、俗世界としてのこの世の中全体の意味でも用いる。

残忍酷薄（ざんにん・こくはく）和

むごくて思いやりの心がないこと。残忍（むごく・むごい）で、酷薄（むごく・うすい）だ、という。

▽古今東西の英傑伝を読むに、英雄豪傑なるものは、多く残忍酷薄である〔江森泰吉＊大隈伯百話〕

▽こうなると、人間という人間がみな残忍酷薄に見えて、たまらなく嫌になる〔二葉亭四迷＊其面影〕

○残忍酷薄の気に満ちる　○残忍酷薄で人の道に欠ける

残念至極（ざんねん・しごく）和

非常に悔しいこと。残念（おもいを・のこす）に、至極（程度が甚だしい）を添えて、意味を強める。

▽下宿屋の主人にまで平身低頭せねばならぬというは、残念至極のことじゃ〔末広鉄腸＊雪中梅〕

▽一家一門の光栄の歴史の表に輝かすことができるのだものを、残念至極だという〔木下尚江＊良人の自白〕

○残念至極に思う　○いかにも残念至極で

参考 至極は、冥加至極の参考欄を参照。

三拝九拝（さんぱい・きゅうはい）漢

何度も頭を下げて頼むこと。三拝（三拝の礼）

にそろえて、九拝（九拝の礼）を添え、意味を強める。▽これを福利増進施設だといって、三拝九拝し、喜びきっている大勢の奴隷が憎い〔細井和喜蔵＊女工哀史〕○三拝九拝の礼による　○手を合わせて三拝九拝する　○三拝九拝しても聞き入れられず　○三拝九拝の日参

（参考）清朝の敬礼の仕方に、三跪九拝（さんき）というのがある。三たびひざまずいて、九たび頭を地につけるため、三跪九叩（きゅうこう）ともいう。日本では、その習慣がないため、三拝九拝の形で、ひゆ的に用いる。

三方四方（さんぽう・しほう）和

関係する者すべてのこと。三方（関係する三人）にそろえて、四方（関係する四人）を添え、意味を強める。あちこちの意味でも用いる。▽それに、何だから、三方四方丸く納まるこったから、と思って〔二葉亭四迷＊浮雲〕▽あれあれあれ、三方四方に半鐘が鳴る、鐘が鳴る。人の来ぬ間に、来ぬ間にと〔浄瑠璃＊心中宵庚申〕○三方四方に飛び回る　○三方四方のあいさつを終わる

三位一体（さんみ・いったい）洋

三つのものが一つであること。三位（みっつの・もの）が、一体（ひとつの・からだ）だ、という。三者が心を合わせる場合にも用いる。本来はキリスト教の考え方。▽奇跡を信ぜざることをえないとすれば、三位一体のドグマも信ぜられないはずがなくなる〔森鷗外＊青年〕▽エロティシズムとグロテスクとナンセンス、その三位一体が作り出す風俗は〔石川達三＊風にそよぐ葦〕○三位一体をなしている　○三位一体で進める場合は　○三位一体と考える　○詩・書・画、三位一体で

〔参考〕キリスト教では、創造主としての神と、神の子としてのキリストと、人間に宿る聖霊とは、唯一の神が三つの姿となって現れたものだとされている。三つのものでありながら元来は一つなので、三位一体（the Trinity）という。ただし、一般には、三つのものが一つになる意味で用いる。また、三者が協力する場合にも用いる。

三面六臂（さんめん・ろっぴ）仏

一人で数人分の働きをすること。三面（みっつの・かお）と、六臂（むっつの・ひじ）を持つ、という。本来は仏像の形式で、三つの顔と六つの腕を備えた形式のこと。

▽あるいは牛頭あるいは馬頭、あるいは三面六臂の鬼の形が、さいなみに参ります〔芥川竜之介＊地獄変〕

▽たとえ三面六臂にもあれ、目にだに見ゆる敵ならば、打ち捕ることの難くもあらず〔曲亭馬琴＊里見八犬伝〕

○三面六臂の働き　○三面六臂ありといえども

山容山色（さんよう・さんしょく）和

山そのものの景色のこと。山（やま）に、容色（ようす・顔かたち）を分けて添える。山の容色、という。

▽いつとはなく濁りがちなる雲、山容山色をほとんど分秒ごとに変化せしめしが〔徳富蘆花＊自然と人生〕

○山容山色を仰いで　○夕映えの山容山色は

【し】

私意私慾（しい・しょく）和

個人的な欲望のこと。私慾（わたくしの・よく）に、私意（わたくしの・かんがえ）を添えて、意味を強める。現代表記では、慾（よく）↓欲（ほっする）。

▽わたしの野望が単に私意私欲から出たもので

ないことも、言っておかねばならぬ〔唐木順三＊応仁四話〕○私意私欲に目がくらむ　○私意私欲のとりことなる

自家撞著（じか・どうちゃく）仏

自分の考え方が、前後で食い違って合わないこと。自家（自分自身）で、撞著（つきあたって・いる）する、という。自己撞着とも。現代表記（それ以前からも）では、チャク・ジャクの場合、著↓着（俗字）。

▽正気な人間にしては、あまりに明らかな自家撞着を平気でやっている〔志賀直哉＊クローディアスの日記〕

▽理想と現実、霊の世界と物質の世界といったような二元間の自家撞着に対し〔長与善郎＊竹沢先生と云う人〕

○自家撞着する　○自家撞着に陥る　○自家撞着を免れ　○自家撞着を防ぐためには　○自家撞着の論

（参考）仏教では、自分自身のことを、自己または自家という。自分の言行も自己そのものであるから、これが自家になる。それが突き当たっているのが、撞著である。自分の言うこと、行うことが、前後で食い違っている、という。自分で自分に突き当たるからである。一般には、つじつまが合わない意味で用いる。

自家薬籠（じか・やくろう）漢

自分が思うままに利用できる入れ物のこと。自分用の・薬かごだ、という。知識・経験を取り入れるのに用いる。

▽あらゆる経験を成長のかてとして、自家薬籠に取り入れ、人格を豊かにし〔長与善郎＊竹沢先生と云う人〕

▽西洋文学の紹介からいつでも暗示を得て、すぐにそれを自家薬籠中のものにする〔永井荷風＊腕くらべ〕

○自家薬籠を満たす　○自家薬籠から取り出して

㊜参考 唐書に、儒者・元澹（げんたん）が時の宰相・狄（てき）仁傑に、「願ハクハ、小人ヲ以テ一薬石ニ備ハラン。可ナルカ」と申し出たのに対し、「仁傑、笑ヒテ曰く、君ハ正ニ吾ガ薬籠中ノ物、一日モ無カル可カラズト」とある。この場合はいつも必要なものの意味である。ただし、中国語では、いつでも利用できるものの意味に用いる。日本では吾を自家に改め、中国語と同じ意味で用いる。

自画自讃（じが・じさん）和

自分で自分を褒めること。画（え）・讃（ほめことば）、それぞれに自（みずから）を添える。自分でかいた絵に、自分でほめことばを書く、という。自画を自我と書くのは誤り。讃は、讃（正字）とも書いた。現代表記では、讃（ほめことば）→賛（ほめる）。

▽新聞はいつも政治に文句を言い、政治家や役人は、自画自賛に飽きることがない〔朝日新聞＊天声人語〕

▽この男をともかくも情熱的にしてやった冷徹な精力を自画自賛していたのである〔三島由紀夫＊偉大な姉妹〕

○自画自賛に終始する　○例の自画自賛の弁が始まる

㊜参考 讃というのは、絵の中に、その絵と調和するように書き入れる文章のことである。一般には、別の人に書いてもらうものであるが、それを自分で書くという。そこから、自分で自分を褒める意味になる。

四海兄弟（しかい・けいてい）漢

世界じゅうの人は、すべて愛し合うべきだということ。四海（四方の・海外の人）は、兄弟だ、という。兄弟は、漢音でケイテイと読む（日常語は、呉音でキョウダイ）。

▽国勢いよいよ発展し、ついに紛争なく、戦争なく、四海兄弟、真に文明を楽しむ〔三宅雪嶺＊小紙庫〕

▽一視同仁、四海兄弟といえば、地球上の人民は等しく兄弟のごとくして〔福沢諭吉＊文明論

之概略〕
○四海兄弟として　○四海兄弟の情
(参考) 論語に、「四海ノ内、皆兄弟ナリ。君子何ゾ兄弟無キヲ患（うれ）ヘンヤ」とある。孔子の弟子の司馬牛が自分に兄弟のないことを嘆いたときの、子夏のことばである。天下の人は、皆兄弟だ、という。ここで四海の内というのは、四海に囲まれた天下の意味で、全中国のことになる。日本では、四海兄弟の形で用い、四つの海を全世界のこととし、世界の人はすべて兄弟だとする。

四海平等（しかい・びょうどう）和
世界じゅうの人は、すべて同じ扱いを受けるべきだということ。四海（四方の・海外の人）は、平等（たいらで・ひとしい）だ、という。
▽四海平等でねえ証拠に、お前さんのお召し物とあたいたちのぼろと比べてみな〔徳永直＊太陽のない街〕
▽元日は千里同風、四海平等、去年の鬼が礼に来ることは、まことうそにはあらで〔若月紫蘭＊東京年中行事〕
○四海平等の旗じるしのもとで　○四海平等の精神

自戒自省（じかい・じせい）和
今後について悪くならないようにするために、今までのことをよく考え直すこと。戒（いましめる）・省（かえりみる）、それぞれに自（みずから）を添える。
▽国鉄はその後自戒自省して、人事の刷新、管理の改善、船体の改造に努めている〔朝日新聞＊天声人語〕
○自戒自省の念に駆られる　○自戒自省に日を送る

四角四面（しかく・しめん）和
非常にまじめなこと。四角（かどがはっきりしている）にそろえて、四面を添え、意味を強める。
▽老儒先生が四角四面な修身談は、プルターク

英雄伝の講演になるというように〔徳富蘆花＊思出の記〕
▽学校を出たころの彼は、非常に四角四面で、始終堅苦しく構えていたから〔夏目漱石＊硝子戸の中〕
○四角四面になって聴く　○四角四面の一同に対して　○四角四面な君子　○四角四面の緊張

至完至純（しかん・しじゅん）和
極めて完全で純粋なこと。完（まったし）・純（まじりけなし）、それぞれに至（程度が甚だしい）を添える。
▽かの善を広めて、もって至完至純の善を求めんか、全く意識の外にいでざるをえず〔三宅雪嶺＊我観小景〕
○至完至純の境地に至る　○至完至純を目指して

紫幹翠葉（しかん・すいよう）和
山肌にある木々が生き生きとしていること。紫翠（むらさき・みどり）を分けて、幹（みき）・葉（は）に添える。
▽ここは松山の半腹、紫幹翠葉の間から富士、足柄、箱根、大山がちらちら顔を出し〔徳富蘆花＊思出の記〕
○紫幹翠葉も目にまぶしく　○紫幹翠葉に見とれて

士気軒昂（しき・けんこう）和
大いに意気込みがあること。士気（成人男子としての・気持ち）が、軒昂（高く上がり・たかぶる）する、という。士気は、志気（行おうとする・気持ち）とも書く。昂（たかぶる）を高（たかい）と書いた時期もあった。
▽士気軒昂、胸襟秀麗、ただの役人風情とは、おのずから違った人物と見えた〔柴田錬三郎＊柴錬水滸伝〕
○士気軒昂をあおる　○士気軒昂の一行に対して

指揮統率（しき・とうそつ）和
部下に対して指図すること。指揮（ゆびさし・

ふるう）して、統率（すべ・ひきいる）する、という。
▽八十万の軍を指揮統率する司令官になってもおかしくない人物と見える〔柴田錬三郎＊柴錬水滸伝〕
○指揮統率の妙を得る　○指揮統率に欠陥があった

時期尚早（じき・しょうそう）和
そのことを行うには早すぎること。時期（行うとき）が、尚早（なお・はやい）だ、という。まだその時期になっていない場合に用いる。時期を時機と書くのは誤り。ただし、時機到来は時機と書く。
▽一か月だけじゃしょうがないからね、やっぱり時期尚早ということになるかな〔石川達三＊風にそよぐ葦〕
▽だが、大久保は時期尚早としてこれを退け、森に提出を思いとどまらせようとした〔犬塚孝明＊森有礼〕
○時期尚早と考えられた　○時期尚早な計画

時機到来（じき・とうらい）和
そのことを行うのにちょうどよい時が来たこと。時機（ときのはずみ、チャンス）が、到来（いたり・くる）した、という。時機を時期と書くのは誤り。ただし、時期尚早は時期と書く。
▽時機到来、今日こそは、と襟を伸ばしているとも知らずして帰ってきたか〔二葉亭四迷＊浮雲〕
▽我が国においても時機到来して、英国における更迭の制度が輸入されんことは〔高田半峰＊内閣更迭論〕
○時機到来を待つ　○いよいよ時機到来

色即是空（しき・そくぜくう）仏
事物そのものはすべて実体がないということ。色（物質）は、とりもなおさず空（から）だ、という。
▽人生は空かもしれないが、そして色即是空かもしれないが、この喜びはどこから来る〔武者

小路実篤＊友情〕
▽色即是空の方向の極点において空即是色と転ずるところに、中世様式の図式を見る〔唐木順三＊中世の文学〕
○すべてが色即是空であって　○色即是空に似た気持ち
(参考) 般若心経に、「色ハ空ト異ナラズ、空ハ色ト異ナラズ、色ハ即チ是レ空ナリ、空ハ即チ是レ色ナリ」とある。色というのは、感覚でとらえることのできるもののすべてをいう。空はむなしい存在のことで、この世で形のあるものは、すべてその本質はむなしいものである、という。むなしいというのは、単なる現象にすぎないのであって、永久不変の実体などというものは存在しない、という意味である。すべてを空であると考えることによって人生を見直そうとするのが、仏教の行き方である。

自給自足（じきゅう・じそく）洋
自分に必要なものを、すべて自分で作り出すこと。給（あたえる）・足（たりる）、それぞれに自（みずから）を添える。みずから給し、みずから足りる、という。経済独立政策 Autarkie の訳語として用いる。英語訳 self-sufficiency を四字漢語にしたもの。
▽日本自身が自給自足で満足できず、海外に向かって交通貿易を必須としたが〔徳富蘇峰＊勝利者の悲哀〕
▽江戸や城下から去って知行所の田園に帰り、自給自足の生活をせよという〔唐木順三＊無用者の系譜〕
○すべてを自給自足する　○自給自足のできる地方では

至恭至順（しきょう・しじゅん）和
上の人に言われるとおり、すなおに行うこと。恭順（つつしみ・したがう）を分けたものに、至（程度が甚だしい）を添える。至って恭順だ、という。
▽納城の日までも江戸の鎮静を得たのは、主人

慶喜の至恭至順、誠心の致すところである〔子母沢寛＊勝海舟〕
○至恭至順の態度で臨む　○至恭至順とはいかなかった

四苦八苦（しく・はっく）仏
さまざまな苦しみのこと。四苦（よっつの・くるしみ）にそろえて、八苦を添え、意味を強める。
▽今、目前にそのことが出来したように、あがきつもがきつ、四苦八苦の苦しみをなめ〔二葉亭四迷＊浮雲〕
▽四苦八苦だよ。そうまでして雑誌を出す必要があるのかと疑いたくなるね〔石川達三＊風にそよぐ葦〕
○四苦八苦している本人には　○四苦八苦の毎日となり　○四苦八苦に悩まされ　○断末魔の四苦八苦
参考 仏教では、人間を悩ませる大きな苦しみに四種類があるという。これが、生・老・病・死、の四苦である。これに、愛別離苦（愛する者と別れる苦しみ）・怨憎会苦（憎む者にも会わなければならない苦しみ）・求不得苦（求めても得られない苦しみ）・五陰盛苦（五つの要素から成る心の苦しみ）の四苦を加えて八苦とする。

至厳至密（しげん・しみつ）和
細かい点も見落とさないこと。厳密（きびしく・すきまがない）を分けたものに、至（程度が甚だしい）を添える。至って厳密だ、という。
▽未来においての至厳至密の裁判を恐るればこそ、吾人人類の過半数が自ら戒慎して〔中江兆民＊続一年有半〕
○至厳至密に考えると　○至厳至密な検査

慈眼愛腸（じげん・あいちょう）和
いつくしむ態度のこと。眼（見る立場）・腸（気持ち）、それぞれに慈愛（いつくしみ）を分けて添える。
▽西郷南州は一代の英雄にして、慈眼愛腸、侠

心海のごとく、その品性より〔山路愛山＊現代金権史〕
▽魚を殺し、豚を殺し、牛を殺して食している。慈眼愛腸の人もまた殺生をなし〔柏木義円＊基督教の人間観〕
○その慈眼愛腸にすがる　○慈眼愛腸の士として

自己嫌悪（じこ・けんお）洋
自分で自分自身がいやになること。自己（自分自身）が、嫌悪（きらい・にくむ）される、という。self-hatred の訳語として用いる。
▽自分のふるまいを後悔し、自分を心の狭い男だと考え、自己嫌悪に陥った〔大江健三郎＊セヴンティーン〕
▽如哉は、皮肉のつもりではなかった。自嘲でもなかった。自己嫌悪でもなかった〔丹羽文雄＊青麦〕
○自己嫌悪に駆られる　○自己嫌悪がのしかかる

自己撞著（じこ・どうちゃく）仏
自分の考え方が、前後で食い違って合わないこと。自己で、撞著（つきあたって・いる）する、という。本来は、自家撞著。現代表記（それ以前からも）では、チャク・ジャクの場合、著↓着（俗字）。
▽ぼくを責めると、断っておくが、きみは、下手をすると、自己撞着に陥るよ〔三島由紀夫＊青の時代〕
▽漢語を仮名書きする「字音仮名遣い」ということば、そのものが自己撞着である〔平凡社＊日本語の歴史〕
○自己撞着する　○自己撞着も平気で
参考　自家撞著（じかどうちゃく）の参考欄を参照。

自己本位（じこ・ほんい）洋
考え方や行いにおいて、自分自身を中心とすること。自己（自分自身）が、本位（基本）だ、という。egocentricity の訳語として用いる。
▽自己本位を思想行為の上に輸入すると、今度

は我意識が非常に発展しすぎてしまった〔夏目漱石＊三四郎〕
▽周囲に対するおのれの態度を、がむしゃらに自己本位にすることを手段とし〔長与善郎＊竹沢先生と云う人〕
○すべてが自己本位になる　○自己本位の考え方

事後承諾（じご・しょうだく）洋
承諾なしで行った物事について、行ったあとで承諾してもらうこと。事後（ことの・あと）の、承諾（うけたまわり・こたえる）、という。ex post facto approval の訳語として用いる。
▽政府は、抗議というほどの抗議もできずに、ずるずると事後承諾を与えてしまった〔朝日新聞＊天声人語〕
▽ぼくの小さな羞恥心と、事後承諾的な任命に対する小さな反感とから、審査委員長を辞して〔阿部知二＊城〕
○事後承諾を得て　○事後承諾もやむをえない

試行錯誤（しこう・さくご）洋
失敗を重ねながら、次第に成功に進むこと。試行（こころみに・おこなう）して、錯誤（まちがい・あやまる）する、という。本来は、学習様式の一つ trial and error に当てた訳語。試行を思考と書くのは誤り。
▽採長補短の改良主義や、試行錯誤の実用主義などが、歴史的役割を持ったことは〔唐木順三＊死について〕
▽大学や病院や衛生試験所に送られて、試行錯誤の実験材料となったのである〔開高健＊パニック〕
○試行錯誤を積み重ねる　○試行錯誤の結果、ようやく　○試行錯誤しているうちに　○試行錯誤も役に立たず

四公六民（しこう・ろくみん）和
四割を納め、六割を所得とすること。四公（四の官）・六民（六の私）、という。江戸時代の標準的配分。

▽武士の知行はたいてい四公六民なれば、千石高というが四百石取りなり〔山路愛山＊現代金権史〕
▽例えば四公六民の税地を耕すは、その利、もとより豊かなるにあらずといえども〔福沢諭吉＊文明論之概略〕
○四公六民の制による　○四公六民をもって通則とする

自業自得（じごう・じとく）　仏
原因が自分自身にあること。業・得、それぞれに自（みずから）を添える。自業（自分自身の・原因）で、自得（自分自身で・得る）する、という。悪い場合に用いる。
▽それで、きみはこうなったんだ。自業自得だ。あきらめたまえ、あきらめたまえ、と〔二葉亭四迷＊平凡〕
▽過去という暗い大きな穴の中に落ちている。彼らは自業自得で、彼らの未来を塗抹した〔夏目漱石＊門〕
○自業自得に至ることは　○自業自得の罰として
㊂参考　仏教では、すべての行いが後にその報いをもたらすとされている。このような、原因（後に結果をもたらす原因）を、特に業という。善い行いをすれば善い報いがあり、悪い行いをすれば悪い報いがある。すべては自分でその原因を作って、自分でその結果を受けることになる。これが自業自得という考え方である。一般には、悪業の報いとして苦しみを受ける場合に用いる。

獅子身中（しし・しんちゅう）　仏
味方の内部のこと。獅子（ライオン）の、体の中、という。獅子身中の虫（内部で害をなす者）の形で用いる。
▽労働者をおもちゃにするやつは、労働者の賊である。社会主義の獅子身中の虫で〔内田魯庵＊社会百面相〕
▽政府そのものの中に、政府を危ううすべき獅

子身中の虫は、少なからず宿っていた〔徳富蘆花＊黒潮〕
○獅子身中に注意する　○獅子身中の虫に災いされる
参考 梵網経に、「獅子身中ノ虫ノ自ラ獅子ノ肉ヲ食ラフノ余外ノ虫ニ非ザルガ如シ。是ノ如ク、仏子自ラ仏法ヲ破ル」とある。シシは死んでも他の獣がその肉を食うことはないが、シシの体の中に虫が生じると、それがシシの肉を食うことになる。仏法も、他からこれを壊すことはできないが、仏法修行者が自ら壊すことはありうる、という。一般には、味方の中にいて味方に害をなす者、味方を裏切る者に例えられている。

子々孫々（しし・そんそん）漢
子孫の末の末までのこと。子孫を分けて繰り返し、意味を強める。子孫の続く限り、という意味で用いる。
▽学問して知識を広めたればとて、人の頭、年々太くなるにあらず。これ子々孫々の培養による〔西周＊随筆〕
▽着船の津まで乗せてたべ。子々孫々までご恩は忘れじと、手をすってわびたまえば〔浄瑠璃＊平家女護島〕
○子々孫々まで伝える　○子々孫々、この地を守って
参考 列子に、「子又孫ヲ生ミ、孫又子ヲ生ミ、子又子有リ、子又孫有リ。子子孫孫、窮匱スル コト無シ」とある。子、孫、その子、孫と続き、窮まり尽き果てることがない、という。代々いつまでも、の意味で用いる。

獅子奮迅（しし・ふんじん）仏
勢いよく暴れ回ること。獅子（ライオン）が、奮迅（ふるい・はやる）する、という。奮迅を奮進と書くのは誤り。
▽満身の力を右の腕に込めながら、勝つも負けるも運はこの球一つにあると獅子奮迅〔島崎藤村＊破戒〕

▽波は、両岸の間を追われながらに、獅子奮迅の勢いをもって、真一文字に駆け通って〔徳富蘆花＊湘南雑筆〕

○獅子奮迅の働きをする　○獅子奮迅の怒りをもって

(参考) 法華経に、「諸仏ノ獅子奮迅ノ力ハ、諸仏ノ威猛大勢ノ力ナリ」とある。シシが奮い立つように勢いが盛んだ、という。なお、獅子奮迅三昧（ざんまい）というのがある。仏が衆生を救うために悪魔と戦うようすが、シシの暴れ回るのに似ているからである。一般には、勢いが盛んな場合に用いる。なお、仏教では、獅子を師子と書く。

死屍累々（しし・るいるい）和

死んだ人の体が、あちこちに数多くあること。死屍（しんだ・しかばね）が、累々（つみかさなっている）だ、という。戦場や被災地の場合に用いる。

▽あの死屍累々、血戦真に迫った戦争の印刷図がいちばん上出来のものと思ったが〔子母沢寛＊勝海舟〕

▽豪華絢爛たる応接の間も血潮に染められ、死屍累々たる修羅地獄と化していた〔柴田錬三郎＊柴錬水滸伝〕

○死屍累々の戦場では　○死屍累々たるありさまで

時々刻々（じじ・こっこく）和

時間の経過とともに変わっていくこと。時刻（ときの・きざみ）を分けて繰り返し、意味を強める。

▽朝に夕に、時々刻々に変化するその相ぼうに心行くまで親しむことができたのは〔谷崎潤一郎＊細雪〕

▽世の中のことは、時々刻々変遷極まりねえものでね、機来り、機去るその間〔子母沢寛＊勝海舟〕

○時々刻々と迫る　○時々刻々の変化を観察する

事々物々（じじ・ぶつぶつ）漢

一つ一つすべての物事のこと。事物（こと・もの）を分けて繰り返し、意味を強める。
▽事々物々、必ずその故ありて生ず。もしその故なくして起こる、何故に起これるか〔三宅雪嶺＊我観小景〕
▽人間社会の事々物々、学理の範囲外にあるものとては、ほとんど皆無の姿なれば〔福沢諭吉＊福翁百話〕
○事々物々を確かめる　○事々物々、すべて
(参考) 明・王陽明の伝習録に、「事事物物、皆定理有リ。事事物物ノ上ニ於テ至善ヲ求ム」とある。物事には、それぞれ不変の真理がある。したがって、それぞれについて最も優れたものを求むべきだ、という。事々物々を、一つ一つの物事の意味で用いる。

事実無根（じじつ・むこん）和
事実と考える根拠がないこと。事実が、無根（ねが・ない）だ、という。事実に基づかない事柄にも用いる。
▽矢須子が第二中学校の奉仕隊の炊事部に勤務していたというのは、事実無根である〔井伏鱒二＊黒い雨〕
▽けれど、これは兄が知らぬからとて、事実無根とは断言できがたし、など〔田山花袋＊田舎教師〕
○事実無根につき　○事実無根の中傷

自主自由（じしゅ・じゆう）和
自分で自由になること。自主（みずからを・主とする）で、自由だ、という。他の干渉を受けない場合に用いる。
▽自主自由の権はあまねく行われて、かかる至善至美の便宜を得るといえども〔福沢諭吉＊文明論之概略〕
▽忠孝仁義の名目のほかに、自主自由、権利義務等の称呼あるを聞き、驚きて〔中村正直＊漢学不可廃論〕
○自主自由にふるまう　○自主自由とは行かなくても

自主独立（じしゅ・どくりつ）和

自分の力だけで行うこと。自主（みずからを、主とする）で、独立（ひとりで・たつ）する、という。他の保護や援助を受けない場合に用いる。

▽わたしが僧侶になったのは、生まれつき自主独立の精神が欠けており〔武田泰淳＊異形の者〕

▽民権運動、それは日本の自主独立につながり、天皇への希望と信頼に直結していた〔藤枝静男＊愛国者たち〕

○自主独立を求める　○すべてが自主独立で

至重至大（しじゅう・しだい）和

絶対に軽々しくは扱えないこと。重大（おもく・おおきい）を分けたものに、至（程度が甚だしい）を添える。至って重大だ、という。

▽世の年少者流、ややもすればその責任の至重至大なることを知らず〔尾崎行雄＊新日本之青年・序〕

▽我が国に及ぼす影響をおもんぱかれば、至重至大、真に挙国一致の態度をもって〔中川静＊書翰文精義〕

○至重至大に考える　○至重至大のものとして

四書五経（ししょ・ごきょう）漢

古代中国の儒学の基本図書のこと。四書（よっつの・書物）と、五経（いつつの・経書）を、組み合わせて表す。

▽三年前までは、町や屋敷の子弟に四書五経の素読を教えたものである〔田山花袋＊田舎教師〕

▽四書五経のうちの一つさえわきまえない者には、蛮学修業を許してはならない〔子母沢寛＊勝海舟〕

○四書五経の教え　○四書五経で育った世代

（参考）儒教の基本となる書物が、四書と五経である。四書とは、大学・中庸・論語・孟子、をいい。五経とは、易経・書経・詩経・礼記・春秋、をいう。特に四書は、官吏登用試験としての科挙の出題科目となったため、広く学習されるようになり、解説書も多い。日本でも、江戸時代に重視され、日本人の精神教育の面で大きな役割を果たし、今日に及んでいる。

自縄自縛（じじょう・じばく）和

自分で自分を縛り上げること。縄（なわ）・縛（しばる）、それぞれに自（みずから）を添える。自分のなわで、自分をしばる、という。自分の言動によって自由な動きができなくなる場合にも用いる。

▽かくて武器を捨て、手腕を自縄自縛したあげくは、いかに成り行くべきや〔徳富蘇峰＊国民自覚論〕

▽男を自分のかけたわなの中に陥れて、自縄自縛の苦い目に会わせているに違いない〔有島武郎＊或る女〕

○自縄自縛に陥る　○自縄自縛している

自身自家（じしん・じか）和

自分自身と自分の家族のこと。身（自身）・家（家族）、それぞれに自（みずから）を添える。

▽例えば、自身自家の経済については、何としても不義理はせぬと、心に決定している〔福沢諭吉＊福翁自伝〕

○自身自家のために働く　○自身自家の生計

自信満々（じしん・まんまん）和

自分の持っている考えを、絶対に確かだと思うこと。自信（みずから・おもいこむ）が、満々（みちている）だ、という。自信にあふれている場合に用いる。

▽「城を打ち出て、盗賊どもをけ散らしてくれようぞ」自信満々たる知府であった〔柴田錬三郎＊柴錬水滸伝〕

○自信満々で励みもした　○自信満々の本人にとっては

自是他非（じぜ・たひ）和

自分の考えを正しいとし、他の人の考えを正しくないとすること。自（自分）は是（ただしい）、他（他人）は非（ただしくない）だ、という。
▽いくら公平に心をもって見ても、自然と自是他非と感ぜられるから〔二葉亭四迷＊雑談〕
○自是他非の考えから抜けず　○自是他非を信じて
(参考)　昨非今是の参考欄を参照。

至絶至妙（しぜつ・しみょう）和
非常に巧みなこと。絶妙（すぐれる・ふしぎ）を分けたものに、至（程度が甚だしい）を添える。至って絶妙だ、という。ふしぎなほど巧みな場合に用いる。
▽人身の妙用、かの筋肉・骨格というのみならず、また至絶至妙の心意ありというのみ〔三宅雪嶺＊我観小景〕
○その至絶至妙に感心して　○至絶至妙の組み合わせ

時節到来（じせつ・とうらい）和
長い間待っていた時が来たこと。時節（ときの・ふしめ）が、到来（いたり・くる）した、という。
▽彼としては、まことに時節到来の感があったであろう。間もなく彼は藩令により〔島崎藤村＊夜明け前〕
▽師を求めながら師に会えなかった道元が会いえたのは偶然である。時節到来である〔唐木順三＊中世の文学〕
○時節到来したときに　○時節到来の暁には

至善至美（しぜん・しび）和
非常に好ましいこと。善（よい）・美（うつくしい）、それぞれに至（程度が甚だしい）を添える。至って善く、至って美しい、という。
▽自主自由の権はあまねく行われて、かかる至善至美の便宜を得るといえども〔福沢諭吉＊文明論之概略〕
▽その言うところ至善至美なりといえども、ほかに至善至美の言なしと言うべからず〔西村茂樹＊日本道徳論〕
○至善至美を求める　○至善至美と言える理想

自然陶汰（しぜん・とうた）洋
自然の環境に適したものだけが残り、適しないものは滅びてしまうということ。自然が、陶汰（あらいわけ・えらびわける）する、という。本来は、ダーウィン・進化論の natural selection に当てた訳語。
▽犬の子というものは、自然陶汰で、たいてい何割かの率で死ぬものだと言った〔井伏鱒二＊犬の仔〕
▽これ優勝劣敗、自然陶汰のしからしむるところ、まことに抗しがたき勢いというべし〔坪内逍遥＊小説神髄〕
○自然陶汰によって　○自然陶汰の作用

思想穏健（しそう・おんけん）和
考え方が偏っていないこと。思想（行動一般に対する見方と考え方）が、穏健（おだやかで・すこやか）だ、という。人物評価の評語として用いる。
○思想穏健と見られている　○思想穏健で申し分なく

志操堅固（しそう・けんご）和
物事をしようという気持ちが動かないこと。志操（こころざし・みさお）が、堅固（かたく・かたい）だ、という。環境が変わっても、強い意志を持っていて、計画を実行する場合にも用いる。志操を思想と書くのは誤り。ただし、思想穏健は思想と書く。
▽市史に登載されて、歴史的人物として、父は志操堅固、不言実行の人と書かれている〔火野葦平＊黄金部落〕
▽よほど志操堅固な藩を置かないかぎり、京都的思想に魅せられてしまう〔司馬遼太郎＊王城の護衛者〕
○志操堅固で通っている　○志操堅固な男として

至尊至霊（しそん・しれい）漢
この上なく敬うべきだということ。尊（とうとい）・霊（こうごうしい）、それぞれに至（程度が甚だしい）を添える。至って尊く、至って神々しい、という。

▽また、一方の道徳論においては、人生を万物中の至尊至霊のものなりと認め〔福沢諭吉＊福翁自伝〕

○至尊至霊としてあがめられる　○至尊至霊のお方

参考　後漢・荀悦（じゅんえつ）の漢紀に、「進退スレバ則チ佩玉（はいぎょく）ヲ鳴ラス。此レ則チ、至尊至貴ニシテ以テ自ヲ欽（つつし）ム所ナリ」とある。天子は、歩くと大帯につけた白玉が鳴る、これが至尊至貴の雰囲気を作る、という。そのため、至尊至貴は、天子を敬っていう場合に用いるようになった。日本では、貴を霊に改めて用いる。

自尊自信（じそん・じしん）和

自分で自分を高く評価すること。尊（とうとぶ）・信（しんじる）、それぞれに自（みずから）を添える。自ら尊び、自ら信じる、という。うぬぼれの意味で用いる。

▽方今の女生徒、令嬢などは、自尊自信の念から骨も肉も皮までできていて〔夏目漱石＊吾輩は猫である〕

○自尊自信を深める　○自尊自信にも程がある

自尊自重（じそん・じちょう）和

軽はずみな行いをしないこと。尊重（とうとび・おもんじる）を分けたものに、自（みずから）を添える。みずから・自分を尊重する、という。

▽自尊自重、いやしくも卑劣なことはできない、不品行なことはできない〔福沢諭吉＊福翁自伝〕

▽その通義、権利を保護せしめ、自尊自重、天下と憂楽を共にするの気性を起こさしむ〔西周＊駁旧相公議〕

○自尊自重して本分を尽くす　○自尊自重に過ぎる行動

志大才疏（しだい・さいそ）漢

意志は大きいが、才能に行き届かないところがあること。こころざしは・おおきく、さいは・あらい、という。現代表記では、疏（あらい）↓疎（まばら）も。

▽氏は志大才疎、大仏のような輪郭の大きい人間で、その言うところは不得要領（山路愛山＊現代富豪論）

○志大才疎のうらみはあるが　○志大才疎な人物

参考　北宋・蘇軾（そしょく）の文に、「志大才疏ニシテ、天命ヲ信ジテ自ラ遂グ」とある。意志は大きいが才能が粗っぽい。しかし、天命を信じて事を成し遂げた、という。ただし、中国語の慣用表現としては、ひゆ的に表した眼高手低（目は高く、手は低い）というのがあり、日本でも用いる。

至大至重（しだい・しちょう）和

非常に大切な役割をしていること。重大（おもい・おおきい）を分けたものに、至（程度が甚だしい）を添える。至って重大だ、という。

▽ある人またいわく、文明は至大至重なり。人間万事これに向かって道を避け（福沢諭吉＊文明論之概略）

▽沈黙したるは、簡単なるこの一書箋の与えたる至大至重の問題を熟考すると思われたり（須藤南翠＊緑簑談）

○至大至重とされている　○至大至重の事柄として

至大至妙（しだい・しみょう）和

非常に巧みなこと。大（おおきい）・妙（ふしぎ）、それぞれに至（程度が甚だしい）を添える。

▽さらに至大至妙の活動ありて、得て知るべからざるものある、あに空想となさんや（三宅雪嶺＊我観小景）

○至大至妙の故により　○その至大至妙に感じ入って

時代錯誤（じだい・さくご）洋

歴史の流れを考えに入れない考え方のこと。時代が、錯誤（まちがい・あやまる）している、という。anachronism の訳語であるが、特に、時代に後れた古い考え方の場合に用いる。
▽これを用いずに他の標準を求めるのは、最もこっけいな時代錯誤であります〔芥川竜之介＊侏儒の言葉〕
▽軍人の未亡人が再婚するのは不貞な行いだと言いますね。大変な時代錯誤ですよ〔石川達三＊風にそよぐ葦〕
○時代錯誤も甚だしい　○時代錯誤の考え

七擒七縦（しちきん・しちしょう）漢
何度も捕らえたり放したりすること。擒縦（とらえる・はなす）を分けたものに、七（回数が多い）を添える。縦は、漢音の読みでショウと読む。
▽また放す、放しておいてまた押さえる。七擒七縦、孔明の軍略で攻めつける〔夏目漱石＊吾輩は猫である〕
○七擒七縦して従える　○七擒七縦の故事に倣って
(参考) 蜀志に、諸葛孔明（亮）と、敵将孟獲の記事がある。「亮笑ヒテ縦シ、更ニ戦ハシメ、七タビ縦シテ七タビ擒フ。而シテ亮、猶ホ獲ヲ遣ラントス。獲止マリテ去ラズ」とある。孔明は孟獲を捕らえるたびに放したが、最後に孟獲は逃げず、孔明に従った、という。これによれば七縦七擒になるが、日本では、実際の順序に合わせ、七擒七縦として用いる。

糸竹管絃（しちく・かんげん）漢
いろいろの楽器のこと。いと・たけ・くだ・つる、を組み合わせて表す。弦楽器と管楽器に打楽器も含める。現代表記では、絃（楽器のつる）→弦（弓のつる）も。
▽知友相会して、花鳥風月に遊び、糸竹管弦をもてあそぶがごとき、清閑の快楽事に〔福沢諭吉＊福翁百余話〕
▽よく何をか知り、よく何をかなすや、いわく、糸竹管弦、尊俎の命、これ従わん〔丹羽純一郎

＊花柳春話〕

○糸竹管弦に心を奪われる　○糸竹管弦も及ばない

参考 東晋・王羲之の蘭亭集序に、「糸竹管絃ノ盛無シト雖モ、一觴一詠モ亦タ以テ幽情ヲ暢叙スルニ足ル」とある。琴や笛などを用いなくても、少し酒を飲んで少し詩を口ずさめば、ふさいだ気持ちを伸び伸びさせることができる、という。共に風雅の道だからである。

七顛八起（しちてん・はっき）和

何度倒れても、そのつど起き上がること。七たび倒れ、八たび起き上がる、という。失敗を繰り返してもくじけない場合に用いる。「七転び八起き」を四字漢語にしたもの。現代表記では、顛（くつがえる）→転（ころぶ）。七・八を意識し、シッテン・バッキとは読まない。

▽七転八起、一栄一辱、棺に白布を覆うに至って初めてその名誉が定まるんだ〔坪内逍遥＊当世書生気質〕

▽問題は七転八起のどこで終わったかではないか。運と悲運ではないか〔山口瞳＊江分利満氏の優雅な生活〕

○七転八起の一生を送った　○七転八起の強い意志で

七顛八倒（しちてん・はっとう）⇩しってん・ばっとう

七堂伽藍（しちどう・がらん）仏

寺院として必要な建物のこと。七堂（ななつの・建物）の備わった、伽藍（僧が修行する場所）、という。それらがすべて備わっている場合に用いる。

▽たとえ住宅にしろ、心頭を清めたならば、七堂伽藍の清浄な土地と同じものになる〔丹羽文雄＊蛇と鳩〕

▽例えば、千体の仏を作りて、七堂伽藍を建立の開山の祖師にならんより〔曲亭馬琴＊里見八犬伝〕

○七堂伽藍の建ち並ぶ境内　○興福寺の七堂伽

藍も

(参考) 寺院としては、必要な建造物が七つある。金堂・講堂・塔・食堂・鐘楼・経蔵・僧坊の七つで、これを七堂という。ただし、七に関しては、数そのものではなく、いろいろの堂という意味だとの解釈もある。伽藍のほうは gha-ārāma の音訳で、僧院のことである。本来は僧の修行場であるが、後に寺院の建造物の意味になった。

七難八苦（しちなん・はっく）　仏

さまざまな災難に出遭うこと。七難（ななつの・災難）と、八苦（やっつの・くるしみ）を、組み合わせて表す。

▽七難八苦を与えたまえと、妙見に祈った負けじ魂にあやかるように〔子母沢寛＊勝海舟〕

▽回り合わせがよからねば、七難八苦は娑婆の厄。言うべきことは、なおあれども〔曲亭馬琴＊里見八犬伝〕

○七難八苦に耐える　○身に七難八苦を受けようとも

(参考) 観音経では、火難・水難・風難・刀杖難（とうじょうなん）（武器で傷つけられる）・悪鬼難（悪人に苦しめられる）・加鎖難（くさりでつながれる）・怨賊難（おんぞくなん）（持ち物を奪われる）を七難としている。これらは、観音菩薩の名号を念ずれば、たちどころに逃れられるという。なお、八苦については四苦八苦（しくはっく）の参考欄を参照。

自嘲自虐（じちょう・じぎゃく）　和

自分で自分をばかにすること。嘲（あざける）・虐（いじめる）、それぞれに自（みずから）を添える。みずから・あざけり、みずから・いじめる、という。

▽すべて意識的に計画した行動であるかのように思惟し、大いに自嘲自虐の苦杯をなめ〔石坂洋次郎＊若い人〕

○自嘲自虐するに至る　○自嘲自虐のことば

四通八達（しつう・はったつ）　漢

いろいろの方面に、道路が通じていること。四通（四方に・通じる）にそろえて、八達（八方に・達する）を添え、意味を強める。八達を発達と書くのは誤り。

▽汽車の四通八達する今日、万年筆一本さえ持ってれば、どこへでも行かれる〔内田魯庵＊読書放浪〕

▽自動車のハンドルを握って、四通八達の街頭に立っているようなものである〔寺田寅彦＊物理学と感覚〕

○四通八達した道路により　○四通八達の地下鉄網

（参考）北宋・蘇軾の文に、「今ノ京師ハ、古ク陳留ト謂フ所ナリ。四通八達ノ地ニシテ、洛ヲ擁シテ山河ノ険ノ恃ムニ足ル有ルガ如クニ非ズ」とある。宋の都の杭州は、道路が四通八達だから、要害の地ではない、という。中国語では、四通五達の形も用いる。

失敬千万（しっけい・せんばん）和

非常に無礼なこと。失敬（うやまいを・うしなう）に、千万（非常に多い）を添えて、意味を強める。

▽てんから、亭主の言うほうがもっともだなんて、失敬千万なことを言うな〔夏目漱石＊坊っちゃん〕

○失敬千万なやつだ　○まことに失敬千万だ

日月星辰（じつげつ・せいしん）漢

空にある日・月・星のこと。ひ・つき、ほしの・やどり、という。天体すべてを総称して用いる。

▽ただに、身体と相距ること遼遠なる、空に輝くの日月星辰の若きのみならず〔三宅雪嶺・我観小景〕

▽元来、古人が地静天動といいしは、ただ日月星辰の動くがごとくなるを目撃し〔福沢諭吉＊文明論之概略〕

○日月星辰の運行による　○日月星辰を織り成して

（参考）中国では、天文学が古くから発達していて、日・月・星の運行が観測されていた。書経には、「暦ハ日月星辰ヲ象（かたど）ル」とある。漢書には、「日月乱行シ、星辰逆行ス」とある。暦は日月星の運行に基づいて決められていたから、それが乱れるのは、不吉の前兆であった。

膝行頓首（しっこう・とんしゅ）　和

高貴の人の前で行う礼のこと。ひざで・すすんで、あたまを・地につける、という。

▽白州より帰り、おさとが前に行き、膝行頓首して、しばしば敬いたり〔子母沢寛＊勝海舟〕

▽その席に入りしかば、はるかに膝行頓首しつ。ようやくにして、こうべをもたげ〔曲亭馬琴＊里見八犬伝〕

○膝行頓首して平伏する　○末座で膝行頓首の面々

十死一生（じっし・いっしょう）　漢

十、助かる見込みがほとんどないこと。死の割合が十、生の割合が一だ、という。その状態に陥る場合に用いる。

▽この勝家も、昔にはおれに手向かって、おれを十死一生の危ない目に遭わせたのだぜ〔正宗白鳥＊安土の春〕

▽そりゃあ幸せだのう。おらがとこはのや、じいさまが床に就いて、十死一生だわな〔式亭三馬＊浮世風呂〕

○十死一生で助かるまい　○十死一生のまま過ぎる

（参考）漢書に、「婦人ノ免乳ハ大故ナリ。十死一生ナリ」とある。これからお産をする婦人の言ったことばである。出産は大ごとであって、極めて危険だ、という。唐・盧元輔（ろげんぽ）の書いた銘には、「人ノ為、父ノ為、十死一生ス」の語が褒めことばとして用いられている。

質実剛健（しつじつ・ごうけん）　和

まじめで、しっかりしていること。質実（かざりけがなく・まじめ）と、剛健（つよくて・すこやか）を、組み合わせて表す。生活態度の規範として用いられた。

▽すでに軍人向け教育がわたしの学校をも侵食し、質実剛健の遺訓が蒸し返されて〔三島由紀夫＊仮面の告白〕▽かくて吉宗は、質実剛健の士風を作興することによって、町人の台頭を極力抑え〔三枝康高＊賀茂真淵〕○質実剛健を旨とする　○質実剛健の気風

実践躬行（じっせん・きゅうこう）和

自ら進んで行うこと。実際に踏み行う点で、自ら行う、という。口先だけではいけないという意味で用いる。▽なんじと一切衆生とが同一本質物なり、という真理の旨を実践躬行せよ〔長与善郎＊竹沢先生と云う人〕▽自ら寮に起居し、実践躬行の範を垂れた。毎日の訓示は、微に入り細にわたった〔唐木順三＊無用者の系譜〕○実践躬行を貴ぶ　○実践躬行の例として

質素倹約（しっそ・けんやく）和

ぜいたくをしないこと。質素（じみで・かざらない）と、倹約（費用を切り詰める）を、組み合わせて表す。▽信義に厚く、質素倹約で、家業に勤勉な気風がまだ多分に残っているが〔横光利一＊家族会議〕○質素倹約を旨とする　○質素倹約の日常から見ると

叱咤激励（しった・げきれい）和

強いことばで励ますこと。叱咤（しかり・したうちする）して、激励（はげしく・はげます）する、という。▽弾劾とまでは行かぬとしても、叱咤激励しようとしていたのかもしれない〔阿部知二＊黒い影〕▽目じりを上げて大声で叱咤激励しても、もうどうにもならないほど疲れ切っていた〔山崎豊子＊死亡記事〕○叱咤激励に努める　○三軍を叱咤激励する

十中八九（じっちゅう・はっく）漢

だいたいそのようになると思われる段階のこと。全体を十とすると、可能性は八または九だ、という。

▽「なに、十中八九は治るに決まってます」「じゃ、本当の意味で全癒というと」〔夏目漱石＊明暗〕

▽万民を塗炭の苦に陥らしむる、まず、十中八九は、これら俗吏どもの仕業だよ〔子母沢寛＊勝海舟〕

○十中八九は答えられる　○十中八九、治らない

(参考) 魏志に、「宣ノ夢ヲ叙スルハ、凡ソ此ノ類ナリ。十ニ八九ヲ中ツ」とある。周宣という夢占いは、十のうち八九までをあてた、という。この場合の中は、アテルという動詞である。日本では、ナカという名詞とし、十のナカで八九だ、の意味で用いる。

七珍万宝（しっちん・まんぽう）仏

さまざまな宝もののこと。七珍（ななつの・めずらしいもの）にそろえて、万宝（万の・たからもの）を添える。

▽わいろで蔵は埋まり、死後に残した財産は、七珍万宝、料足八万貫でございます〔唐木順三＊応仁四話〕

▽天下に聞こゆる長者なり。金銀珠玉のみならず、七珍万宝、四方の蔵に余りけり〔曾我物語〕

○七珍万宝を失う　○七珍万宝を積まれても

(参考) 仏教では、金・銀・るり・さんご・こはく・しゃこ・めのう、の七種の宝物を七宝という。ただし、七種については、経文によって異なっている。また、数そのものではなく、いろいろな宝という意味だとの解釈もある。万宝は、あらゆる・たからもの、という意味である。

七顛八倒（しってん・ばっとう）漢

何度も倒れること。顛倒（くつがえり・たおれる）を分けて、七・八を添える。苦しんで転が

り回る場合に用いる。本来はシチテン・ハットウであるが、意味を強めるために促音化され、シッテン・バットウと読まれてきた。現代表記では、顚（くつがえる）→転（ころぶ）。

▽このときばかりは、苦しくてたまらなくなるらしい。七転八倒の苦しみをする〔井伏鱒二＊黒い雨〕

▽老人は七転八倒して悲鳴を上げるのが、嫁が来て背中へ胸を当てていると我慢ができる〔泉鏡花＊高野聖〕

○七転八倒してもだえる ○七転八倒の激痛で

（参考） 南宋・黎靖徳の朱子語類に、「只、商ノ季ニ当タリ、七顚八倒シ、上下崩頽ス」とある。商の末期、世の中が大いに乱れた、という。中国語でも、混乱している意味で用いる。日本では、文字どおりに解釈し、実際に何度も倒れる意味で用いる。

疾風迅雷（しっぷう・じんらい） 漢

非常に速いこと。その速さが、疾風（はやい・かぜ）や、迅雷（はやい・かみなり）のようだ、という。行動が敏速な場合に用いる。迅雷を迅来と書くのは誤り。

▽幕議の長州処分における、いずくんぞよく疾風迅雷のごとくなるをえんや〔福地桜痴＊幕府衰亡論〕

▽七尾城が陥落し、その勢いをもって、疾風迅雷、京都へ殺到してくるかと思われた〔中山義秀＊松永弾正〕

○疾風迅雷に行われた ○疾風迅雷の早技

（参考） 礼記に、「若シ、疾風迅雷甚雨有レバ、則チ必ズ変ナリ。夜ト雖モ必ズ興キテ、服ヲ衣テ、冠シテ坐ル」とある。天の怒りだから、君子は正装して謹慎すべきだ、という。これによれば、疾風迅雷甚雨の六字熟語になる。ただし、南宋・呉曾の能改斉漫録には、「冬至ヲ去ルコト一百五日、即チ疾風甚雨有レバ、之ヲ寒食ト謂フ」や、「疾風甚雨、青春老イ、瘦馬疲牛、緑野深シ」とある。日本では、疾風迅雷の形をひゆ的に用いる。

櫛風沐雨（しっぷう・もくう）漢

仕事のことで、あちこち走り回って苦労を重ねること。風に髪をくしけずり、雨に体をあらう、という。

▽豊太閤、東照公の櫛風沐雨も、大いなる不養生ならん。孔夫子がかつて終日食らわず〔福沢諭吉＊通俗民権論〕

▽N君みたいに、その櫛風沐雨の伝統を追うように誇っているほうがいいのかもしれない〔太宰治＊津軽〕

○櫛風沐雨の労を執る　○櫛風沐雨の跡を顧みて

参考　荘子には、禹帝の行動について、「腓ニ胈無ク、脛ニ毛無シ。甚雨ニ沐シ、疾風ニ櫛ル」とある。これによれば沐雨櫛風になるが、晋書には次の記述がある。「風ニ櫛リ雨ニ沐シテ周旋征伐シ、王室ニ劬労スルコト二十有余載」とある。これによれば櫛風沐雨であり、日本ではこの形を用いる。

十歩九折（じっぽ・くせつ）和

道が曲がりくねって続いていること。十歩歩く間に、九回も曲がる、という。よく変化する場合にも用いる。

▽十歩九折、千変万化して、しかも一尺を流るるごとに万弩の勢いを加えた激流が〔徳富蘆花＊黒潮〕

○十歩九折して進む　○十歩九折の心理

失望落胆（しつぼう・らくたん）和

将来の望みがなくなって、元気がなくなること。失望（のぞみを・うしなう）して、落胆（きもを・おとす）する、という。くじけている場合に用いる。

▽とはいうものの、一たび失敗するというと、必ずそこに失望落胆というものが来る〔石川天崖＊東京学〕

○失望落胆したに違いない　○聞いて失望落胆に至る

失礼千万（しつれい・せんばん）和
非常に失礼なこと。失礼（礼を・うしなう）に、千万（非常に多い）を添えて、意味を強める。
▽不当なものだと思った。時と所にふさわしくない失礼千万なしろものだと考えた〔石坂洋次郎＊若い人〕
▽とんでもない失礼千万なところへ「くれなゐ座」の納札を張りつけておくのだ〔川端康成＊浅草紅団〕
○全く失礼千万で　○失礼千万にも　○失礼千万なやつ

士農工商（しのう・こうしょう）漢
封建社会を形づくると考えられていた四つの階層別のこと。武士・農民・職人・商人、を組み合わせて表す。
▽諸侯の子は諸侯となり、士農工商の子は士農工商となり、転ずることなく〔徳富蘇峰＊新日本之青年〕
▽義務教育のもと、士農工商ことごとく幾分の教育を受け、知識が平均することに〔三宅雪嶺＊明治思想小史〕
○士農工商に分かれる　○士農工商、それぞれの志すところは
㊜参考 管子に、「士農工商ノ四民ハ、国ノ石民ナリ」とある。注によれば、「斯ノ四民有レバ、国、因リテ以テ堅固ナリ。故ニ、国ノ石ノ民ト云フナリ」とある。

至微至細（しび・しさい）和
極めて細かなこと。微細（かすかで・こまかい）を分けたものに、至（程度が甚だしい）を添える。至って微細だ、という。ただし、少しばかりの意味では用いない。
▽外面の姿を一にするはむろん、内部の筋肉臓腑より至微至細に至るまで〔福沢諭吉＊福翁百話〕
▽その形、正しく丸くして、無数に至微至細の球のごときもの、囲いにつきて〔大蔵永常＊綿圃要務〕

○至微至細に検討する　○至微至細も漏らさず

四百四病（しひゃくし・びょう）　仏

人間がかかるすべての病気のこと。仏教では、病気の種類が、四百四ある、という。

▽海水に飛び込めば四百四病即席全快と、大げさな広告を出したのは〔夏目漱石＊吾輩は猫である〕

▽四百四病の中に貧ほど憂きものはなしというも、決して過ぎたる言にあらず〔福沢諭吉＊福翁百話〕

○四百四病を治す名医も　○四百四病も消え去って

（参考）仏教では、人の体が地・水・火・風の四つの元素から構成されている、とする。その場合、この四元素が不調になると、地によって黄病、水によって痰病、火によって熱病、風によって風病が起こる。それぞれに百一の病気があるから、全部で四百四病になる。

四分五裂（しぶん・ごれつ）　漢

数多くの部分に分かれること。分裂（わかれる・さける）を分けて、四・五を添える。秩序や統一が乱れている場合にも用いる。

▽一たまりもなく浮き足立って、四分五裂に落ちうせてしもうた〔芥川竜之介＊きりしとほろ上人伝〕

▽名分の通らない征長のことは、ひいては国内の四分五裂を促すの基と思いますが〔子母沢寛＊勝海舟〕

○四分五裂となる　○天下は四分五裂して

（参考）史記に、「天下、四分五裂ス」とある。多くの国に分かれている、という。唐・柳宗元の詩に、「四分五裂ノ勢ヒ、未ダ已マズ」とある。秩序が大いに乱れている、という。また、六韜には、「四分五裂ハ、以テ円ヲ撃チ、方ヲ破ル所ナリ」とある。四分五裂させるのも、戦法の一つだ、という。

至文至明（しぶん・しめい）　和

極めて文明的なこと。文明を分けたものに、至

（程度が甚だしい）を添える。至って文明だ、という。

▽世にいまだ至文至明の国あらざれば、至善至美の政治もまたいまだあるべからず〔福沢諭吉＊文明論之概略〕

○至文至明の恩恵を受ける　○至文至明を誇る　二十世紀

自分自身（じぶん・じしん）和

自分そのもののこと。自身（自分の体）に、自分を添えて、意味を強める。本人の意味でも用いる。

▽自分自身その詩想に同化してやるつもりであったのだが、成功しなかった〔二葉亭四迷＊余が翻訳の標準〕

▽理由をだれにも話さずにいた。自分自身にも、そのときにはよく説明ができなかった〔夏目漱石＊彼岸過迄〕

○自分自身を責める　○自分自身の心と向き合うとき　○自分自身の発心により　○自分自身のためにも

四方八方（しほう・はっぽう）漢

あらゆる方面・方向のこと。四方（よっつの・方面方向）にそろえて、八方（やっつの・方面方向）を添え、意味を強める。あちこちの意味でも用いる。

▽あれ以来、官兵に追いかけ回されて四方八方を逃げ歩いているので〔子母沢寛＊勝海舟〕

▽教壇に立って四方八方から顔を見られると、舌がもつれて何にも言えなくなる〔中勘助＊銀の匙〕

○四方八方へ広がる　○四方八方、よくなる

（参考）元・白仁甫（じんぽ）の東墻記（とうしょうき）に、「威、四方八面ヲ鎮ム」とある。元・関漢卿（かんけい）の玉鏡台に、「故郷ヲ離レ、四面八方ニ走ル」とある。各方面・各方向の意味では、四方八面か四面八方になる。日本では、四方八方の形に改めて用いる。四方が東西南北であり、八方が、北東・北西・南東・南西を加えたものだからである。

自暴自棄（じぼう・じき）漢
希望を全く捨ててしまうこと。暴（あばく）・棄（すてる）、それぞれに自（みずから）を添える。みずから・あばき、みずから・すてる、という。物事が思うように運ばないときの、やけくそな態度にも用いる。
▽自暴自棄を起こすおまえでないことは信じているが、ずいぶん参ることと思う〔志賀直哉＊暗夜行路〕
▽男の人の自暴自棄には、女の手に合わないところがありますし、捨て置かれていたら〔川端康成＊山の音〕
○自暴自棄に陥るとき　○自暴自棄の生き方の中から　○自暴自棄の態度　○自暴自棄で自殺に至る
(参考) 孟子に、「自ラ暴フ者ハ、与ニ言フ有ル可カラズ。自ラ棄ツル者ハ、与ニ為ス有ル可カラズ」とある。これに続く説明によると、前者は礼儀を守らない者であり、後者は仁義を守らない者である。そういう連中とは行動を共にすることができない（救いの手を伸べることができない）、という。したがって、本来の意味は道徳的に堕落することである。中国語では、落後した場合に用いる。それを日本では、すてばちの態度に用いる。

揣摩臆測（しま・おくそく）和
根拠もなく、こうだろうと考えること。臆測（いいかげんに・はかる）に、揣摩（おしはかり・さする）を添えて、意味を強める。当て推量の意味でも用いる。現代表記では、臆（自分でおもう）↓憶（おもいこむ）も用いる。
▽彼らは、求婚に対しては、優位の資格から揣摩臆測し、比率較計し、利益を考える〔岡本かの子＊生々流転〕
▽彼ら自身の結婚式の当夜情死した事件は、さまざまな揣摩臆測のうしおに巻き込まれた〔三島由紀夫＊盗賊〕
○関係者の間で揣摩臆測を呼ぶ　○揣摩臆測が

飛び交う　○揣摩臆測も盛んで　○揣摩臆測の筆を下すよりも

四民平等（しみん・びょうどう）和

すべての国民は平等だという考え方のこと。士（武士）・農（農民）・工（職人）・商（商人）の四つの民に見られた差別をすべてなくして、平等に扱う、という。

▽四民平等の徴兵制度を無視して、今更、封建的な旧士族制を回復するとは何事ぞと〔島崎藤村＊夜明け前〕

▽大名大老の無意義なる圧制政治を破壊し、四民平等の新天地を開かんとしたる者を〔山路愛山＊現代金権史〕

○四民平等を目標として　○四民平等の新時代を迎えて

四面楚歌（しめん・そか）漢

敵に囲まれていること。四面（四つの方面、まわりじゅう）が、楚の国の歌を歌っている、という。仲間が敵に回って自分だけ孤立した場合にも用いる。

▽こうした四面楚歌の新蔵国盛に対して、ただ一人自ら忠誠を誓っている人物があった〔井上靖＊真田軍記〕

▽大蔵省の不評判は、実に驚くべきものであった。ほとんど四面楚歌の声で〔江森泰吉＊大隈伯百話〕

○四面楚歌に陥る　○四面楚歌の立場に置かれて

（参考）史記に、楚・項羽の立てこもった垓下の城が、劉邦（後の漢の高祖）の軍に包囲されたときの記述がある。そのとき劉邦は、項羽を陥れる作戦として、夜、漢の軍隊に楚の歌を歌わせた。これを聞いた項羽のことばである。「夜、漢軍ノ四面、皆楚歌スルヲ聞ク、項王乃チ大イニ驚キテ曰ク、漢ハ皆已ニ楚ヲ得タルカ。是レ何ゾ楚人ノ多キヤト」とある。翌日、項羽は最後の決戦を挑んだあと自害した。したがって、四面楚歌は、それまで味方であった者までが敵に回ることである。それを、単に敵に囲まれる意味でも用いる。

耳目口鼻（じもく・こうび）和

顔かたちを構成する、すべての道具立てのこと。みみ・め・くち・はな、を組み合わせて表す。鼻目口耳とも。

▽髪毛の末から足のつま先に至るまで、五臓六腑を挙げ、耳目口鼻を挙げて〔夏目漱石＊幻影の盾〕

▽触の一点にとどまらんや。耳目口鼻等のごとき、皆しからざるはなし〔馬場辰猪＊物は見る所に依て異なる〕

○耳目口鼻を驚かす　○耳目口鼻に至るまで

自問自答（じもん・じとう）和

自分で問いを作って、その答えを自分で考えること。問答（とう・こたえる）を分けたものに、自（みずから）を添える。自ら問答する、という。

▽伝道師の説教を用いず、自問自答、もって責任的の動物たることを自覚すべし〔徳富蘇峰＊新日本之青年〕

▽既往を回想したらんには、必ず自ら発明して自問自答、自ら説明に窮することあるべし〔福沢諭吉＊福翁百話〕

○自問自答を繰り返す　○自問自答して決断する

杓子定規（しゃくし・じょうぎ）和

物事をいつも同じ基準で処理しようとして、融通が利かないこと。いつも同じ杓子の柄を用いて、定規（線を引くための用具、規範として用いる基準）とする、という。

▽翌年の治承二年に大姫が誕生したに違いない、といったような杓子定規な推定は〔花田清輝＊小説平家〕

▽うそついて聞かせたりとて、その子もまたうそつきになると思うは杓子定規〔曲亭馬琴＊胡蝶物語〕

○杓子定規に過ぎる考え方　○そんな杓子定規

の理屈で

〔参考〕汁などをすくう杓子というのは、皿形の部分に柄をつけた道具であるが、昔はその柄が曲がっていた。したがって、その柄を定規の代わりに用いるというのは、誤った基準で物を計ることであり、これが杓子定規の本来の意味であった。後に、杓子の柄がまっすぐになると、誤った基準ということが忘れられ、いつも同じ基準で計るという意味に変わった。そのため、形式や規則にとらわれて融通が利かない意味になり、現在に及んでいる。

弱肉強食（じゃくにく・きょうしょく）漢

力の強い者が栄えること。弱い者の肉は、強い者の食である、という。実社会での競争の激しさに例えて用いる。

▽自然はあたかも弱肉強食の歌でも歌い始めたかのように、骨を刺すごとき寒風で〔高見順＊故旧忘れ得べき〕

▽弱肉強食は避けられない。その意味で、ぼくは、悪いことをしたとも思ってはいない〔城山三郎＊乗取り〕

○いわゆる弱肉強食で　○弱肉強食の戦国時代を迎えて

〔参考〕唐・韓愈の文に、「夫レ鳥ハ俛シテ啄ミ、仰イデ顧ミル。夫レ獣ハ深ク居テ簡ビテ出ヅ。物ノ己ニ害ヲ為スヲ懼ルレバナリ。猶ホ且ツ脱セズ、弱ノ肉ハ強ノ食トナルヲ」とある。本来は、自然界の実情について述べたものである。しかし、韓愈の趣旨は、人間は禽獣と異なり、礼楽・政治によって安らかな生活を守ることができる、という点にあった。それを、人間社会にも広げ、弱者が強者に侵される意味で用いる。

寂滅為楽（じゃくめつ・いらく）仏

心静かな境地のこと。寂滅（煩悩がさびれ・ほろびる）して、楽（やすらか）となる、という。

▽涅槃とか寂滅為楽とかいう境地には、不思議な魅力が感ぜられた〔志賀直哉＊暗夜行路〕

▽彼女らの声らしいけれど、寂滅為楽の声では

なくって、清浄歓喜の声だった〔正宗白鳥*日本脱出〕
○寂滅為楽の心境に至る　○寂滅為楽と響く鐘の音
参考 仏教では、人間はすべて迷い（煩悩）を持っているから、迷いから離れなければいけない、とする。そうすれば、心が静まって安らかになる、という。そのような、迷いの世界から離れることによって得た、悟りの境地としての心の静けさが寂滅である。寂滅為楽とは、寂滅の境地になれば楽しい、という意味である。涅槃経では、「諸行無常、是生滅法、生滅滅已、寂滅為楽」と続いている。諸行無常の参考欄を参照。

奢侈淫佚（しゃし・いんいつ）和
ぜいたくな暮らしをし、道徳的でない行いを楽しむこと。奢侈（おごり・おごる）で、淫佚（みだらで・やすんじる）だ、という。本来の仕事をおろそかにすることになる。現代表記では、佚（やすんじる）↓逸（たのしむ）も。
▽これ、今日、わが日本帝国、貴賤貧富一般、奢侈淫逸の習を成せしゆえんの歴史なり〔中江兆民*一年有半〕
▽王子公孫も酒池肉林に荒亡し、ひいては社会全体が奢侈淫逸の風になびいていった〔高木卓*遣唐船〕
○奢侈淫逸に流れる　○奢侈淫逸を戒める

奢侈文弱（しゃし・ぶんじゃく）和
ぜいたくをして弱々しいこと。奢侈（おごり・おごる）で、文弱（文事にふけって・よわよわしい）だ、という。
▽奢侈文弱の弊を戒め、勤倹力行の風俗を奨励し、健全の血液を都会に送る〔徳富蘆花*思出の記〕
○奢侈文弱に流れる　○奢侈文弱の習を成す

洒々落々（しゃしゃ・らくらく）和
物事にこだわらないこと。洒落（わだかまりがなく・あっさりしている）を分けて繰り返し、意味を強める。性格・言動・態度などにも用いる。

▽洒々落々たるものを見て楽しむ、けだし、人間の常性なりかし、この感情に投合して〔坪内逍遥＊小説神髄〕

▽気分はどこまでも昔のままの一書生、洒々落々とした裏に鉄のごとき意志を蔵して〔徳富蘆花＊思出の記〕

○洒々落々として人生を楽しむ　○洒々落々とは行かず

蛇心仏口（じゃしん・ぶっこう）漢

口は親切だが、心が陰険なこと。ヘビの心を持ちながら、ホトケの口を持つ、という。

○蛇心仏口の親切では　○蛇心仏口を見破られて

(参考) 明・王玉峰の焚香記に、「人ヲ欺クヤ、神ヲ索メテ佑ケズ、狼狼ヲ悪ミテ、蛇心仏口ス」とある。陰険な心を持ちながら、口先だけは親切だ、という。中国語の仏口蛇心も、口が上手で心が悪い意味である。

遮二無二（しゃに・むに）和

前後のことをよく考えずに、物事に向かうこと。遮二（にを・たちきる）にそろえて、無二（にが・ない）を添え、意味を強める。感情が募る場合にも用いる。

▽刀づかに手を掛けたのみでなく、遮二無二これを抜かねばならぬ仕合いとなった〔徳富蘇峰＊国民自覚論〕

▽彼は、遮二無二、同棲を強いる。結婚のことを言い出されると、はたと当惑した〔平林たい子＊砂漠の花〕

○遮二無二、攻める　○遮二無二、悲しくなる

車夫馬丁（しゃふ・ばてい）和

封建的な身分制度において身分の低い者のこと。車夫（人力車を引く・者）と、馬丁（馬を引く・者）を組み合わせて表した。

▽車夫馬丁、無頼漢に至るまでを利用して、国家有用の材に煩を及ぼし〔夏目漱石＊吾輩は猫

である〕
○車夫馬丁を扇動する　○車夫馬丁の言に惑わされて

自由闊達（じゆう・かったつ）和
思いのままに、のびのびとしていること。自由で、闊達（ひろく・こだわらない）だ、という。他の人の言動を受け入れる大きな度量がある場合にも用いる。
▽妄想を自分に許す瞑想の時間、ここにおいては、彼はまことに自由闊達で〔三島由紀夫＊青の時代〕
▽彼らがうつむいて黙々と働くようすは、米兵の自由闊達な態度と著しい対照をなして〔大岡昇平＊俘虜記〕
○自由闊達の境地に至る　○自由闊達な若々しさで

自由自在（じゆう・じざい）仏
思うままにすること。自由な点が、自在（思いのまま）だ、という。思う存分ふるまう意味でも用いる。
▽執筆者は、勇を鼓して自由自在に書くべし、ただし、他人の身を評するには〔福沢諭吉＊福翁自伝〕
▽簡便な垣である。わが輩などは、目の間から自由自在に往来することができる〔夏目漱石＊吾輩は猫である〕
○自由自在に飛び回る　○自由自在に駆使する場合は　○自由自在な境遇にあって　○自由自在な筆の運びで
㊜参考 仏教では、解脱して何ものにもとらわれない境地を自由の境地という。また、のびのびしてとらわれない心身の働きを自在という。仏のことを自在人というのも、あらゆるものを自分の意志に従わせる力、あらゆる現象の原因を制御する力を持つからである。そこから、何ものにもとらわれない心身とその働きを自由自在という。特に禅宗で用いられている。

自由平等（じゆう・びょうどう）洋

強制もされず、差別もされない、理想状態のこと。自由と、平等を、組み合わせて表す。freedom and equality の訳語として用いる。

▽庭上のちりを掃き清めることによってのみ、この自由平等の聖代に生存を許されて〔徳永直＊太陽のない街〕

▽古い政治家への不信と、自由平等に対する軽薄な理解と階級的な変動の激しさと〔石川達三＊風にそよぐ葦〕

○自由平等を唱える　○自由平等の原則によって

自由奔放（じゆう・ほんぽう）和

何らの束縛も受けずに、思うままにふるまうこと。自由で、奔放（ほとばしり・はなれる）だ、という。他の迷惑を気にしない場合にも用いる。

▽山田は、この間、自由奔放、信ずるまま、感ずるままの信仰生活を営んでいた〔上林暁＊大懺悔〕

▽小説も、散文であるにかかわらず、自由奔放とはいかないで、型が決まっている〔正宗白鳥＊人間嫌い〕

○自由奔放に生きる　○自由奔放な言動

自由民権（じゆう・みんけん）和

人民が主となって自由を守ること。自由と、民権（人民が政治を行う権利）を、組み合わせて表す。

▽四方に奔走して、自由民権の大義を唱えて、探偵につけられて〔二葉亭四迷＊平凡〕

▽あたかも全国に沸騰する自由民権の議論の最高潮に達したころであるから〔島崎藤村＊夜明け前〕

○自由民権の論を唱える　○自由民権を旗じるしとして

縦横自在（じゅうおう・じざい）和

拘束を受けないこと。縦横（たても・よこも）が、自在（思いのまま）だ、という。

▽自然に備わる抑揚頓挫、あるいは開き、あるいは閉じて、縦横自在に言い回せば〔二葉亭四

迷＊浮雲〕
▽そのとらは一匹に過ぎざるも、それが縦横自在に走り回りつつあるにおいては〔徳富蘇峰＊国民自覚論〕
○縦横自在に例を引く　○縦横自在な筆の運び

縦横無碍（じゅうおう・むげ）和
思いのままに動き回ること。たても、よこも、さまたげが・ない、という。碍は、礙（異体字）とも書く。
▽しきりに鉄砲を撃ちかくれども、とらはこれを物ともせず、縦横無碍に走りかかり〔曲亭馬琴＊里見八犬伝〕
▽官軍、敵の中へ紛れ入りて、ここに火をかけ。かしこにときを作り、縦横無碍に掛け立つる〔太平記〕
○縦横無碍に飛び回る　○縦横無碍の立ち回り

縦横無尽（じゅうおう・むじん）和
思う存分にふるまうこと。たても・よこも、つき・ない、という。本来は、限りがないこと。
▽弁舌は縦横無尽、立て板の水の流れをせきかねて、折節は覚えずほらを吹くこともある〔二葉亭四迷＊浮雲〕
▽薄い透明な羽を縦横無尽に振るう。その早いこと、みごとなることは〔夏目漱石＊吾輩は猫である〕
○縦横無尽に切りまくる　○縦横無尽の活躍

衆議一決（しゅうぎ・いっけつ）和
相談した事柄について、皆の意見がまとまること。衆議（多くの人が・集まって相談する）が、一決（おなじに・まとまる）する、という。
▽これは一番こねくってやろうと、塾中の衆議一決、それぞれ掛かりの手分けをした〔福沢諭吉＊福翁自伝〕
▽さて、いよいよ衆議一決の暁には、総代を選んで学長のところへ行く〔夏目漱石＊三四郎〕
○衆議一決して終わる　○衆議一決によって

羞月閉花（しゅうげつ・へいか）漢
女性として非常に美しいこと。その美しさに対して、はじらう・つき、とじる・はな、という。閉月羞花とも。

▽悲しいかな、伏姫は、羞月閉花のみやびめなれども、おのこ魂あればこそ〔曲亭馬琴*里見八犬伝〕

▽それには一人の娘があり、年は十七、八にて、羞月閉花の容ぼうありしかば〔末広鉄腸*南洋の大波瀾〕

○羞月閉花の小町娘で　○羞月閉花ともいうべき美女

(参考) 沈魚落雁（ちんぎょらくがん）の参考欄を参照。

衆口一致（しゅうこう・いっち）和

皆の言うことが同じになること。衆口（多くの人の・くち）が、一致（おなじになる）する、という。

▽クラスの集会に欠席すると、「菅沼はどうした」と、衆口一致して遺憾の声を発する〔正宗白鳥*何処へ〕

▽熱心さに敬意を抱くようになった。あの男はほんものだ、と衆口一致した定説が成立した〔大仏次郎*地霊〕

○衆口一致して褒めたたえる　○衆口一致の言

終始一貫（しゅうし・いっかん）漢

方針や態度が、初めから終わりまで変わらないこと。終わりも始めも、一貫（ひとつに・つらぬく）する、という。情勢や環境の変化に動かされることなく、主義主張を持ち続ける場合にも用いる。一貫を一間と書くのは誤り。

▽世の中へ出ると、皆失望したり考えも変わったが、きみは終始一貫してる〔正宗白鳥*何処へ〕

▽政子は、終始一貫、大姫の側に立って頼朝と対立していたことがうかがわれる〔花田清輝*小説平家〕

○終始一貫した方針で進む　○終始一貫して勉学を続け　○終始一貫、怠けてみせる　○終始一貫の大精神のもと

(参考) 漢書に、「終始、一以テ之ヲ貫ク、備ハ

ルト謂フ可シ」とある。王莽（おうもう）について述べた部分で、始めから終わりまで、主義主張を変えなかった、という。ただし、四字漢語としては、終始如一の形が用いられた。荀子に、「終始倶（とも）ニ善ケレバ、人道畢（をは）ル。故ニ、君子ハ始メヲ敬シテ終ハリヲ慎ミ、終始一ノ如シ」とある。

終日終夜（しゅうじつ・しゅうや）和
昼も夜も同じことを続けること。日夜（ひる・よる）を分けたものに、終（おわる）を添える。日夜を終わる、という。休みなく続ける場合に用いる。

▽地上に生まれ落ちて以来、生きるがために終日終夜、空気を吸い続けていながら〔正宗白鳥＊高原の怪談〕

▽春は前栽の花に戯れ、夏は後園の水に浮かび、終日終夜、芸者を集え〔仮名垣魯文＊西洋道中膝栗毛〕

○終日終夜を過ごす　○終日終夜の遊興

袖手傍観（しゅうしゅ・ぼうかん）漢
そばで見ていて、何もしないこと。袖手（てを・そでにいれる）して、傍観（まわりで・みる）する、という。関心はあるが、協力しない場合に用いる。現代表記では、旁（まわり）↓傍（かたわら）も。

▽この大事業を挙げて他人に依託し、いたずらに袖手傍観することをうべきや〔徳富蘇峰＊新日本之青年〕

▽過日、長州赤間が関にて夷艦攘討なせるとき、袖手傍観の藩あるのよし〔染崎延房＊近世紀聞〕

○袖手傍観して過ごす　○袖手傍観のともがら

（参考）唐・韓愈（かんゆ）が柳宗元をたたえた文の中に、次のような箇所がある。「善ク斲（けづ）ルコトヲ為（な）サザレバ、指ヲ血ニシテ顔ヲ汗スルモ、巧匠ハ旁（ぼう）観（かん）シテ手ヲ袖（そで）ノ間ニ縮ム」とある。木の削り方を知らないで、指から血を出し顔に汗を流している人がいても、巧みな工匠は、見ているだけである、という。困っているところを見るのは、関心を持つからであるが、見ているだけで助けない意味に用いる。ただし、日本では、何もしないで見ているときには手を拱いて（腕組みをして）見るため、拱手傍観に改めて用いることが多い。拱手は、中国では、手を胸に当てて行う礼のことである。

周章狼狽（しゅうしょう・ろうばい）和

非常に慌て騒ぐこと。狼狽（うろたえ・さわぐ）に、周章（めぐり・あわてる）を添えて、意味を強める。慌てたために適切な行動ができない場合にも用いる。

▽はっと我に返った二人の周章狼狽ぶりは、目も当てられぬばかりであった〔柴田錬三郎＊柴錬水滸伝〕

▽磨きガラスのドアの開くおとないを耳にすると、初めて周章狼狽して立ち上がった〔三島由紀夫＊青の時代〕

○周章狼狽を極める　○周章狼狽、言い尽くしがたく

修身斉家（しゅうしん・せいか）漢

自分自身や家族を治めること。身を・おさめ、家を・ととのえる、という。儒教の基本道徳とされている。

▽そいつを漢学の道徳で行こうなんていう連中があるが、それなら修身斉家、治国平天下で〔森鷗外＊青年〕

▽経済書を読みたりとも、修身斉家を説く経書を講ずるがごとく感得することも〔山路愛山＊現代金権史〕

○修身斉家を銘とする　○修身斉家の道

(参考) 大学に、「其ノ国ヲ治メント欲スル者ハ、先ヅ其ノ家ヲ斉フ。其ノ家ヲ斉ヘント欲スル者ハ、先ヅ其ノ身ヲ修ム」とある。身を修め、家を整えることが、国を治める基本だ、という。この部分を下から順に並べていくと、修身・斉家・治国となる。この上に平天下がある。修身斉家が、理想的な政治の基礎段階なのである。

衆人環視（しゅうじん・かんし）和

大勢の人が周りから見ていること。衆人（おおくの・ひと）が、環視（とりまいて・みる）する、という。周りに知られずに行うことができない場合にも用いる。環視を監視と書くのは誤り。ただし、監視監督は監視と書く。
▽もし自分が、衆人環視の中でなく、たった二人きりで江波と会っているのだとすれば〔石坂洋次郎＊若い人〕
▽乳房を出す人はなくなったが、衆人環視の中でも平気で、すぐ肌を見せた〔舟橋聖一＊霧子夫人行状〕
○衆人環視のうちにあって　○衆人環視にもかかわらず

重臣老臣（じゅうしん・ろうしん）和
極めて重要な役割をする家臣のこと。臣（家臣）に、重（身分が高い）・老（年をとっている）を添える。
▽長篠の合戦で重臣老臣の多くは倒れ、あとは、勝頼は徳川軍との合戦に明け暮れていた〔井上靖＊真田軍記〕
○譜代の重臣老臣として　○重臣老臣も無視されて

縦説横説（じゅうせつ・おうせつ）和
いろいろの面から説明すること。縦横（たて・よこ）を分けたものに、説（とく）を添える。縦横に説く、という。
▽縦説横説、その奇弁をろうして、ここに一神の説を唱うるに至ったものと見ゆる〔中江兆民＊続一年有半〕
○縦説横説に努める　○縦説横説もむなしく

周旋奔走（しゅうせん・ほんそう）和
いろいろと世話をすること。周旋（とりもつ）して、奔走（はしりまわり・はしる）する、という。奔走周旋とも。
▽ご亭主が客の相手になって、おかみさんが周旋奔走するのがあたりまえであるのに〔福沢諭吉＊福翁自伝〕
▽それを断りきれずに、あちこちと周旋奔走し

ているという意味のものであった〔島崎藤村＊夜明け前〕

○八方に周旋奔走する　○周旋奔走によって

秋霜烈日（しゅうそう・れつじつ）和

権威や刑罰が非常に厳しいこと。草木を枯らす秋の霜や、夏の激しい太陽のようだ、という。

▽あるいは、かえって、一般の秋霜烈日の厳を増したのではないかと思った〔石川啄木＊雲は天才である〕

▽大躍進運動を開始することもできぬ現状では、秋霜烈日の整風をやるほかはあるまい〔朝日新聞＊天声人語〕

○秋霜烈日の厳しさをもって　○秋霜烈日たる処断

縦談横議（じゅうだん・おうぎ）和

十分に話し合うこと。談議（はなす・はなしあう）を分けたものに、縦横（たてとよこ、十分に）を分けて添える。縦横に談議する、という。

▽わが輩、諸君とほしいままに縦談横議するは、まことに近来の快事です〔内田魯庵＊社会百面相〕

○縦談横議を続ける　○縦談横議によって

縦断横断（じゅうだん・おうだん）和

いろいろに切り分けること。断（たちきる）に、縦横（たて・よこ）を分けて添える。縦横に断つ、という。

▽憲政会を改造しうべく、政友会を改造しうべく、その他、縦断横断を図りうるも〔三宅雪嶺＊小紙庫〕

○縦断横断によって区分する　○縦断横断の結果

周知徹底（しゅうち・てってい）和

広く知らせること。周知（あまねく・しる）を、徹底（そこまで・いきわたらせる）させる、という。

▽教育委員会に対してこの旨を周知徹底させ、適切な指導を与えてください〔文部省＊公用文の書式と文例〕

○周知徹底に努める ○周知徹底を図る

縦塗横抹（じゅうと・おうまつ）和
一面に書きなぐること。塗抹（ぬる・けす）を分けたものに、縦横（たてとよこ、一面に）を分けて添える。書いたり消したりする場合にも用いる。
▽得々の状は、乱筆で判読もできかねる縦塗横抹の書簡紙にあふれ、彼が字は正に〔徳富蘆花＊思出の記〕
○縦塗横抹して終わる ○縦塗横抹の画布には

十年一日（じゅうねん・いちじつ）和
長い期間にわたって、同じ形で進むこと。十年間も、同じ日の繰り返しのようだ、という。長い期間にわたって、進歩や成長がない場合にも用いる。
▽主人の顔の洗い方も、十年一日のごとく、例のとおりである。先日紹介をした〔夏目漱石＊吾輩は猫である〕
▽後ろ姿を見て、その十年一日のごとく迷うことなく書物に耽溺する一生をうらやましく〔正宗白鳥＊何処へ〕
○十年一日のように ○全く十年一日であった

十倍百倍（じゅうばい・ひゃくばい）和
元の分量に対して、著しく多い分量のこと。倍に、十・百を添える。十倍にも百倍にもなる、という。
▽そのうちには、その十倍百倍にして返していただくこともございましょう〔子母沢寛＊勝海舟〕
○十倍百倍にもなる ○十倍百倍の成果

重病難病（じゅうびょう・なんびょう）和
治りそうもない病気のこと。病（やまい）に、重（おもい）・難（なおりにくい）を添える。広く、改まりにくい意味でも用いる。
▽仏法に会いながら、人間の本義を知らず、仏法の正体を知らず、重病難病と申すもの〔唐木順三＊応仁四話〕
○重病難病に侵される ○重病難病を物ともせ

ず

秋風寂莫（しゅうふう・せきばく）和
盛んであったものが、衰えて寂しくなること。秋の風が、寂莫（さびしく・むなしい）だ、という。
▽目を上げて経済世界のありさまを見れば、秋風寂莫、満目荒涼、ただ老若男女が〔徳富蘇峰＊将来之日本〕
○秋風寂莫の情を催す　○秋風寂莫として

十万億土（じゅうまんおく・ど）仏
この世から極楽浄土までの間にある数多くの仏国土のこと。億を単位として十万もある、仏国土、という。
▽「相手に立つは大人げなけれど、ただ一打ちに往生させん。十万億土へ走りね」と〔曲亭馬琴＊里見八犬伝〕
▽それ西方は十万億土、遠く生まるる道ながら、ここも己心の弥陀の国、貴賤群集の称名の声〔謡曲＊実盛〕
○十万億土のかなたへ　○十万億土を隔てて
(参考) 仏教では、この世と西方にある極楽浄土との間に十万億の仏国土があるとされている。そのため、十万億土を、非常に離れている意味にも用いる。ただし、億というのは、日本語で用いる億という単位（万の万倍）ではなく、非常に大きな単位ということである（漢字としての億には、十万・百万・千万・万万の四種類があり、日本でも十万を億としたことがある）。万のほうは、一十百千万と続く五番めの単位であるが、これも数が多いという意味で用いる。したがって、十万億という数も、億の十万倍ではなく、非常に多いという意味である。

獣面人身（じゅうめん・じんしん）洋
顔が獣で、体が人間の形をしていること。けものの・かお、ひとの・からだ、という。ギリシャ神話の Pan・ローマ神話の Faunus などについて用いる。半人半獣とも。
▽ししの面、ひょうの面、羊の面など、獣面人

身の生物が辺りに出没していたが〔正宗白鳥＊日本脱出〕

○獣面人身を相手として ○獣面人身の神々

醜劣厚顔（しゅうれつ・こうがん）和

見苦しいことを平気で行うこと。醜劣（みにく・おとる）と、厚顔（あつかましい・かお）を、組み合わせて表す。恥知らずで厚かましい場合にも用いる。

▽その醜劣厚顔な雰囲気は、小関の同席するに堪えられぬものがあった〔高見順＊故旧忘れ得べき〕

○醜劣厚顔の行為 ○醜劣厚顔にも ○醜劣厚顔の極

縦論横議（じゅうろん・おうぎ）和

十分に討論すること。論議（あげつらう・はかる）を分けたものに、縦横（たてとよこ、十分に）を分けて添える。縦横に論議する、という。

▽先輩のまだほんの着手で置いた事業のあとを受けて、後輩の縦論横議を抑えて〔徳富蘆花＊黒潮〕

▽先鋒に立てて縦論横議せしめ、まとめしむれば、そのこと必ず成らんとは〔鵜崎鷺城＊薩の海軍・長の陸軍〕

○縦論横議によって ○縦論横議しても結論に達せず

樹下石上（じゅか・せきじょう）⇩じゅげ・しゃくじょう

主客顚倒（しゅかく・てんとう）和

物事や人の立場が逆になること。主人と客人の立場が、顚倒（くつがえり・たおれる）する、という。重要度の高い低いが逆になる場合にも用いる。現代表記では、顚（くつがえる）↓転（ころぶ）。

▽母親はお茶道具を引き寄せて二人にお茶を入れて勧めた。主客転倒といった形だが〔石坂洋次郎＊若い人〕

▽国立公園とは、ドルを稼ぐための場所と思い違いされている。主客転倒である〔朝日新聞＊

天声人語〕

○主客転倒の論をなす　○主客転倒して眺めると

主義主張（しゅぎ・しゅちょう）和

いつも持っている考え方のこと。主義（思想上の立場）と、主張（強く言い張る意見）を、組み合わせて表す。

▽殊にわたくしの局中では、主義主張を異にして、たもとを分かつのはやむをえないが〔子母沢寛＊勝海舟〕

▽解くも解かぬも、わが主義主張ありての上だ。それを打ち捨てて誤解を解くとは〔徳富蘇峰＊国民自覚論〕

○主義主張はあるとしても　○主義主張でもあれば

熟思黙想（じゅくし・もくそう）和

よく考えること。思想（おもい・おもいだす）を分けたものに、熟（十分に）・黙（だまって）を添える。

▽自分は自分で熟思黙想しながら、折々、間外れたため息かみ交ぜの返答をしていると〔二葉亭四迷＊浮雲〕

○熟思黙想を続ける　○熟思黙想の末に

熟読玩味（じゅくどく・がんみ）漢

よく読んで、意味を味わうこと。熟読（十分に・よむ）して、玩味（あじを・もてあそぶ）する、という。意味をよく考えながら読む場合にも用いる。現代表記では、玩（もてあそぶ）↓含（ふくむ）。

▽おこがましとのみ笑いたまわで熟読含味せられもせば、小説という一大美術の〔坪内逍遥＊小説神髄〕

▽汽車の中で、彼は台本を飽かず熟読含味し続け、公演中の楽屋では〔有吉佐和子＊人形浄瑠璃〕

○反復して熟読含味する　○熟読含味の結果

参考　小学に、「凡ソ語孟（ごもう）ヲ看（み）ルニハ、且ツ、須（すべか）ラク熟読玩味シ、聖人ノ言語ヲ将（もっ）テ、己ニ切ニスベシ。只一場ノ話説ト作ス可カラズ」とある。論語・孟子を読むには、繰り返し読んで深く味わい、自分に当てはめてみるべきだ、他人事としてはいけない、という。

熟慮断行（じゅくりょ・だんこう）和

よく考えてから行うこと。熟慮（十分に・かんがえる）して、断行（思い切って・おこなう）する、という。

▽どっちがわれわれの踏むべき道か、熟慮断行、おのおのも千古の悔いを残されぬように〔子母沢寛＊勝海舟〕

○熟慮断行するところもあって、○熟慮断行が望ましい

樹下石上（じゅげ・しゃくじょう）仏

修行の旅で、野宿をすること。寝る場所が、木の下や、石の上になる、という。ジュカ・セキジョウとも読む。

▽一所不住の沙門雲水行脚の衲僧は、必ず樹下石上を宿とすとある〔夏目漱石＊吾輩は猫である〕

▽東には山中に乗戒共に急なる僧、樹下石上に座して、すでに証を得て年久し、仏法繁盛す〔太平記〕

○樹下石上を心掛ける　○樹下石上の苦行を続ける

(参考) 仏教では、煩悩を払い落とすために座行をする。その場合に、屋外では、大樹の下や露地に座って修行をする。これが十二頭陀行の一部となる樹下坐・露地坐である。露地坐は、石の上に座るため、石上坐ともいう。ただし、一般には、樹下石上を旅に出ての野宿の意味で用いる。その場合には、ジュカ・セキジョウと読む。

取捨選択（しゅしゃ・せんたく）和

多くの中から、悪いものを捨て、よいものを選び取ること。選択（えらび・ひきぬく）に、取捨（とる・すてる）を添えて、意味を強める。

多くの中から、一定の基準で選び取る場合にも

用いる。
▽どの歌を取り、どの歌を捨てるかの取捨選択は、歌人として、批評家として〔堀田善衛＊定家明月記私抄〕
▽その思想に体系はなく、われとわが心の希望と道義によって取捨選択を行って〔唐木順三＊無用者の系譜〕
○取捨選択された資料により　○取捨選択の基準

種々雑多（しゅじゅ・ざった）和
さまざまなものがあること。雑多（まざって・おおい）に、種々（いろいろ）を添えて、意味を強める。
▽人類社会のように種々雑多な、余計なものがなくってよろしい。ことばも単純で〔正宗白鳥＊日本脱出〕
▽彼らは要らぬ算段をして、種々雑多な恰好をこしらえて得意である〔夏目漱石＊吾輩は猫である〕
○種々雑多に交じり合う　○種々雑多の思想

衆生済度（しゅじょう・さいど）仏
この世で迷っている一般の人を苦しみから救い上げて、悟りの境地に導くこと。衆生（すべての・いきているもの）を、済度（すくい・わたす）する、という。
▽自分一人のことではなく、衆生済度を志せと、まあ、そういうことを常に申され〔唐木順三＊応仁四話〕
▽衆生済度に多忙であって、自分自身の心と向き合う時間を持たなかった〔丹羽文雄＊蛇と鳩〕
○衆生済度のできる人は　○衆生済度の旗じるしのもと
(参考) 仏教で衆生というのは、この世に生を受けたものすべてを総称している。しかし、一般には、人間を指し、世間の多くの迷っている人々の意味で用いる。済度というのは、その迷っている衆生を導いて悟りの境地に救い渡すことである。それを海に例え、迷いの大海から救って彼岸へ渡す、という。内容としては、死後に極楽へ導くことまでを含んでいる。

朱唇皓歯（しゅしん・こうし）漢

若くて美しい女性のこと。あかい・くちびる、しろい・は、という。特に、男性にもてはやされる美女のこと。

▽明眸秋水を凝らし、朱唇皓歯、生けるがごとく、笑うがごとき者は麗人の写真なり〔増山守正＊西京繁昌記〕

○朱唇皓歯にあこがれる　○朱唇皓歯の美女として

（参考）楚辞に、「朱唇皓歯、嫭クシテ以テ姱シ。豊肉微骨、調ヘテ以テ娯シム。魂ヨ、帰リ徠レ」とある。死者の魂を呼び寄せることばで、生前の美ぼうが強調されている。赤い唇と白い歯が、美ぼうの重点である。

首鼠両端（しゅそ・りょうたん）漢

成り行きを見て、どちらにつくかを決めること。穴から頭だけを出したネズミが、両方の端を見ている、という。態度を決めかねている場合にも用いる。

▽聞く、三道の侯伯、あるいは首鼠両端を決せずと。痛恨に堪えざるところなり〔子母沢寛＊勝海舟〕

▽それは、彼が間に立ち、常に首鼠両端を持する態度を執り続けているというので〔花田清輝・鳥獣戯話〕

○首鼠両端の思いをなして　○首鼠両端の位置に立って

（参考）史記に、「長孺ト共ニセントスルモ、一老禿翁、何ゾ首鼠両端ヲ為スヤ」とある。漢の武帝のときに、情勢ばかり見ていて、逮捕した灌夫に判決を下さなかった検察長官・韓安国（長孺）に対して、当事者の田蚡が言ったことばである。どうして、どっちつかずの態度をするのか、という。ネズミについては、北宋・陸佃の埤雅に、「鼠ハ性疑ヒ、穴ヲ出ヅルニ多ク果ナラズ。故ニ両端ヲ持スル者、之ヲ首鼠ト謂フ」とある。首鼠両端を、なかなか決意しない場合に用いる。

酒池肉林（しゅち・にくりん）漢・

ぜいたくを極めた酒宴のこと。もてなすごちそうが、酒は池のように十分にあり、肉は林のようにたくさんある、という。みだらな酒宴の場合にも用いる。

▽まず、高大なる家を造り、酒池肉林、一夕千金をなげうち〔福沢諭吉＊福翁百話〕

▽王子公孫も酒池肉林に荒亡し、ひいては社会全体が奢侈淫逸の風になびいていった〔高木卓＊遣唐船〕

○酒池肉林を楽しむ　○酒池肉林の宴を催す

参考　史記に、殷の紂王の宴会について、「酒ヲ以テ池ト為シ、肉ヲ県ケテ林と為ス」とある。これにより、酒池肉林を酒食の多い、ぜいたくな宴会の場合に用いる。日本では、肉を女体の意味とし、みだらな宴会の場合にも用いる。史記にも、前記に続けて、「男女ヲ倮ニシテ其ノ間ニ相逐ハシメ、長夜ノ飲ヲ為ス」とあるから、実際はみだらであったことになる。しかし、本来の酒池肉林にみだらな意味はない。なお、紂王がそのような宴会を続けて政治を怠ったため、殷は周に滅ぼされた。

出家得度（しゅっけ・とくど）仏

仏門に入って悟りを開くこと。出家（家を出て僧尼になる）して、得度（悟りを得る）する、という。

▽文殊院にだれかを入れて、出家得度させたい、という念願を持っておりました〔柴田錬三郎＊柴錬水滸伝〕

▽北嶺は円宗一味の学地、南都は出家得度の戒場なり。いかでか与力なからんやと言いければ〔源平盛衰記〕

○出家得度を心掛ける　○出家得度の念願を果たす

参考　仏教で出家というのは、俗世間の自分の家を捨て去って、修行僧尼の仲間に入ることである。一般には、僧尼になる意味で用いる。得度というのは、救うことができることである。迷いの世界を海に例え、その大海から悟りの彼岸に渡ることができる、という意味である。ただし、得度を、出家と同じ意味に用いることもある。

出家遁世（しゅっけ・とんせい）仏　仏門に入ること。出家（家を出て僧尼になる）して、遁世（俗世間を逃れる）する、という。▽もと軍籍にあった男が、世俗を捨てて出家遁世の志を持ったと申し入れてまいり（柴田錬三郎＊柴錬水滸伝）▽錯覚を抱くに至り、やがて当初のけなげな出家遁世の志も鈍り、今度はあべこべに（花田清輝＊小説平家）○出家遁世に至る　○出家遁世の身として

(参考)　仏教で出家というのは、俗世間の自分の家を捨て去って、修行僧尼の仲間に入ることである。遁世というのは、俗世間から逃れて仏道を修めることである。したがって、共に、仏門に入る意味で用いる。ただし、出家することが必ずしも遁世につながらない場合もあった。僧尼の籍にありながら貴族社会に出入りし、地位が高くなることを望む者もいた。その点では、俗世間の地位を離れて立身を求めず、専ら仏道に励むのが真の意味の遁世と考えられるようになった。

出自出所（しゅつじ・しゅっしょ）和　物事が出た、元の場所のこと。出自（より・でた）と、出所（でた・ところ）を、組み合わせて表す。出所を出処と書くのは誤り。ただし、出処進退は出処と書く。○出自出所を示す　○出自出所も明らかにできない

出処進退（しゅっしょ・しんたい）漢　官に就くか官に就かないかということ。出処（出るか・家にいるか）と、進退（すすむか・

しりぞくか）を、組み合わせて表す。その地位にとどまるか、その地位をやめるか、という選択の場合にも用いる。出処を出所と書くのは誤り。ただし、出自出所は出所と書く。

▽きみはどう思うか、男子の出処進退は、銘々の好むとおりにするがよいではないか〔福沢諭吉＊福翁自伝〕

▽今はなすすべもなく、出処進退ことごとく窮して、御身の置きどころさえない御思いで〔子母沢寛＊勝海舟〕

○出処進退を共にする　○出処進退に迷って

(参考) 北宋・王安石の文に、「功名成就スレバ、居ラズシテ去ル。其ノ出処進退、又庶（ねがは）シカランカ」とある。欧陽脩を祭る文の中の褒めことばである。功名を成し遂げたから去った、という。

十〇〇〇（じゅっ……）⇩じっ……

十死一生・十中八九・十歩九折。

(参考) 字音仮名遣いジフの促音化だから、ジッとなる。俗に、ジュウの促音化として、ジュッと読む。

首尾一貫（しゅび・いっかん）和

方針や態度が、初めと終わりで矛盾しないこと。首尾（はじめ・おわり）が、一貫（ひとつに・つらぬく）する、という。同じ方針や態度で通す場合に用いる。

▽小学校から大学まで、首尾一貫して国家教育を施すのである。それはむろん政府の手で〔徳富蘆花＊黒潮〕

▽この問題に対する態度が自信に欠け、首尾一貫せず、軟弱であるというのだったが〔倉橋由美子＊夢の浮橋〕

○首尾一貫、反対する　○首尾一貫しないうらみがある

修羅苦羅（しゅら・くら）仏

心が落ち着かないこと。修羅（つねに戦っている悪神）にそろえて、苦羅を添え、意味を強める。

▽何分にも、胸を燃す修羅苦羅の火の手が盛ん

なので、ほとぼりを冷ますつもりで〔二葉亭四迷＊浮雲〕
▽待ちかねた祝言の杯、早う飲んで返してたも。知らぬお夏は物越しに聞いて修羅苦羅〔浄瑠璃＊寿連理の松〕
○胸も修羅苦羅で寝つかれない　○読んで修羅苦羅

参考　修羅というのは、阿修羅(あしゅら)のことで、仏教では悪神の代表である。阿修羅は性質が高慢で執着心も強く、常に神々と闘争しているため、闘争することを修羅と称するようになった。激しい戦闘の行われる場所を修羅場というのもこれである。苦羅というのは存在しないが、苦しむ意味を込めて、修羅と併せ用いるようになった。

純一無雑（じゅんいつ・ぶざつ）和
まざりものが全くないこと。純一（そのもの一つだけ）で、無雑（まざりものが・ない）だ、という。邪念が全くない場合にも用いる。
▽二つのものが純一無雑の清浄界にぴたりと合うたとき、イタリアの日はおのずから出る〔夏目漱石＊幻影の盾〕
▽個性は、いかなる場合にも、純一無雑な一路へとのみ志しているから〔有島武郎＊惜しみなく愛は奪う〕
○純一無雑で別心はなく　○純一無雑な心ゆえに

春夏秋冬（しゅんか・しゅうとう）漢
季節の変化のこと。はる・なつ・あき・ふゆ、を組み合わせて表す。一年じゅういつも同じ、の意味でも用いる。
▽春夏秋冬は、まことに俳諧の歳時記、一目に読み渡すに異ならず〔永井荷風＊腕くらべ〕
▽年が年じゅう、同じ顔をして、春夏秋冬、一枚看板で押し通す、至って単純な〔夏目漱石＊吾輩は猫である〕
○春夏秋冬を通じて見られる　○春夏秋冬を分かたず　○春夏秋冬の節目も正しく　○春夏秋

冬、洞くつの中は

参考 一般には、春夏と秋冬に分けて用いる。荘子に、「春夏ヲ先ニシ、秋冬ヲ後ニスルハ、四時ノ序ナリ」とある。管子に、「春夏ニ生長シ、秋冬ニ収蔵スルハ、四時ノ節ナリ」とある。ただし、中国語でも続けて用いる。

春去秋来（しゅんきょ・しゅうらい）漢

年月が過ぎていくこと。一年のうちの春が去り、秋が来る、という。特に、同じ状態で過ぎる場合に用いる。

▽年も明けて明治十四年となり、十四年も春去秋来、らちの明かぬようすなれども〔福沢諭吉*福翁自伝〕

○春去秋来、解決の見通しもなく　○春去秋来の年々

参考 明・劉基(りゅうき)の大堤曲に、「春去リ秋来リテ、年復夕年、生キテ歌ヒ、死シテ哭(な)キ、長ク相守ル」とある。春が過ぎ、秋が来る、という。時の流れを表す。

純情可憐（じゅんじょう・かれん）和

心が非常にすなおなこと。純情（本来の心だけを持っている）で、可憐（あわれむ・べし）だ、という。

▽時には純情可憐なおぼこ娘のようにむせび泣いてみせる商売人のゼスチュアには〔平林たい子*追われる女〕

○純情可憐に思われる　○純情可憐な少女

純真無垢（じゅんしん・むく）和

心に曇りが全くないこと。純真（ありのままで・ほんもの）で、無垢（あかが・ない）だ、という。疑う気持ちが全くない場合にも用いる。純真を純心と書くのは誤り。

▽自由で正直で、青い草を得たろばのように、純真無垢なところがあった〔芥川竜之介*あの頃の自分の事〕

▽その最中に、ふと純真無垢な闘志をそがれたように感じることがある〔三島由紀夫*純白の夜〕

○純真無垢の魂に触れる　○純真無垢な子供を見ると　○純真無垢の喜び　○純真無垢、何の汚れも見られない

純粋無垢（じゅんすい・むく）和

混じりけが全くないこと。純粋（ありのままで・まじりけがない）で、無垢（あかが・ない）だ、という。汚れが全くない場合にも用いる。

▽おいらの手を取って、黙っていた。泣いていたわさ。純粋無垢のりっぱなお人だ〔子母沢寛＊勝海舟〕

▽そういう、いわば純粋無垢の喜びは、わたしにとって、その十年以外にはなかった〔唐木順三＊応仁四話〕

○純粋無垢の宗教書　○純粋無垢に恋し合った二人

春風駘蕩（しゅんぷう・たいとう）和

のんびりしていること。春の風が、駘蕩（のびやかに・うごく）だ、という。人柄が温厚な場合にも用いる。

▽いつも春風駘蕩としていて、起居動作が日常と少しも変わっていなかった〔横光利一＊家族会議〕

▽春風駘蕩は、何も織田一家内に限ったことではない。両家の平和は何よりの喜びで〔中山義秀＊戦国史記〕

○春風駘蕩たる言動　○春風駘蕩、何事もなく済む

淳風美俗（じゅんぷう・びぞく）和

非常にすなおな風俗のこと。風俗を分けたものに、淳（すなお）・美（うつくしい）を添える。淳（すなお）を純（まじりけがない）と書いた時期もある。

▽彼の古代風の淳風美俗への愛着にかかわらず、近代の風は紀州の田舎まで〔桑原武夫＊南方熊楠の学風〕

○淳風美俗を乱す　○淳風美俗への愛着

順風満帆（じゅんぷう・まんぱん）和

帆が風をはらんで調子よく進むこと。順風（舟の進む方向に吹く・かぜ）が、満帆（ほにみちている、帆いっぱいに当たって快調だ）だ、という。物事が順調に進む場合にも用いる。満帆をマンポと読むのは誤り。▽海上は静穏で、順風満帆。本州の最北端尻屋崎をはるかに観望しつつ蝦夷地に向かったが〔綱淵謙錠＊航〕▽順風満帆のように見える生涯だが、一人息子を失った悲しみに深いものがあった〔朝日新聞＊天声人語〕○順風満帆の宝舟　○常に順風満帆とは限らなかった

(参考)日本のことわざに、「追いてに帆を揚げる」とある。これを四字漢語にしたのが、順風満帆である。他に「得手に帆を揚げる」ともある。得意なことに好機が来た、という。このほうは、四字漢語にならなかった。

枝葉末節（しよう・まっせつ）和

中心から外れた部分のこと。枝葉（木のえだ・は）と、末節（竹の上端の・ふし）を、組み合わせて表す。どうでもよい細かな部分の意味にも用いる。▽実をいうと、年号や日付や位階のまちがいなどは枝葉末節の問題であって〔花田清輝＊小説平家〕▽減刑とか釈放とかいうのは、罪を肯定した上での話じゃないか。いわば枝葉末節だ〔火野葦平＊戦争犯罪人〕○枝葉末節にわたる　○枝葉末節のことばかりで

上意下達（じょうい・かたつ）和

上の者の考えが下の者に伝わること。上意（うえの・意見）が、下達（下に・とどく）する、という。為政者の考えていることが、人民一般によく理解される意味でも用いる。下達をゲタツと読むのは誤り。▽分会というのは末端組織で、上意下達もって

建国の大業に参加せしめるもので〔長谷川四郎＊可小農園主人〕

▽いわゆる上意下達、一糸乱れぬ仕事ぶりのもとに、この一大作業を完了せしめるよう〔吉村昭＊戦艦武蔵〕

○上意下達に努める　○上意下達を怠ったために

硝烟弾雨（しょうえん・だんう）和

戦いが激しい状態にあること。硝烟（火薬の・けむり）と、弾雨（たまの・あめ）を、組み合わせて表す。砲烟弾雨とも。現代表記では、烟→煙（異体字）。

▽談判危殆に迫り、雌雄を硝煙弾雨のうちに決するのほかに策なしといえる場合に〔須藤南翠＊緑簑談〕

▽早かれ遅かれ、再び硝煙弾雨の満ち満ちたらんは、もはや避くべからざるの形勢に〔坂崎紫瀾＊汗血千里駒〕

○硝煙弾雨の間にあって　○硝煙弾雨をかき分けて

上下一和（しょうか・いちわ）和

上の者も下の者も、同じ気持ちになること。上も下も、一つに和する、という。上下は、ジョウゲとも読む。

▽かつての官武一途も上下一和も、徳川幕府を向こうに回しての一途一和であって〔島崎藤村＊夜明け前〕

○上下一和に努める　○上下一和によって

常規常道（じょうき・じょうどう）和

物事の普通のきまりのこと。規（のり）・道（みち）、それぞれに常（つね）を添える。

▽化け物の団体であるから、むろん常規常道をもって律するわけにはいかぬ〔夏目漱石＊吾輩は猫である〕

▽それより、哲人が言った常規常道にのっとるのが、教育そのものに合致している〔石坂洋次郎＊若い人〕

○常規常道に従う　○常規常道を逸する

上下一和（じょうげ・いちわ）⇩しょうか・いちわ

上下貴賤（じょうげ・きせん）　和

身分が高いことと低いこと。貴賤（とうとい・いやしい）に、上下（うえ・した）を添えて、意味を強める。

▽今の時節は、上下貴賤、皆得意の色をなすべくして、貧乏の一事を除くのほかは〔福沢諭吉＊文明論之概略〕

▽旅を行くことは上下貴賤の差なく憂きもので、海賊・山賊の恐れに恐怖したことは〔平凡社＊日本語の歴史〕

○上下貴賤によって異なる　○上下貴賤を問わず

笑止千万（しょうし・せんばん）　和

非常にくだらないこと。笑止（わらいが・とまる）に、千万（数が多い）を添えて、意味を強める。古くは、非常に気の毒な場合に用いた。

▽思えば笑止千万な話だが、こんな妄想を抱いていた者は、ぼくばかりではなかった〔徳富蘆花＊思出の記〕

▽同盟は百年も維持せらるるものと思い、後生大事に奉持したのを笑止千万と思うて〔徳富蘇峰＊国民自覚論〕

○笑止千万の至りである　○笑止千万にも

生死不定（しょうじ・ふじょう）　仏

人生の生死がはかないこと。生と死は、定まっていない（どうなるか分からない）、という。生死無常とも。

▽あの幼い女の子が、生死不定の姿ながら、ひしと抱かれておったをいかにしよう〔芥川竜之介＊奉教人の死〕

▽韃靼逆徒の秋の月は、無残の雲に隠れ、生死不定の永き夢、驚かすべき勢もなし〔浄瑠璃＊国性爺合戦〕

○生死不定には違いないが　○生死不定のこの世では

㊜参考 人間としては、死ぬことが大問題である。これについて仏教では、輪回という考え方をす

る。あらゆる生き物は、迷いの世界で生まれ変わり死に変わっていく、という。しかも、その繰り返しの変化がいつ起こるかについては、全く不確かであり、一定していない。これを生死不定という。また、生死無常ともいう。

生死無常（しょうじ・むじょう）　仏

人生の生死がはかないこと。生と死は、常がない（どうなるか分からない）、という。生死不定とも。

▽生死無常のありさまを思うに、この世のことは、とてもかくても候、後世を助けたまえ〔湛澄＊一言芳談抄〕

▽桂河にて二人の女房、夕べの煙と立ち上る。生死無常のことわり、哀れなりしことどもなり〔保元物語〕

○生死無常のはかない世　○生死無常は人の定めで

(参考)　生死不定の参考欄を参照。

正直正路（しょうじき・しょうろ）　仏

うそいつわりが全くないこと。正直（ただしく・すなお）と、正路（ただしい・みち）を、組み合わせて表す。ただし、仏教では、阿弥陀仏を信ずる心のことをいう。

▽あの正太郎は正直正路な生まれじゃが、美しい女房ゆえに無実の罪に遭うて〔為永春水＊明烏後正夢〕

▽長者もとより遠国育ち、正直正路の老人なれば、心にや懸かりけん、立ちいで〔浄瑠璃＊用明天王職人鑑〕

○正直正路に手を合わせる　○正直正路の話として

(参考)　仏教では、この世はすべて無常だということを悟って阿弥陀仏を信ずることを正直という。正直心とか正直の道というのがこれである。また、よこしまな道、正しくない考え方を邪路というのに対し、正しい道、よこしまでない考え方を正路という。これに対して、漢文では、正直をセイチョクと読み、正しくすなおなこと

(いつわりがなく、よこしまでないこと)である。また、正路をセイロと読み、人の踏み行うべき正しい道のことである。したがって、正直正路は、仏教用語として呉音で読みながらも、一般には漢文の意味で用いている。

生者必滅（しょうじゃ・ひつめつ）仏

生きている者は必ず死ぬときがあるということ。生きる者は、必ず滅びる、という。人生の無常を表すことばとして用いられる。

▽早く生者必滅の理をのみ込ませようと、少しせき込んだものだから〔夏目漱石*吾輩は猫である〕

▽正しく天の命ずるところなれども、生者必滅もまた天然にして、老少不常〔福沢諭吉*福翁百話〕

○生者必滅には違いないが　○生者必滅のこの世では

（参考）仏教では、現世ははかないものとされている。あらゆるものが移り変わり、少しもとどまらない、という。その一つの例が、生きている者は必ず死ぬことであり、これが生者必滅である。会者定離（えしゃじょうり）とともに、現世の無情として一般にも受け入れられている。平家物語にも、「生者必滅、会者定離は、浮世の習い」とある。

盛者必衰（じょうしゃ・ひっすい）仏

勢いの盛んな者は必ず衰えるときがあるということ。盛る者は、必ず衰える、という。この世の無常を表すことばとして用いられる。

▽盛者必衰のことわりとはいいながら、権門の末路、なかなかにことばにも尽くされぬ〔高山樗牛*滝口入道〕

▽例の平曲の真っ先にある盛者必衰のことわりということばを、身にも心にもつけて〔唐木順三*応仁四話〕

○盛者必衰は世の習いで　○盛者必衰を免れず

（参考）仏教では、現世ははかないものとされている。あらゆるものが移り変わり、少しもとどまらない、という。その一つの例が、盛んなものは必ず衰えることであり、これが盛者必衰である。生者必滅とともに、現世の無常として一般にも受け入れられている。平家物語の冒頭「娑羅双樹の花の色、盛者必衰のことわりを表す」というのが著名である。

常住坐臥（じょうじゅう・ざが）仏
日常の動作のこと。つねに・すんで、おき・ふす、という。一定の居所に寝起きすること。いつも、つねに、の意味でも用いる。本来の形は、行住坐臥。坐（すわる）を座（すわる場所）と書いた時期もある。
▽勝は死ぬまでこれをやり、常住座臥、傍らに、といしと小さな水おけは離さなかった〔子母沢寛＊勝海舟〕
▽親を敬い、下を哀れみ、孝貞忠恕、おのずから常住座臥に見えさせたまえば〔曲亭馬琴＊里見八犬伝〕
○常住座臥に酒をたしなむ　○常住座臥、頭を離れない
参考 行住坐臥が本来の形であり、常にという意味に引かれて行住が常住になった、とされている。しかし、仏教用語としての常住は、行脚の対とも考えられていたから、僧の生活として、所定の寺に定住している意味にもなる。その点では、行住坐臥とは別の語として定着したと考えることもできる。ただし、仏教用語としての常住は永久に存在する意味であり、無常の対である。

常住不断（じょうじゅう・ふだん）仏
絶えることなく続いていること。常住（つねに・ある）と、不断（たえ・ない）を、組み合わせて表す。
▽わけもなく消えうせてしまうものに、常住不断につきまとわれることになった〔安岡章太郎＊月は東に〕
▽手紙、マダムの手に渡る。「恋というものは、常住不断の苦しみでございます」〔三島由紀夫＊綾の鼓〕

○常住不断に脅かされる　○常住不断の苦しみ
(参考) 仏教で常住というのは、いつまでもとどまっていることにも用いる。永久に変化せずに存在することであり、永久不変のことである。無常の対として用いられるのも、このような意味によるわけである。また、不断というのは、断たれるという働きを受けないことである。したがって、断絶することがないのであり、これも永久不変のことである。いつも、の意味で、普段とも書く。

情緒纏綿（じょうしょ・てんめん）⇩じょうちょ・てんめん

清浄潔白（しょうじょう・けっぱく）和
全く汚れていないこと。潔白（きよく・しろい）に、清浄（きよく・きよい）を添えて、意味を強める。女性が処女を保っている場合にも用いる。
▽この会員になってからは、清浄潔白なのだ。生まれながらの清浄な身体を守っている〔正宗白鳥＊日本脱出〕
▽われは清浄潔白なり。天に対し、地に対し、恐るること少しもなし。あに恐れんや〔坪内逍遥＊松のうち〕
○清浄潔白を心掛ける　○清浄潔白の心を保つ
(参考) 清浄無垢（しょうじょうむく）の参考欄を参照。

生々世々（しょうじょう・せぜ）仏
何回も生まれ変わり死に変わること。生々（うまれかわる）ことが、世々（何世にもわたる）だ、という。非常に長い年月にわたっていつまでも、という意味でも用いる。
▽もし、宿意を遂ぐるにおきては、重恩、生々世々にも報じて余りあり、いかがせん〔曾我物語〕
▽ご恩によって命を助けられまいらせ候こと、生々世々にも報じ尽くしまいらせがたく〔平治物語〕
○生々世々に人の身を受ける　○生々世々のご厚恩

（参考）仏教では、生きているものはすべて生まれ変わり死に変わることを繰り返すと考えられている。しかも、その生が何生涯にもわたるから、生々世々である。生々世々、流転生死と続くのは、このためである。

清浄無垢（しょうじょう・むく）仏 非常に清らかなこと。清浄（きよく・けがれがない）で、無垢（あかが・ない）だ、という。

▽花を見るときの子供心を何といおうか。再びすることのできない清浄無垢の喜びであった〔中勘助＊銀の匙〕

○清浄無垢に輝く　○清浄無垢の僧　○清浄無垢の世界

（参考）仏教で清浄というのは、単に清らかなだけではなく、煩悩の汚れから離れていること、罪のないことをいう。そのような境地が清浄境である。また、無垢というのは、汚れを離れて清らかなことをいう。無垢衣というのが「けさ」のことであるが、要するに煩悩に汚されていない者の着る衣の意味である。

生々流転（しょうじょう・るてん）仏 変化が次々と続いていくこと。生々（うまれかわる）と、流転（うつり・かわる）を、組み合わせて表す。世の中が移り変わることについて用いる。生々をセイセイと読むのは誤り。ただし、生々発展はセイセイと読む。

▽彼を旅へいざなう要因を、従来あまりに生々流転といった観念で考えすぎて〔山本健吉＊古典と現代文学〕

▽一方の焦点に生々流転する変形の過程があり、他方の焦点に確固不動の固定性があり〔花田清輝＊変形譚〕

○生々流転してやまない　○生々流転の過程で

（参考）仏教では、生きているものはすべて生まれ変わり死に変わることを繰り返すと考えられている。その場合、迷いの世界をさすらい続けることになるから、これを流転といい、六道・四生の間を流転するという。六道というのは、地獄道・餓鬼道・畜生道・修羅道・人間道・天道の六つの世界である。四生というのは、四つの生まれ方のことで、胎生・卵生・湿生・化生（けしょう）をいう。

情状酌量（じょうじょう・しゃくりょう）洋

事情を考えて、刑罰を軽くすること。情状（考慮すべき事情）で、酌量（手加減を加える）する、という。裁判用語の mildernder Umstand の訳語として用いる。

▽造物主の判廷に情状酌量はない。まいただけは、ぜひとも刈らなくてはならぬ〔徳富蘆花＊思出の記〕

▽理由というのも異なものじゃが、何か事情があるものなら情状酌量の原因にもなる〔木下尚江＊良人の自白〕

○情状酌量すべき点がある　○情状酌量の余地はない

正真正銘（しょうしん・しょうめい）和

確かに本ものであること。真（ほんもの）・銘（その名を持つもの）、それぞれに正（まさに）を添える。まちがいなくそのものだという場合にも用いる。古くは、正真をショウジンと読んだ。正銘を証明と書くのは誤り。

▽にせものもないものだ。おれこそは正真正銘の金剛石だ。おれなどは直径三分ほどある〔山田美妙＊夏木立〕

▽だれが最初にこういう形を考え出したものか。なるほどこれは正真正銘のベンチですな〔大仏次郎＊旅路〕

○正真正銘の本人であって　○正真正銘、信じていた

小心翼々（しょうしん・よくよく）漢

気が小さくて、おそれていること。小心（ちいさい・こころ）が、翼々（つつしみぶかい）だ、という。本来は、小さなことにまで慎み深くすること。

▽夫婦、一心同体にして小心翼々、他に顧みるところあるべからずといえども〔福沢諭吉＊福

翁百話〕

▽品行方正はけっこうだが、小心翼々に過ぐるとかえって出世はできんものじゃ〔内田魯庵＊社会百面相〕

○小心翼々として仕える　○小心翼々と過ごしている　○小心翼々と生きてきたが　○小心翼々たる夫婦

（参考）詩経に、「儀ヲ令クシ、色ヲ令クシ、小心翼翼タリ」とか、「維レ、此ノ文王、小心翼翼タリ。昭ラカニ上帝ニ事ヘ、聿ニ多福ヲ懐フ」とある。小心は細心の意味で、注意深く慎み深いことだから、小心翼々は、本来は褒めことばである。それを、日本では、びくびくしすぎている、という悪い意味に用いる。

精進潔斎（しょうじん・けっさい）仏

身を清めて、修行に専念すること。精進（もっぱら・すすむ）と、潔斎（きよく・つつしむ）を、組み合わせて表す。肉食を断ち、心身を清める場合に用いる。

▽ここに来ている間、塩断ちをなさる方があり、精進潔斎もいろいろです〔島崎藤村＊夜明け前〕

▽「これ吉事なり」とて、精進潔斎の道なれども、調味して、家の子、侍どもに食わせられけり〔平治物語〕

○精進潔斎して臨む　○精進潔斎、怠らず

（参考）仏教では、悟りの道に努め励むことを精進という。その場合には、俗縁を断って仏門に入り、宗教的な生活を送ることになる。実際には、魚・鳥・獣の肉を絶つことになるため、後には、そのような食事を精進料理と呼ぶようになった。また、祭礼に奉仕する人がその準備のために心身を清めて汚れを絶つことを潔斎という。潔斎という語のほうは、神に祈願する前の物忌みの意味で、神道でも用いる。

冗談半分（じょうだん・はんぶん）和

ふざける気持ちを入れて言うこと。冗談（むだな・はなし）が、半分入っている、という。

▽「ちっとも大変らしい声じゃなくってよ」と、お米があとから冗談半分にわざわざ注意した〔夏目漱石＊門〕

▽冗談半分ながら先生の勧誘にあきらめた愛知が、自分のほうにほこ先を向け〔長与善郎＊竹沢先生と云う人〕

○冗談半分に話した　○冗談半分ではあったが

情緒纏綿（じょうちょ・てんめん）和

いろいろな趣が離れないこと。情緒（心の動きを誘うもの）が、纏綿（まつわり・はなれない）だ、という。感情が細やかな場合にも用いる。情緒はジョウショとも読む。

▽映画館で活弁をやっていた。情緒纏綿たる説明をするのが彼の得意な技術で〔石川達三＊風にそよぐ葦〕

▽その中でも、みちのく紙に何枚となく書き続けた最も情緒纏綿する長文の主は御息所で〔円地文子＊女面〕

○情緒纏綿たる感があった　○情緒纏綿の手紙で

常套手段（じょうとう・しゅだん）和

同じような場合に、いつも同じようにすること。常套（いつも同じで・ふるくさい）な、手段（やりかた）、という。常套を常当と書くのは誤り。

▽またも浜中は、肝心のところへ来ると、するりと逃げてしまう。彼の常套手段だが〔松本清張＊Dの複合〕

▽彼らを扇動しておのれの野望を達するというのが、北条時政の常套手段だったのだ〔花田清輝＊小説平家〕

○常套手段になっている　○常套手段として用いる

成道成仏（じょうどう・じょうぶつ）仏

悟りを開いて仏となること。成道（悟りを開く）して、成仏（仏となる）する、という。

▽山川草木まで成道成仏するといいながら、なぜ女性だけがそこから外されているのか〔唐木

順三＊応仁四話〕○成道成仏できるかどうかは　○成道成仏への道

(参考) 仏教には、四諦というのがある。この世は苦であるとする苦諦、苦の原因は煩悩であるとする集諦、煩悩を断つことが悟りだとする滅諦、悟りを得るためには正しい修行によるべきだとする道諦、という四つの基本がこれである。これらを会得するのが成道であり、それによって正しい悟りを開いた境地が成仏である。

少年少女（しょうねん・しょうじょ）和

年が若い男女のこと。少年（わかい男子）と、少女（わかい・女子）を、組み合わせて表す。

▽ランプ輝くもとには、八、九歳より十二、三歳に至る少年少女、打ち集いて喧々囂々〔木下尚江＊火の柱〕

▽あちらの少年少女から来る手紙を読めば、胸を打たれる。この仕事をしていると〔開高健＊青い月曜日〕○少年少女にも分かりやすく　○少年少女の集まり

(参考) 日本の法令では、少女という語を用いず、少年が少女を含んでいる。その場合、少年法では二十歳に満たない者を少年という。これに対して、児童福祉法では、小学校就学の時期から満十八歳に達するまでの者をいう。この年齢幅のほうが、日常語としての少年少女に近いことになる。

松風水月（しょうふう・すいげつ）漢

非常に清らかなこと。松風（松を吹く・かぜ）・水月（水に映じる・つき）のようだ、という。

○松風水月の心を求めて　○松風水月にも優る心境

(参考) 唐・太宗の三蔵聖教序に、「松風水月、未ダ其ノ清華ニ比スルニ足ラズ。仙露明珠、詎(なん)ゾ能ク茲(ここ)ノ朗潤ニ方(あた)ラン」とある。松を吹く風、水に映じる月、仙人の降らす露、光り輝く真珠

も、比べものにならない、という。経文をたたえたことばである。

称名三昧（しょうみょう・ざんまい）仏　他のことを考えないで、南無阿弥陀仏を言い続けること。称名（仏の名を・となえる）の点で、三昧の境地に入っている、という。称名は唱名とも書く。念仏三昧とも。

▽称名三昧に至れば、吹く風、立つ波の音まで念仏ならずということなし、と〔唐木順三＊応仁四話〕

○称名三昧に浸る　○称名三昧の日々を送る

参考　仏教で三昧というのは samādhi の音訳で、心が静かに統一されて、安らかになる状態をいう。それは物事に心を集中することによってもたらされるため、そのことに専念した状態をいう。したがって、仏教用語としての意味は、そのことに専念する瞑想の境地ということである。しかし、一般語としては、物事に専念する点が強調されている。特に、それによって得られる楽しみについて用いる。読書三昧・贅沢三昧・放蕩三昧などは、このほうの用い方である。ただし、漢文では、三昧という語を、物事の奥義を究め妙所を得る意味で用いる。

生老病死（しょうろう・びょうし）仏　人間として避けることのできない四つの苦しみのこと。うまれる・おいる・やむ・しぬ、を組み合わせて表す。

▽命はまた無量なれば、ついに生老病死の苦しみなし。心と事と相かなえば、愛別離の苦もなし〔栄華物語〕

▽親に後れ、夫妻に別るるごとに命を失うものならば、生老病死もあるべからず〔曾我物語〕

○生老病死の苦しみ　○生老病死を超えて

参考　仏教では、人生の苦悩の根本として、四つの苦しみを取り上げている。これが、生老病死の四苦である。生苦は受胎してから出産するまでの苦しみ、老苦は年を取って体力・気力が衰える苦しみ、病苦は病気によって生じるもろもろの苦しみ、死苦は死ぬことの苦しみ、という。この四苦は、人間としてこの世に生存するかぎり、絶対に避けられないものである。

書画骨董（しょが・こっとう）和

日常生活に必要のない芸術品のこと。書画（書・絵）と、骨董（古美術品）を、組み合わせて表す。

▽手前は書画骨董が好きで、とうとうこんな商売を内々で始めるようになりました〔夏目漱石＊坊っちゃん〕

▽蔵を開いて、書画骨董はもとより、金銀珠玉など、金目の品をどんどん持ち出し〔子母沢寛＊勝海舟〕

○書画骨董に凝る　○愛蔵の書画骨董も売り払って

(参考) 骨董の骨はホネであり、董はハスノネである。したがって、骨董という組み合わせからは、古美術品の意味が出てこない。一説には、古銅（古代銅製品）の音転ともいわれているが、明らかではない。

所願成就（しょがん・じょうじゅ）仏

神仏に願った事柄が、そのとおりになること。所願（ねがう・ところ）が、成就（できあがる）する、という。所願を諸願と書くのは誤り。

▽これらの功徳日を三年三か月欠かさず参詣すれば、所願成就のご利益疑いなしという〔川端康成＊浅草紅団〕

▽眠りのうちに宝殿より黄金のよろいを賜るのよし、霊夢を感じ、所願成就の思いをなす〔吾妻鏡〕

○所願成就するまでは　○所願成就、疑いなし

(参考) 仏教では、求めたいことを定めてそれを得ようと願うことが願、願う内容が所願である。そのような所願は、仏を信じ、仏道に励むことによって果たされることになる。この場合の所願の完成を、特に成就という。

諸行無常（しょぎょう・むじょう）仏

すべての事柄は、永久不変ではないということ。

諸行（もろもろの・こと）は、無常（つねが・ない）だ、という。無常を無情と書くのは誤り。
▽彼も人生を諸行無常のメリーゴーラウンドと感じて、楽しみをほしいままにする〔岡本かの子＊生々流転〕
▽根本的に自説をまきつけようとして、諸行無常とか、万物を一無に帰せしめて〔中江兆民＊続一年有半〕
○諸行無常を悟る　○諸行無常の響きを持つ
（参考）仏教では、世の中のすべてのものは常に変化し生滅するから、永久不変のものは一つもない、とされている。その場合のすべてのもののことを諸行という。それが少しもとどまらずに移り変わっていくことを無常という。万物は常に変転してやまない、というのが、仏教の考え方である。涅槃経では、「諸行無常、是生滅法、生滅滅已、寂滅為楽」と続く。もろもろのものはとどまらない、これが生滅の法である。その生滅がなくなって、寂滅の境地になれば安らかである、という。いろは歌の「色は匂へど散りぬるを、我が世誰ぞ常ならむ、有為の奥山今日越えて、浅き夢みじ酔ひもせず」もこれである。

諸国行脚（しょこく・あんぎゃ）仏

いろいろなところを巡り歩いて修行をすること。諸国（もろもろの・くに）を、行脚（あしを・うつす）する、という。特に、禅宗の僧について用いる。
▽わしは、諸国行脚の雲水じゃ。どこということなく、経巡っている〔柴田錬三郎＊柴錬水滸伝〕
▽都の暮らしに望みをなくして、諸国行脚を思い立ち、名古屋に流れ着いてきた〔中山義秀＊芭蕉庵桃青〕
○諸国行脚の修行に出る　○諸国行脚した折には
（参考）仏教では、若い修行僧は、いろいろな寺を渡り歩いて、さまざまの住職から教えを受けるべきだ、とされている。これを修行僧の立場から見れば、いろいろなところを経巡ることであり、諸国行脚・諸国遍歴となる。雲や水のように流れ動くから、修行僧を雲水と呼ぶ。

諸国遍歴（しょこく・へんれき）仏　いろいろなところを順に回ること。諸国（もろもろの・くに）を、遍歴（あまねく・へめぐる）する、という。
▽万福寺の新住職として、諸国遍歴の修行からこの村に帰り着いたその日から〔島崎藤村＊夜明け前〕
▽ここの住持の僧は、若いときから諸国遍歴に年月を過ごしてきた老法師だが〔井伏鱒二＊かるさん屋敷〕
○諸国遍歴の旅に出る　○諸国遍歴する老僧
参考　諸国行脚（しょこくあんぎゃ）の参考欄を参照。

初志貫徹（しょし・かんてつ）和　初めに思い立った望みを変えずに、最後まで押し通すこと。初志（はじめの・こころざし）を、貫徹（つらぬき・とおす）する、という。
▽ますます初志貫徹の意志に燃え、このまま獄死するとも悔いまじと、歯を食いしばって〔水上勉＊城〕
▽自己再生の初志貫徹とともに、廃刀論による罪の意識もあったに違いない〔犬塚孝明＊森有礼〕
○初志貫徹を誓う　○初志貫徹した暁には

諸事万事（しょじ・ばんじ）和　関連するいろいろなこと。諸事（もろもろの・こと）にそろえて、万事（よろずの・こと）を添え、意味を強める。
▽なれるといっても汚すには至らず、諸事万事御意のままに、かつて抵抗したことなく〔二葉亭四迷＊浮雲〕
▽文学者の通は、諸事万事に行き渡って、皆知ってることだけはご存じなり〔内田魯庵＊文学者となる法〕
○諸事万事を執り行う　○諸事万事にわたって

処々方々（しょしょ・ほうぼう）和

あちこちのこと。処（ところ）・方（かた）、それぞれを繰り返して、意味を強める。処々は所々とも書く。

▽その美音が弱まって絶え絶えになりながら、処々方々でしばらくどよみを作っていたが〔三葉亭四迷＊奇遇〕

▽給仕を呼んで、処々方々へ電話を掛けさして、聞き合わせてくれたが〔夏目漱石＊満韓ところどころ〕

○処々方々を駆け回る　○処々方々に助けを求める

諸説紛々（しょせつ・ふんぷん）和

いろいろの意見に分かれていて、まとまらないこと。諸説（もろもろの・考え）が、紛々（みだれもつれる）だ、という。だれもが自分が正しいとする場合に用いる。

▽われらの生命に関しては、諸説紛々として信ずべからず。諸宗あることを忘るるなかれ〔芥川竜之介＊河童〕

▽いったい、幾つぐらいになっていたであろうか、これまた諸説紛々として決しがたい〔花田清輝＊小説平家〕

○諸説紛々の現状では　○諸説紛々たるありさまで

女尊男卑（じょそん・だんぴ）洋

女のほうが上であり、男のほうが下であるということ。女は尊く、男は卑しい、という。本来はgallantry（婦人に対する騎士的ないんぎんさ）の意味であったが、男尊女卑の対として、用いるようになった。

▽自信たっぷりの強い話し方と、女尊男卑ということばのせいに違いない〔田辺聖子＊私の大阪八景〕

▽洋行帰りの者から聞いてもそうである。男女同権よりもむしろ女尊男卑である〔三宅雪嶺＊明治思想小史〕

○女尊男卑を実践する　○女尊男卑の風潮に乗

▽離婚届に父も母も署名してあって、あの人に署名捺印するようにと言った〔芹沢光治良＊結婚〕

▽あたしは先生に付き添われて警察に出掛け、調書というものに署名捺印しましたが〔倉橋由美子＊聖少女〕

○署名捺印を頼まれる　○署名捺印が必要で

私利私益（しり・しえき）和

自分のためになる利益のこと。利益を分けたものに、私（わたくしごと）を添える。私の利益、という。

▽ますます増上慢に陥り、モラルは低下し、権勢欲と私利私益の追求が先になってくる〔朝日新聞＊天声人語〕

▽町人は、黄金を一身の誇りとし、目的を私利私益に固着して迷うべからず〔山路愛山＊現代金権史〕

○私利私益を図る　○私利私益に走る

私利私慾（しり・しよく）和

って

職権濫用（しょっけん・らんよう）洋

職務についている権限を必要以上に用いること。職権を、濫用（みだりに・もちいる）する、という。現代では、濫（みだりに）↓乱（みだれる）を用いることもある。misfeasance の訳語であるが、特に公務員の場合に用いる。

▽そういう公私混同はいかんよ。社長の職権濫用だ。そんなふうだから〔城山三郎＊乗取り〕

▽職権濫用が暴行・脅迫を伴ったときは、脅迫の罪との観念的競合を認めるべきで〔団藤重光＊刑法綱要各論〕

○職権濫用のきらいがある　○職権濫用にわたらぬよう

署名捺印（しょめい・なついん）和

氏名を自分で書いて、判を押すこと。署名（名を・自分で書く）して、捺印（印を・おす）、という。現在では、捺印を押印（印を・おす）ともいう。

自分の利益だけを思う欲望のこと。利慾を分けたものに、私（わたくしごと）を添える。私の利慾、という。現代表記では、慾（よく）↓欲（ほっする）。

▽我意我欲にせよ、私利私欲にせよ、その我、私がこれほど出てきた時代はほかにない〔唐木順三＊応仁四話〕

▽しかし、余がここに個人的善というのは、私利私欲ということとは異なっている〔西田幾多郎＊善の研究〕

○私利私欲に目がくらむ　○私利私欲のとりことなる

支離滅裂（しり・めつれつ）和

はなればなれになること。支離（わかれ・はなれる）して、滅裂（ほろび・さける）だ、という。全体としてまとまりがない場合にも用いる。

▽二人は左右へ分かれる。双方に気合いがないから、もう絵としては支離滅裂である〔夏目漱石＊草枕〕

▽何がいいんだか、国語は支離滅裂、訳の分からない文句ばかり集めて〔田山花袋＊田舎教師〕

○支離滅裂になる　○支離滅裂な文面で

自力更生（じりき・こうせい）和

自分の力でよい状態に戻ること。自力（じぶんの・ちから）で、更生（生活を・あらためる）する、という。更（さらに）は甦（よみがえる）とも。更生を厚生と書くのは誤り。ただし、福利厚生は厚生と書く。

▽浅瀬から舟が浮かび出たようなものがあった。自力更生というか、腹を据えた〔石川達三＊風にそよぐ葦〕

○自力更生に向かう　○自力更生の道を求める

自力自活（じりき・じかつ）和

自分一人の力で生活すること。力（ちから）・活（生活）、それぞれに自（みずから）を添える。

▽こんなことが、まあ、わたしの常に言う自力

自活の姿とでもいうべきものか〔福沢諭吉＊福翁自伝〕
○自力自活したいと思う　○自力自活の道を求める

自立自存（じりつ・じそん）　和
自分の力だけで立ち行くこと。存立を分けたものに、自（みずから）を添える。自ら存立する、という。
▽また、極東において、日本が自立自存の必要上、すなわち、国家生存の必要上〔徳富蘇峰＊国民自覚論〕
○自立自存を心掛ける　○自立自存するには

思慮分別（しりょ・ふんべつ）　仏
よく考えて物事を決めること。思慮（おもい・おもんぱかる）して、分別（わけ・わかつ）する、という。そのような能力の場合にも用いる。
▽この恥ずべき蛮的行為を、思慮分別に富んだ今日、しかもか弱い年少者の頭上に〔石坂洋次郎＊若い人〕
▽それが売国の結果とならぬとも限らぬ。されば、前後左右の思慮分別が大切だ〔徳富蘇峰＊国民自覚論〕
○思慮分別を持つ　○思慮分別に欠けているためであり　○思慮分別も要らない　○思慮分別のない男
参考　仏教では、物事を理論的に考えることを思慮という。思慮者というのは、理論家のことである。また、物事をよく見分けて分析することを分別という。分別者というのは、分析家のことである。対象を分析して知覚する働きも分別である。ただし、仏教では、そのような分析を離れて正しく体得する無分別のほうが重んじられている。それが、思い煩うことのない境地だからである。その点は、思慮のないことを無分別として、悪い意味で用いる一般の場合とは異なっている。

四六時中（しろくじ・ちゅう）　和
一昼夜全部のこと。四六というのが二十四時間のことである。一日じゅういつも、という意味で用いる。本来の形は、二六時中。
▽四六時中、夢にもうつつにも、わたしの心を動かしているものの九分九厘は世間である〔国木田独歩＊悪魔〕
▽一呼一吸、間断なく四六時中、直接に身に関係して生命の泉源ともいうべき空気の〔福沢諭吉＊福翁百話〕
○四六時中、世話になる　○四六時中とは行かないが
(参考) 昔の時の計り方は昼を六つ、夜を六つに分けていたから、合計で十二時であり、二六時中という言い方が本来の形であった。後に、西洋の時間制度を用いてからは、一日が二十四時間になった。そのため、二六時中の代わりに、四六時中も用いるようになった。

神韻縹渺（しんいん・ひょうびょう）和
不思議な趣が辺りに広がること。神韻（かみの・ひびき）が、縹渺（かすかで・はるか）だ、という。
▽また、一幅の名画に対するとせよ。神韻縹渺として霊気人を襲うものあるを見る〔西田幾多郎＊善の研究〕
▽読者をして、凄惨にして神韻縹渺たる神秘境に彷徨せしめるところに特徴がある〔次田潤＊日本文学通史〕
○神韻縹渺として心に迫る　○神韻縹渺たる作品

心願成就（しんがん・じょうじゅ）仏
心で願った事柄が、そのとおりになること。心願（こころの・ねがい）が、成就（できあがる）する、という。
▽わたしのためには、あたかも心願成就、こんな愉快なことはありません〔福沢諭吉＊福翁自伝〕
▽このうえも、心願成就の手がかりをよろしきようにお頼み申すと平伏すれば〔高畠藍泉＊蝶鳥紫山裾摸様〕

○心願成就となる　○心願成就の暁には
（参考）仏教では、求めたいと思う心からの願いを心願という。そのような心願が実現されたとき、これを仏の力によって果たされたものと考える。この場合の心願の完成を、特に成就という。

心機一転（しんき・いってん）和
気持ちを変えて、出直すこと。心機（こころの・はたらき）を、一転（すべて・かえる）する、という。よい方向に変える場合に用いる。
心機を心気と書くのは誤り。
▽驚きのあまり、心機一転の結果を来したというような、小説じみた歴史を持っている〔夏目漱石＊それから〕
▽我ながらばかげたことを思ったものだと、心機一転して、ちょうど持ってきた茶わん蒸しを〔森鷗外＊青年〕
○心機一転して当たる　○心機一転、勉学に打ち込む

神機妙算（しんき・みょうさん）漢
非常に巧みなやり方のこと。神機（かみの・はたらき）と、妙算（すぐれた・はかりごと）を、組み合わせて表す。
▽まことに神機妙算、人意の表にいでざるものなく、至妙とたたえんもなお余りあり〔曲亭馬琴＊里見八犬伝〕
▽なお神機妙算わくがごとく候えども、次の汽車にて茅崎まで背進つかまつり候〔内田魯庵＊社会百面相〕
○神機妙算にもてあそばれる　○神機妙算もむなしく
（参考）明・羅貫中の三国演義に、「文武、皆、賀シテ曰ク、陛下ノ神機妙算、諸臣ノ及バザルトコロナリト」とある。陛下の優れた計略は、臣下の者の考えもつかないことだ、という。神機妙策、神機妙術などの形もある。

仁義礼譲（じんぎ・れいじょう）和
人と交わる際に、まごころを尽くすこと。思い

やりを持つ・正しい道にかなう・礼を尽くす・へりくだる、それぞれの徳目を組み合わせて表す。

▽いわゆる仁義礼譲・孝悌忠信などという、やかましい名をくさぐさ作り設けて〔島崎藤村＊夜明け前〕

▽いわゆる仁義礼譲、孝悌忠信などいうたぐいのもので、人には必ずこれらの心がある〔加藤弘之＊真政大意〕

○仁義礼譲を守る　○仁義礼譲の道にかなう

心口一致（しんく・いっち）仏

心で思っていることと、口で言うことが同じになること。心と口が、一致（同じになる）する、という。一般語としては、心口をシンコウと読む。

▽虚飾の多い世の中に、武田君のような心口一致で淡泊の人は珍らしゅうございます。〔末広鉄腸＊雪中梅〕

○心口一致に達する　○心口一致の言として

（参考）仏教では、うそいつわりや、こびへつらいが悪とされている。それは、心に思っていることと、口で言うことが異なるからである。しかし、修行を積んだ高徳の僧になると、心に思うままを口で言うことができるようになる。これが、心口一致である。

辛苦艱難（しんく・かんなん）和

悩んで苦労をすること。艱難（なやむ・くるしみ）に、辛苦（つらい・くるしみ）を添えて、意味を強める。つらい点を強調する場合は、艱難辛苦を用いる。

▽その間には、よほど辛苦艱難して忍ばなくちゃならぬ。強い意志がなければならぬ〔江森泰吉＊大隈伯百話〕

▽父を討たれて今日まで、九年間の辛苦艱難がやっと報いられてみると〔子母沢寛＊勝海舟〕

○辛苦艱難に耐える　○辛苦艱難、三年が過ぎて

辛苦辛労（しんく・しんろう）和

耐えられないほどの苦労をすること。苦労（くるしい・はたらき）を分けたものに、辛（つらい）を添える。つらい苦労、という。▽父の死後、頼りのない母親の辛苦辛労を見るにつけ、聞くにつけ、子供心にも心細く〔二葉亭四迷＊浮雲〕○辛苦辛労に耐えかねて　○辛苦辛労の毎日

神経衰弱（しんけい・すいじゃく）洋　神経が非常に疲れること。神経が、衰弱（おとろえ・よわる）する、という。強度のものは、病気とされている。▽四、五日前から少しく例の神経衰弱にかかって、うつうつとしていることから〔永井荷風＊地獄の花〕▽その神経衰弱が高じて、先生は実家から出奔し、自殺のおそれがあるため〔岡本かの子＊生々流転〕○神経衰弱に悩まされる　○神経衰弱で寝られぬ毎日

人権蹂躪（じんけん・じゅうりん）洋　人としての、基本的な権利を無視すること。人権（ひとの・権利）を、蹂躪（ふみ・にじる）する、という。特に、fundamental human rights（基本的人権）に関連する四字漢語として、弱い立場の人権を侵す場合に用いる。▽保釈後、間もなく死んだ。正に人権蹂躪の歴史が、一切の報道を禁止せられ〔石川達三＊風にそよぐ葦〕▽古久根とは、そういう男だ。古久根は、ぼくを酷使する。人権蹂躪だ〔丹羽文雄＊蛇と鳩〕○人権蹂躪になりかねない　○人権蹂躪も甚だしい

心口一致（しんこう・いっち）⇩しんく・いっち

神算鬼謀（しんさん・きぼう）和　非常に巧みなはかりごとのこと。神算（神のような・はかりごと）と、鬼謀（鬼のような・はかりごと）を、組み合わせて表す。この場合の神（かみ）と鬼（おに）は、人間以上の力を持

つもののこと。
▽孔明の神算鬼謀に比すべきものであった。大半が濁流におぼれ死んでしまった〔柴田錬三郎＊柴錬水滸伝〕
○神算鬼謀の将軍として　○神算鬼謀、極まりなく

深山幽谷（しんざん・ゆうこく）漢
山奥のよい景色のこと。深山（おくふかい・やま）と、幽谷（おくふかい・たに）を、組み合わせて表す。人が踏み入ったことのない、奥深い自然の場合に用いる。
▽同じ木なれども、深山幽谷の喬木はおのずから一種の威厳を有するがごとく〔山路愛山＊現代金権史〕
▽深山幽谷の紅葉を見て下界に下りると、秋色が魔法か夢かだったように思われる〔朝日新聞＊天声人語〕
○深山幽谷に遊ぶ　○深山幽谷を隠れがとする
（参考）列子に、「吾ニ庭ニ寝ル者ハ、深山幽谷ヲ顧ミズ」とある。この場合は、深い山、奥深い谷が、荒れ果てた辺境の地の意味で用いられている。南宋・朱熹の文に、「深山窮谷、僻遠ノ小民」とあるのもこれである。日本では、深山幽谷を景色がよい意味に用いる。

神山霊場（しんざん・れいじょう）和
神聖な場所のこと。神山（神社のある・やま）と、霊場（仏をまつる・ところ）を、組み合わせて表す。
▽三日め、戴宗は、城外に出ると、薊州で名高い神山霊場を人に尋ねた〔柴田錬三郎＊柴錬水滸伝〕
○神山霊場の気に浸る　○神山霊場の禁制を犯す

唇歯輔車（しんし・ほしゃ）漢
一方がだめになれば他方もだめになるような、密接な関係にあること。唇歯（くちびると・は）の関係と、輔車（そえぎと・くるま）の関係を、組み合わせて表す。互いに助け合い支え

合って成り立つ場合にも用いる。輔（たすける）を補（おぎなう）と書いた時期もある。

▽公らと我とは、同文同人種の兄弟である。唇歯輔車の関係である〔内田魯庵＊社会百面相〕

▽両家は古来から唇歯輔車の間柄じゃ。この子がくさびとなって、いよいよ緊密を加え〔中山義秀＊戦国史記〕

○唇歯輔車の隣国として　○唇歯輔車ともいえる関係

（参考）左伝に、宮之奇が虞公をいさめたことばがある。「諺ニ謂フ所、輔車相依リ、唇亡ブレバ歯寒キトハ、其レ虞虢ノ謂ヒナリ」とある。虞と虢とは唇歯輔車の関係だから、虢が滅びれば虞も滅びる。その虢を攻める晋に味方してはいけない、という。それでも、虞公は晋に味方した。果たして、晋は、虢を滅ぼしたあとで虞を襲い、これも滅ぼした。

人事不省（じんじ・ふせい）洋

意識が分からなくなること。人事（ひととしての・意識）が、不省（あきらかで・ない）になる、という。医学用語 insensibility の訳語であるが、気絶する場合にも用いる。

▽半ば人事不省のうちに年を迎えた。まくら元に氷のうを押さえている細君は〔徳富蘆花＊黒潮〕

▽気候の変化が余りに急激であった。彼は、その間、人事不省の幾時間を経過した〔長塚節＊土〕

○人事不省に陥る　○人事不省で一時間が過ぎた

真実一路（しんじつ・いちろ）和

もっぱら真心を尽くすこと。真実（まごころ）に、一路（その方面だけ）を添えて、意味を強める。

▽疑わずに真実一路に邁進することこそ、悠久の大義に生きる道である〔田辺聖子＊私の大阪八景〕

○真実一路に尽くす　○真実一路の献身的な奉

仕で

神社仏閣（じんじゃ・ぶっかく）和
宗教上の建物のこと。神社（かみを祭る・やしろ）と、仏閣（ほとけを祭る・たてもの）を、組み合わせて表す。
▽りっぱな神社仏閣に富むこの地方としては、別に取り立てて記すほどでもない〔谷崎潤一郎＊聞書抄〕
▽京都には、こういうときに泣きに行くための神社仏閣がたくさんある〔三島由紀夫＊金閣寺〕
○沿道の神社仏閣を巡る　○神社仏閣に参詣する

神出鬼没（しんしゅつ・きぼつ）漢
不意に現れたり隠れたりすること。出没（でる・はいる）を分けたものに、神（かみ）・鬼（おに）を添える。この場合の神と鬼は、人間以上の力を持つもののこと。予定の居場所が分からない場合にも用いる。
▽むら雲小僧とは、全九州をまたにかけて荒らし回った神出鬼没の希代の凶賊であり〔阿部知二＊窓のながめ〕
▽射出す二の矢を、太刀もてちょうと切り払う。神出鬼没の働きに助友は心慌てて〔曲亭馬琴＊里見八犬伝〕
○神出鬼没して火を放つ　○神出鬼没による攻撃を受け　○神出鬼没の早技　○神出鬼没、限りなく
(参考) 唐・崔致遠の桂苑筆耕集に、「嘗テ重囲ヲ犯シ、成ヲ決シテ独リ戦フ。実ニ神出鬼没ト謂フ可シ」とある。本来は戦闘の作戦について用いたが、物事一般についても用いる。行動が一定していないで、不意に現れたり消えたりすることである。

甚暑甚寒（じんしょ・じんかん）和
寒暑が極端なこと。寒暑（さむい・あつい）を分けたものに、甚（はなはだ）を添える。甚だしい寒暑、という。

▽あたかも善悪を甚暑甚寒の両極となして、その間には春もあり秋もあり〔福沢諭吉*文明論之概略〕
○甚暑甚寒の地にあって　○甚暑甚寒にもめげず

信賞必罰（しんしょう・ひつばつ）漢
賞と罰を正しく行うこと。功労のある者には約束どおりに賞を与え、罪を犯した者には必ず罰を課する、という。賞罰のけじめを厳格にする場合に用いる。
▽社員大会は、大会議室で行われた。九百人集まった社員の前で、信賞必罰が行われる〔山崎豊子*死亡記事〕
▽法の威力の根拠は社会的価値であって、信賞必罰というがごときは、単にその威力を〔穂積陳重*法窓夜話〕
○信賞必罰で臨む　○信賞必罰の方針で貫く
㊜参考　漢書に、「信賞必罰スレバ、以テ礼制ヲ輔ク」とある。また、宣帝の政治について、「孝宣ノ治、信賞必罰ス」とある。この元になったのが、韓非子にある七術で、君主として臣下に対する七つの手立てのうちの第二と第三がこれに当たる。「一ニ曰ク衆端ヲ参観ス、二ニ曰ク必罰シテ威ヲ明ラカニス、三ニ曰ク信賞シテ能ヲ尽クサシム」と続く。罪を犯した者には必ず罰を課して、君主の威厳を明らかにすべきである。能力のある者には約束どおり賞を与えて、その能力を全部出させるべきである、という。なお、元史に、軍政についての進言として、「信賞必罰シテ以テ英雄ヲ駆策シ、正人ニ親シミ、邪佞ヲ遠ザケ、以テ治道ヲ図謀ス」とある。信賞必罰は、部下を働かせる上での最良の方策であった。

針小棒大（しんしょう・ぼうだい）和
物事を実際よりも著しく大きく表現すること。針のような小さなものが棒のような大きなものになる、という。
▽何にもないことを知っているので、おおかた

針小棒大の新聞紙の捏造説であろうと〔永井荷風＊地獄の花〕
▽言論境界の奥底に伏する腕力境界、針小棒大の新聞報道、好事家の喜んで信ずる報道〔中江兆民＊兆民文集〕
○針小棒大に書く　○針小棒大の被害報告

尋常一様（じんじょう・いちよう）漢

極めて普通なこと。尋常（八尺と一丈六尺、普通の長さ）で、一様（おなじ・ようす）だ、という。否定の語とともに用いることが多い。
▽尋常のことと思うけれども、世間の人が見たらば、甚だ尋常一様でないのかもしれぬ〔福沢諭吉＊福翁自伝〕
▽のっそりと現れたのは、尋常一様の面相骨格ではなかった。針のようなひげが〔柴田錬三郎＊柴錬水滸伝〕
○尋常一様の人情から言えば　○尋常一様の法律では　○尋常一様とは言えない　○尋常一様では考えられない

(参考) 唐・杜耒の詩に、「尋常一様、窗前ノ月、纔カニ梅花有リテ、便チ同ジカラズ」とある。窓の前の月は普通であるが、梅の花のあるところが異なる、という。尋常一様を、他と変わりがない意味で用いる。

寝食起居（しんしょく・ききょ）和

日常の生活のこと。ねる・たべる・おきる・いる、を組み合わせて表す。
▽夫は、さながらの子供、寝食起居にもその手を借れば、手紙の返事一つ出すにも〔徳富蘆花＊黒潮〕
○寝食起居を共にする　○日常の寝食起居では

心身一如（しんしん・いちにょ）仏

熱心に考えること。心身（こころ・からだ）が、一如（いっしょに・なる）だ、という。心身は、身心とも書く。
▽形を成して現れた考えは、低いが心身一如の境から自然に発酵してきたものだけに〔石坂洋次郎＊若い人〕

○心身一如を目指す　○心身一如の境地に達する

参考　仏教では、身と心を一つのものの両面と見なしている。その点で肉体と精神は一体であり不二だと考え、身心一如という。一如というのは、全く等しくて変わりがないことをいう。身も心も同一であり、本来は同体のものだからである。なお、シンシンという語は、仏教では身心と書くが、徳育では、心のほうが大切だという考え方から、心身と書き、これが一般に用いられている。

新進気鋭（しんしん・きえい）和

新しく加わって、非常に元気なこと。新進（あらたに・すすんでくる）で、気鋭（きが・するどい）だ、という。新人を褒めることばとして用いることが多い。

▽新進気鋭の小説家であり、近ごろ盛んに書いていることは事実なので〔尾崎一雄＊なめくじ横丁〕

▽新進気鋭なる諸人才を指揮統一して、よく三井家の富を増さしむること、果たして〔山路愛山＊現代金権史〕

○新進気鋭の徒を集める　○新進気鋭の学者として

新々奇々（しんしん・きき）和

非常に目新しいこと。新奇（あたらしく・かわっている）を分けて繰り返し、意味を強める。

▽発電器の式を図に示してこれを説明したる、その新々奇々、ぼう然心酔せしむ〔福沢諭吉＊福翁百余話〕

○新々奇々をてらう　○新々奇々の発明品によって

信心帰依（しんじん・きえ）仏

特定の宗教を信じて、その信者になること。信じる心を持って、帰依（したがい・よる）する、という。依は、呉音でエと読む（漢音・イ）。

▽その信心帰依の表に現れたるところは、無知無学の田夫野嫗が涙を垂れて泣く〔福沢諭吉＊

文明論之概略〕
○信心帰依して救われる　○信心帰依の道を求める
(参考) 仏教では、仏の教えを一筋に信じて疑わない心が信心である。その信心の固いことを、信心堅固という。また、救いを求めて仏にすがることを帰依という。信じて仏にすがるのが、信心帰依である。それは、絶対の信をささげて、心のよりどころとすることである。

親戚故旧（しんせき・こきゅう）　和
身内の者と古くからの知り合いの者のこと。親戚（みうち）と、故旧（ふるなじみ）を、組み合わせて表す。
▽親からもらった粒々辛苦の学費を食いつぶしたうえに、親戚故旧に泣きついて〔内田魯庵＊社会百面相〕
▽人の生まるるや、親戚故旧、相集まりてこれを祝す。また、誕生の祝日あり〔中川静＊書翰文精義〕
○親戚故旧の祝福を受ける　○親戚故旧を頼って上京し

親戚知己（しんせき・ちき）　和
身内の者と知り合いの者のこと。親戚（みうち）と、知己（じぶんを・しる者）を、組み合わせて表す。
▽大得意の母は、独り見て足らず、来客に示してなお足らず、親戚知己の限りを持ち回って〔徳富蘆花＊黒潮〕
▽故国の山河や、奈良の街や、親戚知己の顔ども、彼らには毎夜のように夢に通った〔高木卓＊遣唐船〕
○親戚知己を集めて披露する　○親戚知己の間でも

人跡未踏（じんせき・みとう）　和
まだ人が行ったことがないこと。未踏（まだ・ふんだ・ことがない）に、人跡（ひとの・あしあと）を添えて、意味を強める。探検の場合にも用いる。未を経験の有無に用いるのは、日本での用法。未踏を未到と書くのは誤り。ただし、前人未到は未到と書く。▽何しろ大事業だからな。人跡未踏の地の富源を開発するってんだから、大変だよ〔小林多喜二＊蟹工船〕▽例えば、人跡未踏の寂しい山の中で、思いがけず人ぷんを見つけた旅人のような〔阿川弘之＊歪んだ自画像〕○人跡未踏の奥地　○人跡未踏とも言える密林の奥

迅速果断（じんそく・かだん）和

物事を速やかに決めて実行すること。迅速（はやく・はやい）に、果断（おもいきって・おこなう）する、という。決断して実行に移すことが早い場合に用いる。▽農林省が手を下してからは急速度で進展し、夢かと迷うほど迅速果断に具体化されて〔芝木好子＊青果の市〕○迅速果断に行う　○迅速果断の攻撃によって

進退去就（しんたい・きょしゅう）和

どのように処理するかということ。すすむ・しりぞく・さる・つく、を組み合わせて表す。▽お勢の心一つで進退去就を決しさえすれば、いさくさはない〔二葉亭四迷＊浮雲〕▽その退くには手際よくやらねば、進退去就、共に誤るような結果を生じて〔福地桜痴＊増訂もしや草紙〕○進退去就に迷う　○進退去就の伺いを立てる

身体髪膚（しんたい・はっぷ）漢

人間の体のすべてのこと。身体（み・からだ）と、髪膚（かみ・はだ）を、組み合わせて表す。身体は、古くはシンダイと読んだ。▽父母より受けたる身体髪膚をみだりに破り傷つくるは、古人の戒むるところである〔谷崎潤一郎＊聞書抄〕▽身体髪膚、これを父母に受く。戦争に行って親不孝をしたようなもんだ〔石川達三＊風にそよぐ葦〕

○身体髪膚を寒気にさらす　○身体髪膚を損なう日夜　○身体髪膚は親から受けたもので　○健全な身体髪膚

(参考) 孝経に、「身体髪膚、之ヲ父母ニ受ク。敢テ毀傷(きしょう)セザルハ、孝ノ始メナリ」とある。孝行の第一歩は、自分の体を損なわないことだ、という。親として、子供の健康を最も気にしているからである。このあとに続けて、「身ヲ立テ道ヲ行ヒ、名ヲ後世ニ揚ゲ、以テ父母ヲ顕(あらは)スハ、孝ノ終ハリナリ」とある。親孝行の最後の目標は、立身出世ということだ、という。

進退両難（しんたい・りょうなん）漢

進むことも退くこともできなくなること。進退（すすむか・しりぞくか）が、両難（ふたつとも・むずかしい）だ、という。にっちもさっちもいかない場合に用いる。

▽ここで急に右翼化したりしたら、営業的にもだめになります。進退両難だ〔石川達三＊風にそよぐ葦〕

▽確たる生活の保障もなく、重体続きのわたしを抱えて、進退両難に陥っていた〔平林たい子＊砂漠の花〕

○進退両難に悩む　○進退両難のこのとき

(参考) 明・羅貫中の三国演義に、「既ニ主公、涪関(ばいかん)ニ在リテ進退両難ノ際ナリ、亮(りょう)去ラザルヲ得ズ」とある。主人がどうすることもできないでいるから、助けに行かなければならない、という。進退窮まる意味で用いる。

尽忠報国（じんちゅう・ほうこく）漢

国のために真心を尽くすこと。忠（主君に対する真心）をつくして、国にむくいる、という。

▽真に尽忠報国のものではなく、これではとても一騎当千の仕事はできない〔子母沢寛＊勝海舟〕

▽貧は士の常、尽忠報国、その食をはむ者はその事に死すと大層らしく言い触らし〔福沢諭吉＊学問のすすめ〕

○尽忠報国を振りかざして　○尽忠報国の旗印

のもと

参考 唐・李延寿の北史に、「公等、備ニ朝恩ヲ受ク。当ニ忠ヲ尽クシテ国ニ報ユベシ」とある。君主に忠誠を尽くして国家に報いることが、家臣としての務めであった。明治政府も、尽忠報国を国民教育の基本とした。

心腸寸断（しんちょう・すんだん）漢

非常に悲しい気持ちを持つこと。心腸（こころ・はらわた）が、寸断（きれぎれになる）される、という。

▽麟太郎、仕官にあってこの悲惨を見る、心腸寸断の思いであります〔子母沢寛＊勝海舟〕

○心腸寸断の感に襲われる　○心腸寸断とはこのことで

参考 断腸之思の参考欄を参照。

新陳代謝（しんちん・たいしゃ）洋

新しいものができて、古いものに取って代わること。新陳（あたらしい・ふるい）が、代謝（かわり・さる）する、という。生体内で必要なものが取り入れられ、不要なものが捨て去られること、metabolism の意味で用いる。

▽一切の封建的なものの打破から、驚くべき新陳代謝を促すようになった〔島崎藤村＊夜明け前〕

▽そうせいたっていけない。おいおい新陳代謝してくるんだから、何でも気を長くして〔夏目漱石＊野分〕

○新陳代謝が行われる　○新陳代謝で能率を増進する　○新陳代謝によって　○新陳代謝、限りなく

震天動地（しんてん・どうち）漢

勢いが非常に盛んなこと。天地を分けたものに、震動（ふるい・うごく）を分けて添える。天地を震動させる、という。世間の人を大いに驚かす場合にも用いる。

▽欧州にあって震天動地の偉功を奏せし宗教改革諸英雄のごとき人傑あらしめば〔山路愛山＊英雄論〕

○震天動地の大騒ぎ　○震天動地ともいうべき事業

(参考)北魏・酈道元の水経注に、「濤湧キ波襄リ、雷渀リ電洩リ、天ヲ震ハシ地ヲ動カス」とある。同書は河川の解説書で、実際に天地が震動した意味に用いている。ただし、ひゆ的にも用いる。明・羅貫中の三国演義に、「二県ノ百姓、号哭ノ声、天ヲ震ハシ地ヲ動カス」とある。人民が大いに泣いている、という。

神仏混淆（しんぶつ・こんこう）和

神道の神と仏教の仏を同じものと考えて、同じところに祭ること。神仏（かみ・ほとけ）が、混淆（まじり・いりまじる）する、という。神仏分離の対。淆（いりまじる）を交（まざる）と書いた時期もある。

▽一方は版籍奉還の声となり、一方には神仏混淆禁止の叫びにまで広がった〔島崎藤村＊夜明け前〕

▽春日神社の祠官が阿弥陀像を祭るのはおかしいようだが、昔は神仏混淆だったから〔今東光＊古都の尼寺〕

○神仏混淆を改める　○神仏混淆の名残として

(参考)明治以前の仏教は、基本的には神仏混交であった。仏像を神体とすることもあり、仏具を神前に飾ることもあった。その基礎にあるのが、日本の神々も、仏や菩薩が衆生を救うために神々の姿で現れたとする本地垂跡説であった。これが明治政府の神仏分離まで続いた。

神仏分離（しんぶつ・ぶんり）和

神道の神と仏教の仏を別のものと考えて、分けて祭ること。神仏（かみ・ほとけ）を、分離（わかれ・はなれる）する、という。神仏混淆（混交）の対。

▽神仏分離の運動にまであふれていった国学者の情熱を語らない者はない〔島崎藤村＊夜明け前〕

▽新政府は、全国の諸神社に達して神仏分離を促す一方で、キリスト教を厳しく弾圧した〔犬

塚孝明＊森有礼〕
○神仏分離によって ○神仏分離の政策
（参考） 明治政府は、王政復古のために神道の国教化に基づく祭政の一致を図った。その一環として、それまでの神仏混交が禁止され、神仏分離の政策が行われた。こうして、寺院の中にあった神社的要素が独立したり、神仏いずれか明確でなかった宗教施設が神社になった。それ以後は、神社と寺院が、全く別のものである。

深謀遠慮（しんぼう・えんりょ） 漢
先々のことまで考えて、計画を進めること。ふかく・はかり、とおく・おもんぱかる、という。関係方面のことを考えに入れる場合にも用いる。深慮遠謀・遠慮深謀・遠謀深慮とも。
▽そうすると、これまでばかげたことであった当局の仕事が、深謀遠慮から出た善政になる〔森鷗外＊灰燼〕
▽深謀遠慮を巡らさなくてはなりますまい。武力をもって抑えつけることは〔柴田錬三郎＊柴錬水滸伝〕
○深謀遠慮を頼みとして ○深謀遠慮、綿密な計画で
（参考） 前漢・賈誼（かぎ）の過秦論（かしんろん）に、「深ク謀リ遠ク慮（おもんぱか）リテ軍ヲ行（すす）メ兵ヲ用キルノ道、曩時（のうじ）ノ士ニ及ブトコロニ非ザルナリ」とある。作戦を練る点でも、戦国の士に及ばなかった、という。この場合の遠く慮るが本来の遠慮の意味であり、論語に、「人、遠慮無ケレバ必ズ近憂有リ」とあるのがこれである。日本では、後に、遠慮というのが、ことばや行いを控えめにする意味になり、断るときや退くときにも用いるようになった。また、江戸時代の刑罰で、門を閉じる謹慎刑の名称ともなった。

人面獣心（じんめん・じゅうしん） ⇩にんめん・じゅうしん

人面獣身（じんめん・じゅうしん） 洋
顔が人間で、体が獣の形をしていること。ひとの・かお、けもの・からだ、という。エジプ

トのスフィンクスが有名である。ギリシャ神話のSatyr・ローマ神話のFaunなどについても用いる。半人半獣とも。
○たちまち人面獣身に変わる　○人面獣身の塑像

深憂大患（しんゆう・たいかん）和
大きな心配事や災難のこと。深憂（ふかい・うれい）と、大患（大きな・わずらい）を、組み合わせて表す。
▽その結果、将来日本の深憂大患となるのは、ロシアに決まっている〔二葉亭四迷＊予が半生の懺悔〕
○深憂大患の中にある　○深憂大患にもめげず

親友知己（しんゆう・ちき）和
交わっている友人すべてのこと。親友（したしい・とも）と、知己（じぶんを・しる者）を、組み合わせて表す。
▽あなたのご承諾を得たるがごとく心得、歓喜のあまり、親友知己らへも吹聴したのです〔木下尚江＊火の柱〕
○親友知己を求めて　○親友知己に恵まれる

森羅万象（しんら・ばんしょう）仏
宇宙にあるすべてのもののこと。森羅（木が茂り並ぶように・地上に並ぶもの）と、万象（あらゆる・現象）を、組み合わせて表す。万象は、仏教ではマンゾウと読む。
▽宇宙間の森羅万象、一つとしておのずから法度を有せざるはなし〔坪内逍遥＊小説神髄〕
▽人類を抜きにした森羅万象に対して、不純感を抱くことをがえんじがたい〔長与善郎＊竹沢先生と云う人〕
○森羅万象の無限の変化　○森羅万象、ことごとく
(参考) 仏教では、数限りなく並ぶことを森羅という。また、あらゆる形のものを総称して万象（まんぞう）という。象はアラワレル意味も併せ持つから、万象は物体と現象の両者を含むことになる。したがって、森羅万象は、宇宙間に

存在する数限りない一切のものをいう。仏教では森羅万法ともいうが、一般語としては用いない。

深慮遠謀（しんりょ・えんぼう）⇩しんぼう・えんりょ

親類縁者（しんるい・えんじゃ）和
身内の者すべてのこと。親類（みうちの・たぐい）と、縁者（ゆかりの・もの）を、組み合わせて表す。
▽自分が無一物になったばかりでなく、親類縁者からもひどく恨まれ〔志賀直哉＊暗夜行路〕
▽当時は、たとえ親類縁者といえども、だれあって墓参りなどをする者もなく〔谷崎潤一郎＊聞書抄〕
○親類縁者が寄り集まる　○親類縁者の中でも特に

蜃楼海市（しんろう・かいし）漢
かってな想像を巡らすこと。蜃楼（しんきろう）で現れる海市（海の上に見える・まち）だ、という。
▽文三のひがみから出た蜃楼海市か、こつ然として生じて思わずして来り〔二葉亭四迷＊浮雲〕
○蜃楼海市にすぎない　○蜃楼海市に惑わされて
参考　明・李珍の本草綱目の蜃の項に、次の記述がある。「能ク呼気、楼台城郭ノ状ヲ成ス。将ニ雨フラントスルニ、即チ見ル。蜃楼ト名ヅケ、亦タ海市ト曰フ」とある。蜃とはオオハマグリのことで、その吐く息がしんきろうを作るとされていた。物理学的には、光の屈折として説明される。中国語では、海市蜃楼の形を、頼むに足りない物事の意味で用いる。日本では、蜃楼海市の形で、かってな想像の意味で用いる。

新郎新婦（しんろう・しんぷ）漢
花婿と花嫁のこと。あたらしい・おっと、あたらしい・つま、という。結婚式に関連して用いる。

▽上野の精養軒にて、新郎新婦の知己朋友を招いて、盛んなる宴会を開かるるはずなり〔末広鉄腸＊花間鶯〕▽新郎新婦が営む新婚生活は、基本的には人間生活の自覚に始まるもので〔講談社＊新版式辞挨拶演説集〕○新郎新婦を披露する　○新郎新婦の気持ちを酌んで

(参考) 明・胡応麟（こおうりん）の少室山房筆録に、「今、俗ニ、新婚ノ時ヲ以テ、男ハ新郎ト称シ、女ハ新婦ト称ス」とある。中国語でも用いる。俗にというのは、新郎を、新しく科挙に合格した者の意味で用いていたからである。

【す】

随縁起行（ずいえん・きぎょう）仏　因果の関係を重んじ、それに従って修行をすること。縁（まわりあわせ）に従って、行（修行）を起こす、という。▽せっかく自分が勇猛精進の志を固めて、随縁起行の功を積もうとしているのを〔谷崎潤一郎＊二人の稚児〕○随縁起行の志を遂げる　○随縁起行によって

(参考) 仏教では、すべてのものに因果の法則が支配していると考える。物事を起こさせるものが因であり、起こされたほうが果である。その場合、因を助成する間接的な条件を縁という。その縁にすなおに従うのが随縁であり、その修行が随縁行になる。また、実践することが起行であるから、信心に基づいて修行を始めることが随縁起行になる。これによって、煩悩の世界から解放されることを目ざすわけである。

酔眼朦朧（すいがん・もうろう）漢　酒に酔って、目がぼんやりとしていること。酔眼（よったため）が、朦朧（おぼろづきのようす）だ、という。

▽往来の真ん中へ倒れそうになる。酔眼朦朧、星の光すらそのひとみには見えなかった〔島崎藤村＊破戒〕
▽聞きたくないと暗示する動作は、酔眼朦朧の松下の気づくところではなかった〔高見順＊故旧忘れ得べき〕
○酔眼朦朧としているので　○酔眼朦朧で見ていたが　○酔眼朦朧とは言えないにしても　○その酔眼朦朧では
参考　北宋・蘇軾（そしょく）の詩に、「酔眼朦朧トシテ帰路ヲ覓（もと）ム。松江ノ煙雨、晩（おそ）ク疎疎タリ」とある。酒に酔って帰途に就く、松江は、まばらな雨に煙っている、という。目も景色も、共にぼんやりしている。

随喜渇仰（ずいき・かつごう）　仏
ありがたく感じて、信仰すること。随喜（したがって・よろこぶ）して、渇仰（かわいた者が・あおぐ）する、という。仏に帰依する態度について用いる。
▽さなきだに、日ごろより随喜渇仰の思いを運べる者、うんかのごときに〔幸田露伴＊五重塔〕
▽従来、僧侶でさえあれば、善男善女に随喜渇仰されて、一生食うに困らず〔島崎藤村＊夜明け前〕
○随喜渇仰の手を合わせる　○随喜渇仰、さまざまに
参考　仏教で随喜というのは、他人が功徳を積むのを見て、自分のことのように喜ぶことである。それによって、自分もまたその功徳を得ることができるとされている。また、渇仰というのは、その人の徳を仰ぎ慕うことである。それを、のどの渇いた者が水を欲しがるのに例えた言い方で、強く仰ぎ慕う意味で用いる。

随時随処（ずいじ・ずいしょ）　和
気の向いたとき、気の向いたところのこと。時（とき）・処（ところ）、それぞれに随（きまま）を添える。気ままなとき、気ままなところ、

という。随処は、随所とも書く。

▽彼女は、ただ随時随処に、精いっぱいの作用をほしいままにするだけであった〔夏目漱石＊明暗〕

▽車の上のわたしたちは、随時随処に、目に当たる方向も体に感じられる高低も〔岡本かの子＊生々流転〕

○随時随処で催す　○随時随処に赴く　○随時随処の宴

酔生夢死（すいせい・むし）漢

何もしないで、一生を終わること。酔ったように生き、夢のように死ぬ、という。一生のうちに、価値のある仕事や、後世に残る仕事を、何もしない場合に用いる。夢死は、古くは、漢音でボウシと読んだ。

▽文学者は、あくまでも楽天教を奉じ、酔生夢死を守り、飲んで駄じゃれを吐き〔内田魯庵＊文学者となる法〕

▽そして、その解決を得ない一生は、ひっきょう酔生夢死だとしたら〔長与善郎＊竹沢先生と云う人〕

○酔生夢死しても悔いない　○酔生夢死の生涯を終わる

㊜参考　北宋・程顥の程子語録に、「高才明智アリト雖モ、見聞ニ膠メバ、酔生夢死シテ自ラ覚ラザルナリ」とある。頭がよくても見聞だけにとらわれて疑問を持たなければ、ただ生きただけだ、という。昔の人が道を誤ったのは愚かさのためだが、今の人は利口なために道を誤る、と書いたあとに続くことばである。

垂涎三尺（すいぜん・さんじゃく）和

手に入れたいと強く思うこと。垂涎（たれた・よだれ）が、三尺（非常に長い）に及ぶ、という。

▽これを一見いたしますならば、実に垂涎三尺と申すところでございましょう〔子母沢寛＊勝海舟〕

▽いずくんぞその意味を評するに足らんや。常

に西京を思い、垂涎三尺、傾慕の情〔成島柳北＊鴨東新誌〕

○垂涎三尺に至る　○垂涎三尺の逸品として

(参考) おいしそうな食べ物を前にすると、口の中にだ液がたまるものである。そのため、食欲をそそられるときに、よごれが出る、よだれを垂らす、という。転じて、目の前にある物を手に入れたいと思うときなどに、例えて用いる。それを四字漢語化したのが、垂涎三尺である。白髪三千丈をまねて、垂涎三千丈ともいう。

水天髣髴（すいてん・ほうふつ）和

水と空が続いていて、見分けにくいこと。水天（みず・そら）が、髣髴（ぼんやりしている）だ、という。

▽彼が、渺茫たる太平洋の水天髣髴という大観に見とれていたとき、ふと心の底から〔木下尚江＊良人の自白〕

▽欄によりて一望すれば、水天髣髴の際、神戸および淡路を看取するを得〔中江兆民＊一年有半〕

○水天髣髴の間に認める　○水天髣髴、見渡す限りの

頭寒足熱（ずかん・そくねつ）和

頭を冷やし、足を温めること。頭が寒く、足が熱い、という。健康によいとされている。

▽頭寒足熱は延命息災の徴と、傷寒論にも出ているとおり、ぬれ手ぬぐいは〔夏目漱石＊吾輩は猫である〕

○頭寒足熱を心掛ける　○頭寒足熱で熟睡する

寸進尺退（すんしん・しゃくたい）漢

わずか進んで、大きく退くこと。一寸だけ進んで、一尺も退く、という。長さの単位は、寸の十倍が尺。得るところが少なく、失うところが多い場合にも用いる。

▽ゲルマン帝国が進路を遮る形勢なるがゆえに、寸進尺退、一歩も動くことあたわず〔徳富蘇峰＊将来之日本〕

▽退かざるを希望するの熱心に対し、勢いこの

寸進尺退の所為を排撃せざるをえず〔小野梓＊立憲国民の性質〕 ○寸進尺退のそしりを免れない ○寸進尺退の現状では

(参考) 老子に、「吾、敢テハ主ト為ラズシテ客ト為ル。敢テハ寸ヲ進ムコトヲ為サズシテ、尺ヲ退ク」とある。自分では、積極的に進まない、という。これによれば進寸退尺になるが、四字漢語としては、寸進尺退の形で、ひゆ的に用いる。唐・韓愈の文に、「寸進尺退ハ、卒ニ成ル所無シ」とある。これでは、成功しない、という。日本でも、このほうを用いる。中国語でも、失うところが多い意味で用いる。

寸善尺魔（すんぜん・しゃくま） 和

よいことがあると、そのあとに悪いことが多いこと。一寸の善と、一尺の魔（あくま）、という。長さの単位は、寸の十倍が尺。よいことに妨げが多い場合にも用いる。

▽人間の一生は地獄でございまして、寸善尺魔とは、全く本当のことでございますね〔太宰治＊ヴィヨンの妻〕 ▽日のたけぬうち、一時も早いのが。なるほど寸善尺魔のなきうちに、ご親子共に〔浄瑠璃＊義経千本桜〕 ○寸善尺魔ゆえに注意せよと ○寸善尺魔のこの世では

寸鉄殺人（すんてつ・さつじん） 漢

鋭いことばで弱みを指摘すること。寸鉄（みじかい・はもの）で、ひとを・ころす、という。

▽ややもすれば、益もなきことに他の短所を挙げ、寸鉄殺人の毒言を吐くがごときは〔福沢諭吉＊福翁百話〕 ○寸鉄殺人の言をろうして ○寸鉄殺人、痛快の極みで

(参考) 南宋・羅大経の鶴林玉露に、「子貢ノ多聞ノ若キハ一車ノ兵器ヲ弄スル者ナリ。曾子ノ守約ハ寸鉄人ヲ殺ス者ナリ」とある。この部分は、人を殺すのに一つずつ車から出して使用す

るのは有効な手段ではない。ただ一つの小さな刃物で一気に殺すべきだ、との説に対してのひゆ的な具体例である。孔子の弟子の子貢は、一つずつ取り出すほうであるが、曾子のほうは寸鉄殺人だ、という。守約とは、身を慎む点で要を得ていることである。ただし、一般には、鋭いことばで指摘する意味に用いる。中国語の寸鉄殺人的気勢も、この意味である。

寸田尺宅（すんでん・しゃくたく）漢

わずかな資産のこと。一寸四方の田、一尺四方の住宅、という。寸も尺も、長さが短いことを表す。

○寸田尺宅を残す　○受け継いだ寸田尺宅も手放す

㊜参考　北宋・蘇軾（そしょく）の詩に、「玉堂金馬、久シク流落ス。寸田尺宅、今誰カ耕サン」とある。自分が通った未央宮の金馬門は、もう崩れかけている。狭い土地も耕す者がいなくなり、荒れ果てている、という。この場合の尺宅は狭い敷地であるが、日本では狭い住宅の意味で用いる。中国語では、寸土尺地の形で用いる。

【せ】

晴雲秋月（せいうん・しゅうげつ）漢

心の中に汚れがないこと。晴雲（はれた・くも）・秋月（すみわたった・つき）のようだ、という。晴雲を青雲と書くのは誤り。ただし、青雲の志は青雲と書く。

○晴雲秋月の心境　○晴雲秋月とは行かないまでも

㊜参考　宋史に、「与可、襟韻洒落（しゃらく）シ、晴雲秋月ノ如シ。塵埃（じんあい）到ラズ」とある。与可は、胸の中がさっぱりしていて、晴雲秋月のようだ、という。本来は、晴れ渡った空に浮かぶ白い雲、秋の空高くさえる明月のことであるが、ひゆ的に、清らかな心の意味で用いる。

晴耕雨読（せいこう・うどく）和
俗世間を離れて、のんびり暮らすこと。晴れた日には畑を耕し、雨の日には書物を読む、という。気ままに暮らす意味で、老後生活の理想としても用いる。
▽国へ帰って晴耕雨読とも行けまいが、ささやかな百姓をしながら若い者を相手に〔子母沢寛＊勝海舟〕
▽疎開先では資料も思うようにならないから、晴耕雨読ぐらいのことだろう〔石川達三＊風にそよぐ葦〕
○晴耕雨読を楽しむ　○晴耕雨読の日々を送る

生殺与奪（せいさつ・よだつ）漢
自分の思うままに人を支配すること。いかす・ころす・あたえる・うばう、を組み合わせて表す。人事に関して絶対的な権力を持つ場合にも用いる。
▽諸侯おのおの一政府を設け、君臣上下の分を明らかにして生殺与奪の権を執り〔福沢諭吉＊文明論之概略〕
▽少し得意だった。生殺与奪の権を握っているような気が今ではしており〔三島由紀夫＊永すぎた春〕
○生殺与奪を決する　○生殺与奪の実権
（参考）元史に、「蓋（けだ）シ、生殺与奪ハ天子ノ権ニシテ、臣下ノ盗用シ得ル所ニ非ザルナリ」とある。生は生存、殺は殺戮、与は給与、奪は剝奪の意、という。古典では殺生与奪の形のほうが古く、荀子の王制を論じた項に、「貴賤（きせん）殺生与奪」の語がある。以後、殺生与奪が生死賞罰の大権とされた。日本では、生殺与奪の形を用いる。

精思詳慮（せいし・しょうりょ）和
事細かく考えること。思慮（おもい・おもんぱかる）を分けたものに、精詳（くわしく・つまびらか）を分けて添える。精詳な思慮、という。
▽井上君の精思詳慮、もって事業の改正を唱うること、おおむねこの類なり〔中江兆民＊一年

▽眼を放って見れば、自来、盛衰興亡一ならず。大帝国の全く跡なきあり〔三宅雪嶺＊小紙庫〕▽猿は、信虎だけではなく、武田一族の盛衰興亡と切っても切れない関係があった〔花田清輝＊鳥獣戯話〕

○盛衰興亡するのを見て　○国家の盛衰興亡

参考　北宋・王安石の文に、「嗚呼（ああ）、盛衰興廃ノ理、古ヨリ此（か）クノ如シ」とある。欧陽脩（しゅう）を祭る文の中の一節で、人の発展と衰退について用いている。日本では廃を亡に改め、氏族や国家の場合に用いる。

盛衰浮沈（せいすい・ふちん）和

盛んになったり、衰えたりすること。盛衰（さかんになる・おとろえる）と、浮沈（上にうく・下にしずむ）を、組み合わせて表す。世の無常についても用いる。

▽もし無謀な戦を開くにおいては、徳川家の盛衰浮沈にかかわるばかりではない〔島崎藤村＊夜明け前〕

有半〕

○精思詳慮するに当たって　○精思詳慮の末

生死○○（せいし・……）⇩しょうじ・……

誠心誠意（せいしん・せいい）和

まごころをもって行うこと。心（こころ）・意（かんがえ）、それぞれに誠（まこと）を添える。まことの心、まことの考え、という。

▽そのつまずき方も、われわれと違って、悪く言ってがむしゃら、よく申して誠心誠意〔大仏次郎＊旅路〕▽ふだん、おれは誠心誠意ご奉公をしている。そのために、たとえ切腹をさせられたって〔子母沢寛＊勝海舟〕

○誠心誠意で接する　○誠心誠意の客扱い

盛衰興亡（せいすい・こうぼう）漢

盛んになったり、衰えたりすること。盛衰（さかんになる・おとろえる）と、興亡（おこる・ほろびる）を、組み合わせて表す。歴史の跡を顧みる場合に用いる。

○盛衰浮沈を繰り返す　○今後の盛衰浮沈については

正々粛々（せいせい・しゅくしゅく）和

引き締まったようすのこと。正粛（ただしく・おごそか）を分けて繰り返し、意味を強める。

▽鹵簿、正々粛々として、この忠愛なる良民の誠意の真ん中を打たせたもうのである〔木下尚江＊良人の自白〕

○正々粛々と進む　○正々粛々の観に圧倒される

正々堂々（せいせい・どうどう）漢

態度にひきょうなところがないこと。正々（ただしくととのう）と、堂々（いきおいがさかん）を、組み合わせて表す。本来は、軍隊の陣容が整っていることであった。

▽我知らず、想像上の新治のこうした場合の正々堂々さを模倣していたのである〔三島由紀夫＊潮騒〕

○正々堂々として立つ　○正々堂々たる勝負によって　○正々堂々と戦う　○正々堂々の陣を張る

(参考) 孫子に、「正正ノ旗ヲ邀（むか）フルコト無カレ。堂堂ノ陣ヲ撃ツコト勿レ」とある。旗並みが整っている軍隊を迎え撃ってはいけない、陣列が盛んな軍隊を攻め撃ってはいけない、という。この正正堂堂を、後には公明正大の意味で用いるようになった。清・陳天華の猛回頭に、「他、我ガ国ヲ強占シ了（をは）レバ、我、自ラ恢復（かいふく）起来ヲ想（おも）フ。是レ正正堂堂ノ道理ナリ」とある。これが公明正大な道理だ、という。日本でも、この意味で用いる。

生々発展（せいせい・はってん）和

大いに発展を続けること。生々（おいたつ）として、発展する、という。生々をショウジョウと読むのは誤り。ただし、生々流転はショウジョウと読む。

▽芭蕉の言う造化は、西洋の自然の原意と同じく、生々発展する創造的なもので〔唐木順三＊

中世の文学〕

▽しかし、万物は流転し、生々発展して、とどまるところを知りません〔講談社＊新版式辞挨拶演説集〕

○生々発展を期する　○生々発展の成果として

生々流転（せいせい・るてん）⇩しょうじょう・るてん

生存競争（せいぞん・きょうそう）洋
環境の中で、それに合った生物が生き残っていくこと。生存（いき・ながらえる）の、競争（きそい・あらそう）、という。進化論における struggle for existence の訳語であるが、強い者が勝つ人間社会の実情にも用いる。競争を競走と書くのは誤り。ただし、徒競走は競走と書く。

▽元来、生存競争の法則において、平時は自衛の不十分なるところあるものにしても〔末広鉄腸＊雪中梅〕

▽激烈な生存競争場裏に立つ人で、真によく人のために泣きうる者に〔夏目漱石＊それから〕

○生存競争に追い込まれる　○生存競争の社会では

正大至当（せいだい・しとう）和
極めて適切なこと。正大（ただしく・おおきい）で、至当（いたって・あたりまえ）だ、という。

▽正大至当の理論なるも、実行の利害得失は、にわかに決し難しとの仰せである〔子母沢寛＊勝海舟〕

○正大至当に取り計らう　○正大至当の内閣によって

贅沢三昧（ぜいたく・ざんまい）和
ぜいたくだけに専念する楽しみのこと。ぜいたくという点で、三昧の境地に入っている、という。三昧は、仏教で雑念を捨てて精神を集中すること。

▽余裕というものを知らずに生きてきたぼくが、贅沢三昧に育った人とどう違うと思う〔夏目漱

石＊明暗〕
▽一国一城のあるじになって、贅沢三昧をしてみたところでつまらねえ〔子母沢寛＊勝海舟〕
○贅沢三昧に暮らす　○贅沢三昧の浪費によって
参考 称名三昧（しょうみょうざんまい）の参考欄を参照。

正直一途（せいちょく・いっと）和

非常に正しいこと。正直（ただしく・まっすぐ）に、一途（その方向だけ）を添えて、意味を強める。正直をショウジキと読むのは誤り。ただし、正直正路はショウジキと読む。
▽正直一途、自然に器量の小さき人物は、もちろんその愚直を守るにしかずといえども〔山路愛山＊経済雑論〕
▽正直一途、頑固一徹、大久保さんのやかましいは名代だが、木村さんがこう言う以上は〔子母沢寛＊勝海舟〕
○正直一途に進む　○正直一途の老人として

青天白日（せいてん・はくじつ）漢

天気がよく晴れ渡っていること。青い空・明るい日、という。容疑が晴れて無罪になる場合にも用いる。青天を、天気の場合の晴天と書くのは誤り。
▽槌鍛の音は、蒸気機関運転の響きと相和し、青天白日あたかも雷鳴を聞くに反し〔徳富蘇峰＊新日本之青年〕
▽松木と五代はごくごく日陰者で、青天白日の身というのは清水一人、そこで清水が〔福沢諭吉＊福翁自伝〕
▽伯父は罰金軽禁錮を覚悟していたので、青天白日の身となったのを不思議に思い〔徳富蘆花＊思出の記〕
○青天白日をはばからず　○青天白日の心境
参考 唐・韓愈（かんゆ）の詩に、「青天白日、楼台ニ映ズ。曲江水満チ、花千樹」とある。青い空と輝く太陽が宮殿に映えている、という。ひゆ的に用いたものとしては、清・李光地朱子全書に、「孟子ノ若（ごと）キハ、則チ青天白日ノ如シ。垢（あか）ノ洗フ可キ無ク、瑕ノ索ム可キ無シ」とある。心に汚れたところが全くない、という。また、「大丈夫ノ心事、当ニ青天白日ノ如クナルベシ」とあるのもこれである。日本では、容疑が晴れて無事釈放された場合に、青天白日の身、という形で用いることが多い。

腥風血雨（せいふう・けつう）和

争いのために人殺しが行われること。なまぐさい・かぜ、ちの・あめ、という。戦場の描写に用いる。

▽世はいわゆる戦国の時代となり、至るところ腥風血雨の跡のないところはなかった〔三枝康高＊賀茂真淵〕

○腥風血雨に泣く　○腥風血雨の戦場

清風明月（せいふう・めいげつ）漢

美しい夜の自然のこと。清風（きよらかな・かぜ）と、明月（あかるい・つき）を、組み合わせて表す。風流な遊びの対象として用いる。明月を名月と書くのは誤り。

▽儒教は人を風雅に導き、仙骨を帯びしめ、清風明月の間に遊ばしめんとする〔外山正一＊日本絵画の未来〕

○清風明月の夜に　○清風明月を友とする

参考　北宋・蘇軾の前赤壁賦に、「惟フニ江上ノ清風、山間ノ明月ト与ニ、耳之ヲ得テ声ヲ為シ、目之ニ遇ヒテ色ヲ成ス」とある。舟遊びで、清風は耳を楽しませ、明月は目を楽しませる、という。この部分は、次のように進む。「之ヲ取ルニ禁無ク、之ヲ用フルニ竭キズ。是レ造物者ノ無尽蔵ナリ」とある。唐・李白にも、「清風明月、一銭ヲ用ヒズシテ買フ」とあった。清風明月は、すでに無価のものとして風流の対象となっていた。

制服制帽（せいふく・せいぼう）和

その集団に属する人が身に着ける、一定の服装のこと。服・帽、それぞれに制（規則で決める）を添える。学生・警察官などの場合のこと。それが儀式などに用いる正装の場合は、正服正帽と書く。
▽友成のように制服制帽をさっさと捨て去ることなどは、思いも寄らぬことだった〔高見順＊故旧忘れ得べき〕
▽彼は中学校の制服制帽に身を固めて、りりしかった。やっぱり小柄で色白で〔田辺聖子＊私の大阪八景〕
○制服制帽で立つ　○制服制帽のまま

整理整頓（せいり・せいとん）和
乱れているものを整えること。整理（ととのえ・おさめる）して、整頓（ととのえ・ととのえる）する、という。
▽週番で各教室の整理整頓を見回って歩いていた節子たちが、急迫した事態を察して〔郷静子＊れくいえむ〕
○整理整頓を励行する　○整理整頓する暇がない

精力絶倫（せいりょく・ぜつりん）和
活動の元になる力が、非常に強いこと。精力（たくましい・ちから）が、絶倫（なかまが・いない）だ、という。男性の性的能力が特に盛んな場合にも用いる。
▽前にどんな子供を自分が造ったかなんてことすら、この精力絶倫のおやじは〔長与善郎＊竹沢先生と云う人〕
▽それをどうかすると、冷やかし半分に、精力絶倫と褒める批評家がある〔森鷗外＊不思議な鏡〕
○精力絶倫の色男　○精力絶倫とは言えないが

勢力伯仲（せいりょく・はくちゅう）和
互いの勢力が接近していること。勢力が、伯仲（長兄と中兄、能力が近い）している、という。
▽両陣の勢力伯仲して、争乱は長く続くであろうことなどを、かいつまんで話した〔唐木順三＊応仁四話〕
○勢力伯仲の両陣営　○勢力伯仲を崩すためには

精励恪勤（せいれい・かっきん）和

極めて熱心に仕事に励むこと。精励（つとめ・はげむ）で、恪勤（つつしみ・つとめる）だ、という。恪（つつしむ）を確（たしか）と書いた時期もある。

▽起きてるよ。精励恪勤さ。だけど、きみもまたばかに早いじゃないか。どうした〔尾崎一雄＊なめくじ横丁〕

▽除隊になっても就職の当てがないので、精励恪勤、耐えがたい試錬にも〔中山義秀＊二・二六事件の挿話〕

○精励恪勤して恪める ○精励恪勤の能吏として

清廉潔白（せいれん・けっぱく）和

絶対に不正をしていないこと。潔白（いさぎよく・しろい）に、清廉（きよく・ただしい）を添えて、意味を強める。後ろ暗いところがない場合にも用いる。

▽学問も技量もないが、清廉潔白の点においては、あえて人後に落ちないつもりだ〔内田魯庵＊社会百面相〕

▽清廉潔白な生活を送り、目には見えない円光の頭上に輝いている聖者になって〔花田清輝＊小説平家〕

○清廉潔白で通る ○清廉潔白の士といえども

世縁俗縁（せえん・ぞくえん）仏

俗世間での人間関係のこと。世（このよ）・俗（出家していない）、それぞれに縁（関係）を添える。世俗の縁、という。出家する前の親類縁者との関係に用いる。

▽幸いに、わたしは幼くして僧籍に入った。世縁俗縁を絶ちましたので〔唐木順三＊応仁四話〕

○世縁俗縁に迷う ○世縁俗縁を薄くする

参考 仏教では、この世のさまざまな人間関係を世縁といい、また俗縁という。世縁妄執というのは、世の中との関係が断ち切れないことをいい、それが迷いのもとだとされている。仏門に入って仏道に励むためには、これを断ち切ることが必要である。

世界万国（せかい・ばんこく）　和

世界じゅうにあるすべての国のこと。世界（地球全体）と、万国（よろずの・くに）を、組み合わせて表す。

▽この国の誇りを傷つけられたら、世界万国に対して、汚名を流さねばならない〔島崎藤村＊夜明け前〕

▽地理学とは、日本じゅうはもちろん、世界万国の風土、道案内なり〔福沢諭吉＊学問のすすめ〕

○世界万国に共通する　○世界万国を通じて

碩学大儒（せきがく・たいじゅ）　漢

非常にりっぱな学者のこと。碩学（学問の充実した・学者）と、大儒（学問の大きい・儒者）を、組み合わせて表す。大儒碩学とも。

▽たまたま碩学大儒、家塾を開いて教うる者あれば、その生徒は必ず士族に限り〔福沢諭吉＊文明論之概略〕

○碩学大儒の教えを受ける　○碩学大儒といえども

（参考）大儒碩学の参考欄を参照。

石心木腸（せきしん・ぼくちょう）　漢

物に接して感情を動かさないこと。石のような・こころ、木のような・はらわた、という。

▽ついに、石心木腸なる井上のごときをして、物や思うと問わしむるまでに至ったのだ〔木下尚江＊火の柱〕

○石心木腸の男に襲われる　○その石心木腸を悲しむ

（参考）北宋・蘇軾の文に、「布衣蔬食、或イハ未ダ飢寒ニ死セズ。石心木腸、誓ヒテ忠義ヲ忘レズ」とある。粗衣粗食でも死ぬことはない、しっかりした心を持っているから、忠義を忘れない、という。石も木も硬いもので、動揺しない意味で用いる。日本では、石も木も感情を持たないものとし、感情を解しない意味で用いる。動揺しない場合には、鉄心石腸を用いる。

寂々寥々（せきせき・りょうりょう）和

非常にもの寂しいこと。寂寥（さびしく・むなしい）を分けて繰り返し、意味を強める。

▽寂々寥々たるこの名札を、先生はどんなお気持ちでごらんになっていられるであろう〔子母沢寛＊勝海舟〕

▽百年の芳夢も覚めて一片の煙となり、寂々寥々として我に存するものは借金のみ〔服部撫松＊東京新繁昌記〕

○寂々寥々たる境内において　○寂々寥々と迫る夕やみ

世間一般（せけん・いっぱん）仏

この世の中で普通に行われていること。世間で、一般に行われている、という。

▽さる代わりに、それが首尾よく参って、いつの間にか世間一般の風になれば〔福沢諭吉＊福翁自伝〕

▽世間一般のベースボールのことであろう。わが輩が記述するベースボールは〔夏目漱石＊吾輩は猫である〕

○世間一般に入れられる　○世間一般の非難を浴びる

(参考) 仏教で世というのは、世界のことである。したがって、世間というのが世界の中ということになり、世の中の意味になる。ただし、仏教では、汚れた俗世間の意味で用いることが多い。そのような世間を出るのが出世であり、仏門に入る意味になる。これに対し、一般語としての世間は、社会の意味で用いられ、世間が広い、のように、活動・交際の範囲という意味にもなる。出世のほうも、世間に出ることであり、地位・身分が上がることである。世間一般の場合も、そのような世間のほうであるから、仏教用語とは離れた用い方である。

是生滅法（ぜ・しょうめっぽう）仏

すべてのものは変転していくということ。是（これ）が、生滅（あらわれ・ほろびる）の法（法則）だ、という。不変のものは一つもない、という意味で用いる。▽いかに方々、この山路が、諸行無常と音頭を上げば、是生滅法とつけて引け〔浄瑠璃＊用明天王職人鑑〕▽逢坂の山風の是生滅法のことわりをも得ればこそ、飛花落葉の折々は、筆を染めて藻塩草〔謡曲＊関寺小町〕

○是生滅法と響く　○是生滅法のこの世で

(参考) 仏教では、世の中のすべてのものは常に変化し生滅するから、永久不変のものは一つもない、とされている。これが生滅の法則であり、是生滅法である。涅槃経では、「諸行無常、是生滅法、生滅滅已、寂滅為楽」と続いている。諸行無常（しょぎょうむじょう）の参考欄を参照。

是々非々（ぜぜ・ひひ）　漢

よいか悪いかを公平な立場に立って判断すること。是（ただしい）を是とし、非（ただしくない）を非とする、という。個人的な関係にとらわれない態度にも用いる。▽彼の気質の中には、本来の意味の是々非々の態度を示そうとする傾向があった〔太宰治＊ロマネスク〕

○是々非々の立場を貫く　○是々非々主義で進む

(参考) 荀子に、「是ヲ是トシ、非ヲ非トスル、之ヲ智（ち）ト謂フ。是ヲ非トシ、非ヲ是トスル、之ヲ愚ト謂フ」とある。正しいことを正しいと認め、誤りを誤りとして退けるのが知者である。正しいことを誤りとし、誤りを正しいとするのは愚者である、という。したがって、是是非非とは、利害にとらわれずに公正な判断を下すことであり、これが是々非々主義である。自分の考えを持たず、他人が是としたものを是とし、非としたものを非とする日和見主義の意味で用いるのは誤りである。

世態人情（せたい・にんじょう）　和

世の中や人の気持ちのこと。世態（よの・さま）と、人情（ひとの・なさけ）を、組み合わせて表す。

▽そのときの世態人情において、外国航海などいえば、開闢以来の珍事といおうか〔福沢諭吉＊福翁自伝〕

▽読書にのみ精神を費やし、世態人情を察することに注意せざりし過ちならん〔末広鉄腸＊雪中梅〕

○そのころの世態人情として　○世態人情の移り変わり

雪案蛍窓（せつあん・けいそう）漢

苦労して勉学に励むこと。ゆきの・つくえ、ホタルの・まど、という。蛍の光、窓の雪の故事による。

▽かの雪案蛍窓、苦学に余事なき学生すら、その春宵の夢は、奏任官となり〔徳富蘇峰＊新日本之青年〕

○雪案蛍窓の学生時代は　○雪案蛍窓も功を奏して

参考 元・白仁甫の東墻記に、「年長ジテ二十五歳、雪案蛍窓、苦シンデ経史ヲ攻メ、古ニ博ク、今ニ通ズ」とある。苦学して、古今に通じるようになった、という。家が貧しくて読書用の明かりにも苦労した二つの話に基づく。夏の夜に蛍を集めて書を読んだ晋・車胤のほうが蛍窓で、冬の夜に窓辺の雪の明かりで書を読んだ晋・孫康のほうが雪案である。卒業式の歌で、蛍の光、窓の雪、という。四字漢語としては、雪が先で、雪案蛍窓・雪窓蛍机・雪案蛍灯・雪案蛍火など、いろいろ用いる。日本では、雪案蛍窓の形で用いる。

節義節操（せつぎ・せっそう）和

正しいと信じることを守り通すこと。義（人の道）・操（みさお）、それぞれに節（ただす）を添える。義を正し、操を正す、という。

▽我が国にても必ずしも節義節操を重んぜず、討ち入りまでに四十七人に減ぜし類あるが〔三宅雪嶺＊小紙庫〕

○節義節操を守る　○節義節操が失われる

雪月風花（せつげつ・ふうか）漢
四季折々の自然の美しさのこと。ゆき・つき・かぜ・はな、を組み合わせて表す。一般には、雪月花という三字漢語のほうが、よく用いられる。
○雪月風花の変化を見て　○雪月風花による趣も
(参考) 唐・白居易の詩に、「五歳優游(ゆうゆう)、同ジク日ヲ過ゴス。一朝消散シテ浮雲ニ似タリ。雪月花ノ時、最モ君ヲ憶(おも)フ」とある。親しく交わった友に送った詩で、雪・月・花のときになると、共に遊んだことを思い出す、という。これによれば雪月花の三字漢語になるが、日本ではさらに清風を加え、雪月風花としても用いる。ただし、宝塚歌劇団の組み分けは、雪・月・花に、星を加える。

切磋琢磨（せっさ・たくま）漢
学問や技芸を磨き上げること。切磋（きざみ・とぐ）と、琢磨（うち・みがく）を、組み合わせて表す。互いに励まし合って進歩向上を図る場合にも用いる。
▽実は、切磋琢磨の功を積んで成った虚飾ない真実の姿であるという場合もあり〔石坂洋次郎＊若い人〕
▽切磋琢磨、よく学術を修め、上長の覚えもめでたい今日までの努力が水の泡になる〔子母沢寛＊勝海舟〕
○切磋琢磨に努める　○互いに切磋琢磨する
(参考) 詩経に、「君子有リ、切スルが如ク、磋スルガ如ク、琢スルが如ク、磨スルガ如シ」とある。本来は、骨角や玉石について、まず切り取って、それから磨きをかけることであるが、ひゆ的に、天与の才能を論じ合って磨く（長を採り短を補う）意味で用いる。ただし、そのようなことが行われなくなったため、唐・元稹(げんしん)の戒励風俗徳音には、次の記述がある。「庶人、切磋琢磨ノ益無シ。進メバ則チ諛言諂笑(ゆげんてんしょう)、以テ相求メ、退ケバ則チ群居雑処、以テ相議ス」とある。上に対してはへつらうだけで、仲間どうしは議論するだけだ、という。

切歯扼腕（せっし・やくわん）漢

非常に悔しがること。切歯（はを・きしりあわせる）して、扼腕（うでを・にぎりしめる）する、という。

▽歯は幾分か根が堅くあらぬと見え、切歯扼腕のそのみぎりに中途でやめ〔坪内逍遥＊京わらんべ〕

▽彼に風刺されて切歯扼腕していた叡山の悪僧たちでも使えば、簡単にできることで〔花田清輝＊小説平家〕

○切歯扼腕、男泣きに泣く　○今さら切歯扼腕しても

参考 史記に、「天下ノ游談（ゆうだん）ノ士、日夜、腕ヲ搤（やく）シ目ヲ瞋（いか）ラシ、歯ヲ切リテ、以テ従（しょう）ノ便ヲ言ヒ、以テ人主ヲ説カザル莫（な）シ」とある。戦国の世に合従説を説いて回った人たちの意気込みについて、腕を押さえ、目を怒らし、歯ぎしりをして説いた、という。これによれば、搤腕（やくわん）・瞋目（しんもく）・切歯（せっし）が、いずれも意気込みの甚だしい形容に用いられている。しかし、日本では切歯を悔やしがるときの動作とするため、それとの関連から、とらえる意味の搤を、同音で、にぎりしめる意味の扼に替え、切歯扼腕の形で用いる。

殺生禁断（せっしょう・きんだん）仏

動物を殺すことを禁じること。殺生（生あるものを・ころす）は、禁断（とどめ・たつ）だ、という。

▽この地は殺生禁断の故しもあれば、山の神のたたりあり、生きて帰るはまれなり〔曲亭馬琴＊里見八犬伝〕

▽そもそもこの石和川と申すは、上下三里が間は、堅く殺生禁断のところなり〔謡曲＊鵜飼〕

○殺生禁断されていたころは　○殺生禁断の地

参考 仏教では、生き物を殺すことが十悪の第一に掲げられている。十悪というのは、身の三悪、口の四悪、意の三悪から成るが、このうち

の身の三悪が殺生・偸盗・邪淫である。そのため、仏教では、僧侶のすべてに殺生を禁じている。これを殺生禁断という。

絶体絶命（ぜったい・ぜつめい）漢
苦しい立場に追い詰められること。体（からだ）・命（いのち）、それぞれに絶（たちきる）を添える。体を絶ち、命を絶つ、という。逃れることができない立場になる場合にも用いる。絶体を絶対と書くのは誤り。ただし、絶対に、絶対無用は、絶対と書く。
▽約束も履行せぬうちは、岸を離れぬ舟と同じく、まだ絶体絶命という場合ではない〔夏目漱石＊虞美人草〕
▽秀次も今は必死、絶体絶命の際であるから、途方に暮れ言句もなく、ため息をついて〔谷崎潤一郎＊聞書抄〕
○絶体絶命の危機に直面する　○もはや絶体絶命と
参考　中国古代の占星術から派生した九星占いでは、九つの星が九つの宮殿を巡ることによって生じる運勢で吉凶を占う。それに関連して七星があり、生気・福徳の吉星に対して、絶体・絶命が凶星である。名づけられた理由は、体を損なう、命を損なう、という意味である。

絶対無用（ぜったい・むよう）和
してはいけないこと。無用（用がない、してはならない）に、絶対（くらべるものがない、どういう場合にも必ず）を添えて、意味を強める。絶対を絶体と書くのは誤り。ただし、絶体絶命は絶体と書く。
▽きみのお父さんに助けてもらったんだ。しかし、これは、他言は絶対無用ですよ〔横光利一＊家族会議〕
○絶対無用とされていた　○絶対無用のこととして

設備万端（せつび・ばんたん）和
目的に必要なもの、すべてのこと。設備の、万端（よろずの・ことがら）という。

▽子弟の教育は年来の彼の志であったが、まだ設備万端整わなかった〔島崎藤村＊夜明け前〕
○設備万端に気を配る　○設備万端の予算として

世道人心（せどう・じんしん）　和

世の正しい道と、それを守る人の心のこと。世道（よの・みち）と、人心（ひとの・こころ）を、組み合わせて表す。道徳を守ろうとする心の意味で用いる。
▽金というものは、匹夫匹婦の手に握るときは、世道人心を破る凶器となります〔内田魯庵＊社会百面相〕
▽法律以外道徳なく、法律以外制裁なし。これ実に世道人心、壊敗の極致なり〔徳富蘇峰＊寸鉄集〕
○世道人心が衰える　○世道人心の恥とするところ

是非曲直（ぜひ・きょくちょく）　漢

正しいか正しくないかということ。曲直（まちがっている・まっすぐ）に、是非（ただしい・ただしくない）を添えて、意味を強める。
▽決して臣輩の恐るるところにあらず。軍門に推参して是非曲直を問わむ〔子母沢寛＊勝海舟〕
▽俯仰天地に恥じず、心中少しのやましきことなし。遠からず是非曲直の判明すべしと〔三宅雪嶺＊小紙庫〕
○是非曲直を訴える　○是非曲直の判断
㊀参考 後漢・王充の論衡に、「二論、各〻見ル所有リ。故ニ、是非曲直、未ダ定ムル所有ラズ」とある。それぞれに理があり、是非曲直を決めることができない、という。広く、正しいか正しくないか、の意味で用いる。本来は、正確と錯誤、無理と有理のことである。

是非善悪（ぜひ・ぜんあく）　和

よいか悪いかということ。善悪（よい・わるい）に、是非（ただしい・ただしくない）を添えて、意味を強める。

▽避けえられざる人間の姿なのだ。是非善悪を超えた人間本来の姿なのだ〔石川達三*風にそよぐ葦〕
▽心明らかにして曇りなければ、よろずの道理に通じ、是非善悪をわきまえて迷わず〔貝原益軒*大和俗訓〕
○是非善悪を問わず　○是非善悪の分別も

是非得失（ぜひ・とくしつ）漢
利益になるか損失になるかということ。得失（える・うしなう）に、是非（ただしい・ただしくない）を添えて、意味を強める。有利か不利かの場合にも用いる。
▽善悪正邪と是非得失とを、おのが狭い胸中に弁別し、根本の衰えないのを護念して〔島崎藤村*夜明け前〕
▽おのれもまた共に一個の小児なる者が、何を標準にして是非得失を断定すべきや〔福沢諭吉*福翁百話〕
○是非得失から論じる　○是非得失を超えて

参考 南宋・朱熹の文に、「是非得失ノ故に于リ、実ニ善ヲ善トシ悪ヲ悪トスルノ心有リ」とある。是非得失が分かるから、善悪の判断ができる、という。この場合の得失は、よしあしの意味である。日本では、利益か損失か、有利か不利か、の意味で用いる。

善悪貴賤（ぜんあく・きせん）和
性質・身分の違いのこと。善悪（善人・悪人）と、貴賤（たっとい・いやしい）を、組み合わせて表す。
▽しかも、乗客の全部が、善悪貴賤の別なく、同じ状態で運ばれていく〔武田泰淳*流人島にて〕
○善悪貴賤を通じて　○善悪貴賤にかかわらず

善悪邪正（ぜんあく・じゃしょう）和
よいか悪いか、よこしまか正しいか、ということ。それぞれを組み合わせて表す。
▽言わんとすれば言いかねて、ただくどくどと、つぶやくのみ。善悪邪正、時至りて〔曲亭馬琴

＊椿説弓張月〕
▽心を用いて読むときは、善悪邪正の行状は、おのずからに諭すべし〔式亭三馬＊浮世風呂〕○善悪邪正を分かつ　○善悪邪正に迷う

善悪正邪（ぜんあく・せいじゃ）和　正しいか正しくないかということ。正邪（ただしい・よこしま）に、善悪を添えて、意味を強める。
▽老若男女、善悪正邪の心のうちの内幕をば、漏らすところなく描きいだして〔坪内逍遥＊小説神髄〕
▽善悪正邪と是非得失とを、おのが狭い胸中に弁別し、根本の衰えないのを護念して〔島崎藤村＊夜明け前〕
○善悪正邪を論じる　○善悪正邪の分別もなく

善悪是非（ぜんあく・ぜひ）和　正しいか正しくないかということ。是非（ただしい・ただしくない）に、善悪を添えて、意味を強める。
▽善悪是非は、相対したる考えより生じたるものなり。相対せざれば論ずべからず〔福沢諭吉＊文明論之概略〕
▽彼女の持っている善悪是非の分別は、ほとんど学問や経験と独立している〔夏目漱石＊彼岸過迄〕
○善悪是非を記す　○善悪是非も分からぬ者には

善悪美醜（ぜんあく・びしゅう）和　物事の判断の基準となる尺度のこと。よい・わるい・うつくしい・みにくい、を組み合わせて表す。
▽善悪美醜というような見方で、強いてわたしを理解しようとしてはならぬ〔有島武郎＊惜しみなく愛は奪う〕
▽このときわたしをいっぱいにしたものは、善悪美醜の判断でもなく、原始的な禁忌の畏怖で〔石川淳＊普賢〕
○善悪美醜を分ける　○善悪美醜にかかわらず

善因善果（ぜんいん・ぜんか）仏　善いことをすれば善いことが起こる、と考えること。因果（原因・結果）を分けて、善（よい）を添える。善い因果関係だ、という。悪因悪果の対。

▽「善因善果、悪因悪果、仏果てきめん」また額をたたいて「世の中はよくできている」〔子母沢寛＊勝海舟〕

▽善悪因果の理は、善因善果、悪因悪果、決して誤らざるものなり。されば仏者は〔釈雲照＊仏教大意〕

○善因善果と喜び合う　○善因善果、疑いなく

(参考)仏教には、因果応報という考え方がある。その立場では、前世で善いことをした報いが現世の善い事柄として現れたと考える。また、来世で善くなろうと思えば、現世の行いが大切だから、現世で善いことをしなければいけない、とする。この考え方を因果の法則としてすなおに受け入れるときに用いるのが、善因善果という解釈である。

千悔万悔（せんかい・ばんかい）和　非常に残念に思うこと。悔（くいる）に、千万（数が多い）を分けて添える。千万の悔い、という。

▽何ゆえわたしは物を言わなかったろうと、千悔万悔、それこそほぞをかむけれど〔二葉亭四迷＊平凡〕

▽望むところと、やすやすとからめられ、今の千悔万悔、おのれとだに知ったらば〔浄瑠璃＊曾我会稽山〕

○千悔万悔の念に駆られる　○今さら千悔万悔しても

全会一致（ぜんかい・いっち）洋　会議の出席者全員の意見が同じになること。全会（会の全部）が、一致（おなじになる）する、という。会議用語 nem. con.（nemine contradicente だれも反対せず）の訳語として用いる。一般の場合は万場一致を用いる。

▽一人の思いつきに、この酒をあの高い物干しの上で飲みたいと言うに、全会一致で〈福沢諭吉＊福翁自伝〉▽春期の総会において、全会一致をもって、同会の意見を開陳することを議決した〈穂積陳重＊法窓夜話〉

浅学非才（せんがく・ひさい）和

○全会一致で決まる　○全会一致の合意により

学問や才能がないこと。浅学（あさい・学問）と、菲才（うすい・才能）を、組み合わせて表す。自分の学問や才能をへりくだっていうときに用いる。現代表記では、非（うすい）↓菲（ではない）とも。

▽我の浅学非才、世人に模倣せらるべきにあらざれども、わが選に点を得んと欲せば〈正岡子規＊俳諧反故籠〉▽もとより浅学非才、各位のご所期に添うあたわざるを恐れ候えども、年来いささか〈中川静＊書翰文精義〉

○浅学非才をも顧みず　○浅学非才の身をもってして　○浅学非才の私としては　○浅学非才ながら

千騎万騎（せんき・ばんき）和

非常に多くの騎馬武者のこと。騎（馬にまたがる）に千万（数が多い）を分けて添える。千万の騎、という。

▽別当、聞きたまいて、「祈とうは頼もしく思いたまえ。千騎万騎の方人とおぼしめせ」と〈曽我物語〉▽「千騎万騎も具足したく候えども、事延びてはかのうまじ」とて、打ちいでたもう〈義経記〉

○千騎万騎を従える　○千騎万騎の大軍

千客万来（せんきゃく・ばんらい）和

たくさんのお客様が、次々と来ること。千客（たくさんの・きゃく）が、万来（何度も・くる）する、という。

▽「そんなに千客万来じゃ、落ち着いちゃいら

れまい」「ええ、ほんとにお気の毒なんです」〔石川淳＊普賢〕

○千客万来の大繁盛　○千客万来、休む間もなく

千軍万馬（せんぐん・ばんば）漢

非常に多くの兵士と軍馬のこと。千軍（たくさんの・兵士）と万馬（たくさんの・軍馬）を、組み合わせて表す。多くの戦争や社会経験を経ている場合にも用いる。

▽千軍万馬の古武士といった頼もしさが、筒っぽの三十男の額のしわに刻まれていた〔徳永直＊太陽のない街〕

▽「坊主、なかなかやるな」と言った。「千軍万馬のつわものと思え」と叫んだ〔柴田錬三郎＊柴錬水滸伝〕

○千軍万馬の間を走る　○千軍万馬の戦場の常として　○千軍万馬の体験を経て　○千軍万馬のならず者

(参考) 唐・李肇の国史補に、「麾下　悉ク白袍ヲ置ク、向カフ所、披靡ス。謡ヒテ曰ク、千軍万馬、白袍ヲ避クト」とある。兵に白い上衣を着せたところ、敵はいつも従った、そのため、千軍万馬が白い上衣を避けると歌った、という。数多くの兵士と軍馬のことであるが、激しい戦いの意味でも用いる。日本では、実戦や社会経験の多いことについても用いる。

千荊万棘（せんけい・ばんきょく）和

いばらが非常に多いこと。荊棘（いばら）を分けたものに、千万（数が多い）を分けて添える。千万の荊棘、という。非常に多くの困難についても用いる。

▽大きな鼻を見るごとに、千荊万棘を突き分け押し分け進んでくる豪猪を思い起こす〔徳富蘆花＊思出の記〕

○千荊万棘に阻まれる　○千荊万棘を物ともせず

鮮血淋漓（せんけつ・りんり）和

血がどんどん流れること。鮮血（あざやかな・

ち）が、淋漓（したたり・おちる）だ、という。
▽将軍は虚空をつかむ七転八倒、鮮血淋漓、橋上は唐紅の花の色、苦痛の声とともに〔宮崎夢柳＊鬼啾啾〕
▽下に敷きたる木の角の、すねに食い込み、鮮血淋漓と流れいずれど、苦痛を忍び〔宇田川文海＊巷説二葉松〕
○鮮血淋漓として　○鮮血淋漓の傷

千言万句（せんげん・ばんく）漢
非常に多くのことばのこと。言（ことば）・句（語句）、それぞれに千万（数が多い）を分けて添える。たくさんのことばで言い表す場合にも用いる。
▽命かけての愛だのといった、みつのような抱擁も、千言万句の誓いも、さざめきも〔北原白秋＊桐の花〕
▽されば、この再生の高恩を、千言万句に尽くすとも、飽きたるべくもあらずかし〔曲亭馬琴＊椿説弓張月〕
○千言万句したとしても　○千言万句にも勝る
参考　千言万語（せんげんばんご）の参考欄を参照。

千言万語（せんげん・ばんご）漢
非常に多くのことばのこと。言語を分けたものに、千万（数が多い）を分けて添える。千万の言語、という。たくさんのことばで言い表す場合にも用いる。
▽彼が千言万語の舌をろうしてうまざるは、ひっきょう利の一字を覆わんがためのみ〔尾崎紅葉＊金色夜叉〕
▽仲直りしてしまうつもりであったのに、あたら理詰めの千言万語の空に消えて〔二葉亭四迷＊其面影〕
○千言万語を費やす　○千言万語にも勝るまなざしで　○千言万語したとしても　○千言万語、すべて
参考　宋・徐宝之（ほうし）の文に、「千言万語シテ、閟（いか）リ眼ニ満ツ。弾ジテ徹シ難キヲ欲ス」とある。いくら言っても言い足りない、怒りが目に満ち

てくる、とても糾弾しきれるものではない、という。日本では、千言万句の形でも用いる。

前言前行（ぜんげん・ぜんこう）和

一般の人よりも先に言い、先に行うこと。言行（いう・おこなう）を分けたものに、前（まえ）を添える。

▽君子は既往を語らず、前言前行はただ戯れのみと、双方打ち解けて波風なく〔福沢諭吉＊福翁自伝〕

○前言前行を旨とする　○前言前行、もって範を垂れる

千古不易（せんこ・ふえき）和

昔から変わらないこと。千古（昔から今まで）にわたって、不易（かわら・ない）だ、という。

▽今も昔も、男と妓女とのいきさつ、これのみまことに千古不易の人情とや申すべき〔永井荷風＊腕くらべ〕

▽その物形も温雅に、その筆意も柔美にして、千古不易の妙格なり。これを学ばずして〔桑山玉洲＊絵事鄙言〕

○千古不易の人情も　○千古不易の理として

前後緩急（ぜんご・かんきゅう）和

急ぐか急がないかということ。緩急（ゆっくりかいそぐか、緊急度）に、前後を添えて、意味を強める。

▽二か条の求めありて、そのいずれか前後緩急を定むるには、全く我になきものか〔福沢諭吉＊文明論之概略〕

▽現在の施設に臨み、着手の方法を定め、前後緩急そのよろしきを得せしむ〔西周＊知説〕

○前後緩急を論じて　○前後緩急を誤らず

前後左右（ぜんご・さゆう）和

そのものの周りのこと。まえ・うしろ・ひだり・みぎ、を組み合わせて表す。左右前後とも。

▽彼はただ、前後左右から落ちてくる太刀の中に、獣のようなうなり声を出して〔芥川竜之介＊偸盗〕

▽水の色を離れない青い光をうろこに帯びて、

自分の勢いで前後左右に作る波を〔夏目漱石＊彼岸過迄〕○前後左右を見回す　○前後左右に入り乱れて飛び交う　○前後左右、自由自在に　○前後左右の思慮分別

前後遅速（ぜんご・ちそく）和

前になったり後になったりすること。前後（まえ・あと）と、遅速（おそい・はやい）を、組み合わせて表す。

▽古来、東洋西洋相対して、その進歩の前後遅速を見れば、実に大層な相違である〔福沢諭吉＊福翁自伝〕

○前後遅速はあっても　○前後遅速の差によって

前後不覚（ぜんご・ふかく）和

何をしたか、全く覚えていないこと。前後（まえ・あと）が、不覚（おぼえて・いない）だ、という。酔いつぶれたり、気を失ったりした場合に用いる。

▽枯れ菊を押し倒して、その上に大きな猫が前後不覚で寝ている〔夏目漱石＊吾輩は猫である〕

▽武士たちと語り、しかも馳走の酒に酔って床に入ったので、二人は前後不覚に眠った〔井上靖＊真田軍記〕

○前後不覚に陥る　○前後不覚のまま過ぎる

千差万別（せんさ・ばんべつ）漢

物事の種類が、さまざまなこと。差別（ちがい）を分けたものに、千万（数が多い）を分けて添える。千万の差別がある、という。

▽前後の関係とか四囲の状況とかいったところで、千差万別なのだから〔夏目漱石＊硝子戸の中〕

▽両足だけ白骨になったものなど、千差万別の死体が散乱し、異様な臭気を発している〔井伏鱒二＊黒い雨〕

○千差万別の中にも　○好みも千差万別に違いないから　○千差万別の奇岩　○千差万別、あ

らゆるものが

（参考）南宋・普済の五灯会元に、禅問答トシテ、「僧問フ、如何(いかん)セン、是レ異ナル無キハ底事(なに)ゾト。師曰ク、千差万別ト」とある。さまざまだ、という。

千載一遇（せんざい・いちぐう）漢

再び出会うことがないと思われること。千載（千年）に、一遇（ひとたび・あう）する、という。又とないよい機会の場合に用いる。千載を千歳と書くのは誤り。ただし、千載万載・千歳万歳は、意味によって書き分ける。

▽千載一遇の好機会、外してなるものか、というような気になって、必死になって〔二葉亭四迷＊平凡〕

▽喜んで軍事公債に応じ、挙国一致、千載一遇の壮挙は着々と実行されている〔田山花袋＊田舎教師〕

○千載一遇ともいうべき現在　○千載一遇の機を逸する

（参考）文選(もんぜん)に、東晋・袁宏(えんこう)の文として、「千載ニ一タビ遇(あ)フハ賢智(けんち)ノ嘉会(かかい)ナリ。之ニ遇ヒテ欣(よろこ)ビ無キコト能ハズ。之ヲ喪(うしな)ヘバ何ゾ慨(なげ)キ無カランヤ」とある。賢明な君主と智者の家臣が巡り会う機会は、千年に一度ぐらいなもの、こんなうれしいことはない、という。載とは年の意味で、年を数える単位になるが、本来は立春から次の節分までの一年のことである。

千載万載（せんざい・ばんざい）和

非常に長い年月のこと。載（とし）に、千万（数が多い）を分けて添える。千万のとし、という。年限の場合に載を歳と書くのは誤り。ただし、年齢は千歳万歳と書く。

▽あわれ千載万載一遇のこの月この日この時、自分の双眼が突如として〔石川啄木＊雲は天才である〕

○千載万載に名をとどめる　○千載万載の記念として

千歳万歳（せんざい・まんざい）和

非常に多く年を取ること。歳（年齢）に、千万（数が多い）を分けて添える。千万のとし、という。年齢の場合に歳を載と書くのは誤り。ただし、年限は千載万載と書く。

▽「力は、かいがいしくは候わねども、弁慶に似たまえ、御命は千歳万歳を保ちたまえ」とて〔義経記〕

○千歳万歳を祈る　○千歳万歳も永らえて

千山万水（せんざん・ばんすい）漢

さまざまの自然の風景のこと。山水（やま・みず）を分けたものに、千万（数が多い）を分けて添える。千万の山水、という。景色の変化についても用いる。

▽歩み疲るれば、馬、かごに助けられ、千山万水の間に座して風情にうそぶく〔森川許六＊風俗文選〕

○千山万水を隔てる　○千山万水の妙に魅せられて

参考 唐・宋之問（そうしもん）の詩に、「南中ハ岐路多ク、千山万水、郷県ヲ分カツ」とある。道がいろいろあり、集落を分けているのが千山万水だ、という。道路が危険であったり、遠く離れていたりする意味である。日本では、自然の風景について用いる。

戦死戦傷（せんし・せんしょう）和

戦争で死んだり、けがをしたりすること。死傷（しぬ・きずつく）を分けたものに、戦（たたかい）を添える。戦いで死傷する、という。

▽四年間に何十万の同胞が戦死戦傷しているが、これは一体、何のためかね〔石川達三＊風にそよぐ葦〕

○戦死戦傷した者も多く　○戦死戦傷、その数も知れず

千思万考（せんし・ばんこう）和

いろいろと考えを巡らすこと。思考（おもい・かんがえる）を分けたものに、千万（数が多い）を分けて添える。千万の思考、という。百考千思より、程度が上になる。

▽黙座して腕を組んで、沈吟して嘆息して、千思万考、審念熟慮して屈託してみたが〔二葉亭四迷＊浮雲〕 ▽更に二の句を継ごうと試みたが、千思万考、ついに一辞をも見いだすあたわずして〔穂積陳重＊法窓夜話〕 ○千思万考しても ○千思万考の末 ○千思万考の歳月

千紫万紅（せんし・ばんこう）漢 さまざまな色の花のこと。紫紅（むらさきとくれない、さまざまな色）を分けたものに、千万（数が多い）を分けて添える。彩りが豊かな場合にも用いる。

▽千紫万紅ということばは、春の野の花を形容したものであろうか〔谷崎潤一郎＊吉野葛〕 ▽水菓子屋の店頭は、千紫万紅、見るから目も覚むるような眺めを呈するに至り〔若月紫蘭＊東京年中行事〕 ○千紫万紅の花園において ○千紫万紅、一時に開いて ○目も覚めるような千紫万紅 ○千紫万紅、共々に

参考 南宋・辛棄疾の詞に、「千紫万紅、頭ヲ転ラシテ春尽ク」とある。さまざまな色の花が盛んに咲いている、という。また、南宋・朱熹の詩には、「万紅千紫、総テ是レ春」とある。日本では、千紫万紅の形で用いる。

千姿万態（せんし・ばんたい）漢 さまざまな形のこと。姿態（すがた・ようす）を分けたものに、千万（数が多い）を分けて添える。千万の姿態、という。万態を万体と書くのは誤り。

▽かごにあふれた花のように、どの車でも、生徒たちは千姿万態の小躍りを演じていた〔石坂洋次郎＊若い人〕 ▽はでな海水着の若い女たちの、ほしいままな千姿万態のフィルムが目先にちらついて〔葛西善蔵＊おせい〕 ○千姿万態をなす ○千姿万態の昆虫

（参考）千状万態の参考欄を参照。

浅酌低唱（せんしゃく・ていしょう）漢

少し酒を飲み、低い声で歌うこと。浅く酌み、低く歌う、という。程よい酒盛りの場合に用いる。

▽高きところに酒池肉林の豪を誇る者、画簾密なる中に浅酌低唱の興をむさぼる者〔陸羯南＊秋夜倦読誌〕

○浅酌低唱を楽しむ　○浅酌低唱の興に乗じて

（参考）北宋・柳永の詞に、「忍ンデ浮名ヲ把リ、換ヘテ浅酌低唱ス」とある。過ぎた誉れを得たので、のんびりと得意になって浅酌低唱する、という。少し酒を飲み、低い声で歌うほど気持ちがのんびりするものはない。

千種万様（せんしゅ・ばんよう）和

種類が非常に多いこと。種（種類）・様（様子）、それぞれに千万（数が多い）を分けて添える。

▽日本国じゅう千種万様の兵備では、政府においていざ事といっても〔福沢諭吉＊福翁自伝〕

▽おのおの車内の客と面白げに談笑しつつあるその千種万様の風俗を眺めやるとき〔木下尚江＊良人の自白〕

○千種万様の疑問に悩む　○千種万様ともいうべき働き

千秋万古（せんしゅう・ばんこ）漢

長く久しい年月のこと。千のとしも、万のふるさも、という。過去・未来にわたって変わらない場合に用いる。

▽古書の廃しがたきは、千秋万古、不朽なる知恵の宝庫なればなり。東洋の知恵は〔山路愛山＊経済雑論〕

▽二人は底知れぬ谷に落ちうせたり。千秋万古、ついにこの二人が行方を知る者なく〔国木田独歩＊詩想〕

○千秋万古にわたって　○千秋万古、人の情緒を動かす

（参考）北周・庾信の書いた碑文に、「千秋万古、英霊斯ニ在リ」とある。霊魂は永久にここに眠

る、という。また、南宋・呉曾の文に、「千秋万古、盛美ヲ誦フ」とある。永久に美しさを表す文である、という。なお、漢文では、万古千秋・万載千秋・万代千秋の形も用いる。

千秋万歳（せんしゅう・ばんぜい）漢
非常に長く生きること。秋（とし）・歳（とし）、それぞれに千万（数が多い）を分けて添える。長寿を願ったり、祝ったりする場合にも用いる。
▽薩長の天下は千秋万歳、わが息ある間は、しよせん手も足もつけられぬと失望しきって〔徳富蘆花＊黒潮〕
▽八万三所の擁護新たにして、千秋万歳を保ちたもうべき御夢相なり〔曾我物語〕
○千秋万歳を祝う　○千秋万歳とたたえる
(参考) 韓非子に、「今、巫祝ノ人ヲ祝フニ、若ヲシテ千秋万歳ナラシムト曰フ。千秋万歳ノ声、耳ニ聒シ。而モ一日ノ寿モ人ニ徴ムルコト無シ。此レ、人ノ巫祝ヲ簡カニスル所以ナリ」とある。千秋万歳が、長寿を願うことばとして用いられている。ただし、梁書には、「千秋万歳、誰カ此レヲ伝ヘン」とある。実際の千年万年の意味にも用いられている。

千緒万端（せんしょ・ばんたん）漢
さまざまな事柄のこと。端緒（いとぐち）を分けたものに、千万（数が多い）を分けて添える。千万の端緒、という。物事の状態がさまざまな場合にも用いる。千緒は、センチョとも読む。
▽千緒万端の胸の思いを「無常」の溶炉に溶かし去りて、澄む月に比べん心の明るさ〔高山樗牛＊滝口入道〕
▽人の心の働きは千緒万端、あしたは夕べに異なり、夜は昼に同じからず〔福沢諭吉＊文明論之概略〕
○千緒万端に応用する　○千緒万端、乱れに乱れて
(参考) 晋書に、「終日、膝ヲ斂メテ危坐シ、閫外ノ多事、千緒万端、遺漏有ルコト罔シ」とある。正座して執務しているが、軍隊のことも万

事手落ちがない、という。漢文では、千端万緒の形でも用いる。

千状万態（せんじょう・ばんたい）漢

さまざまの状態のこと。状態を分けたものに、千万（数が多い）を分けて添える。千万の状態、という。

▽千状万態、千変万化、因果の関係のさまざまなる、あらかじめ図り定むべからず〔坪内逍遥＊小説神髄〕

▽ついに虚をもって政府の体裁を成し、その体裁に千状万態の修飾を施し〔福沢諭吉＊文明論之概略〕

○千状万態をなす奇岩の絶景　○千状万態の事物に応じ　○千状万態の変を見る　○千状万態の中にも

参考　南宋・陸九淵の文に、「朝暮雨暘、雲烟出没ノ変、千状万態、名ヅケテ模ス可カラズ」とある。朝夕晴雨の雲の変化はいろいろさまざまだ、という。日本では、人の場合に状を姿に改め、千姿万態も用いる。

千辛万苦（せんしん・ばんく）漢

さまざまの苦労のこと。辛苦（つらい・くるしい）を分けたものに、千万（数が多い）を分けて添える。千万の辛苦、という。さまざまの苦労を重ねる場合にも用いる。

▽剣の上を渡るような境涯で、大いに千辛万苦をしたことが現れているが〔三遊亭円朝＊牡丹灯籠〕

▽人、相賊して、ついに達するあたわず、あるいは千辛万苦して初めて達しうべき者も〔夏目漱石＊虞美人草〕

○千辛万苦に耐える　○千辛万苦の中を

参考　元・関漢卿の五侯宴に、「打ヲ喫シ、罵ヲ喫シ、千辛万苦、看看トシテ死ニ至リ、久シカラズシテ身亡ブ」とある。打たれ、ののしられ、ありとあらゆる苦労をして、やがて死ぬ、という。漢文では万苦千辛の形も用いるが、日本では千辛万苦を用いる。

全心全力（ぜんしん・ぜんりょく）和
出すことのできるすべての力のこと。全力（すべての・ちから）に、全心（すべての・こころ）を添えて、意味を強める。全力を尽くす場合に用いる。
▽今ははや、息のふさがった絶体絶命、全心全力を挙げてうんとばかりに最後の一声〔木下尚江*良人の自白〕
○全心全力を振り絞って　○全心全力、目的に向かって

全身全霊（ぜんしん・ぜんれい）和
体力と精神力を合わせた、すべての力のこと。身霊（からだ・こころ）を分けたものに、全（すべて）を添える。すべての身霊、という。
▽全身全霊を、つめの先、思いの果てまで自分のものにしなければ、死んでも死ねない〔有島武郎*或る女〕
▽この世に生きていたのはこのためだ、といわんばかりに、全身全霊で味わうだろう〔朝日新聞*天声人語〕
○全身全霊を傾けて　○全身全霊の力を込めて

前人未到（ぜんじん・みとう）和
まだ人がそこまで行ったことがないこと。未到（まだ・至り着いた・ことがない）に、前人（まえの・ひと）を添えて、意味を強める。新分野を切り開く場合にも用いる。未を経験の有無に用いるのは、日本での用法。未到を未踏と書くのは誤り。ただし、人跡未踏は未踏と書く。
▽手あかのついた自然を嫌って、未知の自然、前人未到の自然にあこがれる〔唐木順三*自然ということ〕
▽だれも行く道を歩いていて、前人未到の詩境に至れるはずはない。禅家とても同じ〔中山義秀・芭蕉庵桃青〕
○前人未到の処女地を求めて　○前人未到の分野を開く

戦々兢々（せんせん・きょうきょう）漢
非常におそれていること。戦（おののく）・兢

（ふるえる）、それぞれを繰り返して、意味を強める。現代表記では、兢（ふるえる）↓恐（おそれる）。

▽定刻が近づくに従って、戦々恐々として、目の色が切りつけるように鋭く光っていた〔横光利一＊家族会議〕

▽ただ戦々恐々と鼻息をうかがって、哀れみを請う態度というものは〔子母沢寛＊勝海舟〕

○戦々恐々の数日を送った　○戦々恐々たる娘に対して

参考　詩経に、政治を批判して、次の記述がある。「敢テ暴虎セズ、敢テ馮河セズ。人其ノ一ヲ知リテ其ノ他ヲ知ル莫シ。戦戦兢兢トシテ、深淵ニ臨ムガ如ク、薄氷ヲ履ムガ如シ」とある。トラを手打ちにしたり、黄河を徒歩で渡るような無謀なことはしない、このような命の危険は知っているが、政治の危険を知らない。深いふちをのぞき、薄い氷を踏むような不安がある、という。それを日本では、ふるえおののく意味で用いる。

先祖代々（せんぞ・だいだい）和

家系の初代から自分の代に至るまでの各代のこと。先祖から、代々、という。同じ仕事をしてきた場合に用いる。

▽その名は遠くまで聞こえていた。先祖代々からの長者であり、門閥家としても〔柴田錬三郎＊柴錬水滸伝〕

▽先祖代々なじみのなかった江戸芸術の極意の会得されようはずはなかったので〔正宗白鳥＊根無し草〕

○先祖代々、伝えてきた　○先祖代々の位はい

先祖伝来（せんぞ・でんらい）和

家系の初代から受け継がれていること。先祖から、伝来（つたわり・くる）する、という。

▽人民は、あたかも先祖伝来の重荷を下ろし、いまだ代わりの荷物をば担わずして〔福沢諭吉＊文明論之概略〕

▽果たして、先祖伝来の神田を人に奪われたる

恨みの、今は耐えがたく迫りしものにや〔須藤南翠＊緑簑談〕
○先祖伝来の田畑を売り払って　○先祖伝来する古文書

千朶万朶（せんだ・ばんだ）漢
非常にたくさんの枝のこと。朶（えだ）に、千万（数が多い）を分けて添える。千万の枝、という。
▽陽春四月の時に会うて、千朶万朶、一時に花咲いた。それ、一つ。それから、いま一つ〔徳富蘆花＊黒潮〕
○千朶万朶が花をつけると　○千朶万朶に開いた花は
（参考）唐・杜甫の詩に、「黄四ノ娘家、花蹊ニ満ツ。千朶万朶、枝ヲ圧シテ低シ」とある。花が小道に満ちていて、たくさんの花が枝もたわわに咲いている、という。また、元・成廷珪の詩に、「一声両声、松子落チ、千朶万朶、芙蓉開ク」とある。松かさが落ち、たくさんのハスの花が咲く、という。いずれも、朶が花の固まりの意味であり、それを数える単位として用いられている。日本では、朶を枝の意味で用いる。

千態万様（せんたい・ばんよう）漢
さまざまなありさまのこと。態様を分けたものに、千万（数が多い）を分けて添える。千万の態様、という。
▽千態万様の相に分かれて、地殻は目まぐるしい変化を現してはいるが〔有島武郎＊惜しみなく愛は奪う〕
▽青い石、赤い石、黄色い石、わたしが十年ばかりで集めた千態万様の石が入っている〔尾崎一雄＊石〕
○千態万様を成して迫る　○千態万様に咲き乱れる
（参考）北宋・宣和画譜に、「回渓ノ断崖、岩岫巉絶シ、峰巒秀起シ、雲烟変滅暗靄ノ間、千態万状ナリ」とある。谷川を巡るがけは、岩が険しく、峰がそびえ、雲がかかり、千態万状だ、という。日本では、状を様に改め、千態万様の形で用いる。

前代未聞（ぜんだい・みもん）和

非常に珍しい出来事のこと。未聞（まだ・聞いた・ことがない）に、前代（まえの・よまでには）を添えて、意味を強める。未を経験の有無に用いるのは、日本での用法。珍しい場合に用いることが多い。よい場合には、空前絶後を用いる。

▽あれは、天保十年のことでした。全く、あのときのご通行は、前代未聞でしたわい〔島崎藤村＊夜明け前〕

▽門の突き当たりがお寺で、山門の中に遊郭があるなんて、前代未聞の現象だ〔夏目漱石＊坊っちゃん〕

○前代未聞ともいうべき事件　○前代未聞、全く驚いた

浅智短才（せんち・たんさい）和

知恵の働きがよくないこと。浅智（あさい・ちえ）と、短才（おとった・才能）を、組み合わせて表す。自分の知恵の働きをへりくだっていうときに用いる。現代表記では、智（ちえ）↓知（しる）。

▽その糟粕を改むることあたわず。まして浅知短才の筆に及ぶべくもあらず〔松尾芭蕉＊笈の小文〕

○浅知短才の身をもって　○浅知短才で恥ずかしいが

全智全能（ぜんち・ぜんのう）仏

知恵も能力もあること。智（ちえ）・能（行う力）、それぞれに全（完全）を添える。物事を正しくとらえて行う能力がある場合に、無智無能の対として用いる。現代表記では、智（ちえ）↓知（しる）。

▽しかし、俗人の考える全知全能は、時によると、無知無能とも解釈ができる〔夏目漱石＊吾輩は猫である〕

▽もしまた全知全能の神があったら、われらの

罪を無造作に許すであろうか〔正宗白鳥＊人間嫌い〕

○全知全能と見なされる　○全知全能を傾けて

参考 仏教では、物事を正しくとらえて真理を見極める力を智という。それがすべてにわたるのが全智である。また、物事を行うことのできる力を能という。それがすべてにわたるのが全能である。併せて全智全能となる。

千緒万端（せんちょ・ばんたん）⇩せんしょ・ばんたん

千転万回（せんてん・ばんかい）和

限りなく回り続けること。転回を分けたものに、千万（数が多い）を分けて添える。千万の転回、という。

▽千転万回、ついに際限あることなく、しかもその照応の正確なるは絶対の真にして〔福沢諭吉＊福翁自伝〕

○千転万回してやまない　○千転万回の末には

前途多望（ぜんと・たぼう）和

将来が大いに期待されること。多望（のぞみが・おおい）に、前途（まえの・みち）を添えて、意味を強める。

▽前途多望とはきみらのことだ。どうかして、もう一度きみらのように若くなってみたい〔島崎藤村＊破戒〕

▽殊に前途多望なる青年諸君の注意を喚起するをえば、余また何をか望まんや〔徳富蘇峰＊新日本之青年〕

○前途多望と期待される　○前途多望な学者として

前途有為（ぜんと・ゆうい）和

大いに活躍の見込みがあること。有為（なすことが・ある）に、前途（まえの・みち）を添えて、意味を強める。

▽その犠牲となった彼女には申し訳なく、前途有為の女性を自我の犠牲としたことを〔阿部知二＊おぼろ夜〕

▽前途有為な青年がどうして自殺なんかするの

だろう。他人の僭越な判断だ〔三島由紀夫＊鍵のかかる部屋〕　○前途有為には違いないが　○前途有為と見なされる

前途洋々（ぜんと・ようよう）和

行く先々が大きく開けていること。前途（まえの・みち）が、洋々（ひろくおおきい）だ、という。物事を行う場合の見通しについて用いることが多い。

▽彼は前途洋々たる無傷の青年だし、わたしは人生の戦いに破れた老鶏のような女で〔平林たい子＊砂漠の花〕

▽一人の青年の前途洋々たる軍人生活のとば口で待ち構えていた不運の正体が分かる〔阿部昭＊司令の休暇〕　○前途洋々の部門として　○前途洋々の門出に当たって

前途遼遠（ぜんと・りょうえん）和

目ざしたところが、非常に遠くにあること。前途（まえの・みち）が、遼遠（はるかに・とおい）だ、という。目的を達するまでの時間が長い場合に用いる。

▽書物の厚みばかりを苦にするように眺めたりすると、前途遼遠という気が起こった〔夏目漱石＊明暗〕

▽本当に、ばれいしょをかいたとは言えないのだ。いまだ前途遼遠だ〔武者小路実篤＊若き日の思い出〕　○前途遼遠の感に打たれた　○前途遼遠な道のり

善男善女（ぜんなん・ぜんにょ）仏

信心深い人々のこと。男女を分けたものに、善（よい）を添える。よい男女、という。

▽従来、僧侶でさえあれば、善男善女に随喜渇仰されて、一生食うに困らず〔島崎藤村＊夜明け前〕

▽同じ説教、同じ提唱を繰り返せば、善男善女が数珠つま繰りて南無妙法蓮陀仏〔内田魯庵＊

社会百面相〕
○善男善女を集めて　○善男善女の一行
参考 仏教では、出家しない在家の男性を善男子、女性を善女人といい、併せて善男善女という。本来は信仰心の厚い男女のことであるが、広く仏教を信じる男女すべてについて用いる。また、悪人であっても、念仏する男女はすべて善男善女だから、寺院にお参りする参詣人も、すべて善男善女である。そのような善男善女は年齢に関係がないから、日本では、老若男女・老幼男女、という形でも用いる。

千年万年（せんねん・まんねん）和
非常に長い年月のこと。年（とし）に、千万（数が多い）を分けて添える。千万の年、という。
▽千年万年、未来永劫、もはや彼をこの世界に見ることができないというに至っては〔木下尚江＊良人の自白〕
▽そのほうは、百年待ったとて、千年万年待ったとて、何の便りがあろぞいの〔浄瑠璃＊伽羅先代萩〕
○千年万年を過ごすとも　○千年万年の先には

千波万波（せんぱ・ばんぱ）和
次々と続く波のこと。波（なみ）に、千万（数が多い）を分けて添える。千万の波、という。海上を行く距離が非常に長い場合にも用いる。
▽一波帝都に起こって千波万波全国に狂うのありさまで、県下でも演説会がある〔徳富蘆花＊思出の記〕
▽千波万波を押し切って、時もたがえず親子の舟、もろこしの地にも着きにけり〔浄瑠璃＊国性爺合戦〕
○千波万波を乗り越えて　○千波万波の果てまでも

千篇一律（せんぺん・いちりつ）漢
多くのものが全く同じ調子で、変化が見られないこと。千篇（千の・詩）が、一律（おなじ・調子）だ、という。変化のないことがよくない場合に用いる。現代表記では、篇（かきもの）→編（あむ、書物をつくる）も用いる。▽どうもこのごろの小説は千編一律でつまりませんな、ごまかして引き下がるだけだ〔内田魯庵*社会百面相〕▽千編一律の決別の辞が口々に交換せらるる声が、列車に沿うて殷々と響くのである〔木下尚江*良人の自白〕

○千編一律に陥る　○千編一律の内容では

参考　明・沈徳符の文に、「嘉靖ノ末年ニ至リ、時文ノ冗濫、千篇一律、記誦稍多シ」とある。嘉靖は世宗の年号。時文にはむだなことばが多く、どれも同じ調子だ、覚えているまま書くのが多い、という。祝い文などで同じようなことばを用いる場合も、千篇一律とする。

千変万化（せんぺん・ばんか）漢

さまざまに変わること。変化を分けたものに、千万（数が多い）を分けて添える。千万に変化する、という。

▽決まった日に会ったりするのは味けないから、千変万化の方法で会おうという〔三島由紀夫*永すぎた春〕▽十歩九折、千変万化して、しかも一尺を流るるごとに万弩の勢いを加えた激流が〔徳富蘆花*黒潮〕

○千変万化する夕焼け　○千変万化、窮まるところなく

参考　列子に、「化人有リテ来ル。水火ニ入リ、金石ヲ貫キ、虚ニ乗リテ堕チズ、実ニ触レテ碍ゲズ、千変万化、窮極ス可カラズ」とある。仙人の仙術について、千変万化、極まりない、という。

羨望嫉妬（せんぼう・しっと）和

うらやんで、ねたむこと。羨望（うらやみ・のぞむ）と、嫉妬（ねたみ・ねたむ）を、組み合わせて表す。

▽何もかもその原因を政府の当局者に帰して、これに加うるに羨望嫉妬の念をもってし〔福沢

諭吉＊福翁自伝〕
▽今は、自分も客気にはやる競争心や羨望嫉妬はなくなって、本当にきみと共に働きたい〔高木卓＊遣唐船〕
○羨望嫉妬に燃える　○羨望嫉妬の念もぬぐい切れずに

千万無量（せんまん・むりょう）和
非常に分量が多いこと。無量（はかりしれ・ない）に、千万（数が多い）を添えて、意味を強める。言い尽くされないほど多い場合にも用いる。
▽さしも内なる千万無量の思いを包める一点の涙は、不覚にまろびいでぬ〔尾崎紅葉＊金色夜叉〕
▽神前の祈り、うれしき心、つらき思い、千万無量の感慨は胸臆三寸の間にあふれて〔木下尚江＊火の柱〕
○千万無量の笑みをたたえる　○千万無量の好意により

先憂後楽（せんゆう・こうらく）漢
一般の人よりも先に心配し、後に楽しむこと。先に憂え、後に楽しむ、という。政治家の規範とされている。心配事は先に片づけ、楽しみを後に回す場合にも用いる。
▽先憂後楽の方針で行かないと、部員は仕事を一緒にやってくれるものではない〔扇谷正造＊鉛筆ぐらし〕
▽分に過ぎた余計なものだった。先憂後楽の為政者としての心掛けとは逆の標本である〔朝日新聞＊天声人語〕
○先憂後楽を旨とする　○先憂後楽の心構えで
参考　北宋・范仲淹（はんちゅうえん）の岳陽楼記に、「是レ進ムモ亦タ憂ヒ、退クモ亦タ憂フ。然ラバ則チ、何レノ時ニシテ楽シマンヤ。其レ必ズ、天下ノ憂ヒニ先ンジテ憂ヒ、天下ノ楽シミニ後レテ楽シムト曰ハンカ」とある。大政治家たる者は、常に人民のことを憂えるべきだ、という。基本的には、人民よりも先に憂え、人民よりも後に楽しむべきだ、とする。これが、日本で用いられる意味である。ただし、前漢・戴徳（たいとく）の大戴礼には、「先ンジテ事ヲ憂フル者ハ後レテ事ヲ楽シミ、先ンジテ事ヲ楽シム者ハ後レテ事を憂フ」とある。憂えればあとで楽しめるが、楽しめばあとで憂いがある、という。これも先憂後楽になるが、日本では、この意味で用いることはない。むしろ、心配を先に片づける意味で用いるようになった。

千里同風（せんり・どうふう）漢

世の中全体が平和であること。千里もの遠くまで、同じ風が吹いている、という。皮肉な用い方で、国のすみずみまで乱れている場合にも用いる。万里同風とも。

▽改暦の嘉儀、千里同風、めでたく申し納め候。まずもって、当方一同無事越年いたし〈中川静＊書翰文精義〉

▽千里同風、隠れ家は吉野と見定め、たき火も独り坊主の蓄え絶えて、後世のことも〈井原西鶴＊万の文反古〉

○千里同風の感に浸る　○千里同風どころか

㊟参考 後漢・王充の論衡に、「千里、風ヲ同ジクセズ。百里、雷ヲ共ニセズ」とある。百里も千里も離れれば、風俗が異なる、所変われば品変わる、という。ところが、北宋・蘇軾（そしょく）の詩には、「須（すべか）ラク知ルベシ、千里ノ事、同風ナルヲ」とある。千里の間、風俗が同じだ、という。世の中が平和である場合に用いる。

千慮万苦（せんりょ・ばんく）和

さまざまに考え抜くこと。苦慮（苦心・考慮）を分けたものに、千万（数が多い）を分けて添える。千万の苦慮、という。よい方法はないかと考える場合に用いる。

▽その忠諌に従わねえ、千慮万苦もことごとく水の泡に、とうとう豊臣を滅ぼした〈子母沢寛＊勝海舟〉

○千慮万苦した結果　○千慮万苦の末に

【そ】

粗衣粗食（そい・そしょく）漢

質素な生活をすること。衣食を分けたものに、粗（そまつ）を添える。粗末な衣食、という。衣食そのものが粗末な場合にも用いる。

▽貧乏をしても難渋をしても、粗衣粗食、一見、見る影もない貧書生でありながら〔福沢諭吉＊福翁自伝〕

▽自分は粗衣粗食に安んじて、二十円のうち十八円を、月々銀行へ預けてます〔内田魯庵＊社会百面相〕

○粗衣粗食に耐える　○粗衣粗食の日常

参考　明・除元の八義記に、「茅檐（ぼうえん）、且つ暫留、但（ただ）粗衣糲食（れいしょく）ス。以テ口ヲ充（み）タスニ足リ、時ニ受ケ生（がた）キヲ権（し）ル」とある。かやぶきの家に仮住まいし、粗末な衣食をしているが、何とか生活できて、感謝している、という。糲は玄米のことであるが、日本では、粗衣に合わせて、粗食と続ける。

創意工夫（そうい・くふう）和

新しいことやよい方法を考え出すこと。創意（考えを・はじめる）と、工夫（たくみ・たすける）を、組み合わせて表す。いろいろ考え出す場合に用いる。

▽型のごとく行うだけで、ここには、創意工夫を入れる余地は少しもなかった〔唐木順三＊応仁四話〕

▽日ごとに創意工夫を凝らしたが、創意工夫すればするほど原始的なものになって〔臼井吉見＊伐木隊長手記〕

○創意工夫に走る　○創意工夫が実を結ぶ

贈位贈官（ぞうい・ぞうかん）和

地位や官職を与えること。位官（くらい・つかさ）を分けたものに、贈（おくる）を添える。位官を贈る、という。特に死後に贈る場合に用いる。
▽一家、一党への贈位贈官を計るということをやってのける。あのたくましい生活力は〔唐木順三＊応仁四話〕
▽かかる奉答書を草せしめたるをもって、贈位贈官あって靖国神社に祭っても可なり〔福沢諭吉＊幕府衰亡論〕

蒼猿野鶴（そうえん・やかく）和
○贈位贈官が行われる　○贈位贈官に当たって
自然の中に住みついた動物のこと。老いた・サル、野生の・ツル、という。
▽山野に隠生して晴耕雨読を楽しみ、蒼猿野鶴を友として人生の憂いを忘れる〔石川達三＊風にそよぐ葦〕
○蒼猿野鶴に励まされて　○蒼猿野鶴の住む深山

相互扶助（そうご・ふじょ）洋
環境の中で、お互いに助け合って生きていくこと。相互に、扶助（たすけ・たすける）する、という。お互いに助け合う人間社会の実情にも用いる。
▽人間までに発達しない動物の中にも、相互扶助の現象は見られる〔有島武郎＊惜しみなく愛は奪う〕
▽そこで、わたしたちは、二人の間で相互扶助の小機関を作ったわけだ〔大江健三郎＊性的人間〕
○相互扶助を求める　○相互扶助の精神によって

草根木皮（そうこん・ぼくひ）漢
植物の根や皮のこと。くさの・ね、きの・かわ、という。漢方薬の材料として用いる。ききんの際の食糧にもなる。
▽人の言を信じ、人の書を信じ、父母の大病にあんまの説を信じて草根木皮を用い〔福沢諭吉＊学問のすすめ〕
▽いまだ、草根木皮をもって人の元気を養うを聞かず。けだしその説は道家にいず〔吉益東洞

＊薬徴〕

○草根木皮をせんじて飲む　○草根木皮の漢方薬

〔参考〕金史に、「泗州(ししゅう)、災ヒヲ被リ、道殣(どうきん)相ヒ望ム。食スル所ノ者、草根木皮ノミ」とある。被災して行き倒れが多く、草根木皮だけを食べている、という。ただし、中国語では、草根樹皮の形を用いる。

相思相愛（そうし・そうあい）和

男女が互いに思い合っていること。思（おもう）・愛（あいする）、それぞれに相（たがいに）を添える。互いに思い、互いに愛する、という。

▽そういうものにふさわしい相思相愛なんて、まだ一人も見たことないわ〔舟橋聖一＊鴛鴦の間〕

▽佐渡島で舟から助け上げられるとすぐに、浜の娘と相思相愛の仲になった〔井伏鱒二＊漂民宇三郎〕

○相思相愛のうちに　○相思相愛の二人にとっては

造次顚沛（ぞうじ・てんぱい）漢

とっさの短い時間のこと。造次（にわかの・ついで）の間も、顚沛（くつがえり・たおれる）の間も、という。物事を怠りなく努める場合にも用いる。顚（くつがえる）を転（ころぶ）と書いた時期もある。

▽その作中の人物が、造次顚沛、何につけても性欲的写象を伴うのを見て〔森鷗外＊ウィタ・セクスアリス〕

▽いかなる造次顚沛にも最上の応用をなす動機を養成する修行なんだから〔長与善郎＊竹沢先生と云う人〕

○造次顚沛も忘れず　○造次顚沛、背くことなく

〔参考〕論語に、「君子ハ、終食ノ間モ仁ニ違(たが)フコト無シ。造次ニモ必ズ是(ここ)ニ於テシ、顚沛ニモ必ズ是ニ於テス」とある。君子は、食事の間も

仁を守る。とっさの場合にも、仁を失うことはない、という。

早熟早老（そうじゅく・そうろう） 和

一人前になるのが早く、老いぼれるのも早いこと。はやく・みのり、はやく・おいる、という。晩熟晩老の対。

▽人には、早熟早老、晩熟晩老などあれど、常に適所に適材を配置するを要す（三宅雪嶺・小紙庫）

▽早熟早老だというが、老人でなければ幅の利かない国では、早老は当然の結果で（内田魯庵＊家常茶飯）

○早熟早老の傾向がある ○早熟早老する場合は

瘦身長軀（そうしん・ちょうく） 和

やせていて、背が高いこと。瘦身（やせた・からだ）と、長軀（たかい・からだ）を、組み合わせて表す。よい意味で用いることが多い。長身瘦軀とも。

▽白い手袋をはめた右手を腰に当てて、瘦身長軀の連隊長は演説を続けた（石川達三＊風にそよぐ葦）

○瘦身長軀ではあったが ○瘦身長軀の貴公子

漱石枕流（そうせき・ちんりゅう） 漢

負け惜しみが非常に強いこと。漱石（いしに・くちすすぐ）と、枕流（ながれに・まくらする）を、組み合わせて表す。自分の意見をあくまで押し通す場合に用いる。

○漱石枕流で逃げ切る ○漱石枕流の本人にとっては

参考 晋書に、孫楚（そんそ）について、次の記述がある。「当（まさ）ニ石ニ枕（まくら）シ流レニ漱（くちすす）ガント欲スルト言フベキヲ、誤リテ石ニ漱ギ流レニ枕スト言フ」とある。それを訂正した相手に対して、「流レニ枕スル所以（ゆえん）ハ、其ノ耳ヲ洗ハント欲スレバナリ。石ニ漱グ所以ハ、其ノ歯ヲ厲（みが）カント欲スレバナリ」とある。このように理屈づけをして、自分の間違いを押し通した、という。この故事から、漱石枕流を、負け惜しみの強い例として用いる。夏目漱石という筆名も、これに基づいている。

騒々擾々（そうそう・じょうじょう）和

治安が非常に乱れていること。騒擾（さわぎ・みだれる）を分けて繰り返し、意味を強める。

▽今、演壇には青年が、手を振り声を張り上げて、騒々擾々たる聴衆と闘いつつあり〔木下尚江＊火の柱〕

○騒々擾々として落ち着かない　○騒々擾々の間に

相即不離（そうそく・ふり）仏

互いに関係し合っていて、切り離すことができないこと。あい・ついて、はなれ・ない、という。極めて密接な関係にある場合に用いる。

▽ここに空間と時間とが根源的な姿においてとらえられ、その相即不離が明らかにせられる〔和辻哲郎＊風土〕

○相即不離の関係にある　○相即不離とも言える間柄で

参考　仏教では、二つの事柄が溶け合っていることを相即という。それは、無差別一体となっていることであり、異なっていない場合にも用いる。また、二つのものが離れないことを不離という。それは、離れていないことであり、切り離すことができない場合にも用いる。

桑田碧海（そうでん・へきかい）漢

世の中の移り変わりが激しいこと。桑田（くわの・はたけ）が、碧海（あおい・うみ）に変わる、という。

▽今は昔に返り、昔は今に変わり、古往今来、風俗の移ることは、桑田碧海じゃが〔式亭三馬＊浮世風呂〕

▽ここにおいてか桑田碧海の変は、士族の上よりして直ちに平民豪族の上に落ち来り〔竹越三郎＊新日本史〕

○桑田碧海の感に堪えぬ　○桑田碧海、変化も甚だしく

参考　唐・盧（ろ）照隣の詩に、「桑田碧海、須臾（すゆ）ニ

シテ改マル。昔時ノ金階白玉ノ堂、只今、惟ゝ青松ノ在ルヲ見ルノミ」とある。桑畑が急に青い海に変わる。昔りっぱな宮殿のあったところも、ただ松だけだ、という。

草木禽獣（そうもく・きんじゅう）漢

いろいろの植物・動物すべてのこと。くさ・き・とり・けもの、を組み合わせて表す。禽獣草木とも。

▽草木禽獣といえるごとき、一切五官に触るべきものは、五官を経てくるに違いない〔中江兆民＊続一年有半〕

▽広くも狭くも、人の道、行われざるはなし。これ、人の草木禽獣に万々たるところにて〔西周＊随筆〕

○草木禽獣においても　○草木禽獣の実情

参考　唐・韓愈の原人論に、「山ニ草木禽獣有リ。山ノ一草ヲ指サシテ問ウテ曰ク、山カト。山ト曰フハ、則チ不可ナリ」とある。山を指して山というのはよいが、山に草木があり禽獣がいる、山の一草を指して、山かと問う、それを山だ、というのはよくない、という。人の根源を論じた原人という論の一節である。日本では、動植物という形で動物を先にするため、その順序に合わせ、禽獣草木の形で用いることも多い。

息災延命（そくさい・えんみょう）仏

無事で過ごすこと。わざわいを・とどめて、いのちを・のばす、という。転じて長生きをすること。延命はエンメイとも読む。

▽手を合わせると、殊勝らしく、家内安全、息災延命などと、父親譲りの祈りをささげた〔円地文子＊耳瓔珞〕

▽頼み上ぐる観音様、わが子の命、息災延命、未練なことじゃが生きていたい〔浄瑠璃＊伊賀越道中双六〕

○息災延命を祈る　○息災延命のために

参考　仏教では、罪障も含め、一切の災厄を消滅させることを息災という。この場合の災厄としては、暴風雨・雷・地震・洪水・津波などの天然の災害の他に、戦禍・火災・ききん・病気なども含んでいる。息災のためには、息災法という修法もある。また、生まれた子を守り、長寿を願うのが延命であり、短命・夭命の難を免れることになる。延命のためには、延命法という修法もある。仏教では、現世ははかないものと考えられているが、そこに救いを求めるのが、息災延命の祈願である。

粟散辺地（ぞくさん・へんち）和

世界の果てにある小さな国のこと。アワつぶが散った、国境に近い土地、という。特に、日本のことに用いる。

▽茫々たる巨海に船渡りして、粟散辺地の扶桑に跡をとどめ、迷える衆生を導かんと〔花田清輝＊鳥獣戯話〕

▽衣冠正しきが金軸の申し文をささげて、「粟散辺地のあるじ、罪無き臣を流され候誤り最も悪し」〔太平記〕

○粟散辺地の境において　○粟散辺地としての日本では

俗事俗物（ぞくじ・ぞくぶつ）和

俗世間のことがらのこと。事物（こと・もの）を分けたものに、俗を添える。俗な事物、という。利害関係にとらわれる事柄についても用いる。

▽引退を考えるようになった。現職にあるかぎり俗事俗物と縁を切るわけにはいかない〔唐木順三＊応仁四話〕

○俗事俗物にとらわれる　○俗事俗物から離れて

即身成仏（そくしん・じょうぶつ）仏

修行者が生きたまま仏になること。そのままの身が、仏に成る、という。出家しないで、俗人のまま悟りを開く場合にも用いる。

▽すぐそばを流るる川音を聞いていると、陶然として即身成仏の妙境に入る〔徳富蘆花＊みみずのたわごと〕

▽併せて八十八日で即身成仏することを、修験

道関係では「ミイラ行につく」という〔花田清輝＊小説平家〕

○即身成仏を願う　○即身成仏もかなって

(参考) 仏教では、生きたまま仏になることを即身成仏という。口で念仏を唱え、手に印を結び、心を統一すれば可能とされている。実際には、生きている間に穴に入り、何も食べず、何も飲まず、そのまま死を迎える形で行われている。人間が現世で受けた肉体のまま仏になるから、即身成仏という。これをミイラのまま置く寺院もある。

俗世俗権（ぞくせ・ぞっけん）和

俗世間の権勢のこと。俗権（ぞくな・権勢）に、俗世（ぞくな・よのなか）を添えて、意味を強める。

▽俗世俗権から離れたい、権力の闘争、利害の衝突から離れたいという心である〔唐木順三＊応仁四話〕

○俗世俗権にこだわる　○俗世俗権を捨てて

速戦即決（そくせん・そっけつ）和

起こった争い事を短い時間で終わらせること。すみやかに戦い、すぐに決める、という。戦争や競技を始めると同時に勝負の方向を決定づける場合に用いる。持久戦の対。即決を速決と書くのは誤り。

▽にらみ合っていてはなかなか勝負がつかないが、これなら速戦即決、狂いがない〔中山義秀＊平手造酒〕

○速戦即決で行く　○速戦即決とは行かなかったが

(参考) 持久之計（じきゅうのけい）の参考欄を参照。

則天去私（そくてん・きょし）和

神の心のとおりに行うこと。天（神の心）にのっとり、私（わたくしごころ）を去る、という。小さな自我を捨て去り、大きな自然の中に生きること。

▽わが心の働きと思うのが、ことごとく天意なのだ、逆に則天去私と言っても同じことだ〔里

見葶＊大同無門〕
○則天去私と行けば　○則天去私の境地
いる。

粟粒芥顆（ぞくりゅう・かいか）　和
極めて小さなこと。アワのつぶ、あくたのかたまり、という。極めて小さな場所の場合にも用いる。
▽粟粒芥顆のうちに、蒼天もある、大地もある。天下は端の端に掛かるのみならず〔夏目漱石＊一夜〕
○粟粒芥顆を守る　○粟粒芥顆のような所で

粗枝大葉（そし・たいよう）　漢
細かい事柄にとらわれないこと。まばらな・えだ、おおきな・は、という。文章などの場合にも用いる。
▽粗枝大葉は英雄の一面にして、それに反比例して、算は甚だ密なるものあり〔山路愛山＊現代金権史〕
▽わずかに粗枝大葉の論を終えたるにとどまり、説のいまだ尽くさざるもの多けれども〔河上肇＊貧乏物語〕
○粗枝大葉にとどまる　○性格も粗枝大葉で
参考　南宋・黎靖徳（れいせいとく）の朱子語類に、「漢ノ文ハ粗枝大葉ナリ。今ノ書序ハ細膩（さいじ）ニシテ、只（ただ）六朝ノ人ノ文字ニ似ル」とある。孔子十二世の孫、孔安国が、旧宅を壊したときに壁の中から尚書・論語・孝経を得た。安国は尚書各編の書序を書いたといわれていた。それに対して、朱熹は、文体の面からこれを否定した。漢時代の文ならば粗枝大葉のはずであるが、これは細やかで、後の六朝の文体に似ているから、安国が書いたものではない、という。語句が簡略で概括的な書き方が粗枝大葉である。

粗酒粗肴（そしゅ・そこう）　和
そまつな宴会のこと。酒（さけ）・肴（さかな）、それぞれに粗（そまつ）を添える。宴会に招くときに、へりくだって用いることが多い。
▽粗酒粗肴にて何らおもてなしもできませんが、何とぞ両人を祝福する意味で〔講談社＊新版式

辞挨拶演説集〕

○粗酒粗肴を供する　○粗酒粗肴、お見苦しい次第で

粗製濫造（そせい・らんぞう）和

悪い品を多く造ること。製造を分けて、粗（そまつ）・濫（みだりに）を添える。生産高を上げると製品が悪くなる場合にも用いる。現代表記では、濫（みだりに）→乱（みだれる）を用いることもある。

▽のりとはさみで粗製濫造したものが、たいてい当たってぐんぐんのしていった〔内田魯庵＊読書放浪〕

▽気の毒至極な遭難者とその家族だが、この事故は粗製濫造の空港が生んだ空の人柱で〔朝日新聞＊天声人語〕

○粗製濫造もやむをえなかった　○粗製濫造の小銃

即決即断（そっけつ・そくだん）和

その場で決めること。決断（きめて・さばく）を分けたものに、即（すぐに）を添える。すぐに決断する、という。早まって悪い結果になる場合は、速決速断と書く。

▽長州の領地に変ずるに及んで、諸事簡略にして、裁判も即決即断の風あり〔山路愛山＊現代金権史〕

▽即決即断の好きな信長は、了西の困惑している顔を見て、愛敬を見せながら〔井伏鱒二＊かるさん屋敷〕

○即決即断を好む　○即決即断で採用となった

率先躬行（そっせん・きゅうこう）和

先に立って、物事を行うこと。率先（多くの人をひきいて・さきに立つ）して、躬行（みずから・おこなう）する、という。率先を卒先と書くのは誤り。

▽ゆえに、つねに士卒と苦楽を共にし、率先躬行、部下の儀表としてその尊信を受け〔陸軍省＊歩兵操典〕

○率先躬行して範を垂れる　○率先躬行、自ら

示す

率先垂範（そっせん・すいはん）和

先に立って、物事の模範を示すこと。率先（多くの人をひきいて・さきに立つ）して、垂範（のりを・たれる）する、という。率先を卒先と書くのは誤り。

▽隊長がいちばん先に飛び込んだもんだ。率先垂範、こいつは一種のプロパガンダさ〔三島由紀夫＊青の時代〕

▽私にできることは、消極的なことではありますが、率先垂範ぐらいのもので〔講談社＊新版式辞挨拶演説集〕

○率先垂範して進む　○率先垂範をもって部下に示す

樽俎折衝（そんそ・せっしょう）漢

交渉でかけひきをすること。樽俎（さかだるとまないた、酒宴の場）で、折衝（相手のほこさきを・おる）する、という。武力を用いないで敵をくじく場合にも用いる。折衝を接衝と書くのは誤り。

▽一人で樽俎折衝の役目を引き受けた母の骨折りは、並大抵のことではなかった〔徳富蘆花＊思出の記〕

▽国際の談判、樽俎折衝の際に当たっては、敵手を騙瞞して股掌の間に翻弄するも〔三宅雪嶺＊我観小景〕

○樽俎折衝する場合は　○樽俎折衝の間に

参考　春秋斉・晏嬰（あんえい）の晏子春秋に、「夫レ樽俎ノ間ヲ出デズシテ千里ノ外ヲ知ル。折衝スト謂フ可シ」とある。酒宴の席で敵国の意を知るのは、攻めてくる兵車をくじいたのと同じだ、という。外交上の交渉で敵の攻撃を防ぐことである。日本では、広くかけひきの意味で用いる。

尊皇攘夷（そんのう・じょうい）和

天子を敬い、外国人を追い払うこと。王を・とうとび、夷（外国人）を・はらいのける、という。江戸末期、反幕運動の基礎となった。尊皇は、尊王とも書く。

▽これがすなわち尊皇攘夷の始まりで、京都のご趣意は攘夷一点張りであるのに〔福沢諭吉＊福翁自伝〕

▽あの水戸藩士の率先して唱え始めた尊皇攘夷は、とうとうこの実行運動にまで来た〔島崎藤村＊夜明け前〕

○尊皇攘夷というあらしの中で　○尊皇攘夷の思想

【た】

大廈高楼（たいか・こうろう）和

非常にりっぱな建物のこと。大廈（おおきな・たてもの）と、高楼（たかい・たかどの）を、組み合わせて表す。

▽されば、都びとが錦衣玉食し、大廈高楼に住居すというも、その衣食住は〔福沢諭吉＊福翁百話〕

▽見上げるばかりの大廈高楼が櫛比し、頑丈な石造りの建物が重々しく通行人を威圧する〔火野葦平＊魔の河〕

○大廈高楼に驚く　○大廈高楼の並び立つ都会

大喝一声（だいかつ・いっせい）仏

大きな声でどなること。大喝（おおきな声を出して・しかる）で、一声（ひとたびの・こえ）する、という。不心得者をしかりつける場合に用いる。

▽「何をする、警官」と俊三は覚えず大喝一声。「何の理由でみだりに捕縛するのだ」〔木下尚江＊良人の自白〕

▽その刹那に大喝一声、ばかっとどなられた。和尚この一喝のもとに感悟するところあり〔河上肇＊貧乏物語〕

○大喝一声されたとき　○大喝一声とともに

（参考）仏教では、ことばでは表現しえない心の働きを声に出すことを喝という。修行者をしかり飛ばし、どなりつける場合に用いる叫び声も喝である。そこから、一喝や大喝の語が生まれた。一般語としては、そのような声でどなりつけるのが、大喝一声で、大声一喝ともいう。

大願成就（だいがん・じょうじゅ）仏

神仏に願った事柄が、そのとおりになること。大願（おおきな・ねがい）が、成就（できあがる）する、という。大願は、一般語としてはタイガンと読む。

▽衣食さえできれば大願成就と思っていたところに、また図らずも王政維新〔福沢諭吉＊福翁自伝〕

▽「まず、これでとんとん拍子に行けば大願成就じゃ」と、丸顔の小利口な三十男は〔内田魯庵＊社会百面相〕

○大願成就する日　○大願成就、かたじけない

（参考）仏教では、求めたいことを定めてそれを得ようと願うことを願という。その場合、衆生を救い、悟りの彼岸に運ぶ仏の願を特に大願というが、一般には大きな願が大願とされている。そのような大願は、仏を信じ、仏道に励むことによって果たされることになる。この場合の大願の完成を、特に大願成就という。

大器小用（たいき・しょうよう）漢

才能の優れた人物を低い地位に用いること。大きな器（才能）が、小さな用（仕事）に当たる、という。

○大器小用のきらいがある　○大器小用に不満を持って

（参考）後漢書に、「大器ノ小用ニ於ルハ、固ヨリ宜シカラザル所有ルナリ」とある。大きな器を小さなことに用いるのはよくない、大人物を低い地位につけるのはよくない、という。適材適所でない例えに用いる。

大器晩成（たいき・ばんせい）漢

大人物が、若いころには目立たないこと。大きな・うつわは、できあがるのが・おそい、という。世間に認められない人を慰め励ますときにも用いる。晩成を晩生と書くのは誤り。ただし、

稲などは晩生種と書く。

▽自分はこれからの人間だ、大器晩成の人間だ。そう思わないではいられない〔武者小路実篤＊お目出たき人〕

▽捨さんも、そんなことになったか。だが、きみは少し遅いぞ。大器晩成かね〔大仏次郎＊旅路〕

○大器晩成を期する　○大器晩成とはいうけれども

参考　老子に、「大方（たいほう）ハ隅無シ、大器ハ成ヲ晩（おそ）クシ、大声ハ声ヲ希（まれ）ニシ、大象ハ形無シ」とある。大きな方形は角が見えない、大きな音は耳に聞こえない、大きな物体は形が分からない、という。それらに合わせると、大きな器はいつまでたってもでき上がったように見えない、という意味になる。それが、大きな才能の人はでき上がるのが遅い、という用い方になった。魏志に、名望のない若者について、その伯父の言ったことばがある。「此レ謂フ所ノ大器晩成ナル者ナリ。終（つい）ニハ必ズ遠ク至ラン」とある。日本でも、この意味で用いる。

大義名分（たいぎ・めいぶん）和

人として守るべき行動の基準のこと。大義（人としてのおおきな・すじみち）と、名分（人間関係の・尽くすべき務め）を、組み合わせて表す。たてまえとしての理由づけにも用いる。名分を明分と書くのは誤り。

▽水戸は何もかも早かった。諸藩にさきがけして、大義名分を唱えたことも早かった〔島崎藤村＊夜明け前〕

▽藩の大義名分は、倒れていく徳川の幕府に殉ずること以外にあるわけはない〔田宮虎彦＊末期の水〕

○大義名分を立てる　○大義名分を説いて回ったとき　○大義名分で飾り立てる　○大義名分も地に落ちて

大義滅親（たいぎ・めっしん）漢

国家・君主のためには、自分の肉親を捨てること。大義（人としてのおおきな・すじみち）は、親（みうち）を滅（なくしてしまう）する、という。

▽そんな人々のささやきの中から、突然、だれやらが、「大義滅親、大義滅親」と叫んだ〔子母沢寛＊勝海舟〕

▽大義滅親の主義は、子を殺して幼君の身替わりとなし、娘を売って運動費に供するが〔福沢諭吉＊福翁百話〕

○大義滅親を実践する　○大義滅親と考えて

参考　前漢・劉安の淮南子に、「管叔ハ周公ノ兄ナリ。蔡叔ハ周公ノ弟ナリ。二叔、流言ヲ為シ、以テ周ヲ乱サント欲ス。周公、之ヲ誅ス。国ノ為ノ故ナリ。伝ニ曰ク、大義親ヲ滅スト」とある。義を守るために肉親を殺した、という。私情を差しはさまずに処断する意味でも用いる。日本では、国家・君主のためには、肉親を捨てる意味で用いる。

大逆無道（たいぎゃく・むどう）　漢

人としての道に大いに背くこと。大逆（おおいに・そむく）で、無道（みちが・ない）だ、という。

▽慶喜公や会津・桑名のみが大逆無道の汚名を負わせられるのは何のことか、と言って〔島崎藤村＊夜明け前〕

▽そもそも義貞が不義、何事にて候えば、大逆無道の尊氏に英慮を移され候いけるぞや〔太平記〕

○大逆無道も甚だしい　○大逆無道の臣として

参考　史記に、「今、項羽、義帝ヲ江南ニ放殺ス。大逆無道ナリ」とある。項羽が、楚の懐王を追い払って殺したのは大逆無道だ、という。臣として、その君を殺したからである。ただし、中国語では、大逆不道の形を用いる。

大空大地（たいくう・たいち）　和

この宇宙全体のこと。空（そら）・地（つち）、それぞれに大（おおきい）を添える。大きな天地、という。

▽この大空大地を製造するために、人類はどのくらいの努力を費やしているか〔夏目漱石＊吾輩は猫である〕

○大空大地に満ちる　○大空大地を相手として

大言壮語（たいげん・そうご）和

実力以上に大きなことを言うこと。言語（いう・かたる）を分けて、大（おおきい）・壮（さかん）を添える。実力がないのに、何でもできるように言う場合に用いる。

▽しかし、彼は、大言壮語をするだけで、別に気難しいという男ではなかった〔志賀直哉＊網走まで〕

▽巣鴨へ行って見ろ、いわゆる豪傑や君子や聖人が、盛んに大言壮語、悲歌慷慨して〔内田魯庵＊社会百面相〕

○大言壮語するよりは　○大言壮語に近い言いぶりで

大悟徹底（だいご・てってい）仏

十分に悟りを開くこと。大悟（おおきく・さとる）して、徹底（そこまで・とどく）する、という。

▽良石和尚は年五十五歳、道心堅固の知識にて、大悟徹底いたし〔三遊亭円朝＊牡丹灯籠〕

▽へらへら坊万橘は、大悟徹底の善知識なり、これにて十分たくさんというべし〔内田魯庵＊文学者となる法〕

○大悟徹底に至る　○大悟徹底の境涯において初めて　○大悟徹底を目ざして　○大悟徹底の風を備えていた

(参考) 仏教では、すべての迷いを打ち破って悟りを開くことを大悟という。また、貫き通すことを徹底という。したがって、悟りを開いて、淡々とした心境になるのが大悟徹底である。それは、一切の迷いを断ち切って悟った境地のことである。

泰山北斗（たいざん・ほくと）漢

その分野で最高と仰がれる人物のこと。山ならば泰山（中国五岳の一）、星ならば北斗星だ、という。第一人者に対して用いる。泰山を大山と書くのは誤り。ただし、大山鳴動は大山と書く。

▽彼は俳諧者流の泰山北斗にして、その人物もまたわが歴史中に一位置を占む〔山路愛山＊平民的短歌の発達〕

○泰山北斗と仰がれる　○その道の泰山北斗として

参考　唐書に、韓愈（かんゆ）について、「愈没シテヨリ、其の言、大イニ行ハレ、学ブ者、之ヲ仰グコト、泰山北斗ノ如シ、ト云フ」とある。泰山は山東省にそびえる高峰、中国第一の名山として仰がれる。北斗は北斗七星のこと、方位を知るための手掛かりとして仰がれる。そのように人々から仰がれる存在が、泰山北斗のようだ、という。略して、泰斗ともいう。学界の泰斗、などの形で用いる。

大山鳴動（たいざん・めいどう）洋

前触れの騒ぎばかり大きいこと。大きな山が、鳴り動く、という。何事が起こるのかと思っていると、実際の結果は小さい場合に用いる。大山を泰山と書くのは誤り。ただし、泰山北斗は泰山と書く。

▽四年越しの時日を費やしたこの陰謀事件は、大山鳴動してねずみ一匹も出なかった〔中山義秀＊天保の妖怪〕

▽これも敵の片割れなりとて生け捕りして報告し、大山鳴動、ねずみ一匹の感ありと皮肉って〔綱淵謙錠＊航〕

○大山鳴動とまでは行かないが　○大山鳴動の場合には

参考　ラテン語のことわざに、「山が産気づいて、こっけいなハツカネズミが生まれる」とある。何事が起こるかと思っていると、実際の結果が小さい場合に用いる。これを、「大山鳴動してねずみ一匹」という。

大死一番（だいし・いちばん）仏

一度死んだつもりになって努力すること。大死

（おおきな・し）で、一番（ひとまず）、という。▽禅で大死一番、一たん死んでみろ、というのも、けだしこのことだろう〔長与善郎＊竹沢先生と云う人〕▽「大死一番、乾坤新たなり」と独仙君に目くばせをする。寒月君には通じない〔夏目漱石＊吾輩は猫である〕

○大死一番して励む　○大死一番の気持ちで

参考　仏教では、従来抱いていた一切の考えをすべてなげうつことを死に例え、これを大死という、そのようにして、心をむなしくして修行に徹するのが、大死一番である。そこから新しい生命が生まれるとされている。そのため、一度死んだつもりで努力する意味に用いる。

大慈大悲（だいじ・だいひ）仏

極めて大きな哀れみの心のこと。慈悲（苦を除き楽を与える心）を分けたものに、大（おおきい）を添える。

▽その目はじっと眺めている。その目は大慈大悲の永遠の凝視であった。仏の目であった〔丹羽文雄＊青麦〕▽疾疫のごとく恐るる急進旨義も、諦視し来れば、これ大慈大悲の菩薩たることを知る〔中江兆民＊国会論〕

○大慈大悲にすがる　○大慈大悲の仏を目の前にして

参考　仏教では、衆生をあわれみいつくしむ心を慈悲という。詳しくいえば、衆生に楽を与えるのが慈であり、衆生の苦を除くのが悲である。そうして、仏の慈を大慈、仏の悲を大悲という。特に観世音菩薩のそれを指すことが多いが、観世音菩薩そのものを指すこともある。大慈大悲の像などという用い方がこれである。

大儒碩学（たいじゅ・せきがく）漢

非常にりっぱな学者のこと。大儒（学問の大きい・儒者）と、碩学（学問の充実した・学者）を、組み合わせて表す。碩学大儒とも。

▽その方は、和漢古今に博渉し、大儒碩学たる

ことは知っている。〔子母沢寛＊勝海舟〕
○大儒碩学に託する　○大儒碩学の一人に数えられた　○大儒碩学の前では　○大儒碩学も口を閉じて

参考　晋書に、「主、斯文ヲ好ミ、朝ニ君子多シ。鴻儒碩学、時ニ乏無シ」とある。朝廷に君子が多く、学者の空位もなかった、という。日本では、鴻を大に改め、大儒碩学・碩学大儒の形で用いる。

大所高所（たいしょ・こうしょ）和

広い観点から物事を見ること。大所（おおきなところ、広い視野）と、高所（たかいところ、高い観点）を、組み合わせて表す。小さい事柄にこだわらない場合に用いる。

▽それも大所高所からの政治でなく、既成作家打倒を目ざした下心によるもので〔尾崎一雄＊もぐら横丁〕

▽いかに大所高所から文芸を見ておられたかということを物語っている〔本間久雄＊明治文芸批評史の一面〕

○大所高所に目を向ける　○大所高所から論じる

大声一喝（たいせい・いっかつ）仏

大きな声でどなりつけること。大声（おおきな・こえ）で、一喝（ひとたび・しかる）する、という。

▽後進の学者が大いに奮発して、大声一喝、その慷慨の志を述べたるところは〔福沢諭吉＊文明論之概略〕

▽司令部は伝騎を派して警告するところあるや、彼、大声一喝していわく〔鵜崎鷺城＊薩の海軍・長の陸軍〕

○大声一喝で目が覚める　○大声一喝されたとき

参考　大喝一声の参考欄を参照。

大声疾呼（たいせい・しっこ）漢

大きな声で、慌ただしく呼び立てること。大声（おおきな・こえ）で、疾呼（はやく・よぶ）

する、という。

▽なるほど、きさまは大声疾呼したさ。けれども、きさまの大声疾呼の後ろは空っぽだった〔有島武郎＊星座〕

▽無資無力にして大声疾呼、進んで政治界にその敵を求む。ああ、財力は本なり〔坪内逍遥＊未来之夢〕

○大声疾呼して走り回る　○大声疾呼に驚かされる

参考 唐・韓愈の文に、「其ノ憎怨スル所ト雖モ、苟クモ其ノ死ヲ欲スルニ至ラザル者ハ、則チ将ニ其ノ声ヲ大ニシ、疾呼シテ其ノ人ノ救ヒヲ望マントス」とある。その声を大にして、あわただしく助けを求める、という。漢文では、疾声大呼の形も用いる。

大声叱咤（たいせい・しった）和

大きな声で励ますこと。大声（おおきな・こえ）で、叱咤（しかり・したうちする）する、という。

▽その大声叱咤が、あんたでなくてはできぬ芸当だ。発言はあんたにやってもらいたい〔子母沢寛＊勝海舟〕

○大声叱咤される　○大声叱咤に励まされる

大政奉還（たいせい・ほうかん）和

天下の政治を幕府が天皇に返すこと。大きな・まつりごとを、かえし・奉る、という。一八六七年に行われた。企業などで、経営権を本家直系に戻す場合にも用いる。

▽薩藩の西郷吉之助を薩邸に訪ね、大政奉還の建議をしようではないかと申し込んでいた〔子母沢寛＊勝海舟〕

▽大政奉還から戊辰の戦乱となり、工事は中途で放棄され、機械も陸揚げされたままになって〔綱淵謙錠＊航〕

○大政奉還を唱える　○大政奉還に踏み切る

泰然自若（たいぜん・じじゃく）漢

非常に落ち着いていること。泰然（やすらか）として、自若（自然の・まま）だ、という。普通では慌てるのが当然と考えられる場合に用いる。

▽思い切った仕打ちに及んだのであるが、泰然自若、いつもニヤニヤしているばかり〔永井荷風＊腕くらべ〕

▽織田は前と同じく泰然自若、せかず騒がず、長靴を踏み締め踏み締め、電車道へ向かう〔正宗白鳥＊何処へ〕

○泰然自若として構える　○泰然自若たる態度で

(参考) 金史に、「敵有リテ忽チ来ル。矢石ノ前ニ至ルト雖モ、泰然自若タリ」とある。矢や石が飛んできても、心を落ち着けて絶対に動かない、という。落ち着かないのが当然と考えられる場合に用いる。

大胆不敵（だいたん・ふてき）和

物事を全く恐れないこと、大胆（きもたまを・おおきくする）と、不敵（敵と思わ・ない）を、組み合わせて表す。

▽奸知をろうし、雄弁を振るい、大胆不敵に構えて出没自在の計をいだし〔尾崎紅葉＊金色夜叉〕

▽主人の身代わりになって、さいを振っていた、あの大胆不敵な少年の後身ではないか〔花田清輝＊小説平家〕

○大胆不敵なふるまい　○大胆不敵にやってのけたのも　○大胆不敵の剛の者　○大胆不敵にも、正面から

大同小異（だいどう・しょうい）漢

だいたいにおいて同じこと。大きく同じで、小さく異なる、という。細かな点は異なっても、全体としては似ている場合に用いる。大差のない場合にも用いる。

▽正己らが用意していったその第三回めの嘆願書も、趣意は以前と大同小異で〔島崎藤村＊夜明け前〕

▽三時間めも四時間めも、昼過ぎの一時間も、大同小異であった〔夏目漱石＊坊っちゃん〕

○大同小異な意見　○いずれも大同小異で

(参考) 魏志に、東沃沮（とうよくそ）という国の記事で、「其ノ言語ハ句麗ト大同ニシテ、時ニ小異有リ」とある。句麗とは、高句麗（こうくり）のことである。南宋・朱熹（しゅき）の中康章句に「此レ論語ノ文ト意ハ大同小異、記ニ詳略有ルノミ」とある。いずれも、大体相同じで、少し差異があるという。

大同団結（だいどう・だんけつ）和

一つの目的に向かって、心を合わせること。大同（おおきく・まとまる）して、団結（かたまって・むすぶ）する、という。同じ目的の団体が合同する場合に用いる。

▽大同団結の騒ぎ、憲法発布の盛典、明治の二十一年、二年、三年は、にぎやかな年で〔徳富蘆花＊思出の記〕

▽大同団結を唱えて至るところに同志者を得、その勢、天下を席巻するの概ありしも〔山路愛山＊現代金権史〕

○大同団結して当たる　○大同団結によって

大波小波（たいは・しょうは）和

海や湖の景色で、波が立つこと。波（なみ）に、大小（おおきい・ちいさい）を分けて添える。大小の波、という。

▽大波小波の景色、今の今までぼくを喜ばしていた自然は、たちまちのうちに〔国木田独歩＊湯ヶ原より〕

○大波小波の春の湖で　○大波小波に彩られて

大兵肥満（だいひょう・ひまん）和

体が大きくて太っていること。大兵（おおきな・からだ）で、肥満（ふとり・みちる）だ、という。

▽白い帽子をかぶり、ほおひげを生やした、赤づらの、その大兵肥満の坊主は〔花田清輝＊鳥獣戯話〕

▽ちょうど向かい合わせて、見たことのあるようなないような、大兵肥満の男がいた〔水上滝太郎＊大阪の宿〕

○大兵肥満を持て余して　○大兵肥満の社長

大風一過（たいふう・いっか）和
大きな風が通り過ぎること。大風が、一過（ひとたび・すぎる）する、という。大事件が解決して元の平静に戻った場合にも用いる。台風のあとならば台風一過と書く。
▽大風一過の後は、ただ依然たる雨の音のみ、しとしとと軒を打って、静かだ〔子母沢寛＊勝海舟〕
▽函館へ着くと、折から函館湾は恐ろしい大風一過の後で、転覆している層雲丸と〔水上勉＊飢餓海峡〕
○大風一過というところで　○大風一過、晴れ渡り

大風大雨（たいふう・たいう）和
風や雨がひどいこと。風雨を分けたものに、大（おおきい）を添える。大きな風雨、という。
▽いかなる大風大雨に遭うも動かざるものこそ、真に堅牢なる家というべけれ〔福沢諭吉＊文明論之概略〕
▽この日、大風大雨、驟然として至りしかば、突貫の声、銃砲乱発の響きを聞くのみ〔竹越与三郎＊新日本史〕
○大風大雨もひどく　○大風大雨の被害も甚大で

太平無事（たいへい・ぶじ）和
世の中がよく治まっていること、太平（非常に・たいらか）で、無事（事件が・ない）だ、という。太平は、泰平（やすらかで・たいらか）とも書く。
▽どうしようかと思っている。どうもしなくたっていいじゃないか。天下は太平無事だ〔森鷗外＊雁〕
▽かくのごときは乱世の異例にして、太平無事の日に試むべき事柄にあらず〔福沢諭吉＊福翁百話〕
○太平無事に過ぎていく　○太平無事の天下

多感多情（たかん・たじょう）漢
物事に動かされやすいこと。感情を分けたもの

に、多（おおい）を添える。多くの感情を持つ、という。

▽そんな乾燥無味な理屈で、あの多感多情の藤野を殺すことはできませんよ〔木下尚江＊火の柱〕

▽多感多情の歌人であり、その一生は不遇であったので、熱情の横溢したものが多い〔次田潤＊日本文学通史〕

○多感多情を抑える　○多感多情な青年

（参考）多情多感の参考欄を参照。

多岐亡羊（たき・ぼうよう）漢

道がいろいろに分かれていて、どれを行ったらよいかに迷うこと。分かれ道が多くて、追いかけてきた羊を失う、という。方針がいろいろ考えられる場合にも用いる。多岐亡羊の感の形で用いることが多い。

▽世人をしてその帰着するところを知らず、多岐亡羊の感を起こさしむるに至れり〔正岡子規＊獺祭書屋俳話〕

○多岐亡羊の感に打たれる　○多岐亡羊とは言えないが

（参考）列子に、「大道ハ多岐ヲ以テ羊ヲ亡フ。学ハ本同ジカラザルニ非ズ、本一ナラザルニ非ズ」とある。羊を追いかけたが、道が次々と分かれて見失ってしまった、という事件があった。その話を聞いた楊朱が、それを例として学問の道を説いた。求める真理は一つであるが、途中がいろいろに分かれていて、わき道にそれやすいから、注意すべきである、という。本来は、学問の道が分かれていて真理が求めにくいことを説明するときに用いることばであった。

拓落失路（たくらく・しつろ）和

落ちぶれて望みがなくなること。拓落（落をひらく、おちぶれる）して、失路（みちを・うしなう）する、という。退けられて出世の道を失う場合に用いる。

▽文三は拓落失路の人、なかなかもって、菊見などという空はない〔二葉亭四迷＊浮雲〕

▽直樹の父は、彼の留守中に亡くなった。意気相投じた達雄は、もはや拓落失路の人となった〔島崎藤村＊家〕
○拓落失路に陥る　○拓落失路の気持ちを打破して

濁流滾々（だくりゅう・こんこん）和
濁った水が盛んに流れること。濁流（にごった・ながれ）が、滾々（盛んに流れる）だ、という。
▽流沙河のほとりに参ったれば、濁流滾々として百里の波を翻すありさま〔芥川竜之介＊きりしとほろ上人伝〕
▽百里の平野を流れて、濁流滾々たるの趣を見るべからず。いわんや千里の大漠を〔松原岩五郎＊社会百方面〕
○濁流滾々の大河を見るとき　○濁流滾々に流されて

多芸多能（たげい・たのう）和
いろいろの芸能ができること。芸能を分けたものに、多（おおい）を添える。多くの芸能、という。
▽この多芸多能な紳士たちにしても、不審不可解なのは争議団の幹部連中であった〔徳永直＊太陽のない街〕
○多芸多能をもって鳴る　○多芸多能の士として

他言無用（たごん・むよう）和
他の人に話してはいけない、ということ。他言（たに・いう）は、無用（用がない、してはいけない）だ、という。秘密を守れ、の意味で用いる。他言をタゲンと読むのは誤り。ただし、多言は、タゲンと読む。
▽奥庭のほうへ監禁しておけい。このことは絶対秘密だぞ、家庭へも他言無用だ〔柴田錬三郎＊柴錬水滸伝〕
○他言無用とのこと　○他言無用につき

多士済々（たし・せいせい）漢
優れた人物が非常に多いこと。多士（おおくの・りっぱなひと）が、済々（そろっている）だ、という。人材が豊富な場合に用いる。済々をサイサイと読むのは誤り。済は、漢音ではセイと読む（呉音・サイ）。

▽多士済々のお役所には、下にも上にも、うの目たかの目がそろっているから〔森鷗外＊不思議な鏡〕

▽多士済々の顔ぶれがどっと地平線に現れて、自作・自演で歌いまくった〔社会思想社＊日本流行歌史〕

○多士済々といわれた　○多士済々の先輩に交じって

（参考）詩経に、周・文王の政治について、「皇、多士ヲシテ此ノ王国ニ生ゼシム。済済タル多士、文王以テ寧（やす）ラカナリ」とある。たくさんの優れた人材がいたので、文王はその助けによってよい政治を行った、という。左伝や漢書にも出てくるが、いずれも「済済タル多士」の形である。ただし、済済はりっぱな人物が多い意味だから、

中国語では人材済済の形で用いる。日本では、これを多士済々の形で用いる。

多事多端（たじ・たたん）和

仕事が多くて、非常に忙しいこと。多事（ことが・おおい）で、多端（いとぐちが・おおい）だ、という。事件が多くて落ち着かない場合にも用いる。

▽選挙騒ぎが、同じ時期に同じ国の中で渦を巻いていた。多事多端な春であった〔石川達三＊風にそよぐ葦〕

▽多事多端なりし本年を記念するため、いささか忘年の祝宴を催し、ご臨席を得たく〔佐山順吉＊書簡新辞典〕

○多事多端の折から　○身辺も多事多端で

多事多難（たじ・たなん）和

いろいろの事件があって、困難が多いこと。事（事件）・難（困難）、それぞれに多（おおい）を添える。

▽多事多難なりける明治三十六年も今日に尽き

て、今はその夜にさえなりにけり〔木下尚江＊火の柱〕
▽今日のごとく多事多難に忙殺され、ほとんど奔命に疲れしめつつあるも〔徳富蘇峰＊勝利者の悲哀〕
○多事多難と予想される　○多事多難な年も終わって

多趣多様（たしゅ・たよう）和

さまざまな形になっていること。趣（おもむき）・様（ようす）、それぞれに多（おおい）を添える。現代表記では、多趣→多種（おおい・種類）が一般的。
▽道草を食うべく余儀なくされるだけ、それだけ多種多様で面白かった〔夏目漱石＊思い出すことなど〕
▽何という多種多様な生活の相だろう。それはそのままで貴いではないか〔有島武郎＊惜しみなく愛は奪う〕
○多種多様の植物を集めて　○参加者も多種多様で

多情多感（たじょう・たかん）漢

物事に対して感じやすい気持ちを持っていること。情（なさけ、引かれる心）・感（うごく心）、それぞれに多（おおい）を添える。人に対する気持ちにも用いる。
▽彼は、多情多感、おのが好みに殉じ、おのが趣向に頼り、世の規矩を顧みない〔唐木順三＊中世の文学〕
○多情多感で心を傷める　○多情多感な少女
参考 唐・陸亀蒙の詩に、「多情多感、自ラ忘レ難シ。祇風流有リ、共ニ古ク長シ」とある。物事に感じやすく忘れがたい。名残も尽きない、という。日本では、多感多情の形でも用いる。また、人に対して感じやすい気持ちの場合、多情多恨に改めて用いる。

多情多恨（たじょう・たこん）漢

人に対して感じやすい気持ちを持っていること。情（なさけ、引かれる心）・恨（うらみ、哀れむ心）、それぞれに多（おおい）を添える。特に、恋愛の気持ちに用いる。

▽そうだろう、芸術家は本来多情多恨だから、泣いたことには同情するが〔夏目漱石＊吾輩は猫である〕

▽天下、多情多恨の才子は、みな公然と筆を振るうて、小説界に雄飛することとなりぬ〔正岡子規＊筆まかせ〕

○多情多恨の人間として　○多情多恨で感じやすく

(参考) 多情多感の参考欄を参照。なお、尾崎紅葉の小説に、「多情多恨」というのがある。亡妻を追慕する主人公の微妙な気持ちが描かれている。

多情仏心（たじょう・ぶっしん）仏

人に同情しやすい心のこと。多情（なさけごころが・おおい）な、仏心（ほとけの・こころ）、という。薄情な行動ができない性質の場合に用いる。

▽薄情なまねはできないで、深はまりをするようなところは、どうも多情仏心の星ですよ〔里見弴＊多情仏心〕

○多情仏心を求める　○多情仏心の僧として

(参考) 仏教で多情というのは、情が多いということである。この場合の情とは、感情を動かす心のことである。また、仏心というのは、仏の持っている大慈大悲の心のことである。それは、衆生に楽を与える大慈と、衆生の苦を除く大悲から成り立っている。一般語としては、人に同情しやすい心が多情仏心である。なお、里見弴の小説に、「多情仏心」というのがある。まごころ主義の主人公の女性遍歴が、肯定的に描かれている。

脱俗超凡（だつぞく・ちょうぼん）和

俗世間の程度から上に飛び抜けていること。俗を脱し、凡（普通一般）を超えている、という。

▽首くくりの力学という脱俗超凡な演題なのだから、傾聴する価値があるさ〔夏目漱石＊吾輩

は猫である〕

○脱俗超凡を目指す　○脱俗超凡な僧ではない

他力本願（たりき・ほんがん）　仏

他からの力で救われること。他力（ほかの・ちから）で、本願（もとからの・ねがい）を達する、という。

▽弥陀の誓願によって一足飛びに超脱する。いわゆる他力本願の根本をなすもので〔唐木順三・中世の文学〕

○他力本願によって生まれ変わる　○他力本願、一筋に

〔参考〕他力というのは、自力の対である。仏教では、自らの悟りの力を自力、仏の力によって悟りに導かれるのを他力という。他からの力添えによって悟りを開くからである。ただし、一般には、仏の力を借りないでは、悟りを開くことができないとされている。その点では、他力のほうが普通である。また、本願というのは、もとからの願いであるが、仏教では、衆生を救おうとする願いのことをいう。したがって、他力本願とは、仏の力による衆生済度の願いのことである。それを、一般語としては、誤用から転じて他人任せの意味で用いられることが多い。

煖衣飽食（だんい・ほうしょく）　漢

ぜいたくな暮らしをすること。衣服に暖まり、食事に飽きる、という。物質的に豊かな生活の場合に用いる。現代表記では、煖（あたためる）→暖（あたたかい）。

▽占領者の余じんを被って暖衣飽食してきた大島の蒙を開いてやろうという気持ちで〔堀田善衛＊断層〕

▽暖衣飽食すなわち足れりと、ずっと澄まし込んでいた時代は尭舜の蒙昧時代で〔坪内逍遥＊京わらんべ〕

○暖衣飽食に慣れる　○暖衣飽食の恩を忘れて

〔参考〕孟子に、「飽食煖衣シ、逸居シテ教ヘ無ケレバ、則チ禽獣（きんじゅう）ニ近シ。聖人之ヲ憂フル有リ」とある。衣食が十分で、人としての道を考

えずに生活して教えを知らなければ、鳥獣と同じだ、という。これは、飽食煖衣である。ただし、墨子には、「百姓皆煖衣飽食スルコトヲ得レバ、便寧ニシテ憂ヒ無カラン」とある。人民に衣食足りる生活ができれば、心配もなくなる、という。日本では、煖衣飽食のほうを用いる。

断崖絶壁（だんがい・ぜっぺき）和

険しく立っているがけのこと。断崖（たちきった・がけ）と、絶壁（きりたった・かべ）を、組み合わせて表す。

▽それはすばらしく大きな赤松であって、断崖絶壁の上にすっくと立っている趣が〔花田清輝＊小説平家〕

▽島の東部へ出て行くまでの沿岸は、見上げるばかりの断崖絶壁をなしている〔中山義秀＊テニヤンの末日〕

○断崖絶壁に立つ　○断崖絶壁を下っていく

断簡零墨（だんかん・れいぼく）和

文書のきれはしのこと。断簡（たちきられた・文書）と、零墨（わずかにのこった・墨書き）を、組み合わせて表す。ちょっとした書き物の場合にも用いる。

▽断簡零墨といえども、また、もって彼が文武の全才たるを知るべし〔徳富蘇峰＊吉田松陰〕

▽それ一人の全集を読み、余業、断簡零墨に及ぶ。収集の苦心、もとよりよみすべし〔山路愛山＊読史論集〕

○断簡零墨にも表れる　○断簡零墨に愛着を感じて

弾丸雨飛（だんがん・うひ）和

たまが、どんどん飛んでくること。弾丸が、雨のように飛ぶ、という。激しい戦場の場合に用いる。

▽むしろ、早く戦地へ出て、弾丸雨飛の中で生きてみたい。そのほうが、きっと〔石川達三＊風にそよぐ葦〕

▽弾丸雨飛の間にも、二つなき身を惜しまずに、進むわが身は野あらしに、吹かれて〔外山正一

＊抜刀隊の歌〕
○弾丸雨飛の戦場では　○弾丸雨飛を物ともせず

単騎独行（たんき・どっこう）和

自分だけで行くこと。単騎（仲間なしの・馬乗り）で、独行（ひとりで・いく）する、という。大きな仕事を自分だけで行う場合にも用いる。
▽「きみのうわさをしていたところじゃった」「相変わらず単騎独行ですね」〔坪内逍遥＊当世書生気質〕
○単騎独行を許される　○単騎独行して江戸に上る

短才無智（たんさい・むち）和

才能が非常に劣っていること。短才（おとった・才能）と、無智（ちえが・ない）を、組み合わせて表す。現代表記では、智（ちえ）↓知（しる）。
▽短才無知の匹夫、このやりには一瞬の間に息の根止める毒薬を塗りたるを知らずや〔内田魯庵＊社会百面相〕
○短才無知にも程がある　○短才無知をも顧みず

単純明白（たんじゅん・めいはく）和

非常に明らかなこと。単純（そのものだけで・まじりけがない）で、明白（あきらかで・はっきり）だ、という。だれが見ても、分かる場合に用いる。
▽錯雑紛糾した現象の相を取るときといえども、原理の因果は単純明白である〔長与善郎＊竹沢先生と云う人〕
○単純明白に答える　○単純明白な論理

男女同権（だんじょ・どうけん）洋

男も女も同じ権利を持つこと。男女が、権利を同じにする、という。the equality of the sexes の訳語として、男尊女卑・女尊男卑に対して用いる。
▽洋行帰りの者から聞いてもそうである。男女同権よりもむしろ女尊男卑である〔三宅雪嶺＊

明治思想小史〕

▽男女同権、甚だ美なれども、一方に偏すれば、男尊も女尊も共に妙ならず〔福沢諭吉＊福翁百話〕

○男女同権を唱える　○男女同権の論に基づいて

男女老若（だんじょ・ろうじゃく）和

男も女も、すべての人のこと。おとこ・おんな・おい・わか、を組み合わせて表す。仏教関係では老若男女を用い、ロウニャク・ナンニョと読む。古くは、若を弱と書いた（弱の意味はワカイ）。

▽農家の男女老若が、各自になるべく温かきほうへと身を寄せて、天下太平の浮世話〔木下尚江・良人の自白〕

○男女老若、残らず　○男女老若、牛馬に至るまで

断章取義（だんしょう・しゅぎ）漢

詩文全体の意味を考えず、詩文の一部分だけを取り出して解釈すること。章を・断ち、義を・取る、という。自分に都合がよいように解釈して示す場合に用いる。

○断章取義のきらいがある　○断章取義を退ける

参考　南宋・陸九淵（きゅうえん）の書に、「現今ノ人、其ノ語ヲ用フル者、皆是レ章ヲ断ジテ義ヲ取レバ、以テ商権スルコト難シ」とある。全体の意味を考えずに語の解釈をするから、十分に検討することができない、という。

男尊女卑（だんそん・じょひ）漢

男のほうが上であり、女のほうが下であるということ。男は尊く、女は卑しい、という。女尊男卑の対。

▽男尊女卑の差別も見えぬことがあったが、とにかくこれを当然のこととして〔三宅雪嶺＊明治思想小史〕

▽我が国における男女の関係を見て、男尊女卑の弊習を憂うること甚だしく〔福沢諭吉＊福翁

百話〕

○男尊女卑の社会では

（参考）列子に、「男女ノ別、男ハ尊ク、女ハ卑シ。故ニ男ヲ以テ貴シト為ス。吾既ニ男為ルヲ得。是レ二楽ナリ」とある。男に生まれたのが、第二の楽しみだ、という。この場合の第一の楽しみは、人に生まれたことであり、次のように書かれている。「天、万物ヲ生ム。唯、人、貴シト為ス。而シテ我人為ルヲ得。是レ一楽ナリ」とある。漢文では、男貴女賤も用いる。

胆大心小（たんだい・しんしょう）漢

大胆ではあるけれども、細かい点にも注意すること。胆（度胸）は大きく、心（注意）は小さく、という。

○胆大心小を心掛ける　○胆大心小の士として

（参考）南宋・黎靖徳の朱子語類に、「胆大ハ是レ千万人モ吾往カン処ナリ。小心ハ是レ文王ノ小心翼翼、曾子ノ戦戦兢兢タル、是レナリ」とある。反対者が千万人いても恐れず進むのが胆大であり、注意深くして無謀なことをしないのが心小だ、という。

淡々泊々（たんたん・はくはく）和

欲が全くないこと。淡泊（あわくうすい、欲がない）を分けて繰り返し、意味を強める。泊を白と書くのは誤り。

▽淡々泊々のお坊さん育ち、東京へ立ちいで、私塾で学問はしていれども〔坪内逍遥＊京わらんべ〕

○淡々泊々と過ごす　○淡々泊々の性格が幸いする

単刀直入（たんとう・ちょくにゅう）漢

前置きなしに、すぐに本論に入ること。ただひとりで・刀をとり、ただちに・敵陣に入る、という。遠回しに言わない場合にも用いる。単刀を短刀と書くのは誤り。

▽ちょっと迷った。単刀直入に書いてしまえばいちばん簡単だったが〔志賀直哉＊暗夜行路〕

▽そんな汚い手は使わないね、単刀直入にぼく

と浮気しようと、ぼくは言う〔高見順＊故旧忘れ得べき〕

○単刀直入に言う　○単刀直入な質問

（参考）宋・道原の伝灯録に、「単刀モテ趣(すみ)ヤカニ入レバ、則チ、凡聖情尽キ、真常ヲ露(あらは)ス」とある。直接要点に触れれば、凡人も聖人も、本体を現す、という。日本では、遠回しに言わない意味でも用いる。ただし、単刀というのは、本来は一ふりの刀のことである。唐・李延寿の南史に、「魏軍至リ、僧静、募リニ応ジテ、単刀モテ出デテ戦ヒ、直チニ前(すす)ム。魏軍奔(はし)リ退ク」とある。これがひゆ的に用いられ、単刀直入が目的に向かってどこまでも進む意味にもなったが、日本では、用いない。

短兵急接（たんぺい・きゅうせつ）和

急に相手に迫ること。短兵（みじかい・武器）で、急に接する、という。一般には、短兵急に、の形を用いる。

▽政論の性質も切迫したるものにて、短兵急接、直ちに当局者の心臓を刺さんとする〔山路愛山＊現代金権史〕

○短兵急接に対して　○短兵急接の際は

談論風発（だんろん・ふうはつ）漢

盛んに論じ合うこと。談論（談話・議論）が、風発（かぜのように勢いよく・口から出る）する、という。

▽先生の口から冗談を聞くこともある。客が訪ねていくと、談論風発する〔島崎藤村＊千曲川のスケッチ〕

▽数学の速射砲を浴びせるのもよいが、談論風発、風格のある話し合いをしてほしい〔朝日新聞＊天声人語〕

○談論風発して尽きない　○談論風発の朝食会

（参考）清・蒲(ほ)松齢の聊斎(りょうさい)志異に、「生素(もと)ヨリ豪ニシテ、談論風生ス」とある。生まれつき気性が優れていて、談論すると興趣がわいてくる、という。日本では、風生を風発に改め、話し方の勢いが強い意味で用いる。

【ち】

智慧才覚（ちえ・さいかく）和
物事に応じて頭が働くこと。智慧（処理能力）と、才覚（才能の働き）を、組み合わせて表す。現代表記では、智慧（ちえ・さとい）↓知恵（しる・さとい）。
▽昇はいわゆる才子で、すこぶる知恵才覚があって、またよく知恵才覚を鼻にかける〔二葉亭四迷＊浮雲〕
▽その子に如無僧都とて、知恵才覚身に余り、徳行持律の僧おわしけり〔平家物語〕
○知恵才覚にたける　○知恵才覚をもてあそぶ

智慧分別（ちえ・ふんべつ）和
物事に対する有効な判断のこと。智慧（処理能力）と、分別（考慮・判断）を、組み合わせて表す。現代表記では、智慧（ちえ・さとい）↓知恵（しる・さとい）。
▽安田氏に採用せらるる知恵分別は、要するに安田一家を肥やすものならねば〔山路愛山＊現代富豪論〕
▽好処置が、知恵分別の純作用以外に生きてくる場合があろうなどとは〔夏目漱石＊虞美人草〕
○知恵分別に欠ける　○知恵分別のない男

知己朋友（ちき・ほうゆう）和
交わっている友人すべてのこと。知己（じぶんを・しる者）と、朋友（なかまの・とも）を、組み合わせて表す。
▽それからまず、一家親類、知己朋友の間柄など、男女の交際を頻繁にしたいものです〔徳富蘆花＊思出の記〕
▽上野の精養軒にて、新郎新婦の知己朋友を招いて、盛んなる宴会を開かるるはずなり〔末広鉄腸＊花間鶯〕
○知己朋友の歓迎を受ける　○知己朋友に送ら

れて

池魚籠鳥（ちぎょ・ろうちょう）漢
自分の自由にならない身の上のこと。池魚（いけすの・さかな）と、籠鳥（かごの・とり）を、組み合わせて表す。宮仕えのサラリーマンについて用いることが多い。
○池魚籠鳥の身の上　○池魚籠鳥を潔しとせずに
参考　西晋・潘岳の文に、「夙ニ興キ、晏ク寝ネ、寧ヲ底スニ遑アラズ。譬ヘバ、猶ホ池ノ魚、籠ノ鳥ニシテ、江湖山藪ノ思ヒ有ルガゴトシ」とある。朝早くから夜遅くまで、心を休める暇もない、池の魚、かごの鳥が、川や湖、山やヤブを思う気持ちと同じだ、という。自然の中で自由に暮らせないからである。

知行合一（ちこう・ごういつ）漢
知識と実践が一致しなければいけないということ。知（知識）と行（実践）が、一つに合う、という。
▽行わないのだから、知らないのも同じだ、何事でもすべて知行合一でなければいけない〈勝海舟＊氷川清話〉
▽戸を二、三寸開けておいても、ツバメが入ってくる。知行合一の感度がよほどよい〈朝日新聞＊天声人語〉
○知行合一を実践する　○知行合一という考え方
参考　明・王陽明の伝習録に、「心ヲ外ニシテ以テ理ヲ求ム。是レ知行ノ以テ二タル所ナリ。理ヲ吾ガ心ニ求ム。是レ聖門ノ知行合一ノ教ヘナリ」とある。陽明学では、知は必ず行を伴う、知っていて行わないのは、真の知ではない、知と行は分けることができない、という。知が先で行は後とする朱子学の先知後行に対し、行動理論を説いたものとされている。

遅速緩急（ちそく・かんきゅう）和
進む速度が速いか遅いかということ。おそい・はやい・ゆっくり・いそぐ、を組み合わせて表す。

▽効用に遅速緩急の別ありといえども、人身のためには欠くべからざるものなり〔福沢諭吉＊文明論之概略〕

▽遅速緩急の差、隠顕内外の別はこれあらんも、日々に改良し月々に前進し〔小野梓＊立憲国民の性質〕

○遅速緩急を異にする　○遅速緩急、よろしきを得て

秩序整然（ちつじょ・せいぜん）和

順序や決まりが整っていること。秩序（次第・順序）が、整然（ととのっている）だ、という。

▽大きく重みのある力が強く感じられた。花の構造が秩序整然としているのも感じられた〔川端康成＊山の音〕

▽羽目を外すことができなくて、あまりにも秩序整然たる生活の型を守ろうとした〔石川達三＊風にそよぐ葦〕

○秩序整然とまとまる　○秩序整然とはいかない

智謀百出（ちぼう・ひゃくしゅつ）和

巧妙なはかりごとが、次々と出ること。智謀（ちえのある・はかりごと）が、百出（たくさん・でる）する、という。現代表記では、智（ちえ）→知（しる）。

▽いかにも彼が、知謀百出の諸葛孔明のような人物のように思われるかもしれないが〔花田清輝＊鳥獣戯話〕

○知謀百出する将軍　○知謀百出、すべてが功を奏して

魑魅魍魎（ちみ・もうりょう）漢

さまざまな化けもののこと。ばけもの・もののけ・すだま・物の精、を組み合わせて表す。旧表記では、略字の形で、离未罔両とも書いた。

▽黒い影が、魑魅魍魎のばっこするような姿を、四方の壁へ長く大きく映している〔谷崎潤一郎＊少年〕

▽実にさまざまな魑魅魍魎の声と姿が、おれに

押し寄せてくるような気がした〔大江健三郎＊セヴンティーン〕

○魑魅魍魎を退ける　○魑魅魍魎も影を潜める　○魑魅魍魎のたぐい　○やみ夜の魑魅魍魎に対して

（参考）左伝に、「鼎ヲ鋳テ物ヲ象リ、百物ヲシテ之ガ備ヘヲ為シ、民ヲシテ神姦ヲ知ラシム。故ニ、民、川沢山林ニ入リテモ、不若ニ逢ハズ。魑魅罔両、能ク之ニ逢フコト莫シ」とある。地方の怪物を鋳て、怪物の実体を知らせておいたから、どこへ行っても、未知の怪物に出会うことはなかった、という。

地網天羅（ちもう・てんら）漢

この世の正しい道のこと。地網（地に張り巡らした・魚を捕るあみ）と、天羅（天に張り巡らした・鳥を捕るあみ）を、組み合わせて表す。

▽神算鬼謀の才があっても、地網天羅から逃れ出ることは不可能に思われた〔柴田錬三郎＊柴錬水滸伝〕

○地網天羅をもって覆われる　○地網天羅、逃れがたく

（参考）明・梁辰魚の浣紗記に、「頭メテ顧ミレバ、尽ク白ルシ。誰カ知ル、陥リテ地網天羅ニ在ルヲ」とある。鳥や獣を捕るための網の中にいることが分からない、という。天羅地網の形でも用いる。ひゆ的には、法規が整っていて逃れられない、災難に遭って逃げられない、などの意味に用いる。日本では、道義的に用いる。

智勇兼備（ちゆう・けんび）漢

男性について、知恵があって勇気もあること。智勇（ちえ・いさましさ）を、兼備（かね・そなえる）する、という。現代表記では、智（ちえ）→知（しる）。

▽事務の才能は抜群、加えて剣も一流の遣い手と来たから、知勇兼備のご仁で〔柴田錬三郎＊柴錬水滸伝〕

▽殊に、かの泰時のごとき、いわゆる知勇兼備、一世の人傑たりしは、争うべからず〔福沢諭吉

＊福翁百話〕
○知勇兼備する場合は　○知勇兼備の花婿
参考　明・張鳳翼(ほうよく)の紅払記に、「老児ノ威名甚ダ重ク、智勇兼全ナリ。故(ことさ)ラニ此レ甲ヲ掩(おほ)ヒ、兵ヲ休メ、未ダ願フ所ヲ遂ゲズ」とある。智謀と勇気を持っているが、今は戦わない、という。漢文では、専ら武人について用いる。日本では、兼全を兼備に改め、智を、智謀でなく、智慧と解釈し、広く知恵と勇気のある男性に用いる。褒めことばとしては、女性の才色兼備に対して用いた。

忠君愛国（ちゅうくん・あいこく）漢
主君や国のために力を尽くすこと。君（主君）に忠（まごころを尽くす）で、国を愛する、という。
▽例えば、商売をしながらも忠君愛国、国家のためには無代価でも売るとかいうような〔福沢諭吉＊福翁自伝〕
▽恋は美しかろ、孝も美しかろ、忠君愛国もけっこうだろう。しかし、その局に当たれば〔夏目漱石＊草枕〕
○忠君愛国で育てられる　○忠君愛国の情、やむなく
参考　明代の小説・東周列国志に、「此ノ人、則チ商賈(しょうこ)ノ流ト雖モ、些(いささ)カ君ニ忠ニ国ヲ愛スルノ心有リ、患ヲ排シ紛ヲ解クノ略有リ」とある。君主に対して忠を尽くし、祖国を熱愛する心を持っていた、という。その場合は、身を保ち家を全うすることよりも優先される。日本では、特に軍人の心のよりどころであった。

中秋明月（ちゅうしゅう・めいげつ）漢
旧暦八月十五日の夜の月のこと。中秋（秋のまんなか、八月十五日）の、明月（あかるい・つき）、という。月見の宴を催す対象となる。仲秋名月とも書く。
○中秋明月をめでる　○中秋明月の宴を催す
参考　唐・白居易の詩に、「中秋ノ三五夜、明月前軒ニ在リ」とある。唐・柳宗元の文に、

「尤モ、中秋ニ月ヲ観ルヲ与ニスルハ宜シト為ス」とある。中秋は秋の真ん中で、七・八・九月を秋としたとき、八月十五日になる。明月は明るい月だから、八月十五日の夜の月が中秋明月になる。一方、名月は八月十五日の月を指すから、これを中秋と組み合わせると、意味が重複する。ただし、秋三か月の中の月を指す語に仲秋があるから、意味の上からは仲秋名月も成り立つことになる。

忠臣義士（ちゅうしん・ぎし） 漢

主君に対してまごころを尽くす人のこと。忠臣（主君にまごころを尽くす・家臣）と、義士（人の道を守る・りっぱな人）を、組み合わせて表す。

▽遺臣といえば、維新のときに幕府の忠臣義士こそちょうど適当のはまり役なれども〔福沢諭吉＊福翁自伝〕

▽今の京都には、自ら忠臣義士と称する人たちの多いにはうんざりする〔島崎藤村＊夜明け前〕

○忠臣義士として祭られる　○忠臣義士の範として

参考 北宋・蘇軾の文に、「天下、不幸ニシテ明君無シ。小人ヲシテ其ノ権ヲ執ラシム。此ノ時ニ当タリ、天下ノ忠臣義士、臂ヲ奮ッテ之ヲ撃タント欲セザル莫シ」とある。忠誠で節操を持つ人民が、これを撃ちたいと思っている、という。日本では、忠臣義士が、家臣の模範とされていた。

忠臣孝子（ちゅうしん・こうし） 漢

主君に対しても両親に対しても、まごころを尽くす人のこと。忠臣（主君にまごころを尽くす・家臣）と、孝子（両親にまごころを尽くす・男子）を、組み合わせて表す。

▽道徳論者の常に心酔する忠臣孝子の辛苦も、人生絶無のことにはあらざれども〔福沢諭吉＊福翁百話〕

▽大和も唐も、昔も今も、忠臣孝子の文字なき

も多かるは、学ぶに勝る世の人の〔曲亭馬琴＊里見八犬伝〕

○忠臣孝子として名を残す　○忠臣孝子の家系

参考 荀子に、「生死ヲシテ終始一ノ若ク(ごと)セシム。是レ先王ノ道ニシテ、忠臣孝子ノ極ナリ」とある。生死を顧みずに君に仕え、親に仕えるのが最高だ、という。また、千字文の注に、「忠臣ヲ求メント欲スレバ、必ズ孝子ノ門ニ於テス」とある。親に仕えて真心を尽くす人は、同時に、君に仕えて真心を尽くすものだ、という。「忠臣ハ孝子ノ門ニ出ヅ」というのがこれである。

忠信節義（ちゅうしん・せつぎ）和

道徳にかなった行いのこと。真心を尽くし・うそ偽りがなく・分を守り・道を行う、という。

▽なお、その表面には忠信節義を唱え、児戯に等しき名分を口実に用いて〔福沢諭吉＊文明論之概略〕

○忠信節義を重んじる　○忠信節義の道を守る

昼夜兼行（ちゅうや・けんこう）漢

昼も夜も休まずに急いで行くこと。昼と夜を、兼ねて行く、という。昼夜の別なく仕事を続ける場合にも用いる。このほうは、昼と夜を、兼ねて行う、という。

▽そのために、名古屋表へ昼夜兼行で早かごを急がせたということも知った〔島崎藤村＊夜明け前〕

▽ただただ主人の赤心を達せしめたいために、昼夜兼行、これまで参上したのであります〔子母沢寛＊勝海舟〕

○昼夜兼行で急ぐ　○昼夜兼行の突貫工事で

参考 魏志に、「若シ、師、勢ヲ負ヒ衆ヲ恃ミ(たの)テ自ラ退カザル者アレバ、臣等、将ヲ率ヰテ昼夜兼行セン」とある。退去しない者がいたら、軍隊を率いて、昼夜の休みもなく急いで行く、という。日本では、昼夜続けて仕事を行う場合にも用いる。

忠勇義烈（ちゅうゆう・ぎれつ）和

主君にまごころを尽くす点で、非常に勇ましいこと。忠義を分けて、勇（いさましい）・烈（はげしい）を添える。国のために戦う軍人を褒める場合に用いた。
▽平和克復を告げ、わが忠勇義烈なる将士は、今や過半、万歳声裏に凱歌を奏し〔夏目漱石＊吾輩は猫である〕
▽その忠勇義烈、深く叡感遊ばされ候。その功賞は追っておぼしめしあらせられ〔東征将士慰労の御沙汰書〕
○忠勇義烈の誉れが高い　○忠勇義烈の士として

長講一席（ちょうこう・いっせき）和
長時間にわたって話すこと。長講（ながい・講談）を、一席（一回）行う、という。
▽「長講一席、ごくろうさま」根本は、そう言って細君を冷やかしたが、その笑い顔には〔里見弴＊大道無門〕
○長講一席も終わって　○例の長講一席で喜んだ。

朝三暮四（ちょうさん・ぼし）漢
目先は異なるが、結果は同じになること。朝三つ・夕四つに、朝四つ・夕三つを含めて表す。目先の利害を強調して人をだます場合にも用いる。なお、猿に食べ物を与えることから、生計の意味にも用いる。
▽決して人の弱点を取り来りて、これに朝三暮四の満足を与えんと欲するにあらず〔中江兆民＊兆民文集〕
▽おのれが朝三暮四に事欠かぬ限りは、太平楽にうつつを抜かすは無邪気で〔内田魯庵＊社会百面相〕
○朝三暮四の猿にも劣る　○朝三暮四の資とする
㊟中国の話に、猿回しが猿に与えるトチの実を減らそうとしたときのやりとりがある。まず、朝三つ夕四つにすると言うと、猿が怒った。そこで、朝四つ夕三つにすると言ったら、猿が喜んだ。この話を、列子では、ことばで人をだ

ます例としている。荘子では、目先の利害にとらわれて感情に走ると、本質を見失う例としている。日本では、目先は異なるが結果が同じ場合に用いる。

張三李四（ちょうさん・りし）漢

極めて平凡な人のこと。張氏の三男、李氏の四男、という。張も李も、中国では非常に同姓の多い中の二つの姓である。身分も名もない、普通の人の意味で用いる。

▽雪の夜を旗亭の酒に酔いしれて、張三李四の虎物語。一人が言う、市に虎あり〔佐佐木信綱＊おもい草〕

○張三李四の子を残す　○張三李四にすぎない

(参考) 北宋・王安石の詩に、「張三ハ袴長ク、李四ハ帽檐長シ」とある。ズボンの長い人もいる、帽子のひさしの長い人もいる、という。南宋・普済の五灯会元に、「人有リ、仏殿ノ後ヨリ過ギ、張三李四ヲ見ル」とある。いろいろな人を見た、という。本来は、特に人名を挙げない場合に用いる。中国語では、だれも彼も、ねこもしゃくしも、の意味で用いる。日本では、身分も名もない、普通の人の場合に用いる。

長身痩軀（ちょうしん・そうく）和

背が高くて、やせていること。長身（たかい・からだ）と、痩軀（やせた・からだ）を、組み合わせて表す。よい意味で用いることが多い。痩身長軀とも。

▽長身痩軀、風雨にさらされ、鍛え抜かれた老松のようにしんの強い、枯れた感じである〔城山三郎＊乗取り〕

▽父母の血を受け、彼は長身痩軀の好男子だった。ただ、都会の生活を経ていないので〔中山義秀＊華燭〕

○長身痩軀にあこがれる　○長身痩軀の花婿

彫心鏤骨（ちょうしん・るこつ）和

非常に苦心して苦労を重ねること。彫鏤（ほりつけ・ちりばめる）を分けて、心（こころ）・骨（ほね）に添える。心にほりつけ、骨にちりばめる、という。苦心して詩文を作り上げる場合にも用いる。鏤を漢音でロウと読むのは誤り。特に、呉音でルと読む。
▽我らは、この後に来る者のためには、彫心鏤骨の苦しみも、いとい申さぬ覚悟で〈菊池寛*蘭学事始〉
▽これは天衣無縫、彼は彫心鏤骨と、創作過程こそ異なっていたが、共に不世出の巨匠で〈高木卓*遣唐船〉
○彫心鏤骨、技巧を用いて　○彫心鏤骨の作品

喋々喃々（ちょうちょう・なんなん）和

どこまでも話し続けること。喋（よく話す）・喃（小声で話す）、それぞれを繰り返して、意味を強める。男女の仲のよい語り合いにも用いる。
▽ふとしたことでわたしが筆を執って、事の必要なる理由を論じて、喋々喃々数千言〈福沢諭吉*福翁自伝〉
▽再婚の相手と喋々喃々と話し合っているところを、不意に襲うことはできなかった〈丹羽文雄*蛇と鳩〉
○喋々喃々とくどく　○二人の喋々喃々

朝々暮々（ちょうちょう・ぼぼ）漢

毎朝、毎晩、いつも行われること。朝（あさ）・暮（夕方、晩）、それぞれを繰り返して、意味を強める。
▽読者をして、作者と小説中の人物と、朝々暮々、相親昵するの感あらしむるをいう〈坪内逍遥*小説神髄〉
▽いつしか気難しき老婆に変化して自ら楽しまず、朝々暮々、例のごとく嫁を苦しめ〈福沢諭吉*福翁百話〉
○朝々暮々に説教される　○朝々暮々の楽しみ
参考　戦国楚・宋玉の文に、「旦ニ朝雲ヲ為シ、暮レニ行雨ヲ為ス。朝朝暮暮、陽台ノ下」とある。二人が会う台のところでは、朝の雲、夕方の雨も趣がある、という。また、唐・白居易の長恨歌に、「蜀江ノ水碧ク、蜀山青シ。聖王、

朝朝暮暮ノ情」とある。毎朝、毎晩の気持ちが絶ち切れない、という。朝晩、同じことが繰り返される場合に用いる。

長汀曲浦（ちょうてい・きょくほ）和

曲がりくねった海辺のこと。長い汀（みぎわ）、曲がった浦（いりえ）が続く、という。

▽長汀曲浦の旅の道、心を砕く習いなるに、雨を含める漁村の柳、いとど哀れを〔曲亭馬琴＊里見八犬伝〕

▽長汀曲浦の旅の道、夕べを送る遠寺の鐘、哀れを催す時しもあれ、切目の王子に着きたもう〔太平記〕

○長汀曲浦の美に富む　○長汀曲浦の波の音

長目飛耳（ちょうもく・ひじ）⇩ひじ・ちょうもく

跳梁跋扈（ちょうりょう・ばっこ）和

思うままに動き回ること。跳梁（はりを・はねる）して、跋扈（たけかごを・こえる）する、という。好ましくない者が動き回る場合に用いる。跋扈跳梁とも。

▽今の文学界に跳梁跋扈する先生は、これを濫用して特別なる悪意味を附会し〔内田魯庵＊文学者となる法〕

▽倉庫内には、異様な臭気が漂っている。そして、ねずみが跳梁跋扈した〔火野葦平＊魔の河〕

○跳梁跋扈をたくましくする　○跳梁跋扈の怪盗

朝令暮改（ちょうれい・ぼかい）漢

命令が次々と変わること。朝・命令を出し、その日の夕方・それを改める、という。基本方針が次々と変わる場合にも用いる。朝令を朝礼と書くのは誤り。

▽安心なりませんからね、朝令暮改ならまだいいが、朝令朝改だから〔子母沢寛＊勝海舟〕

▽その至難となししところも一令にして直ちに行われ、自後、朝令暮改の憂いはありしも〔三宅雪嶺＊想痕〕

○朝令暮改のきらいがある　○朝令暮改する政

府

(参考) 漢書に、農民の生活の窮状を訴えた上奏文として、次のようなのがある。「勤苦、此クノ如シ。尚ホ復タ、水旱ノ災ヒヲ被ル。急政シテ暴虐ス。賦斂時ナラズ。朝ニ令シテ暮レニ改ム」とある。最後の二句は、税金の取り立ても不時である。命令も計画性がない、という。むやみに改めることを、朝方に発したかと思えば、夕方にはそれを改める、としている。命令の出ることがしばしばであって、しかも当てにならない意味である。ただし、中国語では、朝令夕改のほうが一般的である。

直言直行（ちょくげん・ちょっこう）漢

遠慮なく言ったり行ったりすること。言行（いう・おこなう）を分けたものに、直（まっすぐ）を添える。まっすぐな言行、という。

▽直言直行はあの方の持ち前、もののふ居士の名のあるゆえんではござんせんか〔子母沢寛＊勝海舟〕

○直言直行してはばからない　○直言直行とは行かずに

(参考) 唐・白居易の文に、「直言危行スル者ヲ以テ狂愚ト為ス。中立シテ道ヲ守ル者ヲ以テ凝滞ト為ス」とある。危も直の意味。正しいことを遠慮なく言うと、正気を疑われ、中立して道を守るとはかどらない、という。日本では、危行も、直言にそろえて、直行とする。

直情径行（ちょくじょう・けいこう）漢

感情に従って行動すること。情（感情）を直（ありのまま）にして、径行（ただちに・おこなう）する、という。浅はかな行動についても用いる。

▽直情径行という点からいったら、佐藤という男のほうが幾らかまだ立ち勝っていたようだ〔小栗風葉＊青春〕

▽直情径行は壮士の本色なることを忘れ、俗吏の醜態に倣うて得たりとする〔尾崎行雄＊新日本之青年・序〕

○直情径行するばかりで　○直情径行のふるまい

(参考) 礼記に、「礼ハ情ヲ微グ者有リ。故ヲ以テ物ヲ興ス者有リ。情ヲ直クシテ径チニ行フ者有リ、戎狄ノ道ナリ」とある。感情のままに行動すると、行き過ぎもあり、至らぬところもある。礼儀というのは、それを押さえるためのもので、直情径行は野蛮人のすることだ、という。教養のある人は、礼儀によって感情を制御すべきだ、としている。

直接間接（ちょくせつ・かんせつ）和

何らかの形で関係を持つこと。直接（じかに・ちかづく）と、間接（あいだをおいて・ちかづく）を、組み合わせて表す。関係のある点は同じだとする場合に用いる。

▽直接間接に陰謀に加担し、陰謀を推進した者は、軍人と官僚との仲間であった〔石川達三＊風にそよぐ葦〕

▽直接間接の明闘暗闘は、久しき以前よりのこと、最後の勝利を決する場合、一方が〔三宅雪嶺＊小紙庫〕

○直接間接に影響を与える　○直接間接の指導により

直立不動（ちょくりつ・ふどう）和

まっすぐ立ち続けること。直（まっすぐ）に立って、動かない、という。「気をつけ」の姿勢のこと。

▽金沢を出て福井へ向かうころ、戸塚らが直立不動の姿勢で注意を聞いていた〔中野重治＊汽車の缶焚き〕

▽キャデラックが止まり、運転手がほぼ直立不動の姿勢で、ドア近くに立っていた〔城山三郎＊乗取り〕

○直立不動で聴く　○直立不動を続けさせられる

猪突猛進（ちょとつ・もうしん）和

非常な勢いで突き進むこと。猪突（イノシシのように・前に行く）して、猛進（たけだけしく・すすむ）する、という。熟慮しない行動の場合にも用いる。

▽第一軍の司令官以下の人選方針は、猪突猛進の気概に満ちた者ばかりが選ばれた〔司馬遼太郎＊殉死〕

▽自分のことばの魔力に引きずられて、それが実現のために猪突猛進するところがあった〔井上靖＊暗い平原〕

○猪突猛進に駆られる　○猪突猛進の勇者

治乱興廃（ちらん・こうはい）漢

政治のさまざまな移り変わりのこと。おさまる・みだれる・おこる・すたれる、を組み合わせて表す。治まって盛んになったり、乱れてすたれる変遷について用いる。

▽我が二千五百年の間、世の治乱興廃によって人を驚かしたることなきにあらず〔福沢諭吉＊文明論之概略〕

▽政教徳化は風俗に見らるるものなれば、これを見て治乱興廃を省察するをうべし〔子母沢寛＊勝海舟〕

○治乱興廃の跡を調べる　○国家の治乱興廃

参考　治乱興亡（ちらんこうぼう）の参考欄を参照。

治乱興亡（ちらん・こうぼう）漢

国家のさまざまな移り変わりのこと。おさまる・みだれる・おこる・ほろびる、を組み合わせて表す。治まって盛んになったり、乱れて滅びる変遷について用いる。

▽行政区別の変改などを見るにつけても、治乱興亡の機微、胸裏に来往するの感に〔江森泰吉＊大隈伯百話〕

▽「神皇正統記」は、神々の偉徳、歴朝のご事跡、治乱興亡の跡を略述したもので〔次田潤＊日本文学通史〕

○治乱興亡の歴史を調べる　○統治者の治乱興亡

参考　周書に、「衰弊スレバ則チ禍乱交（こもごも）興リ、淳和（じゅんな）スレバ則チ天下自（おのづか）ラ治マル。治乱興亡、皆、化スル所ニ由（よ）ラザル無シ」とある。国が衰えれば乱れ、政治を手厚くすれば治まる。治まるのも乱れるのも、自然界の原理だ、という。日本では治乱興廃の形でも用いる。

沈魚落雁（ちんぎょ・らくがん）漢

女性として非常に美しいこと。その美しさに対して、しずむ・うお、おちる・カリ、という。▽神か人か、幻か。正にこれ、沈魚落雁、閉月羞花の、妙年二十八の一佳人〔曲亭馬琴＊里見八犬伝〕▽「沈魚落雁、閉月羞花と来ている」「大粒のあばたがあるけれど、上塗りで見えねえ」〔式亭三馬＊浮世床〕

○沈魚落雁と褒めちぎる　○沈魚落雁のお姫様

（参考）荘子に、「毛嬙麗姫ハ人ノ美トスル所ナリ。魚ハ之ヲ見テ深ク入リ、鳥ハ之ヲ見テ高ク飛ブ」とある。毛嬙や麗姫のような美女も、魚や鳥は恐れて逃げる、という。これは、美の基準について普遍的なものはないという趣旨であったが、後に、沈魚落雁の形が美女の意味に用いられた。元・楊果の曲に、「嬯人ノ一笑、千金モ少ナシ。羞花閉月、沈魚落雁、恁ラズシテ魂消ユ」とある。情婦の一笑は千金以上だ。花もしぼみ、月も隠れ、魚も沈み、雁も落ちるような美女は、もたれなくても心を奪われるものだ、という。羞花閉月・閉月羞花・羞月閉花・閉花羞月も、美女の形容に用いる。

沈思黙考（ちんし・もっこう）和

落ち着いてよく考えること。沈思（ふかく・おもう）と、黙考（だまって・かんがえる）を、組み合わせて表す。

▽はえが飛び来りて額に留まれど、うるさしとも思わぬていにて沈思黙考に余念なきに〔坪内逍遥＊未来之夢〕▽みんなは沈思黙考しているように見えた。あんまり聞いたことのないことばに〔長谷川四郎＊可小農園主人〕

○沈思黙考して過ごす　○沈思黙考の末に

沈著大胆（ちんちゃく・だいたん）和

どんなときにも、落ち着いていて、恐れないこと。しずみ・おちついて、きもたまを・おおきくする、という。現代表記（それ以前からも）では、チャク・ジャクの場合、著→着（俗字）。
▽勇往邁進、百事恐れず、沈着大胆、難局に処し、堅忍不抜、困苦にかち、障害を突破し〔東条英機＊戦陣訓〕
○沈着大胆にふるまう　○沈着大胆、万事を恐れず

珍味佳肴（ちんみ・かこう）和
すばらしいごちそうのこと。珍味（めずらしい・あじ）と、佳肴（よい・さかな）を、組み合わせて表す。
▽四人は松源に上がった。しかしながら、珍味佳肴もほとんどのどに入らなかった〔徳富蘆花＊思出の記〕
▽客間に招じられた林冲は、珍味佳肴、美酒を護送役人二人とともにふるまわれた〔柴田錬三郎＊柴錬水滸伝〕
○珍味佳肴でもてなす　○珍味佳肴の宴席

【つ】

追善供養（ついぜん・くよう）仏
死者の幸福を祈ること。追善（死者のことで・善を行う）して、供養（物を供えて・よくする）する、という。
▽けさと衣に身をやつし、殺したご主人飯島様の追善供養いたしたなら〔三遊亭円朝＊牡丹灯籠〕
▽これ皆逆徒なれば、年経ぬるとも追善供養ははばかるべきことなるに、何ぞや〔曲亭馬琴＊里見八犬伝〕
○追善供養を営む　○命日の追善供養
㊫参考 仏教では、死者の幸福のために、死者に関係のある生存者が集まって善事を行うことを追善という。普通は、死後七日ごとに四十九日

まで行う法事に始まり、百箇日や年忌なども含める。また、物を供えて法事を営み、死者に幸福をもたらすように期待することを供養という。香をたき、花や水を供え、灯をともすのも供養である。

追悼哀悼（ついとう・あいとう）和

死者の生前をしのんで、その死を悲しむこと。悼（いたむ）に、追（あとから）・哀（あわれむ）を添える。特に、その死を惜しむ場合に用いる。

▽一菊がわたしに語ってくれたのは、その追悼哀悼という意味もあったかもしれない〔唐木順三＊応仁四話〕

○追悼哀悼して一夕を過ごす　○追悼哀悼の催し

【て】

亭主関白（ていしゅ・かんぱく）和

主人が一家の中で大きな権力を握っていること。亭主が、関白（国政の最高位）の位置につく、という。かかあ天下、の対として、おやじ天下、のような亭主を指す場合に用いる。男女同権の立場では、非難される。

▽競争にならない相手を右左にして、亭主関白の機嫌をどうやら損ねぬようにしていく〔円地文子＊男のほね〕

▽昔は亭主関白の位といったもんだが、維新の功によって、位一級を進められたわけかな〔里見弴＊今年竹〕

○亭主関白の体面にかかわる　○亭主関白に困り果てる

低頭平身（ていとう・へいしん）和

頭を下げて、過ちをわびること。低頭（あたまを・ひくする）して、平身（みを・たいらにする）する、という。相手を敬う場合にもいう。平身低頭とも。
▽何事をなしても失敗ばかりで、下宿屋の主人にまで低頭平身せねばならぬというのは〔末広鉄腸＊雪中梅〕
▽ここぞ大事の大判事、心を定めて低頭平身、「いかでか違背申すべし」と〔浄瑠璃＊妹背山婦女庭訓〕
○低頭平身して謝る　○低頭平身の体で小さくなる

適材適所（てきざい・てきしょ）和
それぞれの仕事に対して、その仕事に適した人を用いること。適した才能を、適した場所に置く、という。
▽その梶谷を北海道へやる、と決心したのだよ。今後も、適材適所の方針で行く〔源氏鶏太＊重役の椅子〕
▽二人とも自動車が非常に好きで、その意味では、自動車隊は適材適所と言えた〔清岡卓行＊アカシアの大連〕
○適材適所で進む　○適材適所とは言えない

徹骨徹髄（てっこつ・てつずい）和
物事に徹底すること。骨髄（ほねのしん、物事の中心）を分けたものに、徹（とおる）を添える。
▽ただ、詩人と画客なるものあって、この待対世界の精華をかんで、徹骨徹髄の清きを知る〔夏目漱石＊草枕〕
▽それじゃ、あなたはどうしても徹骨徹髄に覚めた女だというのか。覚めてみたところで〔森田草平＊煤煙〕
○徹骨徹髄の頑固者　○徹骨徹髄、悪者で通す

鉄心石腸（てっしん・せきちょう）漢
精神力が非常に強くて、動揺しないこと。鉄のような・こころ、石のような・はらわた、という。感情を解しない意味でも用いる。

▽形、豆よりも小なれども、鉄心石腸、万鈞より重し、まことに恐るべきやつかな〔内田魯庵＊社会百面相〕

▽秋は感慨の時候、鉄心石腸、矢玉のほか一切無形物感触を受けざるていの動物にても〔中江兆民＊兆民文集〕

○鉄心石腸に徹する　○鉄心石腸の士として

(参考) 北宋・蘇軾(そしょく)が李公択に送った書簡に、次のように書かれている。「新詩ヲ示及ス。皆、遠別悃然(ぼうぜん)ノ意(こころ)有リ。兄我(けいが)ヲ愛シムコト厚シト雖モ、然レドモ、本ヨリ鉄心石腸ヲ以テ公ヲ待ツ。何ゾ乃チ爾(しか)ルヤ」とある。見せてもらった詩には別れを悲しむ気持ちがある。わたしを惜しむためでも、わたしはあなたを精神力の強い人と期待していた、という。漢文では、鉄腸石心の形も用いる。ただし、感情を解しない場合、日本では石心鉄腸のほうをよく用いる。

徹頭徹尾（てっとう・てつび）　漢

最初から最後まで押し通すこと。頭尾（あたま・お）を分けたものに、徹（とおる）を添える。どこまでも、あくまでも、何から何まで、の意味で用いる。

▽徹頭徹尾、明瞭な意識を有して注射を受けたとのみ考えていた余は〔夏目漱石＊思い出すことなど〕

▽ただ何となしに、徹頭徹尾、駒代を自分のものにしてしまいたくなった〔永井荷風＊腕くらべ〕

○徹頭徹尾、信じなかった　○徹頭徹尾、全くの偶然で

(参考) 南宋・朱熹(しゅき)の文に、「能ク其ノ中ヲ執ル所、徹頭徹尾、善ヲ尽クサザル無シ」とある。清・李光地の朱子全書に、「蓋(けだ)シ、聖賢ノ学ハ、徹頭徹尾、只是(ただ)レ一ノ敬ノ字ノミ」とある。最初から最後までだ、という。

天衣無縫（てんい・むほう）　漢

極めて自然でありながら、よくできていること。天衣（天人の・着物）のように、無縫（ぬいめ

が・ない）だ、という。飾りけのない場合にも用いる。

▽あの真田と本多の間に挟まれてどちらへも加担することのなかった天衣無縫の態度が〔井上靖＊真田軍記〕

▽彼女の天衣無縫な人形作りは素晴らしいからね。こんな不自由な時代に活躍すれば〔芝木好子＊面影〕

○天衣無縫にふるまう　○天衣無縫、すべてが大胆で

参考　前蜀・牛嶠の霊怪録に、太原の郭翰が真夏の庭に下りてきた天上の織女の衣を見たときのことが、次のように書かれている。「徐ロニ其ノ衣ヲ視ルニ、並ビニ縫ヒメナシ。之ヲ問フニ曰ク、天衣ハ本 針線ニテ為ルニ非ザルナリト」と。針や糸で作ったものではない、という。それは人間の技法を超えていたのである。この話に基づいて、天衣無縫という語を、極めて自然でありながら完全である場合に用いるようになった。日本では、飾りけのない場合にも用いる。

転禍為福（てんか・いふく）　漢

悪いことが起こったのを利用して、よいほうに持っていくこと。わざわいを転じて、福となす、という。

▽この転禍為福の不可思議な力のある心経は、天台・真言の両宗のみならず、禅宗でも〔壬生台舜＊般若心経〕

▽真に挙国一致の態度をもって、転禍為福の道を講ずべき、千載一遇の好機に会し〔中川静＊書翰文精義〕

○転禍為福を心掛ける　○転禍為福とは行かなかった

参考　前漢・劉向の戦国策に、「臣聞ク、智者ノ事ヲ挙グルヤ、禍ヲ転ジテ福ト為スト。敗ニ因リテ功ヲ成ス者ナリ」とある。敗を利用して功にするのだ、という。梁書には、「若シ能ク変ニ因リテ功ヲ立ツレバ、禍ヲ転ジテ福ト為シ、

幷（あは）セテ青紫ヲ紆（まと）フヲ誓フ」とある。それができれば、高位高官に就くことができる、という。

天下周知（てんか・しゅうち）和
広く知れ渡っていること。天下（てんのした、世の中すべて）に、周知（あまねく・しれる）だ、という。
▽それぁもう。きみの商売熱心は天下周知の事実で、まことにどうも恐れ入ったものだが〔里見弴＊今年竹〕
▽そうはいうものの、天下周知の事実を大秘事と称してもったいぶる琵琶法師たちには〔花田清輝＊小説平家〕
○天下周知の野球通で　○天下周知とも言える情事

天下太平（てんか・たいへい）漢
世の中が極めて平和なこと。天下（てんのした、世の中すべて）が、太平（きわめて・たいらか）だ、という。事件がなく、平穏無事な場合にも用いる。太平は、泰平（やすらかで・たいらか）とも書く。
▽ふだんは白い旗を揚げるが、女が乗ったら赤に替えさせよう、赤が見えたら天下太平〔夏目漱石＊幻影の盾〕
▽農家の男女老若が、各自になるべく温かきほうへと身を寄せて、天下太平の浮世話〔木下尚江＊良人の自白〕
○これほど天下太平なことはない　○天下太平の世にも
参考 礼記に、「言ヒテ之ヲ履（ふ）ムハ礼ナリ、行ヒテ之ヲ楽（がく）シムハ楽ナリ。君子ハ此ノ二者ニ力（つと）メテ、以テ南面シテ立ツ。夫レ是（ここ）ヲ以テ天下太平ナリ」とある。礼と楽に努力して帝位につけば、天下は極めて平和だ、という。中国語も、天下太平の形で用いる。

天下万民（てんか・ばんみん）和
一般人民のこと。天下（てんのした、世の中すべて）にいる、万民（非常に多くの・人民）、という。

▽留守役を預かる藩主側は、天下万民の永世のことを考えよと主張したのである〔島崎藤村＊夜明け前〕

▽菅家再び取り立てたまわば、亡魂も恨みを晴らし、天下万民の喜びこれにしかじ〔浄瑠璃＊菅原伝授手習鑑〕

○天下万民を忘れる　○天下万民のために

天下無双（てんか・むそう）漢

その点で最も優れていること。天下（てんのした、世の中すべて）に、無双（ふたつと・ない）だ、という。無双は、古くはブソウと読んだ。

▽当今、天下無双のつわものと申すは、いずくの国の大将でござろうぞ〔芥川竜之介＊きりしとほろ上人伝〕

▽米穀の市場となりたは、天下無双の繁盛と見えしが、またいつのころより衰微して〔上田秋成＊胆大小心録〕

○天下無双とされていた　○天下無双の才人として

（参考）後漢・趙曄（ちょうよう）の呉越春秋に、「平王、無忌ヲシテ太子ト為（な）シ、秦ニ娶（めと）ラシム。秦ノ女（むすめ）美容ナリ。無忌、平王ニ報ジテ曰ク、秦ノ女、天下無双ナリ。王自ラ取ル可シト」とある。秦の娘はすばらしい美人だから、ご自分の妃になさいと言った、という。日本では、本朝無双の形に改めても用いる。

天下無敵（てんか・むてき）漢

その点で最も強いこと。天下（てんのした、世の中すべて）に、無敵（相手となれる者が・いない）、という。

▽おのが妖術に満々たる自信を持ち、本日の勝利で天下無敵を誇っており申そう〔柴田錬三郎＊柴錬水滸伝〕

▽人目をくらます術さえ身につけておけば、天下無敵の賭博者になるであろうことは〔花田清輝＊小説平家〕

○天下無敵の水軍　○天下無敵、及ぶ者がいな

かった

（参考）孟子に、「夫レ国君ノ仁ヲ好ムコト、天下無敵ナリ」とある。仁を好む点において最高だ、という。日本では、敵の意味を重んじ、戦いや勝負の場合に用いる。

天涯孤独（てんがい・こどく）和

同じ血筋を引いた者が、一人も生きていないこと。天涯（はなれた・はて）で、孤独（みなしご・ひとりもの）だ、という。故郷を離れて一人で暮らす場合にも用いる。

▽両親もない天涯孤独の身だ。役人どもを買収するくらいの財産を持っておる〔柴田錬三郎＊柴錬水滸伝〕

▽天涯孤独の境遇は、転々とした放浪めく生活に慣れやすく、故郷の町は去って〔織田作之助＊木の都〕

○天涯孤独にさせられる　○天涯孤独の文学者

天涯地角（てんがい・ちかく）漢

この世の中の端のほうのこと。てんの・はて、ちの・すみ、という。どこにも場所がない場合に用いる。

▽天涯地角、いずこももはや安息の住みかなきわが身と成り果てた〔木下尚江＊良人の自白〕

▽屈託せず、天涯地角、至るところに花の芳しきをかぎ、人情の温かきに住む〔国木田独歩＊空知川の岸辺〕

○天涯地角の境に居を移す　○天涯地角とも言えない

（参考）南朝陳・徐陵の文に、「天涯藐藐、地角悠悠」とある。天の果ては広くて遠く、地のすみは限りがない、という。天涯と地角が、対として、共に極めて遠いところの意味に用いられた。北宋・晏殊の詞に、「天涯地角、窮マル時有リ。只、相思有リテ、尽クル処無シ」とある。遠く離れていても思いは通うものだ、という。漢文では、天涯海角の形も用いる。

天涯万里（てんがい・ばんり）和

非常に遠く離れていること。てんの・はて、が、万里の先にある、のと同じだ、という。外国の場合に用いる。
▽余大いに喜び、あたかも天涯万里の客舎に知友に会いたらんがごとく、主人に請うて〔中江兆民＊一年有半〕
▽だれかその身のさながら暗中広野に彷徨せる天涯万里の孤客にも等しきことを感ぜざる〔高山樗牛＊書簡文〕
○天涯万里の果てで　○天涯万里のこの地に

天空海闊（てんくう・かいかつ）漢
広々と広がっていること。天が・むなしく、海が・ひろい、のと同じだ、という。度量が広い場合にも用いる。
▽人間とは、天空海闊の世界を我からと縮めて、おのれの立つ両足以外には〔夏目漱石＊吾輩は猫である〕
▽そうかといって、天空海闊に、さらりと笑い捨てられる純でもなかった〔里見弴＊大道無門〕
○天空海闊を味わう　○天空海闊、いい気持ちになって
㊜参考 清・沈勇（しんゆう）の古今詩話に、「海ハ闊（ひろ）クシテ魚ノ躍ルニ従ヒ、天ハ空（むな）シクシテ鳥ノ飛ブニ任ス」とある。海も空も、とても広い、という。これによれば海闊天空であり、中国語でも、この形で用いる。日本では、天空海闊の形で用いる。

天恵地福（てんけい・ちふく）和
自然から受ける恩恵と幸福のこと。天地を分けて、恵（めぐみ）・福（しあわせ）を添える。
▽米国は、その天恵地福において、おそらくは世界第一であろう。しこうして〔徳富蘇峰＊国民自覚論〕
○天恵地福を与えられる　○天恵地福によって栄える

電光石火（でんこう・せっか）漢
動作が非常にすばやいこと。電光（いなずまの・ひかり）や石火（ひうちいしの・ひ）のよ

うに、ちょっと光ったその瞬間、という。

▽買い手はあとからついてくるから、ここで頂上と見込むと、電光石火、売れと命ずる〔横光利一＊家族会議〕

▽電光石火の早技をもってすれば必ず勝つと分かっているようなとき、賭博が〔花田清輝＊小説平家〕

○電光石火に一変する　○電光石火の間もなく

(参考) 北宋・圜悟の碧巌録に、「石火ヲ撃ツガ如ク、電光ヲ閃カスニ似タリ」とある。動作が非常にすばやい、という。ただし、清・洪昇の長生殿には、「翠紅ノ郷ニ在リテ、事ヲ歓娯シテ過グ。一霎電光石火ヲ做ス」とある。ひとしきりの時間がすぐに過ぎた、という。日本では、動作のすばやい場合にのみ用いる。

天災地変（てんさい・ちへん）漢

自然界に起こるいろいろの災害のこと。天災（てんの・わざわい）と、地変（ちの・みだれ）を、組み合わせて表す。暴風雨・雷・地震・洪水・津波など。

▽天災地変その他の災厄は、何ごとに向かっても、免るることのできないものである〔石川天崖＊東京学〕

▽思うに天災地変は、人力をもって予防し難く、ただ速やかに人事を尽くして民心を〔皇都復興に関する詔書〕

○天災地変が起こる　○天災地変による被害

(参考) 魏書に、「比年以来、天災地変、都テ秦ニ在リテ涼フ」とある。秦に毎年のように天災地変が起こって心配だ、という。当時は、自然の災害が起こった場合、天が統治者に与える警告だと信じられていた。

天上天下（てんじょう・てんげ）仏

この広い宇宙全体のこと。天上（天上の世界）と、天下（地上の世界）を、組み合わせて表す。この場合は、天下を、呉音でテンゲと読む。

▽腰に帯びたる長き剣に誓えば、天上天下にわが志を妨ぐるものなく〔夏目漱石＊幻影の盾〕

▽自分のような種類の人間は、天上天下、宇宙の果てまで探しても、おれ一人だ〔正宗白鳥＊人間嫌い〕

○天上天下を照らす　○天上天下、身寄りもなく

（参考）仏教では、釈迦が生まれたとき、すぐに四方に七歩ずつ歩き、右手を挙げて叫んだという。そのときのことばが、「天上天下、唯我独尊」である。生まれながらにして、自分が最も偉いことを宣言したのだとされている。この場合の天上天下も、宇宙全体のことである。

天壌無窮（てんじょう・むきゅう）和

いつまでも同じ状態で続くこと。天壌（天と地、宇宙）とともに、無窮（きわまりが・ない）だ、という。

▽一旦緩急あれば義勇公に奉じ、もって天壌無窮の皇運を扶翼すべし〔教育に関する勅語〕

▽万邦に比類なき天壌無窮の民は、さまざまな怪力乱神に取りすがっていた〔開高健＊青い月曜日〕

○天壌無窮の国家として　○天壌無窮とも言える真理

天神地祇（てんしん・ちぎ）漢

すべての神々のこと。天神（天の神、あまつかみ）と、地祇（地の神、くにつかみ）を、組み合わせて表す。

▽禁中の雅楽を主宰して天神地祇を祭り、併せて天機をお伺い申し来った家系として〔唐木順三＊応仁四話〕

▽さりながら、親のために捨つる命、天神地祇も納受したもうべし〔曾我物語〕

○天神地祇に誓う　○天神地祇も感応あるに違いなく

（参考）中国で天神というのは、昊天（こうてん）上帝を主とし、日月星辰・司中・司命・風師・雨師などを含む。地祇は后土を主とし、社稷（しゃしょく）・五祀（ごし）・五岳などを含む。日本では、天神が天照大神、地祇が大国主命である。

天真爛漫（てんしん・らんまん）漢
自然のままの気持ちであること。天真（天のような・純真さ）が、爛漫（花が咲き乱れ・輝き出ている）だ、という。言行に飾ったところがない場合にも用いる。天真を天心と書くのは誤り。
▽天真爛漫ながら、無風流極まるこの光景の裏に、ゆかしげに輝いて見える〔夏目漱石＊吾輩は猫である〕
▽大きなやつには大きく取れる行いを、少しも構えず、こだわらず、天真爛漫にやるのが〔子母沢寛＊勝海舟〕
○天真爛漫として戯れる　○天真爛漫な笑顔
（参考）明・陶宗儀の輟耕録（てっこうろく）に、ある人の画像のことが取り上げられている。「天真爛漫トシテ、物表を起出ス。題シテ云フ、純ニシテ是レ君子、絶エテ小人無シ。深山ノ中、天ヲ以テ春ト為（な）スト」と。純真で自然であって、小人の要素がない、という。漫は、熳・縵とも書いた。

天地開闢（てんち・かいびゃく）和
世界ができた最初のときのこと。混ざり合っていた天と地が、開闢（ひらけ・さける）して分かれた時、という。
▽このパラドックスを道破した者は、天地開闢以来、わが輩のみであろう〔夏目漱石＊吾輩は猫である〕
▽この峨眉山という山は、天地開闢の昔から、おれが住まいしているところだぞ〔芥川竜之介＊杜子春〕
○天地開闢の時において　○天地開闢よりこのかた

天地古今（てんち・ここん）和
昔から今までを含むすべての場所のこと。天地（あめ・つち）と、古今（いにしえ・いま）を、組み合わせて表す。
▽おのが内なる仏性がそれによって目覚め、天地古今の仏性と相呼応して〔唐木順三＊応仁四話〕

〇天地古今を通じて　〇天地古今にその例もなく

天地自然（てんち・しぜん）　漢

人の手を加えない、ありのままの状態のこと。自然に、天地（あめ・つち）を添えて、意味を強める。

▽人の知恵の出どころは、天地自然に違いない。山のことは山に、水のことは水に習う〔唐木順三＊応仁四話〕

▽湯を浴びんとて裸になるは天地自然の道理、釈迦も孔子も、おさんも権助も〔式亭三馬＊浮世風呂〕

〇天地自然のことにして　〇天地自然の恵みを受けて

参考 前漢・韓嬰の韓詩外伝に、「能ク天地自然ニ随ヒテ、能ク理ニ勝ルヲ為ス」とある。天地自然は、人為より優れている、という。本来のままの姿にも用いる。

天地神明（てんち・しんめい）　和

天と地をつかさどるすべての神々のこと。天地（あめ・つち）の、神明（かみの・みたま）、という。

▽磐之助にやっと、松兵衛が部屋にいるらしいと知れた。これこそ、天地神明の加護だ〔子母沢寛＊勝海舟〕

▽天地神明の示したもうところをよく得心して、人々の孝心を明らかにせんこと〔中江藤樹＊鑑草〕

〇天地神明に誓う　〇天地神明に恥じない

天地無用（てんち・むよう）　和

置き方の上下をまちがえてはいけないこと。天地（うえした、上を下にすること）は、無用（用がない、してはいけない）だ、という。貨物の取り扱いに示す。

〇天地無用と指示する　〇天地無用の表示

輾転反側（てんてん・はんそく）　漢

何度も寝返りをすること。輾転（めぐり・ころがる）して、反側（かわを・かえる）する、という。思い悩んだり、心配したりして、なかなか眠れない場合に用いる。▽横になりはしたが、いつまでも寝つかれないで、ことばどおりに輾転反側しつつ〔有島武郎*或る女〕▽良心に責められて輾転反側するたびに、一日も早く功名をつかんで安心したいと〔内田魯庵*社会百面相〕○輾転反側の一夜を過ごす○輾転反側もままならず

(参考)詩経に、「窈窕（ようちょう）タル淑女ハ、寤寐（ごび）ニ之ヲ求ム。之ヲ求メテ得ザレバ、寤寐ニ思服ス。悠ナルカナ悠ナルカナ。輾転反側ス」とある。淑女への思慕の気持ちである。寝ても覚めても求めて慕う、限りないこの気持ちのためになかなか眠れないから、幾度も寝返りをする、という。悩みがあって眠れない気持ちがよく表れている。

天然自然（てんねん・しぜん）和

他からの力なしにそのようになること。自然に、天然を添えて、意味を強める。本来の自然の意味でも用いる。▽天然自然のほうはまれなる豊作だったが、政治や外交のほうはまるで不作の年だった〔朝日新聞*天声人語〕▽主人が目を覚ましさえすれば、天然自然、ここに視線が向くようにできている〔夏目漱石*吾輩は猫である〕○天然自然の力を借りる○天然自然にたまった金で

天罰覿面（てんばつ・てきめん）和

悪いことをすると、その報いがすぐにはっきりと現れること。天罰（てんの与える・悪いむくい）が、覿面（まのあたりに・あらわれる）だ、という。▽現に天罰覿面、いい心地と聞いてそらうそぶいた新吾も、井戸端に洗濯する姿を見て〔徳富蘆花*思出の記〕▽かくまでおごりほしいままなる、天罰覿面、

かくても悔いずや、懲りずや〔曲亭馬琴*里見八犬伝〕

○天罰覿面の結果に終わる　○天罰覿面と反省する

田夫野人（でんぷ・やじん）漢

いなか者の成人男子のことをいったもの。田夫（田で働く・おとこ）と、野人（野に住む・ひと）を、組み合わせて表した。

▽かたじけなくも十善の天子、玉体を田夫野人の形に変えさせたまいて、そことも知れず迷いいで〔太平記〕

▽田夫野人も正真の美人に向かわば、気は心とともに奪い取られて、激越の気なくなり〔幸田露伴*真美人〕

○田夫野人の言を信じる　○田夫野人にも劣る

参考　北斉書に、「時ニ当タリテ田夫野老、与(あずか)ラズ知ラズ、之ガ為ニ歔欷(きき)流泣セザル莫(な)シ」とある。泣かない者はいなかった、という。宋史の蘇軾(そしょく)伝に、「軾、田夫野老ト、渓山ノ間ニ相従フ」とある。一緒に谷や山に遊んだ、という。いずれも、田舎の農夫、山野の父老の意味である。これらによれば田夫野老であるが、中国語でも老を人に改め、田夫野人の形で用いる。

天変地異（てんぺん・ちい）漢

自然界に起こる変わった出来事のこと。天地を分けたものに、変異（かわる・ことなる）を分けて添える。暴風雨・雷・地震・洪水・津波・日食・月食・すい星など。

▽天変地異に驚く山の中の人たちの間には、仙洞御所の出火までも引き合いに出して〔島崎藤村*夜明け前〕

▽烈風は、髪の毛一本一本を大空へ引き抜いていくように見える。天変地異か〔子母沢寛*勝海舟〕

○天変地異に見舞われる　○天変地異の前兆として

参考　漢書に、「天変ハ上ニ見(あらは)レ、地変ハ下ニ動ク」とある。日食・月食・彗星、暴風・暴雨・雷電などが天変である。地震・洪水・津波などが地変である。ただし、清代官選の古今図書集成の部立てでは、天変部・地異部となっている。日本でも、天変地異の形で用いる。

天魔波旬（てんま・はじゅん）仏

仏教を損なう悪者のこと。波旬（悪魔の意味の梵語の音訳）に、天魔（天の悪魔）を添えて、意味を強める。

▽恐ろしげな姿を見ると、いかなる天魔波旬かと、初めは逃げのいたが〔芥川竜之介＊きりしとほろ上人伝〕

▽いわゆる聖賢の説も、われわれの耳には天魔波旬やたけびの声としか聞こえない〔内田魯庵＊社会百面相〕

○天魔波旬にたぶらかされる　○天魔波旬の所行か

(参考) 仏教で波旬というのは、Pāpīyās の音訳で、魔王のことである。波旬は人間を悪に誘うから、仏教の敵とされている。また、波旬は、欲界の最上位である第六天（他化自在天、他の天の化作した欲望の対象を自在に受用して楽を受けるところ）にいるとされているから、天魔という修飾語を添え、天魔波旬という。魔というのは、悟りの妨げとなるすべての障害のことである。そのような行為をするのが魔王なのである。

転迷開悟（てんめい・かいご）仏

悟りを開くこと。転迷（まよいを・てんじる）して、開悟（さとりを・ひらく）する、という。

▽葬礼、法事に専念して、作善の道を講ずるでもなく、転迷開悟を勧めるでもなく〔島崎藤村＊夜明け前〕

▽転迷開悟といいながら、迷いもない、煩悩もない、悟りもない、一体どういうわけか〔壬生台舜＊般若心経〕

○転迷開悟に至る　○転迷開悟も程遠く

(参考) 仏教では、悟りの対が迷いである。物事の真理を知らず、物事に執着しているのが迷いである。仏教で真理というのは、あらゆる存在の真の姿であり、万物は生まれ変わり死に変わり、とどまることがない、ということである。また、悟りというのは、迷に対する覚のことである。それは、迷いから覚めて真理を知ることである。それには、仏の力を借りて、迷いを悟りに転じなければいけない。これが転迷開悟である。

天網恢々（てんもう・かいかい）漢

悪いことをすれば天罰を受けること。天網（天に張り巡らされた・あみ）は、恢々（目が粗い）だが、漏らさない、という。天道が万物を支配すると考えられている。

▽あ、どこへ逃げたって、ちゃあんと分かるんだから、天網恢々、粗にして漏らさずだ〔壺井栄＊風〕

▽善悪の報、なしと言うべからず。天網恢々として、おろそかなれども漏らさずと〔浅井了意＊浮世物語〕

○天網恢々であるとしても　○天網恢々でも捕らえられ

参考　老子に、「天ノ道ハ、争ハズシテ能ク勝チ、言ハズシテ能ク応ヘ、召サズシテ自ラ来ル。天網恢恢、疎ナレドモ失ハズ」とある。天の網の目は人間には分からないくらい大きなものだが、これが万物を支配している、という。これが本来の意味である。それが網によって捕らえるという連想から、悪いことをしても必ず捕まるという意味になった。魏書には、「法令、滋彰ラカニシテ、盗賊有ルコト多シ。天網恢恢、疎ナレドモ漏ラサズ」とある。法令ばかり整えても、悪人は減らない。しかし、天は悪人を取り逃がすことはない、という。一般には、この意味で用いる。

天佑神助（てんゆう・しんじょ）和

天から受ける助けのこと。天佑（てんの・たすけ）と、神助（かみの・たすけ）を、組み合わせて表す。

▽天佑神助を信じ、だれ一人、敗北の責任を引き受けようとはしなかった〔石川達三＊風にそよぐ葦〕
▽神州日本は不滅なのだ。必ず天佑神助があるのだ。おれが約束する。必ずあるのだ〔開高健＊青い月曜日〕
○天佑神助を頼りにする　○天佑神助によって

【と】

当意即妙（とうい・そくみょう）和
その場、その場で機転を利かすこと。意（その場）に・当たって、すぐに・妙（優れたわざ）を出す、という。
▽一切のことをなすに当意即妙なり、あらかじめ設けてすることとあるべからず〔長与善郎＊竹沢先生と云う人〕
▽千人もの記者団と四十五分もの一問一答をして、当意即妙のユーモアで魅了した〔朝日新聞＊天声人語〕
○当意即妙に答える　○当意即妙の知恵と言える

陶犬瓦鶏（とうけん・がけい）漢
外見ばかりりっぱで、役に立たないこと。陶器の・イヌ、素焼きの・ニワトリ、のようだ、という。
▽同情してくれると確信し、陶犬瓦鶏のやからのごときは、深く意に介さなかった〔内田魯庵＊くれの廿八日〕
○陶犬瓦鶏で役に立たない　○陶犬瓦鶏のともがら
(参考) 梁・孝元帝の金楼子に、「夫レ陶犬ハ夜ヲ守ルノ警無ク、瓦鶏ハ晨(あかつき)ヲ司(つかさど)ルノ益無シ」とある。このあと、泥で作った車は使うことができず、木で作った馬は乗り回すことができない、と続く。要するに、外見はりっぱでも役に立たない、という。

倒行逆施（とうこう・ぎゃくし）漢

道理に逆らって行うこと。施行（実際に当てはめて・おこなう）を分けて、倒（さかさま）・逆（はんたい）を添える。反対に施行する、という。

▽だからねえ、戦をやるためには、どんな倒行逆施も平気でできることでんしょう〔子母沢寛＊勝海舟〕

▽我が国の学者、ついに異邦人に就いて自国のことを学ぶごとき倒行逆施の変状を〔三宅雪嶺＊真善美日本人〕

○倒行逆施に陥る　○倒行逆施の現状から見て

(参考) 南宋・陸九淵の友をいさめる文に、「此レ即チ、年来ノ師友ヲ避遠シ、倒行逆施ス。極メテ悼念ス可シ」とある。師や友を敬遠するのは道理に反する、という。社会正義や時代の進歩に逆行する場合に用いる。

同工異曲（どうこう・いきょく）漢

異なるように見えるが、内容は似ていること。工（つくりかた）を同じにしているが、曲（できあがり）を異にしている、という。同工を同巧と書くのは誤り。

▽恋愛はいちばんの近道だったけれども、こんなに同工異曲では得るところもなく〔平林たい子＊砂漠の花〕

▽すべて同工異曲であって、いずれも猿そのものではなく、猿の鳴き声にだけ注意して〔花田清輝＊鳥獣戯話〕

○同工異曲の作品ばかりで　○同工異曲に見えるが

(参考) 唐・韓愈が進学解で自分の文章について述べた中に、同工異曲という語がある。韓愈は、古代から漢代までの作家の文章を模倣することが多かったが、その点について同工異曲だと説明した。その意味は、手法は似ていても趣が異なる、という。工というのが楽人で、曲が楽曲である。つまり、演奏者の技法は同じでも、演奏された曲の味わいはそのつど異なる。それと同じように、手法は同じでも、表現された趣は異なる。これが同工異曲の本来の意味である。それを、日本では、異なるように見えるが内容は似ている意味で用いる。ただし、中国語では異曲同工の形になり、やり方は違っても効果は同じだ、という意味で用いる。

東西古今（とうざい・ここん）和

どこでも、いつでも、ということ。東西（ひがしとにし、すべてのところ）と、古今（いにしえといま、昔から今まで）を、組み合わせて表す。東西も古今も、という。

▽古来、洋の東西古今を問わず、むちゃな武断圧制者は、よくこういうことになる〔子母沢寛＊勝海舟〕

▽寄食者の苦しみが言われている。二階借りの苦しさは東西古今、同じことで〔正宗白鳥＊ダンテについて〕

東西南北（とうざい・なんぼく）漢

○東西古今を通じて　○東西古今に例も多く

四方八方のこと。ひがし・にし・みなみ・きた、を組み合わせて表す。あちらこちらの意味でも用いる。

▽東西南北の人は、広い池の周りを捨てて、ことごとく細長い橋の上に集まる〔夏目漱石＊虞美人草〕

▽幕臣をもってこの操練に従事させ、東西南北の海に軍隊を置く、という一項がある〔子母沢寛＊勝海舟〕

○東西南北も分からずに　○東西南北、思いのままに

参考　南宋・陳剛中の詩に、「客舎、悲シミヲ休メ、柳色新タナリ。東西南北、一般ノ春」とある。天下あちこち、すべて春だ、という。清・黄遵憲の文に、「後、以テ四方ニ奔走ス。東西南北、馳駆（ちく）シテ暇（いとま）少ナシ」とある。四方八方に走り回る、という。この意味でも用いる。

闘志満々（とうし・まんまん）和

相手に負けまいとする気持ちが非常に強いこと。

闘志（たたかう・きもち）が、満々（みちている）だ、という。

▽上陸兵は六湛寺を本陣とし、闘志満々たるものがあるとの報を手にした〔子母沢寛＊勝海舟〕

○闘志満々として立ち向かう　○闘志満々の選手

同牀異夢（どうしょう・いむ）漢

一緒に仕事をしていながら、目標が異なること。寝床を同じにしながら、夢を異にする、という。考え方が異なる場合にも用いる。現代表記では、牀↓床（異体字）。

○同床異夢に終わる　○同床異夢の仲間に対して

参考　南宋・陳亮の書簡に、「牀ヲ同ジクシテ各〻夢ヲ做ス。周公旦スラ学ビ得ル能ハズ、何ゾ必ズシモ一一ノ説、孔明ニ到ランヤ」とある。解釈は異なっても仕方がない、という。日本では、同牀異夢と改め、一緒に仕事をしていながら、考えや目標が異なる意味で用いる。ただし、陳亮の言によれば、同牀各夢である。中国語ではこの形を用いるが、仲間の者が各自自分の損得だけを考える意味である。

銅牆鉄壁（どうしょう・てっぺき）漢

非常にがんじょうに造られていること。銅の・かきね、鉄の・かべ、という。守りが固い場合にも用いる。

▽裏門もまた、表門と同様、銅牆鉄壁といっても誇張ではない頑丈極まる構えで〔柴田錬三郎＊柴錬水滸伝〕

○銅牆鉄壁に囲まれて　○銅牆鉄壁の構え

参考　水滸伝に、「宋江自ラ前部ノ人馬ヲ引キ、転ジテ独リ竜岡ノ後面ヲ過グ。後面、都テ是レ銅牆鉄壁ニシテ、厳整ヲ把得ス」とある。後面は非常に堅固で整っている、という。鉄壁銅牆の形でも用いる。

東走西馳（とうそう・せいち）漢

仕事で、あちこちを駆け回って、尽力すること。

馳走（はせ・はしる）を分けたものに、東西（ひがしとにし、あちこち）を分けて添える。東西に馳走する、という。漢文では、東奔西走を用いる。

▽活発なる営業に従事して日夜寸暇を得ず、東走西馳、家事を忘るる者もあらん〔福沢諭吉＊文明論之概略〕

○東走西馳して回る　○東走西馳の日を送る

（参考）東奔西走の参考欄を参照。

道聴塗説（どうちょう・とせつ）漢

いいかげんなうわさのこと。道聴（みちで・きく）して、すぐに塗説（みちで・とく）する、という。いいかげんな請け売りの場合にも用いる。

▽この故老とても直接の証人ではない。それならば、道聴塗説に類するものだろう〔石川淳＊諸国畸人伝〕

▽酔っぱらった高等遊民の群れは、田舎くさい議論を道聴塗説し、ドイツ派の批評家は〔高村光太郎＊道程〕

○いずれも道聴塗説の言で　○道聴塗説する場合は

（参考）論語に、「道ニ聴キテ塗ニ説クハ、徳ヲ之レ棄ツルナリ」とある。よいことを聞いても、深く考えて自分のものにせず、そのまま人に話してしまうことを戒めたことばである。しかし、漢書には、小説について、「蓋シ、街談巷説ハ、道聴塗説スル者ノ造ル所ナリ」とある。小説はうわさの請け売りによって生まれるのだ、という。日本でも、うわさの意味で用いる。

党同伐異（とうどう・ばつい）漢

同じ仲間が集まって、異なる仲間を攻めること。同じきに・くみし、異なるを・討つ、という。正しいかどうかとは関係なく、党派を単位として争う場合に用いる。

▽一生その芸術の範囲外にいずるあたわず。いたずらに精力を党同伐異の間に消磨し〔山路愛山＊為朝論〕

▽臣の政友会を設くる、もとより党同伐異を事とせんがためにあらず、時弊を匡救して〔伊藤博文＊上奏文〕

○党同伐異に陥る　○党同伐異の盛んなところでは

(参考) 後漢書に、あちこちで集まりを持つことにつき、「石渠分争ノ論モ党同伐異ノ説有ルニ至ル」とある。石の溝の取り合いでも、正否を考えず、党派どうしで争う、という。政治になると、問題は大きい。南宋・辛棄疾の九議には、「搢紳ノ論、党同伐異、一唱スレバ群和ス」とあり、これを嘆いている。

堂塔伽藍 (どうとう・がらん) 仏

寺院のいろいろな建物のこと。堂・塔・伽藍(僧が修行する場所)を、組み合わせて表す。

▽両陣に働きかけていたわたしの志も踏みにじられ、焼けて堂塔伽藍が灰となった〔唐木順三＊応仁四話〕

▽中空に夢のごとく堂塔伽藍が見えるげな。そのようなものではござるまいな〔井伏鱒二＊かるさん屋敷〕

○堂塔伽藍を再建する　○堂塔伽藍の配置を見ると

(参考) 七堂伽藍の参考欄を参照。

同等同格 (どうとう・どうかく) 和

互いに同じ関係にあること。等(等級)・格(資格)、それぞれに同(おなじ)を添える。

▽正室は主公と同等同格にして、おのずからはばかるところあるに反し、坊間の女子は〔福沢諭吉＊福翁百話〕

○同等同格に扱う　○同等同格の者として

童男童女 (どうなん・どうにょ) 漢

おおぜいの子供のこと。童(わらべ)に、男女(おとこ・おんな)を分けて添える。子供の男女、という。

▽小説をもてあそびのように心得、うら若き童男童女に与えて読ましむる習わしあり〔坪内逍遥＊小説神髄〕

▽よよと泣きに泣かれるのでした。それからしばらくは、童男童女になりきって〔唐木順三＊応仁四話〕

○童男童女をこき使う　○童男童女の常として

参考　史記に、「人ヲシテ、乃チ童男童女ヲ齎シ、海ニ入リテ之ヲ求メシム」とある。呉志には、「童男童女数千人ヲ将ヰテ、海ニ入リテ蓬萊ノ神山及ビ仙薬ヲ求ム」とある。いずれも、未婚の男女にやらせた、という。未婚の者は汚れていないと考えられていた。ただし、日本では、児童との関連で、子供の男女の意味で用いる。

東奔西走（とうほん・せいそう）漢

仕事などで、あちこちを駆け回って、尽力すること。奔走（はしりまわり・はしる）を分けたものに、東西（ひがしとにし、あちこち）を分けて添える。東西に奔走する、という。あちこちに忙しく旅行する場合は、南船北馬を用いる。

▽妻子を顧みるいとまもなしに、かつて東奔西走した同門の友人らがすることをも〔島崎藤村＊夜明け前〕

▽二、三か月は東奔西走して足をすりこぎにし、首の骨の折れるほどおじぎをして〔内田魯庵＊社会百面相〕

○東奔西走の毎日　○東奔西走、家庭を顧みる暇もなく

参考　元・魏初の沁園春に、「年来、行役シ、交情契闊ス。東ニ奔リ西ニ走リ、水ニ送リ山ニ迎フ」とある。召集されたため、交わりが疎遠になった。あちこち仕事で駆け回っている、という。日本では、同じ意味で、東走西馳も用いる。

同名異人（どうめい・いじん）和

姓名は同じでも別の人であること。同名（なを・おなじにする）で、異人（ひとを・ことにする）だ、という。

▽全く関係のない、ただの同名異人だったのではあるまいかとも思ってみた。しかし〔花田清

輝＊小説平家〕

▽今示されし一通に、直秀とは読みしかど、同名異人なきにあらねば、とわが名を〔曲亭馬琴＊里見八犬伝〕

○全くの同名異人で　○同名異人の間違い

同様同種（どうよう・どうしゅ）和

同じ種類の物事のこと。様（状態）・種（種類）、それぞれに同（おなじ）を添える。

▽「同様同種の惨事は二度と起こすまい」が、性懲りもなく同じ事故を繰り返している〔朝日新聞＊天声人語〕

○同様同種の事柄として　○同様同種には違いないが

奴顔婢膝（どがん・ひしつ）漢

いやしい態度をとること。奴婢（下男下女、めしつかい）を分けて、顔（かお、かおつき）・膝（ひざ、姿勢）を添える。下男下女のような顔つきと姿勢、という意で用いられた。

▽諸君は、自ら侮って敵国の辱めを受け、奴顔婢膝して哀れみを請うや〔内田魯庵＊社会百面相〕

○奴顔婢膝の一同に対して　○奴顔婢膝を潔しとせず

（参考）唐・陸亀蒙の文に、「奴顔婢膝、真ニ乞丐ス。反リテ、正直ヲ以テ狂痴ト為ス」とある。卑しい態度で物請いをする、正しいほうが気がふれたかのように見られる、という。明・羅貫中の三国演義に、「奴顔婢膝ノ徒、紛紛トシテ政ヲ秉ル」とある。いやしい態度の者が政治をしている、という。へつらう者がはびこる意味である。

得意満面（とくい・まんめん）和

思うとおりになって、満足していること。得意（意を・得る）だ、満面（かおに・みちる）だ、という。

▽「帝国主義と社会主義との衝突じゃ、しっかりせんとならんぞ」と、得意満面に見やり〔木下尚江＊火の柱〕

▽芳枝が得意満面で入ってくる。玄関のようすは、見なくても想像できる〔尾崎一雄*なめくじ横丁〕
○得意満面で現れる　○得意満面の本人を見て

独往独来（どくおう・どくらい）漢
ひとりで行ったり来たりすること。往来（いく・くる）を分けたものに、独（ひとり）を添える。独りで往来する、という。他を頼りにしない場合にも用いる。
▽聖書を隠しにして、あるいは会堂、あるいは上野の森、あるいは郊外に独往独来し〔徳富蘆花*思出の記〕
▽聖人は、天と同体、至誠、無息物に凝滞せず、跡によらず、独往独来、活発々地にして〔中江藤樹*翁問答〕
○独往独来の気風を重んじる　○独往独来によって
参考　荘子に、「六合ニ出入シ、九州ニ游ビ、独往独来ス。是レ独有ト謂フ」とある。あちこち独りで動き回る、これが独有だ、という。列子に、「独往独来、独出独入、孰カ能ク之ヲ碍ゲン」とある。自分独りで行うことは、だれも妨げることができない、という。日本でも、本来の意味とひゆ的な意味と、両方用いる。

毒牙毒爪（どくが・どくそう）和
ひどいことをする手段を持っていること。爪牙（つめ・きば）を分けたものに、毒を添える。毒のある爪牙、という。害をなすものについて用いる。
▽そういう場合には、狂暴性も毒牙毒爪も影を潜めて、生き生きした絵画のように〔正宗白鳥*日本脱出〕
○毒牙毒爪のとりことなる　○毒牙毒爪を逃れる

独断擅行（どくだん・せんこう）漢
自分だけの判断で行動すること。独断（ひとりで・きめる）して、擅行（ほしいままに・おこなう）する、という。現代表記では、擅（ほしいまま）→専（もっぱら）。
▽「そうしよう」と、独断専行という気味で、哲也がさっさと歩きだしたので〔二葉亭四迷＊其面影〕
▽下級なるは、ある部面を限りて独断専行を奨励し、抜群の功を立つることを許す〔三宅雪嶺＊小紙庫〕
○独断専行に陥る　○独断専行のきらいはあるが
参考　清・李宝嘉（ほうか）の官場現形記に、「他ノ手下ニ在リテ事ヲ辦（べん）ズルモ、只（ただ）以テ独断独行ス可シ」とある。他人の下で仕事をしても、独りで進めるのがよい、という。日本では、独行を擅行に改めて用いる。

特筆大書（とくひつ・たいしょ）和
特に目立つように大きく書くこと。特筆（特別の・ふで）で、大書（おおきく・かく）する、という。
▽あたかも大久保が紀尾井坂に濃厚な血を注いだ年として、特筆大書するのであるが〔徳富蘆花＊思出の記〕
▽「国民の友」が世間を風靡したるは、日本の文学史上特筆大書すべき異例なれども〔山路愛山＊現代金権史〕
○特筆大書する価値がある　○特筆大書の事件として

毒霧寒煙（どくむ・かんえん）和
体に害がある空気のこと。煙霧（けむり・きり）を分けたものに、毒（どく）・寒（さむい）を添える。
▽しかるに、この悲報は何ごとぞ。ロンドンの毒霧寒煙は、ああ、ついに先生を奪い〔徳富蘆花＊思出の記〕
○毒霧寒煙に侵される　○毒霧寒煙の害

独立自尊（どくりつ・じそん）和
自分自身に誇りを持つこと。自尊（みずから・とうとぶ）に、独立（ひとりで・たつ）を添えて、意味を強める。

▽世間の士族に独立自尊の精神なく、他人の陰に身を立てんとする薄志弱行の者多く〔山路愛山＊現代金権史〕▽独立自尊の本心は百行の源泉にして、源泉こんこん、至らざるところなし〔福沢諭吉＊福翁百余話〕○独立自尊を重んじる　○独立自尊という方向で

独立独行（どくりつ・どっこう）和
自分だけの力で進むこと。立（たつ）・行（いく）、それぞれに独（ひとり）を添える。ひとりで立って行く、という。自分で考えて、自分で行う場合にも用いる。
▽これからが真の登山、独立独行、独りで汗をたらして、独りで登らなくてはならぬ〔徳富蘆花＊思出の記〕▽日本人は気概に乏しい。ややもすると人まねばかり、独立独行する気性のないのは〔坪内逍遥＊京わらんべ〕○独立独行を重んじる　○独立独行の士

独立独歩（どくりつ・どっぽ）和
他からの助けを求めずに、自分だけで行うこと。立（たつ）・歩（あるく）、それぞれに独（ひとり）を添える。
▽くちばしを入れさせようとは思わぬ。貧富苦楽共に独立独歩、どんなことがあっても〔福沢諭吉＊福翁自伝〕▽天下において独立独歩の人間として地上に生存するあたわず、政府の厄介になり〔山路愛山＊現代金権史〕○独立独歩で働きたい　○独立独歩する場合は

独立不羈（どくりつ・ふき）和
他から束縛を受けないこと。不羈（つながれ・ない）に、独立（ひとりで・たつ）を添えて、意味を強める。他人を頼らない場合は、不羈独立を用いる。
▽国家の利害を思って行動する独立不羈の議員は、一人といえども無用ではあるまい〔徳富蘆

花＊思出の記〕
▽自分は承諾され、喜ばれるだろう。独立不羈な生き方をそのまま支えてやるだけでも〔石坂洋次郎＊若い人〕
○独立不羈で進む　○独立不羈の精神

徒手空拳（としゅ・くうけん）漢
身を守るものを何も持っていないこと。徒手（ただの・て）と、空拳（からの・こぶし）を、組み合わせて表す。頼るものが何もない場合にも用いる。
▽この人々が、多くは徒手空拳の寒生より起こりて、財界の豪傑となりしは〔山路愛山＊現代金権史〕
▽父が残したものがきれいさっぱりとなくなって、三人とも文字どおり徒手空拳になった〔尾崎一雄＊水源地〕
○徒手空拳で乗り込む　○徒手空拳よりほかになく
(参考)空拳は「空拳ヲ奮ヒテ之ト争ハント欲ス」などと用い、徒手は魚を捕るに当たり「長囲ヲ作リテ徒手ニテ得ル」などと用いた。しかし、空拳と結びついたのは「赤手ヲ以テ江河ヲ障フ」などと用いた赤手（手に何も持たない）のほうで、赤手空拳となった。中国語では「学生們赤手空拳和警察搏闘（学生たちは何も持たずに警官と闘った）」のように用いる。これに対し、日本では徒手空拳を同じ意味に用いる。

徒党悪党（ととう・あくとう）和
悪い仲間のこと。党（なかま）に、徒（事をなす）・悪（わるい）を添える。
▽火つけ人は足軽どもで、あんな無頼で訳知らずで、げすの徒党悪党は、古今未曾有だ〔唐木順三＊応仁四話〕
○徒党悪党の仲間に加わる　○徒党悪党を集めて

吐哺握髪（とほ・あくはつ）漢
優れた人物を熱心に迎え入れること。訪問者があると、口に含んだ食べ物を吐き出し、洗いかけた髪を握る、という。訪問者をすぐに出迎える場合にも用いる。

▽吐哺握髪の礼を払って学芸に携わる人々を迎え、その善意を活用するほうが〔渡辺一夫＊ガーター勲章〕

○吐哺握髪の労を執る　○吐哺握髪で迎えられる

参考 前漢・韓嬰の韓詩外伝に、周の周公の言として、引用されている。「一沐ニ三タビ髪ヲ握リ、一飯ニ三タビ哺ヲ吐クモ、猶ホ天下ノ士ヲ失フヲ恐ル」とある。賢人が来たと聞けば、ぬれたままの髪を握って会い、口に入れた食べ物を吐き出して会う。それでも優れた人物を見失うことを心配している、という。これによれば握髪吐哺になるが、日本では、吐哺握髪の形で用いる。

土崩瓦解（どほう・がかい）漢

根底から崩れてしまうこと。瓦解（かわらが・くだける）に、土崩（つちが・くずれる）を添えて、意味を強める。元に戻すことができない状態になる場合に用いる。瓦解を瓦壊と書くのは誤り。

▽よい機会だと思いますが、今、土崩瓦解を恐れて一時の姑息を喜ぶとしても〔子母沢寛＊勝海舟〕

▽いまだ幾日ならざる立憲政友会は、早くすでに土崩瓦解の兆を現せしにはあらざるか〔中江兆民＊一年有半〕

○土崩瓦解するに至る　○土崩瓦解の形勢にあって

参考 史記に、「秦ノ積衰、天下土崩瓦解ス。周旦ノ材有リト雖モ、復タ其ノ巧ヲ陳ヌル所無シ」とある。秦の滅亡を取り上げた記述である。ただし、この場合の土崩は、がけ崩れのことではない。屋根のかわらが砕けることから考えれば、土を練り固めた壁が崩れるほうである。その状態を見れば、ひゆとして、物事が土台から崩れて手のつけようのない意味が切実に感じられる。

徒労徒費（とろう・とひ）和
労力と費用をむだに使うこと。労（労力）・費（費用）、それぞれに徒（むだ）を添える。
▽頼むべからざるを頼み、行くべからざるに行き、徒労徒費の愚を演ずること多きに〔福沢諭吉＊福翁百話〕
○徒労徒費を注ぎ込む　○徒労徒費に終わる

頓首再拝（とんしゅ・さいはい）和
ぺこぺこ頭を下げること。頓首（くびを・ぬかずく）して、再拝（ふたたび・おがむ）する、という。
▽地上の権力に頓首再拝する宗教屋が売り広げる「ごま菓子」の類とは全く異にして〔木下尚江＊良人の自白〕
○頓首再拝して下がる　○頓首再拝を繰り返す

【な】

内柔外剛（ないじゅう・がいごう）漢
本来は気が弱いにもかかわらず、態度を強そうに見せること。うちは・やわらかく、そとは・つよい、という。外柔内剛の対。
○内柔外剛に見えるとしても　○内柔外剛の人物
（参考）易経に、「内陰ニシテ外陽ニ、内柔ラカク外剛ク、内小人ニシテ外君子ナリ」とある。内心は柔弱だが外見は剛強で、内心は小人だが外見は君子だ、という。ただし、内柔外剛は、あまり高くは評価されていない。

内憂外患（ないゆう・がいかん）漢
国の内外の心配事のこと。内外（国内・国外）を分けて、憂（うれい）・患（わずらい）を添える。部内と部外、両面に心配事が多い場合にも用いる。▽内憂外患すべて一都城に集まり、今や幾千年の覇国もその危うきこと累卵のごとく〔矢野竜渓＊経国美談〕▽内憂外患こもごも至るか。そろそろ第二会社の設計も必要となってきたな〔梅崎春生＊砂時計〕

○内憂外患に苦しむ　○内憂外患、いかんともしがたく

(参考) 管子に、「内憂有ルニ非ザレバ、必ズ外患有リ」とある。国内のもめごとがなければ、外国とのもめごとがある、という。また、個人の場合にも用いる。魯・左丘明の国語に、「唯ミ聖人ノミ、能ク外患無クシテ、又内憂無シ」とある。聖人になると、内部での心配ごとも、外部からの心配ごともない、という。

南無三宝（なむ・さんぼう）仏仏に救いを求めるときのことば。南無（信仰を表すときに発することば）に、三宝（仏法僧）を添えて、意味を強める。間投詞としても用いる。▽すると、南無三宝、攘夷最中の長州室津という港に船が着いた。そのとき、わたしは〔福沢諭吉＊福翁自伝〕▽花のまにまに、見えつ隠れつ神去るきつね。南無三宝とせき立つ関兵衛〔浄瑠璃＊本朝廿四孝〕

○南無三宝と逃げ出す　○南無三宝、一大事

(参考) 仏教で三宝というのは、悟りを開いた仏と、その教えをまとめた法と、それを奉じる僧のことをいう。この三者は、仏教を構成する重要な要素であるから、三宝に信をささげることが、仏教徒としての基本である。一方、南無というのは、屈するという意味の梵語 namas の音訳である。仏教で用いるときは、真心を込めてすべてをささげるということであり、帰依することになる。南無阿弥陀仏というのも、阿弥陀仏に帰依しますということである。間投詞

として用いる南無三宝も、三宝に帰依することによって救いを求める意味である。

難行苦行（なんぎょう・くぎょう）仏

さまざまな苦しい修行のこと。行（修行）に、苦難（くるしみ・わずらい）を分けて添える。非常に苦労する場合にも用いる。この場合の行を業と書くのは誤り。

▽樹下石上とは、難行苦行のためではない。試みに、石の上に座ってごらん〔夏目漱石＊吾輩は猫である〕

▽高山をその中心にし、難行苦行をその修行地にして、中世的な道場であったところも〔島崎藤村＊夜明け前〕

○難行苦行となったが　○難行苦行の末

(参考)　仏教では、修行のことを単に行ともいう。修行というのは、本来は実践する意味であるが、主として、悟りを開くために努力することである。それは肉体を苦しめることになるから、大きな苦難を伴うことになる。そのため、そのような行を、苦行または難行という。

難局打開（なんきょく・だかい）和

困難な時局を解決すること。難局（むずかしい・局面）を、打開（うち・ひらく）という。新しい道を見いだそうとする場合にも用いる。打開を打解と書くのは誤り。

▽表に恭順というが、少しもその実がないという。難局打開は、まずここからですね〔子母沢寛＊勝海舟〕

○難局打開に努める　○難局打開の手段として

難攻不落（なんこう・ふらく）和

攻撃を受けても陥落しないこと。城や要塞について、難攻（せめるのに・むずかしい）で、不落（おち・ない）だ、という。相手がなかなか承諾しない場合にも用いる。

▽それでも、この巨大な城郭は、その大きさだけで難攻不落に見えた〔井上靖＊真田軍記〕

▽難攻不落の要害で、中央は天下無比の山寨となっており、周辺は茫々たる大湖〔柴田錬三郎

＊柴錬水滸伝〕
○難攻不落ではあったが　○難攻不落と頼む外郭

男子不入（なんし・ふにゅう）仏
男性を、妨げになるとして、立ち入らせないこと。男子（男性）は、不入（はいら・ない）だ、という。
▽清楚な美しさをたたえた方で、いかにも男子不入の精舎の主人たるにふさわしい〔今東光＊古都の尼寺〕
○男子不入の尼寺として　○男子不入との禁を破る
（参考）女人禁制の参考欄を参照。

南征北伐（なんせい・ほくばつ）漢
南北に勢力を広げること。征伐（ゆき・うつ）を分けたものに、南北を分けて添える。南北を征伐する、という。
▽ローマが南征北伐して、しかもその鋒ますます鋭く、地中海岸の主人公となりしは〔山路愛山＊現代金権史〕
○南征北伐に忙しい　○南征北伐、休むいとまもなく
（参考）唐・陳子昂の文に、「西ハ流沙ヲ逾エ、東ハ滄海ヲ絶ル。南征北伐、至ラザル所無シ」とある。西は砂漠を越え、東は大海を渡る。南を討ち、北を討ち、行かないところがない、という。漢文では、南征北討・南征北戦の形も用いる。

南船北馬（なんせん・ほくば）漢
あちこち旅行して回ること。中国大陸の南は船で行き、北は馬で行く、という。尽力する場合は、東奔西走を用いる。
▽功名に忙しく南船北馬、ほとんど寧日なかったときは忘れておったですが〔内田魯庵＊社会百面相〕
▽自後もまた南船北馬、東奔西走、かつて著作にいとまなく、腹稿のごときもまた〔矢野竜渓＊経国美談〕

○南船北馬と駆け巡る　○南船北馬に忙しい日々

(参考) 前漢・劉安の淮南子に、「胡人ハ馬ヲ便リ、越人ハ舟ヲ便ル」とある。北方は平原や山が多いので馬を利用するのがよく、南方は川や運河が多いので舟を利用するのがよい、という。旅行して回る場合に、南船北馬の語を用いる。

【に】

肉山脯林（にくざん・ほりん）漢

ごちそうが非常にぜいたくなこと。なまにくの・やま、ほしにくの・はやし、という。

○肉山脯林でもてなす　○肉山脯林に飽きる

(参考) 晋・皇甫謐の帝王世紀に、「桀、肉山脯林を為シ、酒ヲ以テ池ト為ス」とある。夏・桀王は、ごちそうを並べ、十分な酒をもって宴を催した、という。

肉食妻帯（にくじき・さいたい）仏

肉を食べ、妻をめとること。肉の・たべもの、妻の・まつわり、という。仏教では禁止されていた。

▽おおびらで肉食妻帯する者はなかったが、般若湯の何を指す名か知らない者は〔島崎藤村＊夜明け前〕

▽時の日本政府は、僧侶の肉食妻帯を許した。その結果、わたし自身もこの世に生まれ〔武田泰淳＊異形の者〕

○肉食妻帯の僧として　○肉食妻帯を禁じた時代

(参考) 仏教で肉食とは、鳥・獣・魚の肉を食べることをいう。また、妻帯とは、成人して妻を持つことをいう。共に在家の姿であって、出家後には、この二つを不浄と考え、禁じていた。小乗では特に定めた浄肉を許したが、大乗では一切の肉食を禁じた。小乗・大乗を通じて妻帯を禁じたが、真宗では認めていた。明治以後は、他の宗派でも妻帯を認めている。

二者択一（にしゃ・たくいつ）洋
二つの中から、どちらか一方を取り上げること。二者（ふたつの・もの）から、一をえらぶ、という。二者選一とも。alternative の訳語として用いる。
▽漢学と国学という、学問における二つの流れは、真淵に二者択一を迫ったであろうが〔三枝康高＊賀茂真淵〕
▽われわれの経験した歴史は、自由か平和かという二者択一はありえない〔竹山道雄＊門を入らない人々〕
○二者択一せざるをえない　○二者択一の力もなく

二束三文（にそく・さんもん）和
値だんが非常に安いこと。二束（ふた・たば）で、三文（極めて安い値だん）だ、という。まとめて安く売り払う場合にも用いる。二束を二足と書くのは誤り。
▽親類の某が、二束三文で譲り受けることに、親族会議で決まってしまった〔有島武郎＊或る女〕
▽家を造り直したりしているうちに、次々と田や山を二束三文で売ってしまった〔川端康成＊十六歳の日記〕
○売るときは二束三文で　○二束三文のぼろ会社

日常茶飯（にちじょう・さはん）和
何ら変わったことがない、極めて普通のこと。日常の、茶飯（ちゃとめし、食事）と同じだ、という。
▽大げさの部かもしれませんが、こういうことをあんまり日常茶飯事と思わないで〔里見弴＊大道無門〕
▽予算の内容を見ても、文化が日常茶飯の生活に浸み込むような努力はなされていない〔朝日新聞＊天声人語〕

○日常茶飯のこととして　○日常茶飯には見過ごしても

日新月盛（にっしん・げっせい）漢

次々と新しいものができて、盛んになること。日新（ひに・あらた）で、月盛（つきに・さかん）だ、という。よい意味で用いる。日新を日進と書くのは誤り。ただし、日進月歩は日進と書く。

○日新月盛の観がある　○日新月盛の業界においては

（参考）南宋・朱熹（しゅき）の中庸章句序に、「異端ノ説、日ニ新タニ、月ニ盛ンナリ」とある。聖人の道でなく、別に一派をなすものが異端である。ここでは、正統な儒学以外の説のことになる。次々と新しいものが出て盛んになる、という。本来は、困ったことだ、という気持ちである。

日進月歩（にっしん・げっぽ）和

次々と進歩を続けていくこと。進歩を分けて、日・月を添える。日に月に進歩する、という。日進を日新と書くのは誤り。ただし、日新月盛は日新と書く。

▽今日、欧米の学問は日進月歩の勢いなりという。その日進月歩の勢いあるゆえんは（山路愛山＊経済雑論）

▽この種の人々が心事を一転して学に志し、日進月歩の思想を自由にすると同時に（福沢諭吉＊福翁百話）

○正に日進月歩の観がある　○日進月歩する技術

日波月瀾（にっぱ・げつらん）和

日常の雑事のこと。波瀾（なみとあらなみ、もめごと）を分けたものに、日・月を添える。

▽三郎の悪感は、二十年の日波月瀾をもって洗い去るには、あまりに深くしみ込んでいた（徳富蘆花＊黒潮）

○日波月瀾に追われる　○日波月瀾の日を送る

二人三脚（ににん・さんきゃく）洋

二人で協力して仕事を行うこと。二人で、三本の足、という。一人の左足ともう一人の右足を手ぬぐいで結んで走る競技に由来する。three-legged race の訳語。一人ではできない場合にも用いる。▽二人三脚のようなもので、呼吸が一致しなければ、共に駆けることができない〔壬生台舜＊般若心経〕▽わたしがこの世に生まれたそのときから、わたしと組んで二人三脚を続けてきた〔尾崎一雄＊虫のいろいろ〕○二人三脚で子育てに当たる　○二人三脚の実情では

女人禁制（にょにん・きんぜい）　仏女性を、不浄のものとして、立ち入らせないこと。女人（女性）を、禁制（さしとめ・おさえる）する、という。▽高山霊場の女人禁制は言うまでもなく、造り酒屋にある酒蔵のようなところまで〔島崎藤村＊夜明け前〕▽かようのことを思いてこそ、女人禁制とは申しつれ。女人を戒むる因縁は〔浄瑠璃＊用明天王職人鑑〕○女人禁制とされていた　○女人禁制が破られる

㊟参考　仏教では、修行中の男性僧にとって、女性は修行の妨げになるとされていた。女性と性的な交わりを持つことはもちろん、女性を思うことも戒律を犯すことの一つであり、女犯（にょぼん）といわれた。そのため、女性は、男性の修行場に近づくことが禁止されていた。特に、山岳寺院の場合は、その山に登ることも許されなかった。ただし、一八七二年の布告によって、廃止された。ところで、女人禁制に対して、男子不入という語がある。女性の修行場としての尼寺の場合は、男子不入であったが、布告は、この点には触れていない。男子不入のほうは、道徳の立場で支持されている。

二律背反（にりつ・はいはん）　洋

二つの原理が互いに一致しないこと。二律（ふたつの・基準）が、背反（そむき・そむく）する、という。論理学用語 antinomy の意味で用いる。

▽力に余る彼女の二律背反は、一方には、はけ口のない厭悪の念を高ぶらせてもいった〔石坂洋次郎＊若い人〕

▽抽象的な二律背反が表面化した間に処して、独特の機能を強く提唱することにより〔三枝康高＊賀茂真淵〕

○二律背反に悩まされる　○二律背反のもとでは

二六時中（にろくじ・ちゅう）　和

一昼夜全部のこと。二六というのが十二時（とき）のことである。一日じゅういつも、という意味で用いる。二十四時間制の現在では、四六時中も用いる。

▽いな、現れることは二六時中、間断なく現れているが、かくのごとく顕著に〔夏目漱石＊吾輩は猫である〕

▽人間は無明に閉ざされ、妄念につきまとわれて、二六時中迷惑している。その無明の〔唐木順三＊応仁四話〕

○二六時中、世話になる　○二六時中とは行かないが

(参考) 四六時中（しろくじちゅう）の参考欄を参照。

人情風俗（にんじょう・ふうぞく）　漢

人々の気持ちと、社会のならわしのこと。人情（ひとの・なさけ）と、風俗（ならわし・ならい）を、組み合わせて表す。風俗人情とも。

▽話譚に陰陽表裏あるから、かえりて人情風俗をば写しいだすに便多くて〔坪内逍遥＊小説神髄〕

▽全国を見れば、人を殺し、物を盗む者は甚だ多く、その人情風俗の賤劣なるは〔福沢諭吉＊文明論之概略〕

○人情風俗に通じる　○人情風俗が似ていても

(参考) 風俗人情（ふうぞくにんじょう）の参考欄を参照。

人面獣心（にんめん・じゅうしん）漢

思いやりの心を全く持たない人のこと。人の顔をしているが、獣の心を持っている、という。人の恩義を知らない人の場合にも用いる。獣心を獣身と書くのは誤り。ただし、スフィンクスは人面獣身と書く。漢文では、人面をジンメンと読む。

▽絵のために親子の情愛も忘れてしまう、人面獣心のくせ者だと申す者もございました〔芥川竜之介＊地獄変〕

▽人間に生まれて徳を知り道を行わざれば、人面獣心とて、形は人間なれども〔中江藤樹＊翁問答〕

○人面獣心とは知らずに　○人面獣心の情け知らず

参考　漢書に、匈奴について次の記述がある。「夷狄(いてき)ノ人、貪(むさぼ)リテ利ヲ好ミ、被髪左衽(きじん)シ、人面獣心ナリ」とある。髪を結わず、衣の襟を左前にし、顔は人間でも心は獣だ、という。晋書には、「又観(み)ル、頃日(けいじつ)降附ノ徒、皆人面獣心、貪(むさぼ)リテ親シミ無ク、以テ義ヲ感ジ難シ」とある。降伏してきた者は、人面獣心だ、という。中国語では、善良に見えて邪悪な人の場合に用いる。

人面獣身（にんめん・じゅうしん）⇩じんめん・じゅうしん

任免黜陟（にんめん・ちゅっちょく）漢

人の地位を動かすこと。地位につける・やめさせる、下にする・上にする、を組み合わせて表す。

▽あるいは賞勲局総裁ともなる、ほしいままに官吏の任免黜陟、賞罰をあえてする〔内田魯庵＊社会百面相〕

○任免黜陟の権を握る　○任免黜陟に当たって

参考　清国行政法汎論(はんろん)に、「吏部ハ、文官ノ銓(せん)考(こう)、任免黜陟、及ビ封爵ニ関スル等ノ事務ヲ管掌ス」とある。文官の選考、任用と罷免、爵位の授与を行う、という。

【ぬ】

奴婢雑人（ぬひ・ぞうにん）和

封建的な身分制度において、身分の卑しい者のこと。奴婢（下男・下女）と、雑人（雑役に使われる人）を、組み合わせて表し用いたもの。

▽家内に差し使う者、奴婢雑人に至るまで、何事につけても慈悲深く情けあるを仁という〔中江藤樹＊鑑草〕

▽今のごとくにて公家一統の天下ならば、諸国の地頭、御家人は、みな奴婢雑人のごとくにて〔太平記〕

○奴婢雑人も逃げ散る　○奴婢雑人にも劣る

【ね】

念願成就（ねんがん・じょうじゅ）仏

心で願った事柄が、そのとおりになること。念願（おもい・ねがうこと）が、成就（できあがる）する、という。

▽ゆくりなくも世を逃れて、三宝の引接をこいねがいしかば、ついに念願成就して〔曲亭馬琴＊里見八犬伝〕

▽今年今月今日こそ、念願成就の時至れりと、小躍りして勇み立ち、例のごとく〔高畠藍泉＊蝶鳥紫山裙摸様〕

○念願成就も遠からず　○念願成就、疑いなし

(参考) 仏教では、求めたいと思う願いごとを念願という。そのような念願が実現されたとき、これを仏の力によって果たされたものと考える。この場合の念願の完成を、特に成就という。

拈華微笑（ねんげ・みしょう）仏

ちょっとした動作を見て、その意味が理解できること。ハスの花をひねったのを見ただけで、その意味の分かった者がにっこり笑う、という。心が通じた場合に用いる。微は、呉音でミと読む（漢音・ビ）。

〇拈華微笑で伝わる　〇拈華微笑の相づち

㊀参考 破顔微笑の参考欄を参照。

年々歳々（ねんねん・さいさい）漢

毎年、同じころに、同じようになること。年々にそろえて、歳々を添え、意味を強める。歳々年々とも。

▽あたかもナイル河畔の軟砂の上に造作したる茅芦の、年々歳々漂流するがごとく〔徳富蘇峰＊新日本之青年〕

▽年々歳々花が同じというが、歳々年々の天候で、花は相同じからずなのだろう〔朝日新聞＊天声人語〕

〇年々歳々、少しずつ広がる　〇年々歳々、盛大に赴く　〇年々歳々、同じではあるが　〇年々歳々、怠らずに

参考 唐・劉廷芝の詩に、「年年歳歳、花相似タリ。歳歳年年、人同ジカラズ」とある。毎年、花は同じように咲くが、花を見る人は年を取っていく、という。白頭の老人を悲しむ気持ちであり、自然の悠久に対して、人の老衰するはかなさが取り上げられている。ただし、日本では、広く年ごとにの意味で用いる。

念仏三昧（ねんぶつ・ざんまい）仏

他のことを考えないで、南無阿弥陀仏を言い続けること。念仏（仏を・思い浮かべる）の点で、三昧の境地に入っている、という。称名三昧とも。

▽如哉の腰を深く下ろした念仏三昧の姿には、悟りに入った人間を連想させた〔丹羽文雄＊青麦〕

▽念仏三昧の枯痩の僧形である。衣は短く、そではゆらいでいる。鎌倉期の特徴で〔唐木順三

＊無用者の系譜〕
○念仏三昧に入る　○明け暮れの念仏三昧
参考 称名三昧の参考欄を参照。

【の】

囊沙背水（のうさ・はいすい）漢
敵を破るために工夫した、優れた戦略のこと。すなを・袋に詰めて川上をふさぐ戦略、川を・後ろにして陣をしく戦略、という。囊沙は、ノウシャとも読む。現代表記では、沙→砂（異体字）も用いる。
▽皆、河水におぼれて討たれにけり。これを名づけて、韓信が囊砂背水のはかりごととは申すなり〔太平記〕
▽韓信は囊砂背水、敵を破る。韓信が材は敏速に長じてよく攻む。その守るを聞かず〔室鳩巣＊駿台雑話〕
○囊砂背水の計を巡らす　○囊砂背水で受けて立つ
参考 史記に、前漢・韓信が川を挟んで楚と戦ったときの戦略がある。「韓信、乃チ夜人ヲシテ万余ノ囊ヲ為リ、盛沙ヲ満タシテ水ノ上流ヲ壅ガシム」とある。土のうで川の上流をふさいだ、という。敵が川を渡るときにせきを切って、おぼれさせた、囊沙の計という。趙と戦ったとき、川を背にして陣をしいた戦略がある。「信、乃チ万人ヲシテ先行シテ水ヲ背ニシテ陣セシム。趙軍、望ミ見テ大イニ笑フ」とある。しかし、退くことができないために奮戦した、背水の陣という。

【は】

悖徳没倫（はいとく・ぼつりん）和
道徳に背くこと。悖徳（徳に・もとる）と、没倫（人の道で・ない）を、組み合わせて表す。現代表記では、悖（もとる）↓背（そむく）も用いる。

▽一時の劣情に駆られてみだりに式を挙ぐるは、背徳没倫の甚だしき所為である〔夏目漱石＊吾輩は猫である〕

○背徳没倫に走る　○背徳没倫の徒として

廃藩置県（はいはん・ちけん）和

藩制度を県制度に改めること。藩を廃し、県を置く、という。明治新政府の改革として、一八七一年に行われた。

▽何でも、廃藩置県の後に至るまでは、慶応義塾ばかりが洋学を専らにして〔福沢諭吉＊福翁自伝〕

▽廃藩置県以来、一村一人ずつの山守も廃されてから、伊之助もその役から離れて〔島崎藤村＊夜明け前〕

○廃藩置県が行われてからは　○廃藩置県後の地方情勢

杯盤狼藉（はいばん・ろうぜき）漢

酒宴が行われた跡のこと。杯盤（さかずき・さら）が、狼藉（オオカミが・草を敷いて寝た跡）のようだ、という。進行中の酒宴の席が乱れている場合にも用いる。

▽電気灯が杯盤狼藉たる紫檀のちゃぶだいの上に輝いているばかりで〔永井荷風＊腕くらべ〕

▽陪席お相伴をおおせつけられ、一座杯盤狼藉の最中、家老がわたしに杯を差して〔福沢諭吉＊福翁自伝〕

○杯盤狼藉のまま　○杯盤狼藉に身を横たえて

(参考) 北宋・蘇軾の前赤壁賦に、次のような描写がある。「盞ヲ洗ッテ更ニ酌ム。肴核既ニ尽キ、杯盤狼藉タリ。相与ニ舟中ニ枕藉シテ、東方ノ既ニ白ムヲ知ラズ」とある。酒宴を楽しんだあとの状況である。ただし、史記には、「杯盤狼藉、日暮レテ酒闌、尊ヲ合ハセ坐ヲ促シ、男女席ヲ同ジクス」とある。このほうは、酒宴が進行中である。日本でも、両様に用いる。

廃仏毀釈（はいぶつ・きしゃく）和

仏教排斥運動のこと。仏（ほとけ）・釈（しゃか）、それぞれに、廃毀（やめて・こわす）を分けて添える。廃仏を排仏と書くこともある。ただし、排仏運動の場合は排仏と書く。毀（こわす）→棄（すてる）とも。

▽これは、水戸の廃仏毀釈に一歩を進めたもので、いわば一種の宗教改革である〔島崎藤村＊夜明け前〕

▽廃仏毀釈の時代の風潮のあとを受けて、衰微していた仏法寺をもり立てた〔丹羽文雄＊青麦〕

○廃仏毀釈に走る　○廃仏毀釈の余波を受けて

(参考) 明治政府は、王政復古のために神道の国教化に基づく祭政の一致を図った。その一環として、それまでの神仏混交を禁止し、神仏分離の政策を行った。こうして、寺院の中にある神道的要素が神社として独立するとともに、神社の中にある仏教的要素が排除された。ところが、その運動が激化し、各地で仏具・仏像の破壊や焼却が行われ、寺院の廃除が行われるに至った。このような一連の運動を廃仏毀釈という。

破戒無慙（はかい・むざん）仏

僧が戒律（守るべきおきて）を平気で破ること。破戒（戒を・やぶる）して、無慙（はじが・ない）だ、という。

▽事態を放置して何の清浄人ぞ。破戒を責めるのではない、彼らの破戒無残を責める〔唐木順三＊応仁四話〕

▽この男の行状を見ていくと、僧は僧でも、破戒無残な暴僧と呼ばざるをえない〔堀田善衛＊定家明月記私抄〕

○破戒無残の僧として　○破戒無残な行い

(参考) 仏教には、戒というものがある。それは仏教に帰依した者が守るべき修行上の心構えで、二百五十戒を数える。その戒を守って修行するのが戒行であり、その戒に背く行いをするのが破戒である。また、慙というのは、自分が不完全であることを自ら反省して恥ずかしく思うことである。無慙というのは、そのような慙の気持ちがないことであり、罪を罪として恥じないことである。破戒しても恥じないのが、破戒無慙である。

破顔一笑（はがん・いっしょう）漢

機嫌がよくなること。破顔（かおをやぶる、表情をほころばせる）して、一笑（ひとたび・わらう）する、という。特に、急に機嫌がよくなる場合に用いる。

▽視学官は、片方の耳をいじくりながら、破顔一笑して、着席のまま答えた〔石坂洋次郎＊若い人〕

▽後ろを振り向いて破顔一笑したのは、正しく正作、立ち止まってぼくを待ち〔国木田独歩＊非凡なる凡人〕

○破顔一笑させてしまう　○破顔一笑の社長

（参考）破顔微笑の参考欄を参照。

破顔微笑（はがん・びしょう）漢

にっこり笑うこと。破顔（かおをやぶる、表情をほころばせる）して、微笑（かすかに・わらう）する、という。心が通じた場合にも用いる。

▽生殺与奪の実権をわが手に収むるの例に至っては、古英雄も地下に破顔微笑して〔山路愛山＊現代金権史〕

▽しばらく考えに傾けしこうべをもたげ上ぐるとき、覚えず破顔微笑を漏らしぬ〔正岡子規＊芭蕉雑談〕

○破顔微笑で伝わる　○破顔微笑されたとしても

（参考）釈迦が霊鷲山で説教をしているとき、ハスの花をひねって見せたが、その意味がだれにも分からなかった。ただ迦葉だけが、顔を和らげてほほえんだ。花をひねったことから、拈華微笑という。この場合の微は、漢音ビでなく、呉音でミと読む。釈迦は、迦葉にだけ仏教の奥義を授けたとされている。このことを取り上げた南宋・普済の五灯会元には、「是ノ時、衆皆寂寂タリ。惟迦葉尊者、破顔微笑ス」とある。このほうは、ビショウと読む。日本では、破顔一笑の形でも用いる。

伯夷叔斉（はくい・しゅくせい）漢

人の道に外れたことを強く嫌って身を引く人のこと。兄の夷と、弟の斉のような人だ、という。

▽くれるものをはね返して、伯夷叔斉のような高潔の士人に変化したとは〔福沢諭吉＊福翁自伝〕

▽後世の歴史家は、わが輩をもって十四議会以来罪悪史の伯夷叔斉とすると信ずる〔内田魯庵＊社会百面相〕

○伯夷叔斉の跡を顧みる　○伯夷叔斉に劣るとしても

参考　史記に、「武王、已ニ殷ノ乱ヲ平ラゲ、天下周ヲ宗トス。而シテ伯夷叔斉之ヲ恥ヂ、義ニシテ周ノ粟ヲ食ラハズ。首陽山ニ隠レテ薇ヲ采リテ之ヲ食ラフ」とある。周の武王が殷ノ紂王を討とうとしたとき、家臣として君主を討つのは人の道に反するといさめたが、聴き入れられなかった。そこで、周が天下を統一すると、周のアワを食べるのを恥じて山に隠れた、という。伯夷叔斉の行為は、清廉の模範として、尊敬されている。

博引旁証（はくいん・ぼうしょう）和

論を進めるに当たって、広く集めて証拠とすること。ひろく引いて、まわりの証（あかし）とする、という。

▽真淵は博引旁証、よく系統的に集大成して、後年宣長にも影響を与えることとなった〔三枝康高＊賀茂真淵〕

▽衒学の輩が博引旁証したる解釈物を読まんよりは、静かに個中の美を味わうにしかず〔内田魯庵＊緑蔭茗話〕

○博引旁証して示す　○博引旁証にも限度があって

白烟濛々（はくえん・もうもう）和

白い煙が一面に立ち込めること。白烟が、濛々

（くらい）だ、という。現代表記では、烟↓煙（異体字）。
▽足もとでは、すさまじい響きをして白煙濛々と立ち上り、まっすぐに空を突き〔国木田独歩＊忘れ得ぬ人々〕
○白煙濛々として辺りを包む　○白煙濛々の中で

博学多才（はくがく・たさい）漢

学問才能が優れていること。博学（ひろい・学問）と、多才（おおい・才能）を、組み合わせて表す。
▽孝徳の本然を悟りえざるときは、博学多才なりとも、真実の儒者にあらず〔中江藤樹＊翁問答〕
▽林大学頭の継嗣として、博学多才で論争好きな三男が、初めから最有力だった〔杉浦明平＊解体の日暮れ〕
○博学多才の先輩に囲まれて　○博学多才、討論を好み

(参考) 晋書に、「詵ハ博学多才ニシテ、細行ニ拘ラズ。州郡ノ礼命、并セテ応ゼズ」とある。晋の郤詵は、学識が広く多方面の才能を持っていて、州や郡からの招きがあっても応じなかった、という。日本では、博識多才・博識多解の形に改めても用いる。

白沙青松（はくさ・せいしょう）和

海岸の美しい景色のこと。白沙（しろい・すな）と、青松（あおい・まつ）を、組み合わせて表す。日本の海岸美の代表的な景色とされている。白沙は、ハクシャとも読む。現代表記では、沙↓砂（異体字）。
▽天遠く海広くして、白砂青松の眺め麗しき丹後の国、水の江の里といえるところより〔幸田露伴＊新浦島〕
▽浦々は、後ろに山を負い、前に淡路島を望む、風光明美な白砂青松の浜続きだ〔中山義秀＊芭蕉庵桃青〕
○白砂青松の続く浜辺で　○白砂青松の天橋立

薄志弱行（はくし・じゃっこう） 和

意志が弱く、実行力に欠けること。志（こころざし）・行（おこない）、それぞれに、薄弱（うすく・よわい）を分けて添える。薄弱な志と行い、という。物事に消極的な場合にも用いる。

▽自分は薄志弱行で、とうてい行き先の望みがないから、自殺するというだけなのです〔夏目漱石＊こころ〕

▽その薄志弱行の大病根もここにあり、政治において主義なきその因、実にここにあり〔中江兆民＊一年有半〕

○薄志弱行の徒として　○薄志弱行と非難されたが

博識洽聞（はくしき・こうぶん） 漢

見聞が非常に広いこと。広く知り、広く聞く、という。洽はあまねく、ひろいということ。

▽だれか博識洽聞、私淑する先生がその伝記とその全集に精進するを疑わんや〔内田魯庵＊文学者となる法〕

○その博識洽聞に驚く　○博識洽聞の学者として

参考 漢書に、「博物洽聞ヲ以テ、而（しか）モ自ラヲ知リテ全ウスル能ハズ。既ニ極刑ニ陥ル。幽ニシテ発憤ス」とある。見聞が広くても、自分の身を守ることができず、死刑に処せられたが、捕らえられてから発憤した、という。日本では、博物を博識に改めて用いる。

博識多解（はくしき・たかい） 漢

いろいろなことをよく知っていること。広く知り、多く分かる、という。いわゆる物知りについて用いる。

▽立場というものはない。博識多解の教養は持っているが、核になるものはない〔唐木順三＊無用者の系譜〕

○博識多解といわれて　○博識多解の市井人として

博識多才（はくしき・たさい） 漢

参考 博学多才（はくがくたさい）の参考欄を参照。

知識才能が優れていること。博識（ひろい・知識）と、多才（おおい・才能）を、組み合わせて表す。
▽どんな博識多才の名士だって、九年も出なかったら、京都の事情にも暗くなりますね〔島崎藤村＊夜明け前〕
▽数を知らざれば、博識多才の大先生といえども、実地に当たって用をなさず〔福沢諭吉＊啓蒙手習之文〕
○博識多才の祖父の血を受ける　○博識多才におぼれて
（参考）博学多才（はくがくたさい）の参考欄を参照。

白砂青松（はくしゃ・せいしょう）⇩はくさ・せいしょう

拍手喝采（はくしゅ・かっさい）和
見ている者が、みんなで褒めること。拍手（て を・たたく）と、喝采（さいころに・かけごえ をかける）を、組み合わせて表す。褒めるときの動作としても用いる。
▽人気者は拍手喝采を浴びる。そして、両手でそれを制するまねをするが〔大江健三郎＊セヴンティーン〕
▽りっぱに宙返りを打った。その意外と鮮やかさには皆驚いて、大拍手喝采だった〔武者小路実篤＊愛と死〕
○拍手喝采も鳴りやまない中を　○拍手喝采する観衆

漠々濛々（ばくばく・もうもう）和
ぼんやりしていてよく分からないこと。漠（ぼんやり）・濛（くらい）、それぞれを繰り返して、意味を強める。
▽「幕府も、とんと漠々濛々よ」出し抜けに、取ってくっつけたようにそう言って〔子母沢寛＊勝海舟〕
○漠々濛々の中を進む　○漠々濛々、とらえどころなく

博聞強記（はくぶん・きょうき）漢
いろいろ聞いて、よく覚えていること。博聞

(ひろく・きく) して、強記 (つよく・おぼえる) する、という。話題が非常に豊かな場合に用いる。知識が豊かな場合は、博覧強記を用いる。

▽驚くほど博聞強記であった伯母さんは、ほとんど無尽蔵に話の種を持っていた〔中勘助＊銀の匙〕

▽後に雑学・随想となっておびただしく世に出てくる博聞強記が第二の面である〔唐木順三＊無用者の系譜〕

○その博聞強記に驚く　○博聞強記をもって自負する

(参考) 前漢・韓嬰(かんえい)の韓詩外伝に、「博聞強記ナル者ハ、之ヲ守ルニ浅キヲ以テス」とある。博聞強記でも、知識をひけらかしてはいけない、という。その点では、聡明睿智(そうめいえいち)なる者に対して、「之ヲ守ルニ愚ヲ以テス」とあるのと同じ行き方の注意である。なお、日本では、博聞を博覧(ひろく・みる) に改めても用いる。

白泡白波 (はくほう・はくは) 和

荒れ狂った波のこと。泡波 (あわだつ・なみ) を分けたものに、白 (しろ) を添える。白い泡波、という。

▽白く立ち、白く倒れて、相模灘は白泡白波、狂いに狂い、たけりにたけり〔徳富蘆花＊湘南雑筆〕

○白泡白波にもてあそばれる　○白泡白波の大海

博覧強記 (はくらん・きょうき) 漢

いろいろ書物を読んで、よく覚えていること。博覧 (ひろく・みる) して、強記 (つよく・おぼえる) する、という。話題が豊かな場合に用いる。知識が非常に豊かな場合は、博聞強記を用いる。

▽世間にはさようの博覧強記も必要なるものにして、まさかのときには学者に頼みて〔山路愛山＊現代富豪論〕

▽ぼくは、見掛けによらず、博覧強記の型に属

していた。ぼくは、どんなことでも〔倉橋由美子*聖少女〕

○博覧強記を振り回す　○博覧強記の学者として

(参考) 博聞強記（はくぶんきょうき）の参考欄を参照。

薄利多売（はくり・たばい）洋

一つ一つの利益は少なくても、数多く売ることによって利益を上げること。薄い利で、多く売る、という。営業政策の一つとして行われている。small profits and quick returns (S.P.Q.R)を四字漢語化したもの。

▽うちは薄利多売で行くのだと、客も中間をねらって、そういう向きの品を仕入れた〔芝木好子*青果の市〕

▽もしお話しのように薄利多売で、正直をモットーとし、相当豊富に品物をそろえ〔佐山順吉*書簡新辞典〕

○薄利多売をねらう　○薄利多売に徹する

馬耳東風（ばじ・とうふう）漢

人の言うことを聞こうとしないこと。馬の耳に、東風（はるのかぜ、人間には快く感じる風）が吹くようだ、という。何を言われても感じない場合にも用いる。

▽愚鈍といわるるも迂闊といわるるも馬耳東風にして高く自ら構え、本領にあらずとて〔福沢諭吉*福翁百話〕

▽講評についてですが、これは馬耳東風といってはあまりかわいそうですから〔石坂洋次郎*若い人〕

○馬耳東風と聞き流す　○何を話しても馬耳東風で

(参考) 唐・李白の詩に、「世人此レヲ聞キテ皆頭（かうべ）ヲ掉（ふ）ル。東風ノ馬耳ヲ射ルガ如キ有リ」とある。自分の作った詩に対して、世間の人は理解しようとしない、まるで馬の耳に東風が吹くようだ、という。東風は春風のことで、これが吹くと人は喜ぶが、馬には何の感動もないことを踏まえたひゆである。人の言うことを聞こうとしない意味にも用いる。日本では、さらに、何を言われても感じない、馬の耳に念仏、の意味にも用いる。

覇者覇道（はしゃ・はどう）和

武力によって国を支配する政治のこと。覇道（はたがしらの・みち）に、覇者（はたがしらの・もの）を添えて、意味を強める。権力によって支配する場合にも用いる。

▽その楽しさをたたえ合っているように見えた。覇者覇道とは全く違う雰囲気である〔唐木順三＊応仁四話〕

○覇者覇道の政権によって　○覇者覇道を改める

破邪顕正（はじゃ・けんしょう）仏

邪説を打ち破り、正説を守ること。邪をやぶり、正をあらわす、という。正統を守る意味でも用いる。

▽破邪顕正を標榜する書物の性質上、故意の脱漏を利としたからでもあろうか〔芥川竜之介＊るしへる〕

▽破邪顕正は理論の世界ではりっぱな態度であるが、宗教の世界では闘争を引き起こす〔壬生台舜＊般若心経〕

○破邪顕正の制裁を加える　○破邪顕正に走ったため

(参考) 仏教では、仏法の立場でまちがった考え方を邪といい、正しい考え方を正という。破邪というのは、まちがった考え方にとらわれるのを打ち破ることである。また、顕正というのは、正しい考え方を表すことである。両者は別のものではなく、破邪によって顕正するのが悟りへの道だ、とするのが、基本的な考え方である。

八面玲瓏（はちめん・れいろう）漢

どの面から見ても優れていること。八面（やっつのおもて、すべての面）が、玲瓏（うつくしく・かがやく）だ、という。人との交際が巧みな場合に用いる。

▽忘れ果てていたそういう静かな生活では、さ

すが世に聞こえた八面玲瓏の才弁も〔里見弴＊大道無門〕
▽かつ、山の巍々としてそびゆる、高く雲霄を摩して、八面玲瓏、何の美観ぞや〔三宅雪嶺＊我観小景〕
○八面玲瓏として明らかに　○八面玲瓏の才子として

参考　宋・葛長庚の詩に、「八面玲瓏トシテ、光ルキコト夜ナラズ。四面晃耀トシテ寒キコト月ノ如シ」とある。どの方面も明るくて、夜も暗くない、という。ひゆ的には、物事の処理が円滑で行き届いている意味に用いる。北宋・圜悟の碧巌録に、「若シ是レ明眼ノ人ナラバ、天ヲ照ラシ地ヲ照ラス底ノ手脚有リテ、直下ニ八面玲瓏タラン」とある。中国語では、多くの人との交際を円滑に処理する意味で用いる。日本では、さらに、どの方面から見ても優れている場合にも用いる。

抜苦与楽（ばっく・よらく）仏

仏教によって人を救うこと。苦（くるしみ）を抜き、楽（やすらかさ）を与える、という。困っている人に恵みをかける場合にも用いる。
▽わが抜苦与楽の説法を疑うことなく、いちずにありがたがって盲信すれば〔内田魯庵＊文学者となる法〕
▽無条件の抜苦与楽という思想が、迷信や俗信もまつわりつつ、庶民の間に普及した〔亀井勝一郎＊美術遍歴〕
○抜苦与楽して浄土に導く　○抜苦与楽を念じて

参考　仏教では、人間を悩ませる苦しみを苦という。それを除いて救うのが仏の悲（大悲）であり、これが抜苦である。また、好ましい状態にあって安まるのを楽という。それを与えて救うのが仏の慈（大慈）であり、これが与楽である。その点で、抜苦与楽というのは、仏の慈悲を具体的に取り上げたことばである。

跋扈跳梁（ばっこ・ちょうりょう）和

思うままに動き回ること。跋扈（たけかごを・こえる）して、跳梁（はりを・はねる）する、という。好ましくない者が動き回る場合に用いる。跳梁跋扈とも。

▽夫人は苦笑いをして行ってしまったが、彼らの跋扈跳梁ぶりは改まるようすもなかった〔谷崎潤一郎＊細雪〕

▽一歩そこから出れば、猛獣怪獣の跋扈跳梁している砂漠世界で、暗雲たなびき〔正宗白鳥＊日本脱出〕

○跋扈跳梁させておく　○跋扈跳梁の過激思想に対して

八紘一宇（はっこう・いちう）和

世界を一つの家のように考えること。八紘（八方の・遠い果て）までが、一宇（一つの・大きな家）だ、という。大東亜戦争の理念として用いられた。

▽「宮本武蔵」に目をつけて言った。「そうですよ、八紘一宇の大文学や」〔田辺聖子＊私の大阪八景〕

▽戦いの旗じるしは八紘一宇だという。これもまた現代の神話ではないか〔石川達三＊風にそよぐ葦〕

○八紘一宇を目指して　○八紘一宇の大精神で

抜山蓋世（ばつざん・がいせい）漢

勢いが非常に大きいこと。山を抜き取り、世を覆い隠すほど大きい、という。気力が盛んな場合にも用いる。

▽犯しやすきは、ただ邪淫なり。抜山蓋世の雄、ここに座して身を滅ぼし、国を失い〔幸田露伴＊対髑髏〕

▽卿らがその美をもってすれば、抜山蓋世の英雄をすら、掌中に籠するならずや〔泉鏡花＊醜婦を呵す〕

○抜山蓋世と賞美される　○抜山蓋世の大事業

参考　史記に、「力ハ山ヲ抜キ、気ハ世ヲ蓋（おお）フ。時利アラズ、騅（すい）逝カズ、騅ノ逝カザルハ奈何（いかん）ス可キ。虞ヤ、虞ヤ、若（なんぢ）ヲ奈何セン」とある。

楚・項羽が劉邦(りゅうほう)（後の漢の高祖）の軍に包囲されたとき、最愛の虞美人と最後の酒宴を催したときの詩である。勢いが盛んであったのに、時の利がなく、今は自分の名馬も動かない。虞よ、お前をどうしようか、という。劉邦の軍が盛んに楚の歌を歌った四面楚歌も、このときのことである。

跋山渉水（ばつざん・しょうすい）漢

山を越え、川を渡ること。やまを・ふみ、みずを・わたる、という。陸路を行く場合に用いる。

▽東西洋の交通いまだ開けざりしや、インドに赴く者、みな跋山渉水、陸路によれり〔三宅雪嶺＊我観小景〕

○跋山渉水して進む　○跋山渉水の行程

（参考）南宋・呉曾(ごそう)の能改斎漫録に、「跋山渉川ノ任、敢テ艱険(かんけん)ニ辞ス」とある。陸路を行く任務があり、進んで険しいところに向かう、という。日本では、渉川を渉水に改めて用いる。いずれも、略して跋渉とする。

八方美人（はっぽう・びじん）和

だれからも悪く思われないこと。八方（八つの方角、すべての方角）から見て、美人だ、という。如才なくふるまう場合に、悪い意味で用いることが多い。

▽ははは、これぁ、森本君はなかなか八方美人だ。とても隅にゃあ置けんわい〔里見弴＊今年竹〕

▽何事も旗幟を鮮明にせずにはいられない。八方美人主義は、死んでも学ばれない〔森鷗外＊羽鳥千尋〕

○彼も八方美人で　○八方美人の人づきあいは

抜本塞源（ばっぽん・そくげん）漢

災いの根本の原因を取り除くこと。本（木のねもと）をぬき、源（水のみなもと）をふさぐ、という。

▽藤原氏退治の政策としてこれを見れば、真に抜本塞源の手段なりと言わざるべからず〔山路愛山＊為朝論〕

○抜本塞源によって　○抜本塞源の策として

参考　左伝に、次のことばがある。「我ノ伯父ニ在ルハ、猶ホ木水ノ本原有ルガゴトシ。伯父若シ本ヲ抜キ源ヲ塞ゲバ、戎狄ト雖モ其レ何ゾ余一人有ラン」とある。周と晋が土地争いをしたときに、周の景王が晋の平王に使いを送って言わせたことばである。周と晋との間柄は、木の根と枝、水の源と流れのような関係である。木の根を抜き取り、水源をふさぐことをしたら、どうなるか、という。本を取り去れば末もだめになる、というのが本来の意味である。そのうちの抜本塞源の部分を、日本では文字どおり、取り除く意味で用いる。

波濤万里（はとう・ばんり）　和

非常に遠く海を隔てていること。波濤（なみ・おおなみ）が、万里も続いている、という。外国の場合に用いる。

▽次男四郎死し、総領の小鹿が、今また波濤万里のかなたに行かんとしている〔子母沢寛＊勝海舟〕

○波濤万里を乗り越えて　○波濤万里の果て

爬羅剔抉（はら・てっけつ）　漢

人の欠点をあばき出すこと。かいてとらえ、えぐりこじる、という。人が隠していることについても用いる。

▽爬羅剔抉、これを根本的に退治せねばやまぬほど、神経を痛めつつあるではないか〔徳富蘇峰＊国民自覚論〕

▽通常の史体とは歩を異にし、身跡を爬羅剔抉して、もって偉人の真面目を世に紹介せむ〔村岡素一郎＊史疑〕

○爬羅剔抉して陥れる　○爬羅剔抉の記事

参考　唐・韓愈の文に、「一芸ニ名アル者ハ、庸ヒザル無シ。爬羅剔抉シ、垢ヲ刮リ光ヲ磨ク」とある。一芸に秀でた者は、すべて用い、かき集めて、磨きをかける、という。この場合は、隠れた人材を広く探し出す意味である。それを、日本では、暴き出す意味に取り、特に人の欠点を暴く場合に用いる。

波瀾曲折（はらん・きょくせつ）和　込み入った変化があること。波瀾（なみとあらなみ、もめごと）と、曲折（まがり・おれる）を、組み合わせて表す。現代表記では、瀾（あらなみ）→乱（みだれる）も。

▽そうして、同じ見せられるなら、もう少し面白い波乱曲折のある碁が見たいと思った〔夏目漱石＊彼岸過迄〕

▽物語の筋の波乱曲折、調子の高低変化を望む者は、その単調にうむであろう〔長与善郎＊竹沢先生と云う人〕

○波乱曲折を経て　○波乱曲折はあったとしても

波瀾重畳（はらん・ちょうじょう）和　変化が次々と起こること。波瀾（なみとあらなみ、もめごと）が、重畳（かさなり・おりかさなる）だ、という。現代表記では、瀾（あらなみ）→乱（みだれる）も用いる。

▽乙女時代から好んで波乱重畳の生き方をした妹であるだけに、全く彼女一人だけが〔谷崎潤一郎＊細雪〕

○波乱重畳の生涯を終わる　○波乱重畳にもめげず

波瀾万丈（はらん・ばんじょう）和　非常に変化があること。波瀾（なみとあらなみ、もめごと）が、万丈（非常に高い）だ、という。人生の浮き沈みが起伏に富んでいる場合にも用いる。現代表記では、瀾（あらなみ）→乱（みだれる）も。

▽映画なら、そこまでの波乱万丈で一時間半を費やして、ハッピーエンドになる〔三島由紀夫＊永すぎた春〕

▽この荒法師の行くところ必ず風雲を呼んで、波乱万丈の異変が起こるに相違ない〔柴田錬三郎＊柴錬水滸伝〕

○波乱万丈を乗り越えて　○波乱万丈の物語

罵詈讒謗（ばり・ざんぼう）和

ひどいわるぐちを言うこと。罵詈（ののしり・ののしる）と、讒謗（そしり・そしる）を、組み合わせて表す。ひどくののしる場合にも用いる。

▽その陰弁慶こそ、無責任の空論となり、罵詈讒謗の毒筆となる〔福沢諭吉＊福翁自伝〕

▽そういう男にひとしきり罵詈讒謗を浴びせかけたが、立ち上がるだけの気力もなく〔石坂洋次郎＊若い人〕

○罵詈讒謗に及ぶ　○あまりの罵詈讒謗を受けて

罵詈雑言（ばり・ぞうごん）和

ひどいことばで悪く言うこと。罵詈（ののしり・ののしる）と、雑言（いろいろ・いう）を組み合わせて表す。ひどくののしる場合にも用いる。

▽少し得意だった。相手の罵詈雑言なんか、ちっともこたえなかった〔三島由紀夫＊永すぎた春〕

▽野郎とか、畜生とか、罵詈雑言は聞こえたが、もうほかのやつは逃げ出している〔子母沢寛＊勝海舟〕

○罵詈雑言を浴びせる　○罵詈雑言のあらしの中で

破倫不貞（はりん・ふてい）和

人の道に背くこと。不貞（みさおを・守らない）に、破倫（人の道を・やぶる）を添えて、意味を強める。

▽ある者は楽界の天才を失ったを悲しみ、ある者は破倫不貞のくせ者の消えうせたを〔内田魯庵＊社会百面相〕

○破倫不貞に走る　○破倫不貞のともがら

反間苦肉（はんかん・くにく）漢

自分の身を犠牲にして、敵の内部分裂を図ること。反間（敵の仲を裂く）のために、苦肉（自分の肉体を・苦しめる）する、という。その任務についても用いる。

▽法師が敵方の回し者であることを感づきつつ、

反間苦肉の策謀を巡らし〔谷崎潤一郎＊聞書抄〕▽あの子を、反間苦肉の計略でかきのめさんとするについては、軍師になれという〔幸田露伴＊一刹那〕○反間苦肉を画す　○反間苦肉の奇計をもって　参考 反間之計（はんかんのけい）・苦肉之策（くにくのさく）の参考欄を参照。

半饑半渇（はんき・はんかつ）和

食べ物や飲み物が十分でないこと。饑（うえ）・渇（かわき）、それぞれに半（なかば）を添える。半ばの饑渇、という。現代表記では、饑→飢とも。▽社会の最下層に呻吟する半飢半渇の人物にして、かくのごとくきぜんたるを見るときは〔中江兆民＊国会論〕○半飢半渇に耐える　○半飢半渇を乗り越えて

万疑千惑（ばんぎ・せんわく）和

さまざまな疑いがあること。疑惑（うたがい・まどい）を分けたものに、千万（数が多い）を分けて添える。千万の疑惑、という。▽一たび不易の個の物を発見し、これより以外、万疑千惑、やいばを迎えて解くべしと〔三宅雪嶺＊我観小景〕○万疑千惑を受ける　○万疑千惑の中で

半苦半楽（はんく・はんらく）和

苦しいこともあれば、楽しいこともあること。苦楽を分けたものに、半（なかば）を添える。苦楽相半ばする、という。よいことばかりではない実情について用いる。▽次第に苦楽の種を多くして、半苦半楽、つまるところは人生活動の区域を大にする〔福沢諭吉＊福翁百話〕○半苦半楽を味わう　○半苦半楽の人生において

万古不易（ばんこ・ふえき）漢

遠い昔から変わらないこと。万古（遠い昔から今まで）にわたって、不易（かわら・ない）だ、という。

▽運命の勢いによってかくのごとくの大違いあるを見て、万古不易の天道に疑いをなし〔中江藤樹＊翁問答〕
▽万古不易なる美術の宮殿を建てて、イタリアの史上に日月の光を懸けたる生涯の〔島崎藤村＊落梅集〕
○万古不易とされてきた　○万古不易の道として

（参考）万世不易（ばんせいふえき）の参考欄を参照。

万国共通（ばんこく・きょうつう）和

どの国においても同じ形式が行われていること。万国（おおくの・くに）に、共通（あてはまる）だ、という。
▽新政府が、これまでの古い暦をも廃し、万国共通の太陽暦に改めたころは〔島崎藤村＊夜明け前〕
▽書中に、耶蘇教国間の通法であって万国共通の法ではないと書いてあるからであろう〔穂積陳重＊法窓夜話〕
○万国共通の人情として　○万国共通とは行かないが

盤根錯節（ばんこん・さくせつ）漢

曲がりくねった木の株のこと。盤根（わだかまった・ね）と、錯節（いりくんだ・ふし）を、組み合わせて表す。込み入っていて解決の困難な事柄の場合にも用いる。
▽何かの盤根錯節の木の根を彫って、枝をそのままに生かした一つがいの鶏が〔三島由紀夫＊潮騒〕
▽つきあってみて、盤根錯節を物ともしないそのまれな気質を、彼も知っていた〔島崎藤村＊夜明け前〕
○盤根錯節に出会っても　○盤根錯節を処理して後に

（参考）後漢書に、「志ハ易キヲ求メズ、事ハ難キヲ避ケザルハ臣ノ職ナリ。盤根錯節ニ遇（あ）ハズンバ、何ゾ以テ利器ヲ別（わか）タンヤ」とある。わだかまった根に出会わなければ、切れる刃物かどうか分からない、という。ひゆ的には、解決困難な事柄の場合に用いる。南宋・陸九淵（きゅうえん）の文に、「以テ盤根錯節ト為（な）スニ向カヒテ、未ダ遽（にわ）カニ解ク可カラザル者、将ニ渙然（かんぜん）トシテ氷釈セントス」とある。困難な事柄が解決する、という。

半死半生（はんし・はんしょう）漢

人や動物が死にかかっていること。死生（しぬ・いきる）を分けたものに、半（なかば）を添える。植物が枯れかかっている場合にも用いる。

▽しからざれば心身共に衰弱して、半死半生になってしまうに違いない〔福沢諭吉＊福翁自伝〕

▽湯へつかって出てくる人は、皆半死半生の体で、清吉の足下に打ち倒れたまま〔三島由紀夫＊刺青〕

○半死半生の目に遭う　○半死半生のまま病院に運ばれ　○半死半生の病人　○半死半生の者も多く

（参考）前漢・枚乗（ばいじょう）の文に、「柳門ノ桐（きり）、高サ百尺ニシテ枝無ク、其ノ根、半死半生ナリ」とある。柳門のキリの木が、枯れかかっている、という。これは植物の場合であるが、動物や人にも用いる。特に人の場合、生死の境をさまよっている意味でも用いる。

万死一生（ばんし・いっしょう）漢

極めて危険な状態から、やっと逃げ出すこと。死の割合が万、生の割合が一だ、という。命を取り留める場合に用いる。九死一生より、程度が上になる。

▽後に聞けば、この夜がわたしの万死一生、恐ろしいときであったというのは〔福沢諭吉＊福翁自伝〕

▽弓矢を取り世を渡ると申せども、万死一生は一期に一度とこそ承れ。されば古きことばに〔曾我物語〕

○万死一生という目に遭う　○万死一生の恩人として

参考　前漢・司馬遷の文に、「万死ニシテ一生ヲ顧ミザルノ計ヲ出ダシ、公家ノ難ニ赴ク」とある。死を決して救難に向かった、という。また、危険な場面そのものにも用いる。北宋・黄庭堅の文に、「万死一生ニ至リ、敢テ前ヲ瞻（み）後ロヲ顧ミズ」とある。日本では、そのような状態から逃れる場合に用いることが多い。

万事万端（ばんじ・ばんたん）和
すべての事柄のこと。事（ことがら）・端（ものごと）、それぞれに万（数が多い）を添える。
▽大きな邸宅に住居して散財の法もきれいで、万事万端、思い切りがよくて〔福沢諭吉＊福翁自伝〕
▽一般の趣味やら、万事万端、自分の思うこととは全く反対していることに気がつき〔永井荷風＊腕くらべ〕
○その他、万事万端にわたり　○万事万端が整わず

万事万物（ばんじ・ばんぶつ）和
すべての物事のこと。事（こと）・物（もの）、それぞれに万（数が多い）を添える。
▽常に進歩し、常に清新であるは、万事万物の原則というても、差し支えあるまい〔徳富蘇峰＊国民自覚論〕
▽わが一身をはじめ、万事万物を軽く見て、熱心に過ぐることあるべからず〔福沢諭吉＊福翁百話〕
○万事万物に含まれている　○万事万物の道理として

晩熟晩老（ばんじゅく・ばんろう）和
一人前になるのが遅く、老いぼれるのも遅いこと。おそく・みのり、おそく・おいる、という。早熟早老の対。
▽人には、早熟早老、晩熟晩老などあれど、常に適所に適材を配置するを要す〔三宅雪嶺＊小紙庫〕
○晩熟晩老のきらいがある　○晩熟晩老を期して

半信半疑（はんしん・はんぎ）　漢

信じてよいかどうかに迷うこと。信疑（しんじる・うたがう）を分けたものに、半（なかば）を添える。半ば信じ、半ば疑う、という。半信を半真と書くのは誤り。

▽嫌がらせを主として感ずれば、言われた事実は半信半疑の事柄になる〔志賀直哉＊好人物の夫婦〕

▽彼に対する津田は、実のところ、半信半疑の真ん中に立っていた。そこに幾分でも自分の〔夏目漱石＊明暗〕

○半信半疑で聞く　○それでも半信半疑だったけれども　○半信半疑の面持ちで　○半信半疑の者も多く

参考　明・楊慎（ようしん）の文に、「師傅（しふ）、弟子ニ回頭ヲ苦勧ス。弟子、半信半疑ナリ」とある。先生が弟子に、反省するように懇ろに忠告した。弟子のほうは、どうしたらよいか分からなかった、という。日本では、半信半不信の意味で、疑わしい場合に用いる。

半身不随（はんしん・ふずい）　漢

体の左右どちらかの半分がまひしてしまうこと。半身（はんぶんの・からだ）が、不随（自由には動か・ない）だ、という。脳出血のあとなどに起こる症状。

▽静岡の実家には、現に半身不随の老いを泣く父があり、この手数のかかる父を抱えて〔二葉亭四迷＊其面影〕

▽客のないときは、半身不随の老主人が寝いすに横たわって、目をまじまじさして〔岡本かの子＊生々流転〕

○半身不随に陥る　○今さら半身不随を嘆いても

参考　明・王肯堂の証治準縄に、「或イハ半身不随シ、或イハ六脈沈伏ス」とある。卒中の解説の一部である。半身の自由が利かなくなるか、六つの脈が滞る、という。後に、西洋医学の hemiplegia（半まひ）の訳語となる。

半人半獣（はんじん・はんじゅう）洋　半分は人の形、半分は獣の形をしていること。人（ひと）・獣（けもの）、それぞれに半（なかば）を添える。ギリシャ神話やローマ神話の神々について用いる。その形により、獣面人身・人面獣身とも。
▽大理石の塊の真ん中に、半人半獣の二人がかみ合っているところを彫ってみたい〔国木田独歩＊号外〕　○半人半獣の神々　○半人半獣ともいうべき怪物

半醒半睡（はんせい・はんすい）漢　意識がはっきりしないこと。醒（さめる）・睡（ねむる）、それぞれに半（なかば）を添える。半ば覚め、半ば眠る、という。意識がもうろうとしている状態に用いる。
▽いったん破りかけられたその夢は、半醒半睡の間に、辛うじて持続した〔夏目漱石＊明暗〕
▽夜、寝て温まると、しばらくして、決まって半醒半睡で泣きだす。閉じた目から涙が〔幸田文＊みそっかす〕　○半醒半睡のうちに　○半醒半睡とも言える状態の中で
(参考) 唐・李群玉の詩に、「酒ニ別レテ亭ヲ離ルルコト十里強、半バ醒メ半バ酔ヒテ、愁ヒヲ引クコト長シ」とある。酔いが覚めないで、もの寂しい気持ちが続いている、という。南宋・陸游の詩に、「半醒半酔、常ニ日ヲ終ハル。士ニ非ズ、農ニ非ザル一老翁」とある。いつもいい気持ちで酔っている、という。日本では酔を睡に改め、意識がはっきりしない意味で用いる。

万世一系（ばんせい・いっけい）和　永遠に血筋が続いていくこと。万世（よろずの・よ）にわたって、一系（ひとつの・ちすじ）だ、という。日本の天皇家のことについて用いる。
▽やがてはこの万世一系の国家が崩壊する時が来るだろう。国家の崩れるとき〔石川達三＊風

にそよぐ葦〕▽吾人は、わが万世一系、金甌無欠の皇室をもって、他と比較する者ではない〔徳富蘇峰＊国民自覚論〕

万世不易（ばんせい・ふえき）漢

永遠に変わらないこと。○万世一系の天皇○万世一系を誇る ○万世（よろずの・よ）にわたって、不易（かわら・ない）だ、という。▽「恐れ入りました」「恐れ入るはいい、が、万世不易、天地の理をつかむためだ」〔子母沢寛＊勝海舟〕▽永久なるべき文芸は、万世不易の根本的人情を描いたものであるなど言えど〔金子筑水＊実生活と文芸〕○万世不易とされてきた ○万世不易の真理

(参考) 荀子に、「士大夫ハ以テ道ト為シ、百姓ハ以テ俗ト成ス。万世、易フルコト能ハザルナリ」とある。士大夫は、人の踏み行うべき道だと考えて行うが、一般の人民は、旧来の風俗だと考えてそのとおりする。これは永久にこのとおりだ、という。日本では、遠い昔から変わらない場合に、万古不易に改めて用いる。

版籍奉還（はんせき・ほうかん）和

藩主が、その土地と人民を朝廷に返すこと。版（土地、領地）と籍（戸籍、領民）を、奉りかえす、という。一八六九年に全国の藩主がこれを行い、改めて知藩事に任命されたことをいう。版籍を藩籍と書くのは誤り。▽一方には版籍奉還の声となり、一方には神仏混交禁止の叫びにまで広がった〔島崎藤村＊夜明け前〕▽版籍奉還はあんたのかねての持論だ、それもすでに天下の論になっている〔子母沢寛＊勝海舟〕○版籍奉還に伴う制度の改変 ○版籍奉還後の情勢

半農半漁（はんのう・はんぎょ）和

農業と漁業を兼ねて生計を立てること。農・漁、

それぞれに半（なかば）を添える。半ば農、半ば漁、という。

▽あるところは半農半漁の村民を移住させた町あり、あるところは運上所を中心に〔島崎藤村＊夜明け前〕

○半農半漁で暮らす　○半農半漁の生活

繁文縟礼（はんぶん・じょくれい）漢

規則や礼儀が煩わしいこと。繁文（こまごました・規則）と、縟礼（わずらわしい・礼儀）を、組み合わせて表す。手続などが煩わしい場合にも用いる。

▽繁文縟礼を省こう、その費用をもっと有益なことに充てよう。負担をも軽くしよう〔島崎藤村＊夜明け前〕

▽諸役、実に悠々閑々、繁文縟礼、古例に執着して因循姑息、お世話の不行き届き不始末〔子母沢寛＊勝海舟〕

○繁文縟礼にわたる　○旧態依然の繁文縟礼に対して

参考　清国行政法汎論（はんろん）に、「務メテ当（まさ）ニ此ノ旨趣ヲ以テ、再ビ大イニ繁文縟礼ノ弊ヲ芟除（さんじょ）スベシ」とある。官庁の項の監督種類の備考にある注意書きである。規則類が煩わしくなる弊害を取り除くべきだ、という。

煩悶憤悶（はんもん・ふんもん）和

大いに思い悩むこと。悶（もだえる）に、煩（わずらう）・憤（いきどおる）を添える。大いにもだえる、という。

▽この不義不徳を犯すわが輩の心持ちは、煩悶憤悶、苦痛惨憺の固まりです〔内田魯庵＊社会百面相〕

○煩悶憤悶に堪えない　○煩悶憤悶する青年としては

万里同風（ばんり・どうふう）漢

世の中全体が平和であること。万里の遠くまで、同じ風が吹いている、という。皮肉な用い方で、国のすみずみまで乱れている場合にも用いる。千里同風とも。

○万里同風の感に浸る　○万里同風どころか
(参考) 漢書に、「今、天下、一ト為リ、万里、風ヲ同ジクス」とある。天下が統一され、万里の間、風俗が同じだ、という。前漢・終軍が武帝に申し上げたことばで、国のすみずみまでよく治まっている意味である。

【ひ】

美衣美食（びい・びしょく）漢
ぜいたくな生活をすること。衣食を分けたものに、美（うつくしい）を添える。美しい衣食、という。
▽その平生、美衣美食、大きな邸宅に住居して散財の法もきれいで〔福沢諭吉＊福翁自伝〕
▽無用なる美衣美食を専らとし、緑酒紅灯と相親しむ者、銀行業者の通弊に候えども〔内田魯庵＊社会百面相〕
○美衣美食を求める　○美衣美食に甘んじて
(参考) 明代の小説・東周列国志に、「謂フ所ノ君ハ、尊号ヲ受ケ栄名ヲ享ケ、美衣玉食ス」とある。尊号と栄名を受け、衣食のぜいたくをする、という。日本では、玉食も、美衣にそろえて、美食とする。

悲歌慷慨（ひか・こうがい）漢
悲しみの歌を歌って嘆くこと。悲歌（かなしい・うた）して、慷慨（いきどおり・なげく）する、という。
▽巣鴨へ行って見ろ、いわゆる豪傑や君子や聖人が、盛んに大言壮語、悲歌慷慨して〔内田魯庵＊社会百面相〕
▽政論には客気の悲歌慷慨論多く、品行においては大塊肉を喫し大椀酒を飲むという〔山路愛山＊経済雑論〕
○悲歌慷慨して涙を流す　○悲歌慷慨の詩
(参考) 史記に、「是ニ于テ項王、乃チ悲歌慷慨シ、自ラ詩ヲ為シテ曰ク」とある。楚・項羽が劉邦（りゅうほう）（後の漢の高祖）の軍に包囲されたときのことである。悲しみの詩を作って歌った、という。抜山蓋世の詩のことである。

飛花落葉（ひか・らくよう）仏

美しい花もやがては散り、青々とした葉もやがては落ちること。飛花（とぶ・はな）と、落葉（おちる・は）を、組み合わせて表す。この世の無常について用いる。

▽飛花落葉を見ての無常述懐は、だれの心にもおのずからにあるものであるから〔唐木順三＊応仁四話〕

▽逢坂の山風の是正滅法のことわりをも得ればこそ、飛花落葉の折々は、筆を染めて藻塩草〔謡曲＊関寺小町〕

○飛花落葉に思いを寄せる　○飛花落葉の悟り

（参考）仏教で悟りを開くというのは、世の無常を悟ることであるが、そのときに自然界の現象も一つの契機になる。山に入って独りで修行している者にとっては、春散る花、秋落ちる葉という自然の生滅変化を見て、無常を悟ることもできるからである。その点で、仏教では、飛花落葉が悟りを開く際の対象と考えられている。これを、飛花落葉の理、という。

被害妄想（ひがい・もうそう）洋

他人から危害を与えられていると想像して、それを信じ込むこと。被害（そこなわ・れる）の、妄想（でたらめな・おもい）、という。もとは、精神疾患の症状のこと。

▽そんな島で育ったおかげで、彼もまた、人並みに、一種の被害妄想にかかっていた〔花田清輝＊小説平家〕

○被害妄想に駆られる　○被害妄想に苦しめられる

悲喜哀歓（ひき・あいかん）和

喜びと悲しみのこと。哀歓（かなしみ・よろこび）に、悲喜（かなしみ・よろこび）を添えて、意味を強める。喜んだり悲しんだりする場合に用いる。

▽悲喜哀歓こもごもなる好活劇を演ずべしとて、揚々として赴きしが〔坪内逍遥＊小説神髄〕▽夢を見て悲喜哀歓するは、痴情の極です。けれども、正夢のような気がする〔内田魯庵＊社会百面相〕

○悲喜哀歓を繰り返す　○悲喜哀歓の間に処して

秘儀秘教（ひぎ・ひきょう）和

神秘的な行事のこと。儀（礼式）・教（教義）、それぞれに秘（ひめる）を添える。宗教的な行事に用いる。

▽単に自らを重んずるための秘儀秘教のごときものにすぎぬと思っている者もあるから〔唐木順三＊応仁四話〕

○秘儀秘教にわたる　○秘儀秘教のもとでは

非義非道（ひぎ・ひどう）和

人の道に反すること。道義（人の行うべき正しい道）を分けたものに、非（そうでない）を添える。道義にあらず、という。道理に反する場合にも用いる。

▽彼は、おやじの非義非道を慚愧に堪えないのだ。彼は、今や小松内府の窮境にあるのだ〔木下尚江＊火の柱〕▽常に州民をしいたげて、非義非道多かりつる報いにや、妻はあやしき病にて身まかり〔曲亭馬琴＊椿説弓張月〕

○非義非道を暴く　○非義非道の行い

卑下卑屈（ひげ・ひくつ）和

相手に対して伸び伸びしないこと。卑屈（いやしめ・かがむ）に、卑下（いやしめ・くだる）を添えて、意味を強める。服従・妥協する態度について用いる。

▽内々では鼻を高くしていながら、武家将軍に仕えているのは、卑下卑屈ではないか〔唐木順三＊応仁四話〕

○卑下卑屈に陥る　○卑下卑屈の行為として

飛耳長目（ひじ・ちょうもく）漢

遠くの音をよく聞く耳と、遠くのものをよく見る目を持っていること。飛耳（とぶ・みみ）と、長目（ながい・め）を、組み合わせて表す。学問や世情に精通していることについて用いる。情報収集能力があることについても用いる。長目飛耳とも。

○飛耳長目を心掛ける　○飛耳長目の識者として

（参考）管子に、「一ニ曰ク長目、二ニ曰ク飛耳、三ニ曰ク樹明。明ラカニ千里ノ外、隠微ノ中ヲ知ル」とある。君主の道として、三つの点が挙げられている。遠方のものを見、遠方のことを聞いて、明を立てる（人に欺かれない）。そうすれば、千里の外のことも、隠微の中のことも知ることができる、という。

美辞麗句（びじ・れいく）和

飾り立てるためのきれいなことばのこと。辞句（ことば）を分けたものに、美麗（うつくしく・うるわしい）を分けて添える。特に、内容がない場合に用いることもある。

▽いつの内閣でも、門出のときは綱紀粛正や冗費節約が決まり文句で、美辞麗句を並べ〔朝日新聞＊天声人語〕

▽美辞麗句の衣の下から、敗戦の事実がすっかり見透かされているのであった〔石川達三＊風にそよぐ葦〕

○空虚な美辞麗句で飾り立てる　○美辞麗句の羅列

美酒佳肴（びしゅ・かこう）和

すばらしいごちそうのこと。美酒（おいしい・さけ）と、佳肴（よい・さかな）を、組み合わせて表す。

▽そのまま行かせるのが惜しまれて、やかた内に引き留めて、美酒佳肴攻めにした〔柴田錬三郎＊柴錬水滸伝〕

▽長崎屋さんのお話では、美酒佳肴というのがお好き、以前は江戸に滞留の節〔井伏鱒二＊おろしや国酔夢譚〕

○美酒佳肴でもてなす　○美酒佳肴をふるまわれて

美女美男（びじょ・びなん）和

顔かたちの整った女と男のこと。男女を分けたものに、美（うつくしい）を添える。美しい男女、という。

▽実際には、村にありもしない美女美男を、山のすそ、海のほとりに動かしていた〔正宗白鳥＊人間嫌い〕

○美女美男を描く　○美女美男に囲まれて

美人薄命（びじん・はくめい）漢

美しい女性は不幸になる場合が多いということ。美人（うつくしい・女性）は、美しい代わりに、とかく薄命（うすい・運命）だ、という。早死にする場合にも用いる。佳人薄命とも。才子多病の対。

▽美人薄命にして才子多病、大声は里耳に入らず、陽春白雪の歌は和する者少なし〔末広鉄腸＊雪中梅〕

▽実際、桜ほどその美人薄命の感じを代表している花はない気がしますね〔長与善郎＊竹沢先生と云う人〕

○美人薄命の例えに漏れず　○美人薄命の娘にとって

（参考）佳人薄命の参考欄を参照。

飛雪紛々（ひせつ・ふんぷん）和

雪が風に吹かれて入り乱れること。飛雪（とぶ・ゆき）が、紛々（いりみだれる）だ、という。

▽傘を傾けても、面を打つ飛雪紛々、着物はぬれ通り、つま先は凍え切って感覚を失う〔徳富蘆花＊思出の記〕

○飛雪紛々として下る　○飛雪紛々の朝を迎えて

皮相浅薄（ひそう・せんぱく）和

上辺だけで、浅はかなこと。皮相（そとがわの・ありさま）が、浅薄（あさく・うすい）だ、という。知識・学問が浅い場合に用いる。皮相を皮層と書くのは誤り。
▽よくよく聞きただせば、何も知っておらん。まことに皮相浅薄な知識じゃ〔埴谷雄高＊死霊〕
▽三十代の一人として四十代のヒューマニズムを皮相浅薄のものと見なし〔中島健蔵＊現代のヒューマニズム〕
○皮相浅薄な物の見方　○皮相浅薄にすぎない知識

匹夫匹婦（ひっぷ・ひっぷ）漢

封建的な身分制度において、身分が卑しいとされていた成人男女のこと。夫婦（結婚した男女）を分けたものに、匹（身分が卑しい）を添えて表し、用いた。
▽金というものは、匹夫匹婦の手に握るときは、世道人心を破る凶器となります〔内田魯庵＊社会百面相〕
▽すこぶる圧制な論鋒だから、何にも知らぬ匹夫匹婦は、往々この法でだまされます〔坪内逍遥＊京わらんべ〕
○匹夫匹婦の愚を繰り返す　○匹夫匹婦に至るまで
(参考) 左伝に、「匹夫匹婦強死スレバ、其ノ魂魄、猶ホ能ク人ニ憑依シ、以テ淫厲ヲ為ス」とある。一般人民でも、病気以外の死に方をすれば、その魂が人について、たたりをする、という。ただし、論語や孟子では、道理に暗い男女の意味である。日本では、文字どおり、身分の低い男女に用いた。

秘伝秘儀（ひでん・ひぎ）和

特定の人にだけ伝える奥深い事柄のこと。伝（つたえ）・儀（ことがら）、それぞれに秘（ひみつ）を添える。学問や芸能について用いる。
▽それをしながら、家系家名、秘伝秘儀をお題目のように唱えているのがおかしい〔唐木順三＊応仁四話〕
○秘伝秘儀として大切にされる　○秘伝秘儀の公開

非難攻撃（ひなん・こうげき）　和

過ちを強く責めること。非難（非として・なじる）と、攻撃（せめ・うつ）を、組み合わせて表す。

▽瀬木氏は笑っている。若者らしく手際の悪い非難攻撃には、答弁を与えることはない〔大仏次郎＊旅路〕

▽元一氏が、どういう風の吹き回しか、夫人の非難攻撃の対象になった〔三島由紀夫＊永すぎた春〕

○非難攻撃を受けて立つ　○非難攻撃してくるときは

被髪左衽（ひはつ・さじん）　漢

髪を結わず、左前に着る風俗のこと。かみをこうむり、えりをひだりにする、という。中国の北方民族の風習。

▽人類を大別して二とす。一はすなわち夷狄にして、被髪左衽の俗を有するものなり〔山路愛山＊経済雑論〕

▽ひそかに虜情を偵察し、衣冠文物の礼楽をして、被髪左衽に変ぜざらしめんとす〔中邨秋香＊書翰文大成〕

○被髪左衽の俗に従う　○被髪左衽する人々に対して

（参考）人面獣心（にんめんじゅうしん）の参考欄を参照。

悲憤慷慨（ひふん・こうがい）　和

悲しんでけしからんと思うこと。悲憤（かなしみ・いきどおる）して、慷慨（いきどおり・なげく）する、という。世の中の不義や不正に対して用いる。慷慨悲憤とも。

▽だが、その反発は、悲憤慷慨したり、くさったりすることではなかった〔城山三郎＊乗取り〕

▽あるいは、上様ご前体も忘れて悲憤慷慨、泣いてこぶしを打ち振っている者もある〔子母沢寛＊勝海舟〕

○悲憤慷慨して回る　○悲憤慷慨の士として

肥満長身（ひまん・ちょうしん）　和

太っていて、背が高いこと。肥満（こえ・みちる）と、長身（たかい・からだ）を、組み合わせて表す。
▽思い切ったことのできる性質ではなく、むしろ肥満長身の泰然たるふうさいの人で〔島崎藤村＊夜明け前〕
○肥満長身を嫌って　○肥満長身の大男

鼻目口耳（びもく・こうじ）和
顔かたちを構成する、すべての道具立てのこと。はな・め・くち・みみ、を組み合わせて表す。耳目口鼻とも。
▽常々は同形同色の鼻目口耳に対し、その同調の言語を聴きて十年一日たるときは〔中江兆民＊憂世慨言〕
○鼻目口耳を記憶にとどめ　○鼻目口耳の整った顔だち

眉目秀麗（びもく・しゅうれい）和
顔かたちが整っていること。眉目（まゆ・め）が、秀麗（ひいでて・うるわしい）だ、という。男性について用いる。眉目を鼻目と書くのは誤り。
▽一足下がって、眉目秀麗のフロックコート紳士が、恐る恐る夫人をいたわりつつ〔内田魯庵＊社会百面相〕
▽まだ三十歳余りの、眉目秀麗な僧侶であった。僧侶は丁寧に合掌の礼をした〔柴田錬三郎＊柴錬水滸伝〕
○眉目秀麗な青年として　○眉目秀麗にして知勇兼備

百尺竿頭（ひゃくしゃく・かんとう）⇩ひゃくせき・かんとう

百出千化（ひゃくしゅつ・せんか）和
さまざまな考えが出てくること。出（でる）・化（かわる）、それぞれに、百千（数が多い）を分けて添える。
▽旦元は実に百出千化、苦慮、幼主を補弼して余すところがなかったねえ〔子母沢寛＊勝海舟〕

○百出千化してやまない　○百出千化の妄想

百姓一揆（ひゃくしょう・いっき）和

支配者に対して、農民が団結して立ち上がること。百姓（農民）の、一揆（ひとつの・はかりごと）、という。近世の農民が悪政に対して起こした反抗運動のこと。

▽諸国には、当時の厳禁なる百姓一揆も起こりつつあった。しかし、単なる謀反とは〔島崎藤村＊夜明け前〕

▽百姓一揆のちょうちん持ちだの、老人の冷や水だのと悪口をぬかしおって〔内田魯庵＊社会百面相〕

○百姓一揆の首謀として　○近世の百姓一揆のごとく

百尺竿頭（ひゃくせき・かんとう）漢

高いさおの上端のこと。百尺もある、竿頭（さおの・さき）、という。向上できる最後のところの意味でも用いる。俗に、百尺をヒャクシャクと読む（尺は、漢音セキ、呉音シャク）。

▽出島の国旗は常に百尺竿頭に翻々して、オランダ王国はかつて滅亡したることなしと〔福沢諭吉＊福翁自伝〕

▽百尺竿頭に上り詰めたと自任する人間のうぬぼれは、また急に脱落し〔夏目漱石＊思い出すことなど〕

▽そこで、これから、百尺竿頭一歩を進めて、それらの二つの話を有機的に関係づけ〔花田清輝＊小説平家〕

○百尺竿頭の外に　○百尺竿頭、さらに進めて

(参考) 唐・呉融の詩に、「百尺竿頭、五両斜メナリ」とある。長いさおの端の風見が斜めになっている、という。宋・葉夢得の石林詩話に、「百尺竿頭裏裏ノ身、足騰リ跟挂ケ、旁人ヲ駭カス」とある。さおの上の曲技が見ている人を驚かす、という。これらは実際に高いさおの端のことであるが、ひゆ的にも用いる。南宋・無門慧開の無門関に、「百尺竿頭ニ須ラク歩ヲ進メテ、十万世界ニ全身ヲ現ズベシ」とある。百

尺竿頭で動かずにいられる人も、悟りの点ではさらに一歩を進めて、十万世界が全身であるようになるべきだ、という。

百折不撓（ひゃくせつ・ふとう）漢

何度失敗しても、くじけずに続けること。百折（百回・おれる）しても、不撓（たわま・ない）だ、という。

▽「百折不撓」と書いた横額、模型練習についての注意書きなど、すべてが〔中野重治＊汽車の缶焚き〕

▽貴邦人の独立不羈、百折不撓の気、余を奨励するもの多し、余この地にとどまらば〔東海散士＊佳人之奇遇〕

○百折不撓で進む　○百折不撓の勇をもって

（参考）後漢・蔡邕の文に、「其ノ性荘ンニ、華ヲ疾ミ朴ヲ尚ビ、百折不撓、大節ニ臨ミテ奪フ可カラザルノ風有リ」とある。華美を排し質朴を貴び、意志堅固だ、という。日本では、折を失敗のひゆとし、何度失敗してもくじけない意味に用いる。

百戦百勝（ひゃくせん・ひゃくしょう）漢

戦うたびに、いつも勝つこと。戦（たたかう）・勝（かつ）、それぞれに百（数が多い）を添える。百たび戦って、百たび勝つ、という。スポーツの場合にも用いる。

▽軍兵を差し遣い、軍法をよく心得、はかりごとを巡らし、百戦百勝の功を立て〔中江藤樹＊翁問答〕

▽失敗すれば、当然の成り行き、しかりである。投機は百戦百勝ということはない〔江森泰吉＊大隈伯百話〕

○百戦百勝を目指して進む　○百戦百勝して今日に至る

（参考）周・鄧析の鄧析子に、「廟算千里、帷幄ノ奇、百戦百勝、黄帝ノ師」とある。黄帝の軍は、朝議も作戦もよく、戦うたびに勝った、という。ただし、孫子には、「百戦百勝ハ善ノ善ナル者ニ非ザルナリ。戦ハズシテ人ノ兵ヲ屈スルハ、善ノ善ナル者ナリ」とある。兵法としては、戦わずに勝つのが最上だ、という。

百戦錬磨（ひゃくせん・れんま）　和

多くの戦いをして、武術を鍛えること。百戦（百の・たたかい）で、錬磨（きたえ・みがく）する、という。多くの経験を積んで実力を磨く場合にも用いる。

▽蛇におじない手つきで、百戦錬磨の腕利きよりも先に、こまを張った〔平林たい子＊地底の歌〕

▽丹羽は百戦錬磨ともいうべき作家で、作風は現実的であり、筆は描写に長じて〔尾崎一雄＊梅の咲く村にて〕

○百戦錬磨の選手として　○百戦錬磨に支えられて

百難百出（ひゃくなん・ひゃくしゅつ）　和

さまざまの困難が、次々と出てくること。難（困難）・出（でる）、それぞれに百（数が多い）を添える。百難（百の・困難）が、百出（百たびも・でる）する、という。

▽ただ誠意一貫、赤誠一途、百難百出しても、あえてびくともしねえということだ〔子母沢寛＊勝海舟〕

○百難百出の危機を迎える　○百難百出、前途多難で

百八煩悩（ひゃくはち・ぼんのう）　仏

人間を苦しめている迷いが非常に多いこと。百八の、煩悩（心をかき乱す迷い）がある、という。

▽人情とはいかなるものをいうや、人情とは人間の情欲にて、百八煩悩これなり〔坪内逍遥＊小説神髄〕

▽百八煩悩の眠りの驚く夢の世の迷いも、はや尽きたりや後夜の鐘に、我も五障の雲晴れて〔謡曲＊三井寺〕

○百八煩悩の夢から覚めて　○百八煩悩のきずな

参考　仏教では、悪い心の動きを煩悩という。

人間を煩わし悩ます心の汚れが、すべて煩悩である。それが非常にさまざまであるため、普通は百八あるという。大みそかに寺院の釣り鐘を百八回鳴らす行事（除夜の鐘）も、百八の煩悩を一つずつ洗い清め、汚れのない心で新年を迎えようというのがその趣旨である。

百万長者（ひゃくまん・ちょうじゃ）仏　非常に多くの財産を持っている人のこと。百万も持っている、長者（かねもち）、という。
▽百万長者であろうとも、月を見ても花を見ても、ただそれだけというような人間は〔子母沢寛＊勝海舟〕
○百万長者にあこがれる　○百万長者の生活
（参考）仏教では、資産家のことを長者という。しかし、単なる富豪ではなく、精神的な条件も含まれている。心が平らかで、性が正しく、語が実で、行が厚く、そのうえ齢が優れて、財が満ちている者をいう。なお、百万というのは万の百倍であるが、非常に多いということであり、ここでは財の豊かさを表すための修飾語である。

百雷落下（ひゃくらい・らっか）和　音が非常に大きく響くこと。百雷（百の・かみなり）が、落下（おち・くだる）したようだ、という。
▽松本は絶叫せり、拍手喝采の響きは、百雷落下と疑われぬ。今は議長も立ち上がれり〔木下尚江＊火の柱〕
○百雷落下の大音響とともに　○百雷落下のごとく

百花斉放（ひゃっか・せいほう）漢　さまざまな花が一度に咲くこと。百花（百の・はな）が、斉放（そろって・さく）する、という。数多くの学問や芸術が自由に行われて盛んになる場合に用いる。ただし、百家争鳴は百家と書くのは誤り。ただし、百家争鳴は百家と書く。
▽そういうところだけは、百花斉放、百家争鳴どころの騒ぎではなかった〔吉田健一＊マクナマス氏行状記〕

▽百花斉放さながらに男女歌人が輩出する古今集の盛況は望みえないにしても〔平凡社＊日本語の歴史〕
○百花斉放の観がある　○百花斉放とまでは行かないが
㊂参考 清・褚（ちょ）人穫の隋唐演義に、「陛下ハ寂寞（せきばく）ナラザルヲ要ス。何ゾ難キコト有ランヤ。妾等（しょうら）、今夜天宮ニ虔禱（けんとう）スレバ、明朝ノ百花斉放ヲ管取セン」とある。百種の花が一斉に開くように明るくなることを請け合う、という。中華人民共和国では、学問や芸術を自由に発展させるための方針として、百家争鳴とともに用いる。

百家争鳴（ひゃっか・そうめい）漢
さまざまの学者が活発に意見を闘わせること。百家（百の・学者）が、争鳴（あらそい・なく）する、という。各自が自由に自分の意見を主張する場合に用いる。百家を百花と書くのは誤り。ただし、百花斉放は百花と書く。
▽そういうところだけは、百花斉放、百家争鳴どころの騒ぎではなかった〔吉田健一＊マクナマス氏行状記〕
○百家争鳴の観がある　○百家争鳴、その騒がしさは
参考 漢書に、「凡ソ諸子百八十九家、其ノ善キ所ヲ崇（あが）メ、此ノ馳説（ちせつ）ヲ以テ、諸侯ニ取合ス」などとあるあとに「百家争鳴」の語を用いている。この場合の百八十九家とは、儒・法・道・墨・名・陰陽・農などの思想流派のこと、それらが諸侯に持ち込んだことについていう。中華人民共和国では、学問や芸術の各派を自由に論争させるための方針として、百花斉放とともに用いる。

百花繚乱（ひゃっか・りょうらん）和
さまざまな花が美しく咲き乱れること。百花（百の・はな）が、繚乱（もつれ・みだれる）する、という。風俗が華やかな場合にも用いる。
▽室内が百花繚乱の絵模様で彩られたように映った。高雅な花のにおいが鼻をかすめた〔正宗

白鳥＊日本脱出〕
▽失業と飢餓が街にあふれているとき、こんな百花繚乱が許されていいものなのか〔高見順＊今ひとたびの〕
○百花繚乱の観がある　○百花繚乱を思わせる卒業式

百鬼夜行（ひゃっき・やぎょう）漢
さまざまな化け物が歩き回ること。百鬼（百の・ばけもの）が、夜行（くらやみで・あるく）する、という。多くの人が怪しい行動をする場合にも用いる。夜行動物などの場合はヤコウと読むこともある。夜行をヤコウと読む。
▽何に例えられたら十分だろうか、百鬼夜行の絵巻物がリン素の光に映っているよう〔山田美妙＊夏木立〕
▽きみ知るや、百鬼夜行の加古川堤。一つ目小僧、一寸法師、大入道にろくろ首〔正宗白鳥＊日本脱出〕
○百鬼夜行に遭って　○百鬼夜行の毎晩

㊟参考　陰陽道には、夜行の日というのがあり、その日は夜間の外出を禁じていた。さまざまな鬼が夜行するから危険だ、という。鬼というのは妖怪のことで、百鬼はさまざまの妖怪のことである。また、夜行というのは、夜、行列をなして歩き回ることである。これが百鬼夜行で、それを描いた百鬼夜行絵巻などもある。

百考千思（ひゃっこう・せんし）和
いろいろと考えてみること。思考（おもい・かんがえる）を分けたものに、百千（数が多い）を分けて添える。百千の思考、という。千思万考のほうが、程度が上になる。
▽百考千思、ぼくはついに自ら進んで退学するほかに、その道を見いださぬのであった〔徳富蘆花＊思出の記〕
○百考千思しても始まらない　○百考千思の末

百発百中（ひゃっぱつ・ひゃくちゅう）漢
撃った弾が全部あたること。発（うつ）・中（あたる）、それぞれに百（数が多い）を添える。

百たび撃って、百たびあたる、という。計画や予想の場合にも用いる。
▽立ち撃ちで百発百中、腰撃ちでも十中八はあたったが、あんなのが一人でもいたら〔子母沢寛＊勝海舟〕
▽子を産む手段とならんか、それこそ百発百中、男女相会えば必ず子供を産み〔坪内逍遥＊当世書生気質〕
○百発百中の腕前を持つ　○百発百中して誤らない
(参考) 前漢・劉向の戦国策に、「楚ニ養由基ナル者有リ、善ク射ル。柳葉ヲ去ル者、百歩ニシテ之ヲ射テ、百発百中ス」とある。百歩離れても全部あたった、という。また、ひゆ的にも用いる。明・凌濛初の拍案驚奇に、「長ジテ双目鬼ノ如ク、口ヨリ霊験ヲ出ダス。遠近ノ人多ク来リ、請ヒテ吉凶休咎ヲ問フ。百発百中ス」とある。吉凶禍福、すべてあたった、という。

剽悍決死（ひょうかん・けっし）和
戦場で非常に勇ましいこと。剽悍（つよく・あらい）と、決死（しぬことを・きめる）を、組み合わせて表す。
▽敵の大将たる者は、古今無双の英雄で、これに従うつわものは、共に剽悍決死の士〔外山正一＊抜刀隊の歌〕
○剽悍決死で進む　○剽悍決死の闘志に燃える

平等一様（びょうどう・いちよう）和
扱いに偏りがないこと。平等（たいらかで・ひとしい）と、一様（おなじ・やりかた）を、組み合わせて表す。
▽性質は、人につきあいして愛憎のないつもりで、貴賤貧富、君子も小人も平等一様〔福沢諭吉＊福翁自伝〕
▽他に向かって隷属することなく主人たることなく、みな平等一様の関係にして〔徳富蘇峰＊静思余録〕
○平等一様に扱う　○平等一様の待遇を受ける

表裏一体（ひょうり・いったい）和

二つの物事の関係が極めて密接なこと。表と裏が、一つのものだ、という。共同の目的に向かう場合にも用いる。

▽彼女の秩序のテオリーは、彼女に体現されている美の理想と表裏一体であるという〔山本健吉＊細雪の褒貶〕

▽知恵と慈悲とを表裏一体とする仏教の立場は、矛盾を解決する一つの見方を打ち出し〔壬生台舜＊般若心経〕

○表裏一体をなしている　○表裏一体となって進む

比翼連理（ひよく・れんり）漢

夫婦の愛情が極めて深いこと。比翼（くっついている・つばさ）の鳥、連理（つづいている・もくめ）の枝のようだ、という。夫婦になる場合にも用いる。死ぬまでを強調する場合は、偕老同穴を用いる。

▽約束の日になりてかの寺へ行き、思いのままに契りを込め、比翼連理の語らいをなし〔中江藤樹＊鑑草〕

▽やり繰りの文章を頼まれ、昔勤めし遊女の道は、比翼連理の根心をわきまえて〔井原西鶴＊好色一代女〕

○比翼連理を契る　○比翼連理の心

参考　唐・白居易が楊貴妃と玄宗皇帝のことを取り上げた長恨歌に、次の描写がある。「天ニ在リテハ、願ハクハ比翼ノ鳥ト作リ、地ニ在リテハ、願ハクハ連理ノ枝ト為ラン」とある。比翼の鳥とは、翼が片側しかなく、雌雄が左右一体となって飛ぶ鳥のこと、連理の枝とは、別の根から生えたにもかかわらず接合して木目が一つになった枝のこと、そのように強く結ばれた夫婦になろう、という。二人が誓い合ったときのことばである。

疲労困憊（ひろう・こんぱい）和

非常に疲れていること。疲労（つかれ・くたびれる）して、困憊（くるしみ・つかれる）している、という。

▽恥辱のふちに沈み、疲労困憊し、ぬれたパンツの寒さにくしゃみをしながら〔大江健三郎＊セヴンティーン〕

▽事実、その顔は疲労困憊の色が濃いので、伊瀬も無理は言えなかった〔松本清張＊Dの複合〕

○疲労困憊に至る　○疲労困憊の極に達する

品行方正（ひんこう・ほうせい）和

心の持ち方や行いが正しいこと。品行（こころ・おこない）が、方正（ただしく・ただしい）だ、という。人物評価の評語として用いる。

▽特に褒めるほどのことでもない。世の中に品行方正の君子は幾らもある〔福沢諭吉＊福翁自伝〕

▽品行方正はけっこうだが、小心翼々に過ぐるとかえって出世はできんものじゃ〔内田魯庵＊社会百面相〕

○品行方正、思想穏健で　○品行方正な人柄

貧士貧民（ひんし・ひんみん）和

貧しい人々のこと。士民（武士・庶民）を分けたものに、貧（まずしい）を添える。貧しい士民、という。

▽例えば、貧士貧民が無知文盲にして人の軽蔑を受け、年々歳々、貧また貧に陥り〔福沢諭吉＊文明論之概略〕

○貧士貧民に安んじる　○貧士貧民といえども

貧富貴賤（ひんぷ・きせん）和

富の多少や身分の上下のこと。まずしい（富が少ない）・とんでいる（富が多い）・とうとい（身分が高い）・いやしい（身分が低い）、を組み合わせて表す。貴賤貧富とも。

▽師弟主従、貧富貴賤、本家末家、いずれもみなその間に権力の偏重を存せり〔福沢諭吉＊文明論之概略〕

▽貧富貴賤、これが、自然のありのままの姿である。これ以外にありえない人生の〔石坂洋次郎＊若い人〕

○貧富貴賤を問わず　○貧富貴賤の違いもあっ

て

貧富苦楽（ひんぷ・くらく）　和
貧しく苦しいことと、富んでいて楽しいこと。貧富（まずしい・とんでいる）と、苦楽（くるしい・たのしい）を、組み合わせて表す。生活状態の違いについて用いる。
▽くちばしを入れさせようとは思わぬ。貧富苦楽共に独立独歩、どんなことがあっても〔福沢諭吉＊福翁自伝〕
○貧富苦楽を共にする　○貧富苦楽にかかわらず

貧乏窮乏（びんぼう・きゅうぼう）　和
金銭がなくて、生活が苦しいこと。貧窮（まずしく・くるしい）を分けたものに、乏（とぼしい）を添える。
▽こうした貧乏窮乏のさなかにあって気持ちにゆとりのあるのは、さすがは徳川の家人だ〔子母沢寛＊勝海舟〕
○貧乏窮乏に陥る　○貧乏窮乏を乗り越えて

【ふ】

風雨水火（ふうう・すいか）　和
自然の持ついろいろの難儀のこと。かぜ・あめ・みず・ひ、を組み合わせて表す。
▽その法は、ただ風雨水火の艱難に耐えて、これに慣るるあるのみ。次第に慣るれば〔福沢諭吉＊通俗民権論〕
○風雨水火に侵される　○風雨水火の難を免れる

風雨霜雪（ふうう・そうせつ）　和
生活の妨げになる、自然の威力のこと。かぜ・あめ・しも・ゆき、を組み合わせて表す。
▽彼らをして風雨霜雪をしのがせているのは、わたしたちの慈悲心の現れであろうか〔正宗白鳥＊人間嫌い〕
○風雨霜雪に耐える　○風雨霜雪の変化

風丸雨弾（ふうがん・うだん）和
非常に激しい雨風のこと。風雨（かぜ・あめ）を分けたものに、弾丸（銃砲のたま）を分けて添える。
▽もうもうたるあい色の雲に覆われて、風丸雨弾の戦い、正にたけなわなれど〔徳富蘆花＊自然と人生〕
○風丸雨弾を突いて出発する　○風丸雨弾に抑えられ

風光絶佳（ふうこう・ぜっか）和
景色がこの上なくよいこと。風光（かぜとひかり、自然の眺め）が、絶佳（たえて・よい）だ、という。
▽その埋め合わせのつもりで、風光絶佳な土地をあとのほうに選んだのかも知れない〔松本清張＊Dの複合〕
▽風光絶佳のガリラヤの地。ゼススの愛と喜ばしき福音を説くにふさわしき地〔井伏鱒二＊かるさん屋敷〕
○風光絶佳に魅せられて　○風光絶佳とは言えないが

風光明媚（ふうこう・めいび）和
景色が非常によいこと。風光（かぜとひかり、自然の眺め）が、明媚（あかるく・あでやか）だ、という。媚（あでやか）を美（うつくしい）と書いたこともあった。
▽いや、山陰道の海は壮麗だよ。美保ヶ関は、日本海の沿岸では最も風光明媚な土地だ〔正宗白鳥＊根無し草〕
▽浦々は、後ろに山を負い、前に淡路島を望む、風光明媚な白砂青松の浜続きだ〔中山義秀＊芭蕉庵桃青〕
○風光明媚の秘境　○風光明媚、その魅力に引かれて

風声鶴唳（ふうせい・かくれい）漢
ごく普通の物音のこと。風声（かぜの・おと）と、鶴唳（ツルの・なきごえ）を、組み合わせて表す。そういう物音にも驚くほど恐れている

場合に用いる。

▽わたしが暗殺を心配したのは毎度のことで、あるいは、風声鶴唳にも驚きました〔福沢諭吉＊福翁自伝〕

▽あえて近づこうともせず、いわゆる風声鶴唳にも肝が身に添わなかったほどで〔島崎藤村＊夜明け前〕

○風声鶴唳に慌てる　○風声鶴唳を聞いて走る

(参考) 晋書に、秦の軍が淝水の戦いで東晋に敗れたあとの事情について、次の記述がある。「甲ヲ弃テテ宵ニ遁ル。風声鶴唳ヲ聞キ、皆以テ王ノ師已ニ至ルト為ス。草ニ行キ露ニ宿リ、重ヌルニ飢凍ヲ以テシ、死スル者十ニ七八ナリ」とある。逃げる立場では、風の音やツルの鳴き声を聞いても、敵軍が来たのではないかとおびえるありさまだった、という。

風俗潰乱（ふうぞく・かいらん）和

社会のならわしが乱れること。風俗（ならわし・ならい）が、潰乱（つぶれ・みだれる）する、という。現代表記では、潰（つぶれる）↓壊（こわれる）とも。

▽その点は至極無難であるが、風俗壊乱というようなことをもって目せられる〔三宅雪嶺＊明治思想小史〕

▽風俗壊乱だとか衛生に害があるという名のもとに、その筋のそれはおやかましい〔若月紫蘭＊東京年中行事〕

○風俗壊乱してとどまらず　○風俗壊乱で処罰を受ける

風俗習慣（ふうぞく・しゅうかん）和

生活上のしきたりのこと。風俗（ならわし・ならい）と、習慣（ならい・ならわし）を、組み合わせて表す。個人的でなく、社会的なものになっている場合に用いる。

▽今日それが日本国じゅうの風俗習慣になって、何ともなくなったのは面白い〔福沢諭吉＊福翁自伝〕

○風俗習慣に至っては　○東西の風俗習慣

風俗人情（ふうぞく・にんじょう）　漢

社会のならわしと、人々の気持ちのこと。風俗（ならわし・ならい）と、人情（ひとの・なさけ）を、組み合わせて表す。人情風俗とも。

▽世の風俗人情がいかほど西洋らしく変わってきても、男女の義理人情の底には今も〔永井荷風＊腕くらべ〕

▽フランスに在ること三月余り、政治の現況、風俗人情、そのおおむねをば観察しえて〔坪内逍遥＊未来之夢〕

○風俗人情に従う　○風俗人情の違いにより

参考　唐・杜牧の文に、「燕・趙ノ間、山川夷険ニシテ、風俗人情ノ短長スル所ヲ教令ス」とある。地方的な風習（風尚・礼節・習慣等）を教化した、という。日本では、人情風俗の形でも用いる。

風流韻事（ふうりゅう・いんじ）　漢

優雅な遊びに時を過ごすこと。風流（ようすのながれ、俗でないこと）と、韻事（ひびきのこと、詩文を作ること）を、組み合わせて表す。

▽しかし、そういう消極的な風流韻事は、滅ぶべくして近代に入って滅びたのだ〔阿部知二＊城〕

▽本来の嗜好は人間のがさつな方面であって、風流韻事には深き趣味を持たず〔徳富蘆花＊黒潮〕

○風流韻事に時を過ごす　○風流韻事の友とともに

参考　清・褚人穫の隋唐演義に、「也、不楽ノモノ有レバ、以テ褻瀆ノ朝臣ト為ス。也、喜歓ノモノ有レバ、以テ風流韻事ト為ス」とある。心が穏やかでない者は悪いことをした役人であり、喜んだ者は優雅な遊びだと考えた、という。世俗を離れているからである。

風流風雅（ふうりゅう・ふうが）　和

俗を離れて趣があること。風流（ようすのながれ、俗でないこと）と、風雅（ようすの・みやびやかさ）を、組み合わせて表す。詩歌・管弦・芸能などをいう。
▽これも乱世のしからしむるところ、風流風雅の道も質が変わってまいった〔唐木順三＊応仁四話〕
○風流風雅に長じる　○風流風雅の好事

不運不幸（ふうん・ふこう）和
非常にふしあわせなこと。運（めぐりあわせ）・幸（しあわせ）、それぞれに不（ず）を添える。運ならず、幸ならず、という。努力では救えない場合に用いる。
▽弟も不運不幸の男に相違ない。僧籍にいたならば、かかる転変も味わずに済んだ〔唐木順三＊応仁四話〕
○不運不幸の致すところ　○生まれつきの不運不幸

武運長久（ぶうん・ちょうきゅう）和
武人としての運命がいつまでも続くこと。武運（つわものとしての・めぐりあわせ）が、長久（ながく・ひさしい）だ、という。それを祈る場合に用いる。
▽筆のしりに朱肉をつけて判このように押し、おじいちゃんが武運長久と書いた〔田辺聖子＊私の大阪八景〕
▽浪子も躍る心に新聞をば読みて、武男の武運長久を祈らぬ日はあらざりしなり〔徳富蘆花＊不如帰〕
○武運長久を期する　○武運長久のお守り

不易流行（ふえき・りゅうこう）和
変わらないものも変わるものも、元は同じだということ。不易（いつまでもかわら・ない）と、流行（ながれていく、絶えずかわる）を、組み合わせて表す。
▽猿蓑の選を被りて不易流行のちまたを分かち、新風に臨みても幽玄の細みを忘れず〔森川許六＊風俗文選〕
▽不易流行とは、芸術の一般原理であるとともに、通俗性を根本に置いた俳諧の原理であり〔山本健吉＊芭蕉〕

○不易流行の実情　○不易流行という考え方

(参考) 松尾芭蕉の俳諧は、新しい文学形式として流行を追うものであるが、これを伝統の不易性と結びつけたのが、不易流行である。向井去来の去来抄には、「不易流行のことは万事にわたるなり」とある。服部土芳の三冊子には、「師の風雅に万代不易あり、一時の変化あり」とある。新しみを求めて絶えず時代とともに変化するのが流行であるが、その中に永遠に変わらないものがある。表面的には相反する流行と不易も、共に風雅に根ざすものであり、根源において一つだ、という。

不可思議（ふか・しぎ）仏

どうしてそのようになるかが、普通では考えられないこと。思議（おもい・はかる）す、べからず、という。

▽すると、暗い不可思議な力が、右に行くべき彼を左に押しやったりするように思えた〔夏目漱石＊明暗〕

▽卵を産むのを見て、わたしの知識は完成した。それは、不可思議のなぞの輪であった〔中勘助＊銀の匙〕

○不可思議の妖気をたたえる　○出没の不可思議

(参考) 仏教では、悟りの境地というのは、ことばで言い表したり、心で推し量ることができない、とされている。このような意味を表すのが、不可思議という語である。不可思議力や不可思議変などとも用いる。また、不可思議境界、不可思議功徳、不可思議解脱などとも用いる。一般語としては、原因がよく分からない現象に用いる。なお、不可思議を略したのが不思議である。

不学無術（ふがく・むじゅつ）漢

学問も能力も持たないこと。不学（まなば・ず）で、無術（わざが・ない）だ、という。

▽例えば、不学無術と称する人にして、器械を好む者あり、または宗教を信ずる者あり〔福沢

論吉＊福翁百話〕
▽遠きをおもんぱかる権者の心、不学無術の輩の、容易に知るところにあらず〔平賀源内＊根無草〕
○不学無術にして無職の者　○不学無術のやから

参考 唐・李徳裕が前漢・霍光(かくこう)を論じた文に、「不学無術ニシテ、未ダ其ノ徳ヲ称(たた)ヘズ。然レドモ、徭(よう)ヲ軽クシ賦ヲ薄クス。匈奴(きょうど)和親シ、百姓(せい)充実ス」とある。学問も能力もないが、夫役や税金を軽減した。そのため、匈奴との間もよくなり、人民の生活も充実した、という。漢文では、不学亡術の形も用いる。

不羈独立（ふき・どくりつ）和

他人を頼らずに進むこと。独立（ひとりで・たつ）に、不羈（つながれ・ない）を添えて、意味を強める。束縛を受けない場合は、独立不羈を用いる。
▽自分らのごときは、他人の異見を待たずに、不羈独立して大和魂を固め〔島崎藤村＊夜明け前〕
▽不羈独立の菊池は、かの日、お敏君の明眸の一閃に殺されて、あとは奴隷であった〔徳富蘆花＊思出の記〕
○不羈独立をもって進む　○不羈独立なる自由人として

不羈奔放（ふき・ほんぽう）和

自分の思うとおりに行うこと。奔放（ほとばしりはなれる、無視して行う）に、不羈（つながれ・ない）を添えて、意味を強める。他人の意見を聞き入れない場合に用いる。他人に束縛されない場合は、奔放不羈を用いる。
▽その本領を主張し、故事来歴など無視して、まことに不羈奔放にふるまっている〔唐木順三＊応仁四話〕
▽娘の不羈奔放が、結婚というありきたりの手段では、かえって悪い結果になる程度まで〔三島由紀夫＊盗賊〕

○不羈奔放に生きる　○不羈奔放な言動

不義不徳（ふぎ・ふとく）　和

人の道に背くこと。義（正義）・徳（道徳）、それぞれに不（ず）を添える。義ならず、徳ならず、という。

▽この不義不徳を犯すわが輩の心持ちは、煩悶憤悶、苦痛惨憺の固まりです〔内田魯庵＊社会百面相〕

▽わが身の難を避けんとすれば、知らず知らず不義不徳を甘んじて行うに至る〔坪内逍遥＊松のうち〕

○不義不徳に走る　○不義不徳を省みて

不朽不滅（ふきゅう・ふめつ）　和

いつまでも存在し続けること。朽滅（くち・ほろびる）を分けたものに、不（ず）を添える。朽滅しない、という。なくなることがない場合に用いる。

▽各元素相離れても、いずれのところにか存在して、ただに不朽不滅なるのみならず〔中江兆民＊続一年有半〕

▽ぼくの願望たる事業は、人生の極致だ。千万年の後に至っても不朽不滅の純善だ〔矢野竜渓＊不必要〕

○不朽不滅の功を立てる　○不朽不滅を信じて

不急無用（ふきゅう・むよう）　和

当面の段階で必要としないこと。不急（いそが・ない）で、無用（用が・ない）だ、という。

▽おのれらの政権を失わんことを恐れて、不急無用の戦端を開き、その人民をして〔矢野竜渓＊経国美談〕

○不急無用に傾く　○不急無用の工事

不倶戴天（ふぐ・たいてん）　漢

相手と共には生存できないこと。ともに・天を・いただか・ない、という。憎み合っている場合に用いる。

▽井上はその子をしっかり抱いて、必ず不倶戴天のあだを報じて戻りますと〔子母沢寛＊勝海舟〕

▽この不倶戴天の敵のおばあさんと、面と向かっていなければならなくなるんだわ〔三島由紀夫＊永すぎた春〕
○不倶戴天の志を遂げる　○不倶戴天とされる仲として

（参考）礼記に、「父の讎ハ、共ニ天ヲ戴カズ」とある。同じ天の下では一緒には生存しない、生かしてはおかない、必ず討つ、という。この記述によれば不共戴天であり、中国語ではこの形を用いる。日本では、共（トモニ）を同訓の倶に改めて用いる。ただし、礼記の記述は、このあと、「兄弟ノ讎ハ、兵ニ反ラズ。交游ノ讎ハ、国ヲ同ジクセズ」と続く。兄弟のあだは、武器を取りに戻ったりしないで、その場で闘う。友人のあだは、同じ国で一緒には生存しない、という。しかし、日中共に、父の部分を広く他にも及ぼして用いる。

複雑怪奇（ふくざつ・かいき）和

事情が込み入っていて、よく分からないこと。複雑（かさなり・まざる）で、怪奇（あやしく・かわっている）だ、という。普通では理解できない場合に用いる。
▽サラリーマンの世界って、複雑怪奇なんだ。株主の発言が有力だからね〔源氏鶏太＊重役の椅子〕
▽それは、女の気持ちが複雑怪奇であることは、わたしも認めますよ〔獅子文六＊自由学校〕
○複雑怪奇を極める　○複雑怪奇な事件

複雑多岐（ふくざつ・たき）和

物事が込み入っていること。複雑（かさなり・まざる）で、多岐（おおく・わかれる）だ、という。
▽おのおの譲ることのできない個性を持ったことばが、複雑多岐にからみ合いながら〔唐木順三＊応仁四話〕
▽もっとも、その理論は複雑多岐で、曼陀羅で教義を説明するなど、とても難しい〔菊池寛＊話の屑籠〕

○複雑多岐にわたる　○複雑多岐な様相を呈する

複雑微妙（ふくざつ・びみょう）　和

事情が込み入っていて、ひとくちで言い表せないこと。複雑（かさなり・まざる）で、微妙（かすかに・ふしぎ）だ、という。細かい事情が理解しにくい場合にも用いる。

▽直之さんとの複雑微妙なかっとうに決まってるでしょう。もつれにもつれた糸を〔舟橋聖一＊雪夫人絵図〕

▽世界情勢の動きとか、各国間の複雑微妙な空気、そういうものについて順序を立て〔火野葦平＊青春と泥濘〕

○複雑微妙な関係になる　○複雑微妙、全く不可解で

福徳円満（ふくとく・えんまん）　和

幸福と利益が十分に備わっていること。福（幸福）と徳（利益）が、円満（まるく・みちる）だ、という。

▽微笑を浮かべると、福徳円満の相になった。自分でも、だまされているふうであった〔丹羽文雄＊青麦〕

▽一番めには親の恩というようになりければ、ますます福徳円満して、肩身広く世を渡り〔幸田露伴＊一刹那〕

○福徳円満を心掛ける　○福徳円満の境涯に達する

不言実行（ふげん・じっこう）　和

ことばで説明しないで、実際に行うこと。言わずに、実行する、という。理屈を言わずに行動する場合に用いる。

▽豊住もすなおに受けて、「何事もまず隗より始めよで、つまり不言実行ですなあ」〔里見弴＊大道無門〕

▽この種の信念派は、数こそ少ないが不言実行して、やがては宗団の中堅になる〔武田泰淳＊異形の者〕

○不言実行を主義とする　○不言実行の人とし

て

不言不語（ふげん・ふご）　漢
何も言わないこと。言語（いう・かたる）を分けたものに、不（ず）を添える。ことばに出して言わない、という。何も言わなくても相手に通じる場合にも用いる。
▽吉岡、とまあこういう次第で、周防守様と、不言不語の了解がついたのよ〔子母沢寛＊勝海舟〕
○不言不語を守る　○不言不語のうちに
（参考）明・馮夢竜の醒世恒言に、「秀娥、一心ニ呉衙内ニ憶着シ、坐シテ旁辺ニ在リ。言ハズ語ラズ、酔フ如ク痴ルル如シ」とある。そばに座って何も言わない、という。思いが打ち明けられない場合である。日本では、言わなくても相手に通じる場合に用いる。

不耕不織（ふこう・ふしょく）　和
生産的な仕事を何もしないこと。耕（たがやす）・織（おる）、それぞれに不（ず）を添える。農業にも工業にも従事しない、という。
▽武家なんてものぁ、消えてなくなるでしょう。空拳、不耕不織、活計をその下民に取る〔子母沢寛＊勝海舟〕
○不耕不織で暮らす　○不耕不織の為政者には
（参考）日本のことわざに、「耕す者は食らわず、織る者は着ず」とある。耕した土地の作物は年貢として取り上げられ、織った布も売ってしまう。これが庶民の現実であった。それに対して、武士は、耕すこともなく、織ることもなかった。その四字漢語化が不耕不織であった。

富国強兵（ふこく・きょうへい）　漢
国を豊かにし、軍備を充実すること。国を富ませ、兵を強くする、という。明治政府の政策として用いられた。
▽さて、国勢の大体より見れば、富国強兵、最大多数最大幸福の一般に至れば〔福沢諭吉＊福翁自伝〕
▽半世紀以上も前からの、富国強兵策の大方針

を推進するというわけですな〔井伏鱒二＊黒い雨〕 ○富国強兵を国是とする ○いわゆる富国強兵のもとで

参考 前漢・劉向（りゅうきょう）の戦国策に、「国ヲ富マサント欲スル者ハ、務メテ其ノ地ヲ広クス。兵ヲ強クセント欲スル者ハ、務メテ其ノ民ヲ富マス」とある。国家を富裕にするには国土を広くする、軍事力を強くするには人民を富裕にする、という。これが国家の政策であった。ただし、明治政府は、民を富ます面を顧みなかった。

不才不肖（ふさい・ふしょう）和

才能がないこと。不肖（親に似・ない）に、不才（才では・ない）を添えて、意味を強める。自分の才能をへりくだっていうときに用いる。

▽不才不肖はさらにもいわず、どちらかといえば、現実界よりも理想界に住む小生〔徳富蘆花＊思出の記〕 ○不才不肖のわたしとて ○不才不肖をも顧みず

不才不能（ふさい・ふのう）和

才能がないこと。才能を分けたものに、不（ず）を添える。才能でない、という。

▽自らも不才不能であっても、学問の目的を問われれば治国平天下と答える〔三宅雪嶺＊明治思想小史〕 ○不才不能の身をもって ○不才不能、申し訳なく

無事安泰（ぶじ・あんたい）和

すべてが安らかなこと。安泰（やすらかで・やすらか）に、無事（ことが・ない）を添えて、意味を強める。

▽そのようなことでは、清風鎮を無事安泰に治められまい。文武両官が力を合わせ〔柴田錬三郎＊柴錬水滸伝〕 ▽政権さえ返上すれば徳川氏の社稷は無事安泰なるはずなり、と妄信したるがゆえに〔福地桜痴＊幕府衰亡論〕

○無事安泰の姿を見て　○無事安泰の世では

無事安穏（ぶじ・あんのん）　和

すべてが穏やかなこと。安穏（やすらかで・おだやか）に、無事（ことが・ない）を添えて、意味を強める。

▽自ら無事安穏の位置に立ち、その挙動の軽快なるは、波上のかもめのごとく〔徳富蘇峰＊新日本之青年〕

▽これを治めんがためとて、無事安穏なる外国交際を破りて兵端を開くべきにあらず〔福沢諭吉＊通俗国権論〕

○無事安穏に暮らす　○無事安穏の毎日を送る

無事息災（ぶじ・そくさい）　和

不幸な事態が起こらないこと。息災（わざわいを・とどめる）に、無事（ことが・ない）を添えて、意味を強める。事故や病気などの心配がない場合に用いる。

▽どうか、お互い皆、無事息災に行きたいものと願いたくなります〔長与善郎＊竹沢先生と云う人〕

▽海底へ沈んだのは替え玉の剣であって、本物は無事息災だったといったような〔花田清輝＊小説平家〕

○無事息災に暮らす　○無事息災のしるしとして

無事平穏（ぶじ・へいおん）　和

普通のまま続くこと。平穏（たいらかで・おだやか）に、無事（ことが・ない）を添えて、意味を強める。事故や事件がない場合は、平穏無事を用いる。

▽しかし、この無事平穏は、わたしの気持ちからいえば、決して無事平穏ではなかった〔志賀直哉＊邦子〕

▽ともかくも、今年のような無事平穏な議会は、議会始まって以来である〔内田魯庵＊社会百面相〕

○無事平穏に過ぎる　○無事平穏な一生を送った

婦女童幼（ふじょ・どうよう）和
女や子供のこと。男尊女卑の社会で、一括して低く見られていた。婦女（既婚の女性・未婚の女性）と、童幼（児童・幼児）を組み合わせて表したもの。
▽婦女童幼にこぶるよりは、むしろ具眼者に訴うるをその本文ともなすことゆえ〔坪内逍遥＊小説神髄〕
▽婦女童幼のための絵草紙であるから、文章は仮名書きで、筋の発展は絵によって〔次田潤＊日本文学通史〕
○婦女童幼のために書く　○婦女童幼が喜ぶのを見て

富商豪農（ふしょう・ごうのう）和
金持ちの商家と、勢力のある農家のこと。商・農それぞれに、富豪（とむ・つよい）を分けて添える。
▽禄を奪うことならば、富商豪農の無為にして食らう者も、産を奪わざるべからず〔福沢諭吉＊文明論之概略〕
○富商豪農の寄附により　○富商豪農を相手として

不承不承（ふしょう・ぶしょう）和
しかたなく承諾すること。承（うけたまわる、うけいれる）に、不（ず）を添えたものを繰返して、意味を強める。二つめの不承を不精と書くのは誤り。
▽これで、さすがの朝寝坊も不承不承に床を離れるが、しかし、大不平だ〔二葉亭四迷＊平凡〕
▽また、宗助が興味を持たない叔父のところへ、不承不承にせよ、時たま出掛けていくのは〔夏目漱石＊門〕
○不承不承に引き受ける　○不承不承、戸口を開けた

夫唱婦随（ふしょう・ふずい）漢
夫の意見で家庭生活を進めていくこと。夫（既婚の男、おっと）がとなえ、婦（既婚の女、つ

ま）がしたがう、という。かつて、男尊女卑の家庭生活での規範とされていた。
▽仕方がない。夫唱婦随だわ。ほんと言ったら、わたしも犬なんて嫌いですからね〔壺井栄＊謀反気〕
▽家庭にあっては暴君でありまして、夫唱婦随の古道を強行いたしましたが〔講談社＊新版式辞挨拶演説集〕
○夫唱婦随して納める　○夫唱婦随の夫婦
参考 周・尹喜の関尹子に、「天下ノ理、夫タル者ハ唱へ、婦タル者ハ随フ。牡タル者ハ馳リ、牝タル者ハ逐フ。雄タル者ハ鳴キ、雌タル者ハ応フ」とある。妻はすなおに夫に従うのが天下の理だ、それは、獣の場合も鳥の場合も同じだ、という。

不生不滅（ふしょう・ふめつ）仏
いつまでも変わらないこと。生滅（おこる・ほろびる）を分けたものに、不（ず）を添える。生滅しない、という。
▽かくのごとくして、一毫も減ずるなく、増すなく、すなわち不生不滅である〔中江兆民＊続一年有半〕
▽「不生不滅の仏すら、なお愛別離苦を離れたまわず」など言い続けたまいて、一々に申したもう〔栄花物語〕
○不生不滅を求める　○不生不滅とは行かないまでも
参考 仏教では、生じたり滅したりすることについて、そのように見えるけれども、それは妄見だとする。その妄見は、不生不滅という考え方によって打破することができる。すべてのものは、生ずることもなく、滅することもない。そこに、永久に存在して不変だという常住の考え方が成り立つ。これについては、不生不滅であるとともに、不不生不不滅だという。生ずることも生じないこともなく、滅することも滅しないこともないのである。

不浄不潔（ふじょう・ふけつ）仏

極めて汚らわしいこと。不浄（きよらかで・ない）にそろえて、不潔（きよく・ない）を添え、意味を強める。▽その御幣をもって人の身体をなで、水の代用として一切の不浄不潔を払うの故実あり〔福沢諭吉＊福翁自伝〕▽わが身体は、かくのごとく不浄不潔なり。しかるになお清浄の思いをなし、一にこれを〔釈雲照＊仏教大意〕○不浄不潔の身として　○不浄不潔、その極に達して

㊜参考 仏教では、汚れていることを不浄といい、人間の身体に五つの不浄があるとする。①種子不浄（過去の父の精液から成る）、②住処不浄（汚れた母胎に十か月もとどまる）、③自体不浄（身体が汚れた地・水・火・風の四大元素から成る）、④自相不浄（肉体が九つの穴から汚物を出す）、⑤究竟不浄（肉体が死後腐って悪臭を発する）、の五つがこれである。仏教では、これらの不浄のことをよく考えて煩悩を取り除き、悟りを開くべきだ、とする。なお、仏教では不潔という語を用いないが、一般語としての不潔が不浄に通じるところから、不潔にそろえて不浄を添えたことになる。

不仁不義（ふじん・ふぎ）和
人としての正しい道に背くこと。仁義（儒教道徳の基本）を分けたものに、不（ず）を添える。仁義ならず、という。儒教道徳に背く場合に用いる。
▽不仁不義、不忠不幸、そんなあさましいことは、だれに頼まれてもできない〔福沢諭吉＊福翁自伝〕▽行く手を急ぎて捨て行かば、不仁不義の甚だしき者、牛馬にだもしかずといわれん〔曲亭馬琴＊椿説弓張月〕
○不仁不義に陥る　○不仁不義の行いをなす

不正不直（ふせい・ふちょく）和
人の道に外れていること。正直（ただしく・ま

っすぐ）を分けたものに、不（ず）を添える。正直ならず、という。この場合の正直は、セイチョクのほうになる。
▽これをよみするは、不正不直の者に対して、これはかれよりもよしというにすぎず〔福沢諭吉＊福翁百話〕
○不正不直の行為に対し　○不正不直を嫌って

浮石沈木（ふせき・ちんぼく）漢
水に沈むはずの石を浮かし、水に浮くはずの木を沈めること。大衆の言論に大きな力があることに例えて用いる。
○浮石沈木のほこ先も鋭く　○浮石沈木には逆らえず
(参考) 魏志に、「衆口ハ、金ヲ鑠（と）カシ、石ヲ浮カシ、木ヲ沈ム。三人ハ市虎（しこ）ヲ成ス」とある。大衆の言は、金を溶かし、沈む石を浮かし、浮く木を沈める、人が三人寄れば、デマを作る、という。

父祖伝来（ふそ・でんらい）和
家系に受け継がれていること。父祖（ちち・おおじ）から、伝来（つたわり・くる）する、という。
▽心中何の疑いもなく、父祖伝来のこの記事の内容を頭から盲信しているらしい〔谷崎潤一郎＊吉野葛〕
▽うらやましくてたまらず、欲しい欲しいとわきかえったその父祖伝来の血が、今陽春四月〔徳富蘆花＊黒潮〕
○父祖伝来の地主として　○父祖伝来とされる秘宝

不即不離（ふそく・ふり）仏
ちょうどよい関係にあること。即（つく）・離（はなれる）、それぞれに不（ず）を添える。つか・ず、はなれ・ず、という。付きすぎても離れすぎてもよくない場合に用いる。不即を不則と書くのは誤り。
▽不即不離の関係を破らずに別れた自分のやり方は、やはり図に当たっていたと思った〔有島

武郎＊或る女〕

▽不即不離の気持ちでこの女を見ていたが、いたずらな気持ちがなかったとは言えない〔志賀直哉＊邦子〕

○不即不離を保つ　○不即不離の態度を執る

(参考) 仏教では、二つの物の関係について、付きすぎてもいけない、離れすぎてもいけない、という考え方がある。この関係を不即不離という。とらわれることもなく、逃げきることもないので、無縛無脱の関係ともいう。

不知不識（ふち・ふしき）和

そうなることを意識しないこと。知識（しる・よくしる）を分けたものに、不（ず）を添える。知ら・ず、知ら・ず、という。旧表記では、不知不識という漢字表記を、熟字訓でシラズシラズとも読んだ。

▽いわゆる魚心と水心にて、不知不識の間に岩崎家のためになりたることとあらん〔山路愛山＊現代金権史〕

▽信書上の過失もまた相まちて、不知不識の間に矯正せらるべきは疑いを入れざるなり〔中川静＊書翰文精義〕

○不知不識の際にも　○不知不識ではあっても

不忠不義（ふちゅう・ふぎ）和

主君に対して真心を尽くさないこと。忠義（主君に対するまごころ・人として踏み行うみち）を分けたものに、不（ず）を添える。忠義でない、という。

▽不忠不義のやからは、よろしく幽閉せしむべしとまで極言する者もある〔島崎藤村＊夜明け前〕

▽皇室のご恩に沐しながら、汚らわしい教えを奉じて不忠不義のやっことなるとは〔内田魯庵＊社会百面相〕

○不忠不義の至りとされる　○不忠不義、それこそ

不忠不孝（ふちゅう・ふこう）和

主君や親に対して真心を尽くさないこと。忠孝

（主君に対するまごころ・親に対するまごころ）を分けたものに、不（ず）を添える。忠孝ではない、という。

▽不仁不義、不忠不孝、そんなあさましいことは、だれに頼まれてもできない〔福沢諭吉＊福翁自伝〕

▽もしそれが誠ならば、不忠不孝なやつと思い、ぜひともこの家へ引き戻すために〔柴田錬三郎＊柴錬水滸伝〕

○不忠不孝をののしられる　○不忠不孝の罪障も大きく

（参考）清朝の政事を記載した清会典に、次のことばがある。「若シ、継体ノ君、顧命ノ臣、朕ガ論ニ遵（したが）ハズシテ任意ニ強行スレバ、則チ我ガ大清ノ不孝不忠ノ人ト為（な）ス」とある。世継ぎの君も後事を託した臣も、かってに行えば、不孝不忠だ、という。臣の立場では忠を先にし、不忠不孝の形で用いる。

普通一般（ふつう・いっぱん）和

特別の場合ではないこと。一般（物事の種類が同じ）に、普通（あまねく・つうじる）を添えて、意味を強める。

▽その隣は普通一般の湯のよしだが、これまた、透明とは誓って申されない〔夏目漱石＊吾輩は猫である〕

▽普通一般の教育法をご改良あそばされず候ては、その愛国心を厚からしむること〔前島密＊漢字御廃止之議〕

○普通一般のこととして　○普通一般には

物情騒然（ぶつじょう・そうぜん）和

世の中が騒がしいこと。物情（ものの・ありさま）が、騒然（さわがしい）だ、という。そのために人の心が落ち着かない場合に用いる。

▽物情騒然ともいうべき時局のことは、半蔵ばかりでなく、年老いた吉左衛門の心をも〔島崎藤村＊夜明け前〕

▽何ぶんにも物情騒然たる時世になっていて、途中で略奪される危険があった〔柴田錬三郎＊

柴錬水滸伝〕
○物情騒然としてきたため　○物情騒然たる今日

不撓不屈（ふとう・ふくつ）漢

志が堅くて弱まらないこと。撓（たわむ）・屈（くじける）、それぞれに不（ず）を添える。たわま・ず、くっせ・ず、という。不撓を不倒と書くのは誤り。

▽異常な精力、不撓不屈のエネルギーでもって、独りでしゃべっていた〔堀田善衛＊香港にて〕

▽何物とも応戦して一歩も退かざる不撓不屈の精神を教養する地たるなからんや〔徳富蘇峰＊時務一家言〕

○不撓不屈とも言える精神　○不撓不屈の点においては

（参考）漢書に、「楽昌（がくしょう）ハ篤実ニシテ、不撓不屈ナリ」とある。楽昌という人は、性格がまじめで、悪にもたわまず、難にも屈しない、という。

不透不明（ふとう・ふめい）和

すきとおっていないこと。透明（とおり・あかるい）を分けたものに、不（ず）を添える。透明でない、という。実情がよく分からない場合にも用いる。

▽とりもなおさず、彼の頭脳が不透不明の実質から構成されていて、その作用が〔夏目漱石＊吾輩は猫である〕

○不透不明に似て　○不透不明、実情も分からないまま

不得要領（ふとく・ようりょう）漢

何が言いたいのかよく分からないこと。要領（かなめとうなじ、内容の重点）を、え・ない、という。

▽急ぎの用でもできたのかと聞くと、いや何というばかりで、不得要領にまた取ったが〔夏目漱石＊彼岸過迄〕

▽不得要領の問いを不得要領にしかつかめない小関は、いたずらにどぎまぎして〔高見順＊故旧忘れ得べき〕

○不得要領な顔をする　○一向、不得要領で

参考　史記に、「騫、月氏ニ従ヒテ大夏ニ至ル。竟ニ月氏ノ要領ヲ得ズ」とある。月氏が何のために行ったのか、その要領が分からなかった、という。

腐敗堕落（ふはい・だらく）和

健全な状態でなくなること。堕落（おちて・おちる）に、腐敗（くさり・やぶれる）を添えて、意味を強める。悪い道に入り、身を持ち崩す場合にも用いる。

▽政府の腐敗堕落を批判することも、軍部官僚の横暴を報道することも禁止された（石川達三＊風にそよぐ葦）

▽明治中期の初めより、口の人と手の人と相共に蠢動して、腐敗堕落の社会を建成せり（中江兆民＊一年有半）

○腐敗堕落した以上は　○腐敗堕落を許してはおけない

不文殺伐（ふぶん・さつばつ）和

文化が開けていないこと。殺伐（ころしうつ、気風が荒々しい）に、不文（文化的になら・ない）を添えて、意味を強める。野蛮な意味で用いる。

▽日本の弱みにつけ込み、日本人の不文殺伐なるに乗じて、無理難題をしかけて（福沢諭吉＊福翁自伝）

○不文殺伐の社会では　○不文殺伐、現在に至るも

不平不満（ふへい・ふまん）和

満足しない度合いが強いこと。平（たいらか）・満（みちたりる）、それぞれに不（ず）を添える。心が、たいらかで・なく、みちたり・ない、という。

▽おれがいなければ一センチだって動けやしない、というのが「足」の不平不満である（朝日新聞＊天声人語）

▽俊三の心の底をたたいたなら、いかなる不平不満の波が逆巻いていたか、量り難い（木下尚

江＊良人の自白〕
○不平不満を示す　○不平不満の語を口に出す

不偏不党（ふへん・ふとう）漢
どちらにもかたよらないこと。偏（かたよる）・党（くみする）、それぞれに不（ず）を添える。かたよら・ず、くみせ・ず、という。特定の主義・党派に加わらないで、公正中立を守る場合にも用いる。
▽さて、その不偏不党とは、口でこそ言え、口に言いながら心に偏するところがあって〔福沢諭吉＊福翁自伝〕
▽その等分した線の上を、綱渡りをする気分で、不偏不党に練っていった〔夏目漱石＊京に着ける夕〕
○不偏不党の姿勢を崩さない　○不偏不党で中立を保つ
(参考) 秦・呂不韋（りょふい）の呂氏春秋に、「士ハ偏ラズ党（くみ）セズ、柔ニシテ堅、虚ニシテ実ナリ」とある。理想的な大人物の在り方を述べている。中立を保ち、派閥を作らない、事に当たって、柔軟であるとともに堅固であり、空虚なようで充実している、という。ただし、中国語では、南宋・朱熹（しゅき）の中庸集注にある「中ナル者ハ不偏不倚（ふき）、無過不及ノ名アリ」により、不偏不倚を用いる。

不眠不休（ふみん・ふきゅう）和
何日も何夜も努力を続けること。眠（ねむる）・休（やすむ）、それぞれに不（ず）を添える。眠らず、休まず、という。努力を強いられる場合にも用いる。
▽それを祈るために御岳参籠を思い立って行ったことから、今また不眠不休の看護〔島崎藤村＊夜明け前〕
○不眠不休で当たる　○不眠不休の努力が実る

不埒千万（ふらち・せんばん）和
非常にけしからんと思うこと。不埒（法に・はずれる）に、千万（数が多い）を添えて、意味を強める。
▽不埒千万な。だれが許してかってに死んだ。

かってに死んで、おれの名を人の口に上した〔徳富蘆花＊黒潮〕▽それを、かくのごとき言を吐くのは不埒千万だというのが、反対の声であった〔江森泰吉＊大隈伯百話〕○不埒千万な言動に及ぶ　○不埒千万、全くけしからん

武陵桃源（ぶりょう・とうげん）漢
別天地のこと。武陵の川の上流で、桃の花が咲いているところ、という。俗世間を離れた理想郷のこと。
▽武陵桃源に惰眠をむさぼったようであっても、外国の刺激を受くるに鋭敏で〔三宅雪嶺＊明治思想小史〕▽水力発電が経営されたりして、おりおり、自動車が武陵桃源の眠りを驚かした〔内田魯庵＊読書放浪〕○武陵桃源の太平を楽しむ　○武陵桃源を求めて

参考　東晋・陶淵明（えんめい）の桃花源記に、次のような物語がある。武陵の漁師が川をさかのぼっていくと、桃の花の咲く林があった。その林の尽きるところに洞穴があり、通り抜けると仙境に入った。見ると、良田・美池があり、人々が平和に暮らしている。漁師は大いに歓待され、数日を過ごして帰った。この物語により、理想的なところを桃源郷という。

無聊無頼（ぶりょう・ぶらい）和
することがなくて、暇なこと。無聊（やすんじるところがない、する仕事がない）にそろえて、無頼（たよるところがない）を添え、意味を強める。
▽はしけの上に見た無聊無頼の先生の顔は、歴々と目の前に躍っている〔徳富蘆花＊思出の記〕
○無聊無頼に明け暮れる　○無聊無頼の毎日を送る

無礼千万（ぶれい・せんばん）和

礼儀に外れたひどい行いをすること。無礼（れい・ない）に、千万（数が多い）を添えて、意味を強める。けしからん、という気持ちが強いときに用いる。▽無礼千万なやつだ。いやしくも天下の直参が、さような言いがかりを申し参るとは〔子母沢寛＊勝海舟〕▽ぬけぬけと、ほざきおったな。無礼千万な。拷問係に命じて、ぶちのめさせて〔柴田錬三郎＊柴錬水滸伝〕○無礼千万な手紙をくれる　○無礼千万にも程がある

不老長寿（ふろう・ちょうじゅ）和

老人にならずに、長生きをすること。不老（おい・ない）で、長寿（ながい・とし）だ、という。▽それによると、茶は、不老長寿の薬としてある。殊に禅宗の寺では、睡気を去り〔伊藤康安＊沢庵の味〕○不老長寿を願って　○不老長寿に効のある果物として

不老不死（ふろう・ふし）漢

老人にならずに生き続けること。老（おいる）・死（しぬ）、それぞれに不（ず）を添える。おい・ない、しな・ない、という。昔から求めていた人生の理想形態である。▽垂仁天皇の命を受けて、不老不死の霊果を求めて常世の国に渡り〔松本清張＊Dの複合〕▽かの木の葉を鼓に塗りて打つ声を聞く人、不老不死の徳を得たり〔平治物語〕○不老不死を求める　○不老不死の霊薬として

(参考) 列子に、「金玉珠玕（しゅかん）ノ樹、皆叢生（そうせい）シ、華実皆滋味有リ。之ヲ食シ、皆老イズ死ナズ」とある。きれいな玉のような実のなる木が生えていて、実がおいしい、これを食べれば、老いないで、死なない、という。

附和雷同（ふわ・らいどう）和

よく考えないで賛成すること。附和（ついて・

わする）して、雷同（かみなりのひびきに・おうじる）する、という。現代表記では、附（そえる）↓付（つける）とも。
▽日ごろ、へりくだった心の持ち主で、附和雷同などを潔しとしない景蔵ですらこれだ〔島崎藤村＊夜明け前〕
▽その主なる主唱者は副島である。西郷らは、これに附和雷同したというにすぎぬ〔江森泰吉＊大隈伯百話〕
○附和雷同して徒党を組む ○附和雷同を卑しむ

粉骨砕身（ふんこつ・さいしん）漢

非常に努力すること。骨を粉にし、身を砕く、という。苦労を嫌がらず、全力を傾けて行う場合に用いる。砕身を細身と書くのは誤り。
▽一度粉骨砕身すれば、一躍してのらくら者の境涯を脱離し、世間に歓待せらる〔内田魯庵＊文学者となる法〕
▽親の粉骨砕身せしことを思い出し、涙を止むる導きとはなりけらし〔八文字屋自笑＊役者論語〕
○粉骨砕身を惜しまず ○粉骨砕身の努力
参考 唐・玄覚の証道歌に、「粉骨砕心スレドモ、未ダ酬ユルニ足ラズ」とある。力の限り働くけれども、まだ十分に報いることができない、という。

焚書坑儒（ふんしょ・こうじゅ）漢

学問や思想を弾圧すること。書を集めて焼き捨て、儒者を穴埋めにして殺す、という。言論弾圧、思想統制の具体例として用いる。坑儒を抗儒と書くのは誤り。
▽いわば、昭和時代における焚書坑儒である。すなわち、政府は日本の知識階級を〔石川達三＊風にそよぐ葦〕
▽改名主はいなくなっても、焚書坑儒が昔だけあったと思うと、大きに違います〔芥川竜之介＊戯作三昧〕
○焚書坑儒の策に出る ○現代の焚書坑儒とし

て

(参考) 前漢・孔安国の古文尚書の序に、「秦ノ始皇、先代ノ典籍ヲ滅ボシ、書ヲ焚キ儒ヲ坑ニスルニ及ビ、天下ノ学士、難ヲ逃レテ解散ス」とある。秦の始皇帝が、宰相李斯の上奏に従い、「医薬・卜筮・種樹」以外の書を焼き捨て、儒者四百六十余人を穴埋めにしたことをいう。李斯としては、天下統一を保つためには、人心を惑わす主義主張を除くべきだと考えたが、特にその対象となったのが、仁による政治を主張する儒家であった。

文人墨客（ぶんじん・ぼっかく）和

風雅の道を楽しむ人たちのこと。文人（文や詩を作る人）と、墨客（絵や書を書く人）を、組み合わせて表す。

▽文人墨客の間に煎茶の風が起こったのは、旧来の秩序を拒否したということになる〔石川淳＊夷斎清言〕

▽夜はロストフに、ロシア本国の文人墨客の話や詩歌などの話を聞いていた〔井伏鱒二＊漂民宇三郎〕

○文人墨客と交わる　○文人墨客の類とは異なって

奮闘努力（ふんとう・どりょく）和

目標に向かって力を尽くすこと。努力（つとめ・つとめる）に、奮闘（ふるい・たたかう）を添えて、意味を強める。成し遂げるための行動として重んじられる。

▽富貴と快楽の追求および事業に対する奮闘努力というがごときことに変形した〔永井荷風＊腕くらべ〕

▽西門慶には金蓮を褒め、金蓮には西門慶を褒めちぎり、大いに奮闘努力した〔柴田錬三郎＊柴錬水滸伝〕

○奮闘努力のかいもあって　○奮闘努力を続けた結果

文武百官（ぶんぶ・ひゃっかん）和

すべての文官と武官のこと。文武にわたる百

(多い)の官職、という。官職としては、武官以外が文官になる。
▽朝廷内は腐り果て、文武百官は、へつらいとだまし合いで、地位を盗み合って〔柴田錬三郎＊柴錬水滸伝〕
○文武百官を引き連れる　○文武百官の制を定める

文明開化（ぶんめい・かいか）和
文明によって世の中が開けていくこと。文明が、開化（ひらけた形に・かわる）する、という。開化を開花と書くのは誤り。ただし、文明の開花期は開花と書く。
▽後に至ってその政府がだんだん文明開化の道に進んで今日に及んだというのは〔福沢諭吉＊福翁自伝〕
▽文明開化の風の吹き回しから、人心うたた浮薄に流れてきたとの嘆きを抱き〔島崎藤村＊夜明け前〕
○文明開化にあこがれる　○文明開化が押し寄せてくる

奮励努力（ふんれい・どりょく）和
目標に向かって気をふるい起こすこと。努力（つとめ・つとめる）に、奮励（ふるい・はげむ）を添えて、意味を強める。成し遂げるための心構えとして重んじられる。
▽国民の養成は、師表たるものの徳化にまつ。教育に従うもの、それ奮励努力せよ〔教育者に下し給える勅語〕
▽必ずや本会趣旨のあるところをあまねく人民に告げ、奮励努力、もって〔中邨秋香＊書翰文大成〕
○日夜ますます奮励努力する　○奮励努力の成果により

【へ】

敝衣破帽（へいい・はぼう）和

上品でない服装をすること。敝衣（やぶれた・ころも）と、破帽（やぶれた・かぶりもの）を組み合わせて表す。旧制高等学校の学生が好んで行う服装であった。現代表記では、敝（やぶれる）→弊（やぶれこわれる）とも。

▽「未来」の記章をまっこうに帯びた弊衣破帽の人たちは、こちらから飛んで出て〔徳富蘆花＊思出の記〕

▽ぼくたちの弊衣破帽主義は、先輩が残してくれた光輝ある伝統だと思うがな〔石坂洋次郎＊青い山脈〕

○弊衣破帽で闊歩する　○弊衣破帽を得意として

平穏無事（へいおん・ぶじ）和

事故や事件が起こらないこと。無事（ことが・ない）に、平穏（たいらかで・おだかや）を添えて、意味を強める。普通のままの場合は、無事平穏を用いる。

▽全く彼女一人だけが、平穏無事な姉たちの夢にも知らない苦労の数々をし抜いてきて〔谷崎潤一郎＊細雪〕

▽収拾がつかなくなり、平穏無事にまとまるものが、かえって大破滅となります〔子母沢寛＊勝海舟〕

○平穏無事に過ぎる　○平穏無事を祈る

兵火戦乱（へいか・せんらん）和

激しい戦いのこと。兵火（いくさの・銃砲）による戦乱（いくさによる・みだれ）、という。

▽兵火戦乱の災いから免れることができるなら、これに過ぎた町の幸せはない〔島崎藤村＊夜明け前〕

○兵火戦乱に巻き込まれる　○兵火戦乱のちまたとなる

兵器弾薬（へいき・だんやく）和

攻撃するために用いる軍備のこと。兵器（兵士の用いる武器）と、弾薬（たまと火薬）を、組み合わせて表す。

▽兵器弾薬のたぐいまで援助を惜しまないにつ

いては、相応な理由はあった〔島崎藤村＊夜明け前〕

▽兵器弾薬も、上野にいた遊撃隊有志の奔走で、あれだけ積めばまず安心というものだ〔子母沢寛＊勝海舟〕

○兵器弾薬の供給を受ける　○兵器弾薬も尽きて

閉月羞花（へいげつ・しゅうか）漢

女性として非常に美しいこと。その美しさに対して、かくれる・つき、はじらう・はな、という。羞月閉花とも。

▽神か人か、幻か。正にこれ、沈魚落雁、閉月羞花の、妙年二十八の一佳人〔曲亭馬琴＊里見八犬伝〕

▽「沈漁落雁、閉月羞花と来ている」「大粒のあばたがあるけれど、上塗りで見えねえ」〔式亭三馬＊浮世床〕

○閉月羞花の美女　○閉月羞花、当世の小町として

参考　沈漁落雁（ちんぎょらくがん）の参考欄を参照。

敝甲羸馬（へいこう・るいば）和

軍備が旧式なこと。敝甲（やぶれた・よろい）と、羸馬（つかれた・うま）を、組み合わせて表す。現代表記では、敝（やぶれる）↓弊（やぶれこわれる）。

▽敵は最新式の武器を集め、精練の士卒を備えているに引き替え、こなたは弊甲羸馬〔徳富蘆花＊黒潮〕

○弊甲羸馬を率いて　○弊甲羸馬、いかんともし難く

平身低頭（へいしん・ていとう）和

頭を下げて、相手を敬うこと。平身（みを・たいらにする）して、低頭（あたまを・ひくくする）する、という。過ちをわびる場合にもいう。低頭平身とも。

▽昇はたちまち平身低頭、何事かをくどくど言いながら、続けざまに二つ三つ礼拝した〔二葉亭四迷＊浮雲〕

▽彼は、福島の旦那様の前へでも出たように、まず平身低頭の態度を執った〔島崎藤村＊夜明け前〕
○平身低頭して臨む　○平身低頭のていで控える

平生万事（へいぜい・ばんじ）和
日常のすべてのこと。平生（平素の・生活）の、万事（よろずの・こと）、という。
▽平生万事、至極殺風景で、衣服住居などに一切とんちゃくせず、どういう家にいても〔福沢諭吉＊福翁自伝〕
○平生万事、行き届かず　○平生万事、のんきなほうで

平談俗語（へいだん・ぞくご）和
日常の会話に用いることばのこと。平談（ふつうの・おしゃべり）の、俗語（いやしい・ことば）、という。文章語に対して、口頭のほうのことばのこと。
▽芭蕉は高く心を悟りて俗に返り、平談俗語を正すと言ったが、この正すの意味は〔唐木順三＊道元〕
▽近代文学における歌の中でさえ、石川啄木の作は、平談俗語のうちに〔丸谷才一＊宮廷文化と政治と文学〕
○平談俗語を駆使して書く　○平談俗語のうちに

平談俗話（へいだん・ぞくわ）和
日常の普通の会話のこと。談話（はなし）を分けたものに、平俗（なみで・いやしい）を分けて添える。平俗な談話、という。文章に対して、口頭表現のほうのこと。
▽文章上に用うる言語と、平談俗話に用うる言語と、さながら氷炭の相違あり〔坪内逍遥＊小説神髄〕
○平談俗話を書き留める　○平談俗話のまま

兵馬騒乱（へいば・そうらん）和
戦いによる乱れのこと。兵馬（兵士・軍馬）による、騒乱（さわぎによる・みだれ）、という。

▽兵馬騒乱の中にも、西洋のことを知りたいという気風はどこかに流行して〔福沢諭吉＊福翁自伝〕
○兵馬騒乱に明け暮れる　○兵馬騒乱の世といえども

平伏叩頭（へいふく・こうとう）和
敬意を表した姿勢をとること。平伏（たいらに・ふせる）して、叩頭（あたまを・つける）する、という。本来は、頭を地につけたままでいること。
▽「宋公明殿、穴があらば入りたい気持ちでござる」と、平伏叩頭した〔柴田錬三郎＊柴錬水滸伝〕
○平伏叩頭して控える　○平伏叩頭の態度で

平々凡々（へいへい・ぼんぼん）和
極めて普通なこと。平凡（たいら・なみ）を分けて繰り返し、意味を強める。特に優れたり変わったりしている点が全くない場合に用いる。
▽どこにでもあるありふれた姓で、その姓にふさわしい平々凡々たる役人であった〔柴田錬三郎＊柴錬水滸伝〕
▽政治上の意見も述べず、平々凡々と洗濯したり、食事の支度をするばかりで〔武田泰淳＊審判〕
○平々凡々と日を送る　○平々凡々の日常

劈頭一番（へきとう・いちばん）和
事柄が始まると同時に、まず最初に言うこと。劈頭（あたまを・ひらく）の、一番先に行う、という。
▽「先生、どろぼうに遭いなさったそうですな」と、劈頭一番にやり込める〔夏目漱石＊吾輩は猫である〕
○劈頭一番に言い立てる　○劈頭一番の発言

劈頭第一（へきとう・だいいち）和
事柄が順に進むときに、まず最初にすること。劈頭（あたまを・ひらく）の、第一に行う、という。
▽見たまえ、ぼくのこの原稿の劈頭第一に書い

てあるものは、この句である〔国木田独歩＊忘れえぬ人々〕
▽まず、おのれを広告するが至当なるべきに、劈頭第一、他物をそしりてかかるとは〔松原岩五郎＊社会百方面〕
○劈頭第一に始める　○劈頭第一の仕事としては

霹靂一声（へきれき・いっせい）和
突然、かみなりが、とどろくこと。霹靂（突然の激しい雷）が、一声（ひとつの・おと）する、という。突然、大きな声でどなる場合にも用いる。
▽昼より夜に連なる霹靂一声、電光空にひらめき、一群の金烏、火を噴いて飛び〔服部撫松＊東京新繁昌記〕
▽「待てっ」霹靂一声、背後に響いた。俊三の振り向く暇もあらせず、大きな腕は〔木下尚江＊良人の自白〕
○霹靂一声に驚かされる　○霹靂一声の大音声

変形変質（へんけい・へんしつ）和
実質を変えること。形質（外形・内容）を分けたものに、変（かえる）を添える。形質を変える、という。
▽募集に一万一千人の少年が殺到した。成人の日をそのようなものに変形変質させては〔朝日新聞＊天声人語〕
○変形変質した結果　○変形変質の実情

変幻自在（へんげん・じざい）和
思うままに変化して出没すること。変幻（まぼろしを・かえる）することが、自在（思いのまま）だ、という。姿が、あちこち、現れたり消えたりする場合に用いる。
▽風の中の枯れ葉のように変幻自在な、何ら永続性のない逸話や挿話という枯れ葉を〔堀田善衛＊時間〕
▽背景が雄大で趣向が変幻自在であり、勧善懲悪の思想によって全編が統一せられ〔次田潤＊日本文学通史〕

○変幻自在に出没する　○変幻自在な色彩

片言隻語（へんげん・せきご）漢
わずかなことばのこと。言語を分けて、片（きれはし）・隻（かたわれ）を添える。
▽その片言隻語を誤らず、その筆記を読んでその説話を親聴するの感あらしむ〔若林玵蔵＊牡丹灯籠・序〕
▽実は、そのころは、公の片言隻語も、採ってもって、法とするくらいの勢いさ〔勝海舟＊氷川清話〕
○片言隻語も漏らさず　○片言隻語、そのすべてを
（参考）明・袁宗道の文に、「君ノ片言只語ヲ読メバ、輒チ精神百倍ス」とある。この場合の只は咫に通じ、本来は八寸であるが、短い意味である。わずかなことば、わずかな文章を読めば、元気が百倍になる、という。日本では、只語を一般的な隻語に改めて用いる。

変通自在（へんつう・じざい）和
状況に応じて変わること。変通（かわり・とおる）することが、自在（思いのまま）だ、という。
▽一種、変通自在な適応性を持った先生の生命は、運命の波のまにまに〔長与善郎＊竹沢先生と云う人〕
○変通自在に応じる　○変通自在な巧みさ

【ほ】

砲烟弾雨（ほうえん・だんう）和
戦いが激しい状態にあること。砲烟（大砲の・けむり）と、弾雨（たまの・あめ）を、組み合わせて表す。硝烟弾雨とも。現代表記では、烟↓煙（異体字）。
▽若松を出るときには、砲煙弾雨の下で荷役をするかのような悲壮感があった〔火野葦平＊魔の河〕

▽清仏戦争に砲煙弾雨の間を駆け回った親の血潮は、この馬の胸を流れておりました〔島崎藤村＊藁草履〕　○砲煙弾雨の中を走る　○砲煙弾雨をかき分けて

放歌高吟（ほうか・こうぎん）和

大きな声で歌を歌うこと。放歌（辺り構わず・うたう）と、高吟（大声で・うたう）を、組み合わせて表す。

▽おのおの宿へ引き取っていき、魯達もまた放歌高吟しながら下宿へ戻ってきた〔柴田錬三郎＊柴錬水滸伝〕

▽持ち主を失った外とうの肌に触れていたので、周りの放歌高吟は気にならなかった〔三島由紀夫＊青の時代〕　○放歌高吟もかって次第で　○辺り構わぬ放歌高吟

法界悋気（ほうかい・りんき）和

他人の恋をねたましく思うこと。法界（全宇宙のこと、自分に関係のないこと）の、悋気（おしむきもち、ねたみ）、という。やきもちの場合にも用いる。

▽ああ、半ば戯れに、半ば法界悋気のこの一語、横笛が耳にはいかに響きしぞ〔高山樗牛＊滝口入道〕

▽色だ、なに夫婦さ、と法界悋気のおか焼き連が、とりどりに評判するを漏れ聞くごとに〔二葉亭四迷＊浮雲〕　○法界悋気の陰口を利く　○法界悋気、聞くに堪えない

傍観傍聴（ぼうかん・ぼうちょう）和

当事者とはならずに関心を持つこと。観（みる）・聴（きく）、それぞれに傍（かたわら）を添える。かたわらで・みききする、という。やじうまになる場合に用いる。

▽彼らに接触して、その演劇行動を傍観傍聴していることは、多少の興味となっていた〔正宗白鳥＊根無し草〕

○傍観傍聴していながら　○傍観傍聴の態度

傍観傍評（ぼうかん・ぼうひょう）　和

第三者として批評だけすること。観（みる）・評（批評）、それぞれに傍（かたわら）を添える。

▽事実においてもこれを除くの術を求むべきはずなれども、ただ傍観傍評のみにして〔福沢諭吉＊通俗民権論〕

○傍観傍評をほしいままにする　○傍観傍評に反論して

放言漫語（ほうげん・まんご）　和

かってなことを言うこと。放言（辺り構わず・いう）と、漫語（みだりに・かたる）を、組み合わせて表す。

▽徳川の人に戦う気があれば、わたしがそんな放言漫語したのを許すわけはない〔福沢諭吉＊福翁自伝〕

○放言漫語も妨げない　○放言漫語の批評家に対して

暴虎馮河（ぼうこ・ひょうか）　漢

よく考えずに、勇気を出すこと。トラを素手でうち、黄河を徒歩で渡る、という。血気にはやって無謀な行動をする場合に用いる。馮河は、ヒョウガとも読む。

▽それは、男は求めて危ないことをしてはならない。暴虎馮河といってな〔森鷗外＊灰燼〕

▽進みて退くことを思わざる者は、暴虎馮河の楽しみに死す。楽しみを共にしがたし〔曲亭馬琴＊胡蝶物語〕

○暴虎馮河を事とする　○暴虎馮河の勇

（参考）論語に、「暴虎馮河シテ、死シテ悔イ無キ者ハ、吾与ニセズ」とある。そういう命知らずの者とは、一緒に仕事をしたくない、という。そのあと、「必ズヤ事ニ臨ンデ懼レ、謀ヲ好ンデ成サン者ナリ」と続く。むしろ、臆病で、周到な計画を立てる人のほうがよい、という。詩経の「敢テ暴虎セズ、敢ヘテ馮河セズ」を踏まえた、とされている。注釈書には、「手ヲ空シクシテ虎ヲ搏ツヲ暴虎ト為ス。舟無クシテ河ヲ渡ルヲ馮河ト為ス」とある。日本では、無謀の意味に用いる。ただし、中国語では、勇猛果敢の意味にも用いる。

暴行掠奪（ぼうこう・りゃくだつ）和

善良な庶民に対して、乱暴を働くこと。暴行（あばれ・おこなう）と、掠奪（かすめ・うばう）を、組み合わせて表す。現代表記では、掠（かすめる）→略（おかす）。

▽領内には一揆が起こっていた。暴徒が蜂起し、暴行略奪を行い、良民を苦しめていた〔井上靖＊真田軍記〕

○暴行略奪をほしいままにする　○暴行略奪の暴徒

方鑿円枘（ほうさく・えんぜい）⇩えんぜい・ほうさく

旁若無人（ぼう・じゃくぶじん）漢

他の人の前で、かってな行動をすること。まわりに、人がいないようだ、という。現代表記では、旁（まわり）→傍（かたわら）とも。漢文にも、傍を用いた例がある。

▽ただ淫蕩な悪い精神が内で傍若無人に働き、追いのけても意識へ割り込んでくる〔志賀直哉＊暗夜行路〕

▽彼は大いに軽蔑せる調子で、「猫が聞いてあきれらあ」随分傍若無人である〔夏目漱石＊吾輩は猫である〕

○傍若無人の行動をする　○傍若無人な口を利く

参考　史記に、「酒酣ニシテ以テ往ク。高漸離、筑ヲ撃チ、荊軻和シテ市中ニ歌ヒ、相楽シムナリ。已ニシテ相泣ク。旁ラニ人無キ者ノ若シ」とある。戦国燕の二人は、酒が進むと町中に出て、高漸離が琴を弾き、荊軻が歌う。人目も構わず、抱き合って泣く。その行動が、周りに人がいないようであった、という。人前もはばからずにふるまう意味である。ただし、後漢書で、学者・延篤の言としてこれを引いた部分は、旁でなく、傍である。「漸離、筑ヲ撃チテ傍ラニ人無キガ若ク、高鳳、書ヲ読ミテ暴雨ヲ知ラズト雖モ、吾ニ方ブレバ、未ダ況フルニ足ラザルナリ」とある。後半は、後漢・高鳳が、読書に熱中していて、見張るべき麦が雨で流されたのも知らなかったことをいう。

方枘円鑿（ほうぜい・えんさく）⇩えんぜい・ほうさく

茫然自失（ぼうぜん・じしつ）漢

意識がはっきりしないこと。茫然（ぼんやり）として、自失（みずから・うしなう）する、という。気が抜けてぼんやりしている場合にも用いる。

▽伯父は果たして見破っているであろうか、あの不幸後、とかく茫然自失のきみで〔徳富蘆花＊思出の記〕

▽しばらくは覚悟しながらも、襲わるる驚きと恐れとに茫然自失するほどであったが〔永井荷風＊地獄の花〕

○茫然自失の状態で　○茫然自失している本人に

㊂参考 南宋・魏泰の東軒筆録に、「敏中、茫然自失シ、翌日ニ於テ奏請セント欲ス」とある。朱熹の門弟・敏中は、意識がはっきりしなくなり、奏請を翌日に延ばした、という。また、列子に、「子貢茫然自失シ、家ニ帰リテ淫思スルコト七日、寝ネズ食ラハズ、以テ骨立ニ至ル」とある。孔子の門弟・子貢は、気が抜けてぼんやりし、やせて骨ばかりになった、という。

蓬頭垢面（ほうとう・こうめん）漢

身だしなみが非常に悪いこと。髪の乱れた頭と、あかにまみれた顔、という。清潔でない場合にも用いる。

▽品格を装っている夫人風と蓬頭垢面の老書生風と、妙なコントラストを作っていた〔内田魯庵＊社会百面相〕

▽蓬頭垢面の男が、ちり一つとどめていない土間へ泥げたで入ってくるのを見ると〔正宗白鳥

＊人さまざま〕

○蓬頭垢面を誇る　○蓬頭垢面、顔色は土のごとく

㊂参考　魏書に、「君子ハ其ノ衣冠ヲ整ヘテ其ノ瞻視(せんし)ヲ尊ブ。何ゾ必ズシモ蓬頭垢面ニシテ然ル後賢ト為(な)サンヤ」とある。君子は身の回りを飾らないはずなのに、どうして身なりを整えるのかと聞かれたのに対しての答えである。蓬頭垢面の姿をするには及ばない、という。

放蕩三昧（ほうとう・ざんまい）和

酒や女におぼれること。放蕩（あたりかまわず・ほしいままにする）という点で、三昧の境地に入っている、という。三昧は、仏教で雑念を捨てて精神を集中すること。

▽事実を事実として、伯父自身の口からも聞いていた伯父の放蕩三昧の経歴が〔永井荷風＊すみだ川〕

▽鍛冶工などいえば、直ちに放蕩三昧な、品格の劣等の者のごとく即断いたしますが〔木下尚江＊火の柱〕

○放蕩三昧の生活を送る　○放蕩三昧で親にも勘当され

㊂参考　称名三昧(しょうみょうざんまい)の参考欄を参照。

放蕩無頼（ほうとう・ぶらい）和

身を持ち崩すこと。放蕩（あたりかまわず・ほしいままにする）して、無頼（無法なことをする）になる、という。酒や女におぼれて仕事をしない場合に用いる。

▽多年放蕩無頼を尽くした身は、なかなか意志の力に制御されるものではない〔永井荷風＊腕くらべ〕

▽その底に生活のすさみを語る黒い陰が沈んでいて、放蕩無頼の風ぼうを見せ〔高見順＊故旧忘れ得べき〕

○放蕩無頼に身を持ち崩す　○放蕩無頼を事とする

蓬頭乱髪（ほうとう・らんぱつ）和

頭髪の身だしなみが悪いこと。乱髪（みだれ

た・かみ）に、蓬頭（髪の乱れた・あたま）を添えて、意味を強める。
▽大塊肉を喫し大椀酒を飲むという蓬頭乱髪、露骨無造作、殺風景なる世の中において（山路愛山＊経済雑論）
○蓬頭乱髪を得意として　○蓬頭乱髪のまま

豊年満作（ほうねん・まんさく）和
その年の農作物が豊かに実ること。豊年（ゆたかな・とし）で、満作（みちた・作物）だ、という。満作を万作と書くのは誤り。
▽これで二百二十日も無事に過ぎればしめたもので、空前の豊年満作、疑いなし（朝日新聞＊天声人語）
▽村の鎮守の神様の、今日はめでたいお祭り日。年も豊年満作で、村は総出の大祭り（文部省唱歌＊村祭）
○豊年満作の秋を迎える　○豊年満作に浮き立つ村々

捧腹絶倒（ほうふく・ぜっとう）和
腹を抱えて大いに笑うこと。捧腹（はらを・かかえる）して、絶倒（感情が極まって・たおれる）する、という。現代表記では、捧（かかえる）↓抱（だく）。
▽その祈とうを聞けば、抱腹絶倒すべきことの限りを平気で言っているが（徳富蘆花＊思出の記）
▽実に抱腹絶倒の至りといえども、その人においてはなお一種の希望を抱き（徳富蘇峰＊新日本之青年）
○抱腹絶倒な話　○抱腹絶倒の希望　○聞いて抱腹絶倒

報本反始（ほうほん・はんし）漢
天地や祖先の恩恵を忘れないこと。もと（天地）に・むくい、はじめ（祖先）に・かえる、という。自分たちがこの世で生活できるのは、天地や祖先のおかげであると考え、それに感謝する場合に用いる。
○報本反始を忘れない　○報本反始の気持ち

(参考) 礼記に、「万物ハ天ニ本ヅキ、人ハ祖ニ本ヅク。此レ、上帝ニ配スル所以(ゆえん)ナリ。郊ノ祭リヤ、大イニ本ニ報イ始メニ反ルナリ」とある。天地・祖先を祭る際の心構えを説いたものとされている。

泡沫夢幻（ほうまつ・むげん）仏

物事が、すべてはかないこと。あわ・しぶき・ゆめ・まぼろし、を組み合わせて表す。夢幻泡沫とも。

▽泡末夢幻の世に楽をせでは損と、帳場の金をつかみ出して、お歯黒どぶの水と流す〔幸田露伴＊風流仏〕

○泡末夢幻と消える　○泡末夢幻の世界

(参考) 夢幻泡影(むげんほうよう)の参考欄を参照。

暴慢無礼（ぼうまん・ぶれい）和

荒々しい態度で接すること。暴慢（あばれて・わがまま）で、無礼（礼儀が・ない）だ、という。

▽巡査が人民に説諭すると同じ口ぶりをもって臨んでいる。このくらい暴慢無礼な〔内田魯庵＊社会百面相〕

▽聞きしに過ぎて暴慢無礼なるババではござらぬか。いかに役柄とはいえ〔井伏鱒二＊かるさん屋敷〕

○暴慢無礼にふるまう　○暴慢無礼な役人

暮色蒼然（ぼしょく・そうぜん）漢

夕方の景色が薄暗いこと。暮色（ゆうぐれの・いろ）が、蒼然（うすぐらい）だ、という。

▽遠くから見ていると、暮色蒼然たる波の上に、白い肌えが動いている〔夏目漱石＊吾輩は猫である〕

▽黒煙を揚げて、暮色蒼然たる前面の海上を、はるかに乗り切る一そうの汽船あり〔小宮山天香＊聯島大王〕

○暮色蒼然と迫る　○暮色蒼然の山中

(参考) 唐・柳宗元の文に、「蒼然タル暮色、遠クヨリシテ至ル」とある。ただし、漢文では、秋の季節にも蒼然を用いる。唐・岑参(しんじん)の詩に、

「秋色、西ヨリ来リ、蒼然トシテ関中ニ満ツ」とあるが、日本では用いない。

墨痕淋漓（ぼっこん・りんり）和
筆で書いた跡が、活き活きとしていること。墨痕（すみの・あと）が、淋漓（したたり・おちる）だ、という。
▽観斎とは晩年の号である。墨痕淋漓としたその真剣さは、かえって彼女の胸に迫った。〔島崎藤村＊夜明け前〕
○墨痕淋漓たる筆意　○墨痕淋漓、その筆遣いは

匍匐膝行（ほふく・しっこう）和
座ったまま移動すること。匍匐（はい・ふせる）して、膝行（ひざで・いく）する、という。
▽ただ、ほんの少し身を起こし、匍匐膝行のまねをするだけで、そのまま元の座で〔子母沢寛＊勝海舟〕
○匍匐膝行して前に出る　○匍匐膝行を強いられる

本願成就（ほんがん・じょうじゅ）仏
極楽往生の願いが、そのとおりになること。本願（もとの・ねがい）が、成就（できあがる）する、という。
▽称名こそが往生ぞ、本願成就、疑いなしぞ、まあ、そういった気持ちだ〔唐木順三＊応仁四話〕
○本願成就のために　○本願成就を心に抱いて
(参考) 仏教では、求めたいことを定めてそれを得ようと願うことを願という。その場合、阿弥陀仏が衆生を救おうと立てた願を本願という。また、衆生の立場では、このような本願によって極楽往生することが本願である。この場合の本願の完成を、特に本願成就という。

本地垂迹（ほんじ・すいじゃく）仏
神道の神も、仏が衆生を救うために姿を変えたものだとすること。本地（本来の仏の姿）が、垂迹（あとを・たれる）した、という。
▽気の早い同門の人たちが本地垂迹の説を叫び、

祖先葬祭の改革に着手するのを見た〔島崎藤村＊夜明け前〕
▽それまでに、本地垂迹、大日如来本地説などのような思想的素地ができかけて〔堀田善衛＊定家明月記私抄〕
○本地垂迹として現れる　○本地垂迹の徳にすがる
(参考) 仏教では、仏や菩薩は、衆生を救うために、いろいろな姿になってこの世に現れると考えられている。この考え方に基づいて、日本では、神道の神々も仏や菩薩が神の姿で現れたものとされるようになった。そのため、村々の氏神など地域的な宗教施設では、仏像を神体としたり、仏具を神前に飾ることも行われていた。神道系の山岳信仰も、仏教的な色彩を強くしていた。このような状態が、明治政府による神仏分離まで続いていた。

奔走周旋（ほんそう・しゅうせん）和
いろいろと世話をすること。奔走（はしりまわり・はしる）して、周旋（とりもつ）する、という。周旋奔走とも。
▽摂津海岸の警衛を厳重にして万一の防御に備えたのも、尾州藩の奔走周旋による〔島崎藤村＊夜明け前〕
▽義理に集う知己出入りの者、泣き寄る親類縁者、奔走周旋して葬儀を整え〔坪内逍遥＊未来之夢〕
○八方、奔走周旋して　○奔走周旋のかいもあって

本朝無双（ほんちょう・むそう）和
日本で最も優れていること。本朝（このくに、日本）に、無双（ふたつと・ない）だ、という。無双は、古くはブソウと読んだ。天下無双をまねた四字漢語。
▽大徳寺は後醍醐帝のおぼしめしをもって、本朝無双の禅苑と指定され、五山の第一位〔唐木順三＊応仁四話〕
▽彼は、武士の家業たる弓矢の業においては、

本朝無双の称ある者なりき〔山路愛山＊為朝論〕
○本朝無双とされていた　○本朝無双のつわものとして

㊟参考　天下無双（てんかむそう）の参考欄を参照。

奔放不羈（ほんぽう・ふき）和

自分の思うとおりに行うこと。不羈（つながれない、拘束されない）に、奔放（ほとばしり・はなれる）を添えて、意味を強める。他人に束縛されない場合に用いる。他人の意見を聞き入れない場合は、不羈奔放を用いる。

▽才を負うて奔放不羈であった金華が、五歳年長の南郭になれ親しみ、甘えて〔唐木順三＊無用者の系譜〕

▽あざけられ、さげすまれていた。性格は、奔放不羈に対して、卑屈怯惰で〔柴田錬三郎＊柴錬水滸伝〕

○奔放不羈に走り回る　○奔放不羈な言動

本末顚倒（ほんまつ・てんとう）和

根本となる事柄とそうでない事柄を取り違えること。本末（もと・すえ）を、顚倒（くつがえし・たおす）する、という。大切な事柄とそうでない事柄の場合にも用いる。現代表記では、顚（くつがえる）↓転（ころぶ）。

▽販売すればこそ買う人もあると考えられるけれども、それは本末転倒の見方なので〔河上肇＊貧乏物語〕

○全く本末転倒している　○ここに本末転倒がある

【ま】

毎日毎晩（まいにち・まいばん）和

明けても暮れても同じようすのこと。日（ひる）・晩（よる）、それぞれに毎（ごと）を添える。

▽どんなに泣いたか知れませんよ。毎日毎晩、

奥様のことばかり悪くおっしゃるので〔木下尚江＊良人の自白〕

○毎日毎晩の大騒ぎ　○毎日毎晩、訓練の連続で

末世末代（まっせ・まつだい）仏

利益や欲望だけを求める世の中のこと。末世（すえの・よ）である末代（すえの・よ）だ、という。

▽いわんや末世末代、今の世、今の人間とはおよそ違うものが、そこにあった〔唐木順三＊応仁四話〕

○末世末代の現在　末世末代もかくやと思われ

（参考）末法末世（まっぽうまっせ）の参考欄を参照。

末法末世（まっぽう・まっせ）仏

道徳が廃れた末の世のこと。末法（すえの・時代）である末世（すえの・よ）だ、という。

▽今の世は末法中の末法末世、諸宗の与える薬法療法ぐらいでは、いかんともしがたい〔唐木順三＊応仁四話〕

○末法末世に至って　○末法末世の風が起こって

（参考）仏教では、釈迦が死んでから最初の千年を正法、次の千年を像法といい、その後の一万年を末法という。末法の世を末世という。末世では、仏教はその教えのみが残って実践する人がいないから、救い難いという。日本では、末世末代の形に改めても用いる。

満座同音（まんざ・どうおん）和

そこにいる皆が同じ考え方を言うこと。満座（その場全体の人）が、同音（ことばを・同じにする）だ、という。

▽不臣な奴だという罪状であるから、満座同音、国賊の誅罰に異論はない〔福沢諭吉＊福翁自伝〕

○満座同音の思いをなす　○幸いにも満座同音で

満場一致（まんじょう・いっち）和

すべての者の意見がまとまること。満場（会場

全体の人）が、一致（おなじになる）する、という。満場を万場と書くのは誤り。会議の場合は全会一致を用いる。

▽幸いに満場一致の大拍手をもってご賛同を得られましたことは、まことに〔講談社＊新版式辞挨拶演説集〕

▽連絡協議会の委員たちは満場一致で賛成し、その立候補を祝福する人は〔高橋和巳＊我が心は石にあらず〕

○満場一致で可決する　○満場一致の賛成を得て

満身創痍（まんしん・そうい）和

体じゅうに傷を受けること。満身（全部の・からだ）が、創痍（かたなきず・きりきず）だ、という。周りから傷めつけられて、精神的にふさいでいる場合にも用いる。

▽満身創痍の日本人がわずかにその日の命をつなぐための、惨めな営みの姿だった〔石川達三＊風にそよぐ葦〕

▽木村卓治が満身創痍で死んだと同じように、これらの人々も卓治のための被害者であった〔松本清張＊断碑〕

○満身創痍で信念を貫いた　○満身創痍のありさまで

満天満地（まんてん・まんち）和

見渡すかぎりの状態のこと。天地を分けたものに、満（みちる）を添える。天地に満ちる、という。

▽起きいでて見れば、満天満地の雪、ひねもす絶え間なく降り暮らす〔徳富蘆花＊湘南雑筆〕

▽ひひと降る雪払えども、次第次第に凍り詰め、満天満地、際涯なきしろがねをもって〔須藤南翠＊緑簑談〕

○満天満地の活力　○満天満地、喜びに覆われ

満目荒涼（まんもく・こうりょう）和

見渡すかぎり、荒れ果てていること。満目（めに・みちる）が、荒涼（あれて・ひややか）だ、という。

▽目を上げて経済世界のありさまを見れば、秋風寂漠、満目荒涼、ただ老若男女が〔徳富蘇峰＊将来之日本〕
▽その満目荒涼とした原っぱの真ん中にね、軍服の天皇がぼんやり立っているのを〔堀田善衛＊断層〕
○満目荒涼の中を行く　○満目荒涼たる原野

未開野蛮（みかい・やばん）和
文化が開けていないこと。野蛮（自然で・荒々しい）に、未開（まだ・ひらけ・ない）を添えて、意味を強める。
▽東西人種の相違、風俗習慣の相違から来るものを一概に未開野蛮として〔島崎藤村＊夜明け前〕
▽かかれば、戦闘いと激しく、優勝劣敗急激なる未開野蛮の上世にありては〔坪内逍遥＊小説神髄〕
○未開野蛮とはいえ　○未開野蛮の風を改めて

密雲不雨（みつうん・ふう）漢
兆候があってもその状態にならないこと。密雲（すきまのない・くも）があるが、雨が降らない、という。
▽密雲不雨ということばがあるが、そういう実にいやな気持ちがしている〔志賀直哉＊暗夜行路〕
○密雲不雨に陥る　○密雲不雨のまま
（参考）易経に、「密雲、雨フラズ、我ヨリ西郊ス」とある。自分は西郊にいるから、密雲は自分を去ること遠い、という。恩沢が行き渡らない意味で用いている。日本では、兆候があってもその状態にならない場合に用いる。

未定未完（みてい・みかん）和
まだ、でき上がっていないこと。未完（まだ・できあがら・ない）に、未定（まだ・さだまら・ない）を添えて、意味を強める。

▽さまざまありといえども、総じて未定未完にして、本義と見るべきものはまれなり〔坪内逍遥＊小説神髄〕

○未定未完のまま残る　○未定未完に終わった原稿

冥加至極（みょうが・しごく）仏

非常に幸せなこと。冥加（仏の加護）に、至極（程度が甚だしい）を添えて、意味を強める。

▽それほどまでにおぼしめしくださるとは冥加至極と申してな、大方当人も〔三遊亭円朝＊牡丹灯籠〕

▽「冥加至極のことじゃ、ずいぶんお手柄をなされい」と言って、背中をぽんと打った〔森鷗外＊阿部一族〕

○冥加至極に存じ上げる　○冥加至極のおことばを頂く

参考　仏教では、仏や菩薩が力を加えて衆生を助け守ることを加護という。その加護のうち、冥々のうちにひそかに行われるのが冥加であり、明々のうちにあらわに行われる顕加の対になる。冥加を受けることを願ったり、受けたことに対して感謝の気持ちを込めて寺院に納入する金銭が冥加金である。なお、その程度の甚だしい場合が至極で、残念至極などと用いる。ただし、漢文ではシキョクと読み、「其ノ遠キコト、至極スル所無シ」のように、いたり・きわまる意味で用いる。

妙機妙用（みょうき・みょうよう）和

非常に優れた作用のこと。機（はたらき）・用（ききめ）、それぞれに妙（すぐれている）を添える。

▽悠然として清絶高遠の妙想を感起せざるはなし、これを美術の妙機妙用という〔坪内逍遥＊小説神髄〕

○その妙機妙用によって　○妙機妙用、たちまちに

苗字帯刀（みょうじ・たいとう）和

姓をつけて、刀を差すこと。苗字〔同じ血筋の者につけた・姓の文字〕と、帯刀〔かたなを・おびる〕を、組み合わせて表す。江戸時代には武士の特権であり、一般庶民としては、それに準ずる待遇を受けるときに、特に許されていた。現代表記では、苗（ちすじ）→名（な）も。

▽名字帯刀をやり繰り算段に替えられることは、あまりいい心持ちはしなかった〔島崎藤村＊夜明け前〕

▽ただの百姓で、別に郷士だの、名字帯刀御免の家柄だのというのではないのである〔子母沢寛＊勝海舟〕

○名字帯刀を許される　○名字帯刀、相かなわず

名詮自性（みょうせん・じしょう）仏　名が性質を表すということ。名が・自らの性を・備えている、という。本来の性質が名で分かる場合に用いる。

▽迷を明に書き換えていた。一つは、あまり名詮自性すぎるのが気になってきたためで〔坪内逍遥＊柿の蔕〕

▽走る白帆に似たるをもて、しか名づけさせたまいしは、名詮自性、また妙なり〔曲亭馬琴＊里見八犬伝〕

○確かに名詮自性であった　○すべてこれ名詮自性で

(参考) 仏教では、事物の名としての語や句を名句という。一般に、単なる音が事物を表すことはないが、音が特定の続き方をしたときに、特定の事物を表すことになる。その場合、名句は異なるが、表す事物が同じこともあり、これを名異義一とか、名異体同という。しかし、いずれの場合も、名句は、事物を形式的に表すのではなく、その本性までも表すと考える。したがって、名句を見れば、その本性が分かる。これを、名詮自性という。地名や人名の場合にも、その考え方を適用することができる。

未来永劫（みらい・えいごう）仏

今後のきわめて長い年月のこと。永劫（非常にながい・時間）に、未来（まだ・こ・ない）を添えて、意味を強める。仏教では、永劫を呉音でヨウゴウと読む。

▽千年万年、未来永劫、もはや彼をこの世界に見ることができないというに至っては〔木下尚江＊良人の自白〕

▽古傷が巡り巡りてその身に報い、未来永劫、刀林地獄へ落ちて苦しむ者あり〔曲亭馬琴＊胡蝶物語〕

○未来永劫に変わらない　○未来永劫、ご恩は忘れない

(参考) 仏教では、極めて長い時間の単位として無限の時間というものを考える。これを kalpa といい、劫波と音訳し、略して劫という。これに永（ながい）を添えた永劫は、限りなく長い時間、無限の時間の意味であり、永久の意味になる。また、未来は、いまだ・きたら・ざる世のことで、仏教では次の世、来世のことをいう。しかし、一般語としては、過去の対として用いる。

無為徒食（むい・としょく）和

仕事をしないで暮らすこと。無為（することが・ない）で、徒食（いたずらに・たべる）する、という。

▽無為徒食の島村は、自然と自身に対するまじめさも失いがちなので、それを呼び戻すには〔川端康成＊雪国〕

▽前述の夫が、その後保釈出獄して、無為徒食の状態で家にごろごろしている〔高見順＊故旧忘れ得べき〕

○無為徒食に過ごす　○無為徒食の生涯

無位無官（むい・むかん）和

位階も官職もないこと。位（くらい）・官（つ

かさ）、それぞれに無（ない）を添える。位も官も無い、という。官職に就いていない場合に用いる。
▽無位無官の平民、朝廷の席順をもってすれば、等外吏のまたその下ならん〔福沢諭吉＊諸文集〕
▽無位無官に着せた装束、この冠、汚れた同然、内裏に置かず、われが預かる〔浄瑠璃＊菅原伝授手習鑑〕
○無位無官の身で　○無位無官、何のその

無為無策（むい・むさく）和
一定の計画が何もないこと。為（おこない）・策（はかりごと）、それぞれに無（ない）を添える。為も策も無い、という。対策を持っていない場合に用いる。
▽はでな売り出しの要もない、等々と、無為無策に近い消極策を正当化させる弁明にも〔城山三郎＊乗取り〕
▽昇進する気はなさそうであった。無為無策である。暇さえあれば居眠りをした〔石川達三＊風にそよぐ葦〕
○無為無策のうちに　○無為無策とは言えないまでも

無意無心（むい・むしん）和
何も考えないようすのこと。意（おもい）・心（こころ）、それぞれに無（ない）を添える。意も心も無い、という。
▽女は横目を西に走らせたが、俊三は無意無心に自然に見入っているのである〔木下尚江＊良人の自白〕
○全く無意無心で　○無意無心の境にあって

無為無智（むい・むち）和
何もしないし、する知恵もないこと。為（おこない）・智（ちえ）、それぞれに無（ない）を添える。為も智も無い、という。現代表記では、智（ちえ）→知（しる）。
▽人の思想を束縛して自由を得せしめず、人を無為無知に陥れて害するがごときは〔福沢諭吉

＊文明論之概略〕
○無為無知な自分にとっては　○無為無知、すべもなく

無為無能（むい・むのう）　和

何もしないし、できもしないこと。為（おこない）・能（はたらき）、それぞれに無（ない）を添える。為も能も無い、という。へりくだっていうときにも用いる。

▽しかし、この生活が続き、わたしが無為無能の一市井人で終わったとしても〔志賀直哉＊邦子〕

▽その断を下しえなかった自分の無能を恥じる。無為無能の不決断を恥じると同時に〔唐木順三＊応仁四話〕

○無為無能ではあったが　○無為無能の小生にとって

無我夢中（むが・むちゅう）　仏

特定の物事に熱中すること。夢中（ゆめの・なか）に、無我（我の存在を・意識しない）を添えて、意味を強める。

▽余儀なくされた結果、無我夢中で切れ物をもてあそぶのだろうか、あるいは単に〔夏目漱石＊道草〕

▽低い声の音は、彼を刺激した。無我夢中で彼は力いっぱいショベルを突き出した〔中野重治＊汽車の缶焚き〕

○わたしを無我夢中にさせた　○無我夢中の努力により

（参考）無我というのは仏教用語で、我という意識の束縛から離れることをいう。無我の境というのがこれであり、それは修行に熱中している状態のことである。一方、夢中というのは、本来は、夢中に現れる、のように、ゆめの・なか、である。それが、現実を離れていることから、現実を考えないで特定の物事に熱中する意味でも用いられた。その夢中が、仏教用語としての無我に通じるところから、無我を添えて意味を強め、無我夢中となった。

無害無益（むがい・むえき）和

影響を全く及ぼさないこと。害（そこなう）・益（ためになる）、それぞれに無（ない）を添える。害も益も無い、という。あってもなくてもよい場合にも用いる。

▽彼らは無害無益の長物として存在したるにすぎず。実権はかえって祐筆の手に落ち〔山路愛山＊現代金権史〕

○無害無益と考えられた　○無害無益の行為

無学無識（むがく・むしき）和

教養が全くないこと。学識（学問・知識）を分けたものに、無（ない）を添える。学識が無い、という。

▽今日の先生のあの卓説はどうだい。何だかわれわれは、とみに無学無識になったようだ〔福沢諭吉＊福翁自伝〕

▽乱暴書生とのみ思いたる無学無識の輩、一躍卿相を博し、江戸をじゅうりんする〔山路愛山＊現代金権史〕

○無学無識も甚だしい　○たとえ無学無識であっても

無学無能（むがく・むのう）和

知的なことが全くできないこと。学（まなび）・能（はたらき）、それぞれに無（ない）を添える。学も能も無い、という。へりくだっていうときにも用いる。

▽このありがたき大み代に生まれたればこそ、無学無能の怠け者が米の飯を食らい〔内田魯庵＊社会百面相〕

○無学無能の徒　○無学無能、何の対策もなく

無期延期（むき・えんき）和

実施を先に延ばすこと。無期（期限が・ない）に、延期（期日を・のばす）する、という。

▽十五日に出帆の予定だった図書頭は、またまた突然に無期延期になった〔子母沢寛＊勝海舟〕

▽政府は条約改正会議の無期延期を関係各国に通告し、当面の危機を乗り切ろうとして〔犬塚

孝明＊森有礼〕
○無期延期もやむをえない　○無期延期の行事

無気無力（むき・むりょく）和
物事を行う精神力が全くないこと。気力を分けたものに、無（ない）を添える。気力が無い、という。
▽我々よりこれを見れば、何ぶんにも無気無力にして、大丈夫の精神がなく〔末広鉄腸＊雪中梅〕
▽民間あたかも余地を残さざるに至ることあり。いわゆる人民の無気無力にして〔福沢諭吉＊通俗民権論〕
○無気無力の役人として　○無気無力、何の対策もなく

無形無声（むけい・むせい）和
目や耳で感じることができないこと。形（かたち）・声（こえ、おと）、それぞれに無（ない）を添える。目に見える形も、耳に聞こえる音も無い、という。
▽真理は、かくのごとく無形無声なるものなれども、夢幻泡影のごときものにあらず〔西村茂樹＊日本道徳論〕
○無形無声とされる　○無形無声でとらえどころもなく

無芸大食（むげい・たいしょく）和
何もできずに、ただ食べているだけのこと。無芸（わざが・ない）で、大食（おおいに・くらう）だ、という。
▽ぼくは無芸大食さ。でも、これから岸野さんに就いて社交ダンス習おうかと思って〔正宗白鳥＊日本脱出〕
▽その虚へ付け込んで、例の無芸大食の奥の手を出して、手前のさかなはいうに及ばず〔仮名垣魯文＊胡瓜遣〕
○無芸大食を恥じる　○無芸大食で、何もできない

無芸無能（むげい・むのう）和
特別の才能が全くないこと。芸能（わざ・す

べ）を分けたものに、無（ない）を添える。芸能が無い、という。
▽その弟はこのとおりな無芸無能、書画はさておき、骨董も美術品も一切無頓着〔福沢諭吉＊福翁自伝〕
▽無芸無能がなしうるものは、独り広告屋と伴食大臣とあるのみだ〔内田魯庵＊社会百面相〕
○無芸無能の大食漢　○無芸無能、幸いにして職に就き

夢幻泡沫（むげん・ほうまつ）⇩ほうまつ・むげん

夢幻泡影（むげん・ほうよう）仏
物事が、すべてははかないこと。ゆめ・まぼろし・あわ・かげ、を組み合わせて表す。影は、呉音でヨウと読む。
▽真理は、かくのごとく無形無声なるものなれども、夢幻泡影のごときものにあらず〔西村茂樹＊日本道徳論〕
○夢幻泡影と消える　○夢幻泡影の世界
参考　仏教では、この世のものは、すべてがはかないものとされている。それについていろいろな例えを用いるが、夢・幻・泡・影、も分かりやすい。眠っていて見るのが夢、覚めていて見るのが幻である。水の泡はすぐ消えて、とらえどころがない。その点では、影も同じである。日本では、夢幻泡沫、泡沫夢幻の形でも用いる。

無限無極（むげん・むきょく）和
どこまでも続いていくこと。極限（きわまり・かぎり）を分けたものに、無（ない）を添える。極限が無い、という。
▽その無限無極の世界が、何らかの原因ありて無中に有とせられてできたといわば〔中江兆民＊続一年有半〕
○無限無極に広がる　○無限無極の大慈悲にすがる

無作無法（むさ・むほう）和
一定の方法が全くないこと。作法（し・かた）を分けたものに、無（ない）を添える。作法が無い、という。作は、フルマウ意味では、漢呉

音サと読む。
▽しかし、杉に至っては、ざる碁どころの騒ぎではなく、実に無作無法に打っていく〔子母沢寛＊勝海舟〕
○無作無法で進む　○無作無法のまま

無才無芸（むさい・むげい）和
頭が悪く何もできないこと。才（ちえ）・芸（わざ）、それぞれに無（ない）を添える。才も芸も無い、という。無才は、古くはムザイと読んだ。
▽無才無芸にして、将相の名を伝う。みだりに俊英の座を授けられ、いよいよ厚顔なり〔唐木順三＊応仁四話〕
○無才無芸の男にすぎない　○無才無芸にもかかわらず

無罪放免（むざい・ほうめん）和
罪のないことが分かって許すこと。無罪（つみが・ない）で、放免（はなち・ゆるす）する、という。
▽一同連署して嘆願に及んだから、ついに当人は無罪放免、これからは〔夏目漱石＊吾輩は猫である〕
▽それがしが役所へ参っていかに弁明しても、無罪放免にはなり申すまい〔柴田錬三郎＊柴錬水滸伝〕
○幸い無罪放免になった　○無罪放免されたあとは

無慙無愧（むざん・むき）仏
悪いことを平気で行うこと。慙愧（はじて・はじる）を分けたものに、無（ない）を添える。慙愧の心が無い、という。
▽自分の内部の悪も見逃さなかったのですね。自分のことを、無慙無愧の極悪人と呼んで〔丹羽文雄＊蛇と鳩〕
▽左右四、五里を押して通るに、元来、無慙無愧のえびすどもなれば、神社仏閣を焼き払う〔太平記〕
○無慙無愧に徹する　○無慙無愧の僧として

（参考）仏教では、恥じらいの心のないことが無慚無愧である。詳しくいえば、自分自身に対して罪を罪として恥じるのが慚であり、その心のないのが無慚である。また、他人に対して罪を罪として恥じるのが愧であり、その心のないのが無愧である。いずれも二十随煩悩（根本煩悩に付随するもの）の中の中随惑とされている。

無始無終（むし・むじゅう）仏

限りなく続いていること。始終（はじめ・おわり）を分けたものに、無（ない）を添える。始終が無い、という。無終はムシュウとも。

▽世界は無始無終で、現世の状をなす前には、何の状をなせしかは知れないけれども〔中江兆民＊続一年有半〕

▽ただ、宇宙に行わるる無始無終、とうてい人知をもって量るべからざる不可思議の〔福沢諭吉＊福翁百話〕

○無始無終で続く　○無始無終の世界

（参考）仏教では、始めがないと考えて、無始という。いくらさかのぼっても始めを知りえないから、無始である。遠い昔から同じ状態があったのであり、始めを認めることができないからである。また、仏教では、すべてが無始であるとともに無終である。永遠の過去から永遠の未来まで流転すると考える。これが輪回である。

無私無偏（むし・むへん）漢

極めて公平なこと。わたくし・なく、かたより・なし、という。中正を保つ場合に用いる。

○無私無偏を心掛ける　○無私無偏の人事

（参考）隋・王通（おうとう）の文中子に、論語をまねた問答形式で、「君ニ事（つか）フルノ道ヲ問フ。子曰ハク、無私ト。人ヲ使フノ道ヲ問フ。曰ハク無偏ト」とある。これによれば、無私は君主に仕える滅私奉公であり、無偏が人を使う立場になる。日本では、公平の心構えとして用いる。

無資無力（むし・むりょく）和

金も力も持っていないこと。資（かね）・力（ちから）、それぞれに無（ない）を添える。資も力も無い、という。

▽無資無力にして大声疾呼、進んで政治界にその敵を求む。ああ、財力は本なり〔坪内逍遥＊未来之夢〕

▽他人の無資無力に乗じて社会の公共財物を専横剽奪したるに相違なし〔大井憲太郎＊自由略論〕

○無資無力で世に出る　○無資無力のわたしに対して

無爵無位（むしゃく・むい）和

爵位も位階もないこと。爵（公侯伯子男）・位（位階勲等）、それぞれに無（ない）を添える。爵も位も無い、という。官職に就いていない場合に用いる。

▽生きたるわら人形は防ぐべし。ただ独り無爵無位の真人、これに任ずるに足るのみ〔中江兆民＊一年有半〕

○無爵無位に甘んじて一生を終わる　○無爵無位の庶民

矛楯撞著（むじゅん・どうちゃく）漢

筋道の前後が食い違って、合わないこと。矛楯（ホコとタテ、前後が合わない）と、撞著（つきあたって・いる）を、組み合わせて表す。現代表記（それ以前からも）では、チャク・ジャクの場合、著→着（俗字）。また、現代表記では、楯（たて）→盾。

▽矛盾撞着は、脚色の上にもいうべく、叙事の上にもいうべし。今、一例を挙げて〔坪内逍遥＊小説神髄〕

▽病人のことばは、一時ほど矛盾撞着しなくなった。しかし、迷信でなくて本当か〔川端康成＊十六歳の日記〕

○矛盾撞着に悩む　○矛盾撞着にもかかわらず

（参考）韓非子に、タテとホコを売る楚人の話がある。「誉メテ曰ク、吾ガ楯ノ堅キコト、能ク陥スコト莫シト。又、其ノ矛ヲ誉メテ曰ク、吾ガ矛ノ利ナルコト、物ニ於テ陥サザルコト無シト」とある。ある人が、そのホコでそのタテを突けばどうなるかと聞いたところ、答えられなかった、という。ここから、前後が合わない意味の矛楯という語ができた。なお、撞著も同じ意味の語であるが、日本では、矛楯撞著の形で用いる。撞著は、自家撞著(じかどうちゃく)の参考欄を参照。

無常迅速（むじょう・じんそく）仏

人の死がいつ来るか分からないこと。無常（つねが・ない）なことが、迅速（はやく・すみやか）だ、という。人の世の移り変わりが早い意味でも用いる。

▽老少不定、無常迅速で、若い自分が後に残るとは限らないと、松子は思った〔川端康成*日も月も〕

▽飛び石に打たれて、ぱっと火花散る。無常迅速、生死も知らずへたばりけり〔曲亭馬琴*里見八犬伝〕

○無常迅速を悟る　○無常迅速の思いに堪えない

参考　仏教では、あらゆるものが、いつも移り変わっていき、少しもとどまらない、とされている。これが無常という考え方である。変転極まりない人生、永久に存続することのない人生、これも無常である。しかも、その変転が、予期しないうちに起こる。人の命も、いつ無くなるか分からない。これが、無常迅速である。

無色無形（むしょく・むけい）和

目には全く見えない存在のこと。色（いろ）・形（かたち）、それぞれに無（ない）を添える。目に見える色も、目に見える形も無い、という。

▽無色無形の実体にて、間髪を入れず、天地いずくにも充満してましませども〔芥川竜之介*るしへる〕

○無色無形に徹する　○無色無形の対象

無神無仏（むしん・むぶつ）和

宗教を全く持たないこと。神仏（かみ・ほとけ）を分けたものに、無（ない）を添える。宗教の中心となる神や仏が無い（その存在を否定する）、という。

▽むちゃくちゃにするとは、罪の深いことだ。無神無仏の蘭学生に逢っては仕方がない〔福沢諭吉＊福翁自伝〕
○無神無仏に傾く　○無神無仏の徒

無数無量（むすう・むりょう）和

分量が非常に多いこと。数量（かず・かさ）を分けたものに、無（ない）を添える。数量の限りが無い、という。
▽無数無量の現象より、かの百八の煩悩まで、今、目の当たり眼をもて見るがごとくに〔坪内逍遥＊小説神髄〕
▽今に至りては、経典供養の力を借らずば、何をもて無数無量の済度なすよしや候〔曲亭馬琴＊里見八犬伝〕
○問題は無数無量で　○無数無量、その限りを知らず

無政無法（むせい・むほう）和

政治も法律も行われないこと。政（政治）・法（法律）、それぞれに無（ない）を添える。政も法も無い、という。
▽この無政無法の世に、天理人道の貴きを知る者は、ただ耶蘇の宗教あるのみ〔福沢諭吉＊文明論之概略〕
○無政無法にも等しい　○無政無法の乱世において

無智無学（むち・むがく）和

学問が全くないこと。智（ちえ）・学（学問）、それぞれに無（ない）を添える。智も学も無い、という。現代表記では、智（ちえ）↓知（しる）。
▽その信心帰依の表に現れたるところは、無知無学の田夫野嫗が涙をたれて泣く〔福沢諭吉＊文明論之概略〕
○無知無学を暴露する　○全くの無知無学で

無知無識（むち・むしき）和

知識を持っていないこと。知識（しる・よくしる）を分けたものに、無（ない）を添える。知識が無い、という。

▽現実を見ずして、かってな想像をたくましくし、無知無識の群衆を誘惑する〔徳富蘇峰＊勝利者の悲哀〕

▽いかんせん、無知無識の凡俗世界を導くには、ただこれに形を示すの一法あるのみ〔福沢諭吉＊福翁百話〕

○無知無識の自分に対して　○無知無識とはいえ

無智無能（むち・むのう）仏

知恵も能力もないこと。智（ちえ）・能（行う力）、それぞれに無（ない）を添える。智も能も無い、という。物事を正しくとらえて行う能力がない場合に、全智全能の対として用いる。現代表記では、智（ちえ）↓知（しる）。

▽しかし、俗人の考える全知全能は、時によると、無知無能とも解釈ができる〔夏目漱石＊吾輩は猫である〕

▽知識と習熟とを獲得したにもかかわらず、他の面については全然無知無能であり〔山本健吉＊孤児なる芸術〕

○無知無能には違いないが　○無知無能の大衆に対して

(参考) 仏教では、物事を正しくとらえて真理を見極める力を智という。それのないのが無智である。また、物事を行うことのできる力を能という。それのないのが無能である。併せて、無智無能となる。日本では、能を力に改め、無智無力の形でも用いる。

無恥無法（むち・むほう）和

平気で法令を無視すること。恥（はじ）・法（法令）、それぞれに無（ない）を添える。恥も法も無い、という。

▽法相指揮権の発動で疑獄を食い止める無恥無法をあえてし、内閣の崩壊を防いだ〔朝日新聞＊天声人語〕

○無恥無法に終始する　○無恥無法の暴徒に対して

無智無力（むち・むりょく）漢

知恵も能力もないこと。智（ちえ）・力（ちから）、それぞれに無（ない）を添える。智も力も無い、という。現代表記では、智（ちえ）↓知（しる）。

○全く無知無力で　○無知無力の人民大衆

▽黄金時代を期して、実はその方角さえ知る者少なく、無知無力なる人類がみだりに〔福沢諭吉＊福翁自伝〕

（参考）無智無能の参考欄を参照。

無智蒙昧（むち・もうまい）和

知恵がなく、道理が分からないこと。無智（ちえが・ない）で、蒙昧（くらくて・くらい）だ、という。蒙昧を妄昧と書くのは誤り。現代表記では、智（ちえ）↓知（しる）。

▽その花びらに包まれた、無知蒙昧の男の顔は、あほうづらながらに勢いづいて尊げに〔正宗白鳥＊日本脱出〕

▽書生をやって奇激な演説などさせて、無知蒙昧なやつらを扇動させ、自分は東京にいて〔木下尚江＊火の柱〕

○無知蒙昧につけ込む　○無知蒙昧の徒

無毒無害（むどく・むがい）和

人体に対して悪い効果を持たないこと。毒（どく）・害（そこない）、それぞれに無（ない）を添える。毒も害も無い、という。ただし、よい効果を持つわけではない。

▽鉄骨ガラス板をもって装置を施すときは、広き邸内は無毒無害の小乾坤にして〔福沢諭吉＊福翁百話〕

○無毒無害な薬　○無毒無害の宗教

無二無三（むに・むさん）仏

他の事柄を全く考えないこと。無二（二つめが・ない）にそろえて、無三（三つめも・ない）を添え、意味を強める。二も三も無く、ただ一だけだ、という。

▽車は、無二無三に走る。野には緑を突き、山には雲を突き、夜には星を突いて走る〔夏目漱石＊虞美人草〕

▽やがて、敵と味方は、十郎の倒れている前後を巡って、無二無三に打ち合い始めた〔芥川竜之介＊偸盗〕

○無二無三に突き進む　○無二無三、逃げたけれども

(参考) 仏教では、第二のものがないことを無二という。ただ一つだということである。第三のものもないことを無三というから、これもただ一つだということになる。法華経に「無二亦無三」とあるのがこれである。悟りに導く教えは一つだけである（これを乗り物に例えて、一乗という）。それに代わる第二の教えも、第三の教えもない、という意味である。そこから転じて、一般語としては、いちずに、の意味にも用いい、見当をつけないで行う意味にも用いる。

無念残念（むねん・ざんねん）　和

非常に悔しいこと。残念（おもいを・のこす）に、無念（おもうこと・なからんや）を添えて、意味を強める。

▽無念残念、心外ながら、悔し涙をのめとばかり、もう、もう顔を上には上げず〔山田美妙＊平清盛〕

○無念残念で仕方がない　○無念残念の至り

無念至極（むねん・しごく）　和

非常に悔しいこと。無念（おもうこと・なからんや）に、至極（程度が甚だしい）を添えて、意味を強める。

▽このまま退却して引き揚げるのは無念至極。何とぞ知能を絞っていただきたい〔柴田錬三郎＊柴錬水滸伝〕

▽今はたまりかね、無念至極と奥へ駆け入り、何の面白からぬ、浮世に永らえてせんなし〔井原西鶴＊懐硯〕

○無念至極に思う　○まことに無念至極で

(参考) 至極は、冥加至極（みょうがしごく）の参考欄を参照。

無念無想（むねん・むそう）　仏

全く何も考えないこと。念（いつもおもう）・想（おもいおこす）、それぞれに無（ない）を

添える。念も想も無い、という。無我の境地に入る場合にも用いる。▽そして、お前のことも忘れて、無念無想に、ただ闘病しなければならないから〔芹沢光治良＊巴里に死す〕▽「朝起きるとまず座ってみるんです」「いわゆる無念無想に入るんですか」〔長与善郎＊竹沢先生と云う人〕○無念無想の境地に入る　○無念無想、空気のように

参考　仏教で無念というのは、有念の対で、妄念のないことをいう。何ものにもとらわれない正しい念慮が無念である。また、一切の妄念をなくした状態が無想である。したがって、無念無想とは、全く無我の境に達した無心のことであり、一切の妄念を絶した状態のことである。

無能無才（むのう・むさい）　仏

才能が全くないこと。才能（ちえ・すべ）を分けたものに、無（ない）を添える。才能が無い、という。無才は、古くはムザイと読んだ。▽世の中を見渡すと、無能無才の小人ほど、いやにのさばり出て官職に登り〔夏目漱石＊吾輩は猫である〕▽無能無才、夏炉冬扇の無用者の世界を、この一筋と頼まざるをえなかった〔唐木順三＊無用者の系譜〕○無能無才ながら　○無能無才、ただ一筋に

参考　仏教では、物事を行うことのできる力を能という。それのないのが無能である。また、学問を身につける力を才という。それのないのが無才である。併せて、無能無才となる。

無能無策（むのう・むさく）　和

処理できる力も処理する手立てもないこと。能（能力）・策（方策）、それぞれに無（ない）を添える。能も策も無い、という。何もしない場合にも用いる。▽現在かくのごとき事態にある労働問題を、当事者が無能無策をもって放置せんか〔徳永直＊

太陽のない街〕
○無能無策に終わる　○無能無策の当局に対して

無病息災（むびょう・そくさい）和
健康を続けていること。無病（やまいが・ない）で、息災（わざわいを・とどめる）だ、という。
▽ときどき船酔いを感ぜしが、今度は無病息災、我ながら達者なるにあきれ〔徳富蘆花＊不如帰〕
▽これは医王仏の化現、無病息災の方便のため、三返りのおきな、仮に現れいでたるなり〔謡曲＊寝覚〕
○無病息災を祈る　○無病息災で過ごしてこられたのも

無辺無際（むへん・むさい）仏
限界が全くないこと。辺際（さかい・きわ）を分けたものに、無（ない）を添える。辺際が無い、という。
▽全宇宙は無辺無際、ついに人力の及ぶところにあらず、ただかの銀漢をもって際とし〔三宅雪嶺＊我観小景〕
▽実に仏身は、もと三身一体、色像を絶して無辺無際の法界身なり。しかりといえども〔釈雲照＊仏教大意〕
○無辺無際に気づいてからは　○無辺無際の功徳
（参考）仏教では、限られていないこと、果てしなく続くことを無辺無際という。そこには、始めもなく、終わりもないから、生まれ変わり死に変わる輪回の在り方も無辺無際である。果てしなくさまようからである。

無偏無党（むへん・むとう）漢
かたよりというものがないこと。偏（かたより）・党（なかまのくみ）、それぞれに無（ない）を添える。偏も党も無い、という。特定の主義・党派に加わらないで、中立を守る場合にも用いる。

▽自分で読んでいながら、目頭が潤んだ。「ああ、無偏無党、王道堂々たり」〔子母沢寛＊勝海舟〕
▽他政党といえども、運動の土台をなすものは、一に無偏無党の中和ならざるはなし〔利光鶴松＊政党評判記〕
○無偏無党の立場　○無偏無党という中道
（参考）書経に、「偏無ク党無ケレバ、王道蕩蕩（とうとう）タリ。反無ク側無ケレバ、王道正直（せいちょく）タリ」とある。王道というのは、公明正大なものだからである。

無味乾燥（むみ・かんそう）和
うるおいが全くないこと。乾燥（かわきかわく、うるおいがない）に、無味（あじわいが・ない）を添えて、意味を強める。内容がつまらない場合にも用いる。あじわいがない場合は、乾燥無味を用いる。
▽銀行業務という、無味乾燥な仕事から解放せられて、自ら奮い立つのだが〔芹沢光治良＊坂の上の家〕
▽思う心が募る。勉強が無味乾燥なだけに、一層感覚が生々しくなってくる〔三島由紀夫＊永すぎた春〕
○無味乾燥のまま過ぎる　○無味乾燥な内容

無名無位（むめい・むい）和
特に認められてはいないこと。名（な）・位（くらい）、それぞれに無（ない）を添える。名も位も無い、という。
▽不思議に思ったのは、無名無位のほこらなど、いずれもわらで覆い隠したことで〔木下尚江＊良人の自白〕
○無名無位に甘んじる　○無名無位の画家として

無慾恬淡（むよく・てんたん）和
欲というものが全くないこと。無慾（よくが・ない）で、恬淡（しずかであわい、とらわれない）だ、という。物質にこだわらない性格の場合に用いる。現代表記では、慾（よく）↓欲

（ほっする）。

▽赤坂の乃木邸は、今日でこそ将軍の無欲恬淡な人格を物語る生きた証拠として〔石坂洋次郎＊若い人〕

▽あの人は、むしろ無欲恬淡に身を持するという善良人というだけで、下の者に毒されて〔子母沢寛＊勝海舟〕

○無欲恬淡としている　○無欲恬淡な僧として

無慾無私（むよく・むし）和

個人的な気持ちが全くないこと。慾（よく）・私（わたくし）、それぞれに無（ない）を添える。慾も私も無い、という。現代表記では、慾（よく）→欲（ほっする）。

▽語られているものは、厳しい倫理的使命感に支えられた、無欲無私の熱い祖国愛である〔犬塚孝明＊森有礼〕

○無欲無私の心境になる　○無欲無私とは行かない

無理往生（むり・おうじょう）仏

無理に承服させて従わせること。無理に、往生（しぬ、あきらめる）させる、という。

▽今、この心持ちを殺し、別れるのは、いかにも無理往生で、その気になれなかった〔志賀直哉＊痴情〕

▽一人一人に短冊を鼻先に突きつけて、無理往生に書かするよりほかに手段なかるべく〔正岡子規＊消息〕

○無理往生に抑えつける　○無理往生のまま

(参考) 仏教では、生まれ変わることを往生という。この考え方は、輪回に由来する。生あるものは、生まれ変わり、死に変わって、車の輪のように巡り、とどまるところがない。したがって、往生そのものは、行って次のものに生まれることである。しかし、この世に生を受けている立場からいえば、死ぬことになる。また、死ぬということから、一般には、あきらめて静かになることも往生というようになった。無理往生はこのほうである。

無理算段（むり・さんだん）和

本来なら調えられない費用を調えること。無理をして、算段（てだてを・かんがえる）する、という。

▽わたしに即した生活があっては、そんな無理算段は要らないことだ〔有島武郎＊惜しみなく愛は奪う〕

▽無理算段したり、連盟の同志的寄附行為によって、今日の兵糧も来たものの〔徳永直＊太陽のない街〕

○無理算段までして調える　○無理算段の五十万円

無理難題（むり・なんだい）和

解決できそうもない問題のこと。難題（むずかしい・問題）に、無理（りくつが・ない）を添えて、意味を強める。道理に外れていたり、弱みにつけ込む場合に用いる。

▽日本の弱みにつけ込み、日本人の不文殺伐なるに乗じて、無理難題をしかけて〔福沢諭吉＊福翁自伝〕

▽「無理なことはないですよ。二百円にしてくださいよ」「本当に無理難題ね」〔三島由紀夫＊永すぎた春〕

○無理難題を持ちかけられる　○無理難題の言いがかり

無理非道（むり・ひどう）和

人の道に全く合わないこと。非道（みちで・ない）に、無理（りくつが・ない）を添えて、意味を強める。

▽特に評議のうえ、一札も入れさせ、今後、無理非道のないように取り扱いたい〔島崎藤村＊夜明け前〕

▽仁義とやらいうことを表になさるがお侍。手討ちにするは無理非道、と言うて〔浄瑠璃＊桂川連理柵〕

○大国の無理非道に対して　○無理非道の政治

無理無体（むり・むたい）和

相手の気持ちを全く考えないこと。無理（りくつがない、強いて行う）にそろえて、無体（かたちがない）を添え、意味を強める。道理に合わない場合にも用いる。
▽物堅い気性だから、あんな者へつけてはおかれんと、無理無体に離縁を取ったが〔三遊亭円朝＊牡丹灯籠〕
▽いやがる者を無理無体に、しゃもを鳥かごへ押し込むように押し込む〔二葉亭四迷＊平凡〕
○無理無体に行かせる　○無理無体な闘い

無理無法（むり・むほう）和

普通の理屈に合わないこと。理法（りくつ）を分けたものに、無（ない）を添える。理法が無い、という。
▽弱き者が大勢集まりて無理無法なることを唱え立て、その勢いにて乱暴を働く〔福沢諭吉＊通俗民権論〕
▽人に申しけるは、「かかる無理無法なるいたずら者をば、元のところへやれ」とて、追っ立て〔伊曾保物語〕
○無理無法な相手に対して　○無理無法の悪人として

無慮数万（むりょ・すまん）和

その数が数万に及ぶこと。数万（万を単位に数える数）に、無慮（おもんぱかりがない、細かい計算がない）を添えて、意味を強める。非常に多い場合に用いる。数は、ス・スウと読み、数万はスウマンとも読む。
▽勤番多ければ、すなわち用夫従って多し、無慮数万、推してよく知るべきなり〔服部撫松＊東京新繁昌記〕
○無慮数万に及ぶ　○無慮数万の大軍

【め】

明鏡止水（めいきょう・しすい）漢

心が澄み切って、落ち着いていること。雲りのない鏡・静かな水のようだ、という。すべてが終わった気持ちにも用いる。わだかまりがない場合は、光風霽月を用いる。
▽明鏡止水のように心を磨き澄ましておくばかりだ。こうしておくと、変に応じて〔勝海舟＊氷川清話〕
▽余の良心は明鏡止水のごとし。恐るるもの何もない。証拠が問題なり〔大仏次郎＊ブウランジェ将軍の悲劇〕
○明鏡止水の心境になる　○心は全くの明鏡止水で
参考　前漢・劉安の淮南子に、「人、流沫ニ鑑ミルコト莫クシテ止水ニ鑑ミルハ、其ノ静ヲ以テナリ。形ヲ生鉄ニ窺フコト莫クシテ明鏡ニ窺フハ、其ノ易キヲ以テナリ」とある。流れや磨かない鉄でなく、静かな水や曇りのない鏡はよく物を映す。そのような心を持っていれば、世間の姿をとらえることができる、という。日本では、落ち着いた心境の意味で用いる。

明君賢相（めいくん・けんしょう）　和
りっぱな君主と大臣のこと。明君（道理に明るい・君主）と、賢相（かしこい・大臣）を、組み合わせて表す。会社や団体の長と補佐役についても用いる。明君を名君と書くのは誤り。ただし、名君名相は名君と書く。
▽明君賢相は、必ず有用のことに財を費やすべしといえども、その有用とは〔福沢諭吉＊文明論之概略〕
▽経済界には自然の法則あり、明君賢相といえども、いかんともすべからざるものなり〔山路愛山＊経済雑論〕
○明君賢相を得る　○明君賢相に恵まれる

名君名相（めいくん・めいしょう）　和
優れた君主と大臣のこと。君（君主）・相（大臣）、それぞれに名（すぐれる）を添える。会社や団体の長と補佐役についても用いる。名君を明君と書くのは誤り。ただし、明君賢相は明君と書く。
○名君名相、互いに助けて　○名君名相の今日

明治維新（めいじ・いしん）和
明治について、維新（これ・あらたなり）とする時期のこと。明治新政府が形成された変革過程をいう。
▽御一新とは呼ばないで、多くの者がそれを明治維新と呼ぶようになった〔島崎藤村＊夜明け前〕
▽講談や小説に、明治維新の志士、英雄というのが出てくるでしょう〔石坂洋次郎＊青い山脈〕
○明治維新を経た日本としては　○明治維新の革新勢力

名所旧蹟（めいしょ・きゅうせき）和
有名な場所や歴史的な場所のこと。名所（などかい・ところ）と、旧蹟（ふるい・あと）を、組み合わせて表す。観光の対象となる場所について用いることが多い。現代表記では、蹟（あとかた）↓跡（あしあと）も用いる。
▽岐阜県下の名所旧跡の話、日本ライン、養老の滝の話など、ぼつぼつと取り交されたが〔谷崎潤一郎＊細雪〕
▽中世の旅行記には、紋切り型のものが多い。歌に詠み込まれた名所旧跡を訪れて〔花田清輝＊小説平家〕
○名所旧跡を巡る　○名所旧跡に富む京都

明窓浄几（めいそう・じょうき）漢
非常によい書斎のこと。あかるい・まど、きよらかな・つくえ、という。読書・執筆に適している場合に用いる。現代表記では、几（つくえ）↓机。
▽明窓浄机の境地で、竹の葉触れの音を耳にしながら古人の名句など書き流していたら〔今東光＊古都の尼寺〕
▽人の住居を訪れ候に、明窓浄机はあれど、座右に一冊の書籍だに置かぬ人あり〔正岡子規＊消息〕
○明窓浄机に親しむ　○明窓浄机のもとで
(参考) 北宋・蘇轍（そてつ）の文に、「欣然（きんぜん）トシテ我ガ為ニ東閤ヲ解ク。明窓浄几、華茵ヲ舒ブ」とある。明るい窓、清らかなつくえ、美しい敷物、申し分がない、という。北宋・欧陽脩の文に、「明窓浄几、筆硯紙墨、皆精良ヲ極ムルモ、亦タ自ラ是レ人生ノ一楽ナリ」とある。宋・蘇舜欽の言ったことばとして、引用されている。書斎に必要な備品としては、まど・つくえ、ふで・すずり・かみ・すみ、などがあり、それぞれに最上を求めるのが一楽だ、という。

明哲保身（めいてつ・ほしん）漢

道理に従っていれば、身の安全を図ることができるということ。明哲（奥深い道理を・あきらかにする）であれば、保身（みを・たもつ）することができる、という。先見力と細心の注意で、身を守る人の立場で用いる。小ずるく立ち回って、権力に執着する人の場合にも用いる。

▽しかも、これ、よくいえば明哲保身の術、悪くいえば臆病未練なり〔三宅雪嶺＊想痕〕

▽大過なく過ごすということが、現在にもある。その意味で、明哲保身は、現在でもなお〔楠山春樹＊老子〕

○明哲保身に徹する　○明哲保身の術にたける

（参考）詩経に、「理ニ明ニシテ且ツ哲ナレバ、以テ其ノ身ヲ保ツ」とある。周の中興の治に功のあった仲山甫についての記述の中にある。知恵が優れていて道理に通じているから、身の安全を図ることができた、という。明哲であれば、上下関係も仲間の関係もうまく処理することができるから、自分の身も安全になる、という考え方である。ただし、日本では、身の安全だけを考える人について、そしる気持ちで用いることが多い。

明闘暗闘（めいとう・あんとう）和

お互いに負けまいとすること。闘（たたかう）に、明暗（おもて・うら）を分けて添える。明暗の闘い、という。他の人に分かる場合も分からない場合も含めて表す。

▽直接間接の明闘暗闘は、久しき以前よりのこ

と、最後の勝利を決する場合、一方が〔三宅雪嶺＊小紙庫〕
○明闘暗闘が繰り返される　○明闘暗闘の末

明眸皓歯（めいぼう・こうし）漢

女性としての顔かたちが非常に美しいこと。澄みきったひとみと、白い歯を持っている、という。明眸を明貌と書くのは誤り。皓歯をコクシと読むのは誤り。

▽明眸皓歯、薄化粧のみと見えながら、色あくまでも白うして、緑の束ね髪と相映ず〔坪内逍遥＊未来之夢〕

▽水郭山村、あに明眸皓歯に乏しからんや。ただ、心に歌うて取らんと欲せば〔東海散士＊佳人之奇遇〕

○明眸皓歯の美女とともに　○明眸皓歯を求めて

(参考) 唐・杜甫の詩に、「明眸皓歯、今何ニカ在ル。血汚ノ游魂、帰ルコトヲ得ズ」とある。川のほとりの門を閉ざしている宮殿の跡を見て、楊貴妃をしのんだ一節である。なお、北宋・蘇軾の詩に、「明眸皓歯、誰カ復タ見ン。只有ル丹青、涙痕ヲ余ス」とある。美女の夜会の絵を見て詠んだ一節である。本来は美女の形容であるが、美女そのものに用いる。

明々白々（めいめい・はくはく）和

非常にはっきりしていること。明白（あきらかで・あかるい）を分けて繰り返し、意味を強める。疑わしい点が何もない場合にも用いる。

▽考え直すって、直しようのない明々白々たる理由だが、ひとまず考え直すこととして〔夏目漱石＊坊っちゃん〕

▽肉の欲望に根ざさぬ恋などというものがありえようか。それは明々白々な背理で〔三島由紀夫＊仮面の告白〕

○明々白々と現れている　○明々白々の事実として

名誉回復（めいよ・かいふく）洋

失った名誉（人の社会的評価）が元に戻ること。

名誉を、回復（めぐらし・もどす）する、という。retrieve（one's honor）の訳語として用いる。

▽兄さんがわたしの名誉回復をしてくれるのはありがたいけれども、そうしたら〔谷崎潤一郎＊細雪〕

▽忘れ去られた人間の名誉回復について、判事も情熱を示さない〔大江健三郎＊共同生活〕

○名誉回復を図る　○名誉回復に手腕を振るう

名誉毀損（めいよ・きそん）洋

本来持っている名誉（人の社会的評価）を傷つけること。名誉を、毀損（こわし・そこなう）する、という。人格尊重の立場で、名defamation の訳語として用いる。

▽老人は、引退して久しい官吏だが、大新聞を相手に名誉毀損の訴訟を起こし〔大江健三郎＊共同生活〕

▽当該被害者たる小生は、貴殿に対し、名誉毀損、損害賠償を要求する権利あるものと〔石坂洋次郎＊若い人〕

○名誉毀損で訴えられる　○名誉毀損には当たらない

名誉挽回（めいよ・ばんかい）洋

失った名誉（人の社会的評価）を元に戻すこと。名誉を、挽回（ひき・めぐらす）する、という。restore（one's honor）の訳語として用いる。

▽手痛い出費であった。留学生たちは、そのたびに「名誉挽回・名誉挽回」と心でつぶやいて〔綱淵謙錠＊航〕

○名誉挽回をねらう　○名誉挽回もおぼつかない

名論卓説（めいろん・たくせつ）和

非常に優れた意見のこと。論説を分けて、名（すぐれる）と、卓（すぐれている）を添える。

▽帽子を取って立ち上がった。これ以上聞く必要はない。分かり切った名論卓説だ〔石川達三＊風にそよぐ葦〕

▽笑い上戸といわれる博士がげらげら笑って、

宙ぶらりんな名論卓説を茶化して〔火野葦平＊戦争犯罪人〕
○名論卓説を承る　○名論卓説に感心させられて

迷惑千万（めいわく・せんばん）

仏

非常に迷惑なこと。迷惑（他人のことでまよい・まどう）に、千万（数が多い）を添えて、意味を強める。
▽汚い字を使用するのを別段の光栄とは思っておらん。実は、迷惑千万であるが〔夏目漱石＊吾輩は猫である〕
▽働いて食うという面倒を生じては、さても迷惑千万のことならずや〔内田魯庵＊文学者となる法〕
○甚だ迷惑千万であった　○全く迷惑千万な話で
参考　仏教で迷というのは、見分けがつかないことであって、悟の対である。また、惑というのは迷の元になる汚れのことであって、悟の妨げになる。そのため、迷惑というのが、道理に迷う意味で用いられた。そのことから、一般語としては、人を迷わせる場合に用いられ、さらに、他人のことで煩わしくいやな気持ちになる意味になった。その迷惑の非常に多いのが、迷惑千万である。

滅私奉公（めっし・ほうこう）

漢

専ら公のために力を尽くすこと。滅私（わたくしを・すてさる）して、奉公（おおやけに・つかえる）する、という。戦時中は、国民一般の心構えとして行われた。
▽忠君愛国の精神をもって、われわれは滅私奉公の誠を挙げるべきであります〔田辺聖子＊私の大阪八景〕
▽内容は元のままの滅私奉公であり、一死報国であるんだ。これに反する言論は〔石川達三＊風にそよぐ葦〕
○滅私奉公に徹する　○滅私奉公の権化として
参考　唐・元稹（げんしん）の文に、「其ノ職厳ニシテ残サズ。名ヲ辟ツテ物ヲ用フル者ハ、逃ゲテ入ル所無シ。私ヲ滅シテ公ニ奉ズル者ハ、以テ自明ヲ得」とある。事実に合わないことを書く者は、逃れることができない、私心を捨てて公のために尽くす者は、すぐ分かる、という。

免許皆伝（めんきょ・かいでん）和

その道の修了を認めること。免許（ゆるし・ゆるす）に値することを、皆伝（すべて・つたえる）した、という。

▽お父さんはいつも手袋をはめて、ここから、忍術の免許皆伝みたいな巻物の〔田辺聖子＊私の大阪八景〕

▽相当才能のある連中でも、先生の生前には、なかなか免許皆伝というわけにはいかず〔花田清輝＊小説平家〕

○免許皆伝の日も近い　○綱渡りの免許皆伝

面色骨骼（めんしき・こっかく）和

人種的な異同のこと。面色（かおの・いろ）と、骨骼（ほねの・ほねぐみ）を、組み合わせて表す。それぞれが、人種の見地からの特色となる。現代表記では、骼（ほねぐみ）→格（きまり）。

▽利害を別にし、人情を異にし、言語風俗、面色骨格に至るまでも相同じからざる〔福沢諭吉＊文明論之概略〕

○面色骨格を異にする　○面色骨格の異同を超えて

面従後言（めんじゅう・こうげん）漢

表向きは服従していて、陰では悪口を言うこと。まのあたりで・したがい、うしろで・いう、という。内心で反抗する場合は、面従腹背を用いる。

○面従後言する者もいる　○面従後言のきらいがある

（参考）書経に、「汝、面従シ、退キテ後言有ルコト無カレ。四隣ヲ欽メ」とある。目の前では服従し、退出してから悪口を言ってはいけない。周りの者を敬いなさい、という。日本では、面従腹背の形に改めても用いる。

面従腹背（めんじゅう・ふくはい）漢
表向きは服従をしていて、内心では反抗すること。まのあたりで・したがい、はらで・そむく、という。上司の失脚をねらって画策する場合にも用いる。陰で悪口をいう程度の場合は、面従後言を用いる。
▽歓迎したと見せながら、軽蔑しているのではないか、それは、日本では面従腹背といって〔綱淵謙錠＊航〕
▽最も警戒しているのは主人の陰口をたたくことで、面従腹背の典型的人物のようで〔火野葦平＊戦争犯罪人〕
○面従腹背のきらいがある　○面従腹背する者に対して
(参考) 面従後言(めんじゅうこうげん)の参考欄を参照。

面相骨骼（めんそう・こっかく）和
顔かたちと体格のこと。面相（かおの・かたち）と、骨骼（ほねの・ほねぐみ）を、組み合わせて表す。現代表記では、骼（ほねぐみ）→格（きまり）。
▽のっそりと現れたのは、尋常一様の面相骨格ではなかった。針のようなひげが〔柴田錬三郎＊柴錬水滸伝〕
○独特の面相骨格を持つ　○その面相骨格に圧倒される

面壁九年（めんぺき・くねん）仏
長い間、座禅を続けること。壁に面して、九年だ、という。目的に向かってねばり強く取り組む場合に用いる。
▽言語を否定し、面壁九年の沈黙になったりすることが、ここでは当然に起こる〔唐木順三＊死について〕
▽達磨は、嵩山少林寺に座禅して、面壁九年という。きさまも同じく九年の春秋を〔中山義秀＊芭蕉庵桃青〕
○面壁九年に及ぶ　○面壁九年の学業を終わって
(参考) 仏教に座禅（坐禅）というのがある。禅とは dhyāna の音訳で、思いにふけることである。それを座って行うから座禅という。両足を組んで座り、精神を集中して無念無想の境地に入ることである。ところで、インド香至国の王子、後の達磨大師は、中国に渡って洛陽の東、嵩山にある少林寺にこもった。そうして、壁に向かって座禅を続けること九年、ついに悟りを開いで、中国禅宗の開祖となった。このことから、面壁九年という語が生まれ、ねばり強く取り組む意味に用いられている。

面貌魁偉（めんぼう・かいい）漢

顔かたちがたくましいこと。面貌（かおの・かたち）が、魁偉（おおきく・りっぱ）だ、という。容貌魁偉とも。

▽その首切り役は、面貌魁偉の、胸の厚い、その胸から背中、腕へかけて入れ墨を〔柴田錬三郎＊柴錬水滸伝〕

○面貌魁偉の大男　○面貌魁偉、悪の固まりのような男

（参考）容貌魁偉の参考欄を参照。

面目次第（めんぼく・しだい）和

世間に対する名誉のこと。面目（世間に対するかお・まなざし）の、次第（位置・順序）、という。面目次第もない、の形で用いることが多い。面目はメンモク・メンボクどちらでも読まれるが、名誉の意味ではメンボクと読むことが多い。外見の意味ではメンモクと読む傾向にある。

▽あんな子を持ちましたから、世間の人様にわたしが面目次第もねえ。全体、友が悪い〔式亭三馬＊浮世風呂〕

▽いや、面目次第もねえ。いまいましいが一首詠んだ、「巡礼の、娘と思い」〔十返舎一九＊東海道中膝栗毛〕

○全く面目次第もない　○面目次第も踏みつぶされて

面目一新（めんもく・いっしん）和

外見を以前と全く変えること。面目（おもて

の・ありさま）を、一新（ひとたび・あらた）する、という。面目はメンモク・メンボクどちらでも読まれるが、名誉の意味ではメンボクと読むことが多い。外見の意味ではメンモクと読む傾向にある。

▽ここでもまた洪水の跡始末だ。会の屋台骨をしっかり固めて、面目一新と行きたいものだ〔石川淳＊落花〕

○面目一新を図る　○面目一新に至る

面目躍如（めんもく・やくじょ）　和

全体の姿が生き生きとしていること。面目（おもての・ありさま）が、躍如（おどって・いる）だ、という。その地位にふさわしい活躍をする場合に用いる。面目はメンモク・メンボクどちらでも読まれるが、名誉の意味ではメンボクと読むことが多い。外見の意味ではメンモクと読む傾向にある。

▽いかにも天才画人の若い日の面目躍如としていて、興味深いものがあった〔井上靖＊ある偽作家の生涯〕

▽雨も男装の踊り子も、もはやどうでもいいのだ。専門歌人の面目躍如である〔堀田善衛＊定家明月記私抄〕

○面目躍如の活躍であった　○面目躍如たる勝ち方

妄念妄想（もうねん・もうそう）　仏

迷っていろいろ考えること。念想（おもい・おもう）を分けたものに、妄（みだら）を添える。みだらな念想、という。迷い一般に用いる。

▽釈迦・老子も、天下人心の妄念妄想を一洗し、根本的に自説をまきつけようとして〔中江兆民＊続一年有半〕

○妄念妄想にとらわれる　○妄念妄想を翻す

(参考) 仏教では、物事を忘れないように思い続けるのが念であり、物事についていろいろ考えるのが想である。その場合、迷いの思いが妄念であり、迷いの考えが妄想である。人は、道理に暗く、誤った思いを持つことが多い。根拠もなく起こる思いが妄念である。また、分別がなく、真実でないものを真実であると考えることが多い。無いものを有ると考えるのも妄想である。妄念も妄想も煩悩であり、それに目覚めるのが悟りである。

孟母三遷（もうぼ・さんせん）　漢

子供の教育には環境が大切であるということ。孟子の母は三度も引っ越しをした、という。

○孟母三遷にあやかる　○孟母三遷の教えに添って

(参考) 前漢・劉向（りゅうきょう）の列女伝に、孟子の母の教育方針として取り上げられている。わが子が葬式のまねをして遊ぶために、墓地の近くから市場の近くに引っ越した。今度は商売のまねをして遊ぶために、改めて学塾の近くに引っ越した。「其ノ嬉遊（きゆう）スルニ、乃チ俎豆（そとう）ヲ設ケ、揖譲（ゆうじょう）進退ス。孟母曰ク、真ニ以テ吾ガ子ヲ居（お）ク可シト」とある。祭礼や作法のまねをして遊ぶから、教育上、非常によかった、という。孟子は、成長すると学問に励み、儒者として大成した。子供の教育に環境が大切だとするのが、三遷の教えである。

孟母断機（もうぼ・だんき）　漢

学問を途中でやめてはいけないということ。孟子の母は織っていた布を途中で断ち切って戒めた、という。

▽孟母断機ということが書いてあるが、孟子の母は、わが子が途中より帰ってきたとき〔村井弦斎＊近江聖人〕

○孟母断機で諭される　○孟母断機の教えを引いて

(参考) 前漢・劉向（りゅうきょう）の列女伝に、孟子の母の教育の一端として取り上げられている。孟子が学業半ばで家に戻ってきたとき、母は織っていた布を小刀で断ち切った。「孟子、懼(おそ)レテ其ノ故ヲ問フ。孟母曰ク、子(し)ノ学ヲ廃スルハ、吾ノ斯(こ)ノ織ヲ断ツガ若(ごと)キナリト」とある。学問を中断するのは、この布を断つのと同じで、完成しなければ役に立たないのだ、という。反省した孟子は再び学問に励み、儒者として大成した。始めたことを中途でやめてはいけないとするのが、断機の戒めである。

濛々漠々（もうもう・ばくばく）和

非常にぼんやりとしていること。濛漠（うすぐらく・とりとめない）を分けて繰り返し、意味を強める。

▽その暗さの中に、濛々漠々として事の理非曲直さえ明らかにならない中に〔子母沢寛＊勝海舟〕

○濛々漠々たる中に　○濛々漠々、何も見えなかったが

沐浴斎戒（もくよく・さいかい）漢

慎み洗って、心身を清めること。沐浴（髪をあらう・体をあらう）して、斎戒（心をつつしむ・行いをつつしむ）する、という。斎戒沐浴とも。

▽予言者がぜひ自分にやらせてくれと言って、沐浴斎戒して、祝詞を上げてから〔丹羽文雄＊蛇と鳩〕

▽もうずる者あるときは、すなわち沐浴斎戒して行かざれば、体面を許されがたかり〔曲亭馬琴＊椿説弓張月〕

○沐浴斎戒を続ける　○沐浴斎戒によって

参考 斎戒沐浴(さいかいもくよく)の参考欄を参照。

摸写模型（もしゃ・もけい）和

本物をまねて作ったもののこと。摸写（なぞった・うつし）と、模型（まねた・かたどり）を、組み合わせて表す。現代表記では、摸（なぞる）→模（まねる）も用いる。

▽たとえ模写模型にせよ、獣類の人間と伍するのは、品位を害するわけである〔夏目漱石＊吾輩は猫である〕

ても

○模写模型で示す　○模写模型にすぎないとし

黙居独坐（もっきょ・どくざ）　和

ひとりで何も言わずに座っていること。だまって・いて、ひとりで・すわる、という。座禅もその一つである。現代表記では、坐（すわる）→座（すわる場所）も用いる。

▽黙居独座、いったん豁然として悟道したるにあらず、積年有形の理学を研究して〔福沢諭吉＊文明論之概略〕

○黙居独座して悟る　○黙居独座の毎日を送る

門外不出（もんがい・ふしゅつ）　和

他の人に見せたり貸したりしないこと。門の外には、出ないという。貴重な物品の扱いについて用いる。

▽とりわけ大小秘事は、一子相伝というか、門外不出というか、秘中の秘とされており〔花田清輝＊小説平家〕

▽その原本はみな門外不出の宝什であって、容易に外装の瞥見をだも許されないもので〔内田魯庵＊読書放浪〕

○門外不出とされている　○門外不出の秘宝として

門外無縁（もんがい・むえん）　和

全く関係がないこと。無縁（えんが・ない）に、門外（かこいの・そと）を添えて、意味を強める。

▽門外無縁の者に、むざむざ手を掛けられてはたまらない。助言も指図もご無用である〔城山三郎＊乗取り〕

○門外無縁で暮らす　○門外無縁の立場

門戸開放（もんこ・かいほう）　洋

市場に制限を加えないこと。門戸（閉ざしている門の・戸）を、開放（開いて・自由にする）する、という。open-door (policy) の訳語として用いる。開放を解放と書くのは誤り。ただし、奴隷解放は解放と書く。

▽セクト主義でよいポストも与えず、大きく包

容せぬようでは、門戸開放の意味がない〔朝日新聞＊天声人語〕
○門戸開放を迫る　○門戸開放の妨げとなる

問答無用（もんどう・むよう）和
話し合う必要がないこと。問答（とい・こたえ）が、無用（ようが・ない）、という。
▽「問答無用だ、青二才め」李応は、馬腹をけるや、疾風を起こして突撃した〔柴田錬三郎＊柴錬水滸伝〕
▽結果は初めから分かっているわけで、それでは問答無用の府になるおそれがある〔朝日新聞＊天声人語〕
○問答無用の精神を貫く　○問答無用では通らない

【や】

薬法療法（やくほう・りょうほう）和
薬を用いて病気を治す方法のこと。薬療（くすりと・いやし）を分けたものに、法（方法）を添える。薬療の方法、という。薬法を薬方と書くのは誤り。ただし、家伝の薬方は薬方と書く。
▽今の世は末法中の末法末世、諸宗の与える薬法療法ぐらいでは、いかんともしがたい〔唐木順三＊応仁四話〕
○薬法療法に通じる　○当時の薬法療法としては

野心満々（やしん・まんまん）和
大きな望みを持っていること。野心（不相応な・こころ）が、満々（みちている）だ、という。
▽秋葉が磊落な風をして鞍馬令嬢に野心満々だから、なかなか隅へは置けませんな〔内田魯庵＊社会百面相〕
○野心満々と見られていた　○野心満々の当時としては

夜郎自大（やろう・じだい）漢

自分の力を知らないで威張ること。夜郎国の君主が、自分の国が大きいと考えたのと同じだ、という。夜郎を野郎と書くのは誤り。ただし、馬鹿野郎は野郎と書く。

▽丸山の夜の女王の豪奢の装いに、夜郎自大の江戸っ子も、一目置いていたという〔内田魯庵＊読書放浪〕

▽自分は最高の真理に依拠しているのだという夜郎自大的な安心感や〔小田切秀雄＊人間の信頼について〕

○夜郎自大の風を生じる　○夜郎自大に傾いたとしても

（参考）史記に、中国西南地区の小部族の一つ、夜郎という小国の話がある。大国である漢の使者が来たとき、夜郎侯が「漢ハ我ト大ナルニ孰レゾ」と問うた、という。そのことに関して、史記には次のような解説が続いている。「道ノ通ゼザルヲ以テノ故ニ、各〻自ラ以テ一州ノ主ト為シ、漢ノ広大ナルヲ知ラズ」とある。自分の国が大きいと思い込んでいたことになる。自分の力量を知らずに威張る例として引かれる。

唯一無二（ゆいいつ・むに）和

ただそれ一つだけであること。唯一（ただ・ひとつ）に、無二（ふたつめが・ない）を添えて、意味を強める。

▽当時の桂岳を知る上には、唯一無二といっていい貴重な資料であった〔井上靖＊ある偽作家の生涯〕

▽香代には、三階の切符を買って歌舞伎の芝居を見るのが、唯一無二の道楽なのである〔円地文子＊髪〕

○唯一無二ではあったが　○唯一無二の存在

唯我独尊（ゆいが・どくそん）仏

自分だけが偉いと考えること。ただ我だけが、独り尊い、という。ひとりよがりの態度にも用いる。▽傍らに遠慮するものとてはなく、あたかも唯我独尊の境涯なれども、すでに結婚して〔福沢諭吉＊福翁百話〕▽眼界を遮るものとしては一物もなく、ただ天上天下唯我独尊の心地とならん〔徳富蘇峰＊新日本之青年〕○唯我独尊で押し通す　○唯我独尊を気取って

(参考) 天上天下（てんじょうてんげ）の参考欄を参照。

有為多望（ゆうい・たぼう）和

将来の見込みが大いにあること。有為（これからなすことが・ある）に、多望（のぞみが・おおい）を添えて、意味を強める。多望を多忙と書くのは誤り。▽葉子の母が前から木部を知っていて、非常に有為多望な青年だと褒めそやしたり〔有島武郎＊或る女〕○有為多望の士として　○かつての有為多望もはかなく

勇往邁進（ゆうおう・まいしん）和

どこまでも進むこと。勇ましく行き、つとめて進む、という。目標に向かって突き進む場合に用いる。▽生きて、生きて、生き延びて、聖戦遂行に各職場で勇往邁進してください〔開高健＊青い月曜日〕▽勇往邁進、百事恐れず、沈着大胆、難局に処し、堅忍不抜、困苦にかち、障害を突破し〔東条英機＊戦陣訓〕○勇往邁進して恐れない　○勇往邁進の気概を持って

有害無益（ゆうがい・むえき）漢

悪い結果になるだけだと考えられること。害（そこなう）だけがあって、益（ためになる）はない、という。▽社会の変革なのですから、逆らおうとするのは有害無益だと思います〔石坂洋次郎＊青い山

脈〕

▽この趣を一見すれば、高遠なる議論は世のために有害無益たるに似たれども〔福沢諭吉＊文明論之概略〕

○有害無益とののしられる　○有害無益には違いないが

参考 漢書に、「衆吏ヲ以テ寡賊ヲ捕ラフレバ、其ノ勢必ズ得ナリ。盗賊、害有リテ利無ケレバ、則チ法ヲ犯スコト莫シ」とある。役人のほうが多ければ、賊は捕まる。賊のほうで利点がなければ、法を犯すこともない、という。これによれば有害無利であるが、日本では、有害無益の形で用いる。

有形無形（ゆうけい・むけい）和

目に見えるものも、目に見えないものも含めて、すべてのもののこと。形（かたち）に、有無（ある・ない）を分けて添える。形のあるなしにかかわらず、という。

▽大いに金を投じて、有形無形、高尚なる学理を研究させるようにすることと〔福沢諭吉＊福翁自伝〕

▽いついかなる場合にも、どうせぼくらの有形無形、一切の行為の規範として〔長与善郎＊竹沢先生と云う人〕

○有形無形の援助を与える　○有形無形を問わず

有識有産（ゆうしき・ゆうさん）和

知識と財産があること。識（知識）・産（財産）、それぞれに有（ある）を添える。識も産もある、という。

▽子供たちを煙に巻いているんだ。きみのような有識有産階級までがそれじゃあ困る〔里見弴＊今年竹〕

○有識有産の士として　○有識有産には程遠く

優柔不断（ゆうじゅう・ふだん）和

意志が弱く、思い切って事が行えないこと。優柔（やさしく・やわらか）で、不断（きめ・ない）だ、という。決断しない態度についても用いる。剛毅果断の対。
▽どうも、きみは優柔不断だからいけない。いったんラブしたくらいなら〔坪内逍遥＊当世書生気質〕
▽いや、牧師ともあるものがさように優柔不断ならば、わしのほうにも心得がある〔木下尚江＊火の柱〕
○優柔不断と非難される　○優柔不断の本人に対して

勇将猛卒（ゆうしょう・もうそつ）和
非常に勇ましい将兵のこと。将卒（将校・兵卒）を分けたものに、勇猛（いさましく・たけだけしい）を分けて添える。勇猛な将卒、という。会社、団体の場合にも用いる。
▽これは新聞記者の中の実戦に従事する者にして、城を攻め野に戦うの勇将猛卒なり〔山路愛山＊経済雑論〕
○勇将猛卒に恐れをなす　○勇将猛卒、数ある中で

優勝劣敗（ゆうしょう・れっぱい）洋
力の強い者が栄えること。優れた者が勝ち、劣った者が敗れる、という。本来は、進化論における survival of the fittest の訳語で、生存競争の場合に用いる。
▽それ、社会は優勝劣敗の作用にいず。もし民間の政党において強大の勢力を有し〔末広鉄腸＊雪中梅〕
▽現今はほらの世の中、ほらの吹き方の巧みなやつらが、優勝劣敗で用いられる〔坪内逍遥＊京わらんべ〕
○優勝劣敗に終わる　○優勝劣敗の原則によって

融通無碍（ゆうずう・むげ）仏
何ものにも全くとらわれないこと。融通（とどこおりなく・とおる）と、無碍（さまたげが・ない）を、組み合わせて表す。行動や思考が自由な場合に用いる。無碍は、無礙とも書いた（碍は礙の俗字）。

▽無類の口達者であり、融通無碍で豊饒な彼の話術に、聴き手はすべて魅せられ〔山本健吉＊古典と現代文学〕

▽人情は融通無碍なものと思っていました。わたしは、別々の目で眺めています〔丹羽文雄＊幸福への距離〕

○融通無碍なところもあって　○融通無碍の行動

（参考）仏教では、異なった別のものが一つに溶け合って何らの障害もないことを融通という。また、何の妨げもなく他のものを拒否しないことを無碍という。したがって、何ものにもとらわれず、互いに相助けて完全になるのが、融通無碍の実態である。そこから、一般語としては、自由でのびのびしている場合に用いる。

有職故実（ゆうそく・こじつ）和

先例や典拠のこと。有職（職に関する知識が・ある）と、故実（古い時代の実際）を、組み合わせて表す。職をソクと読むのは、漢音ショクの直音表記による読みぐせ。

▽和学講談所（主として有職故実を調査するところ）の塙次郎いう学者は〔島崎藤村＊夜明け前〕

▽政治に力を失った宮廷貴族たちは、有職故実の領域でおのが矜持を保っている〔唐木順三＊応仁四話〕

○有職故実に通じる　○有職故実の専門知識

勇武絶倫（ゆうぶ・ぜつりん）和

この上なく勇ましいこと。勇武（勇気と武術）が、絶倫（なかまが・いない）だ、という。

▽肩が盛り上がって、いわおのようにがっちりして、勇武絶倫と定評のある者だが〔子母沢寛＊勝海舟〕

▽この勇武絶倫のスペイン軍は、全欧土をすい星のごとくに駆け回りたる後、漸次に〔中江兆民＊兆民文集〕

○勇武絶倫と称される　○勇武絶倫の誉れが高い

有名無実（ゆうめい・むじつ）漢

名称だけで実質が伴わないこと。名が有るが、実がない、という。権力のない地位などについても用いる。

▽話のついでには、拝借地の有名無実なるを説き、等しく官地を使用せしむるならば〔福沢諭吉＊福翁自伝〕

▽有名無実の会長とはいうものの、会長から訪問を誘われたときにも断った〔城山三郎＊乗取り〕

○有名無実の条文となる　○実際は有名無実で

参考　魯・左丘明の国語に、春秋晋の韓宣子の言について、次の記述がある。「吾卿ノ名有リテ、其ノ実無シ。以テ二三子ニ従フ無シ、吾是ヲ以テ憂フ」と嘆いた、とある。名目は卿だけれども、財産がないから人並みのつきあいもできない、という。これを聞かされた叔向が、それは高位にありながら蓄財せずに政務に励んだからであり、お祝いすべきことだ、とした。この場合の実は、財産のことである。しかし、後には、名目だけで内容が伴わない場合も有名無実とした。権力のない地位にも用いる。なお、仏教では有名をウミョウと読み、仮の名称だけあって実体のないものをいう。この世にあるものは、すべて有名無実である。

有名無名（ゆうめい・むめい）和

さまざまな人のこと。名（な）に、有無（ある・ない）を分けて添える。名のある人も、名のない人も、という。

▽目黒だの世田谷を、江戸時分の有名無名の人間が歩いた紀行や記録を集めるのだし〔大仏次郎＊旅路〕

○有名無名が集まる　○有名無名にかかわらず

勇猛精進（ゆうもう・しょうじん）仏

物事を積極的に行うこと。勇猛（いさましく・たけだけしい）で、精進（もっぱら・すすむ）する、という。勇猛は、仏教では呉音でユウミョウと読む。

▽肉体の苦しみを度外に置いて、物質上の不便を物とも思わず、勇猛精進の心を駆って〔夏目漱石＊草枕〕
▽せっかく自分が勇猛精進の志を固めて、随縁起行の功を積もうとしているのを〔谷崎潤一郎＊二人の稚児〕
○勇猛精進して励む　○勇猛精進の跡をまとめる

(参考) 仏教では、堅固な意志を持って熱心に努力することを勇猛という。また、悟りの道に努め励むことを精進という。したがって、勇猛精進というのは、いかなる困難をも克服して修行に励むことである。そこから、一般語としては、物事を積極的に行う意味で用いる。

悠々閑々（ゆうゆう・かんかん）和

全く暇なこと。悠（ゆったり）と閑（ひま）、それぞれを繰り返して、意味を強める。何の用事にも束縛されずに過ごす場合に用いる。悠々を優々と書くのは誤り。

▽彼らはすこぶる悠々閑々たるもので、さっきから出る者は一人もない〔夏目漱石＊吾輩は猫である〕
▽諸役、実に悠々閑々、繁文縟礼、古例に執着して因循姑息、お世話の不行き届き不始末〔子母沢寛＊勝海舟〕
○悠々閑々と過ごす　○悠々閑々の毎日

悠々自適（ゆうゆう・じてき）和

心の向くままに暮らすこと。悠々（ゆったり）と、自適（自分の気が・そのほうに向かう）する、という。退職後の気ままな生活の場合に用いる。

▽漠々たる原野に悠々自適の生を営み、目にありては、湖海の鏡面を開くを見〔三宅雪嶺＊我観小景〕
▽彼らの祖先は、試験官の存在を無視して悠々自適する達観の士ではなかった〔武田泰淳＊小説家とは何か〕
○悠々自適の生活を送る　○悠々自適、もって

楽しむ

油断大敵（ゆだん・たいてき）仏
注意を怠ると失敗するということ。油断（あぶらが・なくなる）のは、大きな敵だ、という。
▽ことごとく勝るとも油断大敵を忘るべからざるに、劣るところありては、戒むるを要す〔三宅雪嶺＊想痕〕
▽毎日の大混雑は、さながら大みそかに異ならず、ありなしの煩悩絶えねば油断大敵〔曲亭馬琴＊胡蝶物語〕
○油断大敵と心得る　○油断大敵、いつの間にか
(参考) 仏教では、仏前に灯を掲げる。したがって、その灯の元になる油を絶やしてはいけないことになる。これを一時的に絶やすのが油断である。そのため、油断という語は、気を許すこと、不注意になることの意味で用いる。ただし、大敵は漢語であって、仏教用語ではない。

【よ】

余韻嫋々（よいん・じょうじょう）漢
快い音が長く響いて絶えないこと。余韻（あまりの・ひびき）が、嫋々（しなやか）だ、という。心に残る出来事の印象がいつまでも続く場合にも用いる。
▽甲高い音のまま途切れてしまう。余韻嫋々というのではない。唐突に吹きやんでしまう〔荒正人＊二つの町〕
▽別るる際に「ありがとう」と、お敏君が礼の一句、余韻嫋々として耳に残り〔徳富蘆花＊思出の記〕
○余韻嫋々として絶えない　○余韻嫋々たる笛の音
(参考) 北宋・蘇軾（そしょく）の前赤壁賦に、「余韻嫋々トシテ、絶エガザルコト縷（る）ノ如シ」とある。声が

細く長く、糸のように続く、という。日本では、ひゆ的にも用いる。

用意周到（ようい・しゅうとう）和
十分に準備すること。用意（意を用いる、準備する）が、周到（あまねく・ゆきわたる）だ、という。準備に手抜かりがない場合に用いる。
▽三重吉は用意周到な男で、昨夕丁寧に、えをやるときの心得を説明していった〔夏目漱石＊文鳥〕
▽隣組で、いちばん博識の学者として、また、用意周到な人として立てられていた〔井伏鱒二＊黒い雨〕
○用意周到なのに驚く　○用意周到に避難させて

用意万端（ようい・ばんたん）和
準備に必要なもののすべてのこと。用意（意を用いる、準備する）の、万端（よろずの・ことがら）、という。
▽父のひつぎは、用意万端、整えられていたもの中に、はめ込まれたように置かれ〔三島由紀夫＊金閣寺〕
○用意万端を終わる　○用意万端、抜かりなく

妖怪変化（ようかい・へんげ）仏
ふしぎな化け物のこと。妖怪（あやしい・ばけもの）と、変化（形を変えて・現れたもの）を、組み合わせて表す。異様な現象や物体についても用いる。
▽このゆえに、妖怪変化もこれに遭えば、元の形を現さずということなし〔曲亭馬琴＊里見八犬伝〕
▽まこと、わたしは妖怪変化にもあらず、嫌がりたもうことを強いては申さじ〔幸田露伴＊対髑髏〕
○妖怪変化に迷わされる　○妖怪変化とは知らずに
㊫仏教では、万物が生まれ変わることを変化という。また、姿を変えて現れることも変化という。変化身などというのがこれで、仏が人

の姿で現れたものを特に変化人という。その変化が、一般語としては、化け物の意味に用いられている。妖怪のほうは漢語であって、仏教用語ではないが、意味が通じるところから変化に添え、妖怪変化となった。

要害堅固（ようがい・けんご）漢

攻めにくく、守りやすいこと。味方にとっては要（さえぎるところ）となり、敵にとっては害（さまたげるところ）となることが、堅固（かたく・かたい）だ、という。地勢が険しく、防備が固い場合に用いる。

▽城山の西境、要害堅固の切り岸には、斧鉞の跡なき古木老樹が、長蛇のごとき幹を横たえ〔里見弴＊今年竹〕

▽李忠は、この桃花山がいかに要害堅固であるか、とりでの周辺を案内して回った〔柴田錬三郎＊柴錬水滸伝〕

○要害堅固の地として知られる　○要害堅固なとりでで

参考　要害之地（ようがいのち）の参考欄を参照。

容姿端麗（ようし・たんれい）和

顔かたちも体形も整っていること。容姿（かおかたち・すがた）が、端麗（ただしく・うるわしい）だ、という。

○容姿端麗を条件とする　○容姿端麗な淑女として

用心堅固（ようじん・けんご）和

大いに警戒すること。用心（こころを・もちいる）が、堅固（かたく・かたい）だ、という。

▽刀に反りを打ち、こいぐちを切り、用心堅固に身を固め、四方に心を配りてまいり〔三遊亭円朝＊牡丹灯籠〕

▽「そんならいいが」「相変わらず用心堅固ね」二人は廊下の長いすに腰を下ろした〔舟橋聖一＊鴛鴦の間〕

○用心堅固に構えて待つ　○用心堅固な顔つきで

羊頭狗肉（ようとう・くにく）漢

外見に内容が伴わないこと。羊の頭を看板に掲げておきながら、中では犬の肉を売る、という。宣伝がはでで、内容が劣る場合にも用いる。
▽言語芸術の開花というテーマからいうなら、いささか羊頭狗肉の感を禁じえない〔平凡社＊日本語の歴史〕
○羊頭狗肉のあくどい商法　○羊頭狗肉とは知らずに
参考　南宋・無門慧開の無門関に、釈迦の説法の批判がある。「良ヲ圧シテ賊ト為シ、羊頭ヲ懸ケテ狗肉ヲ売ル」とある。霊山で説法したとき、理解できた迦葉だけを褒めたことにつき、理解しえない一般会衆を無視した点を指摘したものである。見せかけばかりりっぱで、実質が伴わない意味で用いる。ただし、古くは牛首馬肉の形を用いた。春秋斉・晏嬰の晏子春秋に、「之ヲ内ニ服ハシメテ、之ヲ外ニ禁ズ、猶ホ牛首ヲ門ニ懸ケテ、馬肉ヲ内ニ売ルガゴトキナリ」とある。霊公が一般女性の男装を禁じたのに守られないことについて、内で行いながら、外で禁じてもだめだ、という。霊公自らは、男装の美女をもてはやしていたからである。迦葉については、破顔微笑の参考欄を参照。

容貌魁偉（ようぼう・かいい）漢
顔かたちがたくましいこと。容貌（かおの・かたち）が、魁偉（おおきく・りっぱ）だ、という。面貌魁偉とも。
▽背の高い、容貌魁偉な人を、わたしは見た。長い間、会いたいと思い〔田山花袋＊東京の三十年〕
▽その中へ、毎晩のように、容貌魁偉な大男が、浴衣にへこ帯で、ぬっと入ってくるのを見る〔森鷗外＊余興〕
○容貌魁偉で威伏させる　○容貌魁偉の悪党として
参考　後漢書に、「性、人ヲ知ルニ明ラカニシテ、好ンデ士類ヲ訓奨ス。身長八尺、容貌魁偉ナリ」とある。よく人物を見抜き、教え励ました。身長が高く、顔がたくましかった、という。後漢の儒者・郭太についての記述で、容貌魁偉が褒めことばである。なお、日本では、面貌魁偉の形でも用いる。

抑揚頓挫（よくよう・とんざ）漢

物事に変化をつけること。抑揚（おさえる・あげる）と、頓挫（きゅうに・とめる）を、組み合わせて表す。

▽例えば文章を作るに当たりて、強いて抑揚頓挫を試み、わざと照応波乱を設けて〔坪内逍遥＊小説神髄〕

▽言い損じがなければ、自然に備わる抑揚頓挫、あるいは開き、あるいは閉じて〔二葉亭四迷＊浮雲〕

○抑揚頓挫の妙を得る　○抑揚頓挫に魅せられる

(参考) 南宋・張戒の夢寒堂詩話に、「而子建ノ詩、微婉ノ情、洒落ノ韻、抑揚頓挫ノ気、因ヨリ優劣ヲ以テ論ズ可カラザルナリ」とある。細かい気持ち、わだかまりのない調子、抑えたり揚げたり、急に止めたりする雰囲気、独特のものがある、という。日本では、ひゆ的に用いる。

欲求不満（よっきゅう・ふまん）洋

物事が思うようにならないこと。欲求（ほっし・もとめる）が、不満（みたされ・ない）だ、という。そういう状態が積み重なる場合に、frustration の意味で用いる。

▽妻への欲求不満のがんを、なし崩しに解消しようとしているのだろうか〔大江健三郎＊性的人間〕

▽他人などに対して自己主張が多い。これが欲求不満という形で、いつもいらいらする〔壬生台舜＊般若心経〕

○欲求不満が高まる　○欲求不満の解消

余裕綽々（よゆう・しゃくしゃく）和

非常に落ち着いていること。余裕（あまりがあって・ゆるやか）が、綽々（ゆったり）だ、という。

▽火急のうちに余裕綽々と遊ぶことによって、きっといい仕事の効果を得〔長与善郎＊竹沢先生と云う人〕
▽他人どもは、さっぱりとして乾燥していて雄々しく、余裕綽々だった〔大江健三郎＊セヴンティーン〕
○余裕綽々として構える　○余裕綽々たる態度で

【ら】

雷電風雨（らいでん・ふうう）和
自然の激しい現象のこと。かみなり・いなずま・かぜ・あめ、を組み合わせて表す。
▽そのほか、雷電風雨のたぐいも、総じて器機のしかけによりて観者の視聴の官に訴う〔坪内逍遥＊小説神髄〕
▽雷電風雨の神を信ずるがごとき、電気の学、晴雨の学に通ずれば、その疑い、すなわち釈す〔西周＊教門論〕
○雷電風雨に襲われる　○雷電風雨も甚だしく

磊々落々（らいらい・らくらく）漢
心が非常に広いこと。磊落（石がごろごろしている、小事にこだわらない）を分けて繰り返し、意味を強める。
▽磊々落々、自ら東亜の第一人者をもって任ず、しこうして、なおこの言をなす〔内田魯庵＊文学者となる法〕
▽かの磊々落々、真率、淡泊なる人は、ただ自動的の境遇に生ずるものなり〔徳富蘇峰＊新日本之青年〕
○磊々落々として構える　○磊々落々の処理
㊜参考　元・左克明の古楽府に、「腷腷（ひよくひよく） 膊膊（はくはく）、鶏初メテ鳴ク。磊磊落落、曙（あけぼの）ニ向カフ星」とある。鳥の羽ばたきが聞こえて鶏が鳴く、空が明るくなって、あけぼのに向かう、という。この場合は、分明な状態の意味で用いられている。ひゆ

的には、志が非常に大きい意味になる。晋書に、「大丈夫、事ヲ行フニ、当ニ磊磊落落タルベシ」とある。日本では、この意味で用いる。

洛中洛外（らくちゅう・らくがい）和

京都の町の中も町の外も併せた地域のこと。洛（京都）に、中外（なか・そと）を分けて添える。京都を洛というのは、中国の首都洛陽になぞられた呼び方である。

▽守護職が、所司代・町奉行の手の者三百余を動員し、洛中洛外を非常警戒し〔子母沢寛＊勝海舟〕

▽わが眼の黒からんほど、洛中洛外一、二の名立たる大寺の住持に推し登されなば〔曲亭馬琴＊里見八犬伝〕

○洛中洛外を騒がす　○洛中洛外の寺院

落花啼鳥（らっか・ていちょう）和

目や耳に感じる自然のこと。落花（ちる・はな）と、啼鳥（なく・とり）を、組み合わせて表す。

▽落花啼鳥の情けも、心に浮かばぬ。独り春山を行く我の、いかに美しきかは解せぬ〔夏目漱石＊草枕〕

○落花啼鳥の心を和らげる　○落花啼鳥の哀れを感じて

落花流水（らっか・りゅうすい）漢

春ののどかな景色のこと。落花（ちる・はな）と、流水（ながれる・みず）を、組み合わせて表す。男女が互いに思い合う関係にも用いる。落花には流水に乗って流れたいという気持ちがあり、流水には落花を乗せて流れたいという気持ちがあることによる。一般には、落花を女の心、流水を男の心に例える。

▽春夏秋冬、落花流水、散りて流れて寄せ返る波の、年また一年、今日は心の解けやする〔樋口一葉＊別れ霜〕

▽ああ、落花流水、情ある者になびくは、もとより花巷の常なるを〔末兼八百吉＊日本情交之変遷〕

○落花流水の情を催す ○落花流水、情も生まれて

参考 唐・李群玉の詩に、「闌浦蒼蒼トシテ、春暮レント欲ス。落花流水、琴ヲ離ルルヲ怨ム」とある。春の花びらが落ちて水に流される光景である。ひゆ的には、落ちぶれた意味に用いる。唐・高駢が隠者を訪れて会えなかったときの詩に、「落花流水、天台ヲ認メ、半酔閑吟、独リ自ラ来ル」とある。落ちぶれた居所があった、という。ただし、日本では、男女が互いに思い合う意味で用いる。中国語では、落花が流れを目ざして散っても、流れはそれに構わず流れ去るところから、一方だけが思っている場合に用いる。

落花狼藉（らっか・ろうぜき）

花が散り乱れること。落花（ちる・はな）が、狼藉（オオカミが・草を敷いて寝た跡）のようだ、という。物が乱れている場合にも用いる。

▽さればこそ人の候。落花狼藉の人、そこのきたまえ。それ、花は、請うも盗むも心あり〔謡曲＊雲林院〕

▽おめいてかかれば花を踏んで、こうべに挿せば散るもあり、落花狼藉入り乱れ〔浄瑠璃＊国性爺合戦〕

○落花狼藉、辺りも乱れて ○机の上も落花狼藉となる

濫淫漁色（らんいん・ぎょしょく） 和

情欲におぼれること。濫淫（みだりに・みだらなことをする）と、漁色（女性を・あさる）を、組み合わせて表す。現代表記では、濫（みだりに）→乱（みだれる）とも。漁色をリョウショクと読むのは誤り。字音リョウは猟の字音を借りた慣用音であり、漢文では用いない。

▽濫淫漁色を専らとし、娼婦をもてあそぶはおろか、良家の処女を奸し、人の妻に〔内田魯庵＊社会百面相〕

○濫淫漁色におぼれる ○濫淫漁色の常として

乱臣賊子（らんしん・ぞくし） 漢

主君や親に背く者のこと。乱臣（みだす・家臣）と、賊子（そこなう・子）を、組み合わせて表す。

▽親を捨て、家を捨てて首尾よく乱臣賊子となりたるは、さたの限りのふらち者〔徳富蘆花＊灰燼〕

▽坂本さん、あんた、乱臣賊子にならぬよう、気をつけなさいと言われましたよ〔子母沢寛＊勝海舟〕

○乱臣賊子に名を連ねる　○乱臣賊子の例として

参考　孟子に、「昔、禹、洪水ヲ抑ヘテ天下平ラカナリ。孔子、春秋ヲ成シテ乱臣賊子懼ル」とある。孔子が春秋を作って批判を明らかにした結果、乱臣賊子が行いを慎むに至った、という。漢文では、賊臣乱子、賊臣逆子、逆臣賊子、乱臣逆子、など、いろいろな形で用いる。

乱世乱脈（らんせい・らんみゃく）和

世の中が非常に乱れていること。乱世（みだれた・よ）で、乱脈（みだれた・すじ）だ、という。

▽そこに、うつを散じるものを感じたのは、乱世乱脈の時世のせいばかりではない〔唐木順三＊応仁四話〕

○乱世乱脈を極める　○乱世乱脈の英雄として

乱暴狼藉（らんぼう・ろうぜき）和

大いに暴れ回ること。乱暴（みだれ・あばれる）で、狼藉（オオカミが・草を敷いて寝た跡）のようだ、という。女性に乱暴する場合にも用いる。

▽塾風は、不規則といわんか不整とんといわんか、乱暴狼藉、まるで物事に無頓着〔福沢諭吉＊福翁自伝〕

▽主人のうちのねずみは、日中でも夜中でも、乱暴狼藉の練習に余念なく〔夏目漱石＊吾輩は猫である〕

○乱暴狼藉を働く　○乱暴狼藉、至らざるなく

【り】

李下瓜田（りか・かでん）　漢

人に疑われる行いのこと。李下（スモモの木の・した）で冠をかぶり直したり、瓜田（ウリの・はたけ）で履物を履き直したりする、という。瓜田李下とも。

▽ことに李下瓜田のそしりもうるさし。君子だに危うきに近寄らずと言えり〔坪内逍遥＊妹と背かがみ〕

○李下瓜田を慎む　○李下瓜田の疑いを得て

参考　宋・郭茂倩の楽府詩集に、「君子ハ未然ニ防ギ、嫌疑ノ間ニ処ラズ。瓜田ニ履ヲ納レズ、李下ニ冠ヲ正サズ」とある。履物を履き直すとき、ウリ畑で腰をかがめると、ウリを盗むのではないかと疑われる、冠をかぶり直すとき、スモモの木の下で手を動かすと、スモモを盗むのではないかと疑われる、君子は、そのような疑われやすい行動はしない、という。これによれば瓜田李下になるが、日本では、李下瓜田の形でも用いる。

利害損得（りがい・そんとく）　和

得になるか損になるかということ。損得（損か・得か）に、利害（利益・損害）を添えて、意味を強める。

▽利害損得をも知らずして、わが身の災いとなることを顧みず、ひがごとをなして〔貝原益軒＊大和俗訓〕

▽超然と出世間的に、利害損得の汗を流し去った心持ちになれる。ただ二十字のうちに〔夏目漱石＊草枕〕

○利害損得に目がくらむ　○利害損得を超えて

利害得失（りがい・とくしつ）　和

役に立つか立たないかということ。得失（えるか・うしなうか）に、利害（利益・損害）を添えて、意味を強める。

▽万病に効能ある金丹と同一視し、ほとんど実務の利害得失を不問に付し去るに至れり〔末広鉄腸*雪中梅〕
▽正大至当の理論なるも、実行の利害得失は、にわかに決し難しとの仰せである〔子母沢寛*勝海舟〕
○利害得失を論じる　○一身上の利害得失

力戦奮闘（りきせん・ふんとう）和

全力を挙げて戦うこと。戦闘（たたかい・たたかう）を分けて、力（ちからを出して）・奮（勇気をふるって）を添える。力の限り努力する場合にも用いる。
▽ぼくは力戦奮闘しました。いやしがたい傷を被りながらも、力いっぱい頑張りました〔尾崎一雄*すみっこ〕
▽真正の道徳的行為は、力戦奮闘、もってあがない得たる勝利にあり〔波多野精一*カント倫理学説の大要〕
○力戦奮闘に及ぶ　○力戦奮闘もむなしく

六韜三略（りくとう・さんりゃく）漢

りっぱな兵書（戦略を書いた書物）のこと。著名な兵書としての六韜と、三略を組み合わせて表す。奥の手や、虎の巻の意味でも用いる。
▽世の民権家は一部の哲学書をもって六韜三略となし、万病に効能ある金丹と同一し〔末広鉄腸*雪中梅〕
▽万巻の経書を読み、六韜三略を究め尽くし、乱世であれば、軍師になるであろう〔柴田錬三郎*柴錬水滸伝〕
○六韜三略を伝授される　○最高の六韜三略として

参考 元・耶律楚材の詩に、「五車ノ書史モ、豈ニ力ヲ労センヤ。六韜三略、通セザル無シ」とある。五台の車に積むほどの書物も難なく読む、六韜三略にも詳しい、という。六韜は、文・武・竜・虎・豹・犬の六巻に分かれ、三略は、上・中・下の三巻に分かれている。六韜は周・呂望の作、三略は秦・黄石公の作という。

戮力協心（りくりょく・きょうしん）漢

力を合わせて行うこと。戮力（ちからを・あわせる）と、協心（こころを・あわせる）を、組み合わせて表す。

○戮力協心して事に当たる　○戮力協心、全員一致で

㊢参考 北宋・蘇軾（そしょく）の文に、「蓋（けだ）シ、以テ与（とも）ニ戮力同心ス可キト為（な）シ、共ニ太平ヲ致ス」とある。力を併せて太平を築いた、という。漢文では、戮力一心、戮力斉心の形も用いる。日本では、戮力協心とする。

離合聚散（りごう・しゅうさん）和

離れたり集まったりすること。聚散（よりあう・ちらばる）に、離合（はなれる・あわさる）を添えて、意味を強める。現代表記では、聚（よりあう）→集（あつまる）も用いる。

▽どうもならないのさ。だから、結婚は考えものだよ。離合集散、共に自由にならない〔夏目漱石＊三四郎〕

▽離合集散は世の常とはいいながら、今ほどそれを露骨に実行している時代はない〔唐木順三＊応仁四話〕

○離合集散を繰り返す　○離合集散の派閥

立身出世（りっしん・しゅっせ）和

社会的な地位を得ること。立身（みを・たてる）して、出世（よに・でる）する、という。

▽それと同時に、自分の立身出世を藩に向かって求めたことがない〔福沢諭吉＊福翁自伝〕

▽こんなごたごたの世の中で、仕事もせずの立身出世は、火事どろでんすよ〔子母沢寛＊勝海舟〕

○立身出世を夢みる　○立身出世につながる道

利倍増長（りばい・ぞうちょう）和

利息が利息を生んで、増えていくこと。利が倍になり、増し長じる、という。

▽その金も利倍増長して、確かにりっぱな学費になって、不自由なく修業ができましょう〔福沢諭吉＊福翁自伝〕

○利倍増長を図る　○利倍増長のために

理非曲直（りひ・きょくちょく）和

正しいか正しくないかということ。理非（道理に合っている・道理に背いている）と、曲直（まがっている・まっすぐ）を、組み合わせて表す。

▽藩から放逐だけの話だ。長州征伐ということの理非曲直はどうでもよろしい〔福沢諭吉＊福翁自伝〕

▽その暗さの中に、濛々漠々として事の理非曲直さえ明らかにならない中に〔子母沢寛＊勝海舟〕

○理非曲直のけじめ　○理非曲直を超えた宿命

柳暗花明（りゅうあん・かめい）漢

春の景色のこと。ヤナギが茂って暗い中に、花が咲いて明るい、という。いろまちの意味でも用いる。

▽拝啓　柳暗花明の好時節と相成り候ところ、いよいよご壮健、賀し奉り候〔夏目漱石＊虞美人草〕

▽いぶかしからずや、疑いは懸かる柳暗花明の里の夕べ、浮かるる先のありやと見れど〔樋口一葉＊経つくえ〕

○柳暗花明を懐かしむ　○柳暗花明のちまたに遊ぶ

参考 南宋・陸游の詩に、「山重ナリ水複ナリテ、路無キカト疑フ。柳暗花明、又一村」とある。山奥に入ると、やがて、柳が茂って暗い中に花が咲いて明るい村があった、という。春の風景の場合に用いる。ただし、中国語では、柳暗を逆境、花明を順境に例え、逆境から順境に変わる場合にも用いる。日本では、柳巷花街（いろまち）の意味でも用いる。

流血淋漓（りゅうけつ・りんり）和

血がどんどん流れること。流血（ながれる・ち）が、淋漓（したたり・おちる）だ、という。

▽全軍乱る。たちまち流弾あり。流血淋漓、地に倒れ、気息奄々、水を求めて得ず〔東海散士

＊佳人之奇遇〕
▽手傷を負い、流血淋漓たる体にて立ち回りをやりたり。腹十文字にかき切り〔外山正一＊演劇改良論私考〕
○流血淋漓の戦傷者　○流血淋漓、ぬぐう間もなく

流言蜚語（りゅうげん・ひご）漢

根拠がないうわさのこと。流言（ながれる・ことば）と、蜚語（アブラムシのようにとぶ・ことば）を、組み合わせて表す。デマの意味でも用いる。現代表記では、蜚（アブラムシ）→飛（とぶ）。
▽流言飛語は固く慎め。おまえがやみの買い出しに行った事実は分かっておる〔井伏鱒二＊黒い雨〕
▽近ごろ流行の流言飛語と聞き流していたが、やっぱり本当にそんな気があったんだね〔子母沢寛＊勝海舟〕
○流言飛語を信じる　○流言飛語に違いないとしても　○流言飛語に惑わされる　○流言飛語の類
参考 明・文秉の先撥志始に、「或イハ巧ミニ流言蜚語ヲ布キ、或イハ匿名文書ヲ写ス」とある。根拠のないうわさを広めたり、執筆者の名を出さない文書を書く、という。漢文では、流言飛文の形でも用いる。

流言浮説（りゅうげん・ふせつ）漢

いいかげんな意見のこと。流言（ながれる・ことば）と、浮説（うわついた・かんがえ）を、組み合わせて表す。デマの意味でも用いる。
▽民衆の間には、最後の場合に備えようとする流言浮説が多くなっていた〔石川達三＊風にそよぐ葦〕
○流言浮説を流す　○流言浮説にも耳を傾ける
参考 荀子に、「凡ソ流言流説、流事流謀、流誉流愬ハ、君子之ヲ慎ム」とある。君子は、根拠のないうわさやはかりごとや評判を慎む、という。日本では、流言浮説の形で用いることが

多い。

柳巷花街（りゅうこう・かがい）漢
遊郭などのあるいろまちのこと。やなぎの・ちまた、はなの・まち、という。いろまちには、柳の木が植えられ、花のような女性がいるところから用いられた。
○柳巷花街に入り浸る　○柳巷花街の芸妓
㊜参考 宋・道原の伝灯録に、「或イハ茶坊酒肆、徇器投機シ、或イハ柳巷花街、優游自在ナリ」とある。茶や酒を出す店でかけひきをし、遊郭で妓女と遊ぶ、という。漢文では、柳陌花街の形も用いる。

柳色花香（りゅうしょく・かこう）和
自然の移り変わりのこと。やなぎの・いろ、はなの・かおり、という。自然と対比した人の世の異同に用いる。
▽おのずから時世の変遷を憤るの情なきことをえず。柳色花香また昔の春にあらず〔山路愛山＊現代金権史〕
○柳色花香を惜しむ　○柳色花香に和して

竜頭鷁首（りゅうとう・げきしゅ）⇩りょうとう・げきしゅ

竜騰虎闘（りゅうとう・ことう）漢
非常に激しい一騎打ちのこと。竜がおどりあがり、トラが負けまいとたたかう、という。交渉の場にも用いる。竜騰は、古くはリョウトウと読んだ（竜は、漢音リョウ・呉音リュウ）。
▽竜騰虎闘の壮観があるだろうと予期した交渉は、無事に、迅速に結了した〔夏目漱石＊吾輩は猫である〕
○竜騰虎闘を期待する　○竜騰虎闘の観を呈する
参考 竜虎之争の参考欄を参照。

竜頭蛇尾（りゅうとう・だび）漢
始めは盛んでも、終わりが振るわないこと。竜の頭で始まり、蛇の尾で終わる、という。竜頭は、古くはリョウトウと読んだ（竜は、漢音リョウ・呉音リュウ）。

▽やはり沈着な口調で、「せっかくの催しも竜頭蛇尾に終わりました」〔夏目漱石＊吾輩は猫である〕

▽酒をちびちび飲みながら、ひやかした。「もうおしまいか。竜頭蛇尾だね。そんな話なら」〔森鷗外＊独身〕

○竜頭蛇尾の結果となる　○竜頭蛇尾とならぬように

参考　北宋・圜悟の碧巌録に、「頭角ヲ看取セヨ。似タルハ則チ似タリ。是ナルハ則チ未ダ是ナラズ。只恐ル、竜頭蛇尾ナランコトヲ」とある。頭の先をよく見よ。竜と蛇は似ているが、最初が正しいからといって、最後まで正しいとは限らない、という。漢文では、虎頭蛇尾、虎頭鼠尾の形も用いる。

粒々辛苦（りゅうりゅう・しんく）　漢

米を作る農家の苦労が並々でないこと。一つぶ一つぶが、辛苦（つらい・くるしみ）の結晶だ、という。長い間、苦労を積み重ねることで、他の人の努力の場合に用いる。

▽親からもらった粒々辛苦の学費を食いつぶしたうえに、親戚故旧に泣きついて〔内田魯庵＊社会百面相〕

▽あるいは暴風をもってし、あるいは洪水をもってして、粒々辛苦の成果を一掃し去る〔河上肇＊時勢之変〕

○粒々辛苦と励む　○粒々辛苦のたまものとして

参考　唐・李紳の詩に、「禾ヲ鋤キテ日ハ午ニ当タリ、汗ハ禾下ノ土ニ滴ル。誰カ知ラン、盤中ノ飧、粒粒皆辛苦ナルヲ」とある。盤中の飧とは、今食べている皿の中のごはんのことである。これが一粒一粒すべて農民の苦労のたまものだ、という。本来は農民の苦労を思いやったことばであるが、他の人が積み重ねた苦労一般に用いる。ただし、中国語では辛辛苦苦を用いる。

柳緑花紅（りゅうりょく・かこう）　漢

柳が緑色で、花が紅色であること。やなぎはみどり、はなはくれない、という。物にはそれぞれ自然の理があって、さまざまに異なっている、という意味にも用いる。
▽柳緑花紅、さまざまの文学があってこそよいのであり、独特の佳品の出ることを〔中野好夫＊私小説の系譜〕
▽京伝は、このむなしさを徹底させて、ありのままの世界、柳緑花紅の世界に至る〔唐木順三＊無用者の系譜〕
○柳緑花紅の自然に返る　○柳緑花紅に感じ入って
(参考) 南宋・普済の五灯会元に、「十分ノ春色、誰ガ家ニ属ス。秋至レバ山寒ク水冷タシ。春来レバ柳緑ニ花紅ナリ」とある。春になれば、柳は緑に花は紅になる、という。ただし、北宋・蘇軾(そしょく)の詩には、「柳ハ緑、花ハ紅、真ノ面目」とある。これが自然の理だ、という。仏教では、これを自然のままの姿とし、草木に見るこのような姿を実相とする。悟りを開いた境地の意味で用いる。

利用厚生（りよう・こうせい）　漢
使えるものを適切に用いて、生活を豊かにすること。利用（よろしく・もちいる）して、厚生（生活を・あつくする）する、という。厚生を更生と書くのは誤り。ただし、自力更生は更生と書く。
▽天然資源はもとより、その資源の利用厚生の実際に移す方法においても〔徳富蘇峰＊勝利者の悲哀〕
▽農工商賈の業に服して利用厚生の事を受け持ち来りたるが故に政治の思想に乏しきこと〔中江兆民＊国会論〕
○利用厚生の道を開く　○利用厚生を求めて
(参考) 書経に、「政ハ民ヲ養フニ在リ。水火金木土穀、惟(これ)修マリ、徳ヲ正シ、用ヲ利シ、生ヲ厚クシテ、惟(こ)レ和ス」とある。物を役立つように用い、人民の暮らしを豊かにするのが政治だ、という。この場合に、利用と厚生にその前の正徳を加え、政治上の三事とする。

良妻賢母（りょうさい・けんぼ）和

夫に対してよい妻、子に対してりっぱな母であること。よい・つま、かしこい・はは、という。かつては女子教育の目標とされていた。賢母を健母と書くのは誤り。

▽将来、良縁を求めて正式に結婚し、良妻賢母となることをどこまでも理想としてほしい〔谷崎潤一郎＊細雪〕

▽考古学徒もあれば、考現学の騒々しい一団もある。どちらが良妻賢母たりうるかは〔石坂洋次郎＊若い人〕

○良妻賢母の育成に当たる

竜頭鷁首（りょうとう・げきしゅ）和

風流を楽しむ舟のこと。竜の頭のついた舟と、水鳥の首のついた舟、という。豪華な舟遊びの場合にも用いる。竜は、漢音でリョウと読んだ（呉音・リュウ）。

▽天子の御駕を竜賀と名づけ奉り、君の御座舟を竜頭鷁首と申すも、このみ代よりぞ起こりける〔曾我物語〕

▽竜頭鷁首を海中に浮かべ、波の上の行宮は、静かなる時なし。月を浸せるうしおの愁いに沈み〔平家物語〕

○竜頭鷁首に一夕を過ごす　○竜頭鷁首の遊び

良風美俗（りょうふう・びぞく）和

非常によい風俗のこと。風俗を分けて、良（よい）・美（うつくしい）を添える。

▽父や母を尊敬するように教わってきた日本の良風美俗が、うその骨頂と思われた〔舟橋聖一＊鴛鴦の間〕

▽「日本の良風美俗を破壊するものだ」稲垣は無学の欠点をさらけ出してしまう〔石川達三＊僕たちの失敗〕

○良風美俗の立場から　○良風美俗を保つためには

綾羅錦繡（りょうら・きんしゅう）和

美しい衣服のこと。あやぎぬ・うすぎぬ・にしき・ぬいとり、を組み合わせて表す。
▽高いところに飾られた棺は華麗な綾羅錦繡で覆われ、氏名を記した紙が下がっていた〔加賀乙彦＊風と死者〕
▽田楽法師を一人ずつ預けて装束を飾らせける間、金銀珠玉をたくましくし、綾羅錦繡を飾れり〔太平記〕

緑酒紅灯（りょくしゅ・こうとう）和

○綾羅錦繡を身にまとう　○綾羅錦繡に替えて
歓楽街のこと。みどりの・さけ、あかい・ちょうちん、という。飲食街や色街のこと。紅灯緑酒とも。
▽無用なる美衣美食を専らとし、緑酒紅灯と相親しむ者、銀行業者の通弊に候えども〔内田魯庵＊社会百面相〕
○緑酒紅灯に遊ぶ　○緑酒紅灯のちまた

理路整然（りろ・せいぜん）和

物事の筋道が整っていること。理路（りくつの・みち）が、整然（ととのっている）だ、という。
▽ゆったりと大風に構えて、理路整然たることばを静かに滑らかに、急所急所へ打ち込んで〔里見弴＊今年竹〕
▽あなた方の理論には、すきまがない。だけど、その理路整然とした一体系の風ぼうは〔石坂洋次郎＊若い人〕
○理路整然と説く　○理路整然たるものがある

臨機応変（りんき・おうへん）漢

そのとき、そのときに、適切な処置をすること。機（機会）に臨んで、変（変化）に応じる、という。
▽ぼくは、ようすを立ち聞きして、臨機応変の助太刀をするから〔尾崎紅葉＊金色夜叉〕
▽振り返ってから、臨機応変に難関を切り抜けていくつもりの計画だから〔夏目漱石＊虞美人草〕
○臨機応変の才を働かせる　○臨機応変に対処

していく　○臨機応変の妙を得る　○臨機応変、適当な機会を見て

(参考) 宋史に、「資性和厚ニシテ、機ニ臨ミ変ニ応ジテ、将士ヲ輯穆(しゅうぼく)シ、細務ヲ総摂ス」とある。状況の変化に応じて、武も文もつかさどった、という。漢文では、随機応変、乗機応変の形も用いる。

輪廻応報（りんね・おうほう）仏　善悪の行いに基づいて、後に相応の報いを受けること。車の輪が回るように、それぞれに応じて報いる、という。

▽なんじのやり先に命を果たすとは輪廻応報、ああ実に殺生はできぬものだなあ〔三遊亭円朝＊牡丹灯籠〕

▽子をも手にかけて、殺してついに身を殺す。輪廻応報かくまでにありけるものか〔曲亭馬琴＊里見八犬伝〕

○輪廻応報のことわり　○輪廻応報、少しもたがわず

(参考) 仏教では、生きているものはすべて生まれ変わり死に変わって、とどまるところを知らないと考える。これを輪廻というのは、車の輪が回るのと同じだからである。この考え方が、物事の巡り巡る場合、一般にも用いられている。また、応報というのは、善悪の因によって生じる果のことをいう。善い行いには、その報いとして善い結果があり、悪い行いには、その報いとして悪い結果がある。これがまた車の輪のように巡ってくるから、輪廻応報という結びつきが成り立つ。

輪廻転生（りんね・てんしょう）仏　生まれ変わり、死に変わっていくこと。車の輪が回るように、生死を繰り返していく、という。

▽十善の帝王といえども、輪廻転生や因果応報の外に立つものではないといった見方が〔花田清輝＊小説平家〕

▽人も死ねば身体は消えてなくなるが、その念は他に移って、いわゆる輪廻転生する〔伊藤康

庵＊沢庵の味〕
○輪廻転生を諭される　○輪廻転生の理によって

参考　仏教では、生きているものはすべて生まれ変わり死に変わって、とどまるところを知らないと考える。これを輪廻というのは、車の輪が回るのと同じだからである。その場合、次に生まれる世界が、六道に分かれている。悪いほうから挙げると、地獄道・餓鬼道・畜生道・修羅道・人間道・天道の六つである。それぞれに生まれる原因と結果の関係を六道因果という。この世で善行を積めば死後に善い世界に生まれることができ、悪行が重なれば悪い世界に生まれるわけである。

【る】

縷々綿々（るる・めんめん）和

事細かに長々と話すこと。縷々（切れないでつづく）と、綿々（長々とつづく）を、組み合わせて表す。

▽談話は縷々綿々として尽きず、それからそれと、興に乗じていろいろな昔話も出る〔幸田露伴＊不安〕

▽どのような苦難の道を歩まねばならなかったかが縷々綿々つづってある〔井上ひさし＊烈婦ます女自叙伝〕

○縷々綿々と続ける　○縷々綿々たる話しぶり

【れ】

冷汗三斗（れいかん・さんと）和

冷や汗がたくさん出ること。冷汗（つめたい・あせ）が、三斗（一斗は十升）も出る、という。恐ろしいことや恥ずかしいことに出遭ったときの気持ちに用いる。

▽懐かしい思い出の中にも、たった一つ、冷汗三斗の悲惨なしくじりがあったのです〔太宰治＊人間失格〕
○冷汗三斗に終わる　○冷汗三斗の思い出として

礼儀作法（れいぎ・さほう）和
日常の動作のしつけのこと。礼儀（敬意を表す・形式）と、作法（動作の・法式）を、組み合わせて表す。
▽昔は奥平藩士の奥様で、武家の礼儀作法を大事に勤めた身であるから〔福沢諭吉＊福翁自伝〕
▽礼儀作法は申すまでもござりませぬが、物好きな主人になりますと遊芸などを習わせ〔谷崎潤一郎＊芦刈〕
○礼儀作法にやかましい　○礼儀作法は異なっても

冷酷無慙（れいこく・むざん）和
冷ややかな気持ちを恥じないこと。冷酷（ひややかで・むごい）で、無慙（はじが・ない）だ、という。現代表記では、慙（はじ）→残（いたみ）とも。
▽二十年、三十年の省吾の冷酷無残を、楢次郎に聞いてもらいたかった〔田宮虎彦＊天路遍歴〕
▽笑えば目が隠れてしまいそうになる柔和な目が、冷たく光った。冷酷無残な光り方をした〔丹羽文雄＊青麦〕
○冷酷無残にも　○冷酷無残なことばを残して

冷酷無情（れいこく・むじょう）和
思いやりの気持ちが全くないこと。冷酷（ひややかで・むごい）で、無情（おもいやりが・ない）だ、という。
▽わたしにも、彼女が冷酷無情な高利貸しであることが容易に信じられなかった〔火野葦平＊金銭を歌う〕
▽冷静は長所なるも、ただ過ぎたるがために冷酷無情のごとく思われ〔鵜崎鷺城＊薩の海

軍・長の陸軍〕　○冷酷無情な性格によって　○冷酷無情も甚だしく

霊魂不滅（れいこん・ふめつ）洋
人の魂は、肉体が滅びても存在し続けるということ。霊魂（たましい）は、不滅（ほろび・ない）だ、という。宗教の立場で、immortality of the soul の訳語として用いる。
▽哲学者にあっては、これを言うさえ恥ずべきである。しかも霊魂不滅のたわごとは〔中江兆民＊続一年有半〕
▽尊みもすればありがたがりもする。果たして死なぬではないか。一種霊魂不滅の観念〔徳富蘇峰＊吉田松陰〕
○霊魂不滅を信じる　○霊魂不滅といっても

霊犀一点（れいさい・いってん）漢
人の心が通じること。神秘的なサイのつのの中心に、細い穴が一つあって通じるのと同じだ、という。
▽長崎は、霊犀一点、脈々たる文明の潮流が我が国に通ずるの管となれり。医学も〔山路愛山＊経済雑論〕
▽だがまた、こうなるってえのも、きみとあいつと、霊犀一点相通ずるものがあるからさ〔里見弴＊今年竹〕
○霊犀一点に通じる　○霊犀一点の愛情により
（参考）唐・李商隠の詩に、「身ニ綵鳳（さいほう）双飛ノ翼無キモ、霊犀一点ノ通ズル有リ」とある。体にきれいな大鳥のような羽はないが、霊犀の角の中心に細い穴が通じているように、二人の心は互いに通じ合っている、という。

冷嘲熱罵（れいちょう・ねつば）和
大いに騒いで悪口をいうこと。つめたい・あざわらい、あつい・ののしり、という。皆で言う場合に用いる。
▽朝日は伊藤公に対して冷嘲熱罵を極むることあり。毎日は軍備拡張に反対したり〔山路愛山＊現代金権史〕

▽予が一身上に加えられたる冷嘲熱罵は、予が言論の権威を棄傷したる多大なるべし〔徳富蘇峰＊時務一家言〕
○冷嘲熱罵を浴びる　○冷嘲熱罵の舌も鋭く

玲瓏透徹（れいろう・とうてつ）和

心が非常に清らかなこと。玲瓏（たまのように・かがやく）で、透徹（すき・とおる）だ、という。
▽この不明なわたしの前に出てくるすべての人を、玲瓏透徹な正直者に変化して〔夏目漱石＊硝子戸の中〕
▽国家の財計、玲瓏透徹、官民の間、猜疑の心を蓄えず、互いに本心を吐露し〔神田孝平＊財政変革の説〕
○玲瓏透徹な心で　○玲瓏透徹、何の曇りもなく

連日連夜（れんじつ・れんや）和

何日も何夜も続けて行うこと。日夜（ひる・よる）を分けたものに、連（つらねる）を添える。日夜を連ねる、という。休みなく続ける場合に用いる。
▽それからというもの、連日連夜、ええじゃないか、ええじゃないか、と口々に叫んで〔子母沢寛＊勝海舟〕
○連日連夜の雨にたたられ　○連日連夜、騒ぎも大きく

連戦連勝（れんせん・れんしょう）和

戦うたびに、続けて勝つこと。戦（たたかう）・勝（かつ）、それぞれに連（つらねる）を添える。たたかいを・つらね、かちを・つらねる、という。
▽回顧すれば、日露の戦役は、連戦連勝の勢いに乗じて平和克復を告げ〔夏目漱石＊吾輩は猫である〕
▽連戦連勝の拳闘選手の頭からは、敗北という一個の新鮮な観念が片時も離れない〔三島由紀夫＊純白の夜〕
○連戦連勝の報にわく　○連戦連勝して決勝に

進む

連戦連敗（れんせん・れんぱい）和
戦うたびに、続けて負けること。戦（たたかう）・敗（まける）、それぞれに連（つらねる）を添える。たたかいを・つらね、まけを・つらねる、という。
▽敵国の軍威強大にして、味方は連戦連敗し、国都に近きところまで攻め詰められ〔矢野竜渓＊経国美談〕
▽戦場において婦人を捕らうるはあるまじきことなれども、連戦連敗して憤懣の余り〔神田孝平＊訛伝を弁ず〕
○連戦連敗の報に沈む　○連戦連敗にもめげず

連帯責任（れんたい・せきにん）洋
共同して責任を持つこと。連帯（おびをつらねる、結びつける）した、責任、という。collective responsibility の訳語として用いる。
▽平岡から表向きに連帯責任を強いられて、それを断りきれないくらいなら〔夏目漱石＊それから〕
▽「つまり、その子とここのおかみと、いわば連帯責任ですかな」「けしからん話ですね」〔里見弴＊今年竹〕
○連帯責任を負う　○理事一同の連帯責任として

【ろ】

老若男女（ろうじゃく・だんじょ）⇩ろうにゃく・なんにょ

老樹巨木（ろうじゅ・きょぼく）和
見上げるほどの大きな木のこと。樹木を分けて、老（ふるい）・巨（おおきい）を添える。
▽白壁の塀を長く建て回して、老樹巨木、暗く茂って、母屋の棟も見え透かぬ旧家〔木下尚江＊良人の自白〕
○老樹巨木に覆われる　○老樹巨木も倒れるほ

どの猛威

老少不定（ろうしょう・ふじょう）仏　老人が先に死に、若者が後から死ぬとは限らないということ。老少（老人・若者）は、不定（さだまら・ない）、という。人間の寿命がはかないという意味で用いる。

▽どうするって、仕方がないわ、ねえあなた。老少不定っていうくらいだから〔夏目漱石＊こころ〕

▽正しく夫の命ずるところなれども、老少不定、夫婦偕老を遂げざる者多し〔福沢諭吉＊福翁百話〕

○老少不定の悲しみに沈む　○老少不定も世のならいで

参考　仏教では、生きているものはすべて生まれ変わり、死に変わるから、人間が死ぬのも、別の形で生まれ変わることだと考える。しかし、その場合、生まれた順に死んでいくとは限らない。つまり、老人から先に死に、若い者があとに残るとは決まっていない。このことを老少不定という。不定とは、その時期が定まっていない、という意味である。

老成円熟（ろうせい・えんじゅく）和　経験を積んで、りっぱになること。老成（おいて・なる）して、円熟（まるく・うれる）する、という。

▽人柄も老成円熟、やぼな議論などは決してしないからねえ。おまえらにゃ分からねえ〔子母沢寛＊勝海舟〕

▽大名のお留守居役とでもいうようなふうで、人柄もしごく老成円熟していて〔勝海舟＊氷川清話〕

○老成円熟の域に達する　○万事に老成円熟して

老若男女（ろうにゃく・なんにょ）仏　年とった人も若い人も、すべての人のこと。おい・わか、おとこ・おんな、を組み合わせて表す。仏教関係を離れた用い方では、ロウジャク・ダンジョとも読む。古くは、若を弱と書いた〔弱の意味はワカイ〕。老幼男女とも。
▽老若男女、善悪正邪の心のうちの内幕をば、漏らすところなく描きいだして〔坪内逍遥＊小説神髄〕
▽そこに住む老若男女の数は、かつて正確に計算せられたことがないと言う者もあるし〔島崎藤村＊夜明け前〕
○老若男女を問わず　○老若男女、一様に
(参考) 善男善女(ぜんなんぜんにょ)の参考欄を参照。

老幼男女（ろうよう・なんにょ）仏年をとった人も幼い人も、すべての人のこと。おい・おさな、おとこ・おんな、を組み合わせて表す。仏教関係を離れた用い方では、男女をダンジョとも読む。老若男女のほうが一般的。
▽彼岸の中日なれば、近在の老幼男女、藤沢に鎌倉に寺参りして帰る者、織るがごとし〔徳富蘆花＊湘南雑筆〕
▽大力殿をよく見んとて、今まで残りとどまりたる老幼男女、木の下に立ち集いて〔曲亭馬琴＊里見八犬伝〕
○老幼男女、おしなべて　○老幼男女の声を使い分けて
(参考) 善男善女(ぜんなんぜんにょ)の参考欄を参照。

六根清浄（ろっこん・しょうじょう）仏すべての汚れがなくなること。六根〔人間の持つ六つの感覚器官〕が、清浄〔きよく・きよらか〕だ、という。霊山に登るときに、信者が唱えることば。
▽みんなは一列になって、「六根清浄、お山は晴天」こんなことを言いながら〔志賀直哉＊暗夜行路〕
▽三島明神へ行くということで、一方では六根清浄、六根清浄などと叫んでいる〔子母沢寛＊勝海舟〕
○六根清浄の掛け声のもと　○内外清浄、六根清浄
(参考) 仏教では、煩悩の汚れを離れていること

を清浄という。ところが、人間には六つの感覚があり、それを感じる器官がそれぞれ汚れを持っている。視覚の目、聴覚の耳、臭覚の鼻、味覚の舌、触覚の身、認識思考の意の六つである。また、それらの器官が対象に対して作用する場合の能力を根という。したがって、六根というのは、眼根・耳根・鼻根・舌根・身根・意根を併せたものである。この六根を清浄にして初めて登山が可能になると考えて唱えるのが、六根清浄ということばである。

論功行賞（ろんこう・こうしょう）漢

働きに応じて賞を与えること。功を論じて、賞を行う、という。功績と賞とのつりあいをとる場合に用いる。

▽共和党の選挙場裏における論功行賞によって、日本公使を得たるものと思われた〔徳富蘇峰＊勝利者の悲哀〕

▽論功行賞さるべき位置に置かれて論功行賞され、別階級の人として取り扱われる〔三宅雪嶺＊明治思想小史〕

○論功行賞が行われる　○論功行賞を授けられる

参考　後漢・傅幹の文に、「愚以テ、且ツ甲ヲ按ジ兵ヲ寝カセ、軍ヲ息メ士ヲ養ヒ、士ヲ分カチ封ヲ定メ、功ヲ論ジ賞ヲ行フ可シト為ス」とある。戦いが終わったから、軍を休め、功労に応じて賞を与えるべきだ、という。漢文では、論功封賞、論功行封の形でも用いる。

【わ】

猥雑尾籠（わいざつ・びろう）和

下品で汚らわしいこと。猥雑（みだらで・まじる）で、尾籠（無作法）だ、という。尾籠は、和語の「おこ」に当てた漢字で、漢語らしく字音で読む。

▽周囲に乱発している猥雑尾籠な話に対して、

受け答えはできなかった。しかし〔正宗白鳥＊根無し草〕

○猥雑尾籠にわたる　○猥雑尾籠の語を用いて

和漢古今（わかん・ここん）　和

日本と中国の範囲で昔から今までのこと。和漢（日本・中国）と、古今（むかし・いま）を、組み合わせて表す。

▽和漢古今の賢女といわれる人の踏んできた道が、果たして誤まっているであろうか〔徳富蘆花＊黒潮〕

▽その方は、和漢古今に博渉し、大儒碩学たることは知っている。しかし、わしは〔子母沢寛＊勝海舟〕

○和漢古今に通じる　○和漢古今の道として

和気藹々（わき・あいあい）　和

非常になごやかなこと。和気（なごやかな・雰囲気）が、藹々（たちこめる）だ、という。藹々は、靄々とも書く。

▽われわれが一堂に会し、お互いに和気藹々としていられるのは、女のおかげで〔内田百閒＊百鬼園随筆〕

▽貴下のご家庭の和気藹々たる情景は、世にもうらやましい限りであって〔谷崎潤一郎＊細雪〕

○和気藹々のうちに終わる　○和気藹々、いつまでも

和光同塵（わこう・どうじん）　仏

自分の才能を隠して、世俗と調子を合わせること。その光を和らげ、ちりと同じにする、という。

▽老子の提唱した和光同塵という境地がある。虚脱に過ぎてかえって技巧の跡を感ずる〔石坂洋次郎＊若い人〕

▽あるいは諸天善神となって虚空に飛行し、和光同塵、結縁の姿、あらありがたの御事やな〔謡曲＊賀茂〕

○和光同塵の学者として　○和光同塵もありがたく

（参考）老子に、「其ノ鋭ヲ挫（くじ）キ、其ノ紛ヲ解キ、其ノ光ヲ和ラゲ、其ノ塵（ちり）ヲ同ジクス、是ヲ玄同ト謂フ」とある。玄同とは、すべてを一つにして差別しないことをいう。それは、自分の才知を包み隠して俗人に交わることによって可能なわけである。しかし、仏教では、和光同塵を仏の立場で解釈している。それは、仏が世を救うために俗人に生まれることをいう。まぶしすぎる光を和らげ、ちりと同じになって現れる、という。仏が日本の神として現れたとする本地垂迹の考え方もこれである。

和魂漢才（わこん・かんさい）和

日本人としての精神と中国伝来の漢学を併せ持つこと。和（日本）のたましいと、漢（漢学）の才能、という。日本人の漢学を学ぶ態度とされてきた。

▽和魂漢才ということもあって、日本には日本の長所がある。かの長を採ってこの短を補う〔徳富蘆花＊黒潮〕

▽和魂漢才ということばがある。菅原道真の造語であるというが、もっと後世になって〔花田清輝＊小説平家〕

○和魂漢才を目指す　○和魂漢才の学者として

和魂洋才（わこん・ようさい）和

日本人としての精神と西洋伝来の洋学を併せ持つこと。和（日本）のたましいと、洋（洋学）の才能、という。日本人の洋学を学ぶ態度とされてきた。

▽日本の国家社会で有用の材となるには、和魂洋才でなくてはいけません〔森鷗外＊なのりそ〕

▽幕末維新の洋学は、和魂洋才というお手軽なものではない。和魂を支える国家意識は〔高田宏＊言葉の海へ〕

○和魂洋才に切り替える　○和魂洋才を目指す留学

和衷協同（わちゅう・きょうどう）和

心を合わせて共に仕事をすること。和衷（心の

○和洋折衷を試みる　○和洋折衷の邸宅として

＊ゼロの焦点〕

中から和らぎ合う）して、協同（力を合わせる）する、という。

▽議会は政府を仇敵視するが能事じゃないから、和衷協同の実を挙げたいのじゃが〔内田魯庵＊社会百面相〕

▽朕が事を奨順し、相共に和衷協同し、ますますわが帝国の光栄を中外に宣揚し〔大日本帝国憲法発布の勅語〕

○和衷協同に努める　○和衷協同して進む

和洋折衷（わよう・せっちゅう）　和

和風と洋風を取り合わせること。和（日本）と洋（西洋）を、折衷（中を・えらびとる）する、という。生活様式や芸術一般について用いる。折衷は、折中とも書く。

▽一種の和洋折衷か、明治初期の芸術に特有な、美しい調和を示していた〔芥川竜之介＊開化の良人〕

▽長いブロックの塀があり、二階建て和洋折衷のしょうしゃとした文化住宅だった〔松本清張

付録

付録には、四字漢語に準ずる次のものを収めた。

(1) 訓読漢字を含むもの（見た形が四字漢語になる）。

(2) 三字めが「之」のもの（漢文では四字漢語になる）。

いずれも、日本語の中で用いる場合は、四字漢語の特色となる字音読みの調子を欠くことになる。しかし、広く四字熟語を集めた類書がこれらを取り上げているため、本書にも収めることとし、別立ての付録とした。

合縁奇縁（あいえん・きえん）仏

愛情や友情で結ばれるのも、前世からの縁であること。組み合わさるのも不思議な縁による、という。一般に、男女、友人、夫婦の巡り合いについて用いる。合縁を相縁・愛縁、奇縁を機縁と書くのは誤り。

○合縁奇縁で結ばれる　○これも何かの合縁奇縁で

（参考）仏教では、現在の結びつきの原因がすべて前世にあって、その結果としてこうなっていると考える。これを因縁といい、略して縁という。そこから、現在の結びつきについて、不思議な縁によるという見方が生まれる。

愛慾之海（あいよくの・うみ）仏

異性に対する欲望が極めて深いこと。愛の欲は海のように深い、という。その海におぼれる場合に用いる。現代表記では、慾（よく）↓欲（ほっする）も用いる。

○愛欲の海におぼれる　○愛欲の海が深いことは

（参考）仏教では、異性を愛することが悟りの妨げになるとされている。しかし、人間はとかく性本能のままに動き、これを断ち切ることが難しい。それは、深い海におぼれるのと同じだという。これが、愛慾之海である。

阿吽之息（あうんの・いき）仏

二人で一緒に仕事をするときの調子のこと。口を開いた形と、口を閉じた形の息、という。

○阿吽の息を合わせる　○阿吽の息につれて

（参考）仏教では、口を開けて発する音を阿、口を閉じて発する音を吽とする。前者を発生に当てれば後者が帰着である。前者を悟りを求める心に当てれば、後者が悟った心である。寺院の山門にある仁王やこま犬が、向かって右は口を開け、左は閉じているのも、これを表している。一般には、物事の調子として用いる。

青息吐息（あおいき・といき）和

非常に苦しみ困っていること。青息（青ざめて出す・いき）にそろえて吐息（はく・いき）を添え、意味を強める。非常に弱っている場合にも用いる。

○青息吐息の毎日を送る　○物も言われず、青息吐息

朝顔之露（あさがおの・つゆ）和

すぐに無くなってしまうこと。朝顔の花に降りた露のようだ、という。はかないものの場合に用いる。

○朝顔の露と消える　○まことに朝顔の露で

浅瀬徒浪（あさせ・あだなみ）和

つまらないことで大騒ぎをすること。浅瀬（川の流れの浅いところ）のあだなみ（役に立たない波）のようだ、という。思慮の浅い人の行動について用いる。現代表記では、浪（おおなみ）→波（普通のなみ）も用いる。

○浅瀬あだ波で終わる　○浅瀬あだ波の大騒ぎ

朝寝朝酒（あさね・あさざけ）和

なまけものの日課のこと。朝遅くまで寝ていることと、朝も酒を飲むこと、という。

○朝寝朝酒で過ごす　○朝寝朝酒の毎日

晏子之御（あんしの・ぎょ）漢

つまらない地位に満足して得意になる人のこと。主人の晏子の馬車で、得意になっている御者のようだ、という。主人の威光を利用して得意になる場合にも用いる。

○晏子の御を気取る　○晏子の御に満足して

（参考）意気揚揚（いきようよう）の参考欄を参照。

暗夜之礫（あんやの・つぶて）和

全く効果がないこと。暗い夜、小石を投げてもあたらない、という。相手の見当がつかない場合や、防ぎようがない場合にも用いる。

○何をしても暗夜のつぶてで　○暗夜のつぶてにおびえ

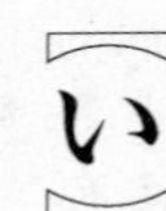

帷幄之臣（いあくの・しん）漢

天子のそばにいて助ける家臣のこと。本陣の張り幕の中で作戦を練る参謀のような家臣、という。

○帷幄の臣として仕える　○申し分のない帷幄の臣で

（参考）漢書に、「籌策ヲ帷幄ノ中ニ運ラシ、勝チヲ千里ノ外ニ決ス」とある。戦いのはかりごとを本陣の張り幕の中で立て、勝敗を遠く離れたところで決める、という。それが、天子を助ける家臣の仕事なのである。

異域之鬼（いいきの・き）漢

外国に行ったままで死ぬこと。異なる国をさすらう魂、という。故国に帰れない亡霊の場合にも用いる。

○異域の鬼となる　○異域の鬼に終わる

（参考）前漢・李陵の文に、「相去ルコト万里、人絶エ、路殊ナル。生キテハ別世ノ人ト為リ、死シテハ異域ノ鬼ト為ル」とある。友人の蘇武にあてた手紙の一節である。二人は万里も離れ、途中は人も住まず、道もない。生きている間は別世界の人となり、死んでも魂は他国にある。いずれにしても永遠の別れである、という。

異郷之客（いきょうの・きゃく）漢

故郷を遠く離れた土地で暮らす人のこと。異なる里の客、という。旅をしている人の場合にも用いる。異郷は、異境（異なる・地域）とも書く。

○異郷の客として　○異郷の客であることを忘れて

（参考）唐・李白の詩に、「別ルル時、酒、猶ホ在レドモ、已ニ異郷ノ客ト為ル」とある。別れるときには酒が残っていたが、もう遠く離れている、という。

衣錦之栄（いきんの・えい）漢
出世をしてから、生まれ故郷に帰ること。りっぱな衣服を着て帰る栄誉、という。成功して帰る場合にも用いる。
○衣錦の栄を果たす　○衣錦の栄には程遠いとしても
参考　北宋・欧陽脩の文に、「仕官シテ将相ニ至リ、富貴ニシテ故郷ニ帰ル。昔ノ人ハ之ヲ衣錦ノ栄ニ比ス」とある。官吏になって将軍や大臣になり、富貴になって故郷に帰る。昔の人はこれを衣錦之栄とした。この気持ちは、今も昔と変わらないはずだ、という。

生簀之鯉（いけすの・こい）和
自由にならない立場のこと。いけすで飼われているコイのようだ、という。死ぬ運命にある場合にも用いる。
○いけすのこいにも等しい身　○いけすのこいで終わる　○いけすのこいよりはましかもしれない

韋弦之佩（いげんの・はい）漢
他人の長所を見習って自分の短所を補うこと。緩いナメシガワのひもや、張った弓弦を身につける、という。
○韋弦の佩として身を慎む　○韋弦の佩を退ける
参考　韓非子に、「西門豹ノ性ハ急ナリ、故ニ韋ヲ佩ビテ以テ己ヲ緩ニス。董安于ノ心ハ緩ナリ、故ニ弦ヲ佩ビテ以テ自ラ急ニス」とある。性質がせっかちな西門豹は柔軟なナメシガワを身につけ、のんびりした董安于は弓の弦を身につけ、それぞれ自分の性質を直そうとしていた、という。

石部金吉（いしべ・きんきち）和
まじめすぎて、融通がきかない人のこと。堅い石や金のようだ、という。それを擬人化したもの。がんこな人や、男女の関係が理解できない人の場合にも用いる。
○しんからの石部金吉で　○評判の石部金吉だ

から
（参考）石部金吉鉄兜（かなかぶと）という言い方もある。石部金吉に鉄のかぶとをかぶせた人で、さらに意味が強くなる。

葦巣之悔（いそうの・くい）漢

頼るところが確かでなかったために後悔すること。アシの先に作った巣のように、いつも危険にさらされて、落ち着かない生活をすることを悔やんでいる、という。
○葦巣の悔いを抱く　○葦巣の悔いの毎日
（参考）荀子に、「風至リ葦（あし）折レ、卵破レ子死ス。巣完（まった）カラザルニ非ザルナリ。繋（つな）グ所ノモノ然レバナリ」とある。ミソサザエがりっぱな巣をアシの茎に作った。風が吹いてアシが折れ、卵が割れて子が死んだ。作った場所が悪かったのだ、という。

韋駄天走（いだてん・ばしり）仏

非常に速く走ること。足の速いことで有名な韋駄天のような走り方、という。
○韋駄天走りで逃げていく　○例の韋駄天走りで
（参考）韋駄天というのは仏教の守り神で、普通は合掌した両手の腕に宝剣を載せて立つ。仏舎利の歯が盗まれたとき、追いかけて取り戻した。非常な速さで魔神を追いかけるところから、足が速いことに例えられている。

一言之約（いちげんの・やく）和

どんな約束でも、約束は必ず守らなければいけないこと。ただの一言でなされた約束でも、約束は約束だ、という。
○一言の約を重んじる　○一言の約にすぎないとしても

一字之師（いちじの・し）漢

わずかな悪いところでも、指摘して改めてくれる人のこと。わずか一字でも、直してくれる人は先生だ、という。それを教えてくれた人を尊敬して用いる。
○一字の師に恵まれる　○一字の師として慕わ

れる
参考 宋・陶岳の五代史補に、「谷、曰ク、数枝ハ早キニ非ザル也、一枝ニ如カズト。斉己、覚エズ下リテ拝ス。是レヨリ、谷ヲ以テ一字ノ師ト為ス」とある。斉己が早梅の詩を作って鄭谷を訪ねた。谷は、数枝開く、よりは、一枝開く、に改めたほうがよい、と言った。このことによって、鄭谷を一字の師と呼んで尊敬した、という。

一日之栄（いちじつの・えい）漢
はかない栄華のこと。ムクゲの花が朝咲いて、夕方にはしぼんでしまう、それと同じ栄華だ、という。俗に、一日をイチニチと読む。
○一日の栄を楽しむ ○一日の栄に終わる
参考 槿花一日の参考欄を参照。

一日之計（いちじつの・けい）漢
その日に何をするかと考える計画のこと。一日の計画、という。その計画は、朝立てるべきだとされている。事を行うにはまず計画を立てるべきだ、の意味でも用いる。俗に、一日をイチニチと読む。
○一日の計を考える ○一日の計を怠ってはならない
参考 明・馮応京の月令広義に、「一日ノ計ハ晨ニ在リ、一年ノ計ハ春ニ在リ、一生ノ計ハ勤メニ在リ、一家ノ計ハ身ニ在リ」とある。一日の計画は朝、一年の計画は春に考えるべきである。一生の計画は仕事、一家の計画は自分自身について考えるべきである、という。

一日之長（いちじつの・ちょう）漢
少しだけ優れていること。一日だけ先に生まれ、その分だけ上の段階にある、という。追い越すことができない意味でも用いる。俗に、一日をイチニチと読む。
○一日の長が認められる ○一日の長を生かして
参考 唐書に、「濁ヲ激チ清ヲ揚ゲ、悪ヲ疾ミ善ヲ好ムニ至リ、数子ヨリ一日ノ長有リ」とある。道徳の点で、あの人たちに比べて、やや優れている、という。

一樹之陰（いちじゅの・かげ）仏
同じところにいるのも前世からの因縁だから、いいかげんに考えてはいけないこと。雨に降られたときに、同じ木の下に入って雨宿りをする、という。
○一樹の陰を重んじる　○一樹の陰のよしみを生かして
参考　仏教では、この世でのお互いの関係が、すべて前世からの結びつきによると考える。これが因縁で、知らぬ者どうしでも、同じ木の下に入るのは因縁による。同じ川の水を飲むなども、すべて因縁によるわけである。

一場之夢（いちじょうの・ゆめ）漢
その場だけで終わってしまうこと。一つの場面の夢にすぎない、という。はかない栄華の場合に用いる。
○一場の夢に終わる　○今となっては一場の夢で
参考　北宋・趙令時（ちょうれいじ）の侯鯖録（こうせいろく）に、北宋・蘇軾（そしょく）のことが、「嘗テ大瓢（たいひょう）ヲ負ヒ、行キテ田間ニ歌フ。老婦有リ、曰ク、昔日富貴ナルハ、一場ノ春ノ夢ナリト。之ヲ然リトス」とある。年老いてから、とっくりを持って歌いながら歩いていると、老婆が、昔の富貴も今は春の夢ですね、と言った、という。

一年之計（いちねんの・けい）漢
その年に何をするかと考える計画のこと。一年の計画、という。その計画は、春に立てるべきだとされている。この場合の一年の計画というのは、本来はその年にどのような作物を作るべきかという農業計画であった。事を行うにはまず計画を立てるべきだ、の意味でも用いる。
○まず一年の計を考える　○一年の計は元旦にあり
参考　一日之計（いちじつのけい）の参考欄を参照。

一面之識（いちめんの・しき）漢

ただ一度だけ会った関係のこと。一度会っただけの知り合い、という。深くない交わりの場合にも用いる。

○一面の識にすぎないとしても　○一面の識もない

(参考) 水滸伝に、「宿太尉、旧日、華州ノ降香ニ在リ。曾テ宋江ト一面ノ識有リ」とある。宿太尉は、かつて宋江と一度だけ会った関係にある、という。漢文では、一面之交、一面之雅も用いる。

意中之人（いちゅうの・ひと）　漢

予定している人のこと。心の中の人、という。恋しく思っている人の場合にも用いる。

○意中の人がすでにいる　○意中の人と食事を共にして

(参考) 東晋・陶淵明の詩に、「薬石、時有リテ閑ナリ。我ガ意中ノ人ヲ念フ」とある。病気が少しよくなって薬や石針を必要としないときには、わたしは心の中にある人のことを思い続ける、という。

一葉之秋（いちようの・あき）　漢

わずかな動きから大きな変化を知ること。アオギリの葉が一枚落ちたことによって知る秋、という。

○一葉の秋に気がつく　○一葉の秋かとも思って

(参考) 宋・道原の伝灯録に、「問フ、竪ニ杖子ヲ起コス、意旨如何ト。師曰ク、一葉落チテ天下ノ秋ヲ知ルト」とある。つえを立てたことについて、その意味は何かと聞いたのに対し、老後が近づいた意味と解し、キリの葉が一枚散るのを見れば、年が暮れようとしているのが分かる、と答えた、という。

一家之言（いっかの・げん）　漢

その人だけが持つ主張や学説のこと。一つの流派をなす存在のことば、という。独自の見解の場合に用いる。

○一家の言を成す　○一家の言に耳を傾ける

参考 前漢・司馬遷の書に、「亦タ以テ天人ノ際ヲ究メント欲シ、古今ノ変ニ通ジテ、一家ノ言ヲ成ス」とある。天意と人道との関係を究めようとして、歴史を調べた。それが、独特の見解を形づくった、という。

一簣之功（いっきの・こう）漢

仕事が完成する前の最後の努力のこと。モッコ一杯の土の仕事、という。それで完成に至るからである。

○一簣の功を欠くに至る　○それこそ正に一簣の功で

参考 書経に、「山ヲ為ルコト九仞、功ハ一簣ニ虧ク」とある。山を造って九仞（仞は七尺）の高さに至っても、最後のモッコ一杯の土がなければ完成しない、という。九仞のほうは、大事業に例える。

一穴之狢（いっけつの・むじな）和

別の仲間のように見えるけれども、実は同じ仲間であること。同じ穴に住んでいるムジナだ、という。悪い仲間の場合に用いる。同じ穴のむじな、を漢語化したもの。

○彼らは一穴のむじなで　○一穴のむじなと思われて

一炊之夢（いっすいの・ゆめ）漢

人の一生がはかないこと。コウリャンが炊き上がらないほどの短い時間に見た夢だ、という。一炊を一睡と書くのは誤り。盧生之夢・邯鄲之夢とも。

○一炊の夢に終わった　○一炊の夢にすぎない

参考 邯鄲夢裡の参考欄を参照。

一寸之虫（いっすんの・むし）和

体は小さいけれども、考えがしっかりしていること。わずか一寸の長さの虫だ、という。一寸の虫にも五分の魂、を踏まえた言い方。ばかにしてはいけない意味で用いる。

○一寸の虫と侮るな　○一寸の虫の自信を持つ

一世之縁（いっせの・えん）和

親子の結びつきのこと。この世だけの結びつきだ、という。夫婦が二世の縁、主従が三世の縁とされている。親子の縁はこの世だけのもの、あの世まで続くものではないから、この世で孝行をしておけ、という趣旨で用いる。

○一世の縁を大切にする ○一世の縁と聞くからには

一世之雄（いっせいの・ゆう）漢

その世代を代表する人物のこと。一つの時代の英雄、という。武人だけでなく、広く、優れた人の場合に用いる。

○一世の雄となる ○一世の雄とあがめられる

参考　北宋・蘇軾（そしょく）の前赤壁賦に、「固（まこと）ニ一世ノ雄ナリ、爾（しかる）ニ、今、安（いづ）クニ在ルヤ」とある。ここで戦った曹操のことを思う。その世代を代表する英雄であったが、今は何も残っていない、という。

一得之愚（いっとくの・ぐ）漢

自分の意見のこと。愚かではあるが、千回考えれば、一つぐらいは得るところがある、という。

○一得の愚にすぎないが ○一得の愚を取り入れられて

参考　一得一失（いっとくいっしつ）の参考欄を参照。

一臂之力（いっぴの・ちから）和

相手を助ける力のこと。かたひじの力、という。相手の片腕になる、を漢語化したもの。一がわずかの意味を持つところから、謙譲の気持ちでも用いる。

○一臂の力を添える ○一臂の力を貸す

鷸蚌之争（いつぼうの・あらそい）漢

第三者に利益を横取りされるような争いのこと。シギとハマグリがけんかをしているときに、通りかかった漁師が両方ともつかまえた、そのような争い、という。

○鷸蚌の争いとなる ○鷸蚌の争いに終わる

参考　漁父（ぎょふ）之利（り）の参考欄を参照。

乙夜之覧（いつやの・らん）漢

天子の読書のこと。仕事が忙しくても、夜遅くなってからは本を読む、という。忙しくても読書すべきだという立場で用いる。乙は、漢音でイツと読む。
○乙夜の覧を楽しむ　○乙夜の覧も意のごとくならず
（参考）唐・蘇鶚の杜陽雑編に、「若シ甲夜ニ事ヲ視テ、乙夜ニ書ヲ観ザレバ、何ゾ以テ人君ト為ランヤ」とある。甲夜で政務をし、乙夜で読書をするのが天子の日課だ、という。それぞれは、夜の七時から明け方の五時までを五等分した一つで、甲乙丙丁戊と続く。

倚馬之才（いばの・さい）漢

文を作ることが速い才能を持っていること。馬を引き寄せて待つ間に作り上げる才能、という。
○倚馬の才に恵まれる　○倚馬の才には程遠く
（参考）唐・李白の書に、「謂フ、万言ヲ試ミン。馬ニ倚リテ待ツ可シ」とある。一万言の文章を作ってみせますから、馬に寄りかかって待っていてください、という。なお、詩才の場合には、七歩之才を用いる。

移木之信（いぼくの・しん）漢

約束を必ず実行すること。実際に大木を運び移した者に、約束どおり千金を与える信用、という。
○移木の信を得る　○移木の信の故事に倣って
（参考）史記に、「能ク徙ス者ニハ五十金ヲ予ヘント。一人有リテ之ヲ徙ス。輒チ五十金ヲ予ヘ、以テ欺カザルコトヲ明ラカニス」とある。秦・商鞅が法律を改正しようとしたときに、政府を信頼すべきことを示し、法令の改正に権威を持たせた、という。

倚門之望（いもんの・ぼう）漢

外出したわが子の帰りを待つ母親の気持ちのこと。門に寄りかかって遠くを眺める、という。
○倚門の望に報いるため　○倚門の望を忘れて
（参考）前漢・劉向の戦国策に、「汝、朝ニ出デテ晩ニ来レバ、吾、則チ門ニ倚リテ望ム。汝、暮レニ出デテ還ラザレバ、吾、則チ閭ニ倚リテ望ム」とある。夕方帰るときは門に寄りかかって待っている。夕方出たままで帰らないときは、村の入り口で待っている、という。

因果之網（いんがの・あみ）仏

悪いことをした報いは必ずあること。すべての事柄が因果の網によって結ばれている、という。

○因果の網につながれる　○すべては因果の網の身

参考 仏教では、どんな事柄でもそれを起こさせる事柄があったはずだとし、これを因とする。因によって起こされた事柄を果とする。因があれば必ず果があり、果があるのは因があったからである。その点で、因と果は網の目のようにつながっているから、その網から逃れることができない。これが、因果之網である。

咽喉之地（いんこうの・ち）漢

最も重要な場所のこと。人間の体に例えれば、大切なノドのようなところである、という。

○咽喉の地を守る　○咽喉の地を扼して

参考 前漢・劉向の戦国策に、「韓ハ天下ノ咽喉ニシテ、魏ハ天下ノ胸腹ナリ」とある。韓の国はノドに当たり、魏の国は胸や腹に当たり、いずれも大切な土地だ、という。秦・頓子が、始皇帝に奏上したことばである。

浮世之風（うきよの・かぜ）和

この世の中のいろいろな出来事のこと。浮世を吹く風、という。特に、つらく感じる場合に用いる。

○子を浮世の風に当てる　○思うに任せぬ浮世の風

烏合之衆（うごうの・しゅう）漢

まとまりがない集まりのこと。数多くのカラスの集まり、という。統制のない軍隊の場合にも用いる。

○烏合の衆と化する　○烏合の衆にすぎない

参考 後漢書に、「突騎ヲ発シ、以テ烏合ノ衆ヲ躙ルハ、枯レタルヲ摧キ、腐レタルヲ折ルガ如キノミ」とある。統制のとれない軍勢を騎兵で踏みにじるのは、枯れ木を砕き、腐れ木を折るようなものだ、という。カラスは、集まっても騒ぐだけだとされている。

烏集之交（うしゅうの・まじわり）漢

すぐ争いを起こす結びつきのこと。カラスの集まりのようなつきあい、という。心のつながりがなく、自分の利益だけを求めて、集団の利益を考えない場合に用いる。

○烏集の交わりを続ける　○烏集の交わりにすぎない

参考 管子に、「烏集ノ交ハリハ、善ト雖モ親シカラズ」とある。善い交わりに見えても、本当は親しくないのだ、という。カラスは、集まっても騒ぐだけだとされている。

内股膏薬（うちまた・ごうやく）和

自分の意見がなく、あちらについたり、こちらについたりする人のこと。内マタ（マタの内側）に張ったこうやくが、右のももについたり、左のももについたりするようだ、という。二股膏薬、股座膏薬とも。

○内また膏薬とののしられる　○内また膏薬じみた男

迂直之計（うちょくの・けい）漢

実際的でない計画が最も実際的なこと。遠回りをして、まっすぐ行くのと同じになるはかりごと、という。

○迂直の計を巡らす　○迂直の計に振り回される

参考 孫子に、「軍争ノ難キハ、迂ヲ以テ直ト為シ、患ヲ以テ利ト為スニ在リ」とある。戦いの難しさは、回り道をしたり、弱点を有利に用いることだ、という。

海千山千（うみせん・やません）和

社会経験が豊富で、世の中の裏も表も知り尽くしている人のこと。海に千年、山に千年住んだ蛇は、竜になるといわれている、その竜になったような人、という。ずる賢い意味を強調し、悪い評価の形で用いることが多い。○海千山千の苦労を積む　○海千山千の剛の者

有漏之福（うろの・ふく）　仏

煩悩が断ち切れない状態で得られる幸せのこと。五つの感覚器官から漏れて出る、煩悩がもたらす福、という。無漏之福の対。漏は、仏教の慣用音でロと読む。

○有漏の福にあやかる　○有漏の福に恵まれる

（参考）仏教で福というのは、善い行いが元になって得られるもののことである。これが極楽浄土に生まれ変わる原動力となる。それが迷いの世界で得られる場合に有漏之福、悟りの世界で得られる場合に無漏之福という。

雨露之恵（うろの・めぐみ）　漢

自然がもたらす大きな恵みのこと。雨や露が大地を潤すような恩恵、という。親の恩の場合にも用いる。

○雨露の恵みを受ける　○雨露の恵みのおかげで

（参考）明・丘瓊山の故事成語考に、「恩ノ深キ者ハ、雨露ノ恩ノ如シ」とある。雨や露が生き物を潤すのと同じだ、という。日本では、雨露之恵の形で用いる。

雲間之鶴（うんかんの・つる）　漢

高尚な人物のこと。雲の中を飛ぶツルのような人、という。凡人の中で目立つ、優れた人物の場合にも用いる。

○雲間の鶴と目される　○雲間の鶴も見られず

（参考）宋史に、「吾ガ児ハ雲間ノ鶴ナリ。其レ、吾ガ門ヲ興スカ」とある。宋・李光が自分の子について評したことばで、優れているから家を興すだろう、という。

雲泥之差（うんでいの・さ）　漢

非常に大きな違いがあること。空の雲と地の泥とが離れているように離れている違い、という。

○評価には雲泥の差がある　○雲泥の差を思わ

せる

（参考）後漢書に、「雲ニ乗リ、泥ヲ行キ、棲宿同ジカラズト雖モ、西風有ル毎ニ、何ゾ嘗テ歎ゼザランヤ」とある。仕官している呉蒼が、民間にいる矯慎に送った手紙の一節である。わたしは雲に乗り、あなたは地を行くが、ぜひ会いたい、という。この場合は官民の差であるが、日本では、天壌の隔たりの意味で用いる。

運用之妙（うんようの・みょう）漢

役に立つように用いること。用いることが巧みなこと、という。上手に使うことができるかどうかが、使う人の使い方による場合に用いる。

○運用の妙を得る　○正に運用の妙というべきで

（参考）宋史に、「陣シテ後ニ戦フハ兵法ノ常ナリ。運用ノ妙ハ一心ニ存ス」とある。宋の兵法家・岳飛のことばで、兵法を生かすも殺すも、使い方による、という。

栄華之夢（えいがの・ゆめ）漢

権力やぜいたくな暮らしがはかないこと。華やかさは夢を見ているのと同じだ、という。

○栄華の夢は終わった　○わずか三年の栄華の夢

（参考）邯鄲夢裡の参考欄を参照。

詠雪之才（えいせつの・さい）漢

女性として文章の才能が優れていること。降り始めた雪を柳の綿毛に例えた才能、という。柳絮之才とも。

○詠雪の才に恵まれる　○詠雪の才もなく

（参考）晋書に、降りだした雪について、何に例えるかと聞かれたとき、兄の謝朗は、「塩ヲ空中ニ散ズ、ヤヤ擬ス可シ」と答えた。これに対し、妹の道韞は、「未ダ柳絮ノ風ニ因リテ起コルニ若カズ」と答えた、とある。叔父の謝安は、塩に例えた兄よりも、柳絮に例えた妹の文才を褒めた。これを詠雪之才という。

役夫之夢（えきふの・ゆめ）漢

人生の栄華がはかないこと。老いた下僕が、昼は酷使されながらも、夜は国王の夢を見たのと同じだ、という。

○役夫の夢に終わる　○役夫の夢を楽しむ

(参考) 列子に、尹氏に酷使された下僕の話がある。「役夫曰ク、吾、昼ハ僕虜ト為リ、労ハ則チ苦ナリ。夜ハ人君ト為リ、其ノ楽シミ比ヒ無シト」とある。昼は酷使されても、夢で国王になった、という。逆に、尹氏のほうは、夢で下僕になり、大いに苦しめられた、とある。

越俎之罪（えっその・つみ）漢

自分の持ち分を超えて、他人の仕事に口出しをすること。料理人が神を祭る料理を怠っても、神主がマナイタのことに口出しするのはいけないことだ、という。他人の権限を侵す場合に用いる。

○越俎の罪を犯す　○越俎の罪を戒める

(参考) 荘子に、尭帝が許由に天下を譲ろうとしたときの許由のことばとして、「庖人庖ヲ治メズト雖モ、尸祝ハ樽俎ヲ越エテ之ニ代ハラズ」とある。料理人が供え物を作らなくても、神主は、自分の仕事を離れて料理人に代わることはしない、という。

越畔之思（えっぱんの・おもい）漢

他人の職権を侵すことがないようにすること。他の人の田のアゼを越えない気持ち、という。

○越畔の思いを忘れず　○越畔の思いも念頭を去って

(参考) 左伝に、「政ハ農功ノ如シ。朝夕ニシテ之ヲ行ヒ、行ヒ思ヒテ越ユルコト無シ。農ノ畔有ルガ如クナラバ、其ノ過チ鮮ナシ」とある。よく考えて範囲を越えなければ、過ちが少ない、という。後に、職権を侵すことがないようにする意味に転じた。北宋・曾鞏の思政堂記には、

「三タビ思ウテ後行フハ、越畔ノ思ヒナリ」とある。職権を侵さないようによく考える、という。

得手勝手（えて・かって）和

自分に都合がよいことばかり考えること。得手（最も得意とすること）と勝手（自分によいように行うこと）を、組み合わせて表す。他人のことを考えない場合に用いる。

○得手勝手に動く　○得手勝手なわがまま

焉烏之謬（えんうの・あやまり）漢

字体が似ていて誤りやすい漢字を、写し間違えること。焉を烏と書き間違える誤り、という。魯魚之謬とも。現代表記では、謬（もつれる）↓誤（しそこなう）。

○焉烏の誤りを正す　○焉烏の誤りにも気づかず

参考 北宋・宋祁の文に、「色ヲ弁ジテ朝ニ立チ、思ヒヲ書シ、命ヲ記シ、目、焉烏ヲ弁ゼズ」とある。朝は黒白が分かるが、いろいろ書いているうちに疲れてきて、焉と烏の違いが分からなくなる、という。

鴛鴦之契（えんおうの・ちぎり）漢

夫婦の仲がよいこと。オシドリの雄と雌が夫婦の約束をしているのと同じだ、という。オシドリはいつも雄と雌が一緒に行動するので、仲のよい夫婦に例えられる。

○鴛鴦の契りを結ぶ　○鴛鴦の契りにあやかる

参考 唐・盧照隣の詩に、「鴛鴦ト作ランコトヲ願ッテ、仙ヲ羨マズ」とある。オシドリの雄と雌になれれば、不老不死の仙人など、うらやましくない、という。

塩車之憾（えんしゃの・うらみ）漢

有能な人物が自分の不遇を嘆くこと。塩を積んだ車を引いている馬のように残念な思い、という。塩の車を引くのは、名馬の仕事ではないと考えるからである。現代表記では、憾（残念に思う）↓恨（満足しない）。

○塩車の恨みをかこつ　○塩車の恨みに沈む

（参考）前漢・賈誼の屈原を弔う賦に、「驥、両耳ヲ垂レテ塩車ニ服ス」とある。一日に千里を走る名馬が、塩を積んだ車を引くようなものだ、という。

【お】

大盤振舞（おおばん・ぶるまい）和

客をもてなすために、大いにごちそうすること。大きな皿でふるまう、という。祝儀・不祝儀などについても用いる。本来は、椀飯（わんばん・飯を盛る器）を用いてごちそうすること。その場合の現代仮名遣いは、わうばん↓おうばん。後に、大盤を当てるようになったから、現代仮名遣いも、おおばん。

○例の大盤振る舞いをする　○大盤振る舞いでもてなす

傍目八目（おかめ・はちもく）和

当事者よりも、関係のない者のほうが、先の見通しがよく分かること。囲碁をわきから見ていると、八目の先まで分かる、という。第三者のほうが、物事の利害得失が判断しやすい意味で用いる。傍目は、岡目とも書く。

○おかめ八目で口を出す　○おかめ八目の言も煩わしく

屋上之烏（おくじょうの・からす）漢

愛情が極めて深いこと。愛する人が住んでいると、その屋根に留まるカラスまでいとしく感じられる、という。

○屋上のからすを思う　○屋上のからすにも思いをはせ

（参考）前漢・伏勝の尚書大伝に、「人ヲ愛スル者ハ、其ノ屋上ノ烏ヲ兼ネ、人ヲ愛セザル者ハ、其ノ胥余ニ及ブ」とある。いとしくなれば、その人の家の屋根のカラスまでがいとしくなり、憎らしくなれば、その人のうちの下僕までが憎らしくなる、という。

親亀子亀（おやがめ・こがめ）和

一度起こったことがきっかけとなって、次々と続いて起こること。親ガメの上に子ガメ、子ガメの上に孫ガメが乗っている場合、親ガメが転ぶと、子ガメも孫ガメも転ぶ、という。連鎖反応が起こる場合に用いる。

○あとは親がめ子がめで　○親がめ子がめの例に漏れず

恩愛之絆（おんあいの・きずな）仏

愛情に縛られて、煩悩を断ち切ることができないこと。親子・夫婦などの愛情の結びつき、という。恩愛は、古くは、連声でオンナイと読んだ。

○恩愛のきずなに縛られ　○恩愛のきずなにも煩わされ

(参考) 仏教では、親子・夫婦などの間における愛情を恩愛という。そのような関係で縛られることを、恩愛之獄ともいう。自由になれない点では、牢獄に入れられたのと同じだとし、そこに、きずなの存在を考える。これを断ち切らなければ、悟りの境地に至れないわけである。

乳母日傘（おんば・ひがさ）和

子供が裕福な家庭で大切に育てられること。家では乳母をつけ、外では日傘を差しかける、という。

○おんば日傘で過ごす　○おんば日傘の育ちで

【か】

槐安之夢（かいあんの・ゆめ）⇩なんかの・ゆめ

会稽之恥（かいけいの・はじ）漢

戦いに負けたことによって受ける恥のこと。会稽山で呉王夫差に負けた越王句践のような恥、という。

○会稽の恥に奮い立つ　○会稽の恥をすすぐ

(参考) 史記に、「呉、既ニ越ヲ赦シ、越王句践、国ニ反ル。乃チ、身ヲ苦シメ、思ヒヲ焦ガシ、飲食ニモ胆ヲ嘗メテ曰ク、女会稽ノ恥ヲ忘レタルカト」とある。苦い胆をなめて、おまえは会稽で負けた恥を忘れたか、と自分に言い聞かせ、ついにあだを討った、という。なお、臥薪嘗胆の参考欄を参照。

解語之花（かいごの・はな）漢

すばらしい美女のこと。ことばが分かる花、という。玄宗皇帝が楊貴妃を褒めたことばとされている。

○解語の花をもてあそぶ　○解語の花におぼれる

（参考）五代周・王仁裕の開元天宝遺事に、池のハスの花を眺めていた玄宗皇帝について、「帝、妃子ヲ指サシテ、左右ニ謂ヒテ曰ク、争デカ我ガ解語ノ花ニ如カント」とある。楊貴妃を指さして、池のハスの花の美しさも、ことばが分かるこの花には及ばない、と言った、という。

蓋世之気（がいせいの・き）漢

気力が非常に盛んなこと。世を覆い隠すほどの精神力、という。勢いが大きい場合にも用いる。

○蓋世の気を持つ　○蓋世の気に欠ける

（参考）抜山蓋世の参考欄を参照。

回天之力（かいてんの・ちから）漢

衰えた勢力を元に戻す力のこと。天と地を入れ替えるほどの力、という。時勢を替える場合にも用いる。

○回天の力として働く　○回天の力も失われて

（参考）唐書に、「張公、事ヲ論ズルニ回天ノ力有リ。仁人ノ言ト謂フ可キカ」とある。唐・張玄素は、弁論に優れていて、大きな力を持っていた、という。

偕老之契（かいろうの・ちぎり）漢

夫婦が最後まで連れ添うという、固い約束のこと。一緒に年を取る約束、という。同穴之契とも。

○偕老の契りを交わす　○偕老の契りも固く

（参考）偕老同穴の参考欄を参照。

蝸角之争（かかくの・あらそい）漢

つまらない争いのこと。カタツムリの角の上の争い、という。極めて小さな場所での争いにも用いる。

○蝸角の争いを続ける。　○蝸角の争いにすぎない

参考　蝸牛角上の参考欄を参照。

河漢之言（かかんの・げん）漢

まとまりがないことばのこと。天の川のように、どこまでも続いていて、とらえどころがないことば、という。

○河漢の言をもてあそぶ　○河漢の言に迷わされる

参考　荘子に、「大ニシテ当タル無シ。往キテ反ラズ。猶ホ河漢ニシテ極マリ無キガゴトシ」とある。大きすぎて、どこまでも続くことが天の川のようだ、という。

蝸牛之歩（かぎゅうの・あゆみ）和

物事の進みが遅いこと。カタツムリのような歩き方、という。少しずつ着実に進む場合にも用いる。

○蝸牛の歩みにはがゆく思う　○蝸牛の歩みを見習う

火牛之計（かぎゅうの・けい）漢

巧みなはかりごとのこと。油を塗ったアシの束を牛の尾に結んで火をつけ、敵陣に向かわせる、計略、という。

○火牛の計を用いる　○火牛の計に悩まされる

参考　史記に、「兵刃ヲ其ノ角ニ束ネ、脂ヲ灌イデ芦ヲ尾ニ束ネ、其ノ端ヲ焼キテ、夜、牛ヲ縦ツ。怒リテ燕軍ニ奔ル」とある。戦国斉の将軍・田単が、燕の包囲を破るときの戦略にこれを用いた。源平の合戦で、木曾義仲が倶利伽羅峠で用いた奇襲も、この戦略をまねたものとされている。

隔世之感（かくせいの・かん）和

世の中が非常に変わったと感じること、世を隔ててしまった感じ、という。過去を思い合わせる場合に用いる。

○隔世の感がある　○隔世の感に浸る

華燭之典（かしょくの・てん）　漢
結婚式のこと。美しいともしびの式典、という。披露宴でキャンドルを用いるのも、これに由来する。
○華燭の典を挙げる　○華燭の典に夢を託して
参考　明・李禎の剪灯余話に、「遂ニ宿ニ留マリテ、以テ華燭ノ会ヲ光ル」とある。ついに結婚の宴会を催した、という。日本では、会を典に改めて用いる。

火中之栗（かちゅうの・くり）　洋
他人のために行う危ない仕事のこと。他人に言われて、火の中のクリを拾う、という。
○火中のくりを拾わされる　○火中のくりに目を向ける
参考　イソップの寓話に、猿におだてられた猫が、いろりの中のクリを拾わされて、大やけどをした話がある。人にそそのかされて、危険を冒したわけである。

渦中之人（かちゅうの・ひと）　和
事件の混乱に巻き込まれた人のこと。うずまきの中の人、という。事件の中心人物の場合にも用いる。渦中を火中と書くのは誤り。ただし、火中之栗は火中と書く。
○渦中の人となる　○渦中の人こそ災難で

勝手気儘（かって・きまま）　和
自分の思うとおりに行うこと。勝手（自分によいように行うこと）と気まま（気の向くままに行うこと）を、組み合わせて表す。わがままを押し通す場合にも用いる。
○勝手気ままを通す　○勝手気ままなことをして

瓜田之履（かでんの・くつ）　漢
人に疑われる行いのこと。ウリの畑で、履物を履き直すのと同じだ、という。李下之冠とも。
○瓜田のくつに見られる　○瓜田のくつを避けて
参考　李下瓜田の参考欄を参照。

河梁之別（かりょうの・わかれ）漢

旅立つ人を見送ること。橋の上の別れ、という。広く、送別の意味で、出向・転勤などの場合にも用いる。

○河梁の別れを惜しむ　○河梁の別れに涙する

（参考）唐・李白の詩に、「東ノカタ還ルニ沙塞遠ク、北ノカタ河梁ノ別レヲ愴ム。泣イテ李陵ノ衣ヲ把リ、相看テ涙血ヲ成ス」とある。前漢・李陵が蘇武を見送った詩、「手ヲ携ヘテ河梁ニ上ル」を踏まえている。

管窺之見（かんきの・けん）漢

自分の意見のこと。細い管の小さな穴から、天空をのぞいたような狭い意見、という。謙譲の気持ちで用いる。略して、管見とも（管見によれば、など）。

○管窺の見を述べる　○管窺の見を言わせてもらえば

（参考）荘子に、「是レ直、管ヲ用ヒテ天ヲ窺ヒ、錐ヲ用ヒテ地ヲ指スナリ。亦タ小ナラズヤ」とある。細い管の穴から天をのぞいても、広さを知ることはできない。キリで地を差しても、深さを知ることはできない。いずれも愚かな企てだ、という。

邯鄲之歩（かんたんの・あゆみ）漢

まねをして失敗すること。邯鄲の人の歩き方をまねようとして、自分の歩き方も忘れた、という。自分のなすべきことを忘れてはいけない意味でも用いる。

○邯鄲の歩みに終わる　○邯鄲の歩みを戒められる

（参考）荘子に、「夫ノ寿陵ノ余子ノ、行ヲ邯鄲ニ学ブヲ聞カズヤ。未ダ国能ヲ得ズ、又其ノ故ノ行ヲ失フ。直ニ匍匐シテ帰ルノミ」とある。寿陵の余子が歩き方を邯鄲で学んだ話と同じだ。歩き方が身につかず、元の歩き方も忘れ、はって帰った、という。

邯鄲之夢（かんたんの・ゆめ）⇩いっすいの・ゆめ

眼中之釘（がんちゅうの・くぎ）漢

じゃまになる物事のこと。自分の目の中に入ったクギのようだ、という。そばにいる悪人の場合にも用いる。
○眼中のくぎに悩まされる　○眼中のくぎを取り除く

(参考) 五代史に、悪政で名高い趙在礼が官をやめたときに、「宋人喜ビテ相謂ヒテ曰ク、眼中ノ釘ヲ抜ク。豈ニ楽シカラズヤト」とある。宋州の人が、目の中のクギがなくなったと言って喜んだ、という。

眼中之人（がんちゅうの・ひと）　漢

恋しく思っている人のこと。目の中にその姿が焼きついていて、いつでも思い浮かべることができる人、という。予定している人の場合にも用いる。
○眼中の人として　○眼中の人がすでにいる

(参考) 西晋・陸雲の詩に、「桑梓ノ域ニ感念シ、眼中ノ人ニ髣髴ス。靡靡トシテ日ニ夜ニ遠ザカリ、眷眷トシテ苦辛ヲ懐ク」とある。ふるさとをしのび、恋しく思っている人を思い出す。日に夜に遠ざかると、慕われてつらい思いになる、という。

汗馬之労（かんばの・ろう）　漢

戦場を駆け回った働きのこと。馬に汗をかかせた仕事、という。事件を解決する苦労にも用いる。
○汗馬の労を賞する　○汗馬の労に追われる

(参考) 史記に、「矢石ノ難、汗馬ノ労、此ニ復タ賞ヲ受次ス」とある。戦場の困難や働きで賞を受けた、という。ただし、漢文では、前漢・劉向の戦国策に、「水ヲ下ッテ浮カブ。一日ノ行、三百余里、里数多シト雖モ、汗馬ノ労ヲ費ヤサズ」とある。水運のほうが陸運よりよい、という。日本では、この意味では用いない。

管鮑之交（かんぽうの・まじわり）　漢

互いによく理解した友人どうしのつきあいのこと。管仲と鮑叔のようなつきあい、という。
○管鮑の交わりを続ける　○管鮑の交わりも断

たれて
参考 列子に、「管仲、嘗テ歎ジテ曰ク、我ヲ生ム者ハ父母、我ヲ知ル者ハ鮑叔ナリト」とある。春秋斉の管仲と鮑叔のことで、鮑叔は、管仲が失敗しても、戦いに負けても、友情が変わらなかったことについて、自分を生んだのは父母、自分を知るのは鮑叔だとした、という。

甘露之雨（かんろの・あめ）　仏
草木をよみがえらせる雨のこと。仏教でいう、苦悩を和らげる水のような雨、という。
○甘露の雨に恵まれる　○甘露の雨も遠のく
参考 仏教では、お参りをするときに、仏像や墓石に水を注ぐ。その水には、普通の水と異なり、苦悩を和らげ、死者をよみがえらせる力がある。これを甘露という。

【き】

亀鶴之寿（きかくの・じゅ）　漢
非常に長生きをすること。万年生きるカメ、千年生きるツルのような寿命、という。長寿を祝う場合にも用いる。
○亀鶴の寿を祈る　○亀鶴の寿に恵まれる
参考 唐・白居易の詩に、「松柏ハ亀鶴トトモニ、其ノ寿、皆千年」とある。マツ・カシワ・カメ・ツルは、いずれも千年の長寿を保つ、という。

箕裘之業（ききゅうの・ぎょう）　漢
父祖から伝わった仕事のこと。ミ（穀物をふるって振り分ける農具）・かわごろも（革製品）を作る仕事、という。見まねで仕事を覚える場合にも用いる。
○箕裘の業を旨とする　○箕裘の業に励んで

参考 礼記に、「良冶ノ子ハ必ズ裘ヲ為ルヲ学ビ、良弓ノ子ハ必ズ箕ヲ為ルヲ学ブ」とある。かじ屋の子は、父が鉄を溶かすのをまねて、獣の革で袋を作ることから学び、弓作りの子は、父が堅い木を曲げるのをまねて、柔らかな柳の枝でミを作ることから学ぶ、という。

騎虎之勢（きこの・いきおい）漢

物事の成り行きで、途中でやめることができないこと。トラにまたがって走ったような勢い、という。あとへ引けない場合にも用いる。

○騎虎の勢いとなる　○騎虎の勢いに押される

参考 隋書に、「大事已ニ然リ。騎虎ノ勢ヒ、必ズ下ルコトヲ得ズ。之ヲ勉メヨ」とある。北周・宣帝が没したときに、隋の高祖に伝えた皇妃のことばである。もう下りられません、努力してください、という。

箕帚之妾（きしゅうの・しょう）漢

人の妻となること。チリトリとホウキを持つ下女、という。本人とその関係者が、謙譲の気持ちで用いた。箕帚はきそうとも読む。

○箕帚の妾となる　○箕帚の妾として仕える

参考 史記に、漢・呂文が劉季（後の高祖）に言ったことばとして、「少キヨリ好ンデ人ヲ相スルコト多ケレドモ、季ノ相ニ如クハ無シ。臣ニ息女有リ。願ハクハ季ノ箕帚ノ妾ト為サン」とある。わたしの娘を妻にしてくれないか、という。これが呂后となった。

杞人之憂（きじんの・うれい）漢

必要のない心配をすること。杞の国の人が、天が落ちてくるのではないかと考えたような心配、という。略して、杞憂とも（杞憂にすぎない、など）。

○杞人の憂にすぎない　○杞人の憂に終わる

参考 列子に、「杞ノ国ニ、人ノ天地ノ崩墜シテ、身ノ寄スル所無キヲ憂ヒテ、寝食ヲ廃スル者有リ」とある。天地が崩れて居場所がなくなるのを心配して、夜も寝られず、食事も食べられない人がいた、という。

気随気儘（きずい・きまま）和

自分の気持ちが向くままに行うこと。気随（気持ちのとおりに行うこと）と気まま（気の向くままに行うこと）を、組み合わせて表す。気がねしない場合に用いる。

○気随気ままに暮らす　○気随気ままな毎日を送る

奇中之奇（きちゅうの・き）和

極めて不思議な事柄のこと。不思議な事柄が数ある中で、最も不思議な事柄、という。

○奇中の奇に驚きの目を見張る　○奇中の奇として

橘中之楽（きっちゅうの・たのしみ）漢

将棋や囲碁の楽しみのこと。タチバナの実の中で遊んでいた仙人の楽しみ、という。

○橘中の楽しみを事とする　○橘中の楽しみに励む

（参考）唐・牛僧孺（そうじゅ）の幽怪録に、大きなタチバナの実を割った話がある。「毎橘二（に）叟（そう）有リ。皆相対シテ象戯シ、談笑自若タリ。一叟曰ク、橘中ノ楽シミハ商山ヲ減ゼズト」とある。どの実の中にも二人の老人がいて、将棋を指していた。この楽しみは、乱世を逃れて商山に隠れた老人にも劣らない、と言った、という。

記問之学（きもんの・がく）漢

問に合わせの学問のこと。古い書物を読んで暗記するだけの学問、という。自分自身で深く理解し、活用することができない場合に用いる。

○記問の学にとどまる　○記問の学を超えて

（参考）礼記に、「記問ノ学ハ、以テ人ノ師ト為（な）ルニ足ラズ」とある。学問はその真義を理解することが必要だから、単なる物知りとして暗記しているだけでは、人の先生となるには不十分だ、という。

逆耳之言（ぎゃくじの・げん）漢

戒められたときのことばのこと。耳に逆らうことば、という。自分には気に入らないことばだからである。逆は、漢音ではゲキと読む（呉音・ギャク)。
○逆耳の言に耳を傾ける　○逆耳の言を退ける
(参考) 西晋・孫楚の文に、「夫レ、膏肓ヲ治ス者ハ、必ズ苦口ノ薬ヲ進メ、狐疑ヲ決スル者ハ、必ズ逆耳ノ言ヲ告グ」とある。治りにくい病気を治す医者は苦い薬を進め、迷いを決する家臣は気に入らないことを言う、という。忠言は、耳に逆らうからである。

九仞之功 (きゅうじんの・こう) 漢
大きな仕事を完成させること。九仞(仞は七尺)の高い山を作る仕事、という。大事業の場合に用いる。
○九仞の功を遂げる　○九仞の功もあと一息のところで
(参考) 一簣之功の参考欄を参照。

澆季之世 (ぎょうきの・よ) 仏
道徳が行われない世の中のこと。人情が薄れた末の世、という。風俗が乱れた世の中の場合にも用いる。
○澆季の世を嘆く　○澆季の世に巡り合わせる
(参考) 澆季溷濁の参考欄を参照。

暁天之星 (ぎょうてんの・ほし) 和
数が非常に少ないこと。明け方、少し明るくなって見える、星の数が少ないように少ない、という。
○見渡しても暁天の星で　○全く暁天の星と数も少なく

曲肱之楽 (きょっこうの・たのしみ) 漢
貧しい暮らしの中にある楽しみのこと。ヒジをマクラにして、ごろ寝をする楽しみ、という。
○曲肱の楽しみを追う　○曲肱の楽しみに満ち足りて
(参考) 論語に、「子曰ハク、疏食ヲ飯ラヒ、水ヲ飲ミ、肱を曲ゲテ之ヲ枕トス。楽シミモ亦タ其ノ中ニ在リ」とある。貧乏でも楽しい、という。このあと、「不義ニシテ富ミ且ツ貴キハ、我ニ於テ浮雲ノ如シ」とある。悪いことをして豊かになるのはいけない、という。

漁父之利（ぎょふの・り）漢

争っているのを見て、第三者が利益を横取りすること。シギとハマグリがけんかをしているときに、通りかかった漁師が両方ともつかまえた、そのような利、という。もとは漁父と書いたが、現在は漁夫とも書く。

○漁父の利を収める　○漁父の利を取られる

参考 前漢・劉向（りゅうきょう）の戦国策に、ハマグリを食おうとしたシギが、くちばしを挟まれて互いに争って、「両者ハ相舎（す）ツルヲ肯（がえ）ンゼズ。漁者、得テ幷（あわ）セテ之ヲ擒（とら）フ」とある。争っているうちに漁師が来て、両方を手に入れた、という。戦国趙が燕を討とうとしているときに、遊説家の蘇代が趙の恵王に説いた例え話である。趙と燕が争っていると、強大な秦に取られてしまう、という。

義理之柵（ぎりの・しがらみ）和

他人との人間関係に煩わされること。義理が、川の流れをせき止めるシガラミのような役をする、という。

○義理のしがらみにまとわれ　○義理のしがらみもなく

桐壺源氏（きりつぼ・げんじ）和

一部だけを見て、全部を見たふりをすること。源氏物語五十四帖のうち、最初の桐壺の巻だけを読んで、五十四帖全部を読んだふりをする、という。須磨源氏は別の意。

○桐壺源氏で得意になる　○例の桐壺源氏にすぎず

槿花之楽（きんかの・たのしみ）漢

わずかな間の楽しみのこと。ムクゲの花が朝咲いて夕方にはしぼんでしまう、それと同じ楽しみ、という。

○槿花の楽しみに終わる　○槿花の楽しみを退ける

参考 槿花（きんか）一日（いちじつ）の参考欄を参照。

金玉之言（きんぎょくの・げん）漢

人生の教訓として、特に役に立つことばのこと。

貴金属の金や宝石の玉のようなことば、という。
○金玉の言として守る　○座右の金玉の言には
（参考）明・馮夢竜の醒世恒言に、「恩相ノ金玉ノ言、某、当ニ終身佩銘ス」とある。あなたの貴重な戒めは、一生忘れません、という。漢文では、金石之言も、金玉良言・金石良言も用いる。

琴瑟之交（きんしつの・まじわり）漢
友人の仲が非常によいこと。コトと、オオゴトの音がよく合うような、仲のよいつきあい、という。
○琴瑟の交わりを結ぶ　○琴瑟の交わりも破れて
（参考）琴瑟調和の参考欄を参照。

金石之交（きんせきの・まじわり）漢
友情が極めて固いこと。金や石のように硬くて、絶対に壊れないつきあい、という。
○金石の交わりを結ぶ　○金石の交わりによって
（参考）漢書に、韓信の気持ちとして、「自ラ以為ラク、漢王ト金石ノ交ハリヲ為スト」とある。韓信と漢・高祖との間は、固く結ばれている、という。楚・項羽が人をして韓信に、漢に背いて楚にくみしないかと誘わせたときの、韓信のことばである。

禁断之実（きんだんの・み）洋
禁じられているけれども、魅力がある楽しみのこと。食べることを禁じられた木の実のようなもの、という。
○禁断の実に手を出す　○初めて知った禁断の実の味
（参考）旧約聖書の創世記に、エデンの園にあった知恵の木の実のことが書かれている。これが禁断之実である。アダムとイブは、蛇に誘われてこれを食べたために、楽園から追放されてしまう。

金蘭之契（きんらんの・ちぎり）漢
友人どうしの間が、非常に親密なこと。硬い金属である金や、薫りの高いランのようなつきあい、という。

○金蘭の契りを結ぶ　○金蘭の契りによって

（参考）易経に、「二人、心ヲ同ジクスレバ、其ノ利キコト金ヲ断チ、同心ノ言ハ、其ノ臭リ蘭ノ如シ」とある。友人どうしが心を合わせれば金を断ち切ることもでき、友情の美しさは香りの高いランのようだ、という。

【く】

苦髪楽爪（くがみ・らくづめ）和

髪の毛やツメの伸び方を見ると、暮らしの程度が分かること。苦労をしていると髪の毛が早く伸び、楽をしているとツメが早く伸びる、という。

○苦髪楽づめのとおり　○それこそ苦髪楽づめで

愚公之山（ぐこうの・やま）漢

小さい努力を積み重ねること。じゃまな山を平らにしようとした愚公のような努力、という。

○愚公の山を見習う　○愚公の山に励まされて

（参考）列子に、家の前の山を平らにしたいと考えた愚公の話がある。それを忠告した人に、「愚公、長息シテ曰ク、我ノ死スト雖モ、子有リテ存ス。子又孫ヲ生ミ、孫又子ヲ生ム。而ルニ山ハ加増セズト」とある。わたしが死んでも、子、孫がある。山はこれ以上は大きくならないから、山を移すことが可能だ、と言った、という。

草葉之陰（くさばの・かげ）和

死んだ人の魂が宿っているところのこと。草が生えているその下側、という。墓の下、あの世の意味で用いる。

○草葉の陰で泣いている　○草葉の陰から父上も

口尚乳臭（くち・なおにゅうしゅう）漢

年が若く、経験が足りないこと。口に、まだ幼児のときの乳くささが残っている、という。

○口なお乳臭と侮る　○口なお乳臭にもかかわらず

(参考) 史記に、漢・高祖が魏を討ったときに、大将が柏直（はくちょく）だと聞いて、「王曰ク、是レ口尚ホ乳臭アリ。安（いづく）ンゾ能ク吾ガ韓信ニ当タランヤト」とある。まだ乳くさい若者だから、韓信の敵ではない、と言った、という。

苦肉之策（くにくの・さく）漢

自分の身を犠牲にして敵に当たるはかりごとのこと。自分の肉体を苦しめる策略、という。

○苦肉の策を用いる　○苦肉の策によって

(参考) 明・羅貫中の三国演義に、「孔明曰ク、苦肉ノ計ヲ用ヒズンバ、何ゾ能ク曹操ヲ瞞過（まんか）セント」とある。自分がわざと負傷して敵中に連れ込まれ、敵の陣容を調べれば、曹操の判断を誤らせることができる、と言った、という。日本では、計を策に改めて用いる。また、反間之計と併せて、反間苦肉の形でも用いる。

君子之交（くんしの・まじわり）漢

お互いに君子としてつきあうこと。君子の交わりは、くどくはないが永続きする、そのようなつきあい、という。

○君子の交わりを結ぶ　○まことに君子の交わりで

(参考) 荘子に、「君子ノ交ハリハ、淡キコト水ノ若（ごと）シ。小人ノ交ハリハ、甘キコト醴（あまざけ）ノ若シ」とある。君子の交わりは水のように淡いが、長く変わることがない、小人の交わりは甘酒のように甘いが飽きやすい、という。

【け】

傾蓋之友（けいがいの・とも）漢

ちょっと会っただけで親しくなった友人のこと。車のカサを傾けて話し合っただけの友人、という。それだけで、古くからの友人のように親しむ場合にも用いる。

○傾蓋の友として交わる　○傾蓋の友の一人として

（参考）三国魏・王粛の孔子家語に、「孔子、程子ニ塗ニ遭フ。蓋ヲ傾ケテ語リ、終日甚ダ相親シム」とある。互いに車のカサを傾けて立ち話をしただけで親密になった、という。史記に、「白頭ハ新ノ如ク、傾蓋ハ故ノ如シ」ということわざが引かれている。白髪になるまでつきあっても、心が通じなければ新しい友人と同じであり、立ち話をしただけでも、心が通じ合えば古くからの友人と同じだ、という。交友の深さは、年月ではない。

桂玉之艱（けいぎょくの・かん）漢

物価が高い都会で苦労をすること。燃料の薪が香木のように高く、食べ物が玉のように高い、という。

○桂玉の艱にあえぐ　○桂玉の艱を乗り越えて

（参考）前漢・劉向の戦国策に、「楚国ノ食ハ玉ヨリモ貴ク、薪ハ桂ヨリモ貴シ」とある。合従の策を説いて回った蘇秦が楚・威王に会ったときのことばである。こんな物価の高いところに留まることはできない、という。威王は反省して蘇秦を留め、その策を聴いた。

蛍雪之功（けいせつの・こう）漢

苦労して勉学に励んだ成果のこと。蛍の光、窓の雪で学問を続けた、その成果、という。

○蛍雪の功を積む　○蛍雪の功もむなしく

（参考）雪案蛍窓の参考欄を参照。

鶏鳴之助（けいめいの・じょ）漢

賢い妻による内助の功のこと。夜明けになると、鶏が鳴いたと言って主人を起こした助け、という。

○鶏鳴の助を得る　○鶏鳴の助も功を奏して

（参考）詩経に、「鶏既ニ鳴ク、朝既ニ盈ツ」と言って、毎朝、夫の君主を起こした、とある。鶏がもう鳴いた、役人はすでに朝廷に出勤している、という。

鶏肋之惜（けいろくの・せき）漢

値うちはないけれども、捨てられないもののこと。鶏のアバラボネが惜しいのと同じだ、という。

○鶏肋の惜に堪えない　○鶏肋の惜を振り切って

参考　後漢書に、「夫レ鶏肋ハ、之ヲ食ラヘバ則チ得ル所無ク、之ヲ棄ツレバ則チ惜シム可キガ如シ」とある。三国魏・曹操が、漢中地方を平定したときのことばである。この土地は鶏のアバラボネと同じだ、大して価値はないが、失うのには惜しいところだ、という。

撃壌之歌（げきじょうの・うた）漢

平和を楽しんでいること。地をたたいて楽しく歌っている歌、という。政治が行き届いている場合に聞こえる。

○撃壌の歌を楽しむ　○撃壌の歌も失われる

参考　鼓腹撃壌の参考欄を参照

決河之勢（けっかの・いきおい）漢

勢いが非常に激しいこと。堤防が切れて、川の水があふれ出すような勢い、という。抑えようとしても抑えることができない激しい勢いの場合に用いる。

○決河の勢いで広がる　○決河の勢い抑えがたく

参考　前漢・劉安の淮南子に、「是ノ故ニ、善ク兵ヲ用フル者ハ、勢ヒ積水ノ千仞ノ堤ヲ決スル如シ」とある。作戦が優れている場合の勢いは、みなぎった水が高い堤防を破ってあふれ出るようだ、という。

血気之勇（けっきの・ゆう）漢

一時的な感情による勇気のこと。興奮したときの勇気、という。向こう見ずの勇気の場合に用いる。

○血気の勇にはやる　○血気の勇を抑える

参考　南宋・朱熹の孟子集注に、孟子が戦国の勇士・孟賁を採り上げた際に、「夫子、孟賁ヲ過グルコト遠シ」とした部分の注として、「孟賁ハ血気ノ勇ナリ、之ヲ借リテ以テ孟子ノ不動ノ心ノ難キヲ賛ス」とある。血気の勇は易しいが、不動の心は難しい、という。

隙穴之臣（げっけつの・しん）漢
ひそかに敵に通じる家臣のこと。すきまをうかがう家臣、という。主君をねらう裏切者の場合にも用いる。
○隙穴の臣にそそのかされる　○隙穴の臣を退ける
参考 韓非子に、「隙穴ノ臣ヲ以テシテ、独立ノ主ニ事フ。此レヲ之レ、危殆ト謂フ」とある。裏切者の上に孤立した君主がいる状態こそ危ないのだ、という。

月前之星（げつぜんの・ほし）和
大きな勢力に抑えられた小さな勢力のこと。明るい月のために見にくくなった星のようだ、という。
○月前の星にすぎない　○月前の星と同じで

犬猿之仲（けんえんの・なか）和
仲が悪いこと。犬と猿の間柄、という。互いに敵意を持っている間柄の場合に用いる。
○犬猿の仲として知られ　○全くの犬猿の仲で

懸河之弁（けんかの・べん）漢
勢いよく進む話し方のこと。険しい傾斜を流れる急流のような話し方、という。立て板に水のような話し方のこと。懸河は、ケンガとも読む。
○懸河の弁を振るう　○懸河の弁で言いくるめる
参考 晋書に、「象ノ語ヲ聴クニ、河ヲ懸ケ、水ヲ瀉グガ如ク、注ゲドモ竭キズ」とある。老荘の研究家・郭象の話を聞くと、川を傾けて水をそそぐように、よどみなく続く、という。唐・范伝正の書いた李白の墓碑銘に、「弁ハ懸河ノ如ク、筆ハ違綴セズ」とある。弁舌はよどみなく、文章も誤りがない、という。

言外之意（げんがいの・い）漢
ことばに表されていない意味のこと。ことばの外の意味、という。筆者が言おうとする本心の場合にも用いる。

○言外の意をくみ取る　○言外の意に気づかず

(参考) 南朝宋・范曄の文に、「弦外ノ意、虚響ノ音、従リテ来ル所ヲ知ラズ」とある。音楽の余韻はどこから来るのか分からない、という。弦外之意が言外之意のひゆとなっている。日本では、言外之意として用いる。

懸車之年（けんしゃの・とし）漢

官位を退職する年齢のこと。天子から賜った車を掲げて子孫に伝える年、という。七十歳の意味でも用いる。

○懸車の年を迎える　○懸車の年に至るまで

(参考) 漢書に、官を辞した薛広徳について、「安車駟馬、黄金六十斤ヲ賜リテ罷ム。東ノカタ沛ニ帰ルヤ、沛以テ栄ト為シ、其ノ安車ヲ懸ケテ子孫ニ伝フ」とある。老人用の馬車とそれを引く四頭の馬、黄金六十斤を賜って職を辞した。沛郡に帰ると、安車を賜ったことを光栄とし、掲げて子孫に伝えた、という。

犬兎之争（けんとの・あらそい）漢

互いに全力を出し切って、共倒れになること。名犬が足の速いウサギを追いかけて、共に疲れて死んだような争い、という。結果的に第三者が得をする場合に用いる。

○犬兎の争いに終わる　○犬兎の争いとなるよりは

(参考) 前漢・劉向の戦国策に、「犬兎、倶ニ罷レ、各〻其ノ処ニ死ス。田父之ヲ見テ、労勧ノ苦無クシテ、其ノ功ヲ擅ニス」とある。死んだ犬とウサギを見つけた農夫が、苦労せずに獲物を手に入れた、という。

犬馬之養（けんばの・やしない）漢

親を養うだけで、敬う心がないこと。犬や馬のように養うだけ、という。衣食住だけの養いの場合に用いる。

○犬馬の養いにとどまる　○犬馬の養いを受けて

参考 論語に、「子曰ハク、今ノ孝ハ、是レ能ク養フヲ謂フ。犬馬ニ至ルマデ、皆能ク養フ有リ。敬セズンバ、何ヲ以テ別タンヤト」とある。ただ養うだけでは、犬や馬の場合と同じだ、敬う心が必要だ、という。

犬馬之歯（けんばの・よわい）漢

自分の年齢のこと。犬や馬のように、ただ年を取っただけの年齢、という。謙譲の気持ちで用いる。歯は齢とも。

○犬馬のよわいを重ねる　○犬馬のよわいにすぎない

参考 漢書に、前漢の武将・趙充国の上書として引用した中に、「臣ハ位上卿ニ至リ、爵ハ列侯ト為ル。犬馬ノ歯、七十六、死骨朽チザルモ、顧念スル所亡シ」とある。官位も爵位も昇って、年も七十六になった。まだ生きてはいるが、思い残すことはない、という。

犬馬之労（けんばの・ろう）和

主君のために心を尽くして働くこと。犬や馬のようによく働いた、という。謙譲の気持ちで用いる。

○犬馬の労を尽くす　○犬馬の労にすぎない身として

【こ】

後顧之憂（こうこの・うれい）漢

自分が出掛けたあとの心配のこと。あとで顧みる心配、という。自分が死んだあとの場合にも用いる。

○後顧の憂いがない　○後顧の憂いを絶つ

参考 魏書に、北朝魏の孝文帝が李沖の功績について語ったことばとして、「朕、仁明ノ忠雅ヲ以テ、委スルニ台司ノ寄ヲ以テシ、我ヲシテ、境ヲ出ヅルモ後顧ノ憂ヒヲ無カラシム」とある。明敏な忠臣が行政に携わってくれるので、背後のことが気にならなかった、という。

膏肓之疾（こうこうの・しつ）漢
致命的な欠陥のこと。治りにくいところに入った病気と同じだ、という。膏肓をコウモウと読むのは誤り。
○膏肓の疾となる　○膏肓の疾に悩まされる
（参考）五代南漢・王定保の文に、「将ニ公ニ薬石ノ言ヲ投ジ、公ノ膏肓ノ疾ヲ療ヤサントス」とある。忠言を与えて、致命的な欠点を直そうとする、という。

鴻鵠之志（こうこくの・こころざし）漢
自分の心の中に持っている大きな志のこと。オオトリやクグイが持っているような志、という。
○鴻鵠の志を持つ　○鴻鵠の志を貫く
（参考）史記に、後に秦を倒した陳渉が農夫をしていたときのことばとして、「燕雀、安ンゾ鴻鵠ノ志ヲ知ランヤ」とある。ツバメやスズメには、オオトリやクグイの気持ちが分からない、という。耕作をやめて嘆息し、雇い主に笑われたときのことばである。

恍惚之人（こうこつの・ひと）和
年老いて、知覚が鈍くなった老人のこと。うっとりとした人、という。有吉佐和子「恍惚の人」で有名になった。
○恍惚の人となる　○恍惚の人の末路

口耳之学（こうじの・がく）漢
浅い学問のこと。耳で聞いたことを、すぐに口に出すような学問、という。請け売りの学問の場合に用いる。
○口耳の学にすぎない　○口耳の学を事として
（参考）荀子に、「小人ノ学ハ、耳ヨリ入リテ口ニ出ヅ。口耳ノ間ハ、財カニ四寸ノミ。曷ゾ以テ七尺ノ躯ヲ美クスルニ足ランヤ」とある。口と耳の間は、わずか四寸にすぎない。それでは、七尺もある全身をりっぱにすることはできない、という。十分に理解しなければいけないことを諭したことばである。

膠漆之契（こうしつの・ちぎり）漢
固く結ばれた間柄のこと。ニカワとウルシで、離れないようにつけた、固いつきあい、という。
○膠漆の契りを結ぶ　○膠漆の契りによって
（参考）唐・元稹（げんしん）の詩に、「我、実ニ膠漆ノ交ハリ、中堂ニ杯酒ヲ共ニス」とある。固く結ばれている心の友と、中堂で酒を酌み交わしている、という。

後車之誡（こうしゃの・いましめ）漢
後から行く者にとって、戒めとなること。前の車がひっくり返ったのは、後から行く車の戒めだ、という。現代表記では、誡（いましめことば）→戒（いましめる）。
○後車の戒めとする　○後車の戒めにはならず
（参考）漢書に、「前車ノ覆ルハ、後車ノ誡メナリ。秦世ノ亟（すみ）ヤカニ絶エシ所以（ゆえん）ハ、其ノ轍跡（てっせき）見ル可キナリ。然リ而（しこう）シテ避ケズンバ、是レ後車之将（まさ）ニ覆ラントス」とある。前漢・賈誼（かぎ）が、文帝に差し出した上奏文の中のことばである。秦の世が短くて滅びた理由をよく考えて、漢の世の教訓とすべきだ、という。

好色之徒（こうしょくの・と）漢
女性をもてあそぶことが好きな人のこと。色を好む人、という。女遊びにおぼれる人の場合にも用いる。
○好色の徒と見なされる　○好色の徒を退ける
（参考）論語に、「吾、未ダ徳ヲ好ムコト色ヲ好ムガ如キ者ヲ見ズ」とある。女色を好むように道徳を好む者を見たことがない、という。女色を好む者は多いが、道徳を好む者は少ないからである。

好事之徒（こうずの・と）漢
普通と変わったことが好きな人のこと。事を好む人、という。物好きな人の場合に用いる。好事をコウズと読むのは、読みぐせ（本来はコウジ）。
○好事の徒と見なされる　○好事の徒によって
（参考）前漢・孔鮒（こうふ）の孔叢子（こうそうし）に、「則チ、世ニ好事ノ徒多ク、皆非ノ罪ナリ」とある。物好きな人が多いが、すべて人の道に背いている、という。

口舌之徒（こうぜつの・と）和

口先だけが上手な人のこと。口と舌がよく動く人、という。特に、実行力が伴わない人の場合に用いる。

○口舌の徒にすぎない　○口舌の徒に迷わされ

黄泉之客（こうせんの・きゃく）漢

死んだ人のこと。死者が行くとされている、地下の黄色い泉に行く旅人、という。不帰之客とも。客は、漢文ではカクと読む。

○黄泉の客となる　○黄泉の客を送る

（参考）左伝に、「誓ヒテ曰ク、黄泉ニ及バザレバ、相見ルコト無ケント」とある。死んでからでなければ、お互いに会うことはないだろう、という。鄭（てい）の荘公が母の姜（きょう）氏を憎んだときに言ったことばである。中国では、黄色を地の色としたから、地下の泉が黄泉と呼ばれた。

浩然之気（こうぜんの・き）漢

正義の気持ちのこと。天地の間に満ちている大きな気、という。のびのびした気持ちの場合にも用いる。

○浩然の気を養う　○浩然の気に力を取り戻す

（参考）孟子に、「吾、善ク吾ガ浩然ノ気ヲ養フ」とある。その浩然の気とは何かとの問いに対し、「言ヒ難キナリ。其ノ気為（た）ルヤ、至大至剛、直ヲ以テ養ヒテ害スルコト無ケレバ、則チ天地ノ間ニ塞（ふさ）ガル」とある。天地の間に充満する大きな気で、道を行い、心に恥じるところがなければ、道義心となって五体に充満する、という。

口中之蝨（こうちゅうの・しらみ）漢

生かすことも殺すことも、思うとおりになること。口の中に入れたシラミと同じだ、という。相手を自分の手中に入れた場合に用いる。逃げ場がない場合にも用いる。

○口中のしらみとなる　○口中のしらみにすぎない

（参考）韓非子（かんぴし）に、「上党ノ兵ヲ弛（うつ）シテ以テ東陽ニ臨メバ、則チ邯鄲ハ口中ノ蝨ナリ」とある。上党の町の兵を東陽へ向ければ、趙の都は意のままになる、という。

荒唐之言（こうとうの・げん）　漢

押さえどころがないことばのこと。大きく、むなしいことば、という。根拠のないことばの場合にも用いる。

○荒唐の言をもてあそぶ　○荒唐の言に迷わされ

参考　荘子に、「芴莫トシテ形無ク、変化常無シ。死カ生カ、天地ト並ビ、神明ト往ク。荘周、其ノ風ヲ聞キテ之ヲ悦ビ、荒唐ノ言ヲ以テス」とある。とらえどころがないことを荘子が喜び、荒唐の言とした、という。日本では、無稽之言と併せて、荒唐無稽の形でも用いる。

孔孟之道（こうもうの・みち）　漢

儒教のこと。孔子と孟子が説いた道、という。広く、古代中国の教えとしては、孔孟老荘の形で用いる。

○孔孟の道を守る　○孔孟の道に背く

参考　明・胡広の性理大全に、「孔子、孟子生マレテ、道始メテ明ラカナリ。孔孟ノ道、周程張子、之ヲ継グ。周程張子ノ道、文公朱先生、又之ヲ継グ」とある。こうして、孔孟の道が、次々と受け継がれてきた、という。

行路之人（こうろの・ひと）　漢

自分と関係がない人のこと。道を行く、通りすがりの人、という。面識がない人の場合にも用いる。

○行路の人として見過ごす　○行路の人にすぎない

参考　前漢・蘇武の詩に、「四海皆兄弟、誰カ行路ノ人ト為ル」とある。この世界の人はすべて兄弟だから、かかわりのない人は一人もいない、という。

狐疑之心（こぎの・こころ）　漢

疑い深い心のこと。疑い深いとされるキツネのように、疑い怪しむ心、という。疑い深い性質の場合にも用いる。

○狐疑の心を起こす　○狐疑の心に悩まされる

参考　戦国楚・屈原の離騒に、「心ハ猶予シテ狐疑ス。自ラ適カント欲スレドモ可ナラズ」とある。心が進まず、いろいろと疑い、自分から行こうとするけれども行くことができない、という。日本では、狐疑逡巡の形を、決心がつかない場合に用いる。

黒子之地（こくしの・ち）　漢

極めて狭い土地のこと。ホクロほどの土地、という。弾丸之地とも。併せて、弾丸黒子之地とも。

○黒子の地を守る　○黒子の地を残す

参考　漢書に、「淮陽ノ大諸侯ニ比ブレバ、僅カニ黒子ノ一面ヲ著ク如シ。適以テ大国ニ餌マルルニ足ル」とある。淮陽は狭い土地だから侵略される、という。

糊口之計（ここうの・けい）　漢

暮らしを立てること。カユをすする方法、という。生活費を得る方法の場合にも用いる。

○糊口の計を立てる　○糊口の計に追われる

参考　北宋・宣和書譜に、「唐韻一部ヲ書シ、五千銭ニ市ヘ、糊口ノ計ト為ス」とある。筆写してそれを売り、暮らしを立てた、という。

股肱之臣（ここうの・しん）　漢

非常に頼りになる家臣のこと。体の行動のもとになる足と手の中でも、特に重要なモモとヒジのような家臣、という。手足となって働く人の場合にも用いる。

○股肱の臣に助けられる　○股肱の臣を失う

参考　史記に、「二十八宿、北辰ヲ環リ、三十輻、一轂ヲ共ニシ、運行窮マリ無シ。股肱ノ臣モテ焉ニ配ス」とある。二十八の星座が北極星を巡り、三十本の車のヤが一つのコシキを巡るように、頼りになる家臣を同じように配置する、という。

虎口之難（ここうの・なん）　和

非常に危ない場所のこと。トラの口のような危ないところにいる苦しみ、という。
○虎口の難が迫る　○虎口の難を逃れる

五車之書（ごしゃの・しょ）漢
蔵書が非常に多いこと。五台の車に積み込むほどの、たくさんの書物、という。
○五車の書に囲まれる　○五車の書を失う
㊜参考 荘子に、「恵施ハ多方ニシテ、其ノ書、五車ナリ」とある。宋・奇弁家の恵施は、学問がいろいろの方面にわたっていて、蔵書が車五台分だった、という。

五濁之世（ごじょくの・よ）仏
非常に汚れているこの世のこと。五つの汚濁によって汚れた人間界、という。濁は、呉音でジョクと読む。
○五濁の世に生まれる　○五濁の世を逃れて
㊜参考 仏教では、この世に五つの汚れがあるとする。天災や地変による劫濁、悪い思想による見濁、迷いから起こる煩悩濁、果報が衰える衆生濁、寿命が縮む命濁、の五濁である。五濁によってこの世は汚れている、とする。

鼯鼠之技（ごその・わざ）漢
才能はいろいろ持っていても、一つも役に立つものがないこと。ムササビのような技だけを持っている、という。
○鼯鼠の技にすぎない　○鼯鼠の技すらも身につけず
㊜参考 荀子に、「螣蛇（とうだ）ハ足無クシテ飛ブ。鼯鼠ハ五技ニシテ窮ス」とある。竜に似たヘビは、足がないが、一事に専念するから飛ぶことができる。ムササビは、五つの技を持っているが、どれも中途半端だという。飛ぶが屋根には上がれない、よじ登るが木の上までは行けない、泳ぐが谷は渡れない、穴を掘るが身を隠すことができない、走るが人ほど速くはない、という。

壺中之天（こちゅうの・てん）漢
別天地のこと。ツボの中の世界、という。酒を飲んで、俗世間を忘れる楽しみの場合にも用いる。

○壺中の天に遊ぶ　○壺中の天を求めて

参考 漢書に、薬売りの話がある。夜になるとツボの中に入って寝ていた。「唯ゞ玉堂厳麗ニシテ、旨酒甘肴、其ノ中ニ盈衍スルヲ見ル。共ニ飲ミ畢リテ出ヅ」とある。頼んで中に入れてもらった人の話である。中にはりっぱな御殿があり、おいしいごちそうがあった。共に飲んで、帰ってきた、という。これが壺中の天である。

胡蝶之夢（こちょうの・ゆめ）　漢

人生がむなしいこと。チョウになった夢のようだ、という。夢と現実とが区別できない場合にも用いる。

○胡蝶の夢を思う　○胡蝶の夢にすぎない

参考 荘子に、「昔、荘周、夢ニ胡蝶ト為ル。周ナルヲ知ラザルナリ。俄然トシテ覚ムレバ、則チ周ナリ。周ノ夢ニ胡蝶ト為ルカ、胡蝶ノ夢ニ周ト為ルカヲ知ラズ」とある。荘子が夢で胡蝶になったのか、胡蝶が夢で荘子になったのか、分からなくなってしまった、という。

刻骨之恨（こっこつの・うらみ）　漢

いつまでも忘れることができない恨みのこと。骨に刻んで、忘れないようにした恨み、という。

○刻骨の恨みを持つ　○刻骨の恨みとなって

参考 後漢書に、「如シ諱トセザラシメバ、臣ヲシテ長ク刻骨ノ恨ミヲ抱カシム」とある。死後にイミナとしてくれなければ、いつまでも恨みに思う、という。

骨肉之親（こつにくの・しん）　漢

親子・兄弟のような、近い縁続きのこと。骨と肉のように、離れられない間柄、という。

○骨肉の親として　○骨肉の親を忘れず

参考 秦・呂不韋の呂氏春秋に、「父母ノ子ニ於ル、子ノ父母ニ於ル、一体ニシテ両分、同気ニシテ異息ナリ。処ヲ異ニスト雖モ、相通ジ、生クレバ則チ相歓ビ、死スレバ則チ相哀シム。此レヲ之レ、骨肉ノ親ト謂フ」とある。親と子のような肉親の関係は、生死を超えて通じ合うものだ、という。その争いが、骨肉之争である。

なお、骨肉を、広く縁続きの間柄の意味でも用いる。

骨肉之争（こつにくの・あらそい）和

親子・兄弟のような、近い縁続きの者の争いのこと。骨と肉のように、離れられない間柄の争い、という。

○骨肉の争いとなる　○骨肉の争いを離れて

（参考）骨肉之親の参考欄を参照。

五分之魂（ごぶの・たましい）和

体は小さいけれども、それ相応の考えを持っていること。五分の魂は持っている、という。一寸の虫にも五分の魂、を踏まえた言い方。自分でやり通そうとする、強い気持ちを持っている場合にも用いる。

○五分の魂だけはある　○五分の魂でやり通す

顧復之恩（こふくの・おん）漢

親に育てられた恩のこと。親が子の身辺を振り返って見ることによる恩、という。

○顧復の恩を忘れない　○顧復の恩に報いる

（参考）元・石君宝の曲江池に、「吾聞ク、父子ノ親ハ天性ヨリ出ヅト。子不孝ナリト雖モ、父ハ未ダ嘗テ其ノ顧復ノ恩ヲ失ハズト為ス」とある。父子の愛情は自然なものだから、子が不孝でも、父の恩は失われない、という。それに報いなければいけない、とする。

護摩之灰（ごまの・はい）仏

だまして金品を奪う悪者のこと。弘法大師が修行したときにたいた護摩の灰だと称して売り歩いた、という。旅人の道連れとなり、すきを見て盗む場合にも用いる。俗に、護摩を胡麻、灰を蝿と書くが、本来は誤り。

○護摩の灰にだまされる　○護摩の灰に気をつける

（参考）仏教では、炉の中に火を燃やして仏を供養する。これを homa といい、護摩と音訳する。護摩を行う建物が護摩堂、炉を据えるところが護摩壇、燃やす木が護摩木である。その木の燃え尽きた灰が、護摩之灰になる。

虎狼之国（ころうの・くに）　漢

次々と隣の国を侵し取る国のこと。欲が深いといわれているトラやオオカミのような国、という。

○虎狼の国に侵される　○虎狼の国のえじきとなる

参考 史記に、「蘇秦(そしん)、楚ノ威王ニ説キテ曰ク、夫レ、秦ハ虎狼ノ国ナリ。天下ヲ呑(の)ムノ心有リト」とある。秦は、最後には天下をのんでしまう、という。

今昔之感（こんじゃくの・かん）　和

今が昔と非常に違ってしまったことについて持つ感じのこと。今と昔を比べて持つ感じ、という。時世や境遇の変化から受ける強い印象の場合に用いる。

○今昔の感に堪えない　○今昔の感を超えて

今生之別（こんじょうの・わかれ）　仏

もう会えないかもしれないと思う別れ方のこと。この世の別れだ、という。死ぬ覚悟の場合にも用いる。

○今生の別れを告げる　○今生の別れとなる

参考 仏教では、生まれてくる前の世として前生があり、死んだ後の世として後生がある。その二つの世に対して、この世のことを今生という。したがって、今生之別というのは、本来は一方が死ぬ別れ方のことである。

塞翁之馬（さいおうの・うま）　漢

幸と不幸が、かわるがわる起こること。国境のトリデ近くにいた老人の馬のようだ、という。不幸を悲しんでばかりいてはいけない、と考える場合にも用いる。

○塞翁の馬にあやかる　○人間万事、塞翁の馬で

参考 前漢・劉安(りゅうあん)の淮南子(えなんじ)に、国境のトリデ近

くに住む老人の話がある。飼っていた馬が逃げたが、すばらしい馬を連れて戻ってきた。その子が馬から落ちて足を折ったが、戦いに行かず、親子が無事であった。「故ニ、福ノ禍ト為リ、禍ノ福ト為ル、化ハ極ム可カラズ、深ハ測ル可カラズ」とある。禍福は定めがない、という。

采薪之憂（さいしんの・うれい）漢
自分が病気になること。薪を取りに行くことができない心配がある、という。謙譲の気持ちで用いる。現代表記では、采（つみとる）↓採（あつめとる）とも。
○采薪の憂いがある　○采薪の憂いに恐れる
参考　孟子に、「昔、王命有ルモ、采薪ノ憂ヒ有リテ朝ニ造ル能ハズ。今、病小シク癒ユ」とある。昔は君主の命を受けても、病気のために出頭できなかった。今は少しよくなったから、行けないことはない、という。

済世之志（さいせいの・こころざし）漢
人民の生活を救おうという志のこと。世の中をよい状態に持っていこうと思う志、という。
○済世の志を抱く　○済世の志もくじけて
参考　後漢書に、盧植について、「性剛ニシテ、大節有リ。常ニ世ヲ済フ志ヲ懐ク。辞賦ヲ好マズ、能ク酒ヲ飲ムコト一石」とある。気性が強く意志が堅く、民を救う気持ちを持っていた。詩歌や文章を作るのは好きでなく、酒を飲んでいた、という。

在天之霊（ざいてんの・れい）洋
死んだ人の魂のこと。天にいる霊魂、という。死者の魂を尊敬する気持ちで用いる。
○在天の霊に対して　○在天の霊に守られて
参考　キリスト教では、死んだ人の魂が天国に行くとされている。その soul in heaven の訳語が在天之霊である。

座右之銘（ざゆうの・めい）漢
日常の戒めとすることばのこと。自分が座る場所の右側に書きつけておくことば、という。
○座右の銘とする　○座右の銘に恥じることな

く

（参考）文選に、「此ノ銘ヲ作リ、以テ自ラ戒ム。常ニ座右ニ置ク。故ニ座右ノ銘ト曰フ」とある。後漢・崔瑗のことで、戒めのことばを書き留めて座右に置いたから、座右之銘と言った、という。

三顧之礼（さんこの・れい）漢

人材を迎えるために礼を尽くすこと。断られてもまた訪ねていき、三度も繰り返して礼を尽くした、という。

○三顧の礼を尽くす ○三顧の礼に迎えられて

（参考）文選に、三国蜀・諸葛孔明が劉備に招かれた経緯につき、「先帝、三タビ臣ヲ草盧ノ中ニ顧ミ、臣ニ諮ルニ当世ノ事ヲ以テす。是ニ由リテ感激シ、遂ニ先帝ニ許スニ駆馳ヲ以テス」とある。三度も訪ねてきたので、仕えることにした、という。

三枝之礼（さんしの・れい）和

礼儀を重んじること。ハトは、親鳥の留まっている枝やその上の枝には留まらず、三つ下の枝に留まる、という。

○三枝の礼を守る ○三枝の礼にもとる

（参考）室町時代の教訓書、慈元抄に、「鳩に三枝の礼有り、烏に反哺の孝有り」とある。ハトは親鳥より三枝下に留まり、カラスは親鳥の口にえさを含ませる、という。礼法と孝行を重んずべきことを教えた例えである。

三途之河（さんずの・かわ）仏

死んでからあの世に行く途中で渡る川のこと。渡るのに三つの道のある川、という。途は、呉音でズと読む。現代表記では、河（大きなカワ）→川（山間のカワ）。

○三途の川に差しかかる ○三途の川も無事に渡って

（参考）仏教では、死者が、死後七日めに川を渡って、あの世に行くとされている。そこに緩急の異なる三つの瀬があって、生前の行いによって渡る道が異なるので、三途之河と呼ぶ。初七日の法要は、死者が渡りやすいように、助けるためのものである。

三寸之轄（さんずんの・くさび）漢

物事の大切なところのこと。車輪が車軸から外れないように差してある三寸のクサビと同じだ、という。

○三寸のくさびを忘れる　○三寸のくさびにも当たる

（参考）前漢・劉安の淮南子に、「車ノ能ク千里ヲ転ズル所以ノ者モ、其ノ要ハ三寸ノ轄ニ在ルヲ以テナリ」とある。よい車も、大切なのはクサビだ、という。

三寸之舌（さんずんの・した）漢

よくしゃべること。わずか三寸しかない舌を巧みに用いる、という。雄弁家の場合にも用いる。

○三寸の舌を振るう　○三寸の舌のさえずり

（参考）史記に、戦国趙・趙勝のことばとして、「毛先生、一タビ楚ニ至リテ三寸ノ舌ヲ以テスレバ、百万ノ師ヨリモ彊シ」とある。楚に趙と同盟を結ばせた毛遂の弁説は、百万の軍隊よりも強いと言った、という。日本では、このような舌を踏まえ、舌先三寸ともする。

三世之縁（さんぜの・えん）和

主従の結びつきのこと。この世だけでなく、前の世でも、あの世までも結ばれる縁だ、という。親子が一世の縁、夫婦が二世の縁であるのに対して、主従の結びつきが極めて強いことを表している。

○三世の縁を結ぶ　○三世の縁の契りを捨てて

三遷之教（さんせんの・おしえ）漢

子供の教育には環境が大切なこと。孟子の母が三回も引っ越しをした、その教え、という。

○三遷の教えに従う　○三遷の教えも無視されて

（参考）孟母三遷の参考欄を参照。

三文之徳（さんもんの・とく）和

少ないけれども、利益が得られること。三文だけのよいことがある、という。文は一貫の千分の一に当たる貨幣単位で、極めてわずかの金銭の意味で用いる。徳を得と書くのは誤り。ただし、一得之愚は得と書く。

○三文の徳にもならない　○早起きは三文の徳

思案投首（しあん・なげくび）和

よい考えがなくて困っていること。いろいろ考えるけれども、首を傾けるだけだ、という。腕組みをし、首を傾けて、考え込んでいる場合に用いる。

○思案投げ首のていで　○思案投げ首というところで

歯牙之間（しがの・かん）漢

問題として取り上げること。歯の間に置く、という。そこに置くことは、ことばに出すことになる。

○歯牙の間に置く　○歯牙の間にも置かず

参考 史記に、秦・叔孫通（そんとう）のことばとして、「此レ特（ただ）群盗、鼠窃（そせつ）、狗盗（くとう）ノミ。何ゾ之ヲ歯牙ノ間ニ置クニ足ラン」とある。陳勝が討秦の兵を挙げたことについて、ただの集団盗賊で、ネズミやイヌのような物取りだ、問題にするに足りない、と言った、という。

志学之年（しがくの・とし）漢

成長して、十五歳になること。学問に志す年齢、という。孔子が、この年に学問に志したからである。志を立てたので、日本では、立志之年ともいう。

○志学の年を迎える　○志学の年も過ぎて

参考 論語に、「吾、十有五ニシテ学ニ志ス」とある。十五歳のとき、学問で身を立てようと決めた、という。

持久之計（じきゅうの・けい）漢

勝敗を急がない計略のこと。持ちこたえることが久しいはかりごと、という。敵を弱らせるために用いる。

○持久の計をなす　○持久の計に入る

(参考) 蜀志に、「以テ要害ヲ固守シ、持久ノ計ヲ為ス可シ。此レ蓋シ、天以テ我ニ与ス。時、失フ可カラズ」とある。要害の地で勝負を急がなければ、天の利があるから、その機会に攻めればよい、という。日本では、持久戦の形で用いることが多い。

死児之齢（しじの・よわい）和

どうにもならない過ぎ去った事柄のこと。死んだ子の年齢を数えて、今生きていたら幾つだと考えるのと同じだ、という。取り返しがつかない場合にも用いる。

○死児のよわいを数える　○死児のよわいも忘れて

耳順之年（じじゅんの・とし）漢

年を取って、六十歳になること。聞くことがすべて理解できる年齢、という。孔子が、この年になって初めて、修養によって、このように感じるに至ったからである。世間のうわさが、気にかからなくなった場合にも用いる。

○耳順の年を迎える　○耳順の年に至る

(参考) 論語に、「吾、六十ニシテ耳順フ」とある。六十歳で初めて、耳ですなおに聞き取ることができるようになった、という。漢書に、「耳順ノ年ニ至リテ、至将軍ト号ス」とある。前漢・蕭望之の伝の一節である。

爾汝之交（じじょの・まじわり）漢

親しく呼び合う間柄のこと。呼び捨てにすることができるつきあい、という。極めて親密な友人の場合に用いる。

○爾汝の交わりを結ぶ　○爾汝の交わりに至る

(参考) 晋・張隠の文士伝に、「少クシテ孔融ト爾汝ノ交ハリヲ作ス。時ニ、衡、未ダ二十ニ満タズ。融、已ニ五十」とある。文人の禰衡は、三十歳も年上になる学者の孔融と親しいつきあいをした、という。

辞譲之心（じじょうの・こころ）漢

人にへりくだる気持ちのこと。辞退して人に譲る心、という。礼儀の基本だとされている。
○辞譲の心を旨とする　○辞譲の心も忘れて
(参考) 孟子に、「辞譲ノ心ハ、礼ノ端ナリ」とある。へりくだることが、礼の始まりだ、という。

死生之間（しせいの・かん）和
生きるか死ぬかの分かれめのこと。死と生との間、という。ひん死の重体の場合にも用いる。
○死生の間をさまよう　○死生の間から脱して

市井之臣（しせいの・しん）漢
官吏にならない人のこと。町の井戸端にいる家臣、という。市井之徒と異なり、悪い意味はない。
○市井の臣として　○市井の臣に甘んじて
(参考) 孟子に、「国ニ在ルヲ市井ノ臣ト曰ヒ、野ニ在ルヲ草莽ノ臣ト曰フ。皆、庶人ト謂フ」とある。都会にいても田舎にいても、仕官しないのは庶民だ、という。諸侯に会いに行かない理由を聞かれたとき、庶民は会いに行かないのが礼儀だ、と答えたときのことばである。

市井之徒（しせいの・と）漢
町をうろつく不良のこと。町の井戸端に集まるやから、という。市井之臣と異なり、悪い意味で用いる。
○市井の徒となる　○市井の徒に加わる
(参考) 旧唐書に、「樊噲ハ市井ノ徒、蕭何ハ刀筆ノ吏ナリ。一朝時運ニ会ヒ、千古ニ名謚ヲ伝フ」とある。町のならず者でも、文書を書く小役人でも、思いがけない運に会って、名を残すに至った、という。

咫尺之地（しせきの・ち）漢
極めて狭い土地のこと。八寸と十寸の土地、という。尺は、漢音でセキと読む（呉音・シャク）。
○咫尺の地を守る　○咫尺の地に居を構える
(参考) 史記に、「臣聞ク、尭ハ三夫ノ分無ク、舜ハ咫尺ノ地無ク、以テ天下ヲ有ツト」とある。

尭は三人分の田もなく、舜はわずかの土地もないが、天下を取ったと聞いている、という。戦国・蘇秦（そしん）のことばである。

矢石之難（しせきの・なん）漢

戦場で難儀をすること。矢や石が飛んでくることによって起こる苦しみ、という。

○矢石の難に赴く　○矢石の難を避けて

（参考）汗馬之労（かんばのろう）の参考欄を参照。

四塞之地（しそくの・ち）漢

自然の要害に囲まれたところのこと。四方をふさがれている土地、という。守るほうに有利とされている。

○四塞の地による　○四塞の地を捨てて

（参考）前漢・劉向（りゅうきょう）の戦国策に、「斉ハ南ニ泰山在リ、東ニ琅耶（ろうや）在リ、西ニ清河在リ、北ニ渤海（ぼっかい）在リ。此レ所謂（いわゆる）四塞ノ地ナリ」とある。四方が山・川・海に囲まれているから、天然の要害の地だ、という。

舌先三寸（したさき・さんずん）和

じょうずな話し方のこと。舌の先のところ三寸の技、という。心がこもっていない場合にも用いる。

○舌先三寸で身を立てる　○例の舌先三寸で

（参考）三寸之舌（さんずんのした）の参考欄を参照。

七歩之才（しちほの・さい）漢

詩を作ることが速い才能を持っていること。七歩だけ歩く間に作り上げる才能、という。

○七歩の才に恵まれる　○七歩の才もなく

（参考）南朝宋・劉義慶（りゅうぎけい）の世説新語に、「魏ノ文帝、嘗テ東阿王（とうあおう）ヲシテ七歩ノ中（うち）ニ詩ヲ作ラシメ、成ラズンバ大法ヲ行ハントス。則チ声ニ応ジテ詩ヲ為（つく）ル」とある。文帝（曹丕（そうひ））は弟の東阿王（曹植（そうち））の詩才をねたみ、七歩だけ歩く間に詩ができなければ罰しようとしたが、たちどころに詩を作った、という。そのとき豆と豆殻のことで文帝を風刺する詩を作ったので、文帝は深く恥じた。なお、文才の場合には、倚馬之才（いばのさい）を用いる。

四鳥之別（しちょうの・わかれ）漢
親子の悲しい別れのこと。四羽の子鳥を見送る母鳥の気持ちと同じだ、という。
○四鳥の別れを悲しむ　○四鳥の別れに臨んで
参考 三国魏・王粛の孔子家語に、「桓山(かんざん)ノ鳥、四子ヲ生ム。羽翼既ニ成ルヤ。将(まさ)ニ四海ニ分カレントス。其ノ母、悲鳴シテ之ヲ送ル」とある。四羽の子鳥が四方に別れるとき、母鳥は悲しく鳴いて送った、という。

市道之交（しどうの・まじわり）漢
利害関係を目的として交際すること。市場売買の原則によるつきあい、という。有利な側につく場合に用いる。
○市道の交わりに引かれる　○市道の交わりを捨てる
参考 史記に、「夫レ、天下、市道ヲ以テ交ハル。君、勢ヒ有レバ、我ハ則チ君ニ従ヒ、君、勢ヒ無ケレバ、則チ去ル。之レ固(もと)ヨリノ理ナリ」とある。天下の人は商売のやり方で交わる。主君に勢力があれば従い、勢力がなくなれば去る、これが原理だ、という。

舐犢之愛（しとくの・あい）漢
親が子を甘やかす愛情のこと。親牛が子牛をなめてかわいがる愛、という。わが子をかわいがることを、謙譲の立場で言う場合にも用いる。
○舐犢の愛を受けて育つ　○舐犢の愛に甘んじて
参考 先見之明(せんけんのめい)の参考欄を参照。

死馬之骨（しばの・ほね）漢
極めてつまらないものではあるが、それによってよい結果がもたらされるもののこと。すばらしい馬を買い求めに来て、死んだ馬の骨を買って帰った、という。
○死馬の骨を買う　○死馬の骨に違いない
参考 前漢・劉向(りゅうきょう)の戦国策に、死んだ馬の骨を五百金で買った話がある。「死馬スラ且ツ之ヲ五百金ニ買フ、況ンヤ生馬ヲヤ。天下必ズ王ヲ以テ能ク馬ヲ市(か)フト為(な)シ、馬、今ニ至ラン」とある。生きた馬ならもっと高く買うと思うから、名馬はすぐ集まる、という。果たして、一年もたたないうちに、名馬が集まった。

紙背之意（しはいの・い）和
書かれている内容の本当の意味のこと。紙の裏に書かれている意味、という。理解力が鋭い場合にも用いる。
○紙背の意を読み取る　○紙背の意に気づかず

自明之理（じめいの・り）洋
説明する必要がない理論のこと。それ自身で明らかな理、という。ラテン語 axioma（公理）の訳語として用いる。
○自明の理として　○自明の理であっても

耳目之欲（じもくの・よく）漢
感覚によって起こる欲望のこと。聞いたり見たりすることによる欲望、という。物に対する欲望にも用いる。
○耳目の欲に従う　○耳目の欲を退ける
（参考）前漢・東方朔の論に、「務メテ耳目ノ欲ヲ快クシ、苟容ヲ以テ度ト為ス」とある。感覚による欲望を満足させ、人に気に入られるようにする、という。

社稷之臣（しゃしょくの・しん）漢
国家の大切な任務を引き受ける家臣のこと。土地の神、穀物の神のような働きをする家臣、という。
○社稷の臣を求める　○社稷の臣として
（参考）宋・秦観の論に、「古ノ所謂社稷ノ臣ハ、忠ハ以テ才性ノ分ヲ竭クスニ足リ、敏ハ以テ事物ノ変ニ応ズルニ足ル」とある。社稷の臣たる者は、才能を尽くして主君に仕え、変に応じて速やかに対処する、という。礼記の「臣柳荘ナル者有リ、寡人ノ臣ニ非ズ、社稷ノ臣ナリ」を踏まえる。柳荘の死に当たり、衛公が、わたしの家臣ではなく、国家の家臣だとした、という。

社鼠之患（しゃその・うれい）漢
主君のそばにいる悪人に悩むこと。人の手出しができない神社にいる、ネズミの害の悩み、という。現代表記では、患（なやみ）↓憂（きづかい）。

○社鼠の憂いがある　○社鼠の憂いを除く

（参考）春秋斉・晏嬰の晏子春秋に、「景公、晏子ニ問ウテ曰ク、国ヲ治ムルニ何カ患ヘント。対ヘテ曰ク、夫レ社鼠ヲ患フト」とある。何か心配があるかと尋ねたとき、そばにいる悪人が心配だと答えた、という。

羞悪之心（しゅうおの・こころ）漢

はずかしいと思う心のこと。自分の不善をはずかしがり、人の不善をにくむ心、という。義の基本だとされている。

○羞悪の心を持つ　○羞悪の心に欠ける

（参考）孟子に、「羞悪ノ心ハ、義ノ端ナリ」とある。善と不善の区別のできることが、義の始まりだ、という。

秋毫之末（しゅうごうの・すえ）漢

極めて細くてよく見えないところのこと。秋になって抜け替わった動物の細い毛の先のようなところ、という。

○秋毫の末を察する　○秋毫の末に気づかず

（参考）孟子に、「明ハ以テ秋毫ノ末ヲ察スルニ足レドモ、輿薪ヲ見ズト。則チ、王、之ヲ許サンカ」とある。視力は秋の細い毛の先まで見えるが、車いっぱいの薪は見えないと言ったら、これを認めますか、という。

従心之年（じゅうしんの・とし）漢

年を取って、七十歳になること。心の向くままに従う年齢、という。孔子が、この年になって初めて、修養によって、思うままにふるまっても道徳に合わないことがなくなった、と感じるに至ったからである。

○従心の年を迎える　○従心の年も過ぎて

（参考）論語に、「吾、七十ニシテ、心ノ欲スル所ニ従ヘドモ、矩ヲ踰エズ」とある。心がこうしたいと思うままに行動しても、道徳に外れることがない、という。

十人十色（じゅうにん・といろ）和

人の好みや考えが、一人一人違っていること。十人いれば、十の色がある、という。

○とにかく十人十色だから　○好みも十人十色で

祝融之災（しゅくゆうの・わざわい）　漢

火事による災難のこと。火の神によるわざわい、という。火災に遭ったことを遠回しに言い表す場合に用いる。

○祝融の災いに遭う　○祝融の災いを免れる

（参考）前漢・劉安の淮南子に、「祝融ハ顓頊ノ孫、一名ハ黎、高辛氏ノ火正ト為ル。号シテ祝融ト為シ、死シテ火神ト為ル」とある。高辛氏の火の管理役となり、死んで火の神となった、という。

酒色之徒（しゅしょくの・と）　漢

酒を飲み、女におぼれて人生を楽しむ者のこと。酒と女のやから、という。遊郭に遊ぶ者の場合にも用いる。

○酒色の徒に走る　○酒色の徒と交わる

（参考）明・馮夢竜の醒世恒言に、「都テ是レ豪華ノ輩、酒色ノ徒ナリ。但笑ヒヲ売リ慾ヲ追フノ楽意ヲ知ル」とある。すべて金持ちの子息で、遊び楽しむことを知っている者ばかりだ、という。

手足之情（しゅそくの・じょう）　漢

兄弟の間の愛情のこと。左右の手、左右の足のように、一組みになって助け合う間柄の気持ち、という。

○手足の情を抑える　○手足の情に堪えない

（参考）北宋・蘇轍の文に、「臣、窃カニ其ノ志ヲ哀シミ、手足ノ情ニ勝ヘズ」とある。兄が獄につながれたことについて、兄弟として大いに悲しむ、という。

酒中之仙（しゅちゅうの・せん）　漢

俗事を離れて、酒を飲んでいる人のこと。酒を飲んで酔っている仙人のような人、という。

○酒中の仙となる　○酒中の仙に加わる

（参考）唐・杜甫が李白について詠んだ詩に、

「李白ハ一斗ニシテ詩百篇、長安市上、酒家ニ眠ル。天子呼ビ来レドモ船ニ上ラズ。自ラ称ス、臣ハ之レ酒中ノ仙ト」とある。天子から迎えの舟が来たけれども、自分では酒中之仙と称し、応じなかった、という。

出藍之誉（しゅつらんの・ほまれ）漢
教え子が先生よりも優れること。染料の青は、植物のアイから採るが、元になったアイよりも青い、という。子が親より優れた人物になる場合に用いたこともある。
○出藍の誉れが高い　○出藍の誉れを夢みて
（参考）荀子に、「学ハ以テ已ム可カラズ。青ハ藍ヨリ出デテ、而モ藍ヨリ青シ。氷ハ水之ヲ為シテ、而モ水ヨリ寒シ」とある。学問は、積み重ねるほど高い段階に達することができる、という。後に、弟子が師より勝る場合にも用いるようになった。

修羅之巷（しゅらの・ちまた）仏
戦いが行われている場所のこと。修羅道がこの世に現れたかと思われるような場面、という。
○修羅のちまたと化する　○修羅のちまたに投げ出され
（参考）仏教では、生死を繰り返す世界が六つに分かれていて、地獄道・餓鬼道・畜生道・修羅道・人間道・天道となる。このうちの修羅道というのは、阿修羅という鬼神がいて、常に血なまぐさい闘争を繰り返しているところである。そのような場面が、修羅之巷である。

瞬息之間（しゅんそくの・かん）漢
非常に短い時間のこと。一度まばたきをしたり、呼吸をしたりするほどの短い間、という。
○瞬息の間に姿を消す　○瞬息の間の早技で
（参考）唐・杜甫の詩に、「得失ハ瞬息ノ間。致遠宜ナリ、泥ヲ恐ル」とある。成功・失敗は瞬間で決まってしまう。遠出をすれば途中で落後する、という。

城下之盟（じょうかの・ちかい）漢
攻め込まれて行う講和条約のこと。力が尽き、降伏して、城壁の下で行う仲直りの約束、という。現代表記では、盟（同じ目的の約束）↓誓（相手との約束）。
○城下の誓いをさせる　○城下の誓いに至る
参考　左伝に、「楚、絞ヲ伐チテ大イニ之ヲ敗リ、城下ノ盟ヒヲ為シテ還ル」とある。楚は絞を破り、城壁の下で講和条約をして帰った、という。

傷弓之鳥（しょうきゅうの・とり）漢
失敗に懲りて、警戒心が強くなり、かえって失敗すること。一度矢を受けた鳥のようだ、という。
○傷弓の鳥となる　○傷弓の鳥のように
参考　前漢・劉向の戦国策に、一度矢を受けた鳥は弓の音を聞いても高く飛ぶが、傷が治っていないから、傷の痛みで落ちてしまう、という話がある。これを受けて、晋書に、「傷弓ノ鳥ハ、虚発ニ落ツ」とある。矢をつがえないで射ても、落ちてくる、という。

生死之海（しょうじの・うみ）仏
生まれたり死んだりを繰り返すこと。その迷いの世界は、海のようにどこまでも続く、という。
○生死の海を漂う　○生死の海に吹く無常の風
参考　仏教では、すべての生き物は、迷いの世界で生まれ変わり、死に変わって、絶えるところがないとする。これが輪廻であり、その繰り返しが果てしなく続くことを海に例えて、これを生死之海という。

小人之勇（しょうじんの・ゆう）漢
向こう見ずの勇気のこと。教養がない者の持つ勇ましさ、という。匹夫之勇とも。
○小人の勇にすぎない　○小人の勇を奮って
参考　荀子に、「小人ノ勇ナル者有リ、士君子ノ勇ナル者有リ。死ヲ軽ンジテ暴ナルハ、是レ小人ノ勇ナリ」とある。前後を考えずに進むのはいけない、という。

小水之魚（しょうすいの・うお）仏
生命の危険が目の前に迫っていること。小さな

水たまりにいる魚のようだ、という。○小水の魚に異ならない　○小水の魚たるを忘れて

(参考) 仏教では、人間はいつ死ぬか分からないとされている。そのことについていろいろの例えがあるが、小水之魚もその一つである。小さな水たまりの中で泳いでいる魚は、いつまでも生きられると思って楽しんでいるが、その水がすぐになくなることを知らないわけである。

承知之助（しょうちの・すけ）和

何でも知っているふりをする人のこと。すべて承知している、という。それを擬人化したもの。仕事を引き受けるときのことばとしても用いる。

○承知之助の言うことには　○合点、承知之助

掌中之珠（しょうちゅうの・たま）漢

自分の子供のこと。手の中に握っている真珠、という。大切にしているものの場合にも用いる。

○掌中の珠として育てる　○掌中の珠を奪われる

(参考) 晋・傅玄(ふげん)の文に、「昔、君、我ヲ視(み)ルコト、掌中ノ珠ノ如シ。何ノ意カ、一朝ニシテ我ヲ溝渠(こうきょ)ニ棄(す)ツルヤ」とある。昔は自分を子供のように考えてくれたのに、今となってどうして見放すのか、という。

松柏之操（しょうはくの・みさお）漢

主義や意見を絶対に変えないこと。マツやカシワと同じで、一年じゅう色を変えない、という。

○松柏の操を守る　○松柏の操も堅く

(参考) 唐・李延寿の南史に、「松柏ト操ヲ比シ、風霜ト烈ヲ等シクスルハ、豈ニ美シカラズヤ」とある。南朝斉・沈昇之(しんしょうし)が官を辞するときのことばである。隠退して、松柏のような節操と風霜のような激しさを持つのは、何とすばらしいことではないか、という。

焦眉之急（しょうびの・きゅう）漢

危ないことが非常に迫っていること。マユが焦げるほど火が近づいて危ないこと。焦眉を焼眉

と書くのは誤り。

○焦眉の急を告げる　○焦眉の急と見なされて

参考 宋・普済の五灯会元に、「問フ、如何ナル、是レ急切ノ一句カト。師曰ク、火、眉毛ヲ焼クト」とある。急切とはどういう状態かと聞かれたのに対し、火がまゆを焼くときだと答えた、という。これによれば焼眉之急であり、中国語はこの形を用いる。ただし、日本では、焼眉を焦眉に改めて用いる。

笑中之刀（しょうちゅうの・かたな）漢

表面は温厚でも、内面は陰険な人のこと。笑いの中に刀を持っている、という。

○笑中の刀にも気づかず　○笑中の刀に振り回される

参考 旧唐書に、「義府、貌状温恭ニシテ、人ト語ルニ必ズ嬉怡微笑スレドモ、褊忌陰賊ナリ。微カニ意ニ忤フ者ニハ、輒チ傾陥ヲ加フ。故ニ時ノ人、義府ノ笑中ニ刀有リト言フ」とある。唐・武将の李義府は、笑い顔で話すが、逆らう者を陥れた、という。

白河夜舟（しらかわ・よふね）和

何も分からないほど寝込んでしまうこと。京都の白河のことを聞かれて、舟で夜中に通ったから知らないと答えた、という。本来は、知らないのに知っているふりをする場合に用いる言い方であった。京都の地名である白河を、川の名だと思って答えたからである。

○白河夜舟で通り過ぎる　○白河夜舟の高いびき

白羽之矢（しらはの・や）和

多くの中から特に選び出すこと。家の屋根に白い羽の矢を立てる、という。現在は、よい場合に用いる。本来は、神が求める処女の家の屋根に白い羽の矢を立てたことだから、生けにえであり、迷惑な場合のことであった。

○白羽の矢を立てる　○白羽の矢にねらわれる

芝蘭之契（しらんの・ちぎり）漢

よい感化を受ける友人と親しくつきあうこと。

レイシヤランの香りがただようところに長くいると、その香りが身に染みてくる、そのようなつきあい、という。

○芝蘭の契りを結ぶ　○芝蘭の契りによって

参考　三国魏・王粛の孔子家語に、「善人ト居ルハ、芝蘭ノ室ニ入ルガ如シ。久シクシテ其ノ香リヲ聞カズ、即チ之ト化スレバナリ」とある。芝蘭の室に入っていると、その香りに同化して感じなくなる、という。善人と交わっているうちに、自分も善人になるからである。

而立之年（じりつの・とし）漢

成長して、三十歳になること。一人前になった年、という。孔子が、この年になって初めて、独自の学問を確立することができたからである。社会的な地位が確立した場合にも用いる。

○而立の年を迎える　○而立の年を過ぎても

参考　論語に、「吾、三十ニシテ立チ、四十ニシテ惑ハズ」とある。三十歳で独り立ちした、という。

唇歯之国（しんしの・くに）漢

互いに助け合い、支え合って成り立つ国どうしのこと。唇と歯の関係にある国、という。

○唇歯の国の関係にある　○唇歯の国を侵すに至る

参考　唇歯輔車（しんしほしゃ）の参考欄を参照。

薪水之労（しんすいの・ろう）漢

日常の雑事に励むこと。タキギを採り、水をくむ苦労、という。骨身を惜しまず仕える場合にも用いる。

○薪水の労に励む　○薪水の労もいとわず

参考　唐・李延寿の南史に、「汝、旦夕（たんせき）ノ費、自ラ給スルコト難シト為（な）ス。今、此ノ力ヲ遣ハシテ、汝ノ薪水ノ労ヲ助ケシム」とある。日常の雑事ができないとするから、この下僕を送って助けさせる、という。

心中之賊（しんちゅうの・ぞく）漢

心の中の悪い考えのこと。心の中の賊、という。心中を身中と書くのは誤り。ただし、身中之虫は身中と書く。

○心中の賊に迷わされる　○心中の賊を抑える

（参考）明・王陽明の陽明全書に、「某、書ヲ寄セテ云フ、山中ノ賊ヲ破ルハ易ク、心中ノ賊ヲ破ルハ難シト」とある。王陽明が討伐軍に与えたことばで、山の中の賊を討ち破るのは易しいが、心の中の賊を破るのは難しいから、勝利のあと、気をつけよ、という。

身中之虫（しんちゅうの・むし）仏

味方の内部にいて、害をなす者のこと。シシの体の中にいる虫のようだ、という。身中を心中と書くのは誤り。ただし、心中之賊は心中と書く。

○身中の虫に注意する　○身中の虫を退ける

（参考）獅子身中の参考欄を参照。

人中之竜（じんちゅうの・りゅう）漢

目立って優れている人物のこと。多くの人の中にあって、竜のような存在だ、という。非凡な人の場合に用いる。竜は、古くはリョウと読んだ（漢音リョウ・呉音リュウ）。

○人中の竜と見なされる　○人中の竜に違いなく

（参考）晋書に、「名聞ク可クシテ身見ル可カラズ、徳仰グ可クシテ形覩ル可カラズ。吾、今ニシテ後、先生ノ人中ノ竜ナルヲ知ル」とある。名を聞くことができ、徳を仰ぐことができるが、体や形を見ることができない。先生は人中の竜であることを知った、という。

真如之月（しんにょの・つき）仏

煩悩が取り払われて、心の本体が現れること。あるがままの清らかな姿のような、明るい月、という。

○真如の月を求める　○真如の月も晴れず

（参考）仏教では、あるがままの清らかな姿のことを、真如という。その清らかさを月に例えたのが、真如之月である。真如の姿を求めて、迷いを除くのが修行である。

心腹之疾（しんぷくの・しつ）漢

取り除くことができない敵のこと。胸と腹の病気が治りにくいのと同じように、取り除けない、という。

○心腹の疾に災いされる　○心腹の疾を抑えて

参考　前漢・劉向(りゅうきょう)の戦国策に、「韓ハ秦ト壌界ニ接境スルモ、展輾(てんてん)シテ約ス可カラズ。韓ノ我ニ在ルハ、心腹ノ疾ナリ。吾、将(まさ)ニ之ヲ伐(う)タントス」とある。韓は、秦についたり、楚についたりして、当てにならない。秦にとっては心腹之疾だ、という。

心腹之友（しんぷくの・とも）漢

気心の通じた友人のこと。心臓（情）も腹（意）も通じ合う友、という。極めて親密な友人の場合に用いる。

○心腹の友として　○心腹の友を失う

参考　唐書に、「杜(と)審言、李嶠(りきょう)、崔融(さいゆう)、蘇(そ)味道ハ、友トシテ善シ。世ニ心腹ノ四友ト号ス」とある。世間では、心を通じた四友と呼んだ、という。

【す】

水火之縁（すいかの・えん）和

お互いの仲が極めて悪いこと。水と火の結びつき、という。決して結ばれない関係の場合にも用いる。

○水火の縁と見なされる　○水火の縁によって

随喜之涙（ずいきの・なみだ）仏

非常にありがたく思うこと。他人の善を見て、大いに喜んでこぼす涙、という。

○随喜の涙を流す　○随喜の涙を催す

参考　仏教では、他の人の善い行いを見て、自分がした行いのように思い、共に喜ぶことを随喜という。そのことによって、その人とともに修行をしたことになるからである。そのようにして、そのことをありがたく思って流す涙が、随喜之涙である。

水魚之交（すいぎょの・まじわり）漢

極めて親しいつきあいのこと。水と魚が離れることができない、そのような間柄になるつきあい、という。

○水魚の交わりを結ぶ　○水魚の交わりも厚く

（参考）蜀志に、劉備のことばとして、「孤ノ孔明有ルハ、猶（な）ホ魚ノ水有ルガゴトシ。願ハクハ、諸君、復タ言フコト勿レ」とある。孔明を得たことは、魚が水を得たようなものだ。二度と不平を言ってくれるな、という。不満な関羽や張飛を諭した言である。

吹毛之求（すいもうの・きゅう）漢

他人の欠点を探し求めること。毛を吹いて、その下にある傷を探す、という。あら探しの場合に用いる。

○互いに吹毛の求を争う　○吹毛の求に遭う

（参考）韓非子（かんぴし）に、「古ノ大体ヲ全ウスル者ハ、毛ヲ吹イテ小疵（しょうし）ヲ求メズ、垢（あか）ヲ洗ッテ知リ難キヲ察セズ」とある。毛を吹いてその下にある傷を探し出したり、あかを洗って見えない部分を調べたりはしない、という。

垂簾之政（すいれんの・まつりごと）漢

幼い主君に代わって、その母君が行う政治のこと。スダレを垂らして、その後ろにいて行う政治、という。陰の実力者がいる場合にも用いる。

○垂簾の政を執る　○垂簾の政となって

（参考）宋史に、「皇太后、朝ニ臨ミテ政ヲ聴ク。皇帝ト並ビ、承明殿ニ御シ、簾（すだれ）ヲ垂レテ事ヲ決ス」とある。幼少の皇帝とともに承明殿に出たが、幼帝の背後にスダレを垂らして、その後ろで政治を行った、という。

頭痛之種（ずつうの・たね）和

悩みごと、心配ごとの原因となる事柄のこと。頭が痛くなる元、という。対策に苦しむ場合に用いる。

○頭痛の種となる　頭痛の種がなくならない

須磨源氏（すま・げんじ）和

始めたことが、長続きしないこと。源氏物語五十四帖のうち、十二番めの須磨の巻まででやめてしまう、という。桐壺源氏は別の意。
○須磨源氏に終わる　○いつもの須磨源氏で

【せ】

井蛙之見（せいあの・けん）漢
広い立場で物を見ることができないこと。井戸の中にいるカワズの意見、という。世間知らずの場合に用いる。
○井蛙の見にすぎない　○井蛙の見とは知らず
（参考）明・沈徳符の論に、「予、北劇ヲ観ルニ、尽ク高ク其ノ上ニ出ヅル者有リ。世人、未ダ嘗テ遍ク観ザルハ、真ニ井蛙ノ見ノミ」とある。北劇を見ないで論をなすのは、井戸の中のカワズの意見だ、という。

青雲之志（せいうんの・こころざし）漢
出世したいと望む気持ちのこと。大空に浮かぶ雲のようになりたい志、という。功名を立てる望みにも用いる。
○青雲の志を立てる　○青雲の志もなく
（参考）唐・王勃の文に、「老イテハ、当ニ益〻壮ンナルベシ。寧ンゾ白首ノ心ヲ知ランヤ。窮シテハ、且ニ益〻堅カラントシテ、青雲ノ志ヲ墜サズ」とある。老いても元気は盛んで、白髪になっても、窮乏しても、その心は堅く、出世の志を失わない、という。

青雲之交（せいうんの・まじわり）漢
出世したいという気持ちを持つ、同期の者のつきあいのこと。同じ青雲之志を持つ者のつきあい、という。
○青雲の交わりを続ける　○青雲の交わりもなく
（参考）宋・胡継宗の書言故事に、「仕宦相与ニスルヲ青雲ノ交ハリ有リト曰フ。袁叔明ト余ト青雲ノ交ハリ有リ」とある。同じときに任官された者を青雲の交わりがあるというから、袁叔明とわたしは、青雲の交わりがあることになる、という。

生殺之権（せいさつの・けん）漢

人事に関して持っている、大きな権限のこと。人を生かしたり殺したりする権限を持つ、という。

○生殺の権をほしいままにする ○生殺の権を握られる

（参考）明・劉基の文に、「天、民ヲ生ムモ自ラ治ムル能ハズ。是ニ于テカ、之ガ君ヲ立テ、之ニ付スルニ生殺ノ権ヲ以テス」とある。天がこの世に人民を生んだが、自分で治めることができないから、君主を置いてそれに大きな権限を与えたのだ、という。日本では、人事に関する権限の意味で用いる。

生死之境（せいしの・さかい）和

生きるか死ぬかの分かれめのこと。生と死との境、という。成功するか失敗するかの場合にも用いる。

○生死の境をさまよう ○生死の境を分けたものは

西施之顰（せいしの・ひそみ）漢

物事の表面だけをまねること。美女の西施がマユの間にシワを寄せた動作を、醜女がまねする、という。

○西施のひそみに倣う ○西施のひそみをまねても

（参考）荘子に、「西施、心ヲ病ミテ其ノ里ニ顰ス。其ノ里ノ醜人、見テ之ヲ美トシ、帰リテ亦タ心ヲ捧ゲテ其ノ里ニ顰ス。彼、顰ヲ美トスルヲ知ルモ、顰ノ美ナル所以ヲ知ラズ」とある。西施が胸を病んで田舎でマユをひそめたところ、醜い女がそのまねをした。西施の場合には美しく見えても、どうして美しく見えるか、その理由が分からなかった、という。

井底之蛙（せいていの・かわず）漢

自分の狭い知識にとらわれて、広い世間を知らないこと。井戸の底にいるカワズと同じだ、という。

○井底のかわずにすぎない　○井底のかわずに異ならず

参考 後漢書に、蜀・子陽に対する同郷・馬援のことばとして、「子陽ハ井底ノ蛙ナルノミ。而ルニ自ラ尊大ナリ」とある。井戸の中のカワズと同じで、天下のことを知らないのに、一人で威張っている、という。

斉眉之礼（せいびの・れい）漢

妻が夫を敬うこと。マユと等しくする礼、という。マユの高さにまで、食ぜんをささげて奉仕するからである。妻が夫によく仕える場合に用いた。

○斉眉の礼を尽くす　○斉眉の礼によって仕える

参考 後漢書に、「帰ル毎ニ、妻、案ヲ挙グルニ眉ニ斉シクス。伯通察シテ之ヲ異トシテ曰ク、能ク其ノ妻ヲシテ之ヲ敬セシムルコト此クノ如シ。凡人ニ非ザルナリト」とある。梁鴻の妻がマユの高さにささげて夫に奉仕するのを見た伯通が、あの人物は凡人ではない、と言って、家に住まわせた、という。

積悪之家（せきあくの・いえ）漢

悪い行いを重ねる家のこと。悪い行いを重ねていると、その者だけでなく、子孫にも悪い報いがある、という。

○積悪の家の報いとして　○積悪の家に違いなく

参考 積善之家の参考欄を参照。

赤子之心（せきしの・こころ）漢

汚れていない清い心のこと。生まれたときの、赤ん坊のような心を持っている、という。

○赤子の心を持つ　○赤子の心も汚されて

参考 孟子に、「大人ナル者ハ、其ノ赤子ノ心ヲ失ハザル者ナリ」とある。徳のある人物といわれる人は、赤ん坊のときの心を持ち続けている者だ、という。

積薪之歎（せきしんの・なげき）漢

後から来た者が重く用いられるために、前からいた者が思う悲しみのこと。薪を次々と積むと、いつも上の薪から使われていく、そのときに下の薪が感じる悲しみ、という。歎はタンとも読み、現代表記では、歎↓嘆と書くのが一般的。
○積薪の嘆きを持つ　○積薪の嘆きに沈む
(参考) 史記に、「群臣ヲ用フルニ、薪ヲ積ム如キノミ。後ニ来ル者、上ニ居ル」とある。家臣を用いるのに、薪を積むように、後から来た者を重く用いる、という。

尺寸之功（せきすんの・こう）　漢

極めてわずかの功績のこと。一尺（十寸）や一寸ほどの短い長さに当たる功績、という。尺は、漢音でセキと読む（呉音・シャク）。
○身に尺寸の功もなく　○尺寸の功にすぎないとしても
(参考) 北宋・蘇軾の文に、「然ルニ相持シテ数歳、魏人敢テハ決戦セズ。而シテ孔明モ亦タ卒ニ尺寸ノ功無シ」とある。魏は進んで決戦をしようとはしなかったから、蜀の孔明にはわずかな功績もなかった、という。

積善之家（せきぜんの・いえ）　漢

善い行いを重ねる家のこと。善い行いを重ねていると、その者だけでなく、子孫にも善い報いがある、という。
○積善の家の常として　○積善の家に違いなく
(参考) 易経に、「坤道ハ其レ順ナルカ、天ヲ承ケテ時ニ行フ。積善ノ家ニハ必ズ余慶有リ、積不善ノ家ニハ必ズ余殃有リ」とある。自然界が正しく四季の流れに従うように、人間界も、善悪それぞれの報いによって秩序が保たれている、という。なお、積善之家に対して、積不善之家のほうを、積悪之家としても用いる。

窃鈇之疑（せっぷの・うたがい）　漢

疑いの心で見ると、何でも疑わしくなること。オノを盗んだという疑いで見ると、実際に盗んでいない人物でも、すべてが疑わしく見えるのと同じだ、という。

○窃鈇の疑いで見る　○窃鈇の疑いをかけられる

（参考）疑心暗鬼（ぎしんあんき）の参考欄を参照。

是非之心（ぜひの・こころ）　漢

善悪が判断できる心のこと。是を是とし、非を非とする心、という。知恵の基本だとされている。

○是非の心を持つ　○是非の心も失われて

（参考）孟子に、「是非ノ心ハ、智（ち）ノ端ナリ」とある。何が是で何が非か分かることが、知恵の始まりだ、という。

先見之明（せんけんの・めい）　漢

将来の事態を予測する力のこと。先が見える明るさを持つ、という。それに応じて、対応できる場合に用いる。

○先見の明がある　○先見の明に乏しく

（参考）後漢書に、自分の子を殺された楊彪（ようひょう）が、曹操からひどくやせたと言われたときのことばに、「愧（は）ヅラクハ、日磾（じってい）ノ先見ノ明無ク、猶（な）ホ、老牛ノ舐犢（しとく）ノ愛ヲ懐（いだ）クト」とある。日磾のような先を見抜く力がなく、まだ子供をかわいがる気持ちだけを、持ち続けていることを恥じている、と答えた、という。

前車之轍（ぜんしゃの・てつ）　漢

前の人と同じ失敗を繰り返すこと。ひっくり返った前の車のワダチのあとをたどる、という。

○前車の轍を踏む　○前車の轍もなく

（参考）後車之誡（こうしゃのいましめ）の参考欄を参照。

千秋之思（せんしゅうの・おもい）　漢

待っている時間や日にちが、非常に長く感じられるときの気持ちのこと。それが千秋（千年）に感じられる気持ち、という。強く待ちこがれる場合に用いる。

○千秋の思いで待つ　○千秋の思いに暮れる

（参考）一日千秋（いちじつせんしゅう）の参考欄を参照。

然諾之士（ぜんだくの・し）　漢

いったん承諾したら、必ずその約束を果たす人のこと。そうだと・うけがう・ひと、という。

○然諸の士に任せる　○然諸の士として信頼される

(参考)　一諾千金の参考欄を参照。

先手必勝（せんて・ひっしょう）和

相手より先に始めるほうが相手に勝つこと。先手（囲碁や将棋で先の番になる人）が必ず勝つ、という。勝つためには、人より先に行動を起こすべきだ、先に行動を起こせば必ず勝てる、などの意味で用いる。

○先手必勝で進む　○先手必勝にもかかわらず

千里之馬（せんりの・うま）漢

優れた人物のこと。一日に千里を走る名馬のような人物、という。その才能が認められない悲しみにも用いる。

○千里の馬を求める　○千里の馬には違いないとしても

(参考)　唐・韓愈の雑説に、「世ニ伯楽有リテ、而ル後ニ千里ノ馬有リ。千里ノ馬ハ常ニ有レドモ、伯楽ハ常ニハ有ラズ」とある。馬を見分ける達人がいてこそ、名馬が世に出るのだ。名馬はいつもいるが、それを見抜く達人はいつもいるとは限らない、という。

千里之行（せんりの・こう）漢

非常に長い道のりを行くこと。千里も離れたところまで行く、という。一歩ずつ行く意味で用いる。

○千里の行も一歩より起こる　○千里の行に上る

(参考)　老子に、「合抱ノ木モ毫末ヨリ生ジ、九層ノ台モ累土ヨリ起コリ、千里ノ行モ足下ヨリ始マル」とある。大きな木も小さな芽から生え、高い建物もモッコの土から始まり、千里の行程も一歩から始まる、という。

【そ】

喪家之狗（そうかの・いぬ）漢

やせ衰えて、元気がない人のこと。だれもエサを与えてくれない、忌中の家の犬のようだ、という。現代表記では、狗（コイヌ）→犬（動物のイヌ一般）とも。
○喪家の犬のごとく衰えて　○喪家の犬とも見なされ
（参考）史記に、「東門ニ人有リ。要ヨリ以下、禹ニ及バザルコト三寸、纍纍然トシテ喪家ノ狗ノ若シ」とある。東門に立っている孔子を見た人が、子貢に言ったことばである。やせ衰えて忌中の家の犬のようだった、という。

桑海之変（そうかいの・へん）漢

世の中の変わり方が激しいこと。桑畑のあったところが、海になるような変わり方、という。滄桑之変とも。
○桑海の変を目のあたり見て　○桑海の変に思いを致し
（参考）唐・劉希夷の詩に、「已ニ見ル、松柏ノ摧カレテ薪ト為リ、更ニ聞ク、桑田ノ変ジテ海ト成ルヲ」とある。緑を保つマツやカシワも砕かれて薪になったのを見た、桑畑が海になった話も聞いた、という。

総角之好（そうかくの・よしみ）漢

幼いときの友人のこと。成人して元服する前の子供の髪形、アゲマキのころのつきあい、という。
○総角のよしみとして　○総角のよしみもなく
（参考）晋書に、「劭、字ハ敬祖。少クシテ武帝ト同年、総角ノ好ミ有リ」とある。武帝に仕えた何劭は、武帝と同年で、幼いときから友人であった、という。

象牙之塔（ぞうげの・とう）洋

俗世間を離れて、芸術や学問に専念する境地のこと。フランスの批評家サント・ブーブが、詩人ビニーの態度について述べたことば、tour d'ivoire の訳語として用いる。大学や研究所などを指す。
○象牙の塔にこもる　○象牙の塔を出て

操觚之士（そうこの・し）漢

詩や文を作る人のこと。四角い木の札を扱う人、という。古代中国では、木の札に文字を書いたからである。新聞雑誌の仕事をする人の社会を、操觚界と呼ぶ。

○操觚の士となる　○操觚の士に任せる

（参考）西晋・陸機の文に、「思ヒ楽シミニ渉レバ夫レ必ズ笑ヒ、方ニ哀シミヲ言ヒテ已ニ歎ク。或イハ、觚ヲ操リテ以テ率爾タリ、或イハ毫ヲ含ンデ邈然タリ」とある。感情をすぐ顔に表し、慌ただしく文章を書いたり、世間離れした書を書いた、という。

糟糠之妻（そうこうの・つま）漢

永年連れ添っていて、共に苦労をしてきた妻のこと。共に酒かすや米ぬかを食べてきた妻、という。家事に専念してきたためにヌカミソ臭くなった妻、のことではない。

○糟糠の妻と苦楽を共にする　○糟糠の妻に逃げられる

（参考）後漢書に、出世すると交友を替え、金持ちになると妻を替えるものだと誘われたときの、宋弘のことばがある。「臣聞ク、貧賤ノ知ハ忘ル可カラズ、糟糠ノ妻ハ堂ヨリ下サズト」とある。貧乏時代の友人を忘れない、苦労を共にした妻を座敷から下ろさない、と聞いている、という。宋弘は、その誘いに乗らなかった。

宋襄之仁（そうじょうの・じん）漢

相手に、必要以上の思いやりをかけること。宋の襄公が、陣形の整わない敵を攻撃すべきではないとした思いやりと同じだ、という。思いやりが過ぎる場合に用いる。

○宋襄の仁を退ける　○宋襄の仁に終わる

（参考）十八史略に、「其ノ未ダ陣セザルニ之ヲ撃タント請フ。公曰ク、君子ハ人ヲ阨ニ困シメズト。遂ニ楚ノ敗ル所ト為ル。世笑ヒテ以テ宋襄ノ仁ト為ス」とある。陣が整わないうちに攻撃しようと申し出たのに対し、君子は人を危地で苦しめない、堂々と勝負すべきだ、と言って攻撃させず、かえって負けてしまった、という。

滄桑之変（そうそうの・へん）漢

世の中の変わり方が激しいこと。青い海であったところが、桑畑になるような変わり方、という。桑海之変とも。

○滄桑の変に思う　○滄桑の変を目のあたり見て

（参考）南宋・洪邁の続夷堅志に、「金ニ元遺山先生有リ。班馬ノ才ヲ具フ。滄桑ノ変ヲ閲テ、隠居シテ仕ヘズ。著述シテ自ら娯シム」とある。金・元遺山は、後漢・班固や前漢・司馬遷のような文才があった。金の滅亡後は、世の中の変わり方が激しいのを見て、隠居し、著述に従った、という。

桑中之約（そうちゅうの・やく）漢

男女がひそかに会う約束のこと。桑畑であいびきをする約束、という。これにより、桑中之喜となる。

○桑中の約を結ぶ　○桑中の約を見破られて

（参考）詩経に、「我ト桑中ニ期ラン。我ヲ上宮ニ要ヘ、我ヲ淇ノ上ニ送ル」とある。彼女は、わたしと桑畑で会うことを約束し、わたしを上宮の地で迎え、帰りは淇水の川辺まで送ってくれる、という。

桑中之喜（そうちゅうの・よろこび）漢

男女があいびきをする楽しみのこと。桑畑であいびきをする喜び、という。桑中之約を実現したもの。

○桑中の喜びを待つ　○桑中の喜びもなく

（参考）左伝に、「異ナルカナ、夫子三軍ノ懼レ有リテ、又、桑中ノ喜ビ有リ。宜シク将ニ妻ヲ窃ミテ以テ逃レントスル者ナルベシ」とある。春秋楚・申叔跪が屈巫に言ったことばである。大軍が攻めてくるのに密会している。他人の妻を盗んで逃げようとするのか、という。屈巫は、夏姫を連れて、晋に逃げた。

草莽之臣（そうもうの・しん）漢

民間にいる人のこと。草むらにいる家臣、という。家臣である人が、謙譲の気持ちでも用いる。
○草莽の臣として　○草莽の臣、田中一郎
(参考) 市井之臣の参考欄を参照。

霜露之思（そうろの・おもい）漢

親を思う気持ちのこと。霜や露を踏んだときに感じる思い、という。寒さを感じるために、親を思うからである。
○霜露の思いを持つ　○霜露の思いに目覚めて
(参考) 元・高明の文に、「霜露ノ思ヒ既ニ極マル。宜シク雨露ノ恩ヲ沾スベシ」とある。親を思う気持ちが、抑えきれない。親の恩に報いるのがよい、という。

惻隠之心（そくいんの・こころ）漢

相手の身になって考える心のこと。いたみ、あわれむ心、という。仁の基本だとされている。
○惻隠の心を持つ　○惻隠の心もなく
(参考) 孟子に、「惻隠ノ心ハ、仁ノ端ナリ」とある。子供が井戸に落ちようとしているのを見れば、だれでも助けようとする。これが惻隠の心で、仁の始まりだ、という。

束脩之礼（そくしゅうの・れい）漢

弟子入りをするときの謝礼のこと。束ねた干し肉のお礼、という。中国では、初めて師を訪れるときに、贈り物として干し肉を持っていった。日本では、江戸時代に、カツオブシを持っていった。
○束脩の礼を調える　○束脩の礼には及ばない
(参考) 論語に、「子曰ハク、束脩ヲ行フヨリ以上ハ、吾、未ダ嘗テ誨フルコト無カラズ」とある。干し肉を持ってきて弟子入りをすれば、だれにでも教えた、という。

俎上之鯉（そじょうの・こい）漢

抵抗できない立場に置かれること。マナイタの上に置かれたコイと同じだ、という。相手のなすままに任せるよりほかに、方法がない場合に用いる。
○俎上のこいとなる　○俎上のこいと覚悟を決める

（参考）晋書に、「既ニ艱難有レバ、則チ微臣ヲ以テ先ト為ス。今、由ホ俎上ノ肉ノ人ノ膾截ニ任スガゴトキノミ」とある。困難なことがあると、まずわたしのような身分の低い者を差し向ける。わたしはマナイタの上で料理される肉のようなものだ、という。日本では、肉を鯉に改めて用いる。コイは、まないたの上に載せられると、暴れずに、おとなしくしているからである。

率土之浜（そっとの・ひん）漢
天下の果てまでのこと。海に取り囲まれている、そのすべての水際まで、という。
○率土の浜に至るまで　○率土の浜を巡り歩いて
（参考）左伝に、「普天ノ下、王土ニ非ザルハ莫ク、率土ノ浜、王臣ニ非ザルハ莫シ」とある。天の下、すべて王土であり、知の限り、すべて王臣だ、という。

存亡之秋（そんぼうの・とき）漢
分かれめにある重要な時のこと。現在のまま続くか続かないかの、分かれめにある時、という。秋は重大なときの意味で、アキとは読まない。
○存亡の秋を迎える　○この存亡の秋に当たって
（参考）危急存亡の参考欄を参照。

泰山之安（たいざんの・やすき）漢
基礎から安定していること。中国五岳の一つ、泰山のように安らかだ、という。累卵之危の対として用いる。
○泰山の安きに置く　○泰山の安きを捨てる
（参考）前漢・枚乗の上書に、「掌ヲ反スノ易キヨリ出デ、泰山ノ安キニ居ラズシテ、累卵ノ危フキニ乗リ、天ニ上ルノ難キニ走ル。此レ愚臣ノ大イニ惑フ所ナリ」とある。簡単なことをせず、泰山のような安らかな現状から出て、重ねた卵のような危険を求め、天に上るような難しいことをする。これは理解に苦しむ、という。

大樹之下（たいじゅの・もと）和

大きな会社に就職していること。大きな木の下、という。雨宿りをするにも、そのほうが安全だからである。

○大樹の下に身を寄せる　○大樹の下に安んじて

大椿之寿（だいちんの・じゅ）漢

非常に長生きをすること。伝説の木、大椿のように、いつまでも続く寿命、という。長寿や事業が、末永く続くことを祝う場合にも用いる。南山之寿とも。

○大椿の寿を祝う　○大椿の寿を祈る

(参考) 荘子に、「上古ニ大椿トイフ者有リ。八千歳ヲ以テ春ト為シ、八千歳ヲ秋ト為ス」とある。八千年を春とし、八千年を秋とする一万六千年（一説に三万二千年）が人間社会の一年に当たる、そのような大椿という木が昔々あった、という。

高手小手（たかて・こて）和

逃げられないような縛り方のこと。手を後ろに回して、高手（手を上に持ち上げる）で、小手（手首のところ）を縛る、という。さらに首まで回す場合もある。

○高手小手に縛られる　○高手小手の縄を解いて

高嶺之花（たかねの・はな）和

遠くから見ているだけで、自分のものにできないこと。高い山の頂上に咲いている花のようだ、という。美しく魅力的な女性や、特に高価で入手不可能な品の場合に用いる。高嶺↓高根と書く場合もある。

○高嶺の花とあきらめる　○高嶺の花を手に入れて

他山之石（たざんの・いし）漢

友人の言行を参考として、自分の向上に役立てること。よその山から出た石でも、トイシとして用いれば、自分の宝石を磨くのに役立つ、という。友人の誤った言行が、反省の参考となる場合にも用いる。ただし、石に例えることは失礼だから、目上に対しては用いない。

○他山の石として　○他山の石を得て

(参考) 詩経に、「他山ノ石、以テ玉ヲ攻(みが)ク可シ」とある。よその山から出た石も、それを用いれば、自分の持っている玉を磨いてりっぱにすることができる、という。

多事之秋（たじの・とき）　漢

国家にとって不安な時期のこと。いろいろと事件が多い重大な時、という。会社・団体の場合にも用いる。秋は重大なときの意味で、アキとは読まない。

○この多事の秋に当たって　○多事の秋を迎えて

(参考) 水滸伝(すいこでん)に、「汝等、文武ノ群臣、国家多事ノ秋ニ当タリ、如何(いか)ニ処置スルヤ」とある。文武の家臣に、国家が不安な現在、いかにすべきかと尋ねた、という。

他生之縁（たしょうの・えん）　仏

前世からの縁でこのようになったと考えること。この世に生まれる前からの関係による、という。他生は、今生に対しての語だから、多生と書くのは誤り。ただし、多生の芳契は多生と書く。幾たびも生まれ変わることによって受けるよい関係、だからである。

○他生の縁には違いなく　○他生の縁も浅からず

(参考) 仏教では、今生の前に前生があり、今生の後に後生がある。その関係が非常に密接で、すべての事柄が縁で結ばれている。そこに、他生之縁を考えることになる。ことわざに、そで振り合うも他生の縁、とある。

谷間之桜（たにまの・さくら）　和

見る人がだれもいないこと。人の行かない谷間で咲いている桜のようだ、という。優れたもの、美しいものでありながら、人にもてはやされない場合に用いる。
○谷間の桜に終わる　○谷間の桜を見つけ出し

弾丸之地（だんがんの・ち）漢
極めて狭い土地のこと。はじきだまほどの土地、という。黒子之地とも。併せて、弾丸黒子之地とも。
○弾丸の地を守る　○弾丸の地を残す
（参考）前漢・劉向の戦国策に、「誠ニ秦ノ力ノ至ル所ヲ知ラズ。此ノ弾丸ノ地スラ、猶ホ予ヘズシテ、秦ヲシテ来ル年ニ復タ攻メシムレバ、王ハ其ノ内ヲ割クコト無クシテ媾ヲ得ルヤ」とある。秦の勢力は強い。この狭い土地を与えなければ、次に攻めてきたときに、領土を取られずに講和を結ぶことはできない、という。

断機之誡（だんきの・いましめ）漢
学問を中途でやめてはいけないこと。孟子の母が織っていた布を途中で断ち切った、その戒め、という。現代表記では、誡（いましめことば）↓戒（いましめる）。
○断機の戒めを受ける　○断機の戒めも無視されて
（参考）孟母断機の参考欄を参照。

断金之契（だんきんの・ちぎり）漢
非常に親しい友情で結ばれていること。金を断ち切るほどの力を持っている約束、という。
○断金の契りを結ぶ　○断金の契りによって
（参考）易経に、「二人心ヲ同ジクスレバ、其ノ利キコトハ金ヲ断ツ」とある。金を断ち切るほどの力がある、という。これに基づいて、北魏・酈道元の水経注に、「城西ニ孔嵩ノ旧居有リ。山陽ノ范式ト断金ノ契リ有リ」とある。後漢・孔嵩と范式は、同窓の友で、非常に厚い友情で結ばれていた、という。

断腸之思（だんちょうの・おもい）漢
非常に悲しい気持ちを持つこと。ハラワタを引きちぎられるほどの悲しい思い、という。
○断腸の思いを持つ　○断腸の思いに沈む

(参考) 南朝宋・劉義慶の世説新語に、猿の子を捕らえたときの母猿の話がある。「其ノ母、岸ニ縁リテ哀号シ、行クコト百余里ニシテ去ラズ。遂ニ跳リテ船ニ上リ、至レバ便チ絶ユ。破リテ其ノ腹中ヲ視レバ、腸皆寸寸ニ断エタリ」とある。解剖してみると、悲しみのために腸が細かく切れていた、という。日本では、四字漢語として、心腸寸断の形でも用いる。

池魚之殃（ちぎょの・わざわい）漢

関係のない事件で不幸になること。火事を消すために池の水を使われたとき、その魚が受けるような災い、という。
○池魚の殃いに遭う　○池魚の殃いを被る
(参考) 秦・呂不韋の呂氏春秋に、宝珠を池の中に投げたと聞き、「是ニ於テ池ヲ竭クシテ之ヲ求ムレドモ得ル無ク、魚死セリ」とある。その池の水をさらったが、宝珠はなかった、しかし、そのために魚が死んだ、という。これを受けて、明・瞿佑の剪灯新話に、「汝、宜シク地ヲ択ビテ居ルベシ。否ンバ則チ恐ラク池魚ノ殃ヒニ預カラン」とある。道士に見てもらったところが、近く大事件があるから、それで不幸にならないように、住むところを選べと言われた、という。

竹馬之友（ちくばの・とも）漢

幼いころから一緒に遊んだ友人のこと。竹馬で遊んだ友人、という。日本では、日本の竹馬を連想して用いる。
○竹馬の友のよしみで　○竹馬の友を頼って
(参考) 晋書に、「温、人ニ語リテ曰ク、少キ時、吾、浩ト共ニ竹馬ニ騎ル。我棄テ去ルニ、浩輒チ之ヲ取ル」とある。晋・桓温が殷浩との友人関係を語ったことばで、共に竹馬で遊んだが、わたしの捨てた竹馬に乗った。当時から、わたしのほうが上だった、という。ただし、一般には、上下関係を無視して用いる。なお、この場合の竹馬は、竹の先に飾りをつけて持ち、他端を地につけて乗り回す遊びで、日本の竹馬ではない。

竹帛之功（ちくはくの・こう）漢

歴史に残るような、大きな功績のこと。歴史を書き記した竹や絹の上に残る功績、という。

○竹帛の功を残す　○竹帛の功もなく

（参考）後漢書に、光武帝の前で述べた鄧禹のことばとして、「但願ハクハ、明公ノ威徳四海ニ加ハリテ、禹、其ノ尺寸ヲ効シテ、功名ヲ竹帛ニ垂ルルヲ得ント」とある。光武帝が天子となって天下を平定するに当たって、少しでも手伝って功名を歴史に残したい、という。

置錐之地（ちすいの・ち）漢

極めてわずかな土地のこと。キリを立てるほど狭い場所、という。否定の形で用いる。

○置錐の地にすぎないとしても　○置錐の地もなく

（参考）荘子に、「尭舜、天下ヲ有テドモ、子孫、置錐ノ地無シ」とある。尭や舜は天下を統一したけれども、自分の子孫には少しの土地も残さなかった、という。

遅暮之歎（ちぼの・なげき）漢

年を取っていく悲しみのこと。少しずつ暮れに近づく悲しみ、という。何らなすこともなく年を取る場合に用いる。歎はタンとも読み、現代表記では、歎↓嘆と書くのが一般的。

○遅暮の嘆きに沈む　○遅暮の嘆きを共にする

（参考）南朝宋・鮑明遠の賦に、「将ニ興ラントシテハ中ゴロ止マリ、往クガ若クシテ帰リ、遷延シテハ遅暮ス」とある。盛んになろうとしては途中でやめ、行こうとしては途中で帰り、順に延ばしているうちに、人生も終わりに近づいた、という。

知命之年（ちめいの・とし）漢

年を取って、五十歳になること。天命を知る年齢、という。孔子が、この年になって初めて、自分の使命を自覚したからである。

○知命の年を迎える　○知命の年に至っても

（参考）論語に、「吾、五十ニシテ天命ヲ知ル」とある。五十歳のときに、天が自分に与えてくれた使命を悟った、という。天命を運命と考えるのは、誤りとされている。

中原之鹿（ちゅうげんの・しか）　漢

政治の主導権のこと。黄河流域の平野で、一頭のシカを追い回す、という。鹿は禄に通じる、とされていた。

○中原の鹿を追う　○中原の鹿も手に入れる

（参考）唐・魏徴の詩に、「中原ニ還タ鹿ヲ逐フ。筆ヲ投ジテ戎軒ヲ事トス。縦横ノ計、就ラザルモ、慷慨ノ志、猶ホ存ス」とある。群雄が主導権を争っている。わたしも勉学をやめ、軍事に赴くこととした。合従や連衡の説得はできなくても、乱世を治めたいという気持ちを持っている、という。

中興之祖（ちゅうこうの・そ）　漢

衰えを取り戻した祖先のこと。中ほどで盛んにした祖先、という。復活させた功労を評価する場合に用いる。

○中興の祖と仰がれる　○中興の祖にも恵まれず

（参考）漢書に、「古ヨリ、受命及ビ中興ノ君、必ズ滅ブルヲ興シ、絶ユルヲ継グ」とある。天の命を受けた君主や衰えを取り戻した君主は、必ず滅びそうな国を盛んにし、絶えそうな国を引き継いだ、という。日本では、君（君主）を祖（祖先）に改めて用いる。

中途半端（ちゅうと・はんぱ）　和

物事ができ上がらないで、途中でそのままになっていること。行く道の中ほどで、全部は整っていない、という、どちらとも決まらない場合にも用いる。

○中途半端になる　○中途半端のままで

中肉中背（ちゅうにく・ちゅうぜい）　和

人の背恰好が平均的なこと。肉のつき方が太ってもやせてもいない中位であり、背の高さが高くも低くもなく中位である、という。体格が目立たない場合に用いる。
○中肉中背の紳士　○中肉中背で、色白の女

鳥鵲之智（ちょうじゃくの・ち）漢
遠い先のことばかり考えて、目の前の災いに気がつかないこと。風の多い年に低い枝に巣を作ったカササギが、卵やひなの危険を考えなかった知恵と同じだ、という。現代では、智（ちえ）↓知（しる）と書くこともある。
○鳥鵲の智に終わる　○鳥鵲の智と笑われる
（参考）前漢・劉安の淮南子に、「高木ヲ去リテ扶枝ニ巣クフ。遠キ難ニ備フルヲ知リテ、近キ患ヒヲ忘ル。鳥鵲ノ智ナリ」とある。巣を風から守ることを心掛けたが、卵やひなが守れなかった、という。

朝夕之烟（ちょうせきの・けむり）和
毎日の生活のこと。朝ごはんや夕ごはんの支度で燃やす、火によって起こる煙、という。その日、その日を過ごす場合にも用いる。現代表記では、烟↓煙（異体字）。
○朝夕の煙の資とする　○朝夕の煙にも事欠く

長蛇之列（ちょうだの・れつ）和
長い列を作って進むこと。長いヘビのような列、という。順序を重んじて、先着順に並ぶ場合にも用いる。
○長蛇の列が続く　○長蛇の列に割り込む

掉尾之勇（ちょうびの・ゆう）⇩とうびの・ゆう

長夜之飲（ちょうやの・いん）漢
楽しみの限りを尽くす宴会のこと。夜通し行う、長い飲み食い、という。ぜいたくな宴会の場合にも用いる。
○長夜の飲を催す　○長夜の飲にも飽きて
（参考）酒池肉林の参考欄を参照。

朝露之命（ちょうろの・いのち）漢
人間のはかない命のこと。朝の露がすぐ消えてしまうような命、という。長続きしない場合にも用いる。

○朝露の命にすぎない　朝露の命を楽しむ

参考 漢書に、「人生、朝露ノ如シ。何ゾ久シク自ラ苦シムコト是ノ如クセンカ」とある。注に、「朝露ハ日ヲ見ズシテ則チ晞ク、人命ノ短促ナルコトモ亦タ之ノ如シ」とある。人生ははかないのだ、こんなに苦しむ必要はないのだ、という。

枕中之書（ちんちゅうの・しょ）　漢

大切にしまっておく書物のこと。マクラの下に隠して、他の人には見せない書物、という。

○枕中の書として人にも見せず　○枕中の書を失う

参考 北朝魏・賈思勰の斉民要術に、「尭舜禹湯、皆、預見ノ明有リ。凶年ト雖モ、民窮セズ。王曰ク、善ク丹書帛ヲ以テ、之ヲ枕中ニ致シ、以テ国宝ト為スト」とある。昔の帝王には先見の明があった。帝王の書をマクラの下に隠して、国宝としていた、という。

〔つ〕

津々浦々（つつ・うらうら）　和

全国各地、至るところのこと。あらゆる港、あらゆる海辺、という。津々は、連濁でツヅとも読む。

○津々浦々を売り歩く　○全国津々浦々から寄せられた　○津々浦々まで行われた　○津々浦々に至るまで

泥中之蓮（でいちゅうの・はす）　漢

悪い環境の中で正しく生きること。ドロの中で美しく咲くハスの花と同じだ、という。

○泥中のはすと見なされる　○泥中のはすの生

涯を送る

（参考）北宋・周敦頤（しゅうとんい）の文に、「予、独リ蓮ノ淤泥（おでい）ヨリ出デテ染マラズ、清漣（せいれん）ニ濯（あら）ハレテ妖（よう）ナラザルヲ愛ス」とある。草木の中で愛すべきものは多いが、中でもハスが好きだ。泥の中に生えて泥に染まらず、きれいな水に洗われてもあやしい美しさを持たない点がよい、という。

手枷足枷（てかせ・あしかせ）和

自由には動けなくするもののこと。手かせ（罪人の手にはめる刑具）と足かせ（罪人の足にはめる刑具）を、組み合わせて表す。人の行動を束縛する場合にも用いる。

○手かせ足かせを感じる　○親の手かせ足かせになる

轍鮒之急（てっぷの・きゅう）漢

危険が迫っていること。車のワダチの中にたまった水の中にいるフナのような、差し迫った状態、という。その場の助けが必要な場合に用いる。

○轍鮒の急を救う　○轍鮒の急にも気づかず

（参考）荘子に、「中道ニシテ呼ブ者有リ。周、顧視スレバ、車轍ノ中ニ鮒魚有リ。我ハ東海ノ波臣ナリ。君、豈ニ斗升ノ水有リテ我ヲ活（い）カサンカ」とある。ワダチの水たまりにフナがいた。わたしは東海の水官です、どうか水を少し持ってきてください、と言った、という。荘子は、これから南に行くから、西海の水を持ってこようと言うと、フナは、「吾、斗升ノ水ヲ得バ、然モ活キンノミ」と言った。必要なのは、今のわずかな水だ、という。

鉄壁之陣（てっぺきの・じん）漢

非常に堅固な陣がまえのこと。鉄で造った城壁で囲んだ陣がまえ、という。守るのに固い城の場合に用いる。

○鉄壁の陣による　○鉄壁の陣を破る

（参考）金城鉄壁（きんじょうてっぺき）の参考欄を参照。

手前味噌（てまえ・みそ）和

自分で自分の自慢をすること。自分のうちでつくったミソのほうがおいしい、という。
○手前みそを並べる　○手前みそな言い方をする

手練手管（てれん・てくだ）　和

人をだまして動かす、上手なやり方のこと。手練（人をだます技術）と手管（人を操る技術）を、組み合わせて表す。本来は、遊女が客をだます技術のことであった。
○手練手管に乗せられる　○手練手管の数を尽くして

天壌之隔（てんじょうの・へだたり）　漢

上と下との離れ方が非常に大きいこと。天と地が離れているように離れている、という。
○天壌の隔たりがある　○天壌の隔たりに気づいて
（参考）東晋・葛洪の抱朴子に、「已ニ天壌ノ隔タリ有リ。何ゾ独リ仙者ノ凡人ニ異ナルヲ怪シマンヤ」とある。天と地の隔たりがあるから、仙人と凡人の違いも不思議ではない、という。

椽大之筆（てんだいの・ふで）　漢

堂々とした文章のこと。棟木から軒に渡して屋根を支える、たる木のような大きな筆で書いた文章、という。
○椽大の筆を振るう　○椽大の筆に感じ入る
（参考）晋書に、「珣、人ノ大筆ノ椽ノ如キヲ之ニ与フルヲ夢ム。既ニ覚メ、人ニ語リテ曰ク、此レ当ニ大手筆ノ事有ルベシト。俄カニシテ帝崩ジ、哀冊謚議、皆珣ノ草スル所ナリ」とある。晋の王珣が、大きな筆を夢に見た。急に武帝が亡くなり、弔辞やオクリナを定める文章は、すべて王珣が書いた、という。

輾転之思（てんてんの・おもい）　漢

思い悩んで寝られないこと。何度も寝返りをして思う、という。現代表記では、輾（めぐる）↓転（ころがる）。
○転々の思いを続ける　○転々の思いに悩まされる
（参考）詩経に、「美一人有リ。碩大ニシテ且ツ儼ナリ。寤寐為スコト無シ。輾転シテ枕ニ伏ス」とある。美しい女性が一人いた。顔かたちが大きくて、引き締まっている。寝ても覚めてもこれを思い、寝返りして、マクラに伏した、という。

田父之功（でんぷの・こう）　漢

苦労をしないで、獲物を手に入れること。名犬が足の速いウサギを追いかけて、共に疲れて死んだのを、通りがかりの農夫が自分のものにしたようなやり方、という。

○田父の功を得る　○田父の功にされたのでは

（参考）犬兎之争の参考欄を参照。

吐握之労（とあくの・ろう）　漢

優れた人物を迎え入れようと努めること。訪問者があると、口に含んだ食べ物を吐き出し、洗いかけた髪を握って出迎えるような努力、という。

○吐握の労を積む　○吐握の労もいとわず

（参考）吐哺握髪の参考欄を参照。

同郷之好（どうきょうの・よしみ）　漢

同じ土地で生まれた人どうしのつきあいのこと。郷里を同じにしたつきあい、という。

○同郷のよしみによって　○同郷のよしみを求めて

（参考）荘子に、「今、夫レ、此ノ人、以為ラク、己ト時ヲ同ジクシテ生マレ、郷ヲ同ジクシテ処ル者ナリト」とある。自分と同じ時に同じ土地で生まれた者だ、という。そこに、特別の親しみを感じることになる。

同穴之契（どうけつの・ちぎり）　漢

夫婦が死んでも離れないという、固い約束のこと。穴を同じにして葬られる約束、という。偕老之契とも。

○同穴の契りを交わす　○同穴の契りも固く

（参考）偕老同穴の参考欄を参照。

桃源之夢（とうげんの・ゆめ）　漢

俗世間を離れた別天地を理想とすること。川の上流で、桃の花の咲いているところの夢、という。

○桃源の夢をむさぼる　○桃源の夢から目覚めて

（参考）武陵桃源の参考欄を参照。

同日之論（どうじつの・ろん）　漢

同じように見なすことができること。同じときに話すことがら、という。一緒に扱う意味ではあるが、否定の形で、全く異なるという意味で用いる。

○同日の論ではない　○同日の論とはいかず

（参考）史記に、「権ヲ比べ、力ヲ量リ、功ヲ当世ニ効サシムレバ、日ヲ同ジクシテ論ゼズ」とある。権力や功績の点から考えれば、身分も程度も異なるから、一緒に取り上げることはできない、という。

同窓之好（どうそうの・よしみ）　漢

同じ学校で勉強した友人どうしのつきあいのこと。窓を同じにしたつきあい、という。

○同窓のよしみに頼る　○同窓のよしみを捨てて

（参考）明・楊慎の丹鉛総録に、「今、士子、業ヲ同ジクスルヲ以テ、同窓ト為ス」とある。同じ師に就いて同じ勉学をした者を同窓とする、という。そこに、特別の親しみを感じることになる。

東道之主（とうどうの・しゅ）　漢

主人となって来客の案内や世話をすること。東のほうへ行く人のもてなしをする主人、という。

○東道の主となって　○東道の主も得られず

（参考）左伝に、「若シ鄭ヲ舎シテ以テ東道ノ主ト為シ、行李ノ往来ニ其ノ乏困ヲ供セシメバ、君モ亦タ害スル所無ケン」とある。鄭が秦と晋に取り囲まれたとき、鄭の燭之武が秦王と会ったときのことばで、鄭を許して東方へ行くときのもてなしを受けるほうが、秦にとって有利だ、という。

掉尾之勇（とうびの・ゆう）和

最後の勇気を奮い起こして頑張ること。捕らえられた魚が、死に際に、最後の力を振り絞って、尾を振るときの勇気、という。掉尾は、チョウビとも読む（掉は、漢音チョウ・慣用音トウ）。

○掉尾の勇を奮う　○掉尾の勇に期待する

当務之急（とうむの・きゅう）漢

何よりも先に行わなければならないこと。当面の務めとしての、急ぎのことがら、という。

○当務の急とする　○当務の急を忘れて

㊂参考　南宋・黎靖徳（れいせいとく）の朱子語類に、「人人、各〻当務ノ急有リ」とある。各人に当面の務めがある、という。

桃李之教（とうりの・おしえ）漢

徳のある人の教えのこと。モモやスモモは何も言わないけれども、その花や実に引かれて、多くの人が集まる、そのような教え、という。先生の教えを敬って用いる。

○桃李の教えに集まる　○桃李の教えを求めて

㊂参考　明・湯顕祖の文に、「今日ハ吉辰（きっしん）ニテ、先生ニ来拝ス。学生自ラ蒲柳（ほりゅう）ノ姿ヲ愧（は）ヂ、敢テ桃李ノ教ヘヲ煩ハス」とある。学生は弱々しい体を見苦しく思いながらも、先生の教えを求めた、という。

棟梁之器（とうりょうの・うつわ）漢

重要な役目に当たることができる人物のこと。家屋の棟木やハリに用いることができる木材と同じだ、という。

○棟梁の器がある　○棟梁の器と認められ

㊂参考　唐・李延寿の南史に、「宰相ノ門、予章栝柏（かっぱく）ハ、小ナリト雖モ已（すで）ニ棟梁ノ器有リ」とある。総理の家にあるクスノキやビャクシンやカシワは、まだ小さいが、もう、棟やハリになるものだ、という。南朝宋・明帝に後事を託された袁粲（えんさん）が王倹を見て、さすがは総理の子息だ、と感心したときのことばである。

当路之人（とうろの・ひと）漢

重要な地位にある人のこと。道のまんなかにいる人、という。政治の中心にいる人の場合に用いる。

○当路の人となる　○当路の人を訪ねる

（参考）孟子に、「夫子、路ニ斉ニ当タラバ、管仲・晏子ノ功、復タ許ス可キカ」とある。先生が斉の国で政治に当たられたら、管子や晏子のような功績を期待することができるでしょう、という。

螳螂之斧（とうろうの・おの）漢

自分の力を考えずに向かっていくこと。カマキリが、相手が大きなものであっても、前足を高く上げて立ち向かう、その前足と同じだ、という。螳螂は、蟷螂とも書く。

○螳螂のおのと言われても　○螳螂のおのを振るって

（参考）荘子に、「汝ハ夫ノ螳螂ヲ知ラズヤ。其ノ臂ヲ怒ラシテ以テ車轍ニ当タル。其ノ任ニ勝ヘザルヲ知ラザルナリ」とある。カマキリが前足を振り上げて車の前に立ちふさがる、自分の力を知らないからだ、という。また、前漢・韓嬰の韓詩外伝には、斉の荘公の車に立ち向かったカマキリに対して、人間なら天下の勇者になれるだろう、と言った、と書かれている。

十日之菊（とおかの・きく）和

時期に遅れて、間に合わないこと。九月九日の重陽の節句に飾る菊を、十日に持ってきても役に立たない、という。菊の節句を過ぎても咲いている菊の場合にも用いる。

○今さら十日の菊では　○十日の菊となっては

（参考）日本のことわざに、「六日の菖蒲、十日の菊」とある。五月五日の端午の節句に飾るアヤメも、六日に持ってきたのでは役に立たない、という。

時世時節（ときよ・じせつ）和

そのときそのときの移り変わりのこと。時世（世の中の巡り合わせ）と時節（そのおりおり）を、組み合わせて表す。その時代その時代の風潮についても用いる。

○時世時節を待つ　○時世時節とはいいながら

塗炭之苦（とたんの・くるしみ）漢

極めてひどい苦しみのこと。泥にまみれ、炭火で焼かれるような苦しみ、という。

○塗炭の苦しみをなめる　○塗炭の苦しみにおぼれて

（参考）書経に、「嗚呼、惟レ、天、民ヲ生ミテ欲有リ。主無クンバ乃チ乱ル。有夏ハ昏徳ニシテ、民、塗炭ニ堕ツ」とある。夏の指導者（桀王）は悪い徳を持っていて、人民はひどいめに遭っていた、という。これを討ったのが、殷の湯王である。

図南之翼（となんの・つばさ）漢

計画した大きな事業を始めようとすること。南方の大空を目ざして飛び立とうとする、オオトリのつばさと同じだ、という。遠征を試みようとする場合にも用いる。

○図南の翼をはばたく　○図南の翼もむなしく

（参考）荘子に、「北冥ニ魚有リ。化シテ鳥ト為ル。其ノ名ヲ鵬ト為ス。上ルコト九万里、然ル後ニ図南シ、且ニ南冥ニ適カントス」とある。北海にいた魚がオオトリとなり、九万里も昇って南海に移ろうとした、という。壮大な遠征を思わせる記述である。

屠竜之技（とりゅうの・ぎ）漢

習得しても役に立たない技術のこと。竜を殺して切り裂く技術を身につけても、竜はいないから役に立たない、という。屠竜は、古くはトリョウと読んだ（竜は、漢音リョウ・呉音リュウ）。

○屠竜の技に終わる　○屠竜の技とは知らずに

（参考）荘子に、「竜ヲ屠ルコトヲ学ブ。千金ノ家ヲ単クシテ、三年ニシテ技成ル。而レドモ其ノ巧ヲ用フル所無シ」とある。竜をほふる技術を学ぶに当たり、千金の家をつぶし、三年かかって成功したが、その巧みさを用いるところがなく、役に立たなかった、という。

呑舟之魚（どんしゅうの・うお）漢

大人物のこと。舟を丸のみにしてしまうほどの、大きな魚のような人物、という。

○呑舟の魚と目される　○呑舟の魚も水を失っては

（参考）列子に、「呑舟ノ魚ハ枝流ニ游ガズ、鴻鵠ハ高ク飛ンデ、汚池ニ集マラズ」とある。舟を丸のみにするような魚は支流では泳がない、オオトリやクグイは、高いところを飛んで、汚い池には集まらない、という。そのように、大人物は、世俗には交わらないものである。

【な】

内助之功（ないじょの・こう）漢

夫を助ける妻の働きのこと。内側で助ける功績、という。夫が外で心配なく働けるように、家庭を守るのが妻の役目であるという価値観から、それを高く評価する場合に用いる。

○内助の功によるところが大きい　○内助の功もなく

（参考）魏志に、「昔ニ在リテ帝王ノ天下ヲ治ムルハ、惟ニ外輔ノミナラズ、亦タ内助有リ」とある。帝王が天下を治めたのは、大臣や将軍の助けだけでなく、妻の助けがあったからだ、という。

奈落之底（ならくの・そこ）仏

地獄のこと。大地の下にある底、という。底が分からないほど、深いところの場合にも用いる。

○奈落の底に落ちる　○奈落の底を目ざして

（参考）金輪奈落の参考欄を参照。

南柯之夢（なんかの・ゆめ）漢

人生がはかないこと。南側に伸びた枝の下で見た夢、という。極めて短い夢の場合にも用いる。槐安之夢とも。

○南柯の夢に終わる　○南柯の夢も覚めて

参考 唐・李公佐の南柯記に、「宅南ニ古キ槐樹有リ。酔ヒテ其ノ下ニ臥ス。夢ニ、使ヒニ随ッテ穴ノ中ニ入ル。其ノ王曰ク、吾ガ南柯郡ハ政事理マラズ。之ヲ理メヨト。郡ニ至リテ凡ソ二十載、遂ニ覚ム」とある。国王が治めてもらいたいというから二十年間も治めたが、それで目が覚めた、という。

南山之寿（なんざんの・じゅ）漢
非常に長生きをすること。南山がいつまでも崩れないように、いつまでも続く寿命、という。長寿や事業が、末永く続くことを祝う場合にも用いる。大椿之寿とも。
○南山の寿を祝う　○南山の寿を祈る
参考 詩経に、「月ノ恒ル如ク、日ノ升ル如ク、南山ノ寿ノ如ク、松柏ノ茂ルガ如シ」とある。日や月や南山やマツやカシワのように変わらない、という。南山は、西安（昔の長安）の東南にある終南山のことである。

難中之難（なんちゅうの・なん）仏
非常に難しいこと。難しい中でも、特に難しいこと、という。非常に苦しいことの場合にも用いる。
○難中の難と知る　○自ら難中の難を求めて
参考 仏教では、困難なこと、苦痛を伴うことが難である。自らの能力に頼って悟りへの修行に励むことを難行というのも、それが苦痛を伴うからである。その中でも特に苦しい修行が、難中之難である。ただし、日本では、この難をむずかしいという意味で用いることが多い。

〔に〕

二世之縁（にせの・えん）和
夫婦の結びつきのこと。この世だけでなく、あの世まで結ばれる強い縁、という。親子が一世之縁、主従が三世之縁とされるのに対して用いる。

○二世の縁を結ぶ　○二世の縁に煩わされて

人情之常（にんじょうの・つね）漢

一般の人が普通に持っている気持ちのこと。人情としてだれでも持っているもの、という。

○人情の常として　○人情の常とは言えないが

(参考) 北宋・司馬光の文に、「凡ソ一人ヲ用フルニ、必ズ或イハ以テ賢ト為シ、或イハ以テ不肖ト為ス。此レ固ヨリ人情ノ常ナリ。古ヨリシテ然リ。怪シムニ足ラザルナリ」とある。その人物について、賢いと見る人もおり、くだらないと見る人もいるのは、普通の気持ちで、昔から変わらない、という。

【ね】

涅槃之岸（ねはんの・きし）仏

悟りの境地のこと。迷いの海からたどり着く岸、という。安らかな状態の場合にも用いる。

○涅槃の岸を目ざして　○涅槃の岸も程遠く

(参考) 仏教では、人間はだれでも迷いを持っているとする。その迷いを火に例え、吹き消した状態を、吹き消す意味の語 nirvāna で表し、音訳して涅槃とする。迷いを海に例えれば、たどり着くところが涅槃之岸となる。

【の】

嚢中之錐（のうちゅうの・きり）漢

才能のある者が、必ず目立つに至ること。袋の中に入れたキリと同じで、先端が必ず出てくるものだ、という。

○嚢中のきりと出世も早く　○嚢中のきりでもなく

(参考) 史記に、「夫レ賢士ノ世ニ処ルヤ、譬ヘバ錐ノ嚢中ニ処ルガ若シ。其ノ末立チドコロニ見ル」とある。戦国趙・趙勝（平原君）が人物を選んだときに、自薦した毛遂に対して言ったことばである。優れた人物は必ず目立つものだ、という。これに対して毛遂は、自分を袋の中に入れてくれたら穂先まで全部突き出てしまうでしょう、と言って、選ばれることになった。

【は】

拝顔之栄（はいがんの・えい）和
自分より上の人に会うこと。お顔を拝むほまれ、という。謙譲の気持ちで用いる。
○拝顔の栄を得る　○拝顔の栄に浴する

敗軍之将（はいぐんの・しょう）漢
戦いに負けた将軍のこと。敗れた軍の将軍、という。事業に失敗した人の場合にも用いる。
○敗軍の将として捕らえられる　○敗軍の将たるを恥じ
参考　後漢・趙曄（ちょうよう）の呉越春秋に、「臣、聞ク、亡国ノ臣ハ敢テハ政ヲ語ラズ、敗軍ノ将ハ敢テハ勇ヲ語ラズト」とある。国を滅ぼした大臣は、政治の意見を言う資格がない、戦いに負けた将軍は、勇気のことを言う資格がない、という。失敗した者は、そのことについて意見を述べる資格がない、と考えるからである。

倍称之息（ばいしょうの・そく）漢
非常に高い利息のこと。借りた金が二倍になるほど高い利息、という。高利貸しの利息の場合に用いる。
○倍称の息をむさぼる　○倍称の息にも等しく
参考　漢書に、「当（まさ）ニ其ノ有ル者ハ、賈（か）ヲ半バニシテ売リ、亡キ者ハ倍称ノ息ヲ取ラル」とある。資金のない者は、二倍の利息を取られる、という。資金がある者は値を半分にして売り、資金

背水之陣（はいすいの・じん）漢
あとに引けない立場で、全力を尽くすこと。川を後ろにして整えた陣、という。決死の覚悟の場合に用いる。

○背水の陣をしく　○背水の陣を覚悟して
参考　囊沙背水の参考欄を参照。

破鏡之歎（はきょうの・なげき）漢
夫婦が縁を切る悲しみのこと。鏡が二つに割れる悲しみ、という。歎はタンとも読み、現代表記では、歎↓嘆と書くのが一般的。
○破鏡の嘆きに遭う　○破鏡の嘆きを乗り越えて
参考　前漢・東方朔の神異経にある話に基づく。離れて暮らさなければならなくなった夫婦が、愛の証拠として、鏡を割ってそれぞれに持っていた。ところが、妻が不義をしたために、その鏡がカササギになって夫のところへ戻り、不義が分かって離婚になった、という。この場合の鏡は、ガラス製ではなく、金属製である。

莫逆之友（ばくげきの・とも）漢
気持ちの合った友人のこと。逆らうことがない友人、という。極めて親しい友人の場合に用いる。莫逆は、俗にバクギャクと読む（逆は、漢音ゲキ・呉音ギャク）。
○莫逆の友として交わる　○莫逆の友に死なれて
参考　荘子に、「四人、相与ニ語リテ曰ク、孰カ死生存亡ノ一体ナルヲ知ル者ゾ、吾、之ト友タラント。四人、相視テ笑ヒ、心ニ逆ラフコト莫ク、遂ニ相与ニ友ト為ル」とある。四人が死生存亡一体の考え方に達した人と友人になろうと話し合い、だれも逆らわず、互いに意見が合って、親友になった、という。

麦秀之歎（ばくしゅうの・なげき）漢
国が滅びたことの悲しみのこと。その宮殿の跡に麦の穂が伸びている悲しみ、という。麦秀を麦秋と書くのは誤り。歎はタンとも読み、現代表記では、歎↓嘆と書くのが一般的。
○麦秀の嘆きを催す　○麦秀の嘆きも久しく
参考　史記に、殷の忠臣箕子が、殷の宮殿の跡を通ったときの詩として、「麦秀デテ漸漸タリ、禾黍油油タリ」とある。宮殿の跡には麦が伸び、イネやキビが若々しい、と嘆いた、という。これが麦秀之歎である。

伯仲之間（はくちゅうの・かん）　漢

二人を比べて、優劣が見られないこと。兄弟の間でいえば伯（長兄）と仲（次兄）と同じだ、という。

○伯仲の間にある　○伯仲の間を見なされ

（参考）三国魏・曹丕の典論に、「文人相軽ンズルハ、古ヨリシテ然リ。傅毅ノ班固ニ於ルハ、伯仲ノ間ノミ。而ルニ、固、之ヲ小トス」とある。文人は昔から互いに軽視し合う。傅毅と班固は優劣がないが、班固は、傅毅を小だとしている、という。兄弟の順序は、伯・仲・叔・季と呼ばれている。

破竹之勢（はちくの・いきおい）　漢

勢いが非常に盛んなこと。竹を割るとき、初めの一節を割ると、次々に割れていくのと同じ勢い、という。

○破竹の勢いがある　○破竹の勢いで進む

（参考）晋書に、将軍杜預のことばとして、「今、兵威已ニ振ルフ。譬ヘバ竹ヲ破ルガ如シ。数節ノ後、皆、刃ヲ迎ヘテ解ケ、復タ手ヲ著クル処無キナリ」とある。今は士気が盛んである、それは竹を割るようなもので、幾つか先の節まで、刃を迎えるように、独りでに割れていく、という。今こそ攻撃すべきだ、とした言である。

伐性之斧（ばっせいの・おの）　漢

女色におぼれること。生まれながらの本性を断ち切るオノ、という。男の心を惑わす女のやり方について用いる。

○伐性のおのに負ける　○伐性のおのを振り切って

（参考）秦・呂不韋の呂氏春秋に、「靡曼皓歯、鄭衛ノ音、務メテ以テ自ラ楽シム。之ヲ命ケテ、伐性ノ斧ト曰フ」とある。やわらかい肌、白い歯、みだらな音楽、これらを楽しむことを、伐性のオノと呼ぶ、という。

鼻先思案（はなさき・しあん）　和

物事を深く考えないこと。鼻の先でいいかげんに考える、という。目先のことにとらわれる場合にも用いる。
○鼻先思案で終わる　○鼻先思案ではいけないが

反間之計（はんかんの・けい）漢

敵国に入って敵情を探り、内部分裂をさせるはかりごとのこと。スパイを逆に用いる計画、という。
○反間の計を用いる　○反間の計に先を越されて
(参考) 孫子に、「間ヲ用フルニ五有リ。郷間有リ、内間有リ、反間有リ、死間有リ、生間有リ」とある。この場合の間はスパイのこと。民間人を用いる、役人を用いる、敵のスパイを逆に用いる、死を覚悟して行く、生きて帰る、の五つの方法がある、という。日本では、苦肉の策と併せて、反間苦肉の形でも用いる。

磐石之安（ばんじゃくの・やすき）漢

極めて安定していること。平らな岩のように安らかだ、という。現代表記では、磐（さらいわ）→盤（おおざら）。
○盤石の安きに置く　○盤石の安きを捨てて
(参考) 明・羅貫中の三国演義に、「某ニ一計有リ。西蜀ノ兵ヲシテ東呉ヲ犯サザラシメバ、荊州ハ磐石ノ安キガ如シ」とある。西蜀に東呉を攻めさせなければ、荊州は極めて安泰だ、という。

万乗之君（ばんじょうの・きみ）漢

天下を治める天子のこと。兵車一万台を出すことができる国の君主、という。大諸侯の場合にも用いる。
○万乗の君を迎える　○万乗の君として政務を執る
(参考) 孟子に、人間の欲望を戒めたことばとして、「万乗ノ国、其ノ君ヲ弑スル者ハ必ズ千乗ノ家ナリ。苟クモ、義ヲ後ニシテ利ヲ先ニスルコトヲ為サバ、奪ハズンバ厭カズ」とある。万乗の大国でその君主を殺して地位を奪う者は、必ず千乗の家臣である。利を先にすれば、欲望はきりがない、という。

万全之策（ばんぜんの・さく）　漢

手落ちがない計画のこと。すべてが完全なはかりごと、という。極めて行き届いた計画の場合に用いる。

○万全の策を講じる　○万全の策とは行かないが

(参考) 魏志に、「将軍ノ為ニ計ルニ、曹公ハ必ズ重ク将軍ヲ徳トセン。長ク福祚(ふくそ)ヲ享(う)ケ之ヲ後嗣ニ垂ルルハ、此レ万全ノ策ナリ」とある。劉(りゅう)先(せん)が将軍劉表に勧めたことばで、今は曹操に味方すれば、子孫まで幸福になる万全之策だ、という。

半面之識（はんめんの・しき）　漢

ちょっと会っただけの人のこと。顔の半分だけ知っている間柄、という。それを覚えている場合に用いる。

○半面の識がある　○半面の識もないが

(参考) 後漢書に、「造車ノ匠アリ。内ニ於テ扇ヲ開キ、反面ヲ出ダシテ奉ヲ視(み)ル。奉即チ委(す)テ去ル。後数十年ニシテ、道ニ於テ車匠ヲ見、識(し)リテ之ヲ呼ブ」とある。車大工が中から扇を開いて顔を半分出したのを見た応奉は、その場は立ち去ったが、数十年後に道でその男に会っても、覚えていて声をかけた、という。

【ひ】

非業之死（ひごうの・し）　仏

災難に遭って死ぬこと。前世からの関係で定められた寿命を、全うしない死に方、という。

○非業の死を遂げる　○非業の死に至る

(参考) 仏教では、それぞれの行為によって後々までも残る力のことを業という。現世で受けるすべての報いは、前世からの業によって決まるのであり、その点は、現世で受ける寿命の場合も同じである。したがって、突然の災難による死に方については、そのような業によらない死に方とされ、これを非業之死という。

尾生之信（びせいの・しん）　漢

融通が利かないこと。気まじめな尾生が、約束だけを守って死んだのと同じだ、という。命をかけてまで約束を守る誠実さを、褒める場合にも用いる。抱柱之信とも。

○尾生の信に終始する　○尾生の信を守って

(参考) 荘子に、「尾生ハ女子ト梁下ニ期ス。女子来ラズ。水至レドモ去ラズ。梁柱ヲ抱キテ死ス」とある。尾生という男が、女と橋の下で会う約束をした。水が増しても女が来なかった。橋の柱に抱きついて待ち続け、ついにおぼれて死んだ、という。

皮相之見（ひそうの・けん）　漢

うわべだけの浅い見方のこと。外側に現れた形だけを見て思いつく意見、という。

○皮相の見にすぎない　○皮相の見とは異なり

(参考) 北宋・阮逸の文に、「或イハ文ヲ執リ理ニ昧ク、論語ヲ模範トスルヲ以テ病と為ス有リ。此レ皮膚ノ見ニシテ、心ノ解ニ非ザルナリ」とある。文章の表現だけを見て、内側の理論を見ない。論語のような修辞の少ない文章を悪いとしたのは、うわべだけの見方だ、という。日本では、皮相之士に準じて、皮膚を皮相に改め、皮相之見の形で用いる。

皮相之士（ひそうの・し）　漢

うわべだけを見て、深く考えない人のこと。外側に現れた形だけを見る人、という。

○皮相の士と見なされる　○皮相の士を相手とせず

(参考) 前漢・韓嬰の韓詩外伝に、「延陵子、其ノ賢者タルヲ知リ、請ウテ姓字ヲ問フ。牧者曰ク、子ハ、乃チ皮相ノ士ナリ。何ゾ姓字ヲ語ルニ足ランヤト」とある。春秋呉・延陵子が、牧夫が賢者に違いないと思ってその姓を尋ねたが、牧夫は、あなたは皮相の士だから、姓を告げる必要はない、と言った、という。

秘中之秘（ひちゅうの・ひ）和

特に大切な秘密のこと。秘密の中でも、特に重要な秘密、という。絶対に他に知らせたくない場合に用いる。

○秘中の秘とする　○秘中の秘が漏れる

必争之地（ひっそうの・ち）漢

互いに手に入れようと、取り合う土地のこと。必ず争う地、という。戦略的に重要な土地の場合に用いる。

○必争の地となる　○必争の地に至る

（参考）周書に、「白馬ノ要沖ハ、是レ必争ノ地ナリ。今、城ノ守リ寡弱ニシテ、易ク図ル可シ」とある。白馬の要沖は、戦略上、重要な土地である。今、城の守りが弱いから、容易に手に入れることができる、という。

匹夫之勇（ひっぷの・ゆう）漢

向こう見ずの勇気のこと。身分が低い者の持つ勇ましさ、という。小人之勇とも。

○匹夫の勇にすぎない　○匹夫の勇を奮って

（参考）孟子に、「王請フ、小勇ヲ好ム無カレ。夫レ、剣ヲ撫シテ疾視シテ曰ク、彼悪ンゾ敢テ我ニ当タランヤト。此レ匹夫ノ勇ニシテ、一人ニ敵スル者ナリ」とある。小勇を好まないでください。剣に手をかけて相手をにらみ、わたしにかなうものか、と言うのは匹夫の勇で、一人を相手にするだけです、という。

皮肉之見（ひにくの・けん）漢

うわべだけの浅い見方のこと。皮や肉を得たにすぎない意見、という。当てこすりの意見、のことではない。

○皮肉の見に終わる　○皮肉の見とは異なり

（参考）宋・道原の伝灯録に、達磨の述べた評価として、「汝ハ吾ガ皮ヲ得タリ」とか、「汝ハ吾ガ肉ヲ得タリ」とある。いずれも、皮肉之見だという。これに対して、一法も得ていないと答えた弟子に、「汝ハ吾ガ骨ヲ得タリ」と評した。

また、礼拝しただけの弟子に、「汝ハ吾ガ体ヲ得タリ」と評した。これらが、高い評価であった。

髀肉之歎（ひにくの・たん）漢

実力を示す機会がない悲しみのこと。馬に乗る機会がないために、フトモモの内側に肉がついてしまった悲しみ、という。現代表記では、歎↓嘆と書くのが一般的。

○髀肉の嘆を抱く　○髀肉の嘆に堪えない

参考　蜀志に、「吾、常ニ身鞍ヲ離レズ、髀肉皆消ユ。今、復タ騎ラズ、髀ノ裏ニ肉生ズ」とある。以前はいつも馬に乗っていたから、フトモモの肉がなかった。今はここに肉がついた、という。蜀の劉備が、劉表のもとに身を寄せていたときのことばである。

百世之師（ひゃくせいの・し）漢

いつまでも末永く、人の師と仰がれる人のこと。百代の後までも仰がれる師、という。

○百世の師と仰がれる　○百世の師に違いなく

参考　孟子に、「聖人ハ百世ノ師ナリ」とあり、北宋・蘇軾の書いた韓愈の碑には、「匹夫ニシテ百世ノ師ト為ル」とある。いつまでも人に仰がれる師だ、という。

百病之長（ひゃくびょうの・ちょう）和

病気としての風邪のこと。風邪を引くことは、すべての病気の初めだ、という。風邪は万病の元、である。

○百病の長に侵される　○百病の長をこじらせる

百薬之長（ひゃくやくの・ちょう）漢

酒のこと。百の薬よりも優れている、という。酒を褒めたたえることばとして用いる。

○百薬の長に親しむ　○百薬の長とも遠ざかり

参考　漢書に、前漢・王莽のことばとして、「夫レ、塩ハ食肴ノ将、酒ハ百薬ノ長ニシテ嘉会ノ好、鉄ハ農ノ本ナリ」とある。塩は食物中の重要なものであり、鉄は農業の基本である。それに対して、酒は多くの薬の中で最も優れ、宴会の楽しみだ、という。

百煉之鋼（ひゃくれんの・はがね）漢

よく鍛えられた人物のこと。百回も打ち鍛えられた鋼鉄、という。現代表記では、煉↓錬（異体字）。

○百錬の鋼として　○百錬の鋼に囲まれて

参考 唐・王定保の文に、「蕭ハ百煉ノ鋼ノ若シ。屈抑ス可カラズ」とある。カワラヨモギは、百煉之鋼と同じだ、自分で曲がることもないし、抑えることもできない、という。そのような人物に例える。

比翼之鳥（ひよくの・とり）漢

深い愛情で結ばれた夫婦のこと。翼が片側しかなく、雌雄が左右一体となって飛ぶ鳥と同じだ、という。

○比翼の鳥となる　○比翼の鳥を誓う

参考 比翼連理の参考欄を参照。

非礼之礼（ひれいの・れい）漢

心がこもらない礼儀のこと。礼儀でない礼儀、という。形式だけ整っている礼儀の場合に用いる。

○非礼の礼を受けて　○非礼の礼にすぎず

参考 孟子に、「非礼ノ礼、非義ノ義ハ、大人為サズ」とある。礼に見えるけれども真の礼でないこと、義に見えるけれども真の義でないことは、徳のある人がしないことだ、という。礼は、社会生活で最も重んじられた。

布衣之交（ふいの・まじわり）漢

庶民としてのつきあいのこと。粗末な衣服によるつきあい、という。身分や欲望を離れた場合にも用いる。布衣は、ホイとも読む（布は、漢音ホ・呉音フ）。

○布衣の交わりを保つ　○布衣の交わりを断つ

参考 史記に、「臣、以為ラク、布衣ノ交ハリスラ尚ホ相欺カズ、況ンヤ大国ヲヤト。且ツ一(いっ)璧(べき)ノ故ヲ以テ、彊秦(きょうしん)ノ驩(かん)ニ逆(そむ)クハ不可ナリ」とある。趙の群臣が、秦からの申し出は当てにならないと言ったときの、藺(りん)相如のことばである。庶民でも約束を守るものだ、大国である秦は、当然約束を守ると思う、という。それは一つの璧と十五城を交換したいとの申し入れであった。

風雲之志（ふううんの・こころざし）　漢

世の乱れに乗じて、出世しようという気持ちのこと。風や雲を得た竜のように高く昇りたい気持ち、という。

○風雲の志を抱く　○風雲の志もむなしく

(参考) 北周・庾(ゆ)信(しん)の書いた公子元の神道碑（墓前に建てる経歴碑）に、「始メ庠塾(しょうじゅく)ニ遊ビ、儒学ノ栄、無カラザルモ、或イハ兵書ヲ見テ、遂ニ風雲ノ志有リ」とある。学校で勉学して儒学も修めたが、兵書を見てついに風雲之志を持った、という。

風樹之歎（ふうじゅの・なげき）　漢

孝行ができるようになったけれども、親が死んでしまって孝行ができない悲しみのこと。風がやまないうちは、静かにできない立ち木の悲しみ（思うとおりにならない悲しみ）、という。歎はタンとも読み、現代表記では、歎↓嘆と書くのが一般的。

○風樹の嘆きに沈む　○風樹の嘆きを見て

(参考) 前漢・韓嬰(かんえい)の韓詩外伝に、皐魚(こうぎょ)のことばとして、「吾、諸侯ニ学游(がくゆう)シ、以テ吾ガ親ニ後ル。樹(き)静カナラント欲スレドモ風止(や)マズ。子養ハント欲スレドモ親待タザルナリ。往(ゆ)キテ見ルヲ得可カラザル者ハ親ナリ」とある。道ばたで泣いている理由を孔子に尋ねられたときの返事である。早く孝養すべきだった、という。

風前之塵（ふうぜんの・ちり）　漢

はかなく頼りないこと。風が吹く方向にあるチリと同じだ、という。人生のはかなさの場合にも用いる。

○風前のちりにほかならず　○風前のちりとな

る

（参考）東晋・陶淵明の詩に、「人世ハ根蔕無ク、飄タルコト陌上ノ塵ノ如シ。分散シテ風ヲ逐ッテ転ズ。是レ已ニ常ノ身ニ非ズ」とある。人生は土台がなく、都大路のチリのようだ。風に飛ばされ、落ち着いた身ではない、という。このような見方が、風前之塵である。

風前之灯（ふうぜんの・ともしび）仏

いつ死ぬか分からないこと。風が吹く方向にあるトモシビのようだ、という。心もとない場合に用いる。

○命も風前のともしびで　○風前のともしびに異ならず

（参考）仏教では、人の命というのが、非常にはかないものだとされている。それは、いつなくなるか分からないからである。それを例えたのが、風前之灯である。

附会之説（ふかいの・せつ）漢

無理に道理に合わせた考え方のこと。離れないように合わせる考え方、という。現代表記では、附（そえる）→付（つける）とも。

○附会の説をなす　○附会の説にすぎない

（参考）北宋・欧陽脩の文に、「易ノ道深ク、汨トシテ明ラカナラザル者ハ、諸儒、附会ノ説ヲ以テ、之ヲ乱セバナリ」とある。易の道理が奥深くてよく分からないのは、多くの学者がこじつけて乱すからだ、という。日本では、牽強と併せ、牽強附会として用いる。

不刊之書（ふかんの・しょ）漢

後の人が手を入れることができない名著のこと。版木を削って書き直すところがない書物、という。原稿のままで、刊行されなかった書物、のことではない。

○不刊の書とされる　○不刊の書に数えられる

（参考）文選に、「周公ノ志、仲尼従ヒテ之ヲ明ラカニス。左丘明、経ヲ仲尼ニ受ケテ、以為ラク、経ハ不刊ノ書ナリト」とある。周公の編集意図によって孔子が整えた春秋だから、魯・左丘明は、もはや手を入れることのできない名著だとした、という。

不帰之客（ふきの・きゃく）和

死んだ人のこと。二度とこの世には戻ることがない旅人、という。黄泉之客とも。

○不帰の客となる　○不帰の客を送る

不義之財（ふぎの・ざい）漢

正当に得たものでない財産のこと。義に背く形で得た財、という。わいろなどで得たものの場合に用いる。

○不義の財で身を肥やす　○不義の財を退ける

（参考）前漢・劉向（りゅうきょう）の列女伝に、戦国斉・田稷（でんしょく）の母のことばとして、「不義ノ財ハ、吾ガ有ニ非ザルナリ。不孝ノ子ハ、吾ガ子ニ非ザルナリ」とある。宰相の田稷が下役から受けた金銭を母に送ったときのことである。不義の財は欲しくない、不孝の子はわが子ではない、という。宣王はこれを聞いて、その母を賞した。

不急之務（ふきゅうの・つとめ）漢

急ぐ必要がない仕事のこと。急がない務め、という。差し当たり必要がない仕事の場合に用いる。

○不急の務めに専念する　○不急の務めと見なされる

（参考）呉志に、「不急ノ務メヲ棄（す）テ、以テ功業ノ基ヲ修ム。豈ニ善カラズヤ」とある。急ぐ必要がない仕事を捨てて、功績の基を作るのがよい、という。

覆車之戒（ふくしゃの・いましめ）漢

前の人の失策を参考にして、後の人が戒めとすること。前の車がひっくり返ったのを見て気をつける、という。

○覆車の戒めとなる　○覆車の戒めを忘れて

（参考）晋書に、「純、凡才ヲ以テ卿尹（けいいん）ニ位ス。謙敬ノ節ヲ惟（おも）ハズ、覆車ノ戒メヲ忌マズ。遂ニ純ノ官ヲ免ズ」とある。晋・庾純（ゆじゅん）は、才能もなく宰相になった。しかし、謙虚なところがなく、前人の失策を参考にしないので、罷免された、という。

腹心之臣（ふくしんの・しん）漢

心から信頼できる家臣のこと。主君の腹となり胸となって、はかりごとを巡らす家臣、という。腹も胸も主君と同じであって、頼みになる家臣の場合にも用いる。

○腹心の臣として　○腹心の臣を失って

（参考）詩経、「粛粛タル兎ノ罝ハ、中林ニ施ス。赳赳タル武夫ハ、公侯ノ腹心ナリ」とある。ウサギを捕らえる整った網は、林の中に仕掛ける。たくましい武士は、君主の腹や胸となって働く、という。

巫山之夢（ふざんの・ゆめ）漢

男女がひそかに会うこと。楚の懐王が巫山で神女と契りを結んだ夢を見た、その夢と同じだ、という。

○巫山の夢を結ぶ　○巫山の夢を見破られて

（参考）文選に、楚・懐王が巫山の南の楼に遊んだときの話として、「夢ニ一婦人ヲ見ル、曰ク、妾ハ巫山ノ女ナリ。願ハクハ枕席ヲ薦メント。王、因リテ之ヲ幸ス」とある。夢の中で婦人が出てきて、巫山の女で契りを結びたいと言ったので、そのとおりにした、という。懐王は、後にその神女のために寺を建てた。

不時之需（ふじの・もとめ）漢

予定しないときのために備えること。時でないときの必要、という。現代表記では、需（さがす）→求（ほしい）。

○不時の求めに備える　○不時の求めを待つ

（参考）北宋・蘇軾の後赤壁賦に、「我ニ斗酒有リ。之ヲ蔵スルコト久シ。以テ子ノ不時ノ需メヲ待ツ」とある。一斗の酒を前から持っている、こういうときに欲しくなるのを待っていた、という。

不治之疾（ふじの・やまい）漢

死ぬまでつきまとう病気のこと。医学の力で治らない病、という。不治は、フチとも読む。現代表記では、疾（苦しいヤマイ）→病（重いヤマイ）。

○不治の病にかかる　○不治の病を背負って

参考　明・馮夢竜の醒世恒言に、「太医、脈ヲ診了ハリテ、説キテ道フ、此レ乃チ不治ノ疾ナリト」とある。侍医が脈を見終わって、これは治らない病気だ、と言った、という。日本では、症を疾（病）に改めて用いる。

不測之禍（ふそくの・わざわい）漢

考えてもいなかった不幸のこと。こうなるだろうと考えない災い、という。事故や天災の場合に用いる。現代表記では、禍（ふしあわせ）↓災（できごと）。

○不測の災いに遭う　○不測の災いのために

参考　北宋・司馬光の資治通鑑に、「妾、天ニ頼ミテ男有レバ、則チ是レ君ノ子ニシテ、王ト為ルナリ。楚国ハ尽ク得可シ。孰ゾ身ト不測ノ禍ヒニ臨マンヤ」とある。わたしが祈って子を作ったのは、あなたの子だから、これが楚の国の王です、という。

二股膏薬（ふたまた・ごうやく）⇩うちまた・ごうやく

釜中之魚（ふちゅうの・うお）漢

逃れることができないこと。カマの中の魚がやがて煮殺されるのと同じだ、という。その運命が、他の人の思うままになっている場合に用いる。

○釜中の魚となる　○釜中の魚にも似て

参考　明・羅貫中の三国演義に、「今、劉備ハ釜中ノ魚、穽中ノ虎ナリ。若シ、此ノ時ニ就キテ擒捉セズンバ、魚ヲ放チテ海ニ入レ、虎ヲ縦チテ山ニ帰スガ如シ」とある。劉備の運命は、カマの中の魚、落とし穴の中のトラと同じだ。今捕らえなければ、海に放ち、山に帰すことになる、という。

不逞之徒（ふていの・と）漢

かってなことをする人のこと。思うとおりにならない者、という。けしからんと感じる場合に用いる。

○不逞の徒となる　○不逞の徒を退ける

(参考) 梁書に、「秦ニ入レバ秦人容レズ。呉ニ帰レバ呉人信ゼズ。当ニ是レ不逞ノ徒ナルベシ」とある。秦に行っても呉に行っても、仲間になれない。こういうのが不逞の徒だ、という。この場合は、本人にとって満足できない意味である。日本では、相手にとって満足できない(けしからんと思う)場合に用いる。

普天之下（ふてんの・もと）漢

天下すべてのこと。天に広く行き渡っている、その下すべてのところ、という。

○普天の下を巡り歩く　○普天の下に行き渡って

(参考) 率土之浜の参考欄を参照。

不毛之地（ふもうの・ち）漢

農作物ができない土地のこと。草木が生えない土地、という。土地が荒れていて、やせている場合に用いる。

○不毛の地を耕しても　○不毛の地として捨てられ

(参考) 唐書に、「今、府庫ノ宝ヲ竭クシテ、以テ不毛ノ地ヲ争フ。其ノ人ヲ得ルモ、以テ増賦スルニ足ラズ。其ノ工ヲ獲ルモ、以テ耕織ス可カラズ」とある。国家の財源を出して不毛の地を争う。人民や工人を手に入れても、税を増やし生産を上げることはできない、という。

蜉蝣之命（ふゆうの・いのち）漢

非常にはかない人生のこと。朝生まれて夕方に死ぬといわれる、カゲロウのような命、という。

○蜉蝣の命をむさぼる　○蜉蝣の命にすがる

(参考) 詩経に、「蜉蝣ノ羽、衣裳楚楚タリ。心ノ憂ヒ、我ニ於テ帰処セン」とある。朝生まれて夕方に死ぬカゲロウが、美しい羽をつけている。それと同じように、宮中では美しい衣装を着飾っている。国が滅びたら、どこへ行けばよいのかと、わたしは心配する、という。

不惑之年（ふわくの・とし）漢

成長して、四十歳になること。迷わなくなった年、という。孔子が、この年になって初めて、修養により、迷うこともなくなったからである。

○不惑の年を迎える　○不惑の年も過ぎて

参考 論語に、「吾、三十ニシテ立チ、四十ニシテ惑ハズ」とある。四十歳で迷わなくなった、という。

刎頸之交（ふんけいの・まじわり）漢

厚い友情で結ばれているつきあいのこと。相手のために首をはねられても、悔いがないつきあい、という。

○刎頸の交わりを結ぶ　○刎頸の交わりによって

参考 史記に、戦国趙の藺相如と廉頗の経緯がある。廉は藺が昇進するのを快く思わなかったが、藺が国のために思って争いを避けているのを耳にして、大いに恥じた。「廉頗、肉袒シテ荊ヲ負ヒ、賓客ニ因ッテ藺相如ノ門ニ至リ、罪ヲ謝ス。卒ニ相与ニ驩ビ、刎頸ノ交ハリヲ為ス」とある。肌脱ぎしてイバラのムチを背負い、これで罰してください、と藺を訪ねて、罪を謝した。二人は歓談して、刎頸之交わりを結んだ、という。

忿怒之相（ふんぬの・そう）仏

目を怒らし、腕を振り上げた姿のこと。不動明王などに見られる怒った姿、という。怒は、呉音でヌと読む（漢音・ド）。現代表記では忿（いかる）→憤（いきどおる）とも。

○憤怒の相を恐れる　○憤怒の相に接して

参考 仏教では、怒りのことを忿怒という。そのような目つきが忿怒眼であり、そのような手首の形が忿怒拳である。これが不動明王などの動的な姿勢を構成している。目を怒らし、腕を振り上げ、足を踏ん張った姿である。

文武之道（ぶんぶの・みち）漢

学芸の道と武芸の道の両方のこと。文と武の道、という。両方とも備わっている場合に用いる。ただし、本来は、文王と武王の政治のことであった。

○文武の道を学ぶ　○文武の道に秀でて

参考　一張一弛（いっちょういっし）の参考欄を参照。

墳墓之地（ふんぼの・ち）漢

先祖代々が住んできた土地のこと。先祖の墓がある土地、という。故郷の場合に用いる。

○墳墓の地でもあるから　○墳墓の地を離れて

参考　管子に、春秋斉・桓公（かんこう）に答えた宰相管仲のことばがある。その中に、「故国ハ父母ノ墳墓ノ在ル所ニシテ、固ナリ。田宅爵禄ハ尊ナリ。妻子ハ質ナリ」とある。故郷は、絶対に守ろうとする、田宅と爵禄を与えれば、尊敬する、妻子を人質に取れば、必ず従う、という。管仲は、これを統治の三本（三つの基本）とした。

【へ】

米塩之資（べいえんの・し）和

生活していくための費用のこと。生きるために必要な、米と塩を買う金銭、という。生計を立てる場合に用いる。

○米塩の資を稼ぐにも　○米塩の資にも事欠き

【ほ】

布衣之交（ほいの・まじわり）⇩ふいの・まじわり

望雲之情（ぼううんの・じょう）漢

故郷の父母を思う気持ちのこと。高い山に登って、故郷の空を流れる雲を仰ぎ見る気持ち、という。

○望雲の情に駆られる　○望雲の情もやみがたく

参考　唐書に、唐・狄（てき）仁傑が任地へ行く途中で太行山に登り、故郷を思いやったときのことばとして、「白雲ノ孤飛スルヲ見テ、左右ニ謂ヒテ曰ク、吾ガ親ハ其ノ下ニ舎（を）リト。瞻悵（せんちょう）之ヲ久シクシ、雲移リテ乃チ去ルヲ得」とある。あの白雲の下に父母がいるのだ、と言って遠く雲を見やり、雲が動いてから去った、という。

判官贔屓（ほうがん・びいき）和

不幸な人に同情すること。九郎判官と呼ばれた源義経の不幸に同情して、力を添えたくなる気持ち、という。

○判官贔屓で応援する　○判官贔屓の世の中ゆえ

亡国之音（ぼうこくの・いん）漢

悲しい調子を帯びた音楽のこと。国家が滅びるときに流行する音楽、という。みだらな音楽の場合にも用いる。音は、俗にオンと読む（漢音イン・呉音オン）。

○亡国の音が行われる　○亡国の音を耳にする

(参考) 礼記に、「凡ソ音ハ人心ヨリ生ズル者ナリ。是ノ故ニ、亡国ノ音ハ、哀シミヲ以テ思フ。其ノ民、困シメバナリ。声音ノ道ハ、政ト通ズ」とある。音楽は人の心から生まれるものだ。だから、国が滅びるに至る場合は、人民が苦しむから、音楽も悲しい調子になる。音楽は政治と関係がある、という。

望蜀之願（ぼうしょくの・ねがい）漢

一つの望みがかなったあと、さらに次を望むこと。さらに蜀の国を望む願い、という。欲望が限りなく出て、満足することを知らない場合に用いる。

○望蜀の願いを持つ　○望蜀の願いも抑えがたく

(参考) 十八史略に、後漢・光武帝のことばとして、「人、自ラ足レリトセザルヲ苦シム。既ニ隴ヲ得テ復タ蜀ヲ望ム」とある。自分の野望は、次々と大きくなる。隴を平定した後に、また蜀を攻めたくなった、という。

方寸之地（ほうすんの・ち）漢

極めて狭い土地のこと。一寸四方の土地、という。人の心の意味でも用いる。

○方寸の地を守る　○方寸の地も悲しみに満ちて

参考 蜀志に、「本、将軍ト共ニ王覇ノ業ヲ図ラント欲スルニ、此ノ方寸ノ地ヲ以テス」とある。諸葛孔明のことばで、王覇を企てたとき、この狭い土地から始めた、という。それに続けて、「今已ニ老母ヲ失ヒ、方寸乱ル」とある。この方寸は、心の意味である。南宋・羅大経の鶴林玉露に、「方寸ノ地ヲ存シテ、子孫ニ留与シテ耕サン」とあるのも、ただこの心を残して、子孫に修めさせよう、ということである。

抱柱之信（ほうちゅうの・しん）⇩びせいの・しん

忘年之交（ぼうねんの・まじわり）　漢

お互いの年齢の隔たりを感じさせない、親しいつきあいのこと。年の差を忘れるつきあい、という。年末に行われる忘年会、のことではない。

○忘年の交わりを楽しむ　○忘年の交わりによって

参考 後漢書に、「禰衡、逸才有リ。少クシテ孔融ト交ハル。時ニ衡未ダ二十ニ満タズ。而シテ融已ニ五十、忘年ノ交ハリト為ス」とある。二十歳にも達しない禰衡ハ、三十以上も年上である五十歳ノ孔融と親しく交わったので、忘年之交とした、という。

亡命之徒（ぼうめいの・と）　漢

国外に逃げる人のこと。姓や名をなくす者、という。革命その他により、他国に逃れる人の場合に用いる。

○亡命の徒と見なされる　○亡命の徒を受け入れる

参考 旧唐書に、「訓ニ従ッテ又亡命ノ徒五百余輩ヲ召シ、号シテ子将ト為ス。軍人、籍籍トシテ、名ゝ異議有リ」とある。亡命した者、五百余人を子将としたので、軍人がやかましく異議を唱えた、という。

忘憂之物（ぼうゆうの・もの）　漢

酒のこと。心配ごとを忘れるもの、という。酒を飲むと、心配ごとをすべて忘れることができるからである。

○忘憂の物を愛する　○忘憂の物に親しむ

（参考）東晋・陶淵明の詩に、「秋菊ニ佳色有リ。此ノ忘憂ノ物ニ汎べ、我ガ世ヲ遺ルルノ情ヲ遠クス」とある。秋の菊は、よい色をしている。その花びらを酒に浮かべると、世を逃れる気持ちが深まる、という。

亡羊之歎（ぼうようの・なげき）漢

道がいろいろと分かれていて、どれを行ったらよいかに迷う悲しみのこと。道が分かれていて、羊を失った悲しみ、という。方針がいろいろ考えられるために、選択に迷う場合にも用いる。歎はタンとも読み、現代表記では、歎↓嘆と書くのが一般的。

○亡羊の嘆きを起こす　○亡羊の嘆きに暮れる

（参考）多岐亡羊の参考欄を参照。

望洋之歎（ぼうようの・なげき）漢

自分の力が及ばないことに気づいて、悲しく思うこと。川の神が広い海を見て、悲しんだ気持ちと同じだ、という。歎はタンとも読み、現代表記では、歎↓嘆と書くのが一般的。

○望洋の嘆きをなす　○望洋の嘆きを免れず

（参考）荘子に、川の神が北海に来たとき、「東面シテ視ルニ、水端ヲ見ズ。是ニ於テ河伯、始メテ其ノ面目ヲ旋ラシ、洋ヲ望ミテ歎ジテ曰ク、以テ已ニ若ク者莫シト為スハ、我ノ謂ヒナリト」とある。海を見て、自分は独りよがりだったと嘆いた、という。

蒲柳之質（ほりゅうの・しつ）漢

体がやせていて、弱々しいこと。カワヤナギのような体質、という。病気がちな人の場合に用いる。

○蒲柳の質に悩む　○幼時から蒲柳の質で

（参考）晋書に、顧悦之が、簡文帝と同年でありながら、早く白髪になった理由を聞かれたときに、答えたことばとして、「松柏ノ姿ハ霜ヲ経テ猶ホ茂リ、蒲柳ノ質ハ秋ヲ望ンデ先ヅ零ツ」とある。マツやカシワは霜がかかっても茂っているが、カワヤナギは、秋を前にして、葉が落ちてしまうものだ、という。

本家本元（ほんけ・ほんもと）和
いちばん大本になる人のこと。本家（大本になる家筋）と本元（いちばんの元）を、組み合わせて表す。その事柄の中心になる場所の場合にも用いる。
○本家本元のこの人　○本家本元の大蔵省として

【ま】

股座膏薬（またぐら・ごうやく）⇩うちまた・ごうやく

麻中之蓬（まちゅうの・よもぎ）漢
よい環境で育つとよくなること。上にまっすぐ伸びるアサの中に生えると、ヨモギもまっすぐ伸びる、という。
○麻中のよもぎとして育つ　○麻中のよもぎに比せられ
㊫参考 荀子に、「蓬、麻中ニ生ズレバ、扶（たす）ケズシテ直（なほ）シ」とある。横に伸びるヨモギも、まっすぐ伸びる麻の中に生えれば、自然とまっすぐ伸びるものだ、という。

末路之難（まつろの・なん）漢
最後の段階で出遭う困難のこと。終わりの道の困難、という。晩年に至って、生活に苦しむ場合にも用いる。
○末路の難に出遭う　○末路の難を乗り越えて
参考 前漢・劉向（りゅうきょう）の戦国策に、「詩ニ云フ、百里ヲ行ク者ハ、九十ヲ半バトスト。此レ末路ノ難ヲ言フ」とある。百里を行くときは九十里で半分だと思え、というのは、最後の十里が困難だからだ、という。

三日天下（みっか・てんか）和

その地位に就いている期間が極めて短いこと。三日間だけ天下を取った、という。地位や栄華が、長く続かない場合に用いる。天下は、俗にデンカとも読む。

○三日天下に終わる　○三日天下でもよいから

㊜明智光秀が本能寺で織田信長を倒したあと、すぐに豊臣秀吉に倒された。その間、実際は十数日であったが、極めて短かったことを強調し、三日天下という。

三日坊主（みっか・ぼうず）和

何をしても、長く続かない人のこと。発心して坊主になっても、浮き世が恋しくて、三日で俗世間に戻る人、という。飽きやすい人の場合に用いる。

○三日坊主に終わる　○三日坊主と言われぬように

〔む〕

無価之宝（むかの・たから）漢

非常に貴重な品物のこと。その価値を金銭で表すことができない宝物、という。

○無価の宝として受け継ぐ　○無価の宝に違いなく

㊜明代の小説・東周列国志に、「此ノ璧ハ乃チ無価ノ宝ナリ。只、越ヲ滅ボシ魏ヲ敗リ、功労最モ大ナリ。故ニ、重宝ヲ以テ之ヲ賜フ」とある。この玉は貴重な宝であるが、功労が大きいから与える、とある。

無稽之言（むけいの・げん）漢

根拠がないことばのこと。考え合わせることができないことば、という。いいかげんなうわさの場合にも用いる。

○無稽の言を信じて　○無稽の言に迷わされ

参考 書経に、舜が禹に帝位を譲るときに述べたことばとして、「稽フル無キノ言ハ聴ク勿レ。詢ハザルノ謀ハ庸フル勿レ」とある。根拠のないことばは、聴いてはいけない。諮問していない計画は、用いてはならない、という。上に立つ者の心構えであった。日本では、荒唐之言と併せて、荒唐無稽の形でも用いる。

無告之民（むこくの・たみ）漢

頼るところがない人々のこと。実情を言って助けてもらう者がいない人民、という。妻のない夫・夫のない妻・みなしご・老いて子のない者、などにも用いる。

○無告の民を救う　○無告の民となって

参考 鰥寡孤独の参考欄を参照。

無言之行（むごんの・ぎょう）仏

一言も言わず、ただ黙って、専ら修行に励むこと。ことばのない修行、という。座禅もその一つである。何を尋ねても答えない場合にも用いる。

○無言の行に励む　○無言の行を続ける

参考 仏教では、定められた戒律を守って悟りの道に励むことを修行といい、略して行という。その場合の戒律の一つに、無言戒というのがある。ことばをしゃべることが、修行に必要な精神の統一を妨げるからである。

無常之風（むじょうの・かぜ）仏

すべての物事は、いつまでもそのままで続くものではないこと。いつも同じということがない、という。それを風に例えて用いる。無常を無情と書くのは誤り。

○無常の風に吹かれる　○無常の風を恨む

参考 仏教では、すべての物事が移り変わって、少しもとどまらないとされている。その変わり方の早いことを風に例えたのが、無常之風である。

無人之境（むじんの・さかい）漢

だれも住んでいない地域のこと。人がいないところ、という。住んでいそうもない地域の場合にも用いる。
○無人の境を行く　○無人の境が続く
参考　南宋・楊万里の文に、「一塁モ葺カズ、一卒モ置カズ、寇ノ去来ヲシテ、無人ノ境ニ入ルガ如クセシム」とある。とりでも造らず、兵も置かず、自由に外敵が入れるようにしてある、という。

無用之用（むようの・よう）漢
役に立たないと思われるものが、大きな役割を果たしていること。用がないと思われるものが持つ用、という。
○無用の用として扱う　○無用の用に気づいて
参考　荘子に、「人ハ皆、有用ノ用ヲ知ルモ、無用ノ用ヲ知ルコト莫キナリ」とある。人は役に立つ部分のことを知っているが、それが役に立つのも、役に立たない部分が助けになっているからだ、という。そこに無用之用を考えなければいけないとする。

無漏之福（むろの・ふく）仏
煩悩を断ち切った状態で得られる幸せのこと。五つの感覚器官から漏れて出るものが何もない、悟りの境地で得られる福、という。有漏之福の対。漏は、仏教の慣用音でロと読む。
○無漏の福を求める　○無漏の福に恵まれる
参考　有漏之福の参考欄を参照。

冥土之旅（めいどの・たび）仏
死んだ人の魂が冥土まで行くこと。死者の霊魂がたどる、冥土までの旅、という。冥土は、冥途とも書く。
○冥土の旅に出る　○冥土の旅を共にする
参考　仏教では、人が死ぬと、まず冥土までの旅をする。冥土には、閻魔大王がいて、死者の罪を裁く。その結果、罪の有無・大小によって、行き先が分かれ、極楽に行くか、地獄に行くか、などが決まる。その裁きを有利に導くために行うのが、七日ごとの法要である。

目許口許（めもと・くちもと）和

女性の魅力となる重点のこと。美しい目もとと、愛らしい口もと、という。ひとみと歯が美しい場合にも用いる。現代表記では、許（近いところ）↓元（はじまり）

○目元口元も美しく　○目元口元の魅力

（参考）日本のことわざに、「目元千両、口元万両」とある。両は昔の金銭単位で、千両・万両は、値うちがある場合に用いる。目元も口元も共に美しい、という。

【も】

物怪之幸（もっけの・さいわい）和

考えてもいなかった幸福が実現すること。物怪は当て字で、もうけぬ（あらかじめ思わない）の意味という。物怪は勿怪とも書いた。

○もっけの幸いであった　○わたしにはもっけの幸いで

物臭太郎（ものぐさ・たろう）和

物事をしたがらない人のこと。何ごとも物臭いと感じる人、という。それを擬人化したもの。

○物臭太郎を決め込む　○例の物臭太郎で

両刃之剣（もろはの・つるぎ）和

用い方によって、役にも立ち、害にもなること。両側に刃がついた剣と同じで、相手を切ろうとして自分を傷つける危険もある、という。両刃は、諸刃とも書く。

○もろ刃の剣になりかねない　○要するにもろ刃の剣で

【】

薬石之言（やくせきの・げん）漢

欠点を直してくれる、よいことばのこと。病気を治すときに用いる、薬や石針のようなことば、という。

○薬石の言を賜る　○薬石の言として肝に銘じ

参考　唐書に、「数上書シテ得失ヲ言フ。帝、鍾乳一剤ヲ賜ヒテ曰ク、而薬石ノ言ヲ進ム。朕、薬石ヲ以テ相報ヒント」とある。高季輔が政治を批判した上奏文を奉ったことに対して、太宗が薬を与えた。薬石之言をもらったから、本物の薬をやる、という。

薬石之効（やくせきの・こう）漢

いろいろ治療した効果のこと。薬や石針で治療したききめ、という。薬石の効果の有無を取り上げて用いる。

○薬石の効も著しく　○薬石の効に恵まれず

参考　唐・宣宗の詔勅に、「惟フニ、天、譴ヲ示シ、疚ヲ躬ニ降ス。薬石ノ功無ク、弥留斯ニ迫レリ」とある。皇太子を立てたときのことばで、天がとがめを示して長患いをさせた。治療の功績がなく、病気が重くなった、という。日本では、功を効に改めて用いる。

有識之士（ゆうしきの・し）漢

学問があり、見識が高い人のこと。知識を持っている、りっぱな人、という。将来を見通す人の場合にも用いる。

○有識の士として　○有識の士を委員とし

参考　後漢書に、「時ニ有識ノ士有リ、心独リ之ヲ怪シム。後、遂ニ何氏ニ因リテ漢祚ヲ傾没セラル」とある。そのとき、将来を見通した人が怪しく思ったが、後に何后が漢の天子の位を覆した、という。

有終之美（ゆうしゅうの・び）漢

最後までやり通すこと。終わりがある美しさ、という。最後にりっぱな成果を上げる場合にも用いる。

○有終の美を飾る　○有終の美も怠りなく

参考　詩経に、「初メ有ラザル靡シ、克ク終ハリ有ルモノ鮮ナシ」とある。物事を始めるときにはだれでも努力するが、最後まで努力する者は少ない、という。

要害之地（ようがいの・ち）漢

軍事上、重要な場所のこと。味方にとってさえぎるところで、敵にとって妨げになるところ、という。地勢が険しく、守るに易く、攻めるに難い場所にも用いる。

○要害の地を守る　○要害の地として

参考　清・褚人穫の隋唐演義に、「凡ソ東北一帯ハ、要害ノ地ナリ」とある。東北一帯は、軍事上重要な土地だ、という。漢文では、要害之処の形も用いる。日本では、要害堅固の形でも用いる。

養志之孝（ようしの・こう）漢

父母の考えに従って、父母の心を喜ばせること。父母の志を養う孝行、という。

○養志の孝を尽くす　○養志の孝に逆らい

参考　孟子に、一々親の考えを聞いて行動した曾子について、「曾子ノ若キハ、則チ志ヲ養フト謂フ可キナリ。親ニ事フルコト、曾子ノ若キ者ハ可ナリ」とある。曾子のようにするのが養志之孝だ、という。

予且之患（よしょの・うれい）漢

身分の高い人が低い人と一緒にいて、災難に遭うこと。白竜が魚の姿をしたために予且に射られた心配、という。現代表記では、患（なやみ）→憂（きづかい）。

○予且の憂いがある　○予且の憂いを避ける

参考　前漢・劉向の説苑に、春秋呉王の夫差が人民と一緒に酒を飲もうとしたことに対する伍子胥の進言として、「今、万乗ノ位ヲ棄テテ布衣ノ士ニ従ヒテ酒ヲ飲マバ、臣、其ノ予且ノ患ヒ有ルヲ恐ル」とある。予且に射られた白竜のような災難に遭いますよ、という。王はそれを受け入れて、人民と一緒には飲まなかった。

余桃之罪（よとうの・つみ）漢

判断がそのときの気分に動かされること。食べかけの桃を差し上げた行為が、よく思われていたときは褒められたが、悪く思われるようになると罰せられた、という。

○余桃の罪にもてあそばれる　○余桃の罪を受ける

（参考）韓非子に、天子の車で母を見舞ったり、果樹園で食べかけの桃を差し出したりした者の話がある。天子によく思われていたときには褒められたのに、よく思われなくなると、「是レ固ヨリ、嘗テ矯リテ吾ガ車ニ駕シ、又嘗テ我ニ啗ハスニ余桃ヲ以テセリ」とある。君主の愛憎の変化が激しい例として引かれる。

夜目遠目（よめ・とおめ）和

見え方によって、実際よりもよく見えること。夜または遠くから見ると、はっきり見えないから、実物よりもよく見える、という。女性の顔かたちについて用いた。

○夜目遠目にだまされて　○夜目遠目の魅力

（参考）日本のことわざに、「夜目、遠目、笠の内」とある。カサをかぶった顔も、一部だけしか見えないから、実物よりもよく見える、という。

落花之情（らっかの・じょう）漢

好きな男に分かってもらえない女の気持ちのこと。流水に乗って流れたいと思う落花の気持ち、という。

○落花の情に悩む　○落花の情も抑えがたく

（参考）落花流水の参考欄を参照。

羅網之鳥（らもうの・とり）　漢

後悔しても、もう遅いこと。カスミアミにかかってから、高く飛んでいればよかったと思う鳥と同じだ、という。

○羅網の鳥となる　○羅網の鳥を悔いても

（参考）論語に、「羅網ノ鳥ハ高ク飛バザルヲ恨ミ、呑鉤ノ魚ハ飢ヱヲ忍バザルヲ歎ク」とある。カスミアミにかかった鳥も、釣り針をのみ込んだ魚も、あとで高く飛べばよかった、飢えを忍べばよかったと思う、という。

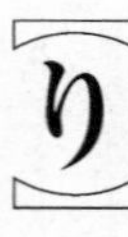

李下之冠（りかの・かんむり）　漢

人に疑われる行いのこと。スモモの木の下で、冠をかぶり直すのと同じだ、という。瓜田之履とも。

○李下の冠に見られる　○李下の冠を避けて

（参考）李下瓜田の参考欄を参照。

理外之理（りがいの・り）　洋

普通では考え及ばない理論のこと。理論の外にある理論、という。transcendental reason の訳語として用いる。

○理外の理によって　○理外の理というのもある

（参考）ドイツのカント哲学では、経験に先立つという意味で、先験的な理の場合に用いる。中世のスコラ哲学では、アリストテレスの理論を超える場合に用いた。

履霜之戒（りそうの・いましめ）　漢

きざしを見て、大きな災いを知ること。霜を踏むと、やがて氷が張ることが分かる、という。

○履霜の戒めとする　○履霜の戒めを退け

（参考）唐書に、「履霜ノ漸ヲ戒メズンバ、毒ハ天下ニ流レ、禍ヒヲ邦家ニ貽ス」とある。きざしに注意しなければ、やがて国家が災いを受けることになる、という。

立志之年（りっしの・とし）⇩しがくの・とし

立錐之地（りっすいの・ち）漢

極めてわずかな場所のこと。キリを立てるだけの狭い場所、という。否定の形で用いる。

○立錐の地もなく　○立錐の地を求めて得ず

（参考）史記に、「今、秦、徳ヲ失ヒ、義ヲ棄テ、侵シテ諸侯ノ社稷ヲ伐ツ。六国ヲ滅ボシテ後ハ、立錐ノ地ヲ無カラシム」とある。秦は諸侯の国を征服し、六国を滅ぼし、わずかの土地もないようにした、という。

立談之間（りつだんの・かん）漢

非常に短い時間のこと。立って話をしている間、という。落ち着いた話し合いは、腰掛けてするものであった。

○立談の間に決まる　○立談の間とてなく

（参考）前漢・揚雄の文に、「或イハ七十、説キテ遇ハズ、或イハ立談ノ間ニシテ、侯ニ封ゼラル」とある。七十年間も説いて回っても、世に入れられない人がいる。短い時間で諸侯になった者もいる、という。

竜虎之争（りゅうこの・あらそい）漢

両雄が勝負を争うこと。竜とトラの争い、という。竜もトラも、同じように強い力を持っている。竜虎は、古くはリョウコと読んだ（竜は、漢音リョウ・呉音リュウ）。

○竜虎の争いとなる　○竜虎の争いも終わって

（参考）唐・李白の詩に、「晋室、昔ニ横潰シ、永嘉遂ニ南奔ス。沙塵何ゾ茫茫タル。竜虎、朝暮ニ闘フ」とある。晋の王室はつぶれ、永嘉の乱の張本人も南へ逃げた。盛んに立ち上る砂煙を見ると、朝晩闘った両雄が思い出される、という。日本では、四字漢語として、竜騰虎闘の形でも用いる。

柳絮之才（りゅうじょの・さい）⇩えいせつの・さい

流水之情（りゅうすいの・じょう）漢

好きな女に分かってもらえない男の気持ちのこ

と。落花を乗せて流れたいと思う流水の気持ち、という。

○流水の情に悩む　○流水の情も抑えがたく

参考　落花流水の参考欄を参照。

凌雲之志（りょううんの・こころざし）漢

俗世間を超えたいという気持ちのこと。雲よりも高く飛ぶ志、という。立身出世の志の意味でも用いる。

○凌雲の志を抱く　○凌雲の志もむなしく

参考　後漢書に、「少クシテ名賢ニ事ヘ、顕位ヲ経歴シ、金ヲ懐キ紫ヲ垂レ、節ヲ掲ゲ使ヒヲ奉ズルモ、苟クモ得ルヲ求メズ、常ニ凌雲ノ志有リ」とある。馮衍に関する記述で、官は昇っても、俗世間を超えたいという願いを持っていた、という。

燎原之火（りょうげんの・ひ）漢

物事が非常な勢いで広がること。枯れ草の野原を焼くように広がる勢い、という。悪事が広がる場合に用いる。

○燎原の火のごとく広がる　○燎原の火よりも激しく

参考　左伝に、「悪ノ易ブルヤ、火ノ原ヲ燎クガ如シ。嚮カヒ邇ヅク可カラズ。其レ猶ホ、撲滅ス可ケンヤ」とある。悪が広がるのは野火のようだ、近づくことができず、抑えることもできない、という。

陵谷之変（りょうこくの・へん）漢

世の中の変化が甚だしいこと。丘が谷に、谷が丘になる変わり方、という。社会の秩序が変わって、地位の上下が入れ替わる場合に用いる。

○陵谷の変に遭う　○陵谷の変も落ち着いて

参考　詩経に、「百川沸騰シ、山冢崒ク崩ル。高岸ハ谷ト為リ、深谷ハ陵ト為ル」とある。川は沸き上がり、山は崩れ落ち、高い岸は谷となり、深い谷は丘となる、そのような大変革が起こっている、という。

遼東之家（りょうとうの・いのこ）漢

世間のことを知らないで得意になること。遼東の人が珍しいと思った白頭の豚と同じだ、という。他人から見れば何でもないものごとを自慢する場合にも用いる。

○遼東のいのこに似て　○遼東のいのこと見なされる

(参考) 後漢書に、「遼東ニ豕有リテ、子ノ白頭ヲ生ム。異トシテ之ヲ献ゼントシ、行キテ河東ニ至ル。群豕皆白キヲ見テ、慙ヲ懐キテ還ル」とある。白頭の豚は珍しいから、献上しようと河東まで来ると、豚は白頭ばかりだったので、恥じて帰った、という。

【る】

累卵之危（るいらんの・あやうき）漢

非常に危ない状態にあること。卵を積み重ねたように危ない、という。泰山之安の対として用いる。

○累卵の危うきをおそれる　○累卵の危うきに至る

(参考) 泰山之安の参考欄を参照。

【れ】

麗沢之契（れいたくの・ちぎり）漢

友人どうしが助け合って、勉学に励む約束のこと。二つの沢が互いに潤し合うように、修養に努める、という。

○麗沢の契りを結ぶ　○麗沢の契りに幸いされて

(参考) 易経に、「象ニ曰ク、麗沢ハ兌ナリ。君子以テ朋友講習ス」とある。易の解説書によると、麗沢というのは兌という卦で、二つがくっついている。友人が互いに勉学し合うことだ、という。

輦轂之下（れんこくの・もと）漢

天子が政治を行う町としての都のこと。天子が乗る車の下、という。その天子の治下の意味でも用いる。

○輦轂の下に集まる　○輦轂の下を離れて

（参考）前漢・司馬遷の文に、「先人ノ緒業ニ頼リテ、輦轂ノ下ニ待罪シ得タルコト二十余年ナリ」とある。亡き父の功績のおかげで、天子の下で官吏として二十余年も仕えることができた、という。

連城之璧（れんじょうの・へき）漢

非常に価値が高い宝石のこと。幾つもの城と交換する値うちがある宝石、という。漢文では、和氏(かし)之璧とも。

○連城の璧を得る　○連城の璧にも勝る

（参考）清・蒲(ほ)松齢の聊斎(りょうさい)志異に、「王、笑ヒテ曰ク、此レ何ゾ珍宝ニシテ、千金ノ直(あたひ)ナルヤト。成曰ク、大王以テ宝ト為(な)サズ、臣以テ連城ノ璧ト為スモ過ギザルナリト」とある。千金か、と言ったところ、幾つもの城と交換する値うちがある、という。史記に、和氏の璧を十五城と交換しよう、とあるのに基づく。ただし、中国の城はマチであるが、日本ではシロの意味で用いる。

連理之枝（れんりの・えだ）漢

深い愛情で結ばれた夫婦のこと。別の根から生えても、接合して、木目が一つになった枝と同じだ、という。

○連理の枝となる　○連理の枝を誓う

（参考）比翼連理(ひよくれんり)の参考欄を参照。

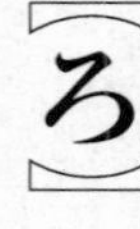

籠中之鳥（ろうちゅうの・とり）漢

自由を束縛されている人のこと。カゴの中に入れられた鳥と同じだ、という。自由をあこがれる場合にも用いる。籠中はコチュウとも読む。

○籠中の鳥となる　○籠中の鳥に甘んぜず

参考 楚の隠者による鶡冠子に、「籠中ノ鳥ハ、空シク窺ヒテ出デズ」とある。カゴの中の鳥は、ただ外を見るだけで、出ることができない、という。

老馬之智（ろうばの・ち）漢

人生経験の豊かな老人の判断には、誤りがないこと。年老いた馬は知恵があって、道をよく知っている、という。現代表記では、智（ちえ）↓知（しる）とも書く。

○老馬の知を借りる　○老馬の知に救われる

参考 韓非子に、「春往キテ冬反ル。迷惑シテ道ヲ失フ。曰ク、老馬ノ智、用フ可キナリト。乃チ、老馬ヲ放チテ之ニ随ヒ、遂ニ道ヲ得テ行ク」とある。春行った道を冬帰ることになり、道に迷った。そのとき、老馬を放ってそれについて行ったら、道が分かった、という。

魯魚之謬（ろぎょの・あやまり）漢

字体が似ていて誤りやすい漢字を、写し間違えること。魯を魚と書き間違える誤り、という。焉烏之謬とも。現代表記では、謬（もつれる）↓誤（しそこなう）。

○魯魚の誤りを正す　○魯魚の誤りにも気づかず

参考 晋・葛洪の抱朴子に、「諺ニ曰ク、書三タビ写セバ、魚ハ魯トナリ、虚ハ虎ト成ルト」とある。写本を繰り返していると、魚が魯となり、虚が虎となるように、似た字が写し間違えられていく、という。

鹿鳴之宴（ろくめいの・えん）漢

大切なお客をもてなす宴会のこと。鹿鳴の詩を歌ってもてなす酒宴、という。欧化政策の一環として造られた官設社交場・鹿鳴館の名は、これに由来する。

○鹿鳴の宴を催す　○鹿鳴の宴もたけなわのころ

参考 詩経に、「呦呦タル鹿鳴、野ノ苹ヲ食ム。我ニ嘉賓有リ、瑟ヲ鼓シ、笙ヲ吹ク。笙ヲ吹キ、簧ヲ鼓ス。筐ヲ承ゲテ是レ将フ」とある。シカが鳴いて友を呼び、草を食べている。それに応じてよいお客が来てくれるから、音楽を奏し、引出物の箱でもてなす、という。この詩を歌って客をもてなした。

盧生之夢（ろせいの・ゆめ）⇩いっすいの・ゆめ

〔わ〕

和合之縁（わごうの・えん）仏

共に修行をする結びつきのこと。協力する因縁、という。協同して事業を行う結びつきの場合にも用いる。

○和合の縁を結ぶ　○和合の縁につながる

(参考) 仏教では、異なる者が集まって一つにまとまることを和合という。和合衆は、同じ目的に向かって協力する人の集まりである。僧の場合は和合僧となり、教団を作ることになる。そのような和合に至るのも、前世にその原因があったとし、これを和合之縁という。

難読語索引

本書に収録の四字漢語の中で、一文字目・二文字目が常用漢字表にない漢字、常用漢字でも表外の音訓で読むもの、その他馴染みのない読み方と思われる見出し語を、一文字目の画数順で配列した。艹は三画、辶・⻌は三画もしくは四画で数えた。各画数内では読みの五十音順で配列している。漢数字は、掲載ページを示す。

■四画■

■五画■

■六画■

■七画■

■八画■

■九画■

■十二画■

■十三画■

■十四画■

■十五画■

本書は、一九九〇年に角川書店より刊行された角川小辞典シリーズ『四字漢語の用法』を改題のうえ文庫化したものです。文庫化にあたり、底本刊行以降に行われた漢字施策の変更等を鑑みて、一部内容の修正を行いました。

本書には「紅毛碧眼」「下司下郎」「車夫馬丁」「解語之花」「恍惚之人」といった四字漢語、用例内に「文盲」「盲信」といった表現があります。これらは、現代の人権意識に照らせば、人種、身分、職業、性別、疾病、身体障害などに対する偏見・蔑視に基づく、不適切な表現・語句です。しかし、このような考え方が日本語の中に反映され、表現や語句が使われてきたこともまた事実です。その歴史的事実を正しく理解するためにも底本のまま掲載いたしました。（編集部）

四字漢語辞典

武部良明

令和2年 11月25日　初版発行
令和5年 11月5日　再版発行

発行者●山下直久

発行●株式会社KADOKAWA
〒102-8177　東京都千代田区富士見2-13-3
電話　0570-002-301（ナビダイヤル）

角川文庫 22437

印刷所●株式会社KADOKAWA
製本所●株式会社KADOKAWA

表紙画●和田三造

●お問い合わせ
https://www.kadokawa.co.jp/（「お問い合わせ」へお進みください）
※内容によっては、お答えできない場合があります。
※サポートは日本国内のみとさせていただきます。
※Japanese text only

ISBN 978-4-04-400618-1　C0181

◆◆◇

角川文庫発刊に際して

角川源義

第二次世界大戦の敗北は、軍事力の敗北であった以上に、私たちの若い文化力の敗退であった。私たちの文化が戦争に対して如何に無力であり、単なるあだ花に過ぎなかったかを、私たちは身を以て体験し痛感した。西洋近代文化の摂取にとって、明治以後八十年の歳月は決して短かすぎたとは言えない。にもかかわらず、近代文化の伝統を確立し、自由な批判と柔軟な良識に富む文化層として自らを形成することに私たちは失敗して来た。そしてこれは、各層への文化の普及滲透を任務とする出版人の責任でもあった。

一九四五年以来、私たちは再び振出しに戻り、第一歩から踏み出すことを余儀なくされた。これは大きな不幸ではあるが、反面、これまでの混沌・未熟・歪曲の中にあった我が国の文化に秩序と確たる基礎を齎らすためには絶好の機会でもある。角川書店は、このような祖国の文化的危機にあたり、微力をも顧みず再建の礎石たるべき抱負と決意とをもって出発したが、ここに創立以来の念願を果すべく角川文庫を発刊する。これまで刊行されたあらゆる全集叢書文庫類の長所と短所とを検討し、古今東西の不朽の典籍を、良心的編集のもとに、廉価に、そして書架にふさわしい美本として、多くのひとびとに提供しようとする。しかし私たちは徒らに百科全書的な知識のジレッタントを作ることを目的とせず、あくまで祖国の文化に秩序と再建への道を示し、この文庫を角川書店の栄ある事業として、今後永久に継続発展せしめ、学芸と教養との殿堂として大成せんことを期したい。多くの読書子の愛情ある忠言と支持とによって、この希望と抱負とを完遂せしめられんことを願う。

一九四九年五月三日

角川ソフィア文庫ベストセラー

悩ましい国語辞典　神永　曉

辞書編集37年の立場から、言葉が生きていることを実証的に解説。思いがけない形で時代と共に変化する言葉を、どの時点で切り取り記述するかが腕の見せ所。編集者を悩ませる日本語の不思議に迫るエッセイ。

悪文　伝わる文章の作法　編著／岩淵悦太郎

わずかな違いのせいで、文章は読み手に届かないばかりか、誤解や行き違いをひきおこしてしまう。すらりと頭に入らない悪文の、わかりにくさの要因はどこにあるのか？　伝わる作文法が身につく異色文章読本。

日本語をみがく小辞典　森田良行

豊かな日本語の語彙を自由に使いこなすために。辞書の中でしか見ない言葉、頭の片隅にはあるが使いこなせない言葉を棚卸しし、いつでも取り出せるように簡単整理！　言葉の上手な利用法のいろはを学ぶ辞典。

気持ちをあらわす「基礎日本語辞典」　森田良行

「驚く」「びっくりする」「かわいそう」「気の毒」など、普段よく使う言葉の中から心の動きを表すものを厳選。日本人特有の視点や相手との距離感を分析し、使い分けの基準を鮮やかに示した、読んで楽しむ辞書。

違いをあらわす「基礎日本語辞典」　森田良行

「すこぶる」「大いに」「大変」「なんら」など、普段使っている言葉の中から微妙な状態や程度をあらわすものを厳選。その言葉のおおもとの意味や使い方、差異を徹底的に分析し、解説した画期的な日本語入門。

角川ソフィア文庫ベストセラー

角川ソフィア文庫ベストセラー

美しい日本語　金田一春彦

日本人らしい表現や心を動かす日本語、間違いやすい言葉、「が」と「は」は何が違うのか、相手にわかりやすく説明するための六つのコツなどを、具体的なアドバイスを交えつつ紹介。日本語力がアップする！

文章予測　読解力の鍛え方　石黒　圭

文章の読解力を伸ばすにはどうすればよいか？　答えは「予測」にあった！　幅広いジャンルの秀逸な文章で「予測」の技術を学べば、誰でも「読み上手」になれる。作文にも役立つ画期的な「文章術」入門書。

辞書から消えたことわざ　時田昌瑞

著者は『岩波ことわざ辞典』等を著した斯界の第一人者。世間で使われなくなったことわざを惜しみ、「名品」２００本余を、言葉の成り立ち、使われた文芸作品、時代背景などの薀蓄を記しながら解説する。

新編　日本の怪談Ⅱ　ラフカディオ・ハーン　編訳／池田雅之

怪異、愛、悲劇、霊性――アメリカから日本時代に至るまで、人間の心や魂、自然との共生をめぐる、ハーン一流の美意識と倫理観に彩られた代表的作品37篇を精選。詩情豊かな訳で読む新編第2弾。

明治生まれの日本語　飛田良文

私たちの日本語には、１５０年前には誰も知らなかった明治の新語、流行語があふれている。「時間」「世紀」「恋愛」「新婚旅行」から「個人」「常識」「科学」まで。国語辞典の編纂者が迫る、言葉の誕生の物語。

角川ソフィア文庫ベストセラー

訓読みのはなし
漢字文化と日本語
笹原宏之

言語の差異や摩擦を和語表現の多様性へと転じた訓読みは、英語や洋数字、絵文字までも日本語の中に取り入れた。時代の波に晒されながら変容してきたユニークな例を辿り、独自で奥深い日本語の世界に迫る。

漢文脈と近代日本
齋藤希史

漢文は言文一致以降、衰えたのか、日本文化の基盤として生き続けているのか――。古い文体としてではなく、現代に活かす古典の知恵だけでもない、「もう一つのことばの世界」として漢文脈を捉え直す。

四文字でわかる日本史
監修／石川晶康
編著／造事務所

「天孫降臨」「大化改新」「廃藩置県」「憲法九条」など、日本の各時代を象徴する漢字四文字を厳選して歴史を通覧。基本の「き」と出来事の因果関係や時代背景もよくわかる！ 大人のための学び直し本。

こんなにも面白い日本の古典
山口博

『万葉集』は庶民生活のアンソロジー、『竹取物語』は恋する男を操る女心を描き、『源氏物語』の六条院は老人ホーム。名作古典の背景にある色と金の欲の世界を探り、日本の古典の新たな楽しみ方を提示する。

落語ことば・事柄辞典
榎本滋民
編／京須偕充

落語を楽しむ616項目を、時・所・風物／金銭・暮らし・衣食住／文化・芸能・娯楽／男と女・遊里・風俗／武家・制度・罪／心・体・霊・異の6分野、五十音順に配列して解説。豊富な知識満載の決定版。

角川ソフィア文庫ベストセラー

中国古典の言葉
成功に近づくヒント106

加地伸行

「知者は惑わず、勇者は懼れず」(『論語』)、「大功を成す者は、衆に謀らず」(『戦国策』)――。時代を超えて生き続ける賢哲の英知を、著者ならではの絶妙な斬り口と、豊富なエピソードでわかりやすく紹介!

論語
ビギナーズ・クラシックス 中国の古典

加地伸行

孔子が残した言葉には、いつの時代にも共通する「人としての生きかた」の基本理念が凝縮され、現代人にも多くの知恵と勇気を与えてくれる。はじめて中国古典にふれる人に最適。中学生から読める論語入門!

陶淵明
ビギナーズ・クラシックス 中国の古典

釜谷武志

自然と酒を愛し、日常生活の喜びや苦しみをこまやかに描く一方、「死」に対して揺れ動く自分の心を詠んだ田園詩人。「帰去来辞」や「桃花源記」ほかひとつ一つの詩を丁寧に味わい、詩人の心にふれる。

李白
ビギナーズ・クラシックス 中国の古典

筧久美子

大酒を飲みながら月を愛で、鳥と遊び、自由きままに旅を続けた李白。あけっぴろげで痛快な詩は、音読すれば耳にも心地よく、多くの民衆に愛されてきた。豪快奔放に生きた詩仙・李白の、浪漫の世界に遊ぶ。

杜甫
ビギナーズ・クラシックス 中国の古典

黒川洋一

若くから各地を放浪し、現実社会を見つめ続けた杜甫。日本人に愛され、文学にも大きな影響を与え続けた「詩聖」の詩から、「兵庫行」「石壕吏」などの長編を主にたどり、情熱と繊細さに溢れた真の魅力に迫る。

角川ソフィア文庫ベストセラー

白楽天
ビギナーズ・クラシックス 中国の古典
下定雅弘

日本文化に大きな影響を及ぼした白楽天。炭売り老人への憐憫や左遷地で見た雪景色を詠んだ代表作ほか、家族、四季の風物、酒、音楽などを題材とした情愛濃やかな詩を味わう。大詩人の詩と生涯を知る入門書。

十八史略
ビギナーズ・クラシックス 中国の古典
竹内弘行

中国の太古から南宋末までを簡潔に記した歴史書から、注目の人間ドラマをピックアップ。伝説あり、暴君あり、国を揺るがす美女の登場あり。日本人が好んで読んできた中国史の大筋が、わかった気になる入門書！

春秋左氏伝
ビギナーズ・クラシックス 中国の古典
安本博

古代魯国史『春秋』の注釈書ながら、巧みな文章で人々を魅了し続けてきた『左氏伝』。「力のみで人を治めることはできない」「一端発した言葉に責任を持つ」など、生き方の指南本としても読める！

詩経・楚辞
ビギナーズ・クラシックス 中国の古典
牧角悦子

結婚して子供をたくさん産むことが最大の幸福であった古代の人々が、その喜びや悲しみをうたい、神々への祈りの歌として長く愛読してきた『詩経』と『楚辞』。中国最古の詩集を楽しむ一番やさしい入門書。

菜根譚
ビギナーズ・クラシックス 中国の古典
湯浅邦弘

「一歩を譲る」「人にやさしく己に厳しく」など、人づきあいの極意、治世に応じた生き方、人間の器の磨き方を明快に説く、処世訓の最高傑作。わかりやすい現代語訳と解説で楽しむ、初心者にやさしい入門書。

角川ソフィア文庫ベストセラー

孟子
ビギナーズ・クラシックス 中国の古典
佐野大介

論語とともに四書に数えられる儒教の必読書。人の上に立つ者ほど徳を身につけなければならないとする王道主義の教えと、「五十歩百歩」「私淑」などの故事成語の宝庫をやさしい現代語訳と解説で楽しむ入門書。

大学・中庸
ビギナーズ・クラシックス 中国の古典
矢羽野隆男

国家の指導者を目指す者たちの教訓書である『大学』。人間の本性とは何かを論じ、誠実を尽くせと説く『中庸』。わかりやすい現代語訳と丁寧な解説で、今の時代に生きる中国思想の教えを学ぶ、格好の入門書。

貞観政要
ビギナーズ・クラシックス 中国の古典
湯浅邦弘

中国四千年の歴史上、最も安定した唐の時代「貞観の治」を成した名君が、上司と部下の関係や、組織運営の妙を説く。現代のビジネスリーダーにも愛読者の多い、中国の叡智を記した名著の、最も易しい入門書！

呻吟語
ビギナーズ・クラシックス 中国の古典
湯浅邦弘

皇帝は求心力を失い、官僚は腐敗、世が混乱した明代末期。朱子学と陽明学をおさめた呂新吾が30年かけて綴った人生を諭す言葉。「過ちを認める勇気」「冷静沈着の大切さ」など、現代にも役立つ思想を説く。

老子・荘子
ビギナーズ・クラシックス 中国の古典
野村茂夫

老荘思想は、儒教と並ぶもう一つの中国思想。「上善は水のごとし」「大器晩成」「胡蝶の夢」など、人生を豊かにする親しみやすい言葉と、ユーモアに満ちた寓話を楽しみながら、無為自然に生きる知恵を学ぶ。

角川ソフィア文庫ベストセラー

韓非子
ビギナーズ・クラシックス 中国の古典

西川靖二

「矛盾」「株を守る」などのエピソードを用いて法家の思想を説いた韓非。冷静ですぐれた政治思想と鋭い人間分析、君主の君主による君主のための支配を理想とする君主論は、現代のリーダーたちにも魅力たっぷり。

墨子
ビギナーズ・クラシックス 中国の古典

草野友子

儒家へのアンチテーゼとして生まれ、隆盛を誇った墨家。その思想を読み解けば、「自分を愛するように他人を愛する＝兼愛」、「自ら攻め入ることを否定する＝非攻」など、驚くほど現代的な思想が見えてくる！

荀子
ビギナーズ・クラシックス 中国の古典

湯浅邦弘

2300年前、今の「コンプライアンス」につながる考え方を説いていた思想家・荀子。「青は藍より出でて藍より青し」など、現代に残る名言満載の、性悪説にもとづく「礼治」の思想をわかりやすく解説！

書経
ビギナーズ・クラシックス 中国の古典

山口謠司

四書五経のひとつで、中国最古の歴史書。堯・舜から秦の穆公まで、古代の君臣の言行が記されており、帝王学の書としても知られる。教えのもっとも重要な部分を精選。総ルビの訓読文と平易な解説の入門書。

大人のための日本の名著50

木原武一

『源氏物語』『こころ』『武士道』『旅人』ほか、日本人としての教養を高める50作品を精選。編者独自のわかりやすい「要約」を中心に、「読みどころと名言」や「文献案内」も充実した名著ガイドの決定版！

角川ソフィア文庫ベストセラー

よくわかる祝詞読本　瓜生　中

祝詞の基礎知識、神話と神々の由来、神社参拝時のマナー等をていねいに解説。月次祭、節分祭、七五三、成人式ほかで奏上される、24の身近な祝詞例文を現代語訳とともに掲載する文庫オリジナルの実用読本。

昔話と文学　柳田国男

「竹取翁」「花咲爺」「かちかち山」などの有名な昔話（口承文芸）を取り上げ、『今昔物語集』をはじめとする説話文学との相違から、その特徴を考察。丹念な比較で昔話の宗教的起源や文学性を明らかにする。

毎日の言葉　柳田国男

普段遣いの言葉の成り立ちや変遷を、豊富な知識と多くの方言を引き合いに出しながら語る。なんにでも「お」を付けたり、二言目にはスミマセンという風潮などへの考察は今でも興味深く役立つ。

東洋的な見方　鈴木大拙

英米の大学で教鞭を執り、帰国後に執筆された、大拙自ら「自分が到着した思想を代表する」という論文十四編全てを掲載。東洋的な考え方を「世界の至宝」と語る、大拙思想の集大成！　解説・中村元／安藤礼二

大人のための世界の名著50　木原武一

『聖書』『ハムレット』『論語』『種の起原』ほか、世界の文豪や知識人たちが著した知の遺産を精選。独自の「要約」と「読みどころと名言」や「文献案内」も充実。一冊で必要な情報を通覧できる名著ガイド！